제3판

| 한국어판 |

The Law and Business of International Project Finance

스콧 호프만 저 | 안창국, 남기설, 신은재, 이순재, 한명윤 옮김 | 정순섭 감수

SAMIL | 삼일인포마인

추천사

한국산업은행 수석부행장 이대현

선박, 항공기 등 우리의 발이 되어주는 운송수단부터 산소만큼이나 중요한 전기를 공급해주는 에너지 발전소, 그리고 최근에는 지속가능한 성장을 위한 기후변화 프로젝트까지 프로젝트 파이낸스(Project Finance) 금융방식은 우리 삶에 꼭 필요한 거의 모든 영역과 함께 발전하여 왔습니다.

1994년 국내에서 민관협력사업(PPP)이 도입된 이래 최초의 사업이었던 '수도권 신공항 고속도로 프로젝트'는 한국산업은행 등 18개 금융기관이 대주단으로 참여한 1.7조원 규모의 대규모 프로젝트였습니다. 당시 프로젝트의 금융자문 및 금융주선을 담당하면서 정부, 민간, 국민 등 이해관계자의 균형 있는 이익을 추구함과 동시에 새로운 금융영역을 국내에 안착시키기 위해 수많은 관계자들과 밤낮으로 고민했던 기억이 아직도 생생합니다.

아울러, 당시에도 본서가 있었다면 프로젝트 진행에 큰 도움이 되었을 것이란 생각도 해보게 됩니다. 본서는 자칫 딱딱하고 어렵게만 느낄 수 있는 프로젝트파이낸스를 다양한 사례위주로 구성하였고, 기초부터 실전응용까지 포괄적으로 담아내 프로젝트파이낸스 분야의 입문자는 물론 실무자에게도 유익한 지침서가 될 것이라 생각합니다.

앞으로 한반도의 평화와 안정은 새로운 인프라에 대한 수요를 견인할 것이고, 제가 실무자로 일하던 때보다 훨씬 다양한 방식의 프로젝트파이낸스가 활성화 될 것입니다. 그리고 이를 통한 일자리 창출과 관련 분야의 동반성장이 우리경제 발전에 큰 역할을 할 것이므로 프로젝트파이낸스에 대한 이해가 없다면 향후 한반도 경제발전을 예측하고 대비하는데 어려움이 있을 것입니다.

멀리 아프리카 르완다에서 건설 중인 세계 최초의 드론 공항은 기존의 도로, 공항, 항만시설 등 전통적 인프라를 넘어 ICT(Information and Communication Technology)와 접목한 스마트인프라 시대의 본격적 개막을 알리고 있습니다. 우리나라에서도 최근 스마트시티와 스마트팜 개발 등이 주요 정책과제로 논의되고 있는 만큼 앞으로는 스마트인프라와 국내 PPP사업의 노하우를 함께 해외로 수출하는 시대도 기대해 봅니다.

해외에서 에너지 개발사업 유치를 위해 직접 해외 정부관계자들과 협상당사자로 활약했던 금융위원회 안창국 과장을 중심으로 국내를 대표하는 정책금융기관의 여러 실무자들이 번역을 위해 투자한 시간과 노력이 우리나라 프로젝트 파이낸스시장 참여자들의 실력을 한 단계 업그레이드하는데 기여할 수 있기를 기대하며 본서의 출간을 기다리겠습니다.

추천사

한국수출입은행 프로젝트금융본부장 양환준

우리 기업들은 세계 인프라 시장에서 글로벌 기업들과의 치열한 경쟁 속에서 주요 인프라 사업을 선점하기 위해 많은 노력을 기울이면서 2017년 대비 수주실적이 다소 회복되고 있으나, 연초 기대에는 못 미치고 있습니다. 인프라 산업중흥을 외치는 우리의 입장에서 새로운 도약을 위해 특단의 대책이 필요한 시점입니다. 지속가능한 성장 동력을 확보하기 위해서는 우리 기업들의 중동·아시아 시장 중심에서 수주시장 다변화 추진, 도급형 사업에서 투자개발형 사업 진출 확대 등의 전략패러다임 전환이 필요하다고 생각합니다.

특히, 중후장대한 특성을 가진 인프라 시장에서 투자개발형 사업 진출 확대 모색을 위해 사업주는 사업 발굴부터 협상, 기획, 시공, 금융조달 및 사후관리에 이르기까지 모든 단계에 걸쳐 관련 업무를 주도할 수 있는 역량이 반드시 필요하며, 특히 가장 중요한 관련 금융기법이라 할 수 있는 프로젝트 파이낸스에 대한 법적 관점에서의 이해는 필수적이라고 할 수 있겠습니다.

그간 프로젝트파이낸스를 이해하는 데 도움이 되는 서적들이 있기는 하였으나, 상당수가 방대한 분량의 영어 원문으로 되어 있어 이를 이해하는데 많은 어려움이 있어왔습니다. 그래서 금융기관이나 기업에서 프로젝트 파이낸스 업무에 종사하는 분들 뿐만 아니라 학생, 연구자들에게도 널리 읽히는 Scott L. Hoffman 저 「The Law and Business of International Project Finance」의 국문 번역본이 나온 것은 매우 뜻깊은 일이라고 생각합니다.

프로젝트파이낸스를 처음 접하거나, 관련 업무에 종사하는 분들에게 이 번역서가 프로젝트파이낸스의 기본 원리 및 주요 계약서, 금융조달 수단 등을 포함하여 프로젝트파이낸스의 전반에 대해 법적 관점에서 보다 쉽게 이해할 수 있는 좋은 가이드 중 하나가 될 것이라 기대합니다.

3판 서문

이 책이 1997년에 쓰여진 이후로 PF 업계는 많은 변화와 도전을 겪었습니다. 이 기간 동안 다자 및 양자 기구, 정부, 금융기관, 신용평가회사, 사업 개발회사들의 PF 부문에 놀라운 성장이 있었습니다. 1997년 당시만 해도 개발도상국 내 인프라 사업에 대한 금융조달은 도입 초기단계였으나, 그 이후로 많은 성공사례와 일부 실패사례를 경험하였습니다.

이제 PF는 전세계 경영대학과 법과대학에서 알려진 과정이 되었으며, 이번 개정판의 주요 참고문헌에도 나와있듯이, PF에 대한 일반 도서와 학술적 연구가 확대되고 있습니다.

제3판은 지난 10년간 PF 시장이 겪은 주요한 진전사항을 모두 포함하여 기존 초판과 제2판의 내용을 완벽히 업데이트한 것입니다. 아무쪼록 이 책이 PF를 배우는 학생들을 위한 대학 강의 교재, PF 분야에 처음 입문하는 분들을 위한 교육 자료, PF 관련 논문을 찾는 분들을 위한 연구 자료, 그리고 PF 자문사, 대주단, 정부기관, 사업주, 지분투자자 등 PF 거래 참여자들의 PF 구조화 및 계약서 초안 작성을 위한 도구로 유용하게 쓰이길 희망합니다.

개정판은 기존 판들의 기본적인 구조를 유지하여 크게 10개의 Part로 구성되어 있습니다.

Part 1 : PF의 이해
Part 2 : 국제 위험 및 신용위험을 포함한 PF 관련 위험의 식별, 배분, 그리고 경감방안
Part 3 : PF의 구조
Part 4 : 프로젝트의 기술적, 정치적, 경제적 타당성
Part 5 : PF 계약서 작성
Part 6 : 신용보강
Part 7 : 차입 및 채권 발행을 통한 금융조달
Part 8 : 프로젝트 담보
Part 9 : 프로젝트 사업주와 투자자 협약
Part 10 : PF 관련 특수한 주제들

본문에 이어 책의 후반부에는 용어 사전, 주요 참고문헌, 그리고 프로젝트 계약을 협상할 때 고려해야 할 이슈 목록을 수록해 두었습니다.

PF는 매우 복잡한 분야여서, 국제법에 대한 지식뿐만 아니라 투자 촉진 및 보호사항,

재산법, 담보권, 지적재산권, 공공 계약 및 민간 계약, 세법, 회계원리 및 실무, 환경법, 소비자 보호, 파산법, 부정부패 방지, 그리고 증권법에 능숙해야 합니다. 비록 이 책에서 위의 분야들을 모두 다룰 수는 없지만, 그럼에도 불구하고 관련 주제들을 소개하며 더 깊은 성찰과 연구가 필요할 만한 주요 이슈들을 포함해 두었습니다.

이 책이 출판되기까지 너무도 많은 분들께 빚을 졌습니다. 먼저, Cambridge University Press의 John Berger는 이 책의 기본 아이디어에 대해 공감하고 제3차 개정판 출간에 이르기까지 인내심을 가지고 지도해 주었습니다. 또한 훌륭한 편집 솜씨로 출판 일정을 지킬 수 있도록 도와준 Aptara, Inc의 Katie Greczylo와 Andre Barnett에게도 감사를 표합니다.

이 책의 검토 또는 집필에 도움을 준 PF 분야의 동료들께도 감사드리며, 제가 참여한 거래 관련 고객 및 파트너들의 가르침에도 고마운 마음을 전합니다.

그 누구보다도, 제3판을 완성하는 데 큰 격려를 준 제 아내 Margo에게 고마움을 느낍니다.

스콧 L. 호프만
오하이오주 매리언에서,
2007년

2판 서문

이 책의 초판을 출간한 이후로 국제 PF 시장에는 많은 일이 있었습니다. 신흥국 금융시장의 변동성 확대 위기는 프로젝트 개발, 금융조달 및 운영에 지대한 영향을 끼쳤으며, 양자 및 다자 기구들은 PF 방식의 금융조달을 지원하기 위해 보다 유연한 정책을 도입하였습니다. 또한, 신흥국들은 PF 구조에 필요한 장기 계약에 보다 익숙해졌습니다.

이번 개정판은 위와 같은 진전사항을 반영하여, 초판에 많은 내용을 추가하였습니다. 추가된 내용은 상업 설비, 국제기구의 반경쟁행위 금지, 신흥국 PF의 채권 금융조달을 제고하기 위한 OPIC의 채권보험 도입, 양자 및 다자 기구의 지원제도 변경사항, 다볼(Dabhol) 프로젝트에서 얻은 교훈, 미니펌과 상환형 미니펌 금융구조, PF에서의 증권화, PF 관련 OECD 협약, 미국 해외부정거래방지법(U.S. Foreign Corrupt Practices Act) 관련 주제를 다루고 있습니다.

개정판을 출판하며 많은 분들께 빚을 졌습니다. 우선, 개정판에도 지원을 지속해 준 Transnational Publishers의 John Berger에게 감사드립니다. 마지막으로, 이 책에 대해 다양한 의견과 제안 및 조언을 제시해 주신 많은 PF 관련 종사자 분들께도 감사드립니다.

무엇보다, 마지막 원고를 마칠 때까지 인내하며 기다려 준 가족들에게도 고마운 마음을 전합니다.

스콧 L. 호프만

오하이오주 매리언에서,

2000년 5월 1일(노동절, Labor Day)

1판 서문

저는 1989년에 『The Business Lawyer』라는 미국 변호사협회 학술지에 PF에 대한 논문인 “A practical Guide to Transactional Project Finance: Basic Concepts, Risk Identification, and Contractual Considerations”를 기고했는데, 이는 그 당시 최초로 널리 유통된 PF 금융기법 입문서였습니다. 저는 제 논문에 대한 호평에 놀라는 한편, 논문의 내용이 금세 시대에 뒤쳐지게 되는 것과, 짧은 논문에 담긴 것보다 훨씬 더 많은 정보들이 존재한다는 것에 다시 한 번 놀랐습니다.

논문을 기고한 후에 PF 금융기법에는 많은 변화가 있었습니다. 저는 지난 7년 동안 축적된 PF와 관련한 풍부한 경험과 자료, 연구성과를 한 권의 책에 모아놓는, 때로는 벅찬 업무를 수행했습니다. 또한, PF가 계약에 기반한 금융기법이긴 하지만, 이 책이 법조계 외의 분야에서도 유용하게 활용될 수 있도록 노력했습니다. 아무쪼록 이 책이 PF 분야에 처음 입문하는 분들을 위한 교육 자료, 기존에는 없던 PF 관련 논문을 찾는 분들을 위한 연구 자료, 그리고 PF 거래 참여자들의 PF 구조화 및 계약서 초안 작성을 위한 도구로 유용하게 쓰이길 희망합니다.

이 책의 주제들은 PF 자문사, 대주단, 정부기관, 사업주, 지분 투자자, 기타 PF 사업참여자들이 무소구 또는 제한소구 방식의 PF를 구조화하고, 관련 계약서의 초안을 작성하여 이를 협상, 검토하는 데 필요한 사항들입니다.

이 책은 크게 10개의 Part로 구성되어 있습니다.

Part 1 : PF의 이해
Part 2 : 국제 위험 및 신용위험을 포함한 PF 관련 위험의 식별, 배분, 그리고 경감방안
Part 3 : PF의 구조
Part 4 : 프로젝트의 기술적, 경제적 타당성
Part 5 : PF 계약서 작성
Part 6 : 신용보강
Part 7 : 차입 및 채권 발행을 통한 금융조달
Part 8 : 프로젝트 담보
Part 9 : 프로젝트 사업주와 투자자 협약
Part 10 : PF 관련 특수한 주제들

본문에 이어 책의 후반부에는 용어 사전, 주요 참고문헌, 그리고 프로젝트 계약을 협상할 때 고려해야 할 이슈 목록을 수록해 두었습니다.

이 책이 출판되기까지 너무도 많은 분들께 빚을 졌습니다. 먼저, Kluwer Law International의 John Berger는 이 책의 기본 아이디어에 대해 공감하고 출판 과정에 인내심을 가지고 지도해 주었습니다. 또한 원고를 검토하며 좋은 의견을 준 Kluwer의 Lisa Cordaro와 Jean Campbell에게도 감사를 표합니다.

이 책의 검토 또는 집필에 도움을 준 PF 분야의 동료들께도 감사 드리며, 제가 참여한 거래 관련 고객 및 파트너들의 가르침에도 고마운 마음을 전합니다. 특히, 제가 짧은 기간이나마 Global Project Finance Group에서 근무할 수 있었던 Nixon, Hargrave, Devans & Doyle 법무법인의 파트너와 동료들(그 중에서도 Bill Andrews, Phil Cronin, Bob Daileader, Mona Ehlenberger(지금은 Skaden, Arps에 재직), George Middleton, Bob Pender(지금은 Hogan & Hartson에 재직), Dan Rowley(지금은 General Electric Company에 재직), Rodger Tighe(지금은 Dewey Ballantine에 재직), Gary Valby)에게 감사드립니다. 마지막으로, 앞에 언급해드린 분들과 마찬가지로 이 책을 완성하기까지 시간과 지원을 아끼지 않은 제 파트너 Robert E. Evans, Jr.와 Jeffrey L. Evans에게도 고마움을 느끼는 바입니다. 물론, 이 책의 내용에 대한 책임은 오로지 저에게만 있습니다.

그 누구보다도, 이 책을 완성하는 데 큰 격려를 준 제 아내 Margo에게 고마움을 느낍니다. 아내의 격려가 없었다면 이 책의 범위는 지금의 10분의 1로 축소되거나, 제 서재 컴퓨터 속에 머물러 있었을 것입니다. 마지막으로, 저의 서재에서 『Goodnight Moon』의 페이지를 들추며 제가 '한 문장만 더' 완성하기까지 참을성 있게 기다려준 4살짜리 딸 Kelsey에게도 이 기회를 빌어 고마운 마음을 전합니다.

스콧 L. 호프만
오하이오주 매리언에서,
1997년 11월 1일(만성절, All Saint's Day)

역자 서문

홍콩, 싱가포르, 대만과 더불어 “아시아의 네 마리 호랑이(또는 용)”로 불리는 우리나라는 제조업을 필두로 국가 주요산업의 글로벌 경쟁력을 키워 빠른 경제성장을 이루어 냈다. 한 국가의 경제는 살아 있는 생물과도 같아서 우리나라 경제 또한 국제화(Globalization)를 거치며 가파른 성장과 그에 따른 성장통을 겪으며 지금도 발전과 변화를 거듭해 가고 있다. 금융위원회 산업금융과는 우리나라 신성장 산업을 발굴 지원하고 기존 산업도 적극적으로 제 역할을 수행할 수 있도록 금융 지원을 통해 우리 경제의 역동성을 유지하는 역할을 수행하고 있다. 정책적인 지원이 필요한 신산업을 발굴·육성하고, 기존 산업도 다른 분야와의 융·복합을 통해 부가가치를 높이고 구조조정 등을 통해 재탄생할 수 있도록 매일같이 여러 분야의 산업 전문가들과 함께 고민을 거듭하고 지원 방안을 모색하는 역할을 수행하고 있다. 이러한 적극적 산업금융 기능을 수행하기 위해 정책금융기관(산업은행, 수출입은행, 기업은행, 신용보증기금, 기술보증기금, 무역보험공사 등)이 정부와 긴밀히 협조하고 민간에서 추진하기 힘든 분야와 리스크가 있는 분야를 중심으로 적극적인 마중물 역할을 담당하여 시장실패 문제를 보완하는 역할을 담당하고 있다. 우리 정책금융기관들은 산업 육성·발전 및 벤처 및 중소기업 지원 등에 있어 선도적인 역할을 수행하여 우리나라를 글로벌 경제에서 손꼽히는 국가 반열에 올려 놓는데 지대한 공을 해 왔고 앞으로도 더 매진할 것이다.

본 번역본은 그러한 과정에서 탄생하게 되었다. 우리나라가 갖고 있는 발전, 도로, 항만 등의 인프라 구축 노하우를 동남아, 동유럽, 중남미, 아프리카 등 개발도상국가에 수출하여 새로운 국가 먹거리를 창출하기 위해 금융위원회와 국토교통부가 정책금융기관과 머리를 맞대고 방법을 고민하는 과정에서 말이다.

“산은, 수은, 무보! 인프라 벤처펀드 협의는 어떻게 진행되고 있어?”

“다들 공감은 하지만 선뜻 먼저 나서기는 어려운 것 같습니다. 대부분 사업이 확실해지고 확정적인 현금 흐름이 나오는 것을 보고 들어가는게 일반적인 금융기관의 행태라…”

“그래서 민간 금융기관은 나서기 힘든 일이니 정책금융기관이 그간 무수히 많은 해외 프로젝트를 진행하며 쌓은 노하우를 바탕으로 벤처정신을 발휘해야 하지 않겠어?"

사실 해당 과제는 다른 정책사업들에 비해 추진하는데 어려운 점이 매우 많은 건이었다. 국내기업이 해외 인프라 개발사업을 발굴하는데 수반되는 초기 리스크를 분산시켜 주는 인프라 전용 벤처펀드는 우리나라에서 한번도 조성된 적이 없었기 때문이다. 또한, 해외 인프라 개발사업에서 확실한 계약이 이루어지기 전까지는 사업개발 가능성, 정치, 법률적 리스크 등 통제하기 어려운 리스크가 너무 커 정부를 포함한 LP(Liquidity Provider, 유동성공급자)들의 비용편익분석이 쉽지 않았다. 빨리 정책을 발표하여 조기에 효과를 극대화하는 것도 중요했지만, 투자에 대한 리스크를 적절히 분산시키면서 우리가 보유한 인프라 개발 노하우의 해외진출을 제대로 견인할 수 있는 정책을 만들어 내는 것이 더욱 중요했다. 그래서 프로젝트파이낸스(Project Finance, 이하 PF)의 여러 가지 사업형태 및 자금공급 과정, 이에 수반되는 리스크에 대한 이해도를 키우기 위하여 금융위원회에서 민간전문가로 근무하고 있는 정책금융기관의 젊고 유능한 직원들과 함께 "신(新) PF의 신(神)"이라는 스터디그룹을 결성하게 되었다.

제대로 된 스터디를 위해서 우리는 먼저 지침서 내지 교재를 찾기 시작했다. 하지만 국문으로 작성된 여러 책들 중에서 다양한 사례를 깊이 있게 다루면서 법률과 비즈니스적 측면 모두에서 다양한 고려사항 들을 심도 있게 다룬 교재가 없다는 점이 아쉬웠다. 특히 해외 인프라 개발사업은 주로 영미법을 준거법으로 채택하여 진행되므로 관련 해외법률체계에 대한 이해도를 높이는 것이 중요한데 이를 중점적으로 다루는 교재는 찾을 수가 없었다. 수소문 끝에 여러 공공기관과 민간기업의 PF전문가들이 기초부터 응용까지 탄탄한 실력을 쌓을 수 있다고 추천하는 두꺼운 원서를 만날 수 있었다.

"우리끼리 공부만 하고 끝내기에는 너무 아쉬우니 조금만 더 시간을 투자해서 이 책 번역본을 출간해 보면 어떨까? 영문으로 보는 것보다 국문으로 보는 것이 편하니 여러 사람들이 두고두고 참고서적으로 활용하기도 좋고 말이야." 다들 생업으로 바쁜 처지였지만 이 또한 시장실패를 보완하는 일이라 믿으며 모두가 의기투합한 끝에 원서의 번역이 시작되었다.

원서를 공부하기 시작한 목적이 되었던 글로벌인프라 벤처펀드는 2017년말, 정부(금융위원회, 국토교통부)와 정책금융기관(산업은행, 수출입은행)이 최종적으로 총 850억원을 공동출자하기로 합의하여 결성되었고, 그 결과 국내 최초의 인프라 벤처펀드가 출범할 수 있었다. 그 후 짬짬이 틈을 내 번역을 하고 몇 개월에 걸쳐 교정을 거듭하는 과정에서 스터디그룹은 발전적 해체를 하였고, 현재는 각자의 위치에서 우리나라와 개인 모두의 발전을 위해 노력하고 있다.

끝으로, 본서가 미국의 금융상황과 법률체계에 맞게 작성된 것이다 보니 국내 민관사업(Public-Private Partnership, PPP)을 진행할 때의 금융현실과는 100% 일치하지 않는 부분이 있을 것이다. 하지만 PF사업은 사업시기, 대상, 이해관계자들의 여러 상황에 맞추어 유연하고 독특한 계약이 이루어지는 경우가 많으므로, 번역자들도 실무를 진행하며 크게 도움을 받은 것처럼 본서에서 다루고 있는 폭넓은 사례들이 국내 PF 실무자들에게 깊이 있는 새로운 아이디어를 제공해 줄 수 있을 것으로 믿는다. 특히 번역자 중에서도 PF 사업이 낯선 자가 있었으나 본서를 공부하면서 단기간에 전문성을 갖추고 실무에 필요한 지식을 습득할 수 있었던 만큼 건설사 등 EPC(Engineering, Procurement and Construction) 회사는 물론 은행, 증권사 등 금융회사에서 처음 PF업무를 담당하는 실무자들이 업무에 바로 적용할 수 있는 지식을 체계적으로 쌓아가는데 도움이 될 것으로 기대하고 있다. 본서의 번역이 마무리되기까지 주변에서 많은 도움을 준 직장 동료들과 가족들은 물론, 번역자들 각자의 바쁜 생업 때문에 평소보다 더 많은 수고를 해준 삼일인포마인 관계자 분들께도 이 자리를 빌어 감사의 말씀을 꼭 전하고 싶다. 여러 개발도상국을 여행할 때 'Korea Packages'를 통해 구축된 다양한 인프라 프로젝트를 보며 뿌듯한 감회에 젖는 날이 머지 않아 오기를 기대해 본다.

목차

Part 1

PF의 이해

Chapter 1

PF의 이해

1.01 PF의 정의

PF(project finance)는 비소구(non-recourse) 또는 제한 소구(limited recourse) 금융조달 방식으로서 차입금과 자본금, 신용보강 등을 복합적으로 활용하여 자본 집약적인 산업에서 특정 시설의 건설, 운영 또는 재융자를 추진하는데 활용되며, 대주는 사업주의 일반 자산 또는 신용도가 아닌 시설 운영을 통해 얻는 예상 수익을 기반으로 신용평가를 실시하고, 제반 수익 창출 계약과 기타 시설로부터 창출되는 현금과 같은 프로젝트의 자산을 차입금에 대한 담보로 활용한다[1].

따라서 PF의 채무는 사업주의 신용공여나 프로젝트의 유형 자산의 가치에 기반하지 않는다. 오히려, 프로젝트의 기술적 · 경제적 성과가 PF의 핵심이라고 볼 수 있다.

---

1) Scott L. Hoffman, *A Practical Guide to Transactional Project Finance: Basic Concepts, Risk Identification, and Contractual Considerations*, 45 BUS. LAW. 181 n.1 (1989)
다른 정의들, 'PF'는 넓은 범위의 금융조달 구조를 가리키기 위해 사용된다. 그러나, 이러한 구조들은 한가지 공통점이 있는데, 이는 금융조달이 사업주들의 신용지원이나 관련된 물질적 자산의 가치에 최우선적으로 의존하지 않는다는 점이다. PF에서 선순위 대출을 제공하는 대주들은 프로젝트 자체의 성과에 상당부분 의존한다.(Clifford Chance, Project Finance I(1991)) 특정한 경제 유닛에 대한 금융조달로, 대주들은 대출금이 상환될 자금의 원천인 경제 유닛의 현금흐름과 수익을 살피고 대출금에 대한 담보로 경제 유닛의 자산을 담보로 살피는 것에 만족한다.(Peter K. Nevitt, Project Finaning 3(1983))
다음을 참조 JEFFREY DELMON, PROJECT FINANCE, BOT PORJECTS AND RISK (2005); GRAHAM D. VINTER & GARETH PRICE, PRACTICAL PROJECT FINANCE (3RD ED. 2005); HOSSEIN RAZAVI, FINANCING ENERGY PROJECTS IN EMERGING ECONOMIES (1996); CLIFFORD CHANCE, PROJECT FINANCE (1991); PETER K.NEVITT, PROJECT FINANCING (7TH ED. 2000); John G. Manuel, *Common Contractual Risk Allocation in International Power Projects*, 1996 COLUM. BUS. L. REV. 37(1996); Harold F. Moore and Evelyn D. Giaccio, *International Project Finance (A Practitioner's Guide to International Banking and Trade Finance)*, 11 N.C.J. INT'L L. & COM. REG. 597 (1986); Stewart E. Rauner, *Project Finance: A Risk Spreading Approach to the Commercial Financing of Economic Development*, 24 HARV. INT'L. L.J.145 (1983); Larry Wynant, *Essential Elements of Project Financing*, HARV. BUS. REV., 1980년 5-6월, p165.

1.02 용어 정리

PF란 용어는 오해로 잘못 사용되는 경우가 종종 있다[2]. 때로는, 자금을 조달하여 프로젝트가 발생시킨 비용을 지급하는 경우에 쓰이지만, 또 어떤 경우에는 구제금융이 필요하여 최후의 금융조달 방법을 나타낼 때 쓰이기도 한다. 최근에 새롭게 쓰이는 정의는 섹션 1.01에서 언급한 대로이다.

PF라고 해서 채무(underlying debt)가 반드시 사업주에 대한 비소구 특성을 갖는 것은 아니다. PF의 채무는 비소구 혹은 제한된 소구 방식 모두 될 수 있으며, 프로젝트가 진행됨에 따라 비소구 방식에서 완전 소구 방식으로 변모하는 등 최근에는 구조화된 PF 방식이 더욱 흔해지고 있다. 반면, 채무 상환에 대한 무한책임(full recourse)이 있는 경우에는 직접 대출이라고 부르며 PF와는 전혀 다른 금융기법이다.

1.03 비소구 방식의 PF

위에 명시한 바와 같이, PF의 일반적인 형식은 사업주의 신용도를 보지 않고 프로젝트의 이점만을 감안하는 비소구 방식이다[3]. 이러한 프로젝트의 신용 평가는 앞으로 발생 가능한 현금흐름에만 기반한다－프로젝트와 관련 없는 사업주의 자산은 포함하지 않으며 별도의 프로젝트 계약서를 체결한다. 채무는 비소구이므로, 프로젝트 현금흐름이 채무를 상환하는데 부족한 것으로 나타난다고 해서 프로젝트 사업주가 채무를 상환하거나 이자를 납부해야 하는 직접적인 법적 책임이 없다.

프로젝트 사업주가 프로젝트를 통해 수익을 창출하는 것이 PF의 기초가 되므로, 프로젝트 계약서는 프로젝트의 실행 가능성과 위험분배의 기본 프레임이라고 볼 수 있다. 물품 또는 서비스 제공 대가로 프로젝트 회사에 금전을 지급하는 행위를 규정하는 계약서는 프

2) 로마시대부터 시작된 PF에 대한 짧은 이야기를 소개하는 저자가 있다. Reinhard Zimmermann, Non－Recourse－The Most Condemnable of Loan Transactions, Project Finance International, 1996년 7월 3일, p62; 또한 ESTEBAN C. BULJEVICH & YOON S. PARK, PROJECT FINANCING AND THE INTERNATIONAL FINANCIAL MARKETS 87 n.1 (1999); Steward E. Rauner, Project Finance: A Risk Spreading Approach to the Commercial Financing of Economic Development, 24 HARV. INT'L L.J. 146 (1983).

3) Hauser v. Western Group Nurseries, Inc., 767 F. Supp. 475, 483 n.11 (S.D.N.Y. 1991)

로젝트 현금흐름을 결정짓기 때문에 매우 중요하다[4].

판매계약서, 원자재공급 계약서, 부동산 임대계약서, 건설 계약서 등 프로젝트의 건설과 운영에 필요한 계약서들은 모두 프로젝트의 수익으로부터 대출금을 상환하는 기대를 지나치게 방해해서는 안 된다. 프로젝트 대주의 관점에서 보았을 때 프로젝트의 위험요소들이 수용 불가능할 경우, 신뢰할 수 있는 제 3자를 통해 신용장 개설, 자본출자 약속, 보증, 보험 설정 등으로 신용을 보강해야 할 것이다. 또한, 프로젝트 계약서는 집행할 수 있어야 대주에게 적절한 담보물로서 가치가 있어야 한다.

기본적으로 PF는 예측 가능한 법적 · 정치적 환경 및 안정적인 시장에서 창출되는 현금 유동성에 의존한다. 만약 환경이 예측 불가능하거나 위험이 적절히 배분되지 않는 경우, 원자재 공급, 제품 시장의 불안전성, 법률의 변화 등 대외적 불확실성으로부터 대주를 보호하기 위해서 추가적인 신용보강이 필요할 것이다. 하지만, 일반적으로 프로젝트는 프로젝트 대주로 하여금 일정한 분산되지 않은 위험에 종속되는 불확실한 환경에 놓여 있다.

PF계약서들은 프로젝트에 특유한 법률적인 문제와 프로젝트가 속한 환경을 예측할 수 있도록 작성되어야 한다. 많은 프로젝트들이 기존 규제 체계로부터 혜택을 얻지만, 만약 프로젝트가 진행되는 동안 필요조건을 충족하지 못한다면 자격을 상실할 수 있다. 정부 허가를 취득하거나 실시협약을 체결하기 위한 선행조건, 천연자원을 효율적으로 사용하기 위한 법률상의 요구조건, 그리고 대기오염 규제 기준 등이 그 예시이다[5]. 이런 상황에서, 만약 프로젝트 참여자의 과실로 조건을 충족하지 못할 경우를 대비해서 계약서에서 각 참가자의 책임을 잘 배분해야 할 것이다.

1.04 제한소구 방식의 PF

전형적인 비소구 방식의 PF는 채무나 프로젝트와 관련된 잠재적 책임을 사업주에게 지우지 않는다. 하지만 이러한 비소구 방식의 프로젝트 방식은 드문 편이다. 대부분의 PF에서는 사업주에게 제한적인 의무와 책임을 지우는 제한적인 소구 방식의 금융조달을 더 자주 사용한다.

4) NEVITT, supra note 1, 183－95; Joseph Ryan & Lorin M. Fife, Take－or－Pay Contracts: Alive and Well in California, 19 URB. LAW. 233 (1987); Robert B. Nolan, Jr., Take－or－Pay Contracts: Are They Necessary for Municipal Project Financing?, 4 MUN. FIN. J.111 (1983)

5) 프로젝트 소재국의 양도와 시행계약은 제14장에서 다루어진다.

금융조달을 하는데 있어서 요구되는 소구권의 범위는 프로젝트의 특유의 위험요소와 신용시장에서 위험요소를 수용하려는 성향에 의해 결정된다. 이를테면, 대주가 프로젝트의 건설 과정에서 중대한 위험요소가 있다고 판단한다면, 프로젝트 사업주로 하여금 위험이 실제 현실화되었을 때 추가 자금을 투입할 것을 요구할 수 있다. 대주는 위험요소가 줄어들거나 건설이 완료될 때까지 프로젝트 사업주의 자산에 대해 소구권을 가질 수 있다. 그 이후에, 대출은 비소구 성격으로 변경된다.

1.05 경제 효율을 위한 구조화 PF

경제적인 측면에서 볼 때 비소구 방식의 PF는 비효율적이고 비싼 자금 조달 기법이라는 의견이 있을 수 있다. 위에 명시된 것과 같이, 비소구 방식에서는 대주가 사업주의 일반적인 자산 혹은 신용도 대신 프로젝트의 예상 수익으로 신용 평가를 하게 되며, 수익창출 및 현금흐름을 규정한 계약서를 포함한 프로젝트의 자산을 채무에 대한 담보물로 설정한다. 프로젝트가 예상했던 것과 달리 수익이 적거나 비용이 많이 발생하게 된다면 프로젝트가 실패로 돌아갈 수 있다. 즉, 예상치 못한 일들이 발생하면 PF 진행에 큰 문제가 될 수 있다.

이러한 위험에 대비하여 불확실성을 회피하기 위해 PF가 구성된다. 이는 근거 계약에 대해서 특히 옳으며, 경제학자들이 제기하는 프로젝트의 비효율성에 대한 논쟁은 이러한 계약서와 관련된 것이다.

예컨대, PF에서 건설 계약서는 프로젝트 회사가 기일 내 정해진 또는 합리적으로 예상 가능한 가격에 완공된 시설을 건네 받을 수 있는 조건하에서 제공되어야 한다. 프로젝트 회사와 시공사 간의 갈등은 건설 계약서의 일괄도급(turnkey) 방식에 기인한다. 해당 방식은 시공사가 정해진 날짜까지 정해진 가격 혹은 예상되는 가격에 완공을 마칠 것을 요구한다. 물론 시공사는 비용이 늘어나고 작업이 지체되어 프로젝트가 잘 이행되지 않을 어려움도 예측해야 할 것이다. 그러므로, 계약금액이 정말 높을 경우를 제외하고는(위험 프리미엄이 충분히 높은 경우), 계약서를 체결할 때 시공사가 반드시 요구해야 할 세 가지 조건은 프로젝트 비용이 수정될 위험을 줄이는 것과 프로젝트 지연에 대해 충분한 보상을 계약서상에 명시하는 것, 그리고 만족스러운 프로젝트 수행을 보장하기 위한 충분한 시간을 제공받는 것이다.

프로젝트 회사와 대주에게 건설 비용이 조달할 수 있는 건설을 위한 대출, 다른 차입금, 그리고 자본금을 넘는 경우는 PF에서는 큰 위험이다. 증가된 건설 비용은 건설기간 중 증가된 대출상환 비용이 될 수 있으며, 건설을 마칠 수 있는 충분한 금융조달이 되기 어려울 것이다. 조달이 된다고 하더라도 건설을 완료하기 위해 요구되는 추가적인 대출로부터 비롯된 증가된 원리금 납부가 어려워지는 결과로 이어질 수 있다.

시공사가 이러한 위험을 부담하게 만들기 위해서는 프로젝트 회사가 보험료에 상응하는 것을 지급해야 한다. 기한 내 정해진 비용 선에서 완공을 마치는 시공사에게 제공해줄 수 있는 보상은 계약서 상에 보너스 형태로 명시하며, 만약 프로젝트가 예정된 날짜보다 빨리 완성된다면 프로젝트 회사가 시공사에게 지급하기로 한다. 대신 프로젝트 회사는 건설비용을 정확히 예측할 수 있게 된다. 그러나 계약에 포함된 위험을 분산하기 위해서 지급된 비용은 결코 적지 않다. 게다가 추가로 지급된 보험료는 프로젝트 자산의 가치를 높여주는 것만은 아니다. 이 비용은 시공사가 추가로 부담하는 위험에 대한 프리미엄일 뿐 시설의 가치나 성능의 향상으로 이어지는 것은 아니다.

프로젝트 회사가 건설 비용이 초과되어 필요한 자본을 조달할 수 있는 상황에서는, 직접 초과비용이나 지연에 대한 위험을 부담할 수도 있다. 만약 직접 책임을 지겠다 하면 보험료를 더 이상 시공사에게 지급할 의무가 없어 시공사가 받는 가격은 낮아진다.

이러한 기법은 구조화 PF이라 불린다. 구조화 PF에서는 사업주가 불확실성을 어느 정도 감수하는 대신 다른 계약 당사자들에게 지급할 보험료를 줄인다. 대주는 시공사, 연료공급자와 같은 프로젝트 계약 당사자들에게 다 전가하지 못한 위험을 사업주가 부담하길 원하기 때문에 사업주가 일부 책임을 질 수 있다. 그러나, 대주에게 의미가 있기 위해서는 구조화 PF 기법은 사업주가 필요시 프로젝트 회사에 추가 자본이나 차입금을 투입할 수 있는 자산을 사업주가 가지고 있을 것을 요구한다.

예컨대, 프로젝트 회사와 시공사는 정해진 기간 안에 시공사의 능력 범위 내에서 완공을 마칠 것을 규정하는 계약을 체결할 수 있다. 프로젝트의 타당성을 평가하는 자문사는 시공사가 완공에 충분한 시간이 있고 계약서에 따라 정해진 시간 내에 프로젝트를 완성할 수 있는지 여부를 판단한다.

완공 지연은 건설비용의 증가와 함께 대출금 상환 비용의 증가도 초래할 수 있다. 이와 같은 지연은 대출금 상환 및 운영, 보수 비용에 필요한 프로젝트 수익의 예상 현금흐름에 영향을 줄 수 있다. 게다가, 프로젝트가 지연될 경우 원자재공급 계약서와 생산물 공급계약과 같은 프로젝트 계약에 따른 피해 보상금을 지급하거나 계약자체가 해지될 수 있음에 유의해야 한다.

그럼에도 불구하고, 이런 상황은 자문사와 프로젝트 사업주의 전문 지식과 경험에 비추어 봤을 때 가능성이 낮다고 판단되면 프로젝트 사업주는 그런 위험을 일단 받아들인다. 프로젝트 대주는 이런 위험이 실현될 것을 대비하여 프로젝트 회사에게 추가 자본의 투입 등을 요구할 수 있다. 물론, 사업주는 결국 이러한 의무를 질 재정 여력이 충분해야 할 것이다. 대신 프로젝트 사업주는 시공사에게 보험료를 지급하지 않으면서 건설 비용을 일부 줄일 수 있다. 결국, 적어도 건설 기간 동안에는 프로젝트 사업주에게 책임이 발생하는 것이다. 그 이후 대출 계약서에서 명시한 시간 내에 프로젝트가 완성될 경우, 프로젝트는 비로소 비소구 방식으로 바뀔 수 있다.

1.06 다른 금융기법과의 비교

[1] 기업금융(Balance Sheet Finance)

PF는 기업금융과 대조를 이룬다. 기업금융 방식은 먼저 인프라 개발 및 건설을 위한 자금을 조달하기 위해 이익잉여금을 사용하거나 단기채무를 발생시킨다. 완공 후에도 프로젝트가 지속적으로 자금이 필요할 경우에는 장기채무, 유상증자(equity sales), 혹은 다른 금융 기법을 활용해 필요한 자금을 조달한다.

만약 대출을 통해 금융조달을 하기로 했다면, 특정 독립 프로젝트와 반대로 대출 의사결정은 종합적인 기업의 재무상태에 기반하여 이루어진다. 대주는 프로젝트의 개발, 건설 및 운영에 필요한 자금을 대출해주고 담보를 설정하기 위해 기업의 현금흐름과 자산을 평가한다. 새 프로젝트가 기업의 지속 가능성에 미치는 영향을 포함하여, 기업의 신용 상태가 의사결정의 중심이 된다.

금융조달 방식으로 기업금융을 선택하는 것은 기업철학에 달렸다. 프로젝트가 기업금융을 사용할 수 있는지 여부는 기업이 필요한 자금을 타당한 비용을 지급하면서 얻을 수 있는지, 프로젝트 사업주의 투자 기준을 충족하는 수익 창출이 예상되는지, 프로젝트 위험이 수용 가능한지, 그리고 다른 종류의 금융조달이 프로젝트 사업주에게 더 유리한 건 아닌지를 확인하고 결정하게 된다.

[2] 자산기반 금융조달

PF와 보유자산에 기반한 금융조달 방식은 매우 다르다. 자산에 기반한 금융조달은 회사가 보유한 자산의 가치에 달려있다. 하지만, PF에서는 오직 프로젝트가 앞으로 채무를 상환하기에 충분한 수익을 창출할 수 있는지를 본다. 따라서 PF에서는 유형자산을 당장 유동화시켜도 대출을 상환시킬 만큼 그 금액이 충분하지 않을 것이다.

1.07 PF의 활용

PF는 세계 각지에서 인프라 건설을 위한 유용한 금융조달 수단으로서 활용되고 있다. 개발도상국과 같은 새로운 인프라에 대한 요구가 크게 증가하는 시장에서는 PF가 중요한 자금 조달 수단이 되고 있다. 특히, 국가 중심 관리경제체제에서 시장경제체제로 변모하는 국가에서는 제대로 관리가 안된 기존 인프라를 개선하거나 새로운 시설로 대체하려는 움직임이 커지고 있다. 대규모 부채와 자본을 필요로 하는 에너지, 교통, 기타 인프라 산업과 같은 위험이 수반되는 프로젝트에서는 PF이 거의 유일한 금융조달 수단이 된다[6].

이러한 모델의 PF을 활용하는 사업은 규모가 크고 다음 두 가지 이유로 대규모 금융조달이 필요하다. 첫째는, 개발과 운영을 통해 규모의 경제를 누리기 위함이며, 둘째는 빠른 시일 내에 많은 인프라를 건설해야 하는 시급함 때문이다[7].

1.08 PF의 기본 요소

모든 PF는 거의 똑같은 기본 요소들을 가지고 있다. 대부분의 PF는 은행, 기관투자자 또는 정부기관을 통해 발행한 부채, 또는 사업주나 다른 프로젝트 참여자들이 발행한 후순

---

6) Daniel Hurstel & Mary Ann Carpenter-Pecquet, Privatization and the Public Interest, 13 InT'L FIN. L. REV. 34 (1994). 개발도상국의 민영화 노력 및 해외투자에 대한 요약은 다음을 참조, Christoper J. Soi, Comment, Project Fianance and Facilitation Telecommunications Infrastructure Development in Newly-Industrialized Countries, 12 COMPUTER & HIGH TECH. L.J. 435 (1996).

7) David Baughman & Matthew Buresch, *Mobilizing Private Capital for the Power Sector: Experience in Asia and Latin America,* Joint World Bank-USAID Discussion Paper (1994)

위채를 활용한다. 담보물은 관련 차입금 상환의무를 이행하기 위해 계약이 보장해주는 권리(contract rights)와 향후 창출되는 프로젝트의 수익의 양도의 형태로 설정된다. 또한, 프로젝트 사업주나 제 3자로부터 다양한 종류의 신용 보강을 받아 안정성을 높일 수 있다. 마지막으로, 투자자가 프로젝트의 운영과 관련하여 능동적이든 수동적이든 자본금은 필요하다. 궁극적으로 선택된 PF의 정밀한 구조는 프로젝트의 실행 가능성과 사업주의 목표에 달려있으며, 다양한 변수에 의해 결정된다. PF 구조에 대한 설명은 제6장에서 다룬다.

1.09 PF의 장점

PF는 기업들이 다양한 목적을 달성하기 위해 활용된다. 자본력을 갖춘 성숙한 기업은 최소한의 위험 부담으로 대규모 자금을 투입하기 위해 PF 구조를 선택한다. 소규모 개발기업(Entrepreneurial developers)은 다양한 장소에서 여러 프로젝트를 동시에 진행하기 위해 PF을 활용하며, 프로젝트 간 서로 독립적이고 적은 자본을 투입할 수 있어 매력적이다. 이러한 목적들에는 다음의 것들이 포함된다. (i) 비소구 또는 제한소구 방식의 금융조달, (ii) 부채의 부외거래 처리, (iii) 기존 주식의 희석을 피하기 위한 레버리지 활용, (iv) 프로젝트 개발을 방해하지 않게 하기 위한 다른 차입 또는 자본조달 계약의 제한 조항 회피, (v) 사업주에게 제공되기 어려운 직접대출보다 더 유리한 프로젝트 그 자체에 조달 가능한 차입금 조달과 신용보강의 마련, (vi) 자기자본 활용의 완화, (vii) 비상위험[8]의 완화하기 위한 사업주의 투자 다변화, (viii) 위험 배분, (ix) 프로젝트 자산에 한정되는 담보, (x) 신용상의 문제가 발생한 대출의 채무재조정과 관련해 대주에게 더 많은 인센티브를 제공하는 것, (xi) 자산·부채 매칭, (xii) 넓은 신용제공 기회 등이다. PF의 이점은 각 프로젝트의 위험의 특성, 자본 수요, 금융조달 여력, 동기 등에 따라 달라진다.

[1] 비소구 방식의 금융 기법 – 반드시 그렇진 않다

전형적인 비소구 방식 프로젝트금융의 장점은 프로젝트 수익이 원리금 상환에 충분하지 않더라도 사업주에게 상환에 대한 의무를 요구하지 않는다는 것이다. PF의 비소구적 특성

8) *Political Risk의 내용으로 전쟁, 내전과 같은 정치적 성격의 위험뿐만 아니라 수용, 송금과 같은 정부의 경제정책의 변경과 같은 경제적 성격의 위험도 포함되기 때문에 "비상위험"이란 표현으로 통일하고자 한다. – 번역자 주*

은 각각의 프로젝트에 재정적인 독립성을 보장하고 이중 특정 프로젝트가 경영난에 빠져도 사업주의 자산을 보호한다. 전형적인 비소구 방식의 대출 조항은 프로젝트 담보를 제외하고는 어떠한 채무 불이행에 대해서도 사업주나 그 자회사에 대해 어떠한 책임을 물을 수가 없다는 내용을 담고 있다[9]. 그러므로 대주는 PF 대출과 관련한 권리 및 의무를 이행하는데 있어서 오직 프로젝트 담보물에만 의지할 수밖에 없게 된다.

PF 채무의 비소구적인 특성은 자금 조달 기간 내내 유지될 필요는 없다. 프로젝트 개발 단계 중 일정 기간 동안에는 사업주에게 책임을 부과할 수 있도록 소구 방식의 대출이 가능하다. 예컨대, 그러한 구조에서 프로젝트가 증명되지 않은 새로운 기술을 사용하여 위험이 존재한다고 판단되면, 채무에 대한 프로젝트 사업주의 책임은 건설 기간으로 제한될 수 있다. 그 이후에, 만약 그 해당 기술이 최소한의 성능 테스트를 통과하여 효율성을 입증한다면, 대주는 프로젝트 사업주에게 더 이상 책임을 지우지 않고 위험을 사업주의 자산에서 프로젝트의 자산으로 옮길 수 있다.

PF 대출 계약서에서 볼 수 있는 비소구 조항은 다음과 같다.

The [Project Sponsor] shall not be personally liable for payment of the amounts evidenced by the Note executed by the [Project Company].Nothing contained herein, however, shall (i) preclude the [Lender] or any holder of the Notes from exercising any right or enforcing any remedy under this Agreement, or the Note, whether upon an Event of Default or otherwise, under this Agreement, the Note, or any other Collateral hereunder or furnished as security for any of the indebtedness evidenced by the Note, or (ii) limit the [Project Sponsor's] liability hereunder in respect of any damages suffered by the Lender as a result of any inaccuracy of any representation in this Agreement or as a result of any fraudulent conduct on the part of the [Project Sponsor].

한편, 대출계약 외에도 다음에서처럼 다른 계약서에도 비소구 방식이 언급될 수 있다.

Any claim against the Sponsor [actual project owner] that may arise under this Agreement shall be made only against, and shall be limited to the assets of, the [Project

9) 비소구, 제한소구의 용어는 때때로 서로 바꿔서 사용하기도 한다. 학술적인 용어와 관계없이 달리 합의되지 않는 한, PF는 사업주에게 소구가 가능한데, 금융조달과 관련되어 사기적 진술에 대한 제한적인 책임에 대해서만 소구가 가능하다. 다음을 참조 12 S. WILLISTON, A TREATISE ON THE LAW OF CONTRACTS §§1486-1509 (1970)

Company], and no judgment, order, or execution entered in any suit, action, or proceeding thereon shall be obtained or enforced against any partner of the [Project Company] or the assets of such partner or any incorporator, shareholder, officer, or director of the [Project Company] or such partner or against any direct or indirect parent corporation or affiliate or any incorporator, shareholder, officer, or director of any thereof for any purpose of obtaining satisfaction of any payment of any amount arising or owing under this Agreement.

만약 프로젝트 사업주 중 한 명이 운영자나 원자재 공급자 등 다른 역할을 동시에 하게 된다면 개념적인 문제가 생길 수 있다. 그러한 환경에서는 비록 바탕이 되는 PF 대출이 개념상 사업주에 대한 전형적인 소구권이 없더라도, 계약서 상의 확약, 보증 등 기타 명시된 의무에 대해서는 법적 책임이 발생할 수도 있다.

[2] 부외금융 회계처리

PF의 두 번째 목적은 부채에 대해 부외금융 회계처리를 하는 것이다[10]. 보통 미국의 회계 규정은 모회사가 자회사의 재무제표를 반영하는 연결재무제표를 만들 것을 요구한다. 모회사가 50% 이상 지배하는 자회사가 있는 경우, 전 계정 모두 연결 방식으로 통합해야 하지만, 그렇지 않은 경우 지분법을 사용하며, 지분율만큼 자회사에 대한 투자 평가손익을 기입하는데 그치고 부채를 모회사 재무제표에 기입하지 않아도 된다[11].

영국에서는 부채에 대한 부외금융 처리가 다소 어려워졌다[12]. 이전에는 프로젝트 사업

10) 부외금융 조달에 대해 다음을 참조 David L. Landsittel & John E. Stewart, Off-Balance-Sheet Financing; Commitments and Contingencies, in HANDBOOK OF MODERN ACCOUNTING 26-2 TO 26-23 (Sidney Davidson & Roman L. Weil ds., 4th ed., 1980)

11) 美회계기준위원회(FASB) 기준서 94번(과반지분 소유 모든 자회사의 연결)은 자회사가 모회사와 다른 영업을 영위하든, 큰 소수지분 보유자가 있든, 중대한 해외 제한사항이 있든 회사로 하여금 자기 재무제표에 모든 과반지분 소유 자회사에 대한 재무정보를 연결하도록 요구한다. 성명서에 따르면, 자회사를 일시적으로 통제하거나 과반지분 소유자가 자회사에 대한 영향력이 없지 않는 한(예컨대 자회사가 법정관리나 파산 중인 경우), 재무제표를 연결해야 하는 것을 요구한다. 또한 성명서는 자회사들이 연결된 이후에 기존 연결되지 않은 과반지분을 소유한 자회사의 자산, 부채에 대한 정보의 요약과 운영 결과 또는 별도의 성명이 제공되도록 요구한다.

12) 영국 기업법(English Companies Act) 258조는 "이해관계"를 갖고, 파트너십에 "지배적인 영향력"을 행사하는 경우 사업주로 하여금 자산의 회계를 파트너십 회계와 연결하도록 하고 있다. "이해관계"는 "한 사업체가 다른 사업체의 지분을 갖고 있는 것으로, 그러한 이해로부터 발생하거나 그 이해와 관계된 조정력 또는 영향력을 행사함으로써 당해 사업체의 영업활동에 기여를 할 것을 목적으로 소유하는 것"으로 정의된다.

주와 프로젝트 회사 사이의 통합이 필요 없도록 법인을 별도로 설립하는 것이 가능했지만 이제는 합작 투자(Joint Venture)가 아니면 분리할 수 없게 만들었다.

영국과 미국에서는 PF의 장점이었던 부외금융 회계처리가 갈수록 줄어들고 있다. 대주와 투자자에 대한 채무상환 위험은 대차대조표에 표기되지 않는다고 사실상 줄어든 것이 아니기 때문이다. 상기 이해관계자들을 비롯한 신용평가회사들은 이런 정보가 주석에 기입되어 있지 않아도 이를 파악하는데 능숙해졌다.

[3] 레버리지 활용

PF 사업주의 세 번째 목적은 기존 주식을 희석하지 않고 높은 레버리지를 사용하는 것이다. 이러한 장점은 제한된 자원을 가진 소규모 개발기업(Entrepreneurial developers)들이나 투자수요가 높고 자본력이 강한 기업들이 잘 활용한다.

그러나, 대주가 PF에서 높은 지분투자를 선호하지 않는다는 의미는 아니다. 그들은 높은 지분투자를 선호한다. 대주가 허용하는 레버리지 수준은 프로젝트마다 다르다. 흔히, 레버리지 비율은 75%~80%이지만, 가끔은 90%~100% 사이의 비율로도 이루어지곤 한다[13]. 일반적으로, 신흥국에서 진행되는 프로젝트를 위한 자본의 필요조건은 20%~25%이고 이보다 높은 경우도 많다.

필요한 지분투자 규모는 대주가 인식하고 있는 프로젝트의 위험요소에 따라 달라진다. 정확한 비율은 프로젝트가 진행되는 국가, 프로젝트의 경제성과 프로젝트에 의해 상환 가능한 정도, 시공사 또는 장비공급자와 같은 다른 프로젝트 참여자들이 지분을 투자하는지 여부, 금융을 조달하는 대주 사이의 경쟁도 등 다양한 요인에 영향을 받는다.

또한, 대주의 입장에서는 프로젝트 사업주가 얼마만큼 지분을 투자하는지에 따라서 프로젝트에 대한 책임 정도를 가늠하게 되며, 이에 따라 일정 수준의 지분을 투자할 것을 요구한다. 이는 프로젝트의 자본 비율과 사업주의 책임감이 직접적인 상관관계를 가진다는 대주의 시각을 반영하는 것이다. 즉, 프로젝트 사업주에게 받은 자본이 많을수록 사업주가 약정하는 내용도 커지는 것이다.

이러한 점은 신흥국의 PF에서 쉽게 찾아 볼 수 있다. 비교적 높은 수익률을 창출하는 대규모 지분투자는 프로젝트 수익성이 예상 못한 위험으로 악화되면 사업주가 직접 개입할 가능성이 높다는 점을 확실하게 해준다.

지분 투자가 사업주의 지원을 높인다는 시각은 프로젝트의 생산물 구매자들이 대부분

13) Wynant, supra note, 1, 170. PF에서의 지분투자에 대한 논의는 다음을 참조 Matthew Barrett, Putting on the Line, EUROMONEY, 1987년 10월, p119.

공감하는 내용이다. 예컨대, 일부 신흥국가에서는 장기적인 제품과 서비스의 공급을 보장받기 위해서 프로젝트 회사가 일정 수준 이상으로 출자할 것을 요구하기도 한다.

후순위 채권은 PF에서 자본금 대용으로 쓰일 수 있다. 간혹, 후순위채로 돈을 빌리는 사업주에게는 이자비용 지급에 따른 세금 감소 등과 같은 이점이 있다. 물론, 대주단은 후순위채가 선순위 대출에 비해 대금상환과 담보물 우선순위상 순위가 낮다는 점을 확인하고 싶을 것이다.

[4] 다른 사업의 제한 조항(restrictive covenants) 회피

PF를 택하는 네 번째 이유는 사업주가 기존 대출계약이나 프로젝트 사업주 레벨에서 발생하는 계약상의 부채비율이나 교차 채무불이행 조항 등과 같은 제한 조항을 준수하지 않아도 되기 때문이다. PF는 사업주의 기존 영업이나 다른 프로젝트와 분리되어 독립적이기 때문에, 기존의 제한 조항은 PF에 영향을 미치지 못한다. 이와 유사하게, PF의 특성상 기존 대출계약들에서 금지할 수 있는 범위까지 채무를 부담할 수 있도록 한다. 다만, 프로젝트에서 발생하는 계약의 불이행이 모회사에 악영향을 끼치지 않도록 모회사의 금융조달 계약서를 유심히 검토할 필요가 있다.

[5] 유리한 계약 조건

PF는 다른 금융조달 수단보다 더욱 낮은 금리와 신용보강의 기회를 제공하기 때문에 인기가 많다. 때로는 프로젝트에 대한 신용 평가가 프로젝트 사업주의 신용평가보다 더 나은 경우가 있다. 그러므로, 더 유리한 위험 내용은 유리한 금리와 낮은 신용보강 비용 조건을 제공한다.

[6] 사내 자본투입 정책 결정

사업주가 신규 자본에 대해 높은 목표 수익률을 설정한다면 PF가 투자자들 사이에서 매력적인 투자처로 돋보일 수 있다. 목표 투자 수익률을 설정하는 회사들은 대부분 PF을 이용하면 수익성이 개선된다고 평가하기 때문에 최소한의 자본금을 투입하면서 레버리지를 많이 활용하는 것이 가능할 것이다.

[7] 비상위험의 분산

비소구 방식으로 금융을 조달하는 특수법인의 설립은 사업주의 글로벌 투자를 다변화하고 특정국가에서 진행되는 개별 프로젝트를 넘어서는 비상위험의 효과를 제거하기 위해서 이뤄진다. 따라서 특정국가에서 발생하는 비상위험의 경제적 효과는 다른 국가에서의 다른 프로젝트에 영향을 주지 않는다.

[8] 위험의 분담

프로젝트 사업주는 대주를 포함한 프로젝트 참여자 모두에게 위험을 분담시킬 수 있다. 이러한 위험 분산 또는 분담은 각각의 프로젝트 참여자가 위험을 떠안고 프로젝트를 성공으로 이끌 수 있도록 유도하기 때문에 프로젝트 성공 가능성을 더욱 높인다. 다른 프로젝트 참여자에게 위험을 분담시키는 것은 경제적인 비용을 발생시키지만, 프로젝트 사업주는 비용이 합리적일 경우 비소구 또는 제한적 소구 방식의 필수 요소로 인식하여 이를 감내할 것이다.

[9] 프로젝트 자산에의 담보권 제한

비소구 방식의 대출은 프로젝트의 자산만이 유일한 담보물이라는 전제를 가지며, 프로젝트 사업주의 다른 자산은 담보물로 제공되지 않는다. 비록 이것이 일반적인 구조이지만, 이 장에서 논의된 바와 같이, 제한된 소구 방식도 흔히 활용되고 있다.

[10] 대주는 담보권 행사보다 워크아웃 참여를 선호

비소구 또는 제한적 소구방식의 PF는 프로젝트가 재정적 어려움을 겪을 경우 별다른 구제방법을 제공하지 못한다. 또한, 프로젝트 자산은 프로젝트 계약서에 의해서만 자산가치가 발생하고, 프로젝트 계약서는 프로젝트 시설이 운영될 때 가치가 있으므로, 대주가 대출금을 상환받을 수 있는 사실상 유일한 실질적인 방법은 프로젝트가 운영되는 것이지, 담보권 행사나 매각으로는 부채를 상환 받을 수 없다. 가령, 대주가 유료도로 PF을 압류하여 운영을 더욱 힘들게 만들 경우 프로젝트 수익성은 더욱 떨어지게 되고 결국 도로는 무용지물이 되어 회수 가능성이 더욱 낮아질 것이다.

[11] 특정 자산과 부채의 매칭

PF는 사업의 특정 자산과 부채를 매칭시켜준다. 각각의 독립적인 프로젝트의 자산과 사업주의 자산은 분리하고, 프로젝트의 자산은 프로젝트의 부채와 직접 매칭시킨다. 이로써 대주와 투자자들은 각각 프로젝트의 수익성을 더욱 쉽게 평가할 수 있게 된다.

[12] 신용 기회의 확대

PF거래는 보통 장기 구매 계약이 제공하는 신용 지원에 의존하므로, 사업주는 프로젝트의 수요자인 생산품 구매자의 신용도가 좋으면 함께 그 혜택을 누릴 수 있다. 즉 구매자가 높은 신용등급을 받았다면 사업주의 차입비용이 낮아질 수 있다. 하지만, 이러한 경우는 구매자의 신용도가 프로젝트 사업주의 신용도보다 높을 경우에만 가능한 일이다.

1.10 PF의 단점

[1] 위험 배분의 어려움

PF의 핵심은 프로젝트 위험요소를 정확히 파악하고 배분하는 것이다. 만약 프로젝트가 성공적으로 진행되려면, 위험요소들이 프로젝트 참여자에게 효율적으로 배분되어야 한다. 이러한 위험요소들은 제 3, 4장에서 자세히 다뤄진다. PF는 다양한 이해관계를 가진 많은 참가자들이 참여하는 복잡한 거래이다. 위험요소 배분에 대한 갈등은 대출의 소구권 정도에 따라 대출자와 사업주 사이, 또 보증의 특성에 따라 시공사와 사업주 사이에 발생하며, 위험에 대한 협상이 길어지면 비용이 증가하는 결과를 낳게 된다.

이러한 위험 배분의 어려움으로 신흥국에서는 PF이 뒤늦게 안착했다. 신흥국의 신용보강 능력에 대한 수요는 무수히 많아, 이들 국가들은 위험 배분을 수용하고 신용보강 효과로 충분한 자산 또는 대금지급 약정으로 이를 뒷받침할 수 있는 능력을 무제한으로 가지고 있지 않다. 그렇기 때문에 국제금융공사(IFC)와 수출입은행과 같이 제도상으로 프로젝트의 위험을 감수할 수 있고 자금 조달을 할 수 있는 국제개발금융기구들의 참여를 필요로 한다.

[2] 대주의 위험 가중

프로젝트 참여자들과 더불어, 대주가 부담하는 위험도 작지만은 않다. 원칙적으로 대부분의 국가에서 은행들이 지분투자 위험에 대한 부담을 지지 않는다고 하지만, PF에서는 많은 위험들이 효과적으로 배분되지 않는다. 고위험 시나리오에서 대주가 부과하는 수수료는 다른 거래에서보다 더 높고, 대주가 고용한 변호사, 엔지니어, 그리고 다른 컨설턴트가 실시하는 실사 과정은 많은 비용을 수반하게 된다.

[3] 높은 이자비용과 수수료

이와 유사하게, PF의 이자비용은 사업주가 직접 대출을 받을 때보다 높을 수 있다. 물론, 시장 상황에 따라 이자율이 변하기 때문에 꼭 그렇지만은 않다. 게다가, 계약서 작성 등 서류 작업이 복잡하고 많은 시간이 소요된다. 이는 전통적인 자산기반 대출보다 더 높은 거래비용이 발생할 것임을 의미한다.

[4] 대주의 관리감독

PF의 또 다른 단점은 대주가 프로젝트의 경영과 이행에 관해 더 많은 관리감독을 한다는 것이다. 그럼에도 불구하고 대주는 차주에 대한 과도한 통제에 따른 책임을 피하려 하는 것이 일반적이다[14]. 이러한 의무는 대출계약서에 포함되어 있으며, 이는 프로젝트 회사가 대주의 승인 없이 계약서를 수정하지 못하고 대주단에 연간 운영예산을 보고하도록 요구한다.

건설, 시운전, 정상가동 단계에서 대주가 실시하는 관리감독 비용은 프로젝트 회사가 일반적으로 부담하는 비용보다 높다. 가령, 사업 진행상황을 점검하기 위해 대출 기관이 고용한 엔지니어, 컨설턴트들의 사업현장 방문, 검토 및 기타 컨설팅 서비스가 요구된다.

또한, 프로젝트 사업주에 대한 제한된 소구권은 PF에 내재된 특성으로, 채무 불이행 상황일 때 대주가 제시할 수 있는 현실적인 해결책은 매우 제한되어 있다. 일반적으로, 조달된 유형자산은 프로젝트 계약서와 결합되어야 가치가 생기고 프로젝트 계약서는 사업이 운영될 때에 비로소 가치가 있으므로, 대주가 부채를 상환 받기 위한 유일한 방법은 프로젝트의 운영을 통하는 것이다. 이 밖에 효과적인 해결책이 없다면 대주는 강도 높은 실사를 진행하고 제한 조항 등을 추가하여 스스로를 보호할 것이다.

---

14) K.Thor Lundgren, Liability of a Creditor In a Control Relationship With Its Debtor, 67 MARQUETTE L. REV. 523 (1984)

[5] 대주에 대한 보고의무

PF에서 대주가 프로젝트 회사에 필요한 정보를 요구하는 것이 굉장히 많아진다. 보고의무가 있는 정보는 재무보고서, 프로젝트 운영에 대한 정보, 불가항력 사건의 발생 및 대응조치, 채무불이행 통지와 같은 프로젝트 계약서에 따른 통지의 전달 등이다.

[6] 보험 대상의 확대

PF의 비소구 특성 때문에 대주와 투자자들의 위험 회피 성향이 높은 편이다. 따라서 적정한 보험료를 내면서 위험을 커버할 수 있다면, 보험을 활용하는 것도 한 방법이다. 다만, PF에서는 보험이 다른 거래에서보다 훨씬 비쌀 수 있다. 한편, 해외 프로젝트에서는 비상위험에 대한 보험이 추가로 요구될 것이다.

[7] 잠재적으로 수용 가능하지 않은 위험의 부담

PF에서는 결국 위험 배분이 핵심이다. PF의 비소구 또는 제한소구적인 특성에 의해 위험 분산이 요구된다. 그 결과, 소구하지 않는 부채를 가지면서 프로젝트 사업주가 적극적으로 위험을 수용할 가능성이 더 많다[15].

1.11 국제 PF

국제 PF, 글로벌 PF 또는 다국적 PF라고 불리는 PF는, 세계 각지에서 개발, 건설, 운영, 금융조달, 투자모집 등을 각각 담당하는 참가자들이 모여 진행되는 프로젝트이다. 이 기법은 신흥국이나 산업이 잘 발달된 국가나 폭넓게 사용되고 있다.

15) 전통적으로 공공부문에서 제공되던 인프라 시설에 대해서 이러한 위험 부담이 특히 수용 불가하다는 점에 대한 논쟁이 있어 왔다. Jonathan R Macey, The Limited Liability Company: Lessons for Corporate Law

1.12 PF를 통한 인프라 개발 사례

[1] 발전

PF는 새로운 발전 시설 건설을 위한 금융조달 기법으로 반복적으로 사용되고 있다[16]. 이는 미국처럼 산업이 크게 발달한 국가나, 동유럽 및 태평양 지역 등의 신흥국, 그리고 남미처럼 엄청난 인프라 수요가 있는 국가에서 사용되고 있다.

신흥국에서는 PF가 전력의 비시장적(non-market-based) 개발에 대한 대안을 제공한다. 전통적으로 이들 국가에서 전력은 수직적으로 통합된 국영기업들이 독점하여 전력의 발전, 송전, 배전까지 책임졌으며, 공익사업 명목으로 자금을 차입하고 지방정부나 다양한 고객층(기업 또는 지역주민)으로부터 자금 지원을 받아왔다. PF는 국영기업들의 독점으로부터 민자발전으로 전환할 수 있도록 기회를 제공한다. 이들의 독점은 기존 자산 민영화, 새로운 전력발전의 민간 개발, 그리고 국영기업의 전력 구매를 통한 송전, 배전 등 다양한 방법을 통해 민영화될 수 있다[17]. PF는 신뢰할 수 있는 시설에서 생산한 전기를 안정적으로 구매하는 자와 장기 공급계약을 체결할 경우에 가능하다.

프로젝트 단위로 자금을 조달하는 민간 전력 개발 프로젝트는 시설을 개발, 소유 그리고 운영하기 위해 특정한 목적으로 설립된 특수목적법인(SPC, special-purpose company)에 의해 진행된다. SPC는 다른 자산을 보유하지 않고 과거 운영 경험도 없는 회사다. 대주는 프로젝트 현금흐름을 바탕으로 채무 상환을 받게 되며 모든 프로젝트의 자산을 담보로 설정한다. 전력판매계약은 off take 계약의 한 형태로 프로젝트의 핵심이다. 이 계약은 전력 구매자가 장기간에 걸쳐 정해진 가격에 전력을 구매해야 하는 의무를 발생시킨다. 프로젝트가 채무를 상환하는데 충분한 수익을 창출하지 않을 경우, 프로젝트의 대주단은 프로젝트 자산에 대하여 소구권을 갖는다.

[2] 파이프라인, 보관 및 정제시설

새 파이프라인과 정제시설의 개발 또한 PF의 성공적인 이용 사례다. 거대 천연 가스 파이프라인과 석유 정제시설 개발사업은 PF를 통해 자금을 확보해왔다. PF가 사용되기 전에

16) Ada K. Izaquirre, *Private Participation in Energy*, PUBLIC POLICYFOR THE PRIVATE SECTOR, WORLD BANK NOTE No. 208 (2000년 5월). Michael J. Schewel, *Jurassic Sparks! Project Finance Revives Extinct Deals*, 12-APR PROB & PROP. 26 (1998); Nagla Nassar, *Project Finance, Public Utilities, and Public Concerns: A Practitioner's Perspective*, 23 FORDHAM INT'L L.J. 60 (2000)

17) RAZAVI, supra note 1, 305 (1996)

는 이러한 시설들은 석유회사들의 내부 현금 창출 또는 정부의 지원 등을 통해 자금을 조달해왔다.

[3] 채굴시설

PF는 칠레, 페루, 호주 등 다양한 국가에서 구리, 철광석 그리고 보크사이트 광산 개발을 위한 금융조달 기법으로 이용되기도 한다[18].

[4] 유료도로

유료도로는 PF를 통해 금융조달 하기도 한다[19]. 제한된 국가 자원에 대한 경쟁이 치열해지는 환경에서 많은 자본을 필요로 하는 이런 프로젝트에서 도로 사용료를 수익 기반으로 한 PF가 매력적인 방법이 된다.

[5] 폐기물 처리 시설

이와 유사하게, PF는 가계, 산업, 유해 폐기물 처분 시설을 위한 매력적인 금융조달 수단이다. 소위 Tipping(이 용어는 쓰레기 트럭이 매립지에 내용물을 붓는 물리적인 행위로부터 비롯됨) 수수료는 프로젝트를 지탱하기 위한 수입원이 된다.

[6] 수처리 시설

물산업(상수도 처리, 수도 공급, 오수처리 등)은 민간에 시장을 열고, PF를 활용한 마지막 시설 설치산업이다. 물산업은 일반적으로 독점시장(물은 매우 중요한 자원으로, 상수도 시스템은 각 지역에 있으나 상수도처리업자는 같은 서비스 지역에서 다른 업자와 공존하지 않는다)이다. 따라서 시장위험은 훨씬 줄지만 정부 규제는 분명히 존재한다[20]. 정부의 사용료 규제에 깔린 위험을 제외하고도, 지방 정부의 낮은 신용도, 농업 관개시설과 도시

18) Ian R. Coles, *The Julietta Gold Mining Project: Lessons for Project Finance in the Emerging Markets*, 24 FORDAM INT'L L.J. 1052(2001)

19) Peter V. Darrow et al., *Financing Infrastructure Projects in the International Capital Markets: The Tribasa Toll Road Trust*, THE FINANCIER, 1994년 8월, p9.

20) David Haarmeyer & Ashoko Mody, *Financing Water and Sanitation Projects – The Unique Risks*, PUBLIC POLICY FOR THE PRIVATE SECTOR, WORLD BANK NOTE No, 151 (1998년 9월); David Haarmeyer & Ahoko Mody, *Pooling Water Projects to Move Beyond Project Finance*, PUBLIC POLICY FOR THE PRIVATE SECTOR, WORLD BANK NOTE No. 152 (1998년 9월); Penelope J. Brook Cowen, *The Private Sector in Water and Sanitation – How to Get Started*, PUBLIC POLICY FOR THE PRIVATE SECTOR, WORLD BANK NOTE No. 126 (1997년 9월)

수도시설 간의 경쟁, 작은 시설 규모 및 높은 거래비용이 PF을 어렵게 만든다. 더욱이, 수도는 많은 신흥국에서 정부 보조금을 받고 있어 의미 있는 관세 개혁이 성공적으로 적용되지 못하는 한 시장 가격을 책정하는 것이 힘들 것이다. 이런 문제점들은 신흥국들이 어떤 방식으로든 반드시 해결해나가야 할 것이다. 민간 부문에서는 상수도 시스템의 효율성 증대로 합리적인 투자 수익을 창출하는 것이 입증되어 민영화와 PF이 더욱 힘을 얻고 있다.

[7] 통신 시설

정보혁명으로 선진국과 신흥국에서 통신 인프라에 대한 수요가 엄청나게 증가했다. 특히, 신흥국에서는 성장과 현대화가 매우 시급한 과제이다. PF는 이러한 인프라를 개발할 수 있는 금융조달 수단을 제공하고 있다[21].

[8] 성장 및 구조조정을 위한 제조업체의 PF 활용

이에 덧붙여, PF는 기업의 확장, 새로운 프로젝트 개발, 합작회사 설립 및 구조조정을 위해 사용된다. 그리고 제조회사들은 전력 생산 설비 등 자본 집약적인 비핵심 자산을 분리하는 수단으로 PF을 활용하기도 한다.

[9] 레저 시설 · 스포츠 경기장

스포츠 경기장, 놀이공원, 전시회 및 공연장과 같은 레저 시설은 때때로 PF 기법을 사용하여 자금을 조달한다. 이러한 프로젝트에서는 구속력 있는 계약을 바탕으로 장기적인 수익 창출을 보장 바다채무를 상환하는 것이 일반적으로 불가능하다. 필수적인 서비스를 제공하는 인프라 프로젝트와 달리, 레저시설에서의 수익은 소비자들의 재량에 따른 소비에 크게 좌우된다. 대주와 프로젝트 사업주들은 다양한 수익 보장과 신용보강을 동원해 프로젝트의 채무 상환을 함께 지원한다.

예컨대, 스포츠 경기장 건설 프로젝트는 현금흐름이 보수적으로 평가되고, 구장이름 사용(stadium naming) 계약, 일정 기간 동안 스포츠 팀과의 경기장 사용 계약, 프리미엄 좌석 라이선스 등에 일부 의존하게 된다. 또 다른 장기 수입원은 시설 안에서 영업을 할 수 있게끔 보장하는 영업권에서 나온다. 콘서트 예매를 돕는 대행사의 선판매 예상 건수도

---

21) Ada Karina Izaquirre, *Private Participation in Telecommunications－Recent Trends*, PUBLIC POLICY FOR THE PRIVATE SECTOR, WORLD BANK NOTE No. 204 (1999년 12월); Christopher J. Sozzi, Comment, *Project and Facilitating Telecommunications Infrastructure Development in Newly－Industrialized Countries*, 12 COMPUTER & HIGH TECH. L.J. 435 (1996)

수익 전망에 포함될 수 있다. 또한, 지방정부 등으로부터 주변 토지 등을 저렴하게 임차하거나 도로 등의 시설을 무료로 사용하는 지원을 받는다면 신용 보강에 도움이 된다.

레저 시설 프로젝트에서 발생하는 채무는 여러 트렌치로 세분화할 수 있다. 첫 번째 트렌치는 예컨대, 계약기간 동안 이 법인의 이름을 시설에 사용하는 것을 대가로 대금을 지급받는 것과 같이, 신뢰할 수 있는 계약 당사자와 장기 수익 계약을 체결한 것을 담보로 설정한 대출에 기반할 수 있다. 또 다른 트렌치는 더 높은 이자율을 부과하는 채무로서 콘서트 수익과 같은 특정 수익을 담보로 설정할 수 있다. 이 트렌치는 시설 가동을 시작한 첫 몇 년 동안 접수한 예약 건수 등을 기반으로 신용을 더욱 보강할 수 있다.

예상되는 사용인원에만 근거하여 PF 한 프로젝트가 적어도 하나 있다. 런던 135미터 밀레니엄 휠 페리스 놀이기구[22)]PF이 보수적인 사용 예상수치에 근거하여 이루어졌다.

[10] 에탄올 생산

지난 20년 동안 연료에 대한 글로벌 수요는 약 40% 증가해 왔다. 특히 중국과 인도가 성장을 견인해 왔다. 예컨대 지난 5년간 글로벌 연료 시장 수요의 성장률 중에서 G7 국가들이 단 15% 밖에 차지하지 않았지만, 중국은 증가분의 30%를 차지할 만큼 중요한 위치에 있다. 2006년 배럴당 유가 상승은 부분적으로 수요 공급에 있어서의 이러한 증가 추세의 반영이다.

가솔린에서 옥탄가를 높이는 첨가제인 친환경 에탄올은 자동차 연료에 대한 수요 증가에 대응할 수 있는 한 대안으로 제시되어, 미국 등 일부 국가에서는 개발이 한창 진행 중이다. 에탄올은 옥수수나 사탕수수 같은 농작물을 알코올로 변환시키는 과정에서 생성되는 연료이다.

이렇듯 탄소 배출을 줄이기 위한 친환경 수요는 에탄올을 통해 충족될 수 있다. 가솔린에 에탄올을 첨가하면 연료중의 산소를 증가시켜 내연엔진의 배출가스를 감소시킨다. 하와이, 미네소타, 몬타나 그리고 워싱턴 주를 포함한 미국의 몇 개 주들은 에탄올 혼합 연료를 사용할 것을 요구한다. 앞으로 미국에서는 환경법 개정으로 에탄올 생산 시설이 더욱 인기를 끌게 것이다.

브라질은 에탄올 생산을 선구적으로 개척한 국가이다. 1980년대 중반에는 풍부한 사탕수수 덕분에 대량의 에탄올 생산하는데 성공했다. 오늘날 브라질에서 에탄올은 모든 자동차 연료의 40%를 차지하고 있다. 브라질 · 미국을 넘어 해외에서의 에탄올 생산 시설의 증설은 옥수수나 사탕수수 같은 전분식품이 충분히 공급되어 석유를 더욱 생산할 수 있는

22) 런던 시내에 있는 관광 놀이기구 “런던 아이(London eye)”를 건설한 프로젝트를 가리킨다. 번역자 주

지 여부에 달렸다.

미국에서 에탄올 생산과 관련된 프로젝트의 발전은 정부의 세제 정책의 도움을 받았다. 미국은 에너지 관련 프로젝트 개발에 대한 인센티브를 제공하기 위해 종종 세제 정책을 이용해 왔다. 그러나 세제 혜택은 의회가 별도로 연장하지 않는 한 2008년에 만료될 예정이다. 사실상 에탄올 프로젝트의 성패는 이러한 세제 혜택에 달렸으며 의회가 혜택 기간을 연장할 수도 있고 어쩌면 범위를 더욱 확대할 수도 있어 두고 볼 필요가 있다.

한편, PF 방식을 활용한 에탄올 생산은 금융조달 부문에서 문제의 소지가 있다. 비록 기술적인 위험과 건설 위험이 낮더라도 연료와 시장위험 등으로 인해 추가 신용 보강이나 별도의 위험 완화 조치가 필요할 수 있다.

옥수수 등의 식품원자재가 미국 내 풍부할지라도 매년 작물수확이 성공적일 수는 없다. 따라서 장기에 걸쳐 고정가격에 안정적으로 원자재를 공급받는 계약은 불가능하다. 그리고 에탄올 생산 시설들은 연료의 수송과 관련한 비용과 위험을 최소화 하기 위해 반드시 작물이 생산되는 지역 근처에 위치해야만 한다.

에탄올 생산업에서는 신뢰할 수 있는 구매자와 고정가격에 장기연료구매 계약을 체결하기란 쉬운 일이 아니다. 결국, 에탄올 관련 PF는 시장의 변화에 더욱 민감하며, 요즘 시대 대부분의 PF의 특징이기도 하다.

대주는 연료 판매자(fuel marketer)가 지역적 · 국가적 차원에서 에탄올 판매에 직접 관여하길 원한다. 이러한 판매자들을 활용함으로써 가격을 예측 가능하게 할 수 있기 때문이다. 그리고 대주는 시장 위험의 일부를 줄이기 위한 목적으로 장기 선물환 계약을 요구할 수 있다. 하지만 선물가격은 때때로 현물가보다 낮기 때문에 프로젝트 사업주들은 이를 따르지 않을 가능성도 존재한다.

미래에 에탄올에 대한 수요는 불확실하다. 미국을 포함한 대부분의 다른 G7 국가들의 에너지 정책은 휘발유의 사용을 대폭 줄이라고 요구하지는 않은 상태이다. 더욱이 자동차 제조업자들은 아직까지 에탄올 동력을 장착한 차들의 수요가 상당할 것이라 생각하지 않는다.

결국, 이러한 프로젝트에서는 곡식의 생산과 운송 과정에서 발생하는 경쟁의 강도, 그리고 에탄올에 대한 수요가 높은 지역과의 근접성 등에 따라 프로젝트의 성패가 좌우될 것이다. 프로젝트 실사 때는 이러한 요소들을 반드시 점검하고, 주변 지역에서 진행되는 다른 프로젝트가 미치는 영향도 살펴볼 필요가 있다.

이러한 위험 때문에 에탄올 관련 프로젝트에서의 부채비율은 50%에서 60% 수준에 육박한다. 선순위 대출자들은 프로젝트 비용의 반 이상이 대출로 충당되는 것을 꺼려하기 때문에 매우 높은 출자비중을 요구하는 편이다. 물론 그 결과 자기자본이익률(ROE)의 비율은 더 낮을 수 밖에 없다. 그러나 후순위채 발행을 통해 자기자본이익률(ROE)을 증가시키는 것도 한 방법일 것이다.

[11] 기타 프로젝트

금융조달 방식으로 PF을 선택할 지 여부는 앞으로 예상되는 현금흐름과 금융인·변호사들의 창의력에 달려 있다. PF는 펄프와 제지, 화학설비, 제조, 요양시설, 공항[23], 선박 등의 분야에서도 쉽게 찾아볼 수 있다.

[12] 프로젝트 특성에 따른 위험요인

각각의 프로젝트들은 고유의 위험을 내포한다. 예컨대 광물 채굴, 석유 탐사 등과 관련된 채굴 프로젝트는 지반의 불확실성, 자원의 고갈 및 수출 판매실적 등이 위험요인이 될 수 있다. 유료도로와 같은 인프라 건설 프로젝트에서는 기술이 보편적이고, 자원이 고갈될 염려가 없고 시장은 엄격하게 내수중심이다. 레저 시설의 경우도 내수중심이고, 소비자들의 소비 패턴에 의존하는 편이다. 그러므로 특정 산업에 연관된 위험을 신중하게 파악하는 것과 이에 알맞은 PF 구조를 개발하는 것이 중요하다.

1.13 닭이 먼저냐, 달걀이 먼저냐? 상업 구조하에서 PF 구조의 효과

프로젝트에서 상업 구조가 우선인가, 재무 구조가 우선인가? 실질적으로 PF에서는 재무 구조의 유형이 상업 구조를 결정 짓는다고 볼 수 있다. 그리고 이에는 프로젝트 이행의 속도, 기술 그리고 다른 구성요소들까지 영향을 미친다.

예컨대, 프로젝트의 금융조달 수단으로 기업금융 방식을 선택했다면, 생산물 구매(Off-Take) 계약은 필수가 아니며, 새 기술을 사용하는 데 부담이 없으며 프로젝트 건설은 즉시 시작될 수 있다. 반대로, PF 방식을 활용한다면 생산물 판매계약을 체결해야 하고, 입증된 기술을 사용해야 함은 물론, 수많은 당사자가 관여된 금융조달까지의 과정이 길어

23) Gisele F Silva, *Private Participation in the Airport Sector－Recent Trends*, PUBLIC POLICY FOR THE PRIVATE SECTOR, WORLD BANK NOTE No. 202 (1999년 11월)

진다.

그럼 무엇이 먼저인가? 이 질문에 대한 답은 이 책의 전반에 걸쳐 설명하지만, 결국 답은 순환적(circular)이라는 것이다. 재무 구조는 상업 구조를 결정 지으며, 상업 구조는 재무 구조에 의해 완성된다.

1.14 상업 설비 : 구매 계약이 없는 PF

비소구 또는 제한적 소구 방식의 PF을 진행하기 위해서는 신뢰할만한 구매자와 반드시 장기계약을 체결할 필요는 없다[24]. 대신에 프로젝트 회사와 대주단은 신용 보강을 위해 전반적인 시장에 의존해야만 한다. 이러한 구조는 프로젝트의 수요기반이 확고하고 결과물의 가격이 채무상환 기간 동안 안정적일 경우 성공적일 수 있다. 그럼에도 불구하고 프로젝트 기업과 프로젝트 대주는 결과물의 가격 변동, 노후화, 경쟁 및 기타 시장 위험 등을 예측해야 한다. 이런 접근법은 위험회피 성향이 강한 대주나 사업주에게는 추천하지 않는다. 상업 시설에 대한 금융조달은 제33장에서 논의하기로 한다.

1.15 신흥국에서의 PF

1970년대 초반까지 신흥국가에서 인프라 개발 금융조달의 상당부분이 프로젝트의 소재국 정부, 국제개발금융기구 및 수출입은행 등이 참여해 정부차원에서 이루어졌다. 그러나 최근에는 공공부문의 금융조달에 제약이 생겼다. 그 중 하나는 신흥국들이 원조 형태로 받는 재원이 축소된 데 있다. 또한 프로젝트의 소재국 정부는 경제를 발전시키기 위해 필요한 수많은 인프라 개발 프로젝트들을 직접 조달이나 신용보증 등을 통해 재정적으로 지원하기 위한 신용도가 부족하다.

하지만 동시에 많은 정부, 국제개발금융기구 및 인프라 개발 관련 공공기관들이 그 동안 크게 변화했다. 이러한 새로운 세계 질서 하에, 민간기업들이 대형 인프라 프로젝트를

24) Keith W. Kriebel & Michael D. Hornstein, *United States: Financing Merchant Power Plants*, 1999 INT'L FIN. L. REV. 3034; Peter N. Rigby, *Merchant Power: Assessing Project Finance Risks*, 2J. PROJECT FIN. 33(1996)

더욱 잘 개발, 시공, 운영하면서 선진국과 신흥국에서 모두 민간부문에 대한 의존도가 커졌다[25]. 개발도상국에서의 재정상태 악화, 개발도상국 및 선진국 모두에서[26] 인프라 시설을 민영화하는 움직임, 전 소련연방 국가[27] 및 중앙아시아 국가들의[28] 원조 요청 증가 등으로 민간 부문의 개입이 더욱 중요해졌다[29].

이러한 변화들이 신흥국들의 자본부족 현상과 결합되어 인프라 시설에 대한 요구를 충족시키기 위해 외국인 투자가 더욱 절실해졌다. 그만큼 경제 개발의 핵심은 인프라 개발 프로젝트이기 때문이다. 그래서 민간 부문은 이러한 국가에게 인프라 개발을 위한 중요한 재원을 제공하기 시작했다[30].

안전성과 예측가능성을 중시하는 PF에서는 계약 당사자들(대주, 비상위험 보증인, 국제개발금융기구) 간 위험 분배의 복잡성과 이들이 부담하는 위험에 대한 보상 때문에 신흥국에서 프로젝트를 발전시키는 것이 어렵고 비용이 큰 편이다[31]. 투자자들과 대주단은 프로젝트 관련 수익, 세제, 본국 송금 및 기타 경제적 문제에 관해서 프로젝트 소재 국가의 조치로 피해를 보지 않도록 확인 받아야 한다. 물론 이러한 국가들에서는 성장과 번영을 위한 경제, 노동, 법률, 규제, 및 정치적 프레임이 선진국만큼 (혹은 적어도 예상 가능한

---

25) Clive Harris et al., *Infrastructure Projects－A Review of Canceled Private Projects*, PUBLIC POLICY FOR THE PRIVATE SECTOR, WORLD BANK NOTE No. 252 (2003년 1월) (1990~2001년 동안 48개의 인프라 프로젝트가 취소됐으며, 2500개는 완성됐다); Neil Roger, *Recent Trends in Private Participation Infrastructure*, PUBLIC POLICY FOR THE PRIVATE SECTOR, WORLD BANK NOTE NO 196 (1999년 9월) (1990~1999년 동안 154개의 개발도상국에서는 한 인프라 분야에만 민간 참여가 있었고, 14개국에서 3개 또는 4개 분야에서 민간이 참여했다. 중간 소득 수준을 갖는 국가들이 가장 많은 민간 참여를 이끌었고, 그 중 중국과 인도만이 상당한 민간투자를 받았다); Martin Stewart－Smith, *Private Financing and Infrastructure Provision in Emerging Markets*, 26 LAW & POL'Y INT'L BUS. 987 (1995)

26) Mark R. Yzaguirre, *Project Finance and Privatization: The Bollivian Example*, 20 HOURS. J. INT'L L. 597 (1998); Mario Andrade & Mario A. de Castro, *The Privatization and Project Finance Adventure: Acquiring a Colombian Public Utility Company*, 19 N.W.J. INT' L & BUS.425 (1999)

27) Richard C. Schneider, Jr., *Property and Small－Scale Privatization in Russia*, 24 ST. MARY'S L.J. 507 (1993); ZBIGNEW M. CZARNY, *Privatization of State Industries in Poland*, 20 INT'L BUS.LAW.151 (1992); Olympiad S. Ioffe, *Privatization in the U.S.S.R. and Commonwealth*, 8 CONN. J. INT'L L.19 (1992).

28) Laura A. Malinasky, *Rebuilidng With Broken Tools: Build－Operate－Transfer Law in Vietnam*, 14 BERK.J.INT'L K.438 (1996)

29) PHILIPPE BENOIT, PROJECT FINANCE AT THE WORLD BANK 3－5 (1996)

30) Yves Alhouy & Reda Bousha, *The Impact of IPPs in Developing Countries－Out of the Crisis and into the Future*, PUBLIC POLICY FOR THE PRIVATE SECTOR, WORLD BANK NOTE NO.162 (1998년 12월)

31) John D. Crothers, *Emerging Markets in Central and Eastern Europe: Project Finance in Central and Eastern Europe from a Lender's Perspective: Lessons Learned in Pokland and Romania*, 41 MCGILL L.J.285, p290－293 (1995) (폴란드와 루마니아에서의 PF 비교 및 위험경감을 위한 해외투자의 구조화 방안)

만큼) 정착되어 있지 않다. 비록 PF에 수반된 위험을 분산시키는 것이 어느 나라에서든 중요하지만 신흥국에서는 특별히 더 중요하다.

신흥국에서의 사업 환경은 적어도 법률 및 규제 시스템, 정치적 · 경제적 안전 그리고 중앙 집권화된 인프라 시스템 등 4가지 측면에서 중점적으로 다르다.

법률 및 규제 시스템은 대개 선진국에서만큼 분명하지 않다. 예컨대, 신흥국에서 환경법과 환경정책은 그렇게 엄격하게 추진되어 오지 않았다. 그리고 이러한 국가들은 외국인 대주 및 지분 투자자들과 인프라 프로젝트의 소유권, 세제 그리고 본국송금과 같은 문제들을 다룰 세부적인 시스템을 갖추지 못했다.

정치적 안전은 신흥국에서 진행하는 PF에 있어 또 다른 불확실성을 야기한다. 이로 인해 복잡한 보험 체계, 높은 자본비율 및 금리의 요구로 이어질 수 있다. 자산의 몰수, 내란, 전쟁, 이익금 환수, 통화 환전 불가, 계약 파기 및 프로젝트 소재국의 기타 조치와 같은 비상위험은 제3장에서 논의하기로 한다.

PF에서 경제적 불안은 프로젝트 이용자의 수요가 없거나 지급할 능력이 없어 프로젝트의 이용 또는 구매를 더 이상 하지 않을 때 발생한다. 인프라 프로젝트는 필요한 서비스를 제공하지만 대다수가 비용 측면에서 이용할 수 없는 경우도 있으며, 서비스를 제공하더라도 이용료 납부가 어려울 수 있다.

신흥국에서 대부분의 인프라 시설은 정치적인 목적, 자본 또는 다자간 투자의 부족, 또는 국유화로 인해 정부가 소유하고 있다. 이런 소유 구조는 경쟁이 가져다 주는 긍정적인 효과를 없애고 비효율성을 높인다.

따라서 인프라 프로젝트의 개발자들은 민간 프로젝트 제안서를 검토할 때 이러한 공공구조의 영향을 고려해야만 한다. 즉, 민간 프로젝트가 기존 공공 프로젝트와 경쟁하게 되면서 가격이 떨어질지 여부나, 정부 주도의 인프라 프로젝트에 대한 민영화가 진행될지 여부와 이에 따른 영향, 기존 프로젝트를 추진하는 정부 관료들과의 마찰 등을 살펴봐야 한다.

앞서 언급한 이 네 가지 차이점(법률 및 규제 시스템, 정치적 안전, 경제적 안전, 중앙 집권화된 인프라 시스템)으로 인해 잠재적으로 값비싼 건설과 운영 비용(인플레이션, 효율적인 외환시장의 부재, 장기 통화스왑 시장 부재, 프로젝트 지연 및 비용 초과 등), 프로젝트 결과물에 대한 막대한 수요, 높아진 가격에 따른 소비자들의 구매력 저하(기존 생산물 가격이 낮거나 이용료 납부가 적어지는 것) 및 수익 분배의 어려움(현지 고객들로부터 나오는 프로젝트 국가의 수익과 외국에서의 차입금액 사이의 차이, 국유화에 따른 투자의 안정성에 대한 의심) 등의 문제점을 내포한 민간 프로젝트가 만들어질 수 있다. 그러므로 신흥국에서는 비소구와 제한 소구 방식의 PF이 매우 어렵게 느껴지고, 위험 경감에 철저한 주의가 요구된다.

가장 쉬운 해결책은 원리금 지급, 통화 교환 및 기타 위험에 대한 정부 보증이다. 그러나 이 접근은 장기적 해결책이 아닐 뿐만 아니라 프로젝트 소재국과 국제개발금융기구의 지지를 받기 어렵다. 정부가 부담할 수 있는 우발보증에 대한 상한이 존재하기 마련이다. 다른 대안이 마련되어야 한다.

최근에는 PF와 기업금융 기법을 혼합한 하이브리드 형태의 금융조달 기법이 부상하고 있다. 결론적으로, 신흥국에서의 PF는 상환 책임이 있는 기업금융보다는 사업주가 일부 비록 프로젝트 사업주들은 비소구 방식의 PF의 특성을 추구할지라도, 신흥국에 내재된 위험 때문에 사업주에 대한 어느 정도의 소구권이 있는 프로젝트가 요구되기도 할 것이다. 상환책임을 지는 형태로 진행되는 것이 일반적이다. 소구권의 범위는 프로젝트에 따라, 그리고 국가에 따라 다양하다.

1.16 기타 금융조달 대안

PF 외에도 다른 구조의 금융조달을 통해 인프라 개발이나 기타 프로젝트를 수행할 수 있다. PF의 대안으로는 (i) 보조금, 융자 및 보증 형태의 정부 지원, (ii) 정부 투자, (iii) 장비 공급자, 생산품 구매자 등 제3자를 통한 자금지원 및 시공사를 통한 건설 지원, (iv) 국제개발금융기구, 은행 및 기타 대주 등을 통해 신용도가 높은 사업주의 자산 또는 정부에 기반한 금융조달 구조, (v) 프로젝트 사업주 또는 정부의 신용도를 바탕으로 한 자본시장에서의 금융조달(국내외 공모발행, 사모발행 등), 그리고 (vi) 프로젝트 수익의 증권화[32](통행료, 의무인수계약)를 생각해 볼 수 있다.

32) J.Paul Forrester et al., *Securitization of Project Finance Loans and Other Private SectorInfrastructure Loans*, THE FINANCIER, 1994년 2월.

1.17 Bankability, Financeability 및 기타 전문 용어

사람들이 모이면 그들만의 공통된 경험을 묘사하는 표현들이 만들어지곤 한다. PF 커뮤니티에서도 예외가 아니다. 어떤 프로젝트가 수익성이 있다는 표현(bankable)과 자금지원이 가능하다는 표현(financeable)등은 이 분야에서 자주 쓰이는 말이지만 일관성 있는 사전적 의미를 찾아보기란 여간 쉽지 않다.

이런 표현들이 순수 영국식 영어가 맞든 아니든, 이들은 금전적으로 프로젝트가 사업성이 있는지를 나타낸다. 만약 더욱 도움될 만한 정의가 가능했더라면, 이 교재의 분량은 상당히 줄어들었을 수 있을 것이다. 하지만 PF의 개념은 시간이 지날수록 거래에 따라, 대주의 합리적 · 비합리적 요구와 갈등에 따라 시시각각 변화한다.

1.18 PF 관련 법률 : PF 법원과 기준

대부분의 거래에는 국제적인 요소가 포함되지 않을 수 없다. PF에서의 국제적인 요소는 법에도 나타난다. 예컨대, 해외 PF는 미국 변호사의 관점에서 볼 때 서로 다른 네 가지 법률을 적용 받게 된다. (i) 미국 영토 내 또는 밖에서 발생한 분쟁 또는 국제거래를 규제하는 미국법과, (ii) 외국법, (iii) 국제공법, 그리고 (vi) 분쟁 발생 시 어느 준거법을 선택하여 중재를 할지 기준을 제공하는 국제사법이 있다[33). 또한, 프로젝트를 진행하면서 상업계약이 체결될 경우 국제상공회의소와 같은 다양한 중재 기관들이 제공하는 절차를 검토할 필요가 있다. PF 거래가 발생하는 모든 국가의 변호사들은 각국의 적용 가능한 법을 고려해야만 한다. PF를 위한 법률과 구조적 프레임은 시간을 걸쳐 발전해왔다. 일반적인 세 가지 법원은 프로젝트 소재국의 PF 관련 법규 및 규제, 민간부문에서 개발된 표준 계약 및 자금지원 요건, 그리고 유엔 국제무역법 등 국제개발금융기구가 만든 PF 규정이다[34)].

프로젝트 소재국들이 PF 관련 법규와 규정을 마련할 때의 접근방법은 제각각 이다. 핀란드 같은 일부 국가에서는 PF만을 위한 일반법 또는 특별법이 없고, 상법을 적용한다.

33) SKADDEN, ARPS, SLATE, MEAGHER 7 FLOM, PROJECT FINANCE: SELECTED ISSUES IN CHOICE OF LAW (1996).

34) Catherine Pedamon, *Essay: How is Convergence Best Achieved in International Project Finance?*, 24 FORDHAM INT'L L.J. p1272, 1277－1287 (2001)

중국, 이탈리아 그리고 터키와 같은 또 다른 국가에서는 법률환경 및 내재 위험 요인 등을 감안하여 민간 투자를 유치하기 위해 일반법을 제정했다[35]. 또 한편으로 러시아와 같은 일부 국가에서는 민간 투자를 촉진시키기 위해 PF만의 특별법이 제정되었다. 마지막으로 영국과 같은 국가에서는 민간 투자를 장려하기 위해 표준 계약서를 발전시켜 왔다[36].

민간 부문에서는 PF에 대한 전문성을 갖고 있는 금융기관, 법률회사, 산업 집단이 모여 PF 기반이 되는 계약서와 관련 절차를 발전시켜 왔다. 주요 법무법인이 만든 PF 대출 계약서는 또 다른 법무법인이 만든 계약서와 주요 조항에서 거의 일치한다. 같은 맥락에서, 금융기관의 신용위험 분배 및 신용보강 조건은 기관마다 크게 다르지 않다. 마지막으로, Edison Electric Institute와 같은 무역기관들은 표준 계약서를 만들어 공표하였다. 민간 부문에서 만든 이러한 기준들은 일관성 있는 프레임을 만들고 거래비용을 줄이는데 기여했다.

국제개발금융기구들은 법률적, 비상위험을 줄이고 금융조달의 공통 기준을 마련하는데 도움을 줄 수 있다. 그 중 하나인 유엔 국제 상거래법 위원회(UNCITRAL)는 다양한 법률 시스템을 갖고 있는 국가 간의 무역 장벽을 제거하기 위해 유엔에서 설립하였다. 2000년에는 UNCITRAL이 Legislative Guide to Privately Financed Infrastructure Projects[37]라는 법률 지침서를 마련하였다. 이 지침서는 민간투자사업에 유리한 법률 프레임을 만들기 위한 법률적 권고사항을 제시한다. 특히 인프라 개발 프로젝트에서 민간 참여를 돕는 것과 프로젝트 소재국의 공공이해 문제 사이에서 균형을 맞추는데 노력한다.

본 지침서는 허가부터 분쟁 해결까지 71개 달하는 지침을 담고 있다. 부록에서 확인할 수 있듯이, 대부분의 지침들이 일반적이고 모호하지만, PF을 진행하면서 참고하는 것이 유용하다. 만약 프로젝트 소재국에서 지침 중 하나를 따르지 않았다면 프로젝트가 위험에 처했는지 살피는 것이 중요하다.

35) Idem p1280 – 1286

36) Idem p1278 – 1280

37) UNICITRAL, Legislative Guide on Privately Financed Infrastructure Projects, 33rd Sess. (2000), General Assembly, Official Records, 55th Sess., Supplement No. 17 (A/55/17). Pedamon, supra note 33, 1300 – 1317; Don Wallance, Jr., *Host Country Legislation: A Necessary Condition?*, 24 FORDHAM INT'L L.J. 1396 (2001); Don Wallance, Jr., UNICITRAL *Draft Legislation Guide on Privately Financed Infrastructure Projects: Achievements and Prospects*, 8 TUL. J. INT'L & COMP.L. 233 (2000)

1.19 PF에 대한 연구

경제학자들에 의한 PF 연구는 지난 10년간 많은 발전을 해왔으며, 특히 하버드대학교 Benjamin C. Esty 교수를 통해 연구되어왔다. 섹션 1.05에서 다룬 주제인 위험이전에 대한 경제적 비용 등 PF의 경제적 영향들은 아직 대부분 검증되지 않았다. PF에 관한 몇몇 연구만 진행됐을 뿐 발표된 연구는 훨씬 적다[38).

1.20 금융위기를 통해 얻는 교훈 - 아시아 금융위기가 PF에 가르쳐 준 것

1997년 동아시아의 금융위기는 위기가 PF에 미치는 영향에 대해 특별한 교훈을 준다[39)]. 인도네시아, 말레이시아, 필리핀, 태국 등 가장 큰 타격을 받은 국가에서는 PF를 통해 자금을 조달한 민자발전소가 많았다. 비록 금융위기의 영향은 짧은 기간 안에 다 드러나진 않지만 이것만은 확실하게 밝혀졌다. 민자발전소 프로젝트들은 위기로 인해 높은 비용을 지급하게 되었고, 표면화된 계약 재협상이 시도되었으며, 민자발전에 대한 시장의 수요가 감소하게 되었다[40)].

38) Benjamin C. Esty & William L. Megginson, Creditor *Rights, Enforcement, and Debt Ownership Structure: Evidence From the Global Syndicated Loan Market*, 38 J.FIN.QUANTITATIVE ANALYSIS, No, 1, 37-59 (2003); Benjamin C. Esty, *Returns on Project-Financed Investments: Evolution and Managerial Implications*, 15 J. APPLIED CORPORATE FIN., No.1, 71-86 (2002 봄); Benjamin C. Esty, *Improved Techniques for Valuing Large-Scale Projects*, 5 J. PROJECT FIN. 9 (1999 봄). 또한, Teresa A. John & Kose John, *Optimaility of Project Financing: Theory and Empirical Implications in Finance and Accounting*, 1 REV. QUANTITATIVE FIN. &ACCT.51 (1991년 1월); John Kensinger & John Martin, *Project Financing: Raising Money the Old-Fashioned Way*, 3 J. APPLIED CORP FIN. 69(1988 가을); Salman Shah & Anjan V. Thakor, *Optimal Capital Structure and Project Financing*, 42 J. ECON. THEORY 209 (1987년 6월); Wynant, supra note 1. JOHN D. FINNERTY, PROJECT FINANCING-ASSET-BASED FINANCIAL ENGINEERING 14 (1996) (Thomas J. Chemmanur & Kose John, Optimal incorporation, Structrure of Debt Contracts, and Limited-Recourse Project Financing (1992) 인용) (New York University Working Paper FD 92-60); Andrew H. Chen et al., Project Finaning as a Means of Preserving Financial Flexibiltiy (1989) (University of Texas Working Paper)

39) Nan Zhang, *Moving Towards a Competitive Electricity Market? The Dilemma of Project Finance in the Wake of the Asian Financial Crisis*, 9 MINN. J. GLOBAL TRADE 715 (2000)

40) R. David Gray & John Schuster, *The East Asian Financial Crisis-Fallout for Private Power Projects*, PUBLIC POLICY FOR THE PRIVATE SECTOR, WORLD BANK NOTE NO. 146 (1998년 8월). Richard Walsh, *Pacific Rim Collateral Security Laws: What Happens When the Project Goes Wrong*, 4 STAN. J. L. Bus. & FIN.115 (1999); YVES Alhouy & reda Bousha, *The Impact of IPPs in Developing*

[1] 전력 비용의 증가

동아시아 국가들의 화폐가치가 하락하면서 상품과 서비스의 가격이 올랐으며, 이와 함께 전력비용도 증가했다. 인상폭은 국가마다 달랐지만, 모두 전력 요금 인상에 대한 압력을 받았다. 이와 동시에, 실제와 명목상의 새로운 금융 위험이 증가하면서 자본비용과 이자비용이 덩달아 급격히 증가하였다. 이러한 영향은 전력을 구매하는 정부소유 공공시설들의 신용등급이 떨어지면서 더욱 확대되었다. 높은 외채비중을 가진 공공시설들은 부채상환으로 외환거래 손실을 경험하였다.

또한, 발전 프로젝트를 위해 원자재를 수입하는 국가에서는 원자재 공급 비용이 특히 심각하게 증가하였다[41]. 신흥국 PF에서 원자재비용은 전력 구매자들에게 전가(pass-through)되므로, 전력의 도매가격은 인상된 원자재비용을 상쇄하기 위해 더욱 인상되어야만 했다.

어떤 국가들에서는 민자발전소로부터 전력을 구매하는데 있어서 어떤 통화로 하기로 했는지도 가격인상의 원인이 되었다. 도매가격이 달러 등의 경화로 결정됐다면 전력 비용이 더욱 크게 증가했으며, 반대로 도매가격이 현지통화로 표시됐다면, 전력 요금의 인상이 덜 심각했다[42].

이와 비슷하게, 프로젝트의 부채가 어떤 통화로 표시됐는지에 따라 전력 요금의 증가폭에도 영향을 미쳤다. 현지 통화로 표시된 부채를 갖고 있을 경우 환율의 변동에 덜 노출된 반면, 달러 등 경화로 표시된 부채를 갖고 있을 경우 현지통화로 표시된 전력요금과의 미스매치에 더 노출되었다[43].

결국, 전기요금 개혁이 얼마나 진행됐는지에 따라 구매하는 기관에 직접적인 영향을 미쳤다. 가장 이상적인 평균 도매가격은 일반적으로 소매가격의 2/3 수준이다. 나머지 1/3은 구매기관이 필요로 하는 송전, 배전 및 관리 비용에 해당되는 금액이다. 전기요금 체계가 선진화 된 국가들은 전력 비용 증가를 흡수할 수 있도록 도매가격과 소매가격의 차이가 충분하여 해당 기관의 재무건전성에 피해를 입지 않는다. 그 외의 경우, 공익사업들은 재정적 안정을 위해 추가적인 자본이나 정부의 보조금이 필요하였다.

Countries – Out of the Crisis and into the Future, PUBLIC POLICY FOR THE PRIVATE SECTOR, WORLD BANK NOTE No. 162 (1998년 12월).

41) 예컨대, 필리핀, 태국에 있는 대부분의 민자발전 프로젝트는 연료를 수입한다.

42) 태국의 국가기관들은 대부분의 민자발전소에 현지통화로 대금을 지급한다.

43) 말레이시아와 태국은 국내 금융기관으로부터의 차입금이 인도네시아와 필리핀보다 많다. 인도네시아와 필리핀은 국내 금융기관으로부터의 차입금이 거의 없었다.

[2] 재협상

재협상 요구는 재정위기에 처한 프로젝트 소재국이 쉽게 흔들릴 수 있는 유혹이다[44]. 실제로 계약 재협상을 하거나 그런 위험에 처했을 경우 프로젝트 소재국 정부의 계약이행 그리고 산업 개혁에 대한 약속이 불투명해져 장기간 불확실성이 지속될 수 있다. 이러한 영향은 아마도 대주나 투자자들에게 가장 크게 미칠 것이다. 그럼에도 불구하고, 몇몇 형태의 계약 재협상은 심각한 재정위기를 겪는 국가에서는 서로에게 좋을 수 있다. 비록 위험을 분담하고 줄이는 과정에서 많은 노력이 요구되지만, 프로젝트가 실패하는 것 보다는 낫다.

사전에 프로젝트 소재국과 공익사업 간 전력판매계약의 잠재적인 재무 영향을 분석하고 정부의 지원이 제한될 경우 계약을 재협상할 가능성이 낮다. 그러나 필리핀과 같은 일부 국가들의 초기 민자발전 프로젝트에서는 정부의 보증과 기타 지원이 필요했던 경우가 많았다.

동아시아의 금융위기를 통해 정부가 위험을 분담할 때의 영향을 확인할 수 있다. 프로젝트 소재국 정부가 유틸리티 프로젝트에 채무보증을 서는 등 일부 금융위험을 분담할 경우 그 영향은 금융위기 상황에서 특별히 더욱 심각할 수 있다[45].

또한, 금융위기 때는 개발자와 직접 협상했을 때보다 경쟁입찰을 한 프로젝트가 재협상 가능성이 낮다. 경쟁입찰을 통해 더욱 낮은 도매가격을 형성한다면 금융위기가 발생하더라도 프로젝트가 성공할 확률을 높일 수 있다[46].

[3] 민자발전에 대한 시장 수요의 감소

마지막으로, 금융위기는 경제가 침체됨에 따라 지역의 민자발전에 대한 수요를 즉각 떨어뜨렸다. 결국 전력 수요는 곧 프로젝트 소재국의 경제여건 및 재정 건전성에 따라 변한다는 것을 확실히 알 수 있었다.

---

44) J.LUIS GUASCH, GRANTING AND RENEGOTIATING INFRASTRUCTURES CONCESSIONS - GETTING IT RIGHT (World Bank Development Studies, 2004); Jeswald W. Selacuse, *Renegotiating International Project Agreements*, 24 FORDHAM INT'L L. J. 1319 (2001)

45) 예컨대, 말레이시아와 태국은 일부 프로젝트 위험을 떠맡았지만 보증을 제공하지 않았다. 하지만 필리핀은 전력산업구조조정의 초기의 몇몇 프로젝트에 국가 보증을 제공하였다. R.Doak Bishop et al., *Strategic Options Available When Catastrophe Strikes the Major International Energy Project*, 36 TEX. INT'L L. J. 635 (2001); Note, *International Arbitration and Project Finance in Developing Countries: Blurring the Public/Private Distinction*, 26 B.C. INT'L & COMP. L. REV. 355 (2003).

46) 말레이시아와 태국은 민간 전력 입찰자들에게 경쟁입찰 방식을 적용하였다. 대부분의 인도네시아, 필리핀 프로젝트에는 적용하지 않았다.

[4] 결론

분명한 것은 동아시아의 금융위기는 대주와 투자자들이 프로젝트를 더욱 신중하게 검토하는 계기를 마련했다. 중요한 것은, 프로젝트 소재국, 공익사업 및 프로젝트 회사 사이에서의 위험 분배가 현실세계에서 재정적 영향을 미친다는 것을 알 수 있다. 이의 궁극적인 교훈은 국내 금융조달, 현지통화를 이용한 프로젝트 결과물 매입, 경쟁 입찰, 요금체계 개혁, 그리고 정부의 신용보증 제한 등이 미래 프로젝트 개발 논의의 중요한 사항이 될 것이다. 아마도 가장 큰 교훈은 정부 보증이나 프로젝트 소재국의 다른 금융지원이 반드시 모든 금융위험을 제거시키지 않는다는 것이다.

1.21 다볼(Dabhol) 프로젝트 사례를 통해 본 비상위험

프로젝트 소재국의 재정 위험에 더하여, 해외 PF에서는 비상위험도 중요한 고려사항이다. 비상위험의 한 예로 인도 Maharashtra 주의 Dabhol 전력 프로젝트를 들 수 있다. 1995년에 완료된 이 프로젝트는 사업주로 민간 다국적기업인 Bechtel Corporation; 분식회계로 더 이상 볼 수 없는 Enron Corporation 그리고 General Electric Company[47)]의 금융 자회사인 General Electric Capital Corporation 등이 있었다. 이러한 회사들이 모여 전력 프로젝트를 개발, 건설, 소유 그리고 운영하기 위한 Dabhol Power Company라는 회사를 설립했다.

Dabhol Power Company는 현지 대주, 다국적 금융기구 그리고 투자은행단으로부터 프로젝트 건설을 위한 자금을 빌렸다. 대출에 대한 담보로는 프로젝트 계약서를 포함한 프로젝트 자산 및 프로젝트 운영을 통해 발생한 현금흐름 등을 활용했다. 위에서 논의한 바와 같이 프로젝트는 비소구 방식을 통해 자금 조달하여 사업주들에게 이득을 제공하기 위해 디자인되었다.

이에 더하여, 프로젝트 소재국인 인도는 이러한 금융기법을 통해 경제와 사회 발전을 촉진시킬 수 있었다. 정부의 최소한의 지원과 공적 자금 투입 없이 프로젝트는 수백만 명에 달하는 인도 사람들의 삶에 영향을 줄 수 있게 된 것이다.

하지만 제3장에서 언급한 것처럼 PF에서는 사업주와 대주 모두에게 환율 위험, 법률 위험, 비상위험 등 일정 부분에서 위험이 수반된다.

47) Jeswald W. Selacuse, *Renegotiating International Project Agreements*, 24 FORDHAM INT'L L. J. 1319 (2001); Dabhol Financing, INT'L CORP. L. 1995년 4월

이 중 비상위험이 현실화된다면 파급력이 가장 크다. 프로젝트 금융조달 시, 국민회의당의 통제를 받았던 Maharashtra주는 인도의 인프라 개발을 위해 민간투자를 장려했다. 하지만 금융조달이 완료된 이후 Dabhol 프로젝트에 반대한 인도국민당(BJP)이 권력을 장악하면서 상황이 뒤바뀌었다.

그러나 곧 권력을 장악한 후에 BJP는 프로젝트가 한창 진행 중인데도 불구하고 이를 취소시키고, 이미 건설 중인 시설을 포기해버렸다. BJP는 높은 전력 비용, 환경오염우려 그리고 경쟁 입찰이 진행되지 않았다는 이유 등으로 취소를 정당화 했다. 궁극적으로 프로젝트 회사는 프로젝트 전력 판매 계약을 재협상할 것을 강요 받았다.

무엇이 Dabhol 프로젝트에서 잘못됐는지 그간 많은 논의가 있어 왔다. 문제의 정확한 본질을 떠나 경제가 불안정한 시기에 인프라 프로젝트는 국가적으로 더욱 중요해지기 때문에 정치적 반대와 계약 재협상에 부딪히게 되는 것이다. 이 책의 나머지 부분은 해외 PF에서 비상위험을 비롯해 다른 위험에도 어떻게 잘 대응할 수 있을지에 대해서 논의한다.

1.22 프로젝트의 취소

몇몇 프로젝트가 취소되거나 재협상되어 이름을 알리는 경우가 있지만, 신흥국에서 이루어지는 대부분의 인프라 프로젝트는 마지막까지 매우 성공적으로 종결되는 경우가 많았다. 세계은행이 발표한 연구[48]에 따르면 1990년부터 2001년까지 신흥국에서 진행된 프로젝트 수는 2,500개에 달했으며 7,500억 달러 상당의 투자를 유치하였다. 같은 기간 동안 48개의 프로젝트만이 공식적으로 취소되었고, 일부는 금융조달 이후 또 나머지는 이전에 이루어졌다. 프로젝트는 다양한 이유들로 취소되었다. 유료도로 프로젝트의 경우 교통수요가 충분하지 않았던 것이 원인이었다. 상하수도 및 전력 프로젝트의 경우 가격에 대한 소비자들의 민감도(인도네시아에서처럼 거시경제의 충격 때문이거나, 프로젝트가 제공한 서비스의 가격이 공공가격보다 더 높았기 때문)와 이용료 납부 등의 문제가 가장 일반적이었다. 다른 프로젝트들은 경쟁입찰 단계에서 문제가 발생해 취소되었다. 흥미롭게도 취소된 프로젝트의 절반이 부패 및 위법행위와 연관됐으며, 경쟁적으로 입찰되지도 않았다.

48) Clive Harris et al., *Infrastructure Projects – A Review of Canceled Private Projects*, PUBLIC POLICY FOR THE PRIVATE SECTOR, WORLD BANK NOTE NO. 252 (2003년 1월).

Part 2

위험 식별, 배분 그리고 경감방안

Chapter 2

PF의 위험

2.01 위험이란 무엇인가

위험은 무엇인가? 위험은 "비용, 손실 또는 손해가 발생할 수 있는 불확실성"[1]으로 정의되어 왔다. 불확실성이 위험의 정의에 중요한 부분을 차지한다. 기본적으로 PF는 불확실성을 싫어한다[2].

PF에서 성공적인 금융조달이 이루어지기 위해서는 위험을 체계화하는 과정(risk structuring process)이 중요하다[3]. 이 과정을 통해 위험을 인지, 분석, 정량화, 완화, 분배하고, 개별 위험 요인들이 프로젝트의 개발, 건설, 운영 등을 방해하여 프로젝트가 채무를 상환할 만큼 충분한 수익을 창출하지 못하거나, 운영비용을 지급하지 못하거나, 높은 지분 수익률을 내지 못하는 사태를 방지한다[4]. 이는 당사자들 사이에서 계약을 체결하는 과정을 통해 위험을 분배하면서 이루어진다[5]. 본서의 Part 2를 구성하는 다음 장들에서 위험을 체계화하는 과정을 조사해보기로 한다.

국제거래 PF에서 발생하는 위험은 크게 국제적 위험과 상업적 위험으로 분류할 수 있다. 각 위험에 대한 하위분류는 다른 장에서 자세히 설명하기로 한다. 이러한 분류체계를 넘어, 위험은 각 프로젝트 참여자의 입장에서 분석할 수 있다.

위험의 인지는 오직 프로젝트 수행에 있어서 시작점일 뿐이다. 위험 분석과 관리는 성

1) C. HARDY, RISK AND RISK-BEARING 1 (1923).

2) 위험 이론에 대한 포괄적 이해를 위해서는 다음을 참조, JEFFREY DELMON, PROJECT FINANCE, BOT PROJECTS AND RISK 1-53 (2005). David Blumenthal, Sources of Funds and Risk Management for International Energy Projects, 16 BERKLEY J. INT'L L. 267 (1998).

3) 위험과 확률 분석에 대한 역사에 대해서는 다음을 참조, PETER L. BERNSTEIN, AGAINST THE GODS-THE REMARKABLESTORY OF RISK (1996).

4) Thomas W. Waelde & George Ndi, *Stabilizing International Investment Commitments: International Law Versus Contract Interpretation*, 31 TEX. INT'L L.J. 216, 220 (1996).

5) C. HARDY, RISK AND RISK-BEARING 60-61 (1923).

공적인 프로젝트를 만드는데 있어 중요한 단계이다. 이에 계약을 통한 다른 프로젝트 참여자로의 위험 이전, 위험을 감소시킬 수 있는 주체와의 공동 출자를 통한 위험 완화, 위험의 최소화, 손실 방지 및 신용 보강 등의 독자적인 또는 병합적인 위험 관리 기법은 다음 장에서 더 논의하기로 한다.

프로젝트의 사업주 입장에서는 위험이 없는 투자는 있을 수 없지만 대체로 프로젝트 운영에서 발생한 경제 수익에 대해 분배가 안된 잔여 위험을 감수하게 된다. 기대수익률과 비교하여 실제 얻는 수익률이 낮다면 프로젝트를 포기해야 할 것이다.

2.02 위험 매트릭스

PF 구조를 세울 때 위험을 분배하는 과정이 중요하기 때문에, 편리하고 체계적인 매트릭스 형태로 위험 요인을 식별하고 분배하며 완화하는 기법이 유용할 수 있다. 위험 매트릭스는 PF 참여자들이 일반적으로 잘 활용하는 도구이다.

표 2-1과 2-2에는 발전 시설의 건설 및 운영 기간에 대한 위험 매트릭스의 샘플을 구현해 보았다.

2.03 프로젝트 사업 단계별 위험

PF는 사업주에 대해 소구권이 없거나 제한된 소구권만 있기 때문에, 위험에 대한 금전적 책임이 있는 참여자와 위험을 감수할 수 있을 만큼의 신용이 있는 참여자에게 위험이 분배되어야 한다. 위험의 분배는 거래마다 다르며, 참여자들이 갖는 협상력의 지위와 현금흐름과 예치계좌에 의해 우발적인 채무의 위험을 감당하는 프로젝트의 능력에 따라 바뀐다.

일반적으로 위험은 반드시 위험을 가장 잘 통제할 수 있고 결과에 영향을 줄 수 있을만한 당사자에게 분배해야 한다. 이에 당사자는 부담한 위험의 크기에 걸 맞는 보상을 요구할 것이다.

일반적인 PF에서는 기간별로 개발 위험(development risks), 설계 및 건설 위험(design engineering and construction risks), 운영개시 위험(start-up risks), 운영위험(operating risks) 등 네 가지 종류의 위험에 노출된다.

[1] 개발 위험

개발 위험은 프로젝트 사업주와 개발 단계에서 대출을 해주는 대주에게 영향을 준다. 이 단계에서의 위험은 프로젝트에 대한 정부 승인이나 기타 허가를 받지 못하는 것을 비롯하여, 프로젝트 이행에 대한 시민들의 반대, 프로젝트의 당위성 부족 등에 의해 발생할 수 있다(소위 "말이 안 되는 프로젝트"를 말한다). 개발 단계에서 위험은 매우 높은 편인 만큼 잠재적 보상도 상당하지만, 위험에 노출된 자금의 규모는 비교적 작은 편이라 그나마 괜찮다.

[2] 설계 및 건설 위험

설계 및 건설 위험은 말 그대로 프로젝트의 설계와 건설 단계에서 발생하는 위험을 뜻한다. 건설이 차츰 진행되면서 새로운 위험들이 생겨나는 동시에 다른 위험들이 수면아래로 내려가게 된다. 이러한 위험은 기본적으로 프로젝트 사업주와 대주에게 있는 것이지만, 각 참여자들도 프로젝트가 예상된 가격에 제 때 건설될 수 있을지에 대한 위험을 어느 정도 감수해야 한다.

전형적인 건설 위험은 최초 건설 가격을 산정할 때 고려되지 않았는데 설계에 기술적인 변화가 생겨 작업에 수정이 필요한 경우 발생하게 된다. 또 다른 프로젝트 건설 위험은 환율 변동, 인플레이션에 따른 가격변동, 건설 지연, 원자재 부족, 법에 따른 설계 변경과 파업 등에 의해 발생할 수 있다. 이 단계에서 발생한 손실은 건설 기간 중의 대주에게 특히 크다고 볼 수 있다.

만약 한 프로젝트가 건설 단계에서 성공적이지 못하면, 해당 프로젝트 자산은 채무를 변제하기 위한 충분한 가치가 없을 것이다. 그러므로 프로젝트 개발 단계에서 위험을 체계적으로 관리하기 위해서는 완공일, 가격 및 완성도 등을 보증하는 일괄도급방식(turnkey)의 건설 계약을 활용할 수 있다. 더욱이 어떤 프로젝트에서는 건설기간 중의 대주단이 사업주에게 프로젝트 완성에 필요한 자금을 보증할 것을 요구하면서, 사업주에게 제한된 소구권을 행사할 수 있도록 한다.

[3] 운영개시(start - up) 위험

프로젝트 운영개시 단계는 시공사가 위험을 부담하는 기간이 끝나고 운영사와 프로젝트 회사가 위험을 부담하기 시작하여 위험이 이전하게 되는 가장 중요한 시기이다. 이 때까지는 시공사가 일괄도급계약에 따라 모든 건설 위험을 부담했다면, 프로젝트 시운전이 개시되면서 대주, 사업주를 포함한 지분 투자자 등은 시공사에게 프로젝트가 대출금을 상환하고 운영비용을 지급할 만큼 성과를 낼 수 있는지에 대한 증명을 요구하게 될 것이다.

[4] 운영 위험

운영 위험은 프로젝트가 승인되거나 최초 운영을 시작한 이후에 발생하는 위험이다. 각각의 운영 위험은 프로젝트가 계획된 대로 이행될 수 있을 지와 채무를 변제하고 운영비용을 지급하는 데 충분한 현금을 창출하고 수익률을 낼 수 있는지에 영향을 미친다. 운영 위험으로는 원자재나 연료의 부족, 프로젝트 생산물에 대한 수요의 감소 등이 있을 수 있다. 다른 운영 위험으로는 기술적인 문제, 인플레이션, 환율 및 통화 환전, 파업 및 기타 생산 위험, 공급 위험, 규제 변화, 정치적 변화, 보험 미부보 손실, 그리고 운영 비효율성 등이 있다. 비록 생산품 구매자 등 다른 프로젝트 참여자들도 프로젝트가 잘 운영될 지가 중요하지만, 기본적으로 운영 위험은 프로젝트 회사와 최종 대주에게 발생하는 위험이다.

이 단계에서는 손실 규모가 운영 기간 동안 문제가 언제 발생하기 시작했는지에 달렸다. 만약 프로젝트가 운영 초기에 성공적이지 못하다면, 프로젝트 자산은 대출을 상환하기에 충분한 가치가 없을 것이고, 프로젝트 사업주는 그들이 원하는 투자수익률을 얻지 못할 것이다. 그러나 시간이 흐르면서 프로젝트 채무가 상환되고 투자 수익이 나기 시작하면서 잠재적인 손실은 감소할 것이다. 그러므로 운영 기간 동안 프로젝트 진행 과정에 따라 비용이 높은 위험 관리 비법의 필요성이 점차 줄어드는 것을 감안해 위험 프로파일링(profiling)을 실시하려 한다. 하지만, 운영 초기에는 수령 후 지급(Take-and-pay)의 판매계약서, 확정가격 원자재 및 원자재 공급계약서, 비상위험에 대한 보험 등의 위험관리 기법들이 매우 중요하다.

2.04 PF 참여자들의 목표

각각의 참여자에 의한 PF 분석과 각 프로젝트 계약 관련 협상은 위험을 파악하고 다양한 신용보강 기법을 통해 위험을 잘 통제할 수 있는 당사자를 지정하는 데부터 출발한다. 위험의 배분은 일반적으로 위험 통제, 위험에 대한 보상 및 신용도에 따라 결정된다. 단순히 말해서, 위험을 가장 잘 통제할 수 있는 참여자이거나 위험이 실현되지 않았을 때 가장 많은 보상을 얻을 수 있는 참여자 등이 위험을 부담하게 된다.

이를테면 어느 한 프로젝트의 위험은 프로젝트가 정해진 날짜에 완성되지 않을 경우 주요 계약이 종료되는 것이 그 예이다. 비록 어느 당사자도 건설 중 발생할 수 있는 모든 위험을 통제할 수 없을지라도, 프로젝트의 모든 당사자들은 프로젝트가 완료되면 이득을 얻는다. 궁극적으로 공사완공 위험을 부담하게 되는 참여자는 일반적으로 시공사다. 만약 시공사가 이 위험을 감당하기에 자금이 부족하다면, 반드시 다른 참여자들이 위험을 검토하여, 사업성을 진단하고, 프로젝트 참여 가치를 산정하고 위험 배분이 적절한 계약 조건을 파악해야 한다. 보통 이러한 위험을 분담하기로 한 당사자에게 높은 계약 가격을 주거나 또 출자자 지위를 추가로 부여하는 등의 형태로 프로젝트의 보상이 일부 이전된다.

[표 2-1] 건설 기간 동안 발전소의 위험 매트릭스

위험 종류	위험 부담자	위험 완화 방법	대주에 미치는 영향	개발자에게 미치는 영향
시공사가 통제할 수 있는 초과비용	시공사	확정가격 건설계약	프로젝트를 완성할 시공사의 신용도	시공사의 위험은 건설가격에 반영
시공사가 통제할 수 있는 초과비용 중 부보된 부분	보험사	보험금	보험금이 충분할 경우 영향 없음	보험금이 충분할 경우 영향 없음
시공사가 통제할 수 없는 초과비용 중 부보가 안된 불가항력 사건에 의한 부분	개발자	남은 지분투자 철회	영향 없음	완공 때까지 투자 수익 지연
시공사가 통제할 수 없는 초과비용 중 법률 개정에 따른 부분	개발자 / 전력 구매자	가격 조정이 이루어질 때까지 시설 지원 중단	시설대출을 줄이고 추가 대출 제한	가격 인상으로 높아진 금융비용이 상쇄되나 상쇄시기 불일치로 투자수익 감소 우려
시공사가 통제할 수 없는 초과비용 중 지반 조건 때문에 발생한 부분	개발자	시설 지원 중단	시설대출을 줄이고 추가 대출 제한	금융비용 증가 및 투자수익 감소
시공사자가 통제할 수 있는 건설 지연	시공사	완공일 지정; 채무상환, 고정영업비 지급, 원자재 공급계약 상 납부지연 해결을 위한 일일 손해 보상	프로젝트를 완성할 시공사의 신용도	완공 때까지 투자 수익 지연

위험 종류	위험 부담자	위험 완화 방법	대주에 미치는 영향	개발자에게 미치는 영향
시공사가 통제할 수 있는 건설 지연 중 부보된 부분	보험사	보험금	보험금이 충분할 경우 영향 없음	보험금이 충분할 경우 영향 없음
시공사가 통제할 수 없는 건설 지연 중 부보가 안된 불가항력 사건에 의한 부분	전력 구매자 및 중앙정부	5백만달러보다 적은 비용이면 가격 조정이 이루어질 때까지 시설 지원 중단; 5백만달러보다 많은 비용이면, 정부는 개발자 수수료를 지급하고 채무를 변제하고 프로젝트를 책임짐	시설대출을 줄이고 추가 대출 제한; 정부의 신용위험 발생	가격 인상으로 높아진 금융비용이 상쇄되나 상쇄시기 불일치로 투자수익 감소 우려, 비용이 5백만달러 초과시 투자수익 상실
시공사가 통제할 수 없는 건설 지연 중 법률 개정에 의한 부분	전력 구매자 및 중앙정부	5백만달러보다 적은 비용이면, 관세 조정이 이루어질 때까지 시설 지원 중단; 5백만달러보다 많은 비용이면, 정부는 개발자 수수료를 지급하고 채무를 상환하고 프로젝트를 책임짐	시설대출을 줄이고 추가 대출 제한; 정부의 신용위험 발생	가격 인상으로 높아진 금융비용이 상쇄되나 상쇄시기 불일치로 투자수익의 감소 우려
시공사가 통제할 수 없는 초과비용 중 지반 조건 때문에 발생한 부분	개발자	시설 지원 중단	시설대출을 줄이고 추가 대출 제한	금융비용 증가 및 투자수익 감소
시공사의 과실로 완공시 약속된 성과를 내지 못한 경우	시공사	건설 계약서 상 성과 보증 및 성과 저하에 따른 개발자의 손해 보상 예정	프로젝트를 완성할 시공사의 신용도	시공사의 신용도에 따라 투자수익 영향

위험 종류	위험 부담자	위험 완화 방법	대주에 미치는 영향	개발자에게 미치는 영향
건설 기간 동안 이자비용의 증가	전력 구매자	관세 조정이 이루어질 때까지 시설 지원 중단	시설대출을 줄이고 추가 대출 제한	가격 인상으로 높아진 금융비용이 상쇄되나 상쇄시기 불일치로 투자수익 감소 우려
건설 기간 동안의 통화 약세	전력 구매자	관세 조정이 이루어질 때까지 시설 지원 중단	시설대출을 줄이고 추가 대출 제한; 정부의 신용위험 발생	가격 인상으로 높아진 금융비용이 상쇄되나 상쇄시기 불일치로 투자수익 감소 우려
국가 위험-몰수, 국유화, 간섭	중앙정부	정부가 채무를 상환하고 개발자에게 보장된 투자수익 지급	정부의 신용도	정부의 신용도

[표 2-2] 운영 기간 위험 매트리스

위험 종류	당사자에 동반되는 위험	완화	대주에 미치는 영향	개발자에게 미치는 영향
정부의 과실에 따른 운영비용 초과	전력 구매자	가격 조정	가격이 조정될 때까지 운영비용 증가	가격이 조정될 때까지 운영비용 증가
운영자의 과실에 따른 운영비용 초과	운영자	운영 계약서 상 성과 보증 및 성과 저하에 따른 개발자의 손해 보상 예정	운영자의 신용도	운영자의 신용도
운영기간 동안 이자비용 증가, 통화 약세, 인플레이션 발생	전력 구매자	가격 조정	차입금 비율에 미치는 영향	금융비용 증가는 가격증가로 상쇄
통화 환전 불가	중앙정부	정부가 부채를 상환하고 개발자에 투자수익 보증	정부의 신용도	정부의 신용도

위험 종류	당사자에 동반되는 위험	완화	대주에 미치는 영향	개발자에게 미치는 영향
국가 위험-몰수, 국유화, 간섭	중앙정부	정부가 부채를 상환하고 개발자에 투자수익 보증	정부의 신용도	정부의 신용도
설비 파괴	보험회사	보험금	보험금이 충분하면 영향 없음	보험금이 충분하면 영향 없음
운영자의 파산	운영자	위약금 및 사업종료 비용 지급	운영자의 신용도, 부채 커버리지 비율에 영향	운영자의 신용도, 투자수익 감소
전력 구매자의 파산	중앙정부	개발자가 종료를 선택할 경우 정부가 부채를 상환하고 개발자에게 보장된 투자수익 지급	정부의 신용도	정부의 신용도

2.05 프로젝트 참여자에 의한 위험의 식별

각각의 PF참여자는 위험 배분에 대해 서로 다른 관점을 갖는다. 위험에 대한 각 참여자의 관점을 이해한다면 위험 성향을 파악하는데 도움이 될 것이다.

위험의 체감은 주관적이다. 어떤 특정한 위험의 중요도는 해당 위험을 부담하려는 당사자에 의하여 결정된다. 그러므로 어떤 이에게는 절대 수용 불가한 조건일 수도 있으며, 다른 이에게는 통제 가능하고 일상적인 위험으로 인식될 수 있다.

프로젝트 회사의 계약 이행 및 채무의 비소구 특성 때문에 PF의 분석에서 위험의 식별은 필수적이다. 해외 PF에서는 국제적, 상업적 그리고 법률적 위험 세 가지로 분류할 수 있다.

[1] 프로젝트 사업주

프로젝트 사업주는 프로젝트의 개발을 주관하는 역할을 한다. 개발 그룹이나 합작회사의 경우 한 프로젝트 당 사업주는 여러 명일 수 있다. 이러한 프로젝트 사업주는 프로젝트 계약을 체결하고 프로젝트 자산을 소유하기 위해 세워진 프로젝트 회사와는 다르다.

프로젝트 사업주의 목적은 PF가 조달 방식으로 선택된 바로 그 이유에 기반한다. 제1장에서 더 많이 논의 되었던 이러한 목적은 비소구 방식을 통한 사업주의 자산 보호, 부외금융 회계처리, 높은 부채비율 달성, 대출계약 조항의 융통성 있는 변경, 비상위험 분산, 위험의 분배, 프로젝트 자산에의 담보 한정, 대주단의 담보권 행사보다 워크아웃 참여 선호, 특정 자산과 부채의 매칭, 확장된 신용 기회 등이다. 동시에, 프로젝트 사업주는 효율적인 세제 혜택의 활용, 다른 프로젝트에 대한 금융조달 및 특정 프로젝트에 대한 무기한 대출·리파이낸싱의 유연성, 프로젝트의 건설, 시운전, 정상가동 및 유지에 대한 자율성을 높이려 한다.

PF 금융 조달의 종료까지의 과정은 길고, 복잡하며, 많은 비용이 소요된다. 프로젝트 사업주는 그 프로젝트를 발전시키고 개발 비용을 부담한 기간이 수개월에서 심지어 수년에 달했을 수 있다. 그러므로, 사업주는 몇 가지 목표를 갖고 있는데, 이는 향후 추가될 수 있는 개발 비용을 줄이고, 개발 단계에서 소요된 경비를 절감하며, 건설 관리 수수료 등을 받아 간접비용에 충당하는 것이다.

또한, 장기적으로 볼 때 사업주는 프로젝트의 운영에서 창출되는 현금투자수익률을 얻기 위한 목적으로 프로젝트에 임한다. 프로젝트 재원 마련이 끝나 건설이 빨리 시작될수록 사업주는 투자수익을 더욱 빨리 취득할 수 있게 된다.

[2] 건설자금 대주

프로젝트는 장기금융조달(permanent loan)이나 운영수익을 통해 건설자금 대출을 갚는 선제조건이 충족돼야 완료되므로 건설자금 대주는 설계 및 건설 위험을 염려할 수밖에 없다[6]. 그러므로 시공계약과 함께 약속된 기한 내 완공하고 일정 수준 이상의 성과를 요구하는 조항들이 무엇보다도 중요하다. 만약 프로젝트가 제 때에 약속된 가격 및 성과를 충족하지 못하였다면, 다양한 신용보강 장치를 통해 건설자금 대출 상환 가능성을 높여야 한다. 이러한 것들은 보통 공사완공 보증이나 성과 보증, 지급보증(payment bonds) 등의 형태로 제공된다.

---

6) Mei Han & Jerry Shi Zhiyong, *How to Assess the Profitability of a Project Finance Deal – From the Lender's Perspective* 3 J.PROJECT FIN. 21 (1997).

건설자금 대주에게 가장 중요한 것은 시공사의 의무가 일괄도급 방식임을 확인하는 것인데, 그 이유는 제 시간에 원하는 수준의 프로젝트의 건설을 완공시키려면 충분한 자금이 필요하기 때문이다. 일괄도급의 의무는 건설비용과 예상 가능한 수준의 현금흐름을 창출할 수 있는 프로젝트 능력과도 관련이 있다. 구체적으로는 확정 가격, 완공시한, 생산품의 성능 기준 및 법률 준수 여부 등이 포함된다.

더욱이 건설자금 대주는 건설 지연이 다른 계약서에 미치는 영향에도 신경 쓰게 되는데, 건설 지연으로 장기자금 대주가 더 이상 프로젝트를 지원하지 않을 것을 우려하고, 사업주가 특정 기일에 상품을 운송하거나 공급을 받을 의무까지 없어질까 염려한다. 만약 특정일에 상품을 배달하거나 받지를 않는다면 프로젝트 회사가 그에 대한 피해를 보상하거나 다른 계약 상대방이 계약을 종료하게 만들지도 모른다. 그러므로 건설 기간 동안 프로젝트 참여자의 재정 건전성 악화, 법률 개정, 기술 적합성의 변동 등으로 프로젝트의 환경이 바뀐다면 건설자금 대주는 장기자금 대주(permanent lender)로부터든 운영수익으로든 채무를 상환 받기가 어려워질 수 있다.

[3] 장기자금 대주(Permanent Lender)

장기자금 대주는 PF에 대해 몇 가지 요구사항이 있다. 구체적으로는 전체 건설 비용을 충당하기 위한 충분한 부채규모, 다른 선순위 담보권자 또는 유사한 권한이 있는 대주의 부재와 여러 대주가 참여할 경우 대출은행간 약정서 등이 포함된다.

앞에서 논의된 것처럼, 장기자금 대주는 완공 이후 장기자금을 대출할 때 프로젝트의 위험이 없길 바란다. 하지만 장기자금을 대출해주는 은행들은 PF의 불완전한 특성을 이해하기 때문에, 프로젝트가 아직은 위험으로부터 자유롭지 못해도 장기 대출을 해주려는 용의가 있다. 이를테면 프로젝트의 성과가 합리적인 시간 안에, 또 합리적인 가격에 달성될 수 있고, 시공사의 재정에 영향을 줄만한 중대한 사건이 발생하지 않았으며, 현 상태에서도 프로젝트의 채무와 비용을 지급할 여력이 있다면, 현재 성과가 요구수준을 충족하지 않더라도 장기자금 대출을 받을 수 있을 것이다. 마찬가지로, 경제 상황에 영향을 줄만한 중대한 사건이 발생했어도, 그 영향이 일시적이거나 프로젝트의 가동으로 경제 상황을 극복할 수 있다면 대주는 장기자금의 대출을 결정할 수 있다.

장기자금 대주에게 있어서 PF 위험의 분배는 프로젝트 신용을 보강해주는 계약서에 초점을 둔다. 장기자금 대주는 일반적으로 계약의 경제적 가치, 계약의 법적 타당성 및 대출 환경에서의 계약의 이행가능성 등을 검토한다. 또한, 건설자금 대주가 일정한 가격, 기일, 성과 수준을 기대하듯이, 장기자금 대주도 마찬가지로 비슷한 조건을 운영자, 공급자 및 생산품 구매자에게 요구한다.

또한 장기자금 대주는 각 계약이 양도가능하길 원한다. 계약서는 먼저 프로젝트 금융 대출을 위한 담보가 될 수 있도록 양도가능해야 할 것이고, 둘째, 만약 담보물 압류가 발생한다면 계약이 다른 프로젝트 소유주에게 양도될 수 있어야 할 것이다. 이 개념은 제26장에서 더욱 자세히 설명한다.

결론적으로, 대주는 (i) 완공 전에 발생하는 비용을 충당하기 위해 추가 자금 요청이 발생하지 않도록 하며, (ii) 시공사가 약속한 성과를 낼 수 있기를 요구하고, (iii) 프로젝트가 중도 포기되거나 최소한의 성과를 내지 못할 경우 신뢰할 수 있는 다른 프로젝트 참여자가 지연과 비용에 대한 책임을 질 것을 요구하며, (iv) 대출의 표시통화(또는 적절한 환율로 쉽게 전환할 수 있는 통화)로 원리금을 상환하기 위한 안정적인 매출을 보유하고, (v) 그 매출은 신뢰할 수 있는 공급원에 기반한 것으로, 장기적으로 운영비용을 충당할 만큼 충분하고, (vi) 운영 계약에 따라 발생한 인센티브를 통해 수익은 극대화되고 비용은 최소화되며, 환경 법규를 준수하고, 장기 시설자금의 건전성을 유지할 수 있도록 도모한다.

[4] 시공사

PF의 사업주와 시공사 사이의 긴장감은 일괄도급 계약방식(turnkey)때문에 발생한다. 시공사는 특정일까지 정해진 가격 또는 예측 가능한 가격에 약속된 성과를 달성해야 한다. 시공사는 물론 프로젝트 지연, 가격 상승, 성능 저하 등을 일으킬만한 사건을 예측하는 어려움에 직면해 있다. 따라서, 계약 가격이 시공사에게 매우 매력적이지 않는 이상, PF에서 시공사의 주요 목적은 가격이 변동할 위험을 제한하는 것과, 프로젝트 지연에 대한 해명을 하고 이행보증을 만족시키기 위한 충분한 시간을 제공받는 것이다.

어떤 프로젝트를 특정일까지 고정가격에 완료해야 할 위험을 감수하면 두 가지 보상을 받을 수 있다. 첫 번째 보상은 위험 프리미엄이 반영된 건설 가격의 증가이며, 두 번째 보상은 프로젝트가 기일 전에 완료되어 프로젝트 회사가 시공사에게 지급하는 보너스이다. PF에서 보너스의 개념은 다른 프로젝트 계약과도 관련되어 시설이 계획된 날짜 이전에 완공될 경우, 다른 계약서 상 정상가동을 먼저 시작할 수 있게 되는 것이다.

또한, 시공사는 사업주가 계약대금을 지급하기 위한 자금을 확보했는지 염려하기 때문에 금융조달 계약을 중시한다. 또한, 시공사는 계약서에서 대출금이 대주로부터 바로 입금되게끔 명시하는 조항과 프로젝트 회사의 채무불이행 시 대주가 건설자금 지급하는 조건사항을 제한하는 조항을 넣길 바란다. 그러나, 시공사가 이러한 권리를 획득하는 것이 쉬운 일은 아니다.

[5] 운영자

프로젝트 사업주와 운영자 사이의 긴장감은 프로젝트 사업주와 시공사 사이에 존재하는 긴장감과 유사하다. 그 긴장감은 프로젝트의 가격과 성능을 예측해야 하는 문제 때문인데, 다른 프로젝트 참여자들은 프로젝트의 실행 가능성을 판단하기 위해 운영비용이 고정이거나 예측 가능한 수준이기를 원하지만, 운영자는 가격 위험을 최대한 제한하고자 한다.

보통 운영자가 예산을 마련하면 프로젝트 회사가 승인을 내리고, 그 다음 운영자가 프로젝트를 진행하게 되며 이를 통해 위험을 관리하게 된다. 또한, 운영자는 프로젝트를 정해진 법률과 업계 관행에 따라 약속한 성과를 낼 수 있도록 힘쓴다.

[6] 기술 보유자

기술 보유자는 보통 PF에 직접 참여하지 않는다. 프로젝트 회사 또는 시공사는 기술의 사용을 위해 기술 보유자와 라이선스 계약을 맺는다. 때때로 기술 보유자는 기술에 대한 보증을 제공하며, 이러한 보장은 시공사가 제공하는 계약 이행보증과도 유사하여 기술위험을 제3자에게 이전할 수 있게 된다.

만약 시공사가 프로젝트 회사와의 계약이 종료되거나, 시공사가 채무불이행을 선언 또는 기술 사용권을 잃게 된다면, 프로젝트 회사는 기술을 계속 사용하기 위해 기술 보유자와 계약을 맺어야 할 수도 있다. 이렇듯 기술 공급 또는 라이선스라고 불리는 계약들은 기술 보유자가 다른 경쟁자로부터 정보를 보호할 수 있도록 한다. 또한, 기술 보유자는 프로젝트 건설과 운영에 한해서만 기술 사용을 승인하고 정보 유출을 제한한다.

[7] 공급자

원자재 및 원자재 공급자는 프로젝트에 필요한 원자재와 원자재를 시장가격에 공급할 목적을 갖고 있으며, 공급을 못할 경우 납득 가능한 이유가 있어야 할 것이다. 하지만 프로젝트 참여자들은 예측 가능한 가격과 품질을 비롯하여, 납품 기일이 준수될 수 있길 바라며, 불확실성이 최소한으로 유지되길 원한다. 때로는 당해 프로젝트만 독점적으로 사용할 수 있는 자원이나 공급원이 확보되는 것이 요구되기도 한다.

[8] 생산품 구매자

생산품 구매자는 프로젝트 회사가 원자재 및 원자재를 구매할 때 프로젝트 회사와 같은 입장에 있다고 볼 수 있다. 생산품 구매자도 가격과 품질에 관해서 최소한의 불확실성만 허용한다. 반면에 프로젝트 회사는 시장이 수용할 수 있는 선까지 가격을 인상하길 원할 것이고 일정 기간 동안은 불이익 없이 성능 보증을 하지 않길 바랄 것이다.

[9] 프로젝트 소재국 정부

프로젝트 소재국 정부는 장단기적으로 프로젝트의 성공의 수혜자 중 하나이다. 단기적으로 정부는 프로젝트를 정치적인 목적으로 활용하거나 다른 개발자들을 유인하는데 이용될 수 있으며, 장기적으로는 프로젝트가 성공하여 경기 전망에 긍정적인 영향을 미칠 수 있고, 필요한 인프라가 구축되면서 정치적 안정까지 도모할 수 있다. 또한 새로운 기술과 지적재산권을 도입할 수 있으며 시민들에게 기술을 가르치고, 일자리를 창출하며 세수도 늘릴 수 있다.

그러므로 프로젝트 소재국에 위험을 배분하는 것은 정당하다. 특히 소재국 정부의 경제개발 계획에서 규모가 크고 대중의 관심이 높은 프로젝트일수록 중요하다. 이를테면, 프로젝트 소재국 정부와 체결한 사업실시계약을 통해 정부의 다양한 보증을 받는 것이 가능하다. 이러한 계약은 제14장에서 더 자세히 논의하기로 한다.

프로젝트 소재국 정부는 하나 또는 여러 가지 방법으로 프로젝트에 관여할 수 있다. 가령, 지분 투자, 신용 공여, 비상위험에 대한 보증 제공, 원자재 등의 공급, 생산품 구매 및 기타 재정 지원(수입 관세 인하, 면세 등의 혜택) 등의 역할을 수행할 수 있다.

사실상 정부는 허가 및 규제 체계 등을 통해 항상 프로젝트에 관여할 수 밖에 없는 위치에 있다.

[10] 수출국가 또는 통과국가(transit countries)의 정부

프로젝트의 성공을 위해서는 프로젝트 소재국 외에 다른 나라의 협조를 구해야 할 수도 있다. 예컨대, 프로젝트 소재국으로부터의 원자재 공급이 부족해서 타국가로부터 공급을 받을 수도 있다. 장비, 원자재, 원자재 혹은 기타 재원을 제공하는 수출국의 관점은 정치적, 재정적 목적에 따라 달라진다. 수출국은 다른 나라를 돕는 목적으로 자국의 천연자원을 장기간 공급하는 것을 원하지 않을 수 있다. 대신에 수출을 통해 충분한 세금을 걷거나 양국간 정치적 또는 경제적 협력이 존재할 경우에는 무방할 것이다.

생산품이 거쳐가는 국가인 통과국도 어떠한 방식으로 프로젝트 생산물이 자국을 통과하는지에 따라 프로젝트에 대한 관점이 바뀔 수 있는 것이다.

[11] 지분 투자자

지분 투자자들은 프로젝트 소유자에 더해 추가 자본을 투입하는 주체이다. 지분 투자의 형태는 (i) 프로젝트 회사 설립을 위한 무한책임사원(GP) 또는 유한책임사원(LP) 투자지분, (ii) 단독 투자자 리스 거래에서의 임대인(lessor) 지분, (iii) 매각 후 임차(sale-leaseback)거래에서의 임차인(lessee) 지분, (iv) 법인으로 설립된 프로젝트 회사의 주식지분, (v) 전환사채 및 (vi) 최(deeply)후순위채권 등의 형태를 취할 수 있다.

PF에서 지분 투자자는 다음 세가지 목표를 설정한다. 프로젝트 회사에 투자하기 위해 만들어진 특수목적 법인에 대한 비소구 특성의 채무를 갖는 것이고, 레버리지 비율을 최대로 높이는 것, 그리고 프로젝트 채무에 대한 부외금융 처리를 하는 것이다.

목표 수익률은 지분 투자의 타이밍을 결정하는 한가지 요인이다. 지분 투자의 시점은 개발, 건설, 완공, 정상가동 단계 등으로 나눌 수 있으며, 일반적으로 지분 투자를 빨리 할수록 위험이 높지만 그만큼 수익률도 크다.

지분 투자자들 사이에서는 프로젝트의 경영을 얼마큼 통제하려는 지에 대해서도 서로 다른 선호도를 갖고 있다. 수동적인 투자자들은 경영에 적게 관여하려 하고 수익률에 대한 책임을 덜 부담하는 것을 선호한다. 반면에 적극적인 투자자들은 경영과 관리감독에 더 많은 개입을 하려 한다.

지분 투자자들은 대주와 유사한 위험 분석을 한다. 부채에 영향을 미칠 수 있는 프로젝트의 위험은 지분 투자에도 영향을 미칠 수 있다. 물론 각각의 구조설계 목표는 다르다.

프로젝트 대주는 모든 프로젝트 자산에 대해 선순위 지위를 갖고 대출상환, 운영비용 지급 등을 하기 위해 충분한 수익이 창출되길 바라며, 프로젝트 소유자에게 이윤이 분배되는 것을 제한하고, 지분 투자자에게는 허용 범위 내에서 이윤이 분배되길 원한다. 반면, 지분 투자자는 비슷한 목적을 갖고 있으면서도 더욱 자주 이윤을 나눠받길 바라며 최소한의 준비금만 유지하고 채무 상환 이후에도 충분한 잔존가치가 남길 원한다.

[12] 다자 또는 양자기구

다자 또는 양자기구의 경우 정부의 지원 제약 등에 영향을 받긴 하지만 유사한 관점을 갖는다. 다만, 각 기구마다 서로 다른 목적을 갖고 있기 때문에 정확히 일치하지는 않는다. 다자 또는 양자기구에 대해서는 제21장에서 논의한다.

2.06 개발 단계 위험

프로젝트 참여자들이 위험 분석을 할 때 가끔 개발 단계를 간과하게 된다. 프로젝트의 채무가 존재할 경우 건설과 운영 기간 동안 발생하는 위험에 더 많은 주의를 기울이게 되지만 개발기간 동안 사업주를 위협하는 상당한 위험이 존재한다. 특히나 필요에 의해 장기간 프로젝트에 의지하는 구매자 등은 개발 단계에서 발생하는 위험이 중요할 수 있다. 만약 프로젝트의 금융조달 구조가 적절히 설계되지 않으면 구매자의 장기 수익은 사라질 것이다.

프로젝트 개발에는 많은 비용이 많이 든다. 다국적 프로젝트를 개발하는 비용은 2백만불에서 2천만불 가량 든다. 프로젝트 개발을 위한 자금은 정부 지원, 개발 융자 또는 자기자본 형태로 받을 수 있다. 이 방식들은 다음 장에서 논의하기로 한다.

프로젝트 개발 기간 동안 위험이 발생하면 그 동안의 개발 노력이 수포로 돌아갈 수 있다. 개발 기간 동안의 위험은 경쟁입찰과정에서의 프로젝트 개발 권리의 상실, 소재국 정부와의 계약 체결 또는 영업권 획득 실패, 소재국 정부로부터의 허가, 면허 획득 불가, 정치적 반대, 시민들의 반대여론, 신용이 높은 장기구매시공사의 부재, 경쟁 프로젝트의 개발, 원하는 가격에 원재료, 원자재 등의 공급 실패, 프로젝트가 환경과 토착민들의 생활에 미치는 영향, 외환 관리 및 통화 환전능력의 변화, 비상 · 신용위험에 대한 보험 가입 가능여부, 시장의 여건, 통화 관련 문제, 정치적 변화 등을 감안한 금융조달 및 신용공여 가능성, 법률의 변경, 정치적 문제로 프로젝트가 개발 이후에 중단될 가능성 등이 있다.

2.07 위험경감을 위한 합작회사 설립

합작회사(Joint Venture)는 PF에서 이용되는 위험분산 방법이 될 수 있다. 가끔 합작개발회사라고도 불리는 합작회사에서는 둘 이상의 회사가 힘을 합쳐 하나 또는 여러 프로젝트를 진행한다. 합작회사는 건설 전문회사, 개발 전문회사, 프로젝트 소재국의 정치적 환경 및 개발 여건을 잘 아는 회사가 함께 설립할 수 있다. 이들은 각자의 능력을 합쳐 프로젝트 개발에 기여하고, 단독일 때보다 위험을 더욱 효율적으로 분담할 수 있다. 또한 합작회사는 정부와 금융기관들과 협상 속도를 가속화할 수 있는 틀을 제공한다. 더욱이 개별 회사의 신뢰도와 경험이 결합되어 경쟁력을 키울 수 있고, 단독일 때보다 크고 경험이 많은 회사들과 경쟁하기 위해 필요한 자본을 축적할 수 있다.

2.08 위험 배분의 함정

PF에서는 위험을 감수(risk taking)해야 한다. 다만 비소구 또는 제한적 소구 방식의 금융조달이 가능하기 위해서는 모든 위험이 배분되어야 한다. 위험을 감수해야 하기 때문에 위험을 향한 공격성은 실제 위험이 현실화될 가능성과는 동떨어져 있다. 프로젝트 참여자는 위험을 감수하는 데 높은 대가가 따른다고 느낄 수 있을 것이다. 설사 치러야 할 비용이 크지 않더라도, 프로젝트 사업주는 이에 안주하면 안 된다. 오히려, 위험부담과 보상 간에 불균형이 있는 상황에서는 위험을 덜 부담한 참여자가 사고를 일으킬 첫 번째 후보가 될 수 있다.

Chapter 3

PF의 국제 위험

3.01 개 요

어떤 프로젝트가 국내 또는 국외에서 벌어지던 간에 모든 프로젝트는 정부의 관할권 및 처분권에 속한다. 만약 이와 관련된 위험이 실현될 경우 프로젝트의 성패, 현금 흐름 및 운영 비용에 영향을 끼칠 수 있다. 프로젝트 사업주는 프로젝트를 좌우할 수 있는 정치적 안정을 통제하는데 한계가 있다. 그럼에도 불구하고, 이에 대한 경감 기법이 존재한다.

프로젝트가 마주한 비상위험[1]에 노출된 정도가 때로는 프로젝트의 특성에 의해 결정된다. 소재국 정부의 사회 복지 전략에 특히 중요한 프로젝트는 이 장에서 설명하는 많은 비상위험에 덜 민감할 수 있다. 반면, 국가의 안보나 기본 인프라와 관련된 프로젝트는 국가 귀속 등의 특정 비상위험에 더 취약할 수 있다.

비상위험에는 다른 미묘하고 비공식적인 요소들이 영향을 미칠 수 있다. 예컨대, 프로젝트에 세계은행(World Bank)이나 지역 개발 은행이 참여한다면 프로젝트 소재국 정부는 정치적 행위가 프로젝트에 미치는 영향을 더욱 심도 있게 고려하고 덜 개입하려고 할 것이다. 또한, 소재국의 대주 및 투자자 또는 프로젝트에 상당한 지분을 갖고 있는 다른 국가의 대주 및 투자자가 참여한다고 해도 비슷한 효과를 낼 수 있다. 이러한 관계를 위태롭게 할 가능성 때문에 대주와 프로젝트 사업주를 아래에 설명된 위험으로부터 보호하기에 충분하다.

본 장에서 추가적으로 논의되겠지만, 비상위험의 배분과 경감 방법은 다양하다[2]. 그 중 보증과 신용보강 등을 통한 프로젝트 사업주의 지원, 소재국 정부의 보증, 비상위험 보험(PRI, Political Risk Insurance), 준비금, 여러 프로젝트 참여자 간 위험을 분산하기 위한

1) Thomas W. Waelde & George Ndi, *Stabilizing International Investment Commitments: International Law Versus Contract Interpretation*, 31 TEX. INT'L L. J. 216, 231 – 235 (1996); Gerald T. West, *Managing Project Political Risk: The Role of Investment Insurance*, 2 J. OF PROJECT FINANCE 5 (1996).

2) Waelde & Ndi, *supra* note 1, pp.233 – 34.

합작회사 설립, 국제개발금융기구 및 지역은행들의 참여, 및 기타 계약상의 보호조치 등 (준거법 선택, 국제 중재, 해외 계좌, 안정화 조항 및 이행 계약)을 포함한다. 또한, 기업들은 위험이 높은 특정 국가의 익스포저를 줄이기 위해 포트폴리오를 다변화하여 비상위험을 관리할 수 있다.

3.02 통화 관련 위험

[1] 개요

외환 익스포저는 거의 모든 다국적 거래에서 존재하는 위험이다. 통화 관련 위험이 PF에서 특히 중요한 이유가 장기 계약의 특성상 언젠가 위험이 실현될 수 있기 때문이다. PF의 복잡한 계약들로 조항들이 서로 얽혀있기 때문에 이러한 위험이 더욱 커질 수밖에 없다.

환위험은 수익을 창출하는 통화와 부채·비용을 지급하는 통화가 다르기 때문에 발생한다. 보통 생산물 판매계약 하에서의 프로젝트의 매출은 현지 통화로 발생하지만 채무의 상환 등은 다른 통화로 이루어진다.

일반적인 관점에서는 세 가지 환위험이 있는데, 환전불능, 해외송금 및 소재국 통화의 가치하락이다. 이들은 다음 장에서 자세히 설명하기로 한다.

환위험을 관리하기 위해서는 여러 구조화 상품과 신용보강 조치가 필요할 수 있다. 아래에서 언급하겠지만, 프로젝트 수익을 지급하는 통화의 지정, 경화로의 잦은 환전, 특별예치금 마련, 현지 통화 지급의 최소화, 프로젝트 수익을 입금하기 위한 해외 계좌 개설, 프로젝트 소재국 정부와 환거래 계약 체결, 중앙은행 또는 통화당국의 승인 획득, 환율 변동성을 커버하기 위해 충분한 보유고 및 현금 흐름의 유연성 유지, 통화 헤지 계약 체결, 프로젝트 사업주의 보증 등 지원 계약 체결, 운영 비용 지급과 채무를 상환하는 통화와 수익을 창출하는 통화를 일치시키는 방법 등이 고려될 수 있다.

[2] 환전불능(외화의 수급불능)

환전불능 위험은 한 통화를 다른 통화로 환전할 때 발생하는 것으로 외화를 해외로 반출할 때 부딪히는 위험이다. 프로젝트 소재국가에서 외화가 부족(현지통화를 외화로 환전하기 위한 보유고가 불충분한 상황)할 경우 프로젝트 회사가 현지 통화를 외화로 환전해 채무를 상환하거나 다른 비용을 지급하기 어려워질 수 있다.

환전 불능 위험의 심각성을 파악하기 위해서 프로젝트의 대주와 다른 프로젝트 참여자들이 소재국의 외환포지션을 검토해야 할 것이다. 이러한 분석에는 정부의 외화 사용 우선순위를 포함해야 한다. 우선적으로 국제개발금융기구 앞 부채 상환, 경제에 필수적인 수입물품의 비용 지급, 공공부문 부채에 대한 이자 상환 등에 사용된다. 만일 이를 모두 지급한 뒤에도 외화가 남는다면, 다른 기관들과 남은 외화를 두고 경쟁을 해야 하는 상황에 놓일 수 있다.

한창 경제가 성장하고 있는 국가에서는 외화 부족, 무역적자, 또는 과도한 대외채무가 있을 수 있어 통화환전불능 위험에 노출된다.

환전 불능 위험을 완화하기 위한 방법은 여러 가지가 있을 수 있다. 이를테면 프로젝트의 수익 계약서는 경화(Hard Currency)로 지급을 요구할 수 있고, 만일 정부나 정부 소유기관이 수익 창출 계약에 따라 비용을 지급할 때면, 프로젝트는 필요한 환전 보증을 받을 수 있게 된다.

또한, 인프라 개발의 경우 프로젝트와 외화를 창출하는 현지 수출회사를 서로 연계 지을 수 있다. 이 구조는 보통 연계무역(countertrade)이라고 불린다. 프로젝트 수익은 국제통화를 창출하는 현지회사의 상품을 통해 얻는 것이다. 현지 회사의 상품을 판매하면서 일정한 외화 현금흐름을 창출하면 환전 위험을 줄일 수 있게 된다. 그러나 변동이 심한 통화의 경우 이러한 구조의 유효성에 제한이 있다.

가능하다면, 프로젝트 소재국의 정부로부터 우선적으로 외화를 사용할 수 있는 허가를 받거나 일종의 보증을 받는 것도 한 방법이다. 이러한 계약은 통화 환전에 대한 국가 보증의 일부일 수도 있고 기존규제나 정부의 승인 과정에 포함될 수도 있다.

또한, 시장에서의 통화스왑은 환전을 보장하는데 도움이 될 수 있다. 그러나 이러한 거래는 일부 국가에서 터무니없이 비싸거나 아예 체결이 불가능할 수도 있다.

마지막으로, 환전 위험을 커버하는 비상위험에 대한 보험은 미국 기관인 해외민간투자공사(OPIC)와 세계은행 산하의 국제투자보증기구(MIGA)와 같은 기관으로부터 받을 수 있다. 이러한 보험은 제20장에서 논의하기로 한다.

[3] 해외 송금(외화의 국외 송금 불능)

개요. 외화송금 위험은 현지통화나 외화를 해외로 송금하는 것이 제한될 경우에 발생한다. 환 관리는 통화가 이동하는 것을 막는 성벽과도 같은 것이다. 정부가 성벽의 열쇠를 쥐고 있다고 볼 수 있으며, 필요에 따라 자금을 국내에 남기거나 불필요한 자금은 빼낼

수 있다.

예컨대, 프로젝트 소재국의 중앙은행이 현지통화를 외화로 환전하는 것까지 허용하지만 해외로 송금하는 것을 거절할 경우에 위험이 발생하는 것이다. 이럴 경우 외화 채무 상환을 재조정해야 될 수도 있다.

대부분의 개발도상국가들은 환위험을 관리한다. 환위험은 보통 특정 통화의 공급이 부족할 때 발생한다. 또한 정부가 복잡한 승인절차나 높은 환전수수료를 요구하는 경우에도 발생할 수 있다. 만약 그럴 경우, 국제 투자자나 대주는 필요한 통화를 수취하지 못하고 부족상태를 겪거나 다른 통화로 수취해야 할 수도 있다.

때때로 외화는 수취하고 환전하지 않아도 될 수 있다. 만약 외화를 대출금이나 지분 투자자나 구매자로부터 받는 경우와 프로젝트의 채무 상환, 투자 수익금 분배, 설비 비용, 서비스 수수료 등으로 지급하는 경우 정부가 그대로 보관하는 것을 승인할 수 있다.

이러한 위험을 완화하기 위해서는 위에서 통화 환전 문제를 다룰 때 논의한 방식을 그대로 활용할 수 있다. 즉 예컨대 매출 계약서는 경화로 지급을 요구할 수 있다. 인프라 개발 프로젝트에서는 외화를 받는 현지 수출회사와 사업을 연계할 수 있다. 위에서 논의된 것처럼, 이러한 거래에서는 수출회사의 안정적인 외화 현금흐름이 통화 환전 위험을 감소시킬 수 있다.

가능하다면 프로젝트 소재국 정부와의 계약을 통해 외화에 대한 우선적인 사용 권한을 확보하거나 외화 수취를 보장받을 수 있다. 이러한 계약은 통화 환전에 대한 국가 보증의 일부일 수도 있고 기존 규제나 정부의 승인 과정에 포함될 수도 있다.

또한, 시장에서의 통화스왑은 통화 환전을 보장하는데 도움이 될 수 있다. 그러나 이러한 거래는 일부 국가에서 터무니없이 비싸거나 아예 체결이 불가능할 수도 있다.

마지막으로, 통화 환전 위험에 대비하기 위한 보험은 세계은행 산하의 국제투자보증기구(MIGA)와 같은 기관으로부터 받을 수 있다. 이러한 보험은 제20장에서 논의하기로 한다.

환관리의 종류와 특징. 빈번히 바뀌는 전 세계 외환통제 법에 대한 정보를 제공하기는 어렵다. 다만, 일반적으로 프로젝트 참여자들의 외환통제에 대한 이해를 높이기 위한 기본 틀을 제공할 수 있다.

감독당국의 외환통제 예시로는 외화포기 및 현지통화로의 환전 요구, 적용 환율통제, 외국은행 계좌 또는 국내은행 외화계좌보유 금지, 비거주자의 외화대출 금지, 외화 매매 금지, 비거주자에 대한 외화지급 금지 등이 포함된다. 이를 볼 때 외환통제가 심한 국가에서는 PF 거래가 불가능하다는 것을 알 수 있을 것이다. 결론적으로, 정부의 구체적인 허가가 반드시 필요하다.

- **외화의 인도 및 환전 요구.** 수출을 해야 하는 프로젝트에서는 모든 외화를 인도하고 현지통화로 환전할 의무가 있을 경우 특별히 번거롭다. 이러한 유형의 외환통제 하에서는 외화가 중앙은행 또는 외국환거래은행의 고시환율로 환전되어야만 할 것이다.
- **적용 환율에 대한 통제.** 현지 정부가 여러 종류의 환율을 고시한다면 프로젝트 회사는 어떤 환율을 적용해야 할지 확인해보는 것이 필요하다.
- **외국은행 계좌 금지.** 이러한 유형의 관리하에서는 외국은행 계좌를 유지할 수 없다. 한 규정은 국내에서의 외화표시 계좌 금지도 포함한다.
  전형적인 예외는 외교관 또는 국제기구 보유 계좌, 환전 또는 송금 허가를 기다리고 있는 비거주자의 외화를 보관하는 계좌, 해외로부터 외화의 수취만 가능한 비거주자의 계좌 등이다.
- **외화차입의 금지.** 외화로 차입을 받을 수 없는 경우이다.
- **비거주자의 외화대출 금지.** 거주자는 비거주자로부터 어떤 통화로든 대출을 받을 수 없다.
- **비거주자의 차입 금지.** 자금의 출처가 국내, 국외인지를 불문하고, 국내에서 비거주자가 차입하는 것을 금지할 수 있다.
- **외화 매매 금지.** 공인된 절차를 통하는 것을 제외하고는 외화의 매수, 매도 등이 금지될 수도 있다.
- **비거주자에 대한 외화지급 금지.** 비거주자에게 외화를 지급하거나 채무를 부담하는데 제한이 있을 수 있다.

외환규정의 위배. 외환규정의 위배는 대부분의 국가에서 심각하게 받아들인다. 어떤 국가에서는 외환규정을 위배한 계약은 무효 처리되기도 한다.

외환통제를 위배하는 거래의 집행

- **프로젝트 소재국에서의 거래.** 만약 프로젝트 거래 중 하나가 필요 허가를 안받는 등 외환통제를 위배했다면, 해당 거래를 더 이상 진행할 수 없다. 비록 이와 관련하여 현지법에 대한 연구가 필요하지만, 기본적으로 법원은 규정을 위반한 계약의 이행을 강제하지 않는다.
- **프로젝트 소재국 밖에서의 거래.** 타국의 법원에서는 현지 국가의 외환규정을 위반했어도 결과는 다르게 나올 수 있다. 결과는 외국 법원이 IMF 협정에 가입되어있는지에

따라 일부 달라질 것이다[3].

IMF 협정문에 따르면, IMF회원국의 통화와 관련된 거래 계약이 현지 국가의 외환규정을 위반한다면 어떠한 회원국에서도 거래 진행이 불가하다[4]. 특히, IMF 협정문의 Article VIII 2(b)는 "회원국의 통화와 관련된 거래계약이 해당 국가의 외환규정을 위반한다면 어떠한 회원국에서도 계약을 집행할 수 없다[5]"고 명시한다. 해당 조항에 대해 많은 판례 비교와 분석이 있었지만 일관성 있는 결과가 나오진 않았다. 그러나 VIII 2 (b) 조항에 대한 추가적인 분석은 이 책의 범위를 벗어나므로 생략한다[6].

거래 허가 및 동의. 외환통제 또는 모라토리움 등은 프로젝트 소재국의 법률에 적시되어 있다. 프로젝트 사업주는 현지통화를 원하는 통화로 환전할 수 있는지 현지법률을 확인해봐야 할 것이다. 또한, 사업주는 대주에게 상환하기 위해 아래에서 논의된 권리 등을 갖고 있는지 확인해야 할 것이다.

대부분의 국가들은 외화대출 계약을 체결할 때 중앙은행에 등록할 것을 요구한다. 그런 국가에서는 어떠한 권리를 가질 수 있는지 현지법을 잘 살펴봐야 할 것이다. 몇몇 국가에서는 중앙은행 앞 등록이 대출금 실행 때까지 불가능할 수가 있다. 이러한 국가들에서는 프로젝트 대주단이 가능한 한 빨리 등록이 이루어질 것을 요구할 것이다.

환전 등록 시 몇 가지 환전 권리를 포함시켜야만 한다. 사전 승인을 얼만큼 용인하는지는 국가마다 다르다. 예컨대, 일부 국가에서는 대출금이 지급될 때까지 환전 권리 등록이 허락되지 않는다. 한편, 환전 권리의 범위가 현 원금, 이자 및 수수료, 포괄 지급금, 수익률 보호 및 기타 손해 배상금, 비용, 채무의 일시상환, 담보물 차압에 따른 지급금 등도 포함되는지 정확하게 조사되어야 한다.

외환통제 익스포저 축소. 외환통제에 대한 노출을 줄이기 위하여 현지 변호사의 조언과 안내를 철저히 따라야 할 것이다. 그들의 전문 지식은 환위험 문제를 해결하기 위해 결정적이기 때문이다.

환위험에 대한 보호조치를 프로젝트 개발단계부터 시행한다면 후속단계에서 발생할 수도 있는 문제나 프로젝트 지연 가능성 등을 줄일 수 있다. 계약의 효율성을 위한 조건으로 금융당국의 외환거래 승낙을 보장받아 이행 계약서나 의향서에 정부의 환관리 협조

3) 국제통화기금의 협정, 1944 브레튼 우즈에서 체결, 1969년과 1978년 개정
4) 국제통화기금의 협정, art.VIII 2(b)
5) Idem
6) PHILIP WOOD, THE LAW AND PRACTICE OF INTERNATIONAL FINANCE (1990)

나 승인 등을 포함시킬 수 있으며, 환관리 요구 범위를 최대한 광범위하게 설정해놓을 수도 있다.

[4] 환율 변동에 따른 통화가치 하락 위험

개요. 통화절하 위험 또는 환전 위험이란 표현은 해외 차주 또는 해외소재 자회사가 매출이 일어나는 통화가 아닌 다른 통화로 대출금을 상환할 때 겪는 어려움을 나타낸다.

예컨대 대출이 미 달러로 실행됐으나 차주는 현지통화로 수익을 창출하는 경우를 들 수 있다. 만약 현지통화 가치가 하락하면 채무변제를 위해 충분한 양의 현지 통화가 없을 수 있다. 결국 현지통화의 가치가 상당히 떨어지면 그만큼 프로젝트의 현금흐름이 증가해야만 외화표시 채무나 부채 등을 상환할 수 있을 것이다. 이 위험은신흥국에서 흔히 경험할 수 있다.

PF에서는 복잡한 계약과 대출 조건 등으로 통화절하 위험이 특히나 심각할 수 있다. 환율 변동은 프로젝트가 창출하는 수익, 투입물의 가격, 자기자본이익률 등에 영향을 미칠 수 있다.

이 위험은 다양한 상황에서 나타나는데, 이를테면 현지통화로 매출을 일으킨 뒤 대주, 시공사, 공급자 등에 외화로 지급하기 전에 환율이 변동할 때 발생할 수 있다.

문제는 이러한 위험은 완전히 통제할 수가 없다. 비상위험에 대한 보험은 환율 변동에 따른 피해를 보상하지 않기 때문이다.

하지만, 통화절하 위험을 피하기 위해서는 구매가격을 인플레이션이나 환율에 연동시키거나, 수입통화를 달러 등의 국제 통화로 설정하거나, 현지통화로 자금을 조달하고 파생상품을 사용하는 등의 자연적이고 다양한 방법을 혼합한 것을 활용할 수 있다.

수익 연동. 현지통화로 받는 수입은 인플레이션율이나 달러 등의 경화에 연동시킬 수 있다. 이를테면 해외 장비를 공급받는 일괄도급(turnkey) 건설계약의 경우 환율 변동에도 자동적인 가격 조정이 이루어질 수 있다[7].

차입통화와 수입통화의 매칭. 장기간에 걸쳐 고정가격에 체결한 계약 하에서 현금흐름이 환율 변동에 맞춰 조정되지 않을 수 있는 프로젝트도 있다. 하지만, 이러한 위험은 수

---

7) 호주의 채굴 합작투자회사 중 하나는 호주달러를 재평가한 미화에 근거한 매출계약과 유가 상승 때문에 결국 무너진 사례가 있다. Larry Wynant, Essential Elements of Project Financing, Harvard Business Review 1980년 5~6월호, p.168

입통화와 차입금의 통화를 일치시키면 해결될 수 있다.

이를테면, 발전 프로젝트에서는 전력구매 등의 계약을 달러 등의 경화로 표시할 수 있다. 프로젝트 소재국 정부는 실제 달러로 자금을 지급하도록 계약을 체결할 수 있는 것이다. 비록 운영 비용의 일부는 경화가 되기 어려울 수도 있지만, 상당한 크기의 위험이 줄어들 것이다. 물론 구매자가 통화절하에도 충분한 수익을 창출할 수 있다는 가정하에서만 가능한 접근방법이다. 만약 실제로 통화 가치가 떨어진다면, 구매자가 고객들에게 인상된 비용을 떠넘기지 않게끔 시장의 세력을 동원해야 할 것이다.

현지통화로의 금융조달. 또 다른 대안으로, 프로젝트의 채무는 수입통화와 같은 통화로 일으킬 수 있다. 무엇보다 이 방법은 프로젝트 소재국의 유효자본 양에 따라 제한이 있을 것이다.

파생상품. 또 다른 옵션은 파생상품을 활용하여 위험을 줄이는 것이다. 이에는 선도 계약(Forward), 통화 옵션(Option), 단기금융 헤지 기법 등이 포함된다. 통화 파생상품 시장은 매우 크고 은행들이 헤지 상품을 맞춤으로 개발하기도 한다. 파생상품은 싸지 않고 아쉽게도 신흥국에서는 찾기 쉽지 않다.

- **선도거래.** 선도거래는 은행이 미래 시점에 정해진 통화로 지급을 약속하는 헤지 기법이다. 일반적으로 계약은 180일에서 360일의 만기로 체결된다.

  예를 들면, 어떤 프로젝트 회사가 30일 이내에 달러로 자금을 지급해야 한다면, 회사는 30일 뒤 지정한 외화로 자금을 전달할 계약을 은행과 맺고, 은행은 30일째 되는 날 당일 환율과 관계없이 약속한 금액을 달러로 지급한다. 만약 프로젝트 회사가 채무자로부터 자금을 받지 못하더라도, 반드시 은행에게 약속한 외화자금을 지급해야만 한다.
- **통화 옵션.** 통화 옵션은 거래의 한 당사자에게 특정 환율에 특정일 또는 그 이전에 통화를 사고 파는 권리를 제공하며 의무는 아니다. 구매자에게 손실 위험은 없으며, 만일 환율이 옵션 구매자에게 유리한 방향으로 움직이면 옵션을 행사하지 않아도 된다.

위험분배. 만약 앞서 언급한 대안들이 실행 가능하지 않는다면, 통화절하 위험은 대주를 포함한 다른 프로젝트 참여자들 사이 분산될 필요가 있을 것이다. 또 다른 대안은 프로젝트 회사가 채무 등을 상환하기 못할 경우 프로젝트 소재국 정부가 상환 부족분을 메워 줄 것을 보장해주는 내용으로 보증을 제공할 수 있다.

[5] 역외 계좌

만약 어떤 프로젝트가 생산품을 판매하여 외화를 번다면 대주의 요구에 따라 역외 계좌를 만들 수도 있고, 그런 요구가 없더라도 프로젝트의 안정적인 구조를 위해 역외 계좌를 만들 수 있다. 역외 계좌가 있다면 프로젝트 회사와 구매자와의 계약에 따라 구매자는 바로 역외 계좌에 외화를 입금하게 된다. 만약 대주가 역외 계좌 개설을 요청하는 경우, 해당 계좌는 대출에 대한 담보물이며 대출 상환과 운영비용 지급을 위한 외환 보유고를 포함한다. 주기적으로, 역외 계좌의 예치금은 원리금을 상환하고 보유고를 쌓기 위해 쓰이고, 잔액은 프로젝트 후원자에 분배된다.

일반적으로 프로젝트 소재국의 중앙은행은 해외에 보유하고 있는 외화자금 규모를 승인해야 한다. 외화자금 규모는 보통 3개월에서 1년치 운영비용 및 채무 상환규모 등과 관계가 있다. 역외 계좌를 개설하고 유지하기 위한 정부 승인은 모두 받아야 한다.

프로젝트가 환전 및 송금 위험을 겪는다면 역외 계좌를 사용해서 이러한 위험을 완화시킬 수 있다. 모든 외화 수입은 해당 계좌에 입금될 수 있으며, 채무 상환 및 운영비용 지급을 위한 보유액이 일정 수준 유지될 수 있다. 이 전략을 통해 대주단은 위험을 피하기 위한 시간을 벌 수가 있다.

담보로 잡혀 있는 역외 계좌의 자금을 이용할 때마다, 대주는 모든 법률 위험이 검토되었는지를 확인하고 싶어한다. 따라서 (i) 계좌 생성 및 유지를 위한 프로젝트 소재국가의 모든 외환 승인을 획득, (ii) 프로젝트 소재국, 구매자의 소재국, 계좌가 생성된 국가 등에서 담보권을 설정하고 완성(perfect)하는 것, (iii) 구매자가 모든 대금을 해당 계좌에 입금하도록 통지하고 동의를 획득, 그리고 (iv) 프로젝트 소재국가가 프로젝트 회사를 통제할 경우 세계은행으로부터 담보설정 금지(negative pledge) 조항의 적용을 면제받을 수 있도록 조치해야 한다.

[6] 대형 프로젝트의 특이한 환율 문제

운영 비용과 대출 상환액이 큰 대형 프로젝트의 경우 환전 및 환율 문제가 특별히 더 중요하다. 외환시장의 규모가 작은 국가에서 매우 큰 프로젝트를 진행할 때면 분기별 채무 상환 또는 월별 운영 비용 지급이 이루어지는 날에 해당 외환시장에 상당한 영향을 줄 수 있다. 시장에 미치는 피해를 줄이기 위해, 원금의 분할 상환, 은행 수수수료 지급 날짜 등이 신중히 고려되어야 한다.

운영 및 유지 보수 비용도 고려될 필요가 있다. 이러한 비용은 현지 통화로 지급하고 채무는 다른 통화로 상환해야 할 수도 있다. 그렇지 않으면, 일반적으로 채무 상환보다 먼저 지급해야 하는 운영 및 보수 관련 비용들은 현지 통화에 대한 부담을 향상시키고 평가절하의 위험을 높인다.

[7] 사전 승인

외환통제는 외국 대출 기관에 대한 대출 상환, 해외 투자자들에 대한 지분 투자수익 지급, 수입 서비스, 물품, 원자재, 원자재 구입, 해외 기술 라이선스 사용료 지급 등 프로젝트의 거의 모든 부분에 적용할 수 있다. 건별로 각 거래에 대한 정부의 승인을 받으려고 하는 것은 신중치 못한 판단이다. 이러한 접근 방식은 비용이 많이 들며, 시간이 많이 소요되고, 프로젝트지연을 초래할 가능성이 높다. 따라서 프로젝트에 대해 가능한 한 포괄적인 승인과 면제를 사전에 받아놓는 것이 중요하다.

동의. 외환통제에 대한 동의는 정부의 재량에 따라 철회가 가능하기 때문에 유의해야 한다.

면제. 동의 보다 더 나은 방안이 면제를 받는 것이다. 이는 철회가 불가능하기 때문에 자금을 송금할 때 발생하는 문제에 대해 영구적인 해결책으로 간주된다. 한 예로 해외 대주에 갖고 있는 계정에 수출대금을 받는 등의 경우 외환통제 대상에서 제외될 수 있다.

차입금상환. 프로젝트 대주는 차입금 원리금 상환과 수수료 지급을 위해 현지통화를 환전할 수 있도록 필요한 권리를 가질 것을 요구한다. 이는 일반적으로 첫 번째 대출금 지급 이전에 갖춰야 할 사전 요건(condition precedent)이다. 또한, 대주는 필요한 권리를 취득하고 효력이 발생하는지 확인해주는 현지 변호사의 의견서를 요구하기도 한다.

[8] 환율위험 최소화 기법 요약

경화결제. 달러와 같은 경화로 하는 것이 환율위험을 피하는 가장 좋은 방법이다. 경화를 구하지 못할 수도 있는 위험이 있지만, 사실상 이 기법은 환율위험을 제거한다. 물론 구매자는 달러를 구해야 하기 때문에 구매자 입장에서는 가장 선호하는 방법이 아닐 수 있다.

환변동 보험. 양자 또는 다자간 기구가 제공하는 환변동보험도 하나의 해결책이 될 수 있다. 이는 제20장에서 설명하기로 한다.

현지통화 지급의 연동. 또 다른 기법은 프로젝트 회사가 현지통화로 지급해야 하는 자금을 연동시켜 현지통화의 가치하락에 따른 피해를 보전하는 것이다. 구매자는 가용 외환을 확보해야 할 부담이 없고 추가 비용은 고객에게 전가할 수 있다.

3.03 허가, 운영권 및 라이선스와 관련된 위험

[1] 허가

프로젝트 회사는 프로젝트의 소유, 개발, 시공, 가동, 운영 및 금융조달 등에 필요한 모든 정부 허가를 신청, 취득하고 유지하여야 한다. 특히 이는 발전 시설, 광물 및 기타 자원 채취를 위한 대형 인프라 프로젝트에 특히 중요하다. 만약 어떤 중요한 허가를 획득하지 못한다면 프로젝트의 운영이 어려워져 수익성 악화, 채무불이행 발생, 원자재구매 또는 원자재 계약 등에 의거 피해 보상을 해야 할 수도 있다.

그러나 국제 프로젝트에서 발생하는 위험은 일반적인 PF승인 위험을 넘어선다. 국제 프로젝트에서는 프로젝트를 후원하는 정부가 허가 발급 절차를 지연시키거나 허가를 내주지 않으면서 서서히 지원을 철회하게 되는 경우도 있다. 이러 위험의 실현 가능성을 줄이기 위해 보통 제14장에서 논의할 사업실시계약서에 보호 조항 등을 삽입한다.

실시협약에 따라 프로젝트 소재국 정부는 다음 중 하나 이상을 이행할 것을 동의한다. 정부는 법적으로 허용 가능한 범위 내에서 허가 취득을 면제해주거나, 허가 취득이 지연됨으로써 발생한 비용을 보상해줄 수 있으며, 프로젝트 회사가 허가 발급 절차를 정확히 밟을 경우 발급을 보장해줄 수 있다.

정부의 입장 변화에 따른 허가의 취소, 갱신 실패, 발급 이후의 불리한 조건 등 허가가 발급되고 나서 발생할 수 있는 위험들은 실시협약을 통해 완화시킬 수 있다. 이러한 발급 후 위험이 프로젝트 회사가 제어할 수 있는 범위 내에 있으면, 정부가 프로젝트에 특유한 방법이나 간접적인 수용의 형태로 이 권리를 사용하지 않는 범위 내에서 위험들을 관리할 수 있다.

정부로부터 면제부를 받는 것은 법률적인 검토가 필요하기 때문에 문제가 전혀 없다고 장담할 수 없다. 현지법을 검토하여 정부의 약속이 법적으로 이행 가능한지 여부를 확인해 봐야 할 것이다.

[2] 양허와 라이선스

한 국가가 외국 기관에게 프로젝트를 개발, 소유, 건설, 운영할 수 있는 권리를 부여하는 것은 양허약정이나 라이선스를 통해 이루어질 수 있다[8]. 두 용어는 같은 의미에서 쓰이는 경우가 많다.

양허약정(concession agreement)은 건설-소유-이전(Build-Own-Transfer, BOT)방식의 PF 구조에서 볼 수 있다[9]. 이 구조에서는, 민간 사업자가 정부가 진행할 수도 있었던 프로젝트를 직접 건설 및 운영하는 권리를 부여 받는다. 양허약정이 종료되면 프로젝트가 정부에 이전된다는 의미에서 시한부 민영화라고 볼 수 있다.

BOT 방식은 일반적으로 프로젝트 소재국 정부(또는 정부 기관), 프로젝트 회사, 그리고 어떤 경우에는 사업주도 포함된 양허약정을 통해 이루어진다. 양허약정은 프로젝트 회사에게 프로젝트를 개발, 건설, 운영할 수 있도록 운영권을 보장한다. 또한, 정부는 협의 하에 인프라 개발 지원이나 정부기관의 구매약속을 제공하는 등 프로젝트를 지원할 수 있다.

양허약정은 정부가 프로젝트에 대한 통제권을 일정 부분 갖도록 용인한다. 소재국 정부는 다양한 보호 조항의 삽입을 요구할 수도 있는데, 양허약정 기간 동안의 서비스 제공 의무, 생산품에 대한 가격 규제, 양허약정 종료 후에도 운영·유지·보수 등의 서비스 제공, 시공 완료 시점 등의 기일 준수, 그리고 특정 사건 발생 시 정부가 양허약정을 철회할 수 있는 권한 등이 있다.

성공적인 PF을 위해 그만큼 정부의 역할이 크기 때문에, 프로젝트 사업주와 대주는 양허약정이나 라이선스, 법률이나 별도의 계약을 통해 정부로부터 일정한 내용의 확인을 받고 싶어한다. 이 내용에는 원자재 공급의 보장, 노동 비자 발급, 필요한 부동산 권리의 취득, 그리고 자산 몰수 또는 본국 송금 금지 등과 같은 비상위험에 대한 해결책이 요구 등이 해당된다.

또한, 양허약정 또는 라이선스의 조건에 따라, 프로젝트 계약에 대해 소재국 정부의 승

8) Alejandro P. Radzyminski, *Private Investment in Infrastructure Concessions: Legal Obstacles and Incentives* (Inter-Am. Dev Bank), 1977년 9월 15-16일, Viktor Soloveytchik, *New Perspectives for Concessions Agreements: A Comparison of Hugarian Law and the Draft Laws of Belarus, Kazakhstan, and Russia*, 16 HOUS. J. INT'L L. 261 (1993).

9) Marc Frillet, *Some Universal Issues in BOT Projects for Public Infrastructures*, 14 INT'L CONSTRUCTION L. REV. 499 (1997); Tore Wiwen-Nilsson, *Underlying Conditions for Successful Infrastructure BOT Projects*, 14 INT'L CONSTRUCTION L. REV. 513 (1997).

인을 미리 확보하는 것이 신중할 수도 있다. 이를테면 양허약정의 조건이 사업주와 합의된 지분 투자 수익률을 달성하는 것이라면, 이에 대한 정부의 승인이 향후 목표 수익률 달성에 대한 분쟁을 완화시킬 것이다.

기타 고려사항으로는 개발 및 건설 계획에 대한 승인, 프로젝트 대주가 양허약정 또는 라이선스에서 지분을 가질 수 있는지 여부, 대주가 프로젝트의 채무불이행 상황에서 프로젝트를 운영할 수 있는지 여부, 양허약정 또는 라이선스 조건에 따라 대주가 프로젝트의 채무불이행을 해결할 능력이 있는지 여부, 담보물 압류 이후 양허약정 또는 라이선스 이관에 허가가 필요한지 여부 등이다.

다만 프로젝트 소재국 정부는 완벽한 보장을 제공하기는 어려울 수 있다. 헌법상 금지, 법률의 제한, 정치적 요구사항 및 편의 등이 정부의 행동을 제한한다. 따라서 어느 정도 선에서 프로젝트 사업주와 대주는 일정 부분 비상위험을 감내해야 한다. 이러한 제한사항에도 불구하고 정부는 사업주와 대주와 사전에 회동하여 프로젝트의 어려움을 해결하는데 도움을 줄 수 있다.

3.04 몰수 위험

프로젝트 소재국이 프로젝트의 자산, 권리 또는 지분 소유권 등을 아무런 보상 없이 임의로, 차별적인 방식으로 국유화하는 것이 몰수 위험이다. 점점 드물어지고 있지만, 정부의 단 한번의 압류로 이루어질 수 있어 위험하다.

더욱 위협적인 것은 긴 시간에 걸쳐 소재국 정부의 일련의 행위를 통해 결국 전체 자산이 몰수되는 것이다. 세금, 수수료, 기타 부담금 부과 등으로 단계적으로 자산을 몰수하는 방법은 어쩌면 가장 두려운 위험으로 다가올지도 모른다.

이렇듯 적절한 보상을 지급하지 않는 것은 국제법 위반으로 간주한다. 무엇이 적절한 보상인지는 매번 변화하는 개념이다. 이를테면, 미국에서는 보상이 "신속하고, 적절하며 효과적"으로 이루어지면 적절하다고 본다. 이러한 기준은 점차 국제 표준이 되고 있다[10].

이러한 표준에 따라 지분투자자는 기업의 계속가치에 동일한 수익금을 환전이 쉬운 통화로 지급받을 것이다. 보통 수용된 자산에 대한 채무가 남아있다면, 이를 수용하는 정부

10) RESTATEMENT (THIRD) OF THE FOREIGN RELATIONS LAW OF THE UNITED STATES §712 (1987).

가 금융적인 측면에서 우호적인 관계 유지를 위해 직접 부담하거나 계속 남겨 놓는다.

몰수 위험은 특히 몰수 대상이 될만한 프로젝트에서 신중하게 분석되어야 한다[11]. 발전 프로젝트, 석유 및 가스 파이프라인 건설 프로젝트, 도로, 철도, 공항 및 항구 건설 등이 이런 프로젝트에 해당된다. 프로젝트 소재국 정부로부터 몰수 위험에 대비한 보장을 받는 것은 정부에 따라 다르다. 정부 보증을 통한 이러한 위험의 완화는 제20장에 설명되어 있다.

담보로 제공된 해외 계좌는 몰수 위험을 완화하는 데 사용될 수 있다. 해외 계좌에 채무 상환에 충분한 잔액이 있다면 대주는 자산 몰수를 협의하기 위해 더욱 시간을 벌 수 있다. 또 다른 방법은 다자 또는 양자기구와 협조융자를 하여 정부가 몰수 조치를 취하지 않기로 동의하도록 할 수 있다. 해외 담보 계좌는 제26장에 설명되어 있다.

3.05 송금 불능 위험

프로젝트 운영으로부터 얻은 수익을 사업주의 본국으로 송금하지 못하게 되는 것을 송금 불능 위험이라고 한다. 정부는 자본을 국내에 남기기 위해 프로젝트 회사에게 추가 투자와 경제적 성장을 위한 지원을 제공할 수 있다. 어떤 국가에서는 수익의 일부분을 해외로 반출하지 못하게 하고, 또 다른 국가에서는 일정 기간 동안 프로젝트 수익을 국내에 남기도록 요구하기도 한다.

3.06 법률 변경 위험

법률 변경 위험은 입법, 사법, 행정기관 등이 프로젝트 개발의 근간이 되는 법률, 규정 또는 사법체계를 변경할 때 나타나는 위험이다. 정부의 법률 조치로 프로젝트의 대출 상환 능력에 영향을 주거나 수익성을 떨어뜨리게 될 수도 있다는 것이다. 예컨대, 수입 및 수출 활동 제한, 세금 부과, 환경 규제 변경에 따른 자본 확충 요구 등이 있을 수 있다.

11) Frank C. Shaw, *Reconciling Two Legal Cultures in Privatizations and Large-Scale Capital Projects in Latin America*, 30 LAW & POL'Y INT'L BUS. 147 (1999).

이러한 정부 조치는 합법적이기 때문에, 비상위험을 다루는 보험사들은 이런 위험을 보장하지 않는다. 하지만 소재국 정부는 특정 행위들을 취하지 않을 것이라고 사업주와 계약을 맺을 수도 있다. 그럴 경우 보험사들은 이런 계약을 부인하거나 무효화되는 위험을 담보할 수 있다.

[1] 수입 관세

프로젝트 건설 및 운영 단계에서 소재국 정부가 프로젝트 투입물에 대한 수입 관세를 도입한다면 건설 또는 운영 비용이 증가할 수 있다. 국내 자원으로 충분히 대체하기 어렵거나 프로젝트 특성상 외국 원자재를 가공하는 프로젝트일 경우 이 위험은 특히 더욱 중요하게 여겨진다. 따라서 프로젝트 회사는 모든 수입국과 수출국으로부터 필요한 정부 승인을 모두 확보해놔야 한다. 또한 프로젝트 소재국 정부와 계약을 체결하여 미래의 조치에 대한 방어책을 마련해야 할 수도 있다.

[2] 수출 관세

같은 맥락에서 해외로 생산품을 수출해야 할 경우 수출 관세, 쿼터제, 수출 제한 등이 프로젝트의 수익을 감소시킬 수도 있다. 이와 같은 비용과 제한조치는 프로젝트 소재국에서 경제적 · 정치적 불확실성이 존재하는 기간 동안 프로젝트가 손실을 감내할 역량을 약화시킬 수 있다. 앞서 언급한 수입 제한조치와 마찬가지로, 프로젝트 회사는 모든 수입국과 수출국으로부터 필요한 정부 승인을 모두 취득하고 미래의 조치에 대한 방어책으로써 소재국 정부와 계약을 고려해야 한다.

[3] 생산 또는 소비 제한 조치

프로젝트 소재국 정부는 단기 경제 성장 목표를 달성할 때까지 천연자원의 생산과 소비를 제한할 것을 결정할 수 있다. 또한, 이에 따라 무역 동맹, 비공식적인 정부와의 계약, 무역 제재, 석유수출국기구(OPEC)의 쿼터제 등이 적용될 수 있다.

[4] 세금

개요 세금이 프로젝트에 끼칠 수 있는 영향은 막대하다. 과세정책은 특히 정부가 프로젝트를 해체시키거나 협상에 압력을 가할 때 효과적인 도구로 사용된다. 대신에 프로젝트

나 전체 산업에 부과된 특별세 덕분에 정부의 재정적 어려움이 어느 정도 해소될 수 있다. 이러한 세금들은 주로 외국 투자자들이 프로젝트를 소유하거나 외국 대주가 대출을 해준 경우 프로젝트 수익을 본국으로 송금하는데 부과된 세금을 고려해야 하기 때문에 정부에게는 정치적으로 상당히 매력적이라 볼 수 있겠다.

소득세, 인지세, 저당세, 또는 원천징수세 등의 과세정책은 프로젝트의 경제성에 영향을 끼칠 수 있다. 게다가 새롭게 부과된 세금 외에도, 세금우대(면세기간, 면세할인율)의 취소나 변경도 영향을 미치는지 분석해봐야 하며 국제조세협정 등의 효과와 변경 가능성도 함께 검토해야 할 것이다.

세금, 관세 및 기타 정부 추징금은 프로젝트 개발자의 투자 수익률 등 프로젝트의 실행 가능성에 영향을 준다. 개발자들은 현지 국가에 내는 세금을 최소화하는 방향으로 프로젝트를 설계하려 한다. 또한 설계 과정은 이중과세방지협약, 양자 또는 다자간 무역협정 등의 분석 및 적용여부에 대한 검토가 포함된다. 일반적으로 개발자가 관세와 기타 추징금을 지급하지만, 이는 사업비용에 포함되어 궁극적으로 프로젝트에서 생산되는 상품과 재화의 가격을 인상시킨다.

소득세. 프로젝트 주체는 소득세 및 원천징수세 납부를 최소화하고 세금감면을 최대화할 수 있는 가장 적합한 방식으로 프로젝트를 설계할 것이다. 일반적으로, 해외에서 발생한 소득에 대한 세금은 사업주의 본국에서도 부과될 수 있다. 만약 프로젝트 소재국에서 낸 세금이 본국에서 납부할 세금보다 높더라도 보통 공제나 이월은 불가능하다.

사업주의 국가에서 세금공제를 받지 못한 만큼 재화와 서비스의 비용이 높아질 수밖에 없다. 이는 사업주 소재 국가의 세율이 프로젝트 소재국 세율보다 낮아도 대부분 세금공제나 이월이 허락되지 않는다. 그러므로, 해외에서 부과된 세금은 프로젝트 사업주에게 추가적인 비용이 될 수 있고, 이는 자연스럽게 구매자나 사용자에게 더 높은 비용을 지급하는 형태로 전이될 수 있다.

관세. 수입품이나 드물게 수출품에도 부과되는 관세는 일반적으로 프로젝트 회사가 지급하는 세금이다. 이 비용은 프로젝트에서 생산되는 제품의 원가에 포함되어, 고객이나 이용자에게 전가된다.

이자수익에 대한 원천징수세. 프로젝트 회사는 대주에게 지급하는 이자에 대한 원천 징수세를 결정하는 것이 중요하다. 어떤 상황에서는 국내은행의 해외지점을 통해 조세협정

에 따라 부과의무를 최소화하거나 없애는 방법도 있을 수 있다.

일반적으로, 정부나 수출입은행과 같은 공공기관에 내는 이자는 원천징수세를 면제받는다. 그러나 이자 수입에 대한 원천징수세는 상업은행에는 부과된다. 따라서 상업은행은 그대로 원천징수세에 대한 부담을 차주에게 떠넘긴다. 이 원천징수는 대주에게 다시 돌아간다 하더라도 프로젝트의 재무적 타당성을 더 악화시키는 원인이 될 수도 있다.

무차별 원칙. 현재 프로젝트와 함께 진행되는 다른 프로젝트들이 차별 없이 동등한 대우를 받는 것이 중요하다. 다음은 무차별 조항의 예이다.

Nondiscrimination. The [Host Government] covenants with the [Project Company] that it shall not enact any law, rule, or regulation the effect of which is to discriminate against the project in any manner whatsoever, it being the stated intention, policy, and agreement of the [Host Government] that all projects [describe project purpose/output] shall be treated equally, irrespective of location, pricing, participants, lenders, or any other factor. The scope of this provision shall include any tax whether franchise tax, excise tax, income tax, profits tax, dividend tax, or any other tax howsoever calculated or applied; any duty, whether customs, minerals, fuels, or any other duty howsoever calculated or applied; and any other burden of taxation whatsoever now existing or imposed in the future.

[5] 환경 규제

프로젝트의 자본 비용, 운영 비용 및 생산활동은 프로젝트 소재국 정부의 엄격한 환경규제의 영향을 받을 수 있다. 어떤 경우에는, 규제 변화 때문에 특정 기술이나 원자재를 쓰는 것이 경제적으로 효율적이지 않게 될 수도 있다.

[6] 규제와 탈규제

규제체계에 따라 구매가격을 어느 정도 예측할 수 있는 국가에서는 시장 가격의 탈규제나 규제 완화 등이 프로젝트 수익을 감소시키는 결과를 초래할 수 있다. 반대로 이전에 규제되지 않고 있던 산업 등에서 규제 강화가 강화되면 프로젝트에 부정적인 효과를 가져올 수 있다.

[7] 가격 통제

프로젝트 소재국 정부가 가격 통제를 강화할 경우 프로젝트의 성공에 부정적인 영향을 끼칠 수 있다. 현실적인 가격 통제의 영향은 프로젝트의 경제성을 전망할 때 포함시켜야 할 것이다. 적절한 선에서 정부가 가격통제를 하지 않겠다고 동의를 미리 받는 것도 필요할 수 있다.

[8] 공급 또는 구매기업의 민영화

프로젝트의 생산물을 정부나 준정부기관에 매각하거나 원자재나 다른 원자재를 정부나 정부기관으로부터 구입하는 경우, 프로젝트 회사는 관련 기관들의 민영화에 따른 계약 의무사항의 변경에 대해서도 염두에 두어야 할 것이다. 정부와의 계약에서는 민영화 추진이 프로젝트에 미칠 영향도 함께 고려해야 할 것이다.

[9] 외국법의 변경

일부 프로젝트에서는 외국 원자재 공급자 혹은 생산품 구매자가 프로젝트의 성공에 중요한 요인이 된다. 이러한 경우 이런 기업들이 소재하는 지역의 법률 변화가 가져올 영향을 반드시 검토해야 한다.

3.07 정치적 혼란, 내란, 전쟁 및 기타 정치적 불가항력 사건

내란이나 혁명, 내전 또는 전쟁, 반란 혹은 사회적 갈등, 침투 및 테러 등의 발생 가능성은 프로젝트의 건설이나 운영, 대출금 상환 능력, 심지어 프로젝트의 지속 여부까지 영향을 줄 수 있다. 비상위험에 대한 보험(PRI)은 제20장에서 다뤄질 것이다.

3.08 정권 붕괴 및 권력 승계

대부분의 국가에서는 정권 승계와 권력의 이양에 따른 위험이 과소평가되기 마련이다.

권력을 새롭게 장악한 정권은 프로젝트를 지원했던 이전 정권의 업무를 이어가려 하지 않을 수도 있다.

특히 프로젝트 소재국 경제에 중요한 사회기반시설에 대한 PF의 경우 이러한 위험이 발생할 수 있다는 징조를 포착할 수 있다. 예컨대 민영화 추진에 대한 지원 부족, 입찰 및 계약에 대한 합의 유지의 실패, 부패, 경쟁 입찰 시스템의 부재, 낙찰계약에 대한 정부의 낮은 수용도, 상황이 비슷한 국가에서 일반적으로 인정되는 조건들이 반영되지 않은 계약, 다른 프로젝트의 운영 및 개발에 대한 언론비판, 민족주의 성향의 정도, 해당 국가의 과거 권력 승계 경험, 지배자의 가족구성원이 경제적으로 특별 대우를 받는 데에 따른 권력의 안정성 문제 등이 그에 해당한다.

정권 승계로 이전에 내려진 결정이 뒤엎어질 위험이 초래될 수도 있다. 결정이 번복된다는 건 부패 혹은 정실인사 문제를 해결하고, 정치적 후원자들에게 보상하는 의미에서 이루어질 수 있다. 이러한 위험은 폭력적인 정권 전복 또는 당선의 결과에 따라 나타날 수 있다.

프로젝트 사업주가 정치전문가들보다 선거 결과를 더 정확하게 예측하는 것은 불가능한 일이다. 아마 정권 승계 위험 문제를 피하기 위한 가장 효과적인 방법은 한 정치인이나 정당과 너무 가까운 관계를 유지하지 않고 다양한 지원을 받는 것이다. 또한 일방에서만 유리한 계약 협상을 지양하고 시장에 기초한 경쟁적인 조건으로 협상해야 할 것이다. 경쟁입찰은 부적절한 행동의 발생을 예방한다. 이러한 광범위한 보호조치는 프로젝트가 정권 승계 이후 철저한 조사를 받는 일을 피할 수 있도록 한다.

사실 개발도상국에서 이전정부와 협상한 계약의 변경을 완전히 모면할 수는 없는 일이다. 법률 체계가 한창 자리 잡히는 국가에서 특히 그러하다. 이러한 위험에 대한 보호 장치로, 계약종결 조항과 해지에 따른 위약금 지급 등이 프로젝트 사업주에게 중요할 수 있겠다.

3.09 우선사용권 및 우선순위

특정 상황에서는 프로젝트 소재국 정부가 원자재, 원자재 및 프로젝트 생산물에 대한 우선사용권 등을 요구할 수 있다. 이런 권리들은 일반적으로 위급상황에 대비한 에너지와 원자재에 대한 접근 또는 사용 권한과 관련된다. 그러나 이러한 권리들은 일반적인 경제적 또는 사회적 정책 결정이나 다른 불분명한 상황까지 확대 적용되면 안될 것이다.

3.10 정부 위험

정부 위험은 일반적으로 신용평가기관들이 특정 채무상환 위험을 평가할 때 사용하는 용어이다. 예컨대 어떤 프로젝트가 해외 시장에서 채권을 발행한다면, 해당 국가가 외환거래를 통제하거나 외국 채권자에게 채무를 상환할 능력을 제한할 수 있다. 이를테면 프로젝트 소재 국가의 통화로 표시된 채무를 상환하는 경우를 들 수 있겠다. 이러한 위험들은 이번 장 초반부에 더 자세히 다뤘다.

3.11 계약의 위반(계약 이행의 거절)

주로 신흥국에서 프로젝트를 개발할 때, 소재국 정부는 적어도 계약의 한 당사자로 참여한다. 그 예로는 실시협약서, 양해각서, 국가 보증에 따른 정부의 의무를 포함한다. 이런 계약의 범위는 도로사정 개선부터 정부기관의 금융보증까지 매우 넓다. 계약상의 약속에도 불구하고, 당사자는 계약을 이행하지 않을 위험이 있다[12)]. 다만 민간 회사들 간의 계약과는 달리 정치적인 영향이 정부가 약속을 이행할 능력과 의지에 영향을 줄 수가 있다. 이는 특히 정치 세력이 바뀌고 새로운 정권이 전임자가 체결하고 간 계약이 인기가 없을 경우 명확히 나타난다. 계약의 신성함[13)]과 철회는 제18장에서 더 상세히 언급되어 있다.

3.12 담보 위험

미국이나 영국 등에서 진행하는 프로젝트는 채무자-채권자 관계를 규제하는 법체계, 담보권 설정 및 대항요건 구비(perfection), 저당권 승인과 등록, 그리고 채무자의 파산절차

12) Enron Corp와 인도 주정부 Maharashtra간의 갈등은 이 주정부가 Enron 자회사와 체결한 전력판매계약을 파기하도록 했다. Danielle Mazzini, *Stable International Contracts in Emerging Markets: An Endangered Species*

13) Frank C. Shaw, *Reconciling Two Legal Cultures in Privatizations and Large-Scale Capital Projects in Latin America*, 30 LAW & POL'Y INT'L BUS. 147 (1999)

등이 매우 발전했으며 채권자 권리를 잘 보호하는 편이다. 그러나 신흥국에서 진행하는 프로젝트의 채권단은 법적 환경에 있어 훨씬 더 큰 불확실성에 노출되어 있다[14].

대륙법을 따르는 국가들은 일반적으로 부동담보를 인정하지 않고 재고, 매출채권 또는 다른 유동자산에 대한 보호를 제공하지 않는다. 많은 국가들은 저당권을 외화로 등록하는 것을 허락하지 않기 때문에 담보물의 가치는 가치평가에 따라 평가절하될 위험이 있다. 게다가 많은 국가들은 그 국가의 경제 성장에 중요한 프로젝트일수록, 담보권 행사시 외국 업체가 프로젝트를 인수 또는 운영하는 것을 상당히 제한할 수 있다.

많은 신흥국의 법적 체계는 새롭게 갖춰지기 시작하면서 빠르게 변화하고 있다. 담보권에 대한 법률 체계가 갖춰져 있더라도 법률 해석이 불분명하고 역사가 그리 길지 않아 가변적일 수 있다.

이러한 문제 때문에 신흥국 PF에서 채권단들은 불확실성으로부터 보호받기 위해 흔히 채무불이행 발생시 현지 처리방법과는 구분되는 효과적인 구제방법이 요구된다. 이는 특히 담보물이 매우 중요한 비소구 방식의 PF에서 문제가 된다. 이러한 형태의 금융조달을 잘 아는 채권단은 협상에 있어서 전략적인 위치를 차지하기 위해서는 프로젝트 자산에 대한 선순위자로서의 위치가 채무불이행 발생 시 현금화할 수 있는 가치보다 더 중요함을 인식하고 있다.

[1] 정부가 허용하는 담보물 범위

대주나 계약당사자가 프로젝트 개발에 참여하기 전 알아야 할 첫 번째 사항은 해당국 법률이 어떠한 종류의 담보물을 인정하는지에 대한 것이다. 일반적으로 보통법을 따르는 국가에서는 유치권을 통해 모든 자산을 담보물로 설정할 수 있도록 허용한다. 즉 확정담보와 부동담보 등이 모두 가능하다. 부동담보는 채무가 발생할 때 특정 자산에 대해 지정되는 담보물로 정의된다. 반대로 민법을 따르는 국가에서는 일반적으로 부동담보가 없고 특정 담보의 취득을 허용하지 않는다. 신흥국에서 진행되는 프로젝트에서 재고(유동자산), 매출채권(장부상 부채), 현금흐름 그리고 계약권리 등을 담보로 인정받는 것이 어려울 수 있다.

---

14) Richard Walsh, *Pacific Rim Collateral Security Laws: What Happens When the Project Goes Wrong*, 4 STAN. J. L. BUS. & FIN. 115 (1999).

[2] 현지의 모든 형식적 요건이 준수되어야 하나?

현지법과 관행은 담보 기록과 관련하여 특정 절차를 밟을 것을 요구할 것이다. 예컨대 몇몇 민법국가들은 모든 담보 계약을 공문서화할 것을 요구하기도 한다. 일반적으로 현지 공증을 통해 담보 계약을 현지어로 번역하고, 현지 공증사무소가 보관하는 공문서 장부에 계약을 기록하게 된다. 공증절차는 수수료가 부과되며 일부 국가에서는 그 액수가 상당하다.

[3] 유치권의 우선권?

유치권의 우선순위를 명확히 이해할 필요가 있는데 특히 겉으로 잘 드러나지 않지만 법적 구속력이 있는 숨어있는 유치권의 중요성을 잘 파악해야 한다. 그 중 세금에 대한 유치권 등 정부의 권리도 포함한다.

[4] 유치권은 어떻게 행사되는가?

유치권의 효력이 있는지 현지 변호사의 조언이나 의견을 얻는 것 이상으로 집행절차에 대한 실무적인 문제를 확인해봐야 한다. 예컨대, 법률비용, 소송 세금 등의 집행 비용이 얼마나 발생하는지 파악하여 경제적인 측면에서 권리 행사가 바람직한지 따져봐야 한다.

[5] 담보권 실행 절차는 어떻게 진행되는가?

담보권 실행을 할 수 있는지 여부도 중요하지만, 그 절차를 확인하는 것도 역시 중요하다. 현지변호사들에게 문의해야 할 내용으로는,

- 실행절차 개시시점에 대주가 담보를 매입하는데 어떠한 제한이 있는지,
- 경매응찰을 위해 대주가 현금 대신 보유하고 있는 채권을 이용하여 입찰에 참여할 수 있는지,
- 공매가 아닌 민간판매도 가능한지이다.

또한, PF에서만 발생하는 실무적인 문제들이 간과되어서는 안 된다. 예컨대, 현실적으로 대주가 상환 받을 수 있는 거의 유일한 방법은 담보권이 실행된 프로젝트를 계속 운영하여 이익을 내게 만드는 것이다. 담보권 실행 개시시점에 대주가 프로젝트를 운영할 수 있을 지에 대한 결정을 내리기 위해서는 현지법을 검토해봐야 한다. 이와 관련된 문제들로 프로젝트 운영을 위한 정부 승인 및 허가가 대주에게 양도가능한지, 담보권 실행의 가치에

영향을 주는 프로젝트의 운영 혹은 외국인 소유권에 대한 제한이 있는지를 들 수 있겠다.

마지막으로, 절차에 따른 비용과 시간을 파악해야 한다. 일부 국가에서 담보권 실행 절차는 10년 이상 걸릴 수도 있고, 또 다른 국가에서는 시간이 문제가 아니라 법정 소송과 절차관련 비용이 문제가 될 수도 있다.

[6] 담보권 신탁

한 대주가 프로젝트 담보물의 모든 담보권을 가지는 것은 매우 신중한 처리가 될 수 있다. 이를 통해 결산작업이 간소화되고 거래비용이 감축되며 새로운 대주단에게 대출이자의 양도를 쉽게 하고 융자관리업무도 편리하게 만든다. 그렇지만 프로젝트 소재국의 현지법은 이와 비슷한 신탁관리 방식을 인정하지 않을 수도 있다. 따라서 현지 변호사들의 자문을 받아 이러한 방식 등이 집행가능한지 검토해야 한다.

[7] 부동산

외국 대주가 프로젝트 소재국에서 부동산에 대한 담보권이나 소유권 등을 취득하는 것이 어려울 수 있다. 인도네시아와 인도 등 몇몇 국가에서는 외국기관이 부동산을 소유하는 것이 제한되어 있다. 어떤 상황에서는 프로젝트 소재국의 은행이 다른 프로젝트 대주단의 담보 수탁자가 되어 줄 수도 있기 때문에 대주의 재량을 파악하기 위해 현지법을 반드시 검토해야 한다.

[8] 위험 간의 상호작용

담보위험과 이번 장에서 다뤄질 다른 위험들 간의 상호작용이 중요하다. 예컨대 대주가 국제통화로 담보를 팔 수 없는 경우 환 위험이 존재한다. 따라서 외환 관련 승인을 받을 때면 담보물을 매각할 수 있는 허가도 함께 받아야 한다.

환 위험은 다른 경우에도 발생한다. 예컨대 대주가 부동산 가치를 현지통화로 책정해야 하는 경우 통화가치가 떨어지면 담보물의 가치도 떨어질 수 있다. 이럴 경우 대출계약서상 채무자에게 새로운 담보를 제공할 것을 요구할 수 있더라도, 중간에 끼어든 새로운 담보에 대한 위험이 존재해 문제의 해결을 방해할 수 있다. 이러한 상황에서는 소구권을 갖고 있는 것이 좋다.

3.13 법률 및 법률 시스템 위험

추가적인 위험은 외국인투자, 대출, 법규 또는 법의 부재, 법률 시스템과 문화의 차이 등과 관련된다[15]. 프로젝트를 구성하고 계약을 작성하는 초기 과정에 프로젝트 당사자들, 특히 프로젝트 사업주와 대주단은 현지법[16]을 면밀히 검토해봐야 한다. 제30장에서는 이와 관련하여 현지 법률 자문을 통해 얻어야 하는 조언들을 상세히 다루도록 한다.

대부분 신흥국가의 법적 시스템은 선진국보다 덜 발달되어 있다[17]. 결국 프로젝트가 건설, 운영되어야 하는 법적 환경은 불확실성에 노출될 수밖에 없다. 또한 대주단도 권리를 행사해야 할 경우에는 같은 불확실성에 노출된다. 따라서 사법 시스템에 대한 외국기관들의 접근 가능성, 외국 판결의 집행가능성, 분쟁 해결을 위해 중재 허용 여부, 그리고 중재 판결에 따른 보상 가능성 등이 주요한 고려사항들이다.

법 변경을 위한 요구사항도 가능한 일이다. 대체로 프로젝트들은 현지법의 수정 없이는 개발단계에서 금융조달 단계로 넘어가기 어렵다. 시행계약서는 프로젝트 시공의 전제조건인 법 변경이 요구되고 서술된 일반적인 문서이다. 어떤 특정 프로젝트가 규제 면제 등을 받기 위해서는 프로젝트의 규모, 국가 경제와 사회에서의 중요성, 정치와 여론의 지지도 등에 달려있다. 사회기반시설 프로젝트에서는 불분명한 법 체계로 위험 프리미엄이 발생해 비용이 높아질 수 있으며 결국 프로젝트 소재국 시민들이 이를 부담하게 된다. 위험 프리미엄은 법적 위험을 부담하는 프로젝트 대주(대출 약정을 통해), 혹은 투자자에게(더 높은 결과물 가격을 통해) 보상하려는 시도이다[18].

[1] 법률의 선택

금융계약서는 대부분 프로젝트가 소재한 곳의 법률을 따르지 않는다. 오히려 뉴욕이나 런던 등 금융 중심지의 법률이 선택된다. 왜냐하면 이러한 금융 중심지에서는 상법과 법적

15) Shaw, *supra* note 11; Ken Miyamoto, Measuring *Local Legal Risk Premium in Project Finance Bonds*, 40 VA. J. INT'L L. 1125 (2000).

16) Don Wallace, Jr., *Host Country Legislation: A Necessary Condition?*, 24 FORDHAM INT'L L. J. 1396 (2001); Wallace, *UNICITRAL Draft Legislation Guide on Privately Financed Infrastructure Projects: Achievements and Prospects*, 8 TUL. J. INT'L & COMP. L. 283 (2000).

17) Michael Gordon, *Of Aspirations and Operations: The Governance of Multinational Enterprises by Third World Nations*, 16 U. MIAMI INTER-AM. L. REV. 301 (1984).

18) *Measuring Local Legal Risk Premium in Project Finance Bonds*, 40 VA. J. INT'L L. 1125 (2000) (대륙법과 영미법 간 법률시스템 위험과 관련하여 투자 등급 차이에 대한 고찰).

판례가 다른 지역보다 더 많아 안정적이기 때문이며, 대주단이 훨씬 더 익숙하게 생각하기 때문이다. 따라서 준거법이 현지 법정에서 적용될 수 있는지 반드시 검토해야 할 것이다[19].

[2] 송달 및 법정 대리인

PF 대주는 선택된 법률이 적용될 수 있는지 확인하는 것뿐만 아니라 채무자가 대주 소재 국가로의 송달 업무를 위해 대리인을 지정할 것과 대주 소재 국가의 사법재판에 채무자의 진술을 제출하는 것 등을 검토해야 한다.

[3] 분쟁 해결

PF에서 사용되는 계약들은 대부분 소재국 법의 통제를 받는다. 보통 건설계약, 구매 계약, 그리고 원자재계약을 등이다. 이러한 계약들의 분쟁 해결 절차는 중요하기 때문에 현지 변호사들과 면밀히 검토되어야 한다. 분쟁 해결은 제31장에서 자세히 다뤄진다.

[4] 수수료, 허가 및 신고

현지법은 종종 금융거래계약에 따라 채무자가 정부의 허가를 받을 것을 요구한다. 그 중에는 본 장에서 다루고 있는 외환 관리 승인을 비롯하여 대주를 규제하는 감독기관에 대한 보고, 대출 신고 및 부동산 취득 필요시 외국인의 부동산 소유권획득 등이 있다. 이러한 허가를 취득하는데 실패하면 담보물에 대한 권리를 행사할 수 없거나 대출 거래가 무효 처리될 수 있다. 또한 소송비와 인지세등과 같이 대출 거래에서 발생하는 다양한 비용이 지급되어야 할 것이다.

[5] 법률지식 및 경험

프로젝트 소재국의 현지변호인 및 판사들의 전문지식과 경험은 종종 사업주와 대주가 길들여진 선진국의 것에 비해 덜 발달 된 경우가 있다. 이러한 이유에는 변호사들의 능력 때문이 아니라, 해당 국가에서 복잡한 상거래가 잘 없어 이러한 거래에 대한 분쟁 해결 경험이 부족하기 때문이다.

---

19) Raymer *McQuiston, Drafting an Enforceable Guaranty in an International Financing Transaction: A Lender's Perspective*, 10 INT'L TAX & BUS. LAW. 138 (1993).

[6] 상법 및 관련 규제

담보물과 유치권에 대한 법률 외에도 영업환경의 예측 가능성을 높이는 상법 등의 법률 체계가 모든 국가에서 반드시 존재하는 것은 아니다. 경쟁, 지적재산권 보호 등 프로젝트를 보호할 수 있는 법과 규정이 존재하는지 여부와 그 내용에 대해 프로젝트 개발 과정에서 검토되고 이해되어야 할 것이다.

[7] 주권면제의 포기

정부와의 계약에서는 주권면제의 포기 여부가 중요하다. 면책은 정부의 허락 없이는 부당한 취급을 받은 당사자가 정부를 상대로 항의할 수 없다. 통상적으로 정부와의 어떠한 계약이든 간에 주권면책이 적용되지 않게 면제조항을 반드시 포함시킨다. 이 조항은 정부가 아닌 당사자가 부당한 취급을 받았다면 독립적인 단체에 앞서 소송을 시작할 수 있도록 하며 정부를 상대로 재판을 신청할 수 있도록 한다.

[8] 법적 환경

PF 거래에서는 서로 다른 법적 환경으로부터 오는 문화 충돌이 자주 발생한다. 프로젝트 개발이 성공적으로 진행되려면 불문법에 익숙한 투자자와 변호인단과 성문법 전통을 따르는 상대방이 상호작용하면서 서로 다른 법적 환경 때문에 발생하는 위험을 분배하고 목적과 기대의 불일치를 해소해야 할 것이다.

3.14 지분투자의 유동성 문제

사회기반시설 프로젝트에서의 지분투자는 다른 산업에서의 프로젝트보다 유동성이 많지는 않다. 이는 특히 자본시장이 한창 발달하고 있는 신흥국에서 더 그러하다. 어떤 정부는 프로젝트의 사업주의 지원, 금융 안정 및 관리 경험을 보장하기 위해, 프로젝트 초기에 프로젝트 사업주가 지분을 판매하는 것을 금지한다. 또한 정부가 궁극적으로 소유권을 지방 자치단체 등에 넘기려는 경우, 자본금 이전은 프로젝트를 매입하기 위한 충분한 투자자금이 마련될 때까지 제한될 것이다.

3.15 거래 동결 또는 제한

거래 동결이나 제한 명령은 국가 이익이나 안보를 위해 외환거래를 금지하는 것을 말한다. 이라크, 이란, 리비아 등에 부과된 제재를 예로 들 수 있다. 이러한 정부의 조치는 예상하기는 쉽지 않지만, 프로젝트에 피해를 줄 수 있다.

3.16 수출 제한

프로젝트에서 생산한 물품의 전체 또는 일부를 타국으로 수출할 경우 생산품 판매에 대한 제한이 프로젝트 사업성을 떨어뜨릴 수 있다. 따라서 생산품이 판매될 국가나 지역과의 관계가 어떠했는지 분석해볼 필요가 있다. 덧붙여 수출을 제한하지 않겠다는 정부의 약속을 얻는 것이 프로젝트 진행에 도움이 될 수 있다. 그러나 전시 상황이거나 국가안보 비상사태가 발생하면 정부가 수출을 제한하곤 했다.

3.17 가격 통제 및 규제

정부가 생산 물품의 가격을 통제하거나 규제할 위험은 중요하게 고려되어야 한다. 특히 사회기반시설 일 경우 정부가 물가를 안정시키거나 다른 경제적 문제를 해결하는데 가격 통제가 필요하다고 생각할 수 있다. 예컨대 전력요금은 신흥국에서 인플레이션을 통제하는데 사용되어 왔다.

이러한 위험을 통제하기 위해서는 정부가 자유시장을 얼만큼 내세우는지 확인해봐야 한다. 만약 생산품의 가격이 관세 등을 통해 통제 받는다면 프로젝트 개발자는 관세 체계가 잘 발달되어 있는지 확인하고 관세변동 절차를 올바르게 인지하고 있어야 한다.

3.18 상업위험(Commercial Risk) 및 비상위험

위험을 지나치게 단순화해서 분류하거나 묘사하는 것은 쉬운 일이다. 소재국 정부나 정부기관과 연관된 프로젝트의 경우 상업위험과 비상위험 사이의 구분이 불분명하기도 하다.

개발도상국의 민간 전력발전 프로젝트의 경우 프로젝트를 통해 생산된 전력을 정부기관이 모두 사가는 것이 일반적이다. 하지만 만약 정부기관이 구매 약속을 이행하지 않으면, 그 불이행이 정치적인 원인에 의한 것인지 아닌지를 판단하는 것은 거의 불가능한 일이다.

위험의 분류는 많은 학술 연구의 대상이 되었다. 만약 계약 불이행이 정치적인 이유 때문이라면, 비상위험을 보상하는 보험을 통해 손실을 보장받을 수 있을 것이다. 반면에 만약 불이행이 운영상의 실수로 인한 자금 부족에서 비롯된 것이라면 이는 상업위험에 해당되기 때문에 어떠한 보험으로도 보장받을 수 없게 된다.

그러나 불이행의 이유는 동시에 정치적, 상업적일 수 있다. 전력판매계약의 불이행은 정부가 가격 정책을 바꿔 기관의 수익이 감소했기 때문에 생겨날 수 있다. 그러나 만약 기관이 노동비 절감이나 기타 비용 절감 등으로 예상 수익 감소를 만회하는데 실패 했다면, 같은 불이행이 자연스레 신용위험이 될 수도 있는 것이다.

Chapter 4

PF의 상업위험

4.01 상업위험(Commercial Risk)의 소개

제3장에서 설명한 국제 위험 외에도 해외 PF에서는 상업적인 위험이 존재한다. 이 위험은 해외 프로젝트뿐만 아니라 국내 프로젝트에서도 찾아볼 수 있다.

잠재적인 상업위험을 모두 망라한다면 그 양이 너무 방대할 것이고 특정 산업의 개별 위험을 간과하는 결과를 초래할 것이다. 또한, 매우 발달된 사업적 감각은 특정 산업에서 펼쳐지는 특정 프로젝트의 위험을 파악하는 데 불필요하다. 이번 장에서는 PF 입문자와 경험자 모두에게 위험 식별에 대한 보다 나은 접근 방법을 소개하는 데 도움이 될 수 있을 것이다.

[1] 잠재적 위험의 실현 가능성

잠재적 위험이 실현될 가능성은 사실 작지 않다. 한 연구에 따르면 프로젝트의 82%가 어떠한 형태로든 어려움을 겪는다고 하므로, 포괄적인 실사를 통해 위험을 파악해야 할 필요가 있다. 해당 연구에 따르면 건설 비용 초과(71%), 완공 지연(59%), 부정확한 현금흐름 전망(35%), 시장 문제(1개), 정책 위험(1개), 프로젝트 비효율성(1개) 등의 문제가 자주 발생하는 것으로 조사됐다. 17개 프로젝트 중 9개는 심각한 문제를 겪는 것으로 분석됐으며, 2개 프로젝트는 파산했고 8개는 원금 상환을 위해 충분한 현금을 창출하지 못한 것으로 드러났다[1].

---

1) Grover R. Castle, *Project Financing－Guidelines for the Commercial Banker*, J. COM. BANK LENDING, 1975년 4월, p16.

[2] 실사(Due Diligence)

프로젝트 실사는 위험 확인을 위한 중요한 과정이다. 실사는 프로젝트의 완전한 또는 부분적인 실패를 초래할 수 있는 요인을 발견하기 위한 법률, 기술, 환경 및 금융 전문성을 복합적으로 발휘해야 하는 절차이다. 프로젝트 사업주 외에도 이 과정에 참여하는 당사자들은 변호사, 기술 자문기관, 원자재 자문기관, 시장 전문가, 보험 전문가, 금융 자문기관, 및 환경 전문가 등이다. 실사의 강도는 시간적 여유, 비용 그리고 프로젝트 종류를 종합하여 고려해야 한다.

[3] 프로젝트의 타당성 조사

대부분의 PF 변호사들은 필요 계약서를 준비하면서부터 프로젝트가 사업성이 있는지 여부를 세부적으로 조사하는 과정을 거친다. 몇몇 프로젝트에서는 변호사들이 실사 과정에 참여하거나 평가를 하기도 한다. 일반적으로 이런 내부 조사들은 생산품이 속한 시장의 현황, 원자재 공급의 편의성, 부지의 취득비용 및 적합성, 부채상환, 운영비용 지급, 수익 창출을 위한 적절한 건설·운영·금융비용의 산정 등 프로젝트 실행에 기본적인 사항을 고려한다. 대주단은 사업주가 실시하는 조사 외에도 독립적으로 실행가능 여부를 검토한다.

프로젝트의 타당성 조사는 프로젝트의 정의, 사업주의 목적, 건설, 가동, 운영위험에 대한 프로젝트의 민감도, 금융조달 대안, 신용 보강 방안 등을 계획하는 유용한 메커니즘이다. 이는 필요한 자본금의 산정, 부채 상환 능력, 예상 매출, 운영비용 및 시장 전망 등을 포함하여 평가해야 할 것이다. 일반적으로 연료가격의 변동성, 이자율, 환율 등의 변수에 따라 여러 시나리오를 도출하게 된다.

프로젝트가 경제성이 없을 경우, 어떤 당사자도 불필요하게 자원을 낭비하지 않도록 사업주와 대주단이 프로젝트의 실행가능 여부를 미리 가늠할 수 있게 한다. 물론 조사 결과는 프로젝트가 부채 상환, 운영관리 비용 지급, 자기자본이익률 창출 및 비상사태에 충분히 대처할 수 있는지 그 실행가능성을 파악해야 한다.

[4] 상업위험의 분류

실패한 프로젝트의 원인으로 지목되는 상업위험은 9가지로 분류할 수 있다. 프로젝트 설계 및 건설 단계에서는 3가지 실패 원인이 있는데, 프로젝트 완공의 지연과 이에 따른 현금흐름 개시 시점의 지연, 건설에 필요한 자금의 증가, 시공사 또는 주요 공급자의 지급불능 또는 경험부족 등이 있다. 다른 6가지 기본 위험은 프로젝트가 가동되고 운영되는 단계에서 발생하는데, 기술 실패 또는 노후화, 법률의 변화, 보험에 부보하지 않은 손실, 원자재의 가격 또는 공급 가능 여부의 변화, 프로젝트 운영에서의 과실 등이다. 하지만 이러한 위험이 존재한다고 하여, 비소구 방식의 대출이 불가능한 것은 아니다. 제20장에서 논의된 것처럼, 적절한 신용보강과 모니터링 방식의 선택으로 이러한 위험을 완화 또는 제거할 수 있다.

4.02 상업위험

PF에서 당사자 간의 위험 분배는 신용이 높을 경우에만 유효하다. 즉 계약을 이행하기 위해 현재와 미래에 충분한 자금을 보유하고 있어야 한다. 따라서 프로젝트 회사의 신용 부족은 다른 참여자들의 신용도와 교환된다고 볼 수 있다.

신용도가 중요한 당사자는 프로젝트 완공 및 지원 보증을 하는 사업주, 각각 건설·운영·원자재공급 계약 이행과 피해 보상을 책임지는 시공사, 운영자 및 원자재 공급자, 프로젝트 금융조달의 근간인 구매자와 프로젝트 생산품의 사용자, 보증 또는 지원 계약에 따라 금전적인 지원을 하는 프로젝트 소재국 정부, 보험정책 및 보험증서에 따라 프로젝트 피해를 보장하는 보험회사, 재보험회사, 권원 보험회사, 지급 및 이행 보증인 등이다.

4.03 건설비용의 증가

프로젝트 건설비용이 건설 대출금, 다른 금융조달 재원, 자본금보다도 더 커질 위험은 PF 참여자들에게 있어 가장 중대한 사항일 수 있다. 건설비용은 부정확한 설계 및 계획, 인플레이션의 변화, 프로젝트 가동문제 등에 따라 예상치를 넘을 수 있다[2]. 초과비용 위험은 건설기간 동안의 대출 증가, 완공을 위한 충분한 자금의 부족, 추가 대출원금 또는 이자 지급 불능 등을 초래할 수 있다.

초과비용 위험은 고정가격 구매계약을 체결하지 않고도 완화시킬 수 있다. 예컨대, 초과

2) 구리광산 개발 프로젝트의 PF에서 프로젝트 부지 변경 요구사항으로 인해 약 2억불 가량의 공사예산이 증가하였음. Larry Wynant, Essential Elements of Project Financing, Harvard Business Review, 1980.5~6월호, 167p

비용이 발생할 경우, 계약에 따라 프로젝트 사업주, 기타지분 투자자 또는 예비 투자자로부터 추가 자본을 받을 수 있다. 이와 마찬가지로 추가 자금을 조달 받기 위해 건설 대주, 프로젝트 당사자 또는 제3자와 예비 금융계약을 체결해 놓을 수 있다. 다른 대안으로는 초과 비용 발생시 사업주가 마련해 놓은 에스크로 계정 또는 비상 계정을 이용하는 방법이다.

4.04 완공 지연

프로젝트 완공 지연은 건설비용과 금융비용 증가를 초래한다. 또한, 지연으로 인해 부채 상환이나 운영 및 관리비용 지급에 필요한 수익 현금 흐름 창출에 영향을 끼칠 수 있다. 뿐만 아니라 완공 지연은 원자재 공급과 생산 계약과 같은 프로젝트 계약에 따른 피해보상 또는 조기종료를 야기할 수 있다. 아마도 프로젝트 수익과 비용에 영향을 미치는 완공 지연의 대표적인 예로는 핵발전소 사례[3)]를 들 수 있을 것이다.

완공 위험은 다음과 같은 방법으로 분산 또는 완화시킬 수 있다. 고정가격 및 완공일 확정 계약 체결, 사업주의 완공 보증, 계약이행보증서 발급, 시공사와 운영자로부터 증명된 기술의 사용, 프로젝트 소재국 정부의 보증, 초과 비용 등을 지급하기 위한 보유자금 축적, 프로젝트 개시 시점의 유연성을 위한 구매계약과 생산계약의 체결 등이 있다.

4.05 건설 계약의 불가항력 조항

해외 프로젝트는 보통 다양한 국적의 당사자들로 구성되어 협상을 진행한다. 때때로 프로젝트 계약은 여러 교섭단과 변호사단끼리 논의되어 불가항력 조항의 불일치가 생기곤 한다. 결국에는 시공사가 정해진 시일 내에 프로젝트를 완성할 의무가 면제되어도 구매계약 상에서는 프로젝트 회사가 동일한 면제를 받지 못할 수도 있게 된다. 이럴 경우 구매계약은 종료될 수도 있다. 불일치가 이만큼 심각하지 않다고 하여도 프로젝트 일정이나 경제성에 미치는 영향이 상당할 수 있다.

3) Witten & Hecht, Whoops, *There Goes Washington: Is California Next?*, 15 PAC. L.J. 955 (1984).

서로 모순되는 불가항력 조항은 이른바 부활 조항이라고 하여 불가항력조항이 일관성이 없을 경우 시공사는 다른 계약에서 사업주의 의무가 경감되는 정도까지만 의무를 덜어낼 수 있다. 앞서 얘기한 사례에서, 시공사는 구매 계약이 종료될 만큼 완공을 지연시킬 수는 없을 것이다. 하지만 어느 정도의 기한 연장은 허용될 것이다.

4.06 시공사의 경험 및 재원

시공사, 하도급 시공사, 공급자의 경험, 평판 및 신뢰도는 정해진 가격과 시간 내 프로젝트를 완성하는 데 중요하다. 마찬가지로, 시공사, 하도급업체, 그리고 공급자는 손해배상 처리, 기술 보증, 배상금 지급, 그리고 자가보험 의무를 지기 위해 충분한 재원을 갖고 있어야 한다. 이러한 조사를 할 때 중요한 부분은 시공사가 프로젝트를 제 시간에 원하는 성능으로 완료했던 과거 기록이다.

시공사는 계약 요구조건을 만족시키기 위해 충분한 인적, 기술적 자원을 보유해야 한다. 잠재적 위험 중 하나는 시공사, 주요 하도급자 또는 설비 공급자가 계약이행에 대한 의지가 낮거나, 불충분한 자원, 지식 또는 경험을 갖고 있을 경우이다.

해외 프로젝트에서, 시공사는 현지 인력과 협업하는 데 특별히 능숙해야 한다. 현지 경험이 풍부한 건설 현장 관리자들과 일할 경우 현지 고용 문제에 따른 위험을 줄이는데 도움이 될 것이다.

4.07 건축 자재

PF에서 쉽게 간과되는 위험은 건설을 위해 필요한 건축 자재를 구하지 못하는 것이다. 비록 이론적으로는 어느 자재던지 정가에 구매가 가능하겠지만, 자재를 제조하거나 운반하는 가격과 시간은 초과 비용이나 완공 지연과 마찬가지로 프로젝트의 경제성에 영향을 미칠 수 있다. 특히 해외 프로젝트나 자재를 수입해오는 경우 무역 관련 법규의 영향을 고려해야 한다. 현지법은 건축 자재 구매 가능성과 연관지어 검토되어야 할 것이다.

4.08 프로젝트 현장

프로젝트 현장의 기본 상태는 특히 위험물질이 있는 경우라면 건설과 장기 정상 가동에 영향을 줄 수 있다. 프로젝트의 비용, 건설 일정 및 정상 가동에 영향을 미치는 것은 지질학적 유형, 채광 작업 진행상황 및 기타 지반 상태 등이다.

4.09 기술

PF 참여자들은 새로운 기술을 통해 많은 수익을 창출할 수 있기 때문에 이를 무시할 수 없다. 그럼에도 불구하고 검증되지 않은 기술은 예측이 힘들고 불확실성이 크기 때문에 PF에서 자주 쓰이는 편은 아니다. 한 예로 고형폐기물 처리 기술이 처음 나타났을 때 겪은 초기의 어려움을 들 수 있다. 하지만 새로운 기술을 보유하거나 라이선스를 갖고 있는 신용도 높은 당사자가 프로젝트 부채상환을 위한 기술 보증을 제공한다면 그 기술은 PF에서 쓰일 수 있을 것이다.

일반적으로 PF에서 쓰이는 기술은 좋은 성능을 갖고 있고, 시공사는 해당 기술에 대한 경험이 있으며, 기술 보증은 부채상환을 보장하기에 충분하며, 유지보수 비용 등이 효율적이어야 할 것이다. 또한 기술은 효율성 측면에서 프로젝트가 요구하는 성능 요건을 만족시킬 수 있어야 한다.

보통, 새로운 기술에 대한 운영 및 성능 정보는 소규모의 실험 결과에서만 얻을 수 있다. 이러한 실험 결과는 기술 성능을 알려주는데 유익하지만, 대규모 프로젝트에서 사용될 경우에 대한 결정적인 정보를 제공해주지 못한다.

기술 위험은 기술이 시장성이 없고 양도할 수 없거나 압류절차 때 쉽게 다룰 수 없는 경우 발생한다. 이러한 상황에서는 프로젝트 대주가 차압 이후 프로젝트가 정상 가동할 수 없어 헐값에 매각하거나 다시 기술 소유자에게 되팔 것인지를 선택해야 한다.

기술 위험은 공사완공보증과 다른 신용보강 조치를 통해 완화시킬 수 있다. 그 내용은 제20장에서 설명한다.

4.10 프로젝트 시설의 건설

신흥국에서 벌어지는 해외 프로젝트는 동시에 여러 시설을 건설해야 할 경우가 많다. 대규모 가스 파이프라인, 선착장, 철로, 제조 시설, 전력 시설, 운송 시설 등의 건설이 필요할 수 있다. 프로젝트와 연관된 각각의 시설들은 프로젝트의 성공에도 영향을 미치기 때문에 시설 건설에 대한 위험을 조사해봐야 한다. 시설들을 동시에 짓는 것은 프로젝트 사업주에게 있어서 초기에 가장 큰 우려사항일 것이다.

이와 비슷한 문제로는 시스템 간 호환 가능성 여부이다. 예컨대, 철도, 도로, 선착장은 프로젝트의 요구에 따라 알맞게 설계되어야 할 것이고 기존 인프라의 경우도 프로젝트의 요구사항을 만족시킬 수 있는지 확인해봐야 한다.

비록 설계 회사나 프로젝트 사업주가 기존 또는 계획 중인 시설이 프로젝트의 요구조건을 만족시킨다고 판단하더라도, 변화는 언제든지 발생할 수 있다. 프로젝트 사업주는 기존 시설과 건설 예정인 시설이 낮은 수준으로 변질되는 것을 예방하기 위해 관련 시설의 개발자 또는 정부와 함께 계약을 맺기 원할 것이다.

4.11 광물 자원의 부족

광물 프로젝트에서는 사업주와 대주가 프로젝트 운영으로부터 기대되는 자원 채굴량을 예측하기 위해 답사를 진행한다. 만약 실제 채굴된 양이 조사된 양보다 적으면 부채 상환에 필요한 수익이 부족하게 될 수 있다.

4.12 원자재 공급 및 처리시설

건설 자재 공급이 생산 수익성에 중요한 역할을 하듯이, 프로젝트는 예측 가능한 가격 범위 내에서 원자재 공급과 시설이용이 가능해야 할 것이다.

예컨대, 북서 태평양 지역에서 목재 쓰레기를 에너지원으로 만드는 프로젝트를 진행하기 위해 우드칩 공급을 받는다면 공급 물량의 100%에 대해 계약을 할 필요가 없을 것이다. 다만, 목재산업의 경제 여건에 따른 생산 제한 등으로 대체 공급원이 필요할 수 있다. 또한 수출입 비용, 수송비, 저장비, 제품 안정성, 독점 여부, 금융비용 등이 모두 적절한 공급을 위한 잠재적 위험일 수 있다.

많은 프로젝트에서는 예측 가능한 가격에 원자재를 공급하기 위한 장기 계약을 체결하고 있다. 가끔은 공급자가 약정된 양의 원자재를 항상 공급하고, 공급이 불가능할 경우 필요 원자재를 구입하는데 충분한 비용을 지급한다는 무조건 공급계약을 사용하기도 한다. 그러나 두 계약 모두 공급자의 신용도가 계약 이행을 보장하기에 충분히 높아야 한다.

4.13 구매자 신용도

비소구 또는 제한적 소구 방식의 PF에서는 대주가 프로젝트 운영으로부터 얻는 예상 수익을 바탕으로 신용 평가를 한다. 왜냐하면 프로젝트 운영에서의 수익 창출 능력이 PF의 토대이고, 계약은 프로젝트 지속성을 보장하고 위험을 분배하는 틀이 되기 때문이다. 수익과 관련된 구매계약은 특히나 중요하다.

구매자는 신용도가 높아야 하는데, 과거, 현재, 그리고 미래의 재무 건전성을 바탕으로 비용을 지급할 여력이 있어야 한다. 만약 이 정도의 자금 여력이 안 된다면 신용도가 높은 중앙정부나 다자기구 등의 보증이 필요하다.

구매자의 신용도를 결정하는 데에는 많은 요인들이 고려된다. 그 중에는 구매자가 속한 산업의 중요도, 사업 및 제품 라인, 가격 변동 민감성, 전반적인 사업 경험과 평판 등이 포함된다.

신용도를 높이기 위한 또 다른 방법은 기존 구매자를 신용도가 높은 다른 구매자로 대체하는 것이다. 그러나 위치가 떨어진 외진 곳에서 프로젝트를 진행한다면 새로운 구매자를 찾는 것이 쉽지는 않을 것이다.

4.14 제품 또는 서비스 시장

생산 이후 프로젝트는 제품이나 서비스를 판매하면서 수익을 창출해야 한다. 이 때 발생하는 시장 위험은 가격과 구매자에 대한 접근성 등 크게 두 가지 형태로 나뉜다.

판매 제품에 대한 시장연구가 이루어지더라도 보수적인 가정을 하지 않는 이상 가격과 시장 전망 등을 미리 내다보는 것이 도움이 될 수 있다. 또한, 프로젝트 사업주가 통제하기 어려운 시장 세력들이 프로젝트의 생산물에 대한 수요를 떨어뜨릴 수 있어 주의해야 한다. 시장 세력에는 비슷한 프로젝트와의 경쟁, 관세와 무역장벽, 시장 접근성, 기술 또는 생산 방법의 노후화, 새로운 기술과 생산 방법의 출현, 정부 보조금을 받는 시장, 보조금 없는 높은 가격에도 구매 의사가 있는 고객층 등이 포함한다.

많은 프로젝트에서 장기간에 걸쳐 하나 또는 여러 구매자가 특정 가격에 제품을 구매할 것을 약정하는 인수도 지급(Take-and-pay) 계약을 체결한다. (이와 유사한 무조건 사용료 지급(throughput) 계약은 파이프라인 건설 프로젝트에서 주로 사용되고 tolling 계약[4]은 에너지와 가공처리 공장 프로젝트들에서 쓰인다) 구매자의 신용도가 적절하기만 하다면, 제품 시장이 형성되고, 프로젝트가 정상 가동되면서 현금흐름이 창출될 것이다. 그러나, 상품 위험은 장기 인수도 지급(Take-and-pay) 계약을 체결했다고 쉽게 없어지지 않는다. 동일하거나 비슷한 상품 또는 서비스 제공자들과의 경쟁, 신기술, 노후화, 수요의 변화, 운영비용과 생산비용의 증가, 구매자 요구의 변화, 그리고 기타 요인들이 복합적으로 작용하여 프로젝트 회사나 구매자에게 계약의 가치를 떨어뜨릴 수 있다.

4.15 프로젝트 생산 능력, 생산량 및 효율성의 부족

프로젝트 참여자들에게는 예정대로 프로젝트가 성과를 내지 못할 위험이 존재한다. 성과는 프로젝트의 생산능력, 생산량 및 효율성 등으로 측정한다. 이 중 하나라도 부진하다면 수익 감소, 운영비용 증가 및 프로젝트 계약 종료로 이어질 수 있다.

4) Tolling plant가 하나의 예시가 될 수 있다. Tolling plant는 원자재 공급자와 프로젝트 사이에 tolling 계약을 체결하는 방식으로 만들 수 있다. 원자재 공급자는 언제 원자재를 판매할지, 언제 전기를 공급할지, 또는 언제 공장이 돌아가지 않게 만들지에 대해서 결정할 수 있는 계약상의 권리가 있다. 일반적으로 원자재 공급자는 프로젝트에 용량요금(capacity payment)을 지급하고, 프로젝트로부터 용량요금을 제외한 전력요금을 수령한다.
또 다른 형태의 tolling plant 구조에서, 언제 연료와 발전량을 사용할 지와 어떤 시장가격을 수용할지는 전력구매자가 결정한다. 전력구매자는 용량요금과 함께, 연료비용과 발전수수료를 pass-through형식으로 지급하게 된다.

4.16 운영 경험

시설을 효율적이고 안정적으로 운영하는 것은 프로젝트를 장기간 성공으로 이끄는 데 핵심이다. 아무리 프로젝트가 잘 설계되고 건설되어 있어도, 프로젝트는 운영자의 성과에 많은 영향을 받는다. 이는 특히 새로운 기술을 활용하거나 원자재 관리가 핵심인 프로젝트에서 더욱 그렇다.

프로젝트를 운영하는 회사는 장기 운영계약에 따라 현금흐름을 창출하기 위한 충분한 경험을 가지고 있어야 한다. 마찬가지로, 운영자는 운영 보증과 계약에 따른 제반 의무를 부담하기 위한 충분한 재정능력을 갖고 있어야 할 것이다.

4.17 일반 운영 비용

예상했던 것보다 운영 비용이 크게 증가하는 것도 프로젝트의 또 다른 위험 요인 중 하나이다. 예상이 빗나가는 이유는 기술 설계 오류, 장비의 과다 교체, 계획에 없던 정비, 필요 부품재고에 대한 분석 오류, 낮은 노동 생산성, 필요 노동력에 대한 잘못된 추정 및 기타 운영 문제 등 때문이다.

4.18 프로젝트에 대한 사업주의 몰입도

프로젝트 사업주는 프로젝트의 건설과 정상 가동까지의 모든 과정을 총 관리하기 위해 충분히 몰입해야 한다. 보통 프로젝트에 대한 몰입도는 사업주가 투자한 지분 규모로 평가한다. 일반적으로, 지분을 많이 투자할수록 사업주가 프로젝트를 성공으로 이끌려 하는 유인이 많아진다. 또한 프로젝트가 이용할 수 있는 기술과 자금이 많을수록 사업주의 몰입도가 높다고 볼 수 있는 중요한 지표가 될 수 있다.

4.19 관리 경험

마찬가지로 프로젝트 사업주는 운영 외에도 프로젝트를 총괄하기 위해 필요한 경험을 갖고 있어야 한다. 매일 매일 내리는 의사결정은 프로젝트 성패와 차입금 상환에 핵심이 된다. 그러므로 이러한 일을 처리하기 위해 충분한 인력과 자원, 관리 경험 등을 갖추고 있어야 한다.

4.20 면허와 허가

프로젝트 참여자들에게는 건설이나 운영에 필요한 허가가 없거나 이를 취득하지 못하는 위험에 대한 우려가 크다. 일반적으로, 프로젝트에 대한 허가는 불합리한 연기나 비용 없이 취득할 수 있어야 한다. 건설 자금 조달 기간에는 허가를 크게 세가지 범주로 나눌 수 있다. 첫 번째 범주는 이미 취득되어 효력이 발생한 허가로 철회나 후속조치, 조건 미충족 등으로 심각한 변화가 예상되지 않는 경우이며, 두 번째 범주는 필요할 때마다 취득해야 하는 허가로 건설 전에는 발효되지 않는 허가이다. 세 번째 범주는 이미 취득되어 효력이 발생한 허가 이외에 필요할 때마다 취득해야 하는 허가이다. 마지막 범주는 프로젝트 참여자들에게 가장 큰 관심 사항이다. 허가가 발급될 수 있을지 여부와, 허가 취득에 따른 비용 등을 파악하기 위해 허가 신청과 승인 절차를 면밀히 조사해봐야 할 것이다.

프로젝트가 필요로 하는 허가는 소재 지역, 기술, 과정 및 기타 변수 등에 따라 다양하며, 어떤 프로젝트든 지방정부부터 중앙정부까지 다양한 관할 정부 기관들이 개입할 수 있다. 한편, 어떤 허가가 필요한지 파악하는 역할은 일반적으로 시공사 및 운영자와 함께 일하는 프로젝트 사업주에게 요구되는 편이다.

4.21 정치적 환경

만약 프로젝트 소재지가 해외일 경우, 소재국의 정치적 환경을 면밀히 조사하여 외국인 투자에 대한 정서를 살펴봐야 한다. 정치적 환경의 변화에 따른 위험과 영향은 인도 소재

사업의 PF대주단의 경험을 통해 알 수 있다. 신흥국에서는 몰수 위험이 선진국에 비해 명확히 드러나는 반면, 세금 또는 지분 요구 등 정부의 간접적인 개입이 프로젝트에 미치는 부정적인 영향은 확인하기가 어려운 편이다.

4.22 금리

금융조달 기간 중에 금리 변동으로 금리 전망이 비현실적이라면, 그 위험이 프로젝트 수익으로 부채를 상환하는 능력에 영향을 줄 수 있다. 이자율 예측은 프로젝트 실행 가능성 조사의 전형적인 요소 중 하나로 프로젝트가 금리 변동을 잘 견뎌낼 수 있는지 보여줘야 한다. 그렇지 않을 경우 일정 규모의 부채에 대해 금리 스왑, 금리캡(cap) 및 칼라(collar) 등의 헤지를 사용해야 할 것이다.

4.23 불가항력(Force Majeure)

불가항력은 자연재해, 화재, 홍수, 지진, 전쟁, 파업 등 통제할 수 없는 사건을 가리키는 용어이다. 불가항력의 한 종류인 자연 재해는 인간의 개입 없이 오직 자연에 의해 발생하는 사건이다. 위험을 부담해야 하는 당사자는 항상 협상 대상이나, 종종 불가항력 위험을 가장 잘 통제할 수 있는 당사자(예를 들어, 보험에 가입함으로써)가 부담하게 된다.

불가항력이 발생했다고 보는 것은 각 당사자들의 관점에 달렸다. 프로젝트 회사와 구매자에게는 프로젝트 소재국 정부가 프로젝트를 몰수하는 사건이 불가항력이 될 것이다. 그러나 프로젝트가 정부와 함께 진행되는 것이면 정부가 소유권을 가져가는 것이 계약을 위반하는 것이더라도 불가항력이 되지는 않을 것이다.

불가항력 사건이 발생하면 피해에 대한 보상을 하지 않는 등 이행의무를 면제해 주기도 한다. 일반적으로 계약 당사자는 최대한 빨리 불가항력에 따른 영향을 해소하여 사업을 재개해야 할 의무가 있다.

4.24 경제전망 및 프로젝트 실현가능성의 부정확성

경제전망과 프로젝트 실현가능성 조사가 부정확한 것은 이번 장에 다루는 위험요소들과 연관이 있다. 예컨대 부정확한 설비 가치평가는 필수 부보 범위를 왜곡시킬 수 있으며 결국 프로젝트 운영능력과 현금흐름에도 영향을 미친다. 이에 따라 대주는 프로젝트의 기술적, 재무적 측면을 점검하고 기타 위험을 파악하기 위해 유능한 엔지니어링 회사를 선별하게 된다. 편견 없는 조사를 위해 대주는 해당 기관과 사업주 사이 독립성을 요구하며, 대주에 대한 자문 경험이나 비슷한 프로젝트 수행 경험 역시 중요한 요건 중 하나로 간주된다.

4.25 환경적 요인

정부가 각종 환경 보호 규제를 도입한다면 프로젝트에 심각한 위험 부담을 줄 수 있다. 이러한 위험 중에는 정부가 부과하는 벌금과 과태료, 그리고 피해를 본 제3자에 대한 피해보상 등이 포함될 수 있다. 뿐만 아니라 정화와 복구비용이 클 수 있어 부담으로 다가올 수 있다. 한편, 금전적 부담 외에도 환경 규제 위반으로 프로젝트 허가가 철회될 위험이 존재한다.

환경법의 변화는 기존 시설을 개조해야 될 수도 있어 자본 비용이 더욱 증가할 수 있으며, 환경 규제에 부합하는 새로운 설비 도입으로 운영 비용과 수수료 부담이 커질 수 있다.

4.26 계약의 불일치

PF 참가자들은 복잡한 계약관계로 혼란스러워 하는 경우가 종종 있다. 모든 계약은 서로 잘 맞아떨어져야 하지만 계약 종류가 많아 불일치를 최소화하는 것이 쉽지가 않다. 예컨대, 대출계약서에 명시된 상환일은 수익계약에 명시된 입금일과 일치해야 하고 원자재 계약에 명시된 원자재 공급 개시일은 다른 운영 계약의 시작일과 맞아야 한다. 사소한 불일치는 프로젝트에 치명적이지 않지만 계약 간 불일치를 검토할 필요가 있다.

4.27 일반적인 계약위험 관리

PF는 계약에 의존하기 때문에 계약법의 지배를 받게 된다. 따라서 거래 당사자들과 협의한 계약조건들이 적용가능한지를 확인하기 위해 계약서를 면밀히 검토해야 한다. 예컨대, 계약 당사자가 계약을 위반하여 프로젝트의 부채를 미리 상환하기로 약속했더라도 이를 손해배상금으로 집행하지 못할 수가 있다. 또한, 특정 계약을 특정 기관이 이행하길 원한다면, 계약 당사자들이 이를 강제할 수 있는 지에 대해 특정이행 관련 법률을 검토해봐야 할 것이다.

4.28 신용위험의 경감

제2장에서 논의된 바와 같이, PF 위험들은 당사자 중에 각 위험을 가장 잘 통제할 수 있는 주체에게 배분되어야 한다. 위험 배분에 사용되는 방법은 위험 경감 장치, 도구 또는 기법 등이라고 불린다. 이러한 기법은 PF 거래에서 발생하는 위험을 건설 및 운영 기간별로 나누어 분류할 수 있다. 제20장은 이 내용에 대해 더욱 자세히 설명한다.

[1] 건설기간 중 위험의 경감

건설기간 중에는 계약이행보장, 예비비 또는 준비금(Contingency Reserve Fund), 자본금 및 기타 투자금 약정, 보험 등 네 가지 방식으로 위험을 경감한다. 선택된 방법의 적용범위는 체감 위험의 크기에 따라 달라진다.

계약이행보장: 보증을 포함한 계약 이행약정은 프로젝트 건설기간 동안 일반적으로 사용되는 위험 경감 수단이다. 계약은 다양한 위험 분배 대안을 제공해준다.

예컨대 PF 건설 계약에서, 건설 위험은 프로젝트 회사와 시공사들 간에 배분된다. 일반적인 위험 배분은 시공사가 기일 내 고정 가격에 건설을 완료하고 협상한 범위 내 성능과 품질을 보장하는 것이다.

만약 계약 의무를 질 수 없다면 시공사는 지연이나 성능 미달로 프로젝트 회사가 입은 피해를 보상해야 할 것이다. 보상의 의무는 손해배상금을 통해 지게 된다.

손해배상은 크게 지연손해배상과 바이다운(buy-down) 손해배상 방식으로 나눌 수 있다.

프로젝트 지연에 따른 손해배상이란 정해진 일정에 맞추어 완공을 못하여 발생하게 된 추가 이자비용 등을 프로젝트 회사에 배상하는 것이다.

바이다운 또는 성능 미달에 따른 손해배상이란 약속된 성능을 만족시키지 못해 수익이 감소하고 운영비용이 증가하게 된 부분을 프로젝트 회사에 배상하는 것을 말한다. 배상은 보통 명시된 계약내용을 이행하지 못해 프로젝트 수익이 감소할 것으로 예상되는 만큼 프로젝트 회사 대신 채무를 조기상환하는 방식으로 이루어진다. 일반적으로, 바이다운의 규모는 채무를 상환하기 위해 충분한 수준에서 결정된다.

잠재적인 손해배상 규모는 한정되어 있기 때문에 계약에서 명시하는 익스포저 규모도 제한되어 있다. 익스포저의 크기는 프로젝트가 사용하는 기술 난이도를 감안한 건설 계획 등에 의해 시장에서 결정된다. 총 건설 비용의 10~30% 사이의 배상한도가 일반적인 편이다.

시공사의 신용도는 위험을 경감하기 위한 계약의 이행보장에 영향을 미친다. 만약 시공사가 재정 능력이 약하다면, 필요 시에 손해배상을 지급하기가 힘들 것이다. 결국, 프로젝트 대주단은 신용도가 높은 기관의 지급보증이나 계약이행보증 등의 안전장치를 요구하게 된다.

예비비 또는 준비금, 자본금 및 기타 투자자금: 초과비용의 위험을 줄이기 위해 비상시 사용할 수 있는 예비비 또는 준비금을 활용할 수 있다. 이 자금은 건설기간 동안 비용 초과분을 지급하기 위해 차입금 또는 지분 출자로 조달하여 건설 예산에 포함되어 있다. 비상 시에는 사업주의 후순위채 발행이나 신용장 등을 통해 추가로 지원을 받을 수 있다.

보험: 일반적인 위험 경감 기법은 보험이다. 건설 기간 중에는 전손해보험(all-risk insurance)에 가입하여 재산피해를 최소화할 수 있다.

[2] 운영기간 중 위험의 경감

계약 이행보장: 건설 단계 이후에는 자재, 인력 및 설비 보증이 중요한 위험 경감 수단이다. 일반적으로 1~2년 기간의 시간제한이 있다.

계약 협의: 운영 단계에서는 계약 상의 협의를 통해 위험을 관리하는 것이 가장 일반적인 위험 경감 기법이다. 무조건 대금지급(Take-or-pay) 약정, 인수도 지급(Take-and-pay) 약정, 무조건 공급(Put-or-pay) 약정, 무조건 사용료 지급(Pass-through) 약정 구

조들은 프로젝트 회사에게 수익 흐름을 보장하기 위해 활용된다. 이들에 대해서는 제20장에서 논의된다.

예비비 또는 준비금. 운영 단계에서는 수익이 불충분하여 운영비, 계획적이거나 예상에 없던 설비 점검 비용, 채무 상환 자금을 충당하기 어려운 경우 준비금을 활용할 수 있다. 예비비는 운영비 지급용 자금, 시설 점검용 자금, 채무 상환용 자금 등의 형태를 가질 수 있다. 대출금과 프로젝트 운영 수익은 이러한 자금의 원천이다. 또 어떤 경우, 신용장을 개설하는 등 별도로 자금을 공급 받는 수단이 마련되어 있다면 특별히 많이 쌓아놓지 않을 수도 있다.

보유 현금. 비소구 방식의 채무 특성 덕분에 프로젝트 회사는 프로젝트 자산 외에는 다른 자산이 없는 특수법인이다. 따라서 회사가 벌어들인 수익은 프로젝트 회사가 보유하지 않고 프로젝트 사업주에게 정기적으로 배당된다. 보통 사업주들은 대주가 원하는 빈도보다 더욱 자주 배당을 받길 원한다.

보유 현금은 프로젝트 소유주와 대주의 서로 다른 이해관계의 균형을 되찾기 위한 위험 경감 기법이다. 수익은 채무 상환 능력이 충족되면 사업주들에게 분배될 수 있다. 그렇지 않다면, 프로젝트 운영이나 채무 상환에 필요치 않은 초과 현금은 부수적인 별도 계정에 보관된다. 해당 계정에 있는 자금은 프로젝트가 겪는 어려움이 해결되지 않으면 채무의 조기 상환 등에 쓰이게 된다.

보험. 운영 단계에서도 보험은 위험 경감 기법 중 하나이다. 기계 고장 등에 따른 손실은 특종보험, 손해배상책임보험 등을 통해 재산상 손해를 보상 받을 수 있다.

Part 3

PF의 구조

Chapter 5

PF 참여자 및 역할

5.01 프로젝트 사업주

프로젝트 사업주는 프로젝트의 추진과 전체적인 개발, 건설, 운영으로부터 얻는 경제적 수익에 관심을 갖는 기관 또는 기관의 모임을 일컫는다. 가끔 개발자라고도 불리는 사업주는 하나의 회사이거나 여러 회사일 수 있다.

5.02 프로젝트 회사

프로젝트 회사는 프로젝트를 직접 개발, 건설, 운영, 관리하는 특수목적회사이다. 해당 기관의 정확한 성격은 다양한 요인에 좌우된다.

가장 중요한 요소 중 하나는 프로젝트가 바탕을 둔 현지법이다. 현지법은 예컨대, 어떠한 조직을 설립할 수 있는 지, 외국회사가 현지국가에서 사업을 하고 부동산을 소유할 수 있는지, 법인 또는 유한책임 파트너십과 같이 부채 한도를 갖는지, 현지 투자자 참여 조건이 있는지 등과 같은 사항을 알아보기 위해 검토해야 한다.

다른 요소들도 프로젝트 회사의 성격을 결정하는데 영향을 준다. 그 중에는 소재국의 세법, 조세협약, 외국환거래규정 등이 포함된다.

5.03 대 주

보통 PF의 대주는 프로젝트 회사의 대주와 동일하다. 그러나 어떤 거래에서는 다른 기관이나 다수의 기관들이 참여하기도 한다. 예컨대 광물 프로젝트의 경우, 광산 소유주, 운영자 및 주요 구매자는 합작회사를 만들어 PF를 진행할 수 있다. 각각의 참여자들은 개별 대출 거래를 하고 합작투자 법인은 채무가 없을 수 있다.

5.04 상업 대주

은행, 보험사, 신용회사 및 기타 대주 등의 상업 대주단은 프로젝트를 위한 자금을 공급하는 역할을 한다[1]. 이들은 프로젝트 소재국이나 다른 국가에 있을 수 있다.

때로는 전략적으로 대주단을 다양한 국가로부터 선별한다. 이러한 다양성은 프로젝트 소재국 정부의 자산 몰수 또는 차별대우 등을 막기 위함이다. 만약 정부가 그러한 조치를 취한다면 각 대주 소속국가와의 경제적 관계도 위태롭게 만들 수 있다.

때로는 프로젝트 소재국의 대주도 포함시켜 정부가 프로젝트 자산을 몰수하거나 차별대우를 하지 않도록 유도할 수 있다. 또한, 프로젝트 자산에 대한 외국기관의 권리를 제한하는 경우 현지은행을 선별하여 이를 막는 것이 중요하다.

대주단은 프로젝트에 다양한 형태로 자금을 공급할 수 있다. 예컨대, 어떤 대주는 후순위 채권자보다 선순위로 상환을 받을 수 있는 자금을 공급할 수 있고 또 다른 대주는 특정 이자율, 할부 상환 조건 등의 특별한 조건을 제시하면서 자금을 공급할 수도 있다.

[1] 주선은행(Arranging Bank)

프로젝트가 필요로 하는 부채의 규모가 클 경우 여러 대주단이 자금을 대출해주게 된다. 대주는 독자적으로 큰 자금을 대여해줄 여력이 되지 않거나 프로젝트에 대한 위험 노출을

1) 은행의 자본적정요구와 PF에 대한 논의와 관련해서는 다음을 참고, Michael P. Malloy, Symposium, *Markets in Transition: Reconstruction and Development: Part Two-Building Up to a Drawdown: International Project Finance and Privatization-Expert Presentations on Lessons to be Learned: International Project Finance: Risk Analysis and Regulatory Concerns*, 18 TRANSNAT'L LAW. 89 (2004).

제한하기 위해 여러 기관들의 참여를 반길 수 있다. 여러 대주단이 모인 집단을 차관단(syndicate)이라고 하고, 이러한 협력을 이끄는 은행을 주선은행이라 한다.

[2] 관리은행(Managing Bank)

관리은행이란 차관단 내에서 주요 역할을 하는 하나 또는 여러 은행에게 붙이는 이름이다. 주로 마케팅 목적을 위해 붙이는 이름이어서 관리은행이 더 많은 책임이나 의무를 더 지는 것을 의미하진 않는다.

[3] 대리은행(Agent Bank)

이와는 반대로 대리은행은 대출과 담보물을 관리하기 때문에 책임이 따르는 역할이다. 해당 은행은 대출과 담보물을 관리하는 일을 책임 진다. 즉 대출금 기표, 차주의 계약 준수 여부 확인, 차주에 대한 공지사항 전달, 정보교환 등을 담당한다. 또한, 채무불이행을 선언할지, 대출 승인을 낼지, 의사결정 내용을 전달할지 등 채권자들의 투표가 필요한 상황에서 채권자 설문을 진행한다.

[4] 기술관리은행(Engineering Bank)

기술관리은행은 기술 성능 계약과 진행상황에 대해 책임진다. 해당 은행은 기술 자문기관과 프로젝트 기술자들과 함께 업무 협력을 하고 대주단에 정보를 전달하는 역할을 한다.

[5] 담보관리은행(Security Agent)

담보관리은행은 프로젝트 대주의 담보물을 보관하는 책임을 진다. 또한 유치권의 등록 등 대주단의 담보권을 보호하기 위한 절차를 모니터링한다. 어떤 프로젝트에서는 이 역할이 대리은행에 의해 수행되기도 한다.

5.05 채권보유자

해외 PF의 또 다른 금융조달 원천은 채권을 매입하는 채권보유자이다. 채권보유자는 채권을 관리해주는 신탁관리자에 의해 대리된다. 점차 중요도가 커지는 이러한 금융조달 구조는 제21장에서 더 설명되어 있다.

5.06 국제개발금융기구

세계은행(World Bank), 국제금융공사(IFC), 지역 개발은행 및 다른 국제 기구들은 신흥국 PF의 신용을 보강해준다. 이러한 기관들은 제21장에서 더욱 논의하기로 한다.

5.07 각국 개발금융기구

국제개발금융기구와는 달리, 각국 개발금융기구는 자국의 무역과 이익을 극대화하기 위해 국가적 차원에서 설립되었으며, 정치적인 목적으로 운영된다.

이러한 기관들은 보통 개발기구나 수출입은행으로 나뉜다. 개발기구는 신흥국에서 정부의 경제적 또는 정치적 목적을 달성하기 위해 보조금이나 특별지원금을 지급한다. 미국의 예로는 미 국제개발기구(US Agency for International Development)가 있다.

가장 보편적인 개발금융기구는 수출입은행이다. 상품과 서비스를 수출하는 데에는 정부로부터 다양한 형태로 금융조달이 가능하다. 정부 지원의 수출 자금 지원은 수출 전 운영자금 대출, 단기 수출외상매출채권 담보대출 및 장기 대출 등이 포함된다. 이것 역시 제21장에서 자세히 설명한다.

5.08 신용평가사

공모 시장에서 프로젝트에 필요한 자금을 조달하는 경우, 프로젝트가 발행하는 채권에 대해 신용평가사가 신용 등급을 부여하게 된다[2]. 신용평가사는 프로젝트의 발전 단계부터 개입하여 신용 관련 사안이 효율적이고 시의 적절하게 다뤄질 수 있도록 한다.

2) Fitch, Moody's, S&P 각 사는 PF 채권을 평가하기 위한 등급 기준을 개발하였다.

5.09 공급자

공급자는 프로젝트에 원자재 또는 원자재를 공급한다. 공급의 중요성 때문에 프로젝트 사업주와 대주는 공급 계약의 경제적 타당성, 계약의 경제적 조건, 그리고 계약을 이행하기 위한 공급자의 능력 등을 종합적으로 고려한다.

5.10 생산품 구매자

구매자는 프로젝트에서 생산된 제품이나 서비스 등의 전부 또는 일부를 구매한다. 대부분의 비소구 또는 제한된 소구 방식의 PF에서는, 구매자가 기본적인 프로젝트의 자금 조달을 위해 신용 지원을 제공한다.

프로젝트에 대한 구매자의 신용 지원 제공 수준은 시장 가격이 아닌 프로젝트 비용에 기반한 가격에 장기 공급을 받고자 하는 유인이 어느 정도인지에 따라 달렸다. 장기공급 계약을 통해 얻는 이익이 클수록 구매자는 프로젝트의 금융조달을 돕기 위해 보증 등의 신용 보강을 제공할 수 있다.

5.11 시공사

시공사는 프로젝트의 건설을 담당하는 주체이며[3], 건설기간 중에 발생하는 비용 부담에 책임을 진다.

3) Daniel Chao & Michael Selvin, *Project Development and Finance: The Evolving Role of the Engineering/Construction Contractor*, in PROJECT FINANCE YEARBOOK 1994/5 1 (Adrian Hornbook ed., 1994).

5.12 운영자

운영자는 프로젝트의 운영, 유지, 하자보수 등을 책임진다. 일부 프로젝트에서는 이 역할을 프로젝트 회사의 주주 중 하나가 담당하기도 하며, 운영 계약에 따라 지정된 제3자가 담당하는 경우도 있다.

5.13 금융 자문기관

금융 자문기관은 사업주에게 금융 컨설팅을 제공하며 기채취지서(Information Memorandum) 작성을 돕는다. 기채취지서는 프로젝트의 기술적 및 경제적 사업성, 제안된 재무 구조와 계약조건, 프로젝트 참여자들의 경력, 프로젝트 위험의 요약, 그리고 프로젝트 계약과 신용 지원 방안 등에 대한 내용을 포함한다. 자문기관은 또 사업주에게 프로젝트 소재국가, 외환시장 여건, 프로젝트의 구조, 금융조달 방안 등에 대해서도 자문을 실시하며, 이러한 자문 서비스는 상업은행들이 많이 제공하는 편이다.

5.14 기술 자문기관

원자재나 보험 분야의 컨설턴트, 엔지니어, 환경 전문가 등의 기술 컨설턴트는 프로젝트 사업주와 대주가 제한된 지식 또는 기존에 갖고 있는 정보를 확인해야 하기 때문에 이들에게 기술적인 문제에 대해 조언을 한다. 대부분의 프로젝트에서 컨설턴트들은 제각각 프로젝트 사업성을 평가한 보고서 등을 작성하여 사업주와 대주에 제공하게 된다. 프로젝트 기간 동안에는 프로젝트의 진척을 확인하고 기술적 분쟁을 해결하기 위해 이들 전문가들의 자문을 계속 수행한다.

5.15 PF 전문 변호사

PF 전문 변호사들은 비소구와 제한적 소구 방식의 금융조달에 대한 경험, 산업에 대한 통찰력, 프로젝트 계약, 대출·투자계약서, 신용보강, 국제거래 등에 대한 지식 등을 바탕으로 법률 서비스를 제공한다. 이러한 변호사들은 프로젝트 사업주, 소재국 정부, 대주, 투자자 및 기타참여자들에게 위험 식별과 경감 방안을 제시하며 도움을 준다.

또한, 변호사들은 법과 규제, 인허가, 프로젝트 조직 구성, 건설·운영·판매·공급 계약서, 대출·투자계약서, 파산, 세제 등 다방면에서 조언을 하며 결산 과정에서 발생하는 다양한 법적 문제들에 대해 의견을 제시한다.

5.16 현지 변호사

현지 변호사의 도움은 프로젝트의 모든 참여자들이 필요로 한다. 이들은 현지 법률 및 정치적 문제를 해결하는 데 조언을 하고 금융종결 과정에서도 의견을 제시한다.

5.17 프로젝트 소재국 정부

프로젝트 소재국 정부는 일반적으로 인허가, 라이선스, 면허 등을 발행하는 주체이다[4]. 정부는 외환 거래 승인이나 세금감면 등을 실시하며 어떤 거래에서는 차주가 되기도 한다[5].

정부는 과반수이건 소수이건 간에 프로젝트의 지분을 갖고 있을 수 있으며 BOT(Build－own－transfer)구조에서처럼 일정 기간이 지나면 프로젝트의 소유주가 될 수 있다. 또한 원자재나 원자재의 구매자나 공급자가 되어 프로젝트에 참여할 수도 있다.

4) 국가와 외국기업 간 계약체결에 대한 논의와 관련해서는 다음을 참고, Jean－Flavien Lalive, *Contracts Between a State or State Agency and a Foreign Company*, 13 INT'L & COMP. L. Q. 503 (1962); Frederick A. Mann, *State Contracts and international Arbitration*, 42 BRIT. Y.B. INT'L L. 1 (1967).

5) J. Speed Carroll, *Legal Aspects of Project Finance: The Borrower's View*, in SOVEREIGN BORRWOERS－GUIDELINES ON LEGAL NEGOTIATIONS WITH COMMERCIAL LENDERS (Lars Kalderen & Qamar S. Siddiqi, eds. 1985).

도로, 철도, 항만 등의 인프라 건설 프로젝트에서는 정부의 참여로 상당한 비용이 절감될 수 있는 반면, 일부 프로젝트에서는 정부의 참여가 독이 될 수도 있다.

예컨대, 프로젝트를 성공적으로 진행하기 위해 인프라 건설이 필요하다면, 프로젝트와 인프라 모두 협의된 기간 내에 완성해야 할 것이다. 가장 이상적인 것은 프로젝트 회사가 건설 일정 등 다방면에서 깊이 개입하는 것이다. 하지만 정부는 비용을 지급하기 때문에 인프라의 건설과 운영을 모두 통제하기를 원할 것이고, 비용 초과 위험이 발생한다면 정부가 건설 과정을 관리하면서 재무 위험을 줄이려 할 것이다. 결국 서로 상충되는 입장을 원만히 해결해야만 프로젝트의 성공을 보장받을 수 있을 것이다.

정부가 프로젝트로부터 얻을 수 있는 혜택은 국가의 경제적 안정, 천연자원, 과세표준 및 기타 요인 등에 달려 있다. 일반적으로 정부의 목적은 프로젝트가 필요로 하는 인프라의 빠르고 효율적인 건설, 경제 발전, 국제개발금융기구의 인정, 안전하고 효율적인 운영, 경제 성장을 위한 보유 자금 사용의 최소화, 민간 참여자들의 투자수익 실현 이후 프로젝트 소유권의 획득, 비효율적으로 운영되거나 실패했을 경우 프로젝트의 통제권 장악, 프로젝트가 속해 있는 산업에 대한 규제 안정성 도모 등이다.

정부가 프로젝트로부터 얻는 혜택은 위험을 참여자 간 얼마나 잘 분산하는지에 따라 다르다. 제3장에서 설명된 바와 같이, 신흥국에서 진행되는 인프라 프로젝트는 보증이나 기타 신용보강 조치로 정부의 지원을 필요로 한다. 하지만, 정부 보증은 납세자들의 세금 부담을 늘리거나 재정 건전성을 악화시키는 등 민간 참여의 혜택을 줄일 수 있다.

추가적으로, 만약 정부가 위험에 대한 책임을 과도하게 지게 된다면, 프로젝트 사업주가 효율적으로 프로젝트를 운영하려는 인센티브를 감소시킬 수 있다. 예컨대, 정부가 프로젝트 생산물에 대한 수요를 보장한다면 사업주가 경제성이 좋은 프로젝트를 개발하려는 유인을 제거할 수 있다. 또한, 프로젝트 회사는 과도한 위험을 감수하면서도 충분한 책임을 지지 않고 정부가 더 많은 위험 부담을 해야 할 수도 있을 것이다.

물론 정부는 위험감소를 위한 정책을 시행하면서 신용지원을 줄이려고 노력할 수 있다. 한 예로, 정부가 안정적인 거시건전성 정책을 시행한다면 프로젝트 사업주가 환율, 환전 또는 송금에 대한 보증을 덜 요구할 것이다. 마찬가지로, 잘 확립된 규제 체계와 정치적으로 독립된 규제기관 및 사법 시스템을 갖췄을 경우 정부 보증의 필요성이 줄어들게 된다. 마지막으로, 분쟁이 발생할 경우 국제 사법재판소에 중재를 맡길 수 있으면 정부의 신용보강이 덜 필요하게 될 것이다.

선진국에서는 경제적 · 정치적 위험이 크지 않기 때문에 정부가 프로젝트에 보증을 제공하지 않는 편이다. 그러나 이는 오직 선진국에 국한된 일은 아니며, 아르헨티나의 전력산업, 칠레의 통신, 전력, 가스 산업과 같이 정부의 보증 없이 인프라 개발과 민영화를 실시하는 데 적절한 경제적·정치적 환경을 갖춘 프로젝트도 있었다.

중요한 건 정부가 다양한 이해 상충 문제에 대응해야 하지만 PF 참여자들이 때때로 정부가 어떠한 입장을 취하는지에 대해 간과하는 수가 있다. 정부에게는 프로젝트에 영향을 미치는 법률이나 규칙을 변경하지 않겠다고 장담하거나, 변경 시 보상을 약속하는 것이 매우 어렵다. 예컨대, 환경보호 관련 법률과 규제는 국민들의 요구를 들어주거나 국제협약 또는 국제기구의 요구사항을 충족시키기 위해 개정해야 할 수도 있으며, 경제 상황이 변해 세제 개편이 필요할 수도 있다.

또한 정부는 정부소유기관을 통제하는데 어려움을 겪을 수 있다. 예컨대, 발전 프로젝트에서는 생산제품의 구매자가 가끔 지방정부 등의 통제를 받는 공공기관일 수 있다. 하지만 중앙정부는 보증을 제공해야 할 정도의 통제를 이와 같은 공공기관에 행사하지 못하는 경우일 수도 있다. 바람직한 해결책으로 정부가 민영화를 감행하여 공공 소유로부터 파생되는 위험을 차단하는 방법이다.

정부는 때때로 건설비용 초과와 수요 둔화 등의 신용위험을 부담하도록 강요받는다. 하지만 정부는 이러한 위험을 프로젝트 회사가 더 잘 관리할 수 있다고 믿는 편인데, 그 이유는 정부가 개입하면 민간부문에서 비용과 개발 측면에서 적절한 프로젝트를 선별하려는 유인이 사라지기 때문이다. 프로젝트 회사는 수요가 예상보다 저조하거나 현재가치 기준으로 목표 수익을 달성하는 데 실패했다면 사업 인가 기간을 연장하는 방식으로 일정 부분 보상을 받을 수 있다.

마찬가지로 정부는 환율과 이자율위험에 대한 보호를 제공하지 않으려 할 수 있다. 프로젝트 회사 입장에서는 정부가 이러한 위험을 통제하기 때문에 정부가 안정적인 경제 정책을 유지하기를 바랄 것이며, 프로젝트 회사들이 변동금리로 외화대출을 받는다면 프로젝트의 이익은 이자율 변동과 환전가능성에 민감하기 때문에 이러한 위험에서 보호 받기를 원할 것이다. 그러나 정부 입장에서는 정부의 보증으로 인해 프로젝트의 사업주들이 과도한 수준의 외채를 부담하는 것을 우려할 수 있으며, 경제적 문제가 발생했을 때 정부가 필요한 조치를 취하지 못하게 될 수 있다. 마지막으로 통화가치 하락은 수익과 이에 따른 세수 감소로 보증이 효력이 생기는 시점에 정부가 사용할 수 있는 자금이 충분하지 않을 수 있다.

결국 정부 입장에서 인프라 프로젝트의 민간 개발이 문제가 되는 이유는 전통적으로 도로, 전력, 수도 등의 시설만큼은 정부가 세금이나 공공부채를 통해 마련한 공적 자금으로 시민들에게 편의를 제공해왔기 때문이다. 공적 자금이 투입됐기 때문에 정부는 경제 발전

속도에 따라 자율적으로 요금을 변경하는 것이 가능했다. 하지만 인프라 건설 PF에서는 경제 상황이 좋지 않아 정부가 잠정적인 계약 집행의 중단이나 취소 압력을 받더라도 이를 실행에 옮기는 것은 환영 받지 못할 것이다[6].

5.18 보험회사

보험회사는 재해나 비상위험에 대비한 보험상품을 제공하면서 PF의 위험을 경감시키는데 도움을 준다. 보험회사는 일반적으로 사업주와 대주와 협력하여 합리적인 가격에 위험을 완화시킬 수 있는 보험상품을 개발하며, 사업주와 대주가 고용한 보험 컨설턴트는 제안된 보험상품의 적합성을 확인해주는 역할을 하게 된다.

6) Catherine Pedamon, Essay, How *Is Convergence Best Achieved in International Project Finance?*, 24 FORDHAM INT'L L. J. 1272 (2001).

Chapter **6**

PF의 구조

6.01 개 요

PF의 구조는 은행원과 변호사의 창의성 및 융통성에 의해 무궁무진해질 수 있다. 크게 보면 프로젝트의 구조는 대주와 투자자들의 위험 성향과 소재국가의 경제 상황에 영향을 받는다고 볼 수 있다.

일반적으로 프로젝트의 구조는 비소구 방식, 제한적 소구 방식, 생산품 판매 수익에 따른 조달 방식(output interest financing) 등 세가지 종류로 나뉜다. 비소구와 제한적 소구 방식은 프로젝트의 현금흐름으로부터 차입금을 상환하는 것이고, 생산품 수익 조달 방식은 프로젝트가 생산한 물품의 판매액에 대한 지분을 매입할 때 매입 가격의 일부가 금융조달에 활용된다.

PF는 이 세 가지 범주 안에 매우 다양한 구조로 더욱 세분화되며, 가장 자주 볼 수 있는 구조인 상업은행 대출, 공적 수출신용, 리스금융 및 채권 발행을 통한 금융조달 방식을 본 장에서 논의하기로 한다.

6.02 상업은행 대출

PF의 대출 구조는 다른 대출거래에서 볼 수 있는 구조와 별반 다르지 않다. 일반적으로 대출금은 건설과 정상가동 단계에서 프로젝트 회사에게 지급되며, 회사는 해당 차입금을 이자 및 은행수수료와 함께 상환하게 된다.

하지만 다른 대출거래와 달리, PF에서는 사업주가 대출에 대한 비소구권 또는 제한된 소구권을 갖고 있기 때문에 대주는 프로젝트의 모든 자산과 현금흐름에 대한 담보권을 갖게 된다.

PF에서의 상업은행 대출 구조는 건설과 정상가동 단계에서 이루어진다. 어떤 경우에는 건설과 운영 단계가 두 계약서로 분리되어 서로 다른 은행이 각 단계에서 따로 대출을 해주기도 하며, 또 다른 경우에는 같은 계약서에서 서로 다른 조건으로 건설과 운영 단계를 구분하여 대출이 실행되기도 한다.

한편, PF의 비소구(또는 제한적 소구) 방식은 건설기간 중에 변형되기도 한다. 제2장에서 논의된 것처럼 건설 기간은 대주에게 특히 매우 위험한 기간이다. 이 때 잠재적 위험으로부터의 영향을 완화시키기 위해 프로젝트 사업주는 위험을 전부 또는 일부 부담하는 것에 동의할 수 있다. 즉, 프로젝트가 완성될 때까지 사업주가 무한책임을 지거나, 건설 단계 동안 초과비용 위험 등에 대한 책임을 일부 질 수 있다.

[1] 건설 단계

건설 단계에서는(또는 건설기간 동안 별도의 계약서를 작성하여 건설자금 대출을 받을 경우) 대주가 프로젝트 건설을 위한 자금을 공급하며, 일반적으로 건설 계약에서 요구하는 조건대로 제출 서류에 근거하여 지급된다. 건설기간 동안에는 운영수익이 부족하기 때문에, 이자비용은 자본화되는데, 즉 이미 차입한 대출에 대해 지급해야 할 이자를 건설자금 대출금으로 지급한다.

[2] 운영 단계

프로젝트가 끝나면, 운영 단계에서 새로운 대출이 집행된다. 이 때 소위 장기 대주(permanent lender)는 일반적으로 상업운영을 개시하는 첫째 날에 일시에 대출금 전체를 지급한다. 운영 수익은 시설을 가동하면서 창출되기 때문에 이자를 지급하고 분할상환을 시작할 수 있다. 원금 분할상환 시점과 금액은 프로젝트가 창출하는 현금흐름에 좌우된다.

한편, 일부 거래에서는 대주가 운영자금대출을 제공해줄 수도 있다. 수익이 적은 기간 동안에는 필요한 운영자금을 이러한 방식으로 충당할 수 있을 것이다.

6.03 공적수출신용

[1] 개요

수출입은행은 자국의 무역이나 기타 이익을 증진시키는 일을 돕는다. 일반적으로 미국 수출입은행 등과 같은 양자기구의 재원은 자국 정부로부터 나온다.

물품과 서비스를 수출하기 위해 받을 수 있는 정부의 재정적 지원은 다양하다. 일부 국가에서는 민간 부문에서 받기도 하며, 다른 국가에서는 정부 지원이 수출 전에 필요한 운영자금, 단기 외상매출채권 담보대출, 장기 대출 등의 형태로 이루어진다.

[2] 수출입은행의 자금지원 종류

수출입은행은 직접 대출, 간접 대출, 이자율 보상 등을 통해 자국 기업의 수출 거래와 관련된 해외 수입자에 자금을 지원한다.

직접 대출. 가장 단순한 구조인 이 방법은 수출입은행이 수입자에게 자금을 직접적으로 공급하는 것이며, 대부분 소재국가의 기업으로부터 물품이나 서비스를 구매하는 조건으로 대출이 이루어진다.

간접 대출. 또 다른 방법은 간접 대출로, 수출입은행이 상업은행에게 자금을 대여해주면 해당 금융기관이 수입자에게 온렌딩 대출을 해주는 방식이다.

이자율 지지. 이 방법에서는 상업은행이 수입자에게 시장금리보다 낮은 금리로 자금을 대출해주는 것으로 수출입은행은 시장금리와 대출금리의 차이를 보상해주게 된다.

6.04 리스금융(Lease Financing)

[1] 개요

리스금융은 프로젝트 자산의 전부 또는 일부에 대해 소유권과 사용권을 분리하여 자금을 조달하는 방식이다. 이 구조에서는 세제 혜택을 받을 수 없는 당사자가 다른 당사자에게 혜택을 옮길 수 있게 되며, 담보법이 잘 정비되지 않은 국가에서는 대주의 채권보전까지 도모한다. 이슬람 국가에서는 이자 지급이 제한되어 있기 때문에 리스금융 구조가 유용할 수 있다.

일반적인 리스금융 구조에서는 프로젝트 회사가 건설 기간이 끝날 때쯤 리스회사에게 프로젝트를 매각하는 것에 동의한다. 리스회사는 자산의 소유주로서 프로젝트 회사에 자산을 임대해주며 세제혜택 등 소유권에 따른 이익을 향유하게 되어 수동적인 기관 투자자의 성격을 지니게 된다.

또한, 리스회사는 프로젝트 매입 비용을 조달하기 위해 대주와 계약을 체결하며, 대출금은 프로젝트 회사로부터 받은 리스 상환한다. 대주는 리스계약을 담보물로 인정하고, 리스계약은 일반적인 상업대출계약의 조건과 채무불이행조항 등을 동일하게 포함하게 된다. 추가적으로 대주는 프로젝트 자산에 대해서도 담보권을 설정하게 된다.

최초 리스 기간이 종료되면, 리스회사가 예상했던 모든 보상을 얻고 채무를 상환하게 되며, 프로젝트는 또 다시 리스되어 프로젝트 회사에 넘겨지거나 리스회사가 다른 기관에 매각 또는 리스하여 추가적인 리스 또는 매각대금이 수수료로 프로젝트 회사에게 환급된다. 결국, 최종 매각은 리스회사에 적용되는 세법에 크게 의존하며, 리스회사와 프로젝트 회사의 목적은 관련 세법을 준수하여 해당 거래가 조건부 판매계약이 아닌 진정한 리스로 인식되도록 하는 것이다.

[2] 프로젝트 회사에게 좋은 점

리스금융은 프로젝트 회사에게 프로젝트에 대한 통제권 보장, 전액 조달, 저금리 조달, 리스료에 대한 세제감면, 잔존위험에 대한 이전 등을 가능하게 한다.

프로젝트에 대한 통제. 리스 이용자는 프로젝트의 이용, 운영, 유지, 보수와 관련하여 통제권을 가지며, 대부분의 경우 사업주가 프로젝트를 소유하고 대주가 자금을 빌려준 프로젝트와 동일 취급을 받는다.

전액 조달. 프로젝트 사업주는 수동적 투자자들의 지분투자와 함께 필요 자금의 100%를 조달할 수 있으며, 별도의 출자는 필요하지 않게 된다.

낮은 금융비용. 일반적으로, 리스금융은 은행대출보다 훨씬 낮은 금융비용을 발생시키

며, 특히 프로젝트 회사가 세금혜택(감가상각, 이자율 공제 관련)을 받지 못할 경우 더욱 그렇다. 회사가 지급하는 리스 대출에 따른 추가 비용보다 더 낮다.

리스료의 세금 감면. 리스에서는 리스료가 비용으로 처리될 수 있어 세금감면의 혜택을 누릴 수 있다.

잔존위험의 이전. 프로젝트 회사는 리스회사에게 예상보다 낮은 잔존위험을 이전시키고, 위험 감수에 따른 추가 이익을 포기하는 동시에 가치 하락 위험도 제거시킬 수 이다.

지분 투자자의 위험 감수. 일반적으로 기관 투자자들은 PF에서 상업 대주보다 더 많은 위험을 감수하는 경향을 보이며, 대신에 투자자인 리스회사는 위험에 대한 보상으로 추가 비용을 요구할 것이다.

[3] 리스회사 관점에서의 리스금융

리스회사는 장기적으로 고정 수익을 받기 위해 리스 계약을 체결한다. 이는 리스 조건의 충족, 예상 수익 산출을 위해 가정한 잔존가치 수준으로의 처분, 세제혜택의 실현 등을 통해 이루어지며, 잔존가치가 예상했던 것보다 큰 만큼 리스회사의 이익이 커지게 된다.

6.05 채권 발행

채권 발행을 통한 금융조달은 상업은행 대출과 구조가 비슷하지만 자금을 빌려주는 주체가 은행이 아니라 발행시장에서 또는 발행자로부터 채권을 직접 매입하는 투자자라는 것이 다르다. 이 때 신탁관리자는 채권자의 대리인으로 지정되어 채권자를 대변한다.

6.06 건설－운영－양도(BOT) 방식

BOT(Built－own－transfer) 방식은 신흥국 인프라 개발 프로젝트에서 가장 많이 쓰이는 방법이다. 이 방식은 정부가 프로젝트 사업주와 양허계약을 체결하여 인프라를 건설하고 운영할 권리를 부여하여 정해진 기간 동안 사업주가 시설을 건설하고 운영하게 된다. 운영기간 말에는 사업주가 설비를 정부에 이전하거나 정부와 다시 운영기간 연장을 협상한다.

BOT 방식의 프로젝트는 다양한 목표를 이루려는 정부에게 유용하다. 특히 정부는 예산을 사용하지 않고 국민들에게 필요한 시설을 제공할 수 있다는 장점이 있다. 또한, 지역인력을 현대적이고 효율적인 사업장에서 훈련시키는 데 용이하다. 뿐만 아니라 외국인 투자 역시 이 방식을 통해 더 많이 유치할 수 있다.

BOT 방식은 주로 정부, 프로젝트 회사 및 어떤 경우는 사업주 간 양허 약정을 체결할 때 활용된다. 양허 약정은 제14장에 더 자세히 설명되어 있다.

6.07 협조융자

국제금융공사(IFC)와 세계은행 소속 민간대주단은 프로젝트에 비양허적인(non-concessionary) 방식으로 대출해준다. IFC가 프로젝트에 참여하면 다른 대주단이 정부가 프로젝트를 지원할 것이라고 안심하게 되기 때문에 상업은행의 거래 참여 유인이 증가한다.

협조융자 구조 하에서는 투자 계약을 통해 IFC가 프로젝트 회사에게 A loan과 B loan을 지원한다. 상업은행들은 B loan에 공동 차주로 참여하지만 회사와 직접 계약관계를 갖지 않는다. IFC와의 협조융자 구조는 IFC와 체결한 계약에 따르게 되며 상업은행은 IFC와 위탁계약을 체결하면서 참여한다.

상업은행간 참여 약정이나 신디케이션 계약과 같이 IFC는 대출금에 대한 책임이나 거래의 타당성을 평가하지 않기 때문에 대주단은 IFC나 세계은행 등에 의존하지 않고 자체적이고 독립적인 판단 하에 참여했다는데 동의해야 한다.

6.08 생산물 지급 방식

생산물 지급 방식의 PF는 천연자원에 대한 소유권과 이익에 대한 권리를 특수목적회사에 양도하는 비소구방식의 금융조달 방법이다. 이에 대한 대가로 프로젝트 회사는 생산물 판매 대금을 선취하게 된다.

이 구조는 대출과도 비슷하여 프로젝트 회사가 생산을 시작하면 채굴된 천연자원에 대한 판매대가를 이자와 함께 특수법인에게 지급한다. 이 자금은 다시 특수법인이 갖고 있는 대출금 상환에 쓰이며 은행은 생산물에 대한 부분적 소유권을 갖게 된다. 소유권은 대출이 전부 상환될 때 소멸된다.

이러한 방식은 미국 탄화수소나 목재 조달 프로젝트 등에서 볼 수 있으며, 다른 프로젝트에서와 마찬가지로 생산물을 판매하지 못하면 대출금 상환도 어렵기 때문에 대주는 프로젝트의 생산물로 회사의 대출금 상환능력을 평가한다. 따라서 대주는 대출금 비율에 따라 생산물에 대한 소유권을 온전히 인정받게 된다.

6.09 선도구매 계약

선도구매 방식은 생산물 지급 방식의 구조와 유사하여 대주단이 설립한 특수법인은 프로젝트 회사에 생산물 판매대금을 선지급하기 위한 계약을 체결하게 된다. 선지급된 자금은 프로젝트의 건설과 개발비용에 충당하게 된다.

프로젝트 사업주는 특수목적회사에게 프로젝트 회사가 선도구매 계약을 이행할 것임을 보증하며, 무조건 대금지급계약(Take-or-pay contract)에서는 구매자의 계약 이행을 보증 한다. 이러한 보증은 특수목적회사에게 양도되며, 결국 대주도 이를 통해 대출금에 대한 담보를 취득하는 효과를 얻게 된다.

프로젝트 완공 이후에는 프로젝트 회사가 생산물에 대해 자금을 선지급한 기관에 물품 또는 서비스를 제공하게 된다.

Chapter 7

PF 지배구조의 선택

7.01 개 요

프로젝트 회사를 어떠한 형태의 법인으로 설립할지는 프로젝트 개발에 있어서 중요한 단계이다[1]. 선택된 법인의 유형에 따라 프로젝트 계약서 작성 및 협상, 인허가 절차 등 프로젝트 개발과 금융조달의 많은 부분이 영향을 받게 된다. 예컨대, 일부 사법권에서는 사업주에게 발급된 허가가 나중에 프로젝트 회사에 이전되면 더 이상 기존 허가의 효력이 인정되지 않을 수 있다. 그 이유는 사업의 소유권이 변경되었기 때문이다. 위의 같은 사례에서처럼 다른 법인에게 계약을 양도하는 것이 금지된다면, 나중에 프로젝트를 운영할 회사에게 넘기는 것이 불가능할 수 있다. 따라서 이러한 문제들을 피하기 위하여 프로젝트 회사는 그 형태가 무엇이 되었던 개발 단계 초반에 설립되어야 할 것이다.

또한, 어느 국가에 프로젝트 회사를 설립할지도 중요한 고려사항이다. 프로젝트 소재국 법령을 따를지 또는 사업주가 속한 국가의 법령을 따를지 결정하기 전에 각각의 장단점과 과세처리 방법 등을 파악해야 할 것이다.

7.02 개발 전 단계 수행사항

[1] 일반사항

프로젝트 사업주가 시설의 본격적인 개발을 시작하기 전에 사업의 타당성에 대한 조사가 수행되어야 한다. 이 기간 동안에는 기술타당성과 재무타당성이 모두 평가되며, 유용하

1) James F. Penrose, *Special-Purpose Entities in Project Finance Transactions*, 2 J. PROJECT FIN. 59 (1996).

게 쓰이려면 충분한 시간과 자원이 투입되어야만 한다. 타당성 조사에서 고려해야 할 사항들은 제8장에서 다루기로 한다.

[2] 개발 약정(Development Agreement)

하나 이상의 사업주가 사업 타당성 조사에 관심이 있다면, 이들은 개발 약정을 체결하기 위한 협상을 진행하는 것이 일반적이다. 이 약정에서는 사업주들이 타당성 분석을 어떻게 진행할 지와, 사업을 어떻게 개발할 것인지에 대해 합의한다. 이렇게 체결된 약정은 프로젝트에 국한되지만 아래와 같이 일반 조항들을 내포하고 있다.

사업의 정의. 사업은 개발 약정에서 완전하고 신중하게 정의되어야 한다. 대부분의 경우에는 '사업의 종류', '위치', '구매자의 실체' 등에 대한 사항들이 기재된다. 최대한 자세하게 묘사되어야 프로젝트 참여자들이 수행하게 될 사업의 형태에 전부 동의할 수 있을 것이다. 기재 사항들은 사업이 진행되거나, 타당성 조사가 진행되는 동안 수정될 수 있다.

배타성. 각각의 참가자들은 다른 참가자들로부터 "모든 참가자들이 사업의 진행에 독점적으로 구속된다."는 약속을 받길 원할 것이다. 그렇지 않다면 한 당사자가 예비사업(Pre development)이 진행중인 그룹에서 탈퇴하여 다른 그룹으로 이동할 수 있으며, 이 경우 기밀사항이나 중요한 정보들이 유출되어 기존의 그룹에 악영향을 미칠 수 있다.

역할과 책임. 각각의 참가자들은 각기 다른 기술과 경험 그리고 자원을 가져와 역할과 책임을 명확히 구분한다. 예컨대, 한 참가자는 재무분석에 대한 기본적인 책임을 지고 다른 참가자가 예산 및 전망을 담당하고, 또 다른 참가자는 수출신용기관 등 외부기관과의 관계를 형성하는 것을 도맡을 수 있다.

특히 이 단계에서는 개발이 시작되고 금융조달이 결정될 경우 더 구체적으로 각 참가자의 역할을 배분할 수 있다. 가령, 한 참가자는 건설 부문을 담당해야만 사업에 계속 참여하겠다고 요청할 수도 있다.

업무과제 및 일정. 약정기간 동안 수행해야 할 업무 과제와 기한도 정해두어야 한다. 각 참가자는 보유자원에 따라 상반된 요구사항이 있을 수 있으며, 각자의 과제와 기한을 정해야 참가자들이 일정을 조율할 수 있을 것이다. 업무과제의 종류에는 재정 · 기술 · 계약의 타당성 조사, 초기 지분투자 및 대출 약정 획득, 중요한 프로젝트 계약 협상 및 완성, 프로

젝트 구조 선택, 정부 인허가 신청 및 취득, 법률자문사 및 금융자문사 등 외부 자문사 선임이 포함된다.

비용 충당. 개발 전 단계에서도 발생하는 비용이 상당하기 때문에 명확한 예산과 금융 조달 체계를 강구해야 할 것이다.

의사결정. 개발 전 단계에서는 의사결정이 어떻게 이루어질지 확인해야 한다. 일반적으로 모든 의사결정은 참가자 다수의 동의가 필요하며, 프로젝트 지속 여부를 결정할 때는 만장일치가 필요하다. 만장일치가 안되면 프로젝트가 중도에 취소될 수 있기 때문에, 사업 지속을 원하는 참가자들은 기권을 표하는 참가자의 지분을 매입할 수 있다.

참가자 중도 포기. 개발 전 단계는 수개월에서 수년이 걸릴 수가 있기 때문에, 이 기간 동안에는 특정 사업, 기술, 소재국, 자원 등을 바라보는 참가자의 관점이 변할 수 있다. 그렇기 때문에 참가자가 사업에서 철수할 수 있는 조항을 삽입한다.

사업 철수. 진행 중인 사업을 모두 철수한다는 것은 참가자 중 아무도 사업을 지속할 수 없거나 경쟁입찰에서 프로젝트를 개발할 권리를 잃었다는 의미이다. 때로는 사업을 철수하는 이유가 정치적 사유, 조세협약의 변경, 참가자 소속 국가의 경제상황의 변화 등이 될 수 있다.

기밀유지. 프로젝트가 경쟁입찰 대상인지 여부를 떠나서 각 참가자들은 개발 전 단계 진행상황을 비밀에 부치는 것이 중요하다. 사업 예산뿐만 아니라 추진전략, 토지매입, 소재국 정부와의 협상에 대해 허락 없이 공개하는 것이 민감한 사항일 수 있다.

독점 금지 및 무역 규제. 개발 단계에서 계약을 작성할 때는 프로젝트 소재국의 독점 금지법[2)]이나 무역규제법[3)] 등을 검토해야 하는데, 해당 계약에 대해서는 정부의 사전 승인이나 등록 의무가 부과될 수 있기 때문이다.

---

2) Sherman Antitrust Act. 15 U.S.C. §1 (1976).

3) Restrictive Trade Practices Act, 1976, c. 34 (Eng.).

7.03 지배구조의 선택

사업주의 필요에 따라 프로젝트 지배구조에 대한 의사결정이 달라지기 때문에 일반적으로 고려하는 요소들이 전부가 아닐 수 있다. 가장 중요하게 생각되는 요소들 중에는 높은 출자지분이 요구되는지 여부, 투자의 등급, 소재국의 세법과 사업주의 소속국가와의 조세협약 체결 여부, 프로젝트에 대한 경영권 범위, 회계처리 및 목적, 대주의 우선권, 프로젝트 지분권의 이전 가능성 등이다.

[1] 레버리지의 필요성

PF 재무구조의 장점 중 하나는 높은 부채비율이 가능하다는 것이다. 사업주가 중요하게 여기는 사항이라면 건설 또는 운영을 위한 추가 출자가 용이한 조직 구조를 선택해야 할 것이다.

[2] 투자의 등급

프로젝트가 재정적으로 견고할 것으로 예상된다면 추가 지분 출자에 대한 용이성이 덜 요구될 것이다. 따라서 새로운 투자자를 모집하는데 수월한 구조를 선택할 필요가 줄어들 것이다.

[3] 세법 및 조세협약

선택된 프로젝트의 소유 구조에 따라 어떻게 과세되는지 면밀히 검토해볼 필요가 있다. 이 과정에서는 프로젝트 회사가 소재한 국가와 소유 기관들이 소속된 국가에서 어떠한 세법이 적용되는지 확인해봐야 한다.

[4] 프로젝트에 대한 경영권

사업주가 얼마만큼의 사업 경영권을 원하는지 살펴보면서 가장 적합한 소유 형태를 판단해야 할 것이다. 법인보다는 합자 또는 합명회사 등이 경영권에 대한 융통성을 더 많이 갖는다.

[5] 회계처리 및 목적

프로젝트 회사의 소유 구조를 결정할 때는 사업주의 회계목적을 고려해야 한다. 어떠한 구조를 선택하는지에 따라 수익과 손실 처리가 달라질 수 있기 때문이다.

[6] 대주의 선호

소유 구조를 선택할 때 대주의 선호도 함께 고려되어야 한다. 특정 구조를 선택할 때 일부 대주가 불이익을 당할 수도 있는데, 가령 합자 또는 합명 회사에서는 법인보다 대주가 담보권을 행사하는 데 어려움을 겪을 수 있다.

[7] 지분권의 이전 가능성

프로젝트 회사에 대한 지분 이전이 용이한지도 살펴봐야 하는 이유는, 일반적으로 지분 이전이 손쉽게 이루어진다면 잠재적 지분 투자자 층을 더욱 넓힐 수 있기 때문이다.

7.04 모회사의 직접적인 개입 피하기

프로젝트 회사들은 모회사가 해외에서 진행하는 대규모 인프라 건설 프로젝트에 직접적으로 연결되지 않도록 하는 것이 공통된 목표이다. 시공사, 운영사 또는 사업주도 마찬가지로 같은 목표를 공유하고 있다.

그 이유는 모회사에게 책임과 규제가 부과될 수 있고, 세금부과 대상수익을 여러 국가에 나누는 것이 어렵기 때문이다. 대부분의 경우에는 특수목적회사가 설립되어 투자 또는 기타 활동을 영위하는 데 활용된다.

7.05 프로젝트 회사의 특수목적 성격

전통적인 비소구 또는 제한적 소구 방식의 PF는 특정 프로젝트를 분석하는 대주의 능력에 기반을 둔다. 이는 특수목적회사가 프로젝트를 소유하고 다른 자산을 보유하지 않는 경우에 가장 효과적이다. 그렇다면 해당 사업과 연관되지 않은 무관한 위험들이 프로젝트로부터 분리되어, 유관법인이 파산하더라도 프로젝트 자체는 미국 파산절차에 따른 추심조항을 적용 받지 않게 된다. (이 경우 프로젝트 회사는 도산 격리(Bankruptcy remote)되었다고 한다) 하지만 이런 보호를 받기 위해서는 특수 목적 지위를 유지할 수 있을 정도의 충분한 보호 조항을 계약서에 삽입해야 한다. 그 중에는 프로젝트 외의 활동 금지, 부채한도 설정, 합병 또는 조직개편 제한, 법인격 분리(piercing the corporate veil)와 실체적 병합(substantive consolidation) 등을 막기 위한 유관 법인과의 분리 등을 실시해야 한다.

7.06 프로젝트 소재국의 투자요건

[1] 일반사항

외국 기관의 투자에 대한 규제는 프로젝트가 소재한 현지 국가의 법을 따른다[4]. 이 규제는 다양한 형태를 보이며, 외국인의 부동산 소유금지, 현지인과의 의무적인 파트너십 체결, 특정 산업에 대한 해외 투자자의 참여 금지 등이 포함된다. 하지만 규제는 부정 조항만으로 이루어지지 않으며 가끔은 외국인에 대한 세금 면제 등의 긍정 조항이 포함되기도 한다.

[2] 부동산 소유권

몇몇 국가에서는 어떠한 해외 법인도 부동산을 소유할 수 없도록 규정하고 있다. 하지만 이러한 금지규정을 우회할 수 있도록 신탁을 설립해 프로젝트 회사를 신탁의 수익자로 지정하여 프로젝트가 원하는 부동산을 얻을 수 있다. 이 밖에도 현지 동업자를 섭외하여 부동산에 대한 권한을 취득하고 프로젝트 회사에게 이를 리스해주는 방법을 택할 수 있다.

[3] 현지 회사의 참여

또 다른 국가에서는 사회간접자본 등에 대한 소유권을 일정 부분 현지 회사가 갖도록 요구하기도 한다. 이러한 요구사항이 있다면 반드시 프로젝트 개발과 타당성 조사 초기 단계에서 검토해야 한다.

4) 무역관련 투자조치 관련, WTO 협약상 투자 장애물을 금지하는 규정들이 있다.

현지 회사가 관여되어 있다면 관리감독 문제가 있는지 고려되어야 하는데, 즉 현지 회사의 참여를 의무화 하는 현지 법률이 통제, 수익의 분배, 소유권 혹은 이들의 조합 등 무엇을 요구하는 것인지 면밀히 분석해봐야 한다. 이러한 것들이 명확해진 뒤에야 규제 조항들이 협상될 수 있을 것이다.

[4] 프로젝트 회사의 법인 형태

몇몇 국가들은 프로젝트 회사가 자국 내 법인을 설립하거나 합자회사 등을 세울 것을 요구한다. 이러한 정책적 요구 뒤에는 해당 국가의 국가주의 특성 또는 정치적인 문제가 내포되어 있다. 또 다른 국가에서는 프로젝트 회사를 더 쉽게 통제할 수 있는 방법이라고 생각하기 때문에 요구하기도 한다.

한편, 프로젝트 사업주들은 소재국에서 법인을 설립하여 편익을 얻을 수 있다. 그 중에는 현지 기업에만 주어지는 세금면제나 정부 후원의 노동자 연수 프로그램 등의 혜택이다.

7.07 법인(Corporation)

[1] 일반사항

특수목적회사로 자회사를 만드는 것이 가장 일반적인 PF 구조이다. 이때 사업주는 특정한 장소에서 독립적으로 프로젝트를 개발, 건설, 소유, 운영 그리고 유지하기 위해 프로젝트 전체의 지분을 소유하게 된다.

[2] 법인을 선택하는 이유

프로젝트 회사가 법인인 경우 법인의 소유주는 제한된 책임만을 진다. 하지만 이러한 유한 책임의 혜택은 법인이 따라야 할 절차를 위반할 경우 박탈될 수 있다. "법인격 부인(piercing the corporate veil)"이라고 하는 유한 책임의 상실은 영국에서 상대적으로 제한되어있지만 미국에서는 문제가 심각해질 수 있다.

유한 책임 원칙의 훼손은 손해가 발생한 당사자가 특수목적회사의 법인격을 무시하고 모회사에게 개인적인 손해배상 청구나 계약위반 행위에 대해 소를 제기하는 경우 발생한다. "법인격 부인" 은 법인 형태를 남용하여 발생하는 불공정을 교정하기 위해 미국 법원에서 도입되었다. 이 법리가 적용되기 위해서는 내부적으로는 관리자와 임원들에 의해 외부적으로는 일반 대중과 거래 관계자들에 의해 모회사와 자회사가 서로 분리된 기관으로 취급되는지 여부를 확인한다.

PF에서 법인격 원칙을 지키기 위해서는 모회사의 임원이나 대표가 아니라 자회사 자체의 임원이나 대표가 업무를 수행해야 한다. 이에 덧붙여 자회사는 계약 당사자로 확인돼야 하며 모회사와 자회사의 관계 역시 공개되어야 한다. 사업이 진행되는 동안 법인격이 유지되는 한 자회사는 보증을 제외하고 프로젝트가 모회사나 모회사의 자산으로부터 직·간접적으로 지원을 받는다는 사실이 없어야 한다.

[3] 경영

법인의 경영은 기본적으로 법에 명시된 틀 안에서 운영되어야 하며 일반적으로 이사와 주주들 사이의 공식적인 회의뿐만 아니라 소액 주주들의 권익 보호 및 재무제표 보고 등이 요구된다.

7.08 합명회사(General Partnership)

[1] 일반사항

합명회사 구조는 계약이나 법률 혹은 이 둘에 의해 설립되며 모든 참여자들이 사업에서 발생한 수익(혹은 손실)과 운영권을 비례적으로 분배 받는다. 합명회사라는 형태를 선택할 때에는 이것이 독립된 법인인지 확인해야 하는데, 그 이유는 미국의 몇몇 주들과 영국에서는 독립 법인의 지위를 허용하지 않기 때문이다.

[2] 책임

합명회사 구조는 제한적 소구 또는 무소구 방식이 아니다. 모든 참가자들은 프로젝트의 사소한 운영에서라도 공동의 책임을 져야 한다. 또한, 영국과 미국의 일반적인 규칙[5]에 따라 모든 참여자들은 다른 참여자에 의해 구속되는 데에 동의해야 한다.

합명회사 구조의 프로젝트에 참여하고 있는 투자자들은 특수목적 성격의 자회사를 설립

5) Partnership Act, 1890, §5 (Eng.).

하여 여러 공동의 책임으로부터 스스로를 보호 받을 수 있다. 물론 이러한 경우에도 파트너로서 져야 하는 최대한의 책임이 존재하나, 지분 투자자들은 프로젝트 회사에 대한 최대한의 통제권도 보유하게 된다.

[3] 합명회사를 선택하는 이유

합명회사 구조를 선택하는 주요 동기는 일반적으로 프로젝트 전체를 단독으로 진행할 만한 자금여력이 되지 않고, 모든 참여자들이 유사한 과세기준(Tax position)을 적용 받거나 모든 참여자들이 사업의 경영과 관리에 개입하고 싶은 경우이다. 합명회사는 이어서 언급될 유한 파트너십과 마찬가지로 경영과 관리 측면에서 매우 유연한 편이다.

[4] 담보와 관련하여 고려할 사항

합명회사는 프로젝트에 자금을 빌려준 대주에게 관할권에 따라 다양한 담보를 제공할 수 있다. 예컨대 미국 통일상법전(Uniform Commercial Code)을 채택한 주에서는 사후취득 부동산을 포함한 전체 자산에 대해 담보권을 행사할 수 있도록 허용한다. 또한 대주는 수익을 배분 받고 파트너십을 통제할 수 있는 권리 등이 부여되기도 한다. 이러한 권한은 사업이 경제적으로 어려워져 구조조정이 필요할 경우 매우 중요하게 된다.

영국에서는 합명회사에 대한 담보권이 미국과 다르며, Bills of Sales Act에 따라 담보가 등록되기 때문에 PF에서는 매번 새롭게 취득한 자산에 대해 담보를 등록해야 하는 번거로움이 있다.

특히나 파트너십의 이익과 관련된 담보권만 인정되기 때문에 불편하며 다른 채권자보다 우선권이 보장되지 않는다. 또한, 담보로 잡힌 당사자의 자산은 해당 기관이 얻은 수익에 한해서 행사할 수 있으며 경영 개입을 할 수가 없다[6].

7.09 합자회사(Limited Partnership)

[1] 일반사항

합자회사 구조는 합명회사 구조와 유사하지만 무한책임사원과 유한책임사원을 동시에

6) Partnership Act, 1890, c.39, §31(1) (Eng.).

포함하고 있다는 점에서 다르다. 이러한 형태의 조직은 미국과 영국 모두에서 설립 가능하다[7]. 하지만 영국에서는 자주 활용되지 않는 반면에 미국에서는 흔히 활용된다.

무한책임사원은 합자회사의 모든 부채와 채무에 대한 책임을 지며 유한책임사원의 책임은 기여한 자본금의 범위 내로 한정된다[8].

[2] 합자회사를 선택하는 이유

유한책임사원들의 유한책임 덕분에 해당 회사 구조는 지분을 투자한 수동적인 투자자들에게 특히 유용하다. 예컨대 시공사나 장비 공급자들은 프로젝트에 필요 자본을 투입하여 건설 및 설비 투자에 대한 이익이 실현될 수 있기를 바란다. 향후 프로젝트가 안정적으로 운영되기 시작하면 유한책임사원들의 지분을 다른 투자자들에게 매각할 수도 있다.

[3] 경영(Management)

합자회사 구조하에서 각각의 사원들이 제한된 책임을 지는 반면에 프로젝트의 이윤은 나눠 갖는다. 경영에 대한 이들의 권리는 최소한으로 유지되며[9], 만약 유한책임사원이 경영권을 행사한다면 유한책임사원의 권리가 무한책임사원의 책임으로 전환될 수 있다[10].

7.10 유한책임회사(Limited Liability Company)

유한책임회사는 합자회사 구조와 유사하여 자본금 기여분 만큼의 책임만이 뒤따른다. 유한책임회사 투자자들은 프로젝트의 이윤을 나눠 갖는 동시에 제한적인 책임을 지며, 합자회사와는 달리 유한책임을 위해 경영권을 포기하지 않아도 된다.

7) Limited Partnership Act, 1907, c.24 (Eng.).
8) Idem
9) Idem §4.
10) Idem §6(1).

7.11 합작투자(Joint Venture)

[1] 일반사항

합작투자는 공동의 목표를 달성하기 위해 여러 기관들이 결합하여 만든 조직으로, 회사를 경영하고 관리하는 유연한 형태로 손꼽힌다.

[2] 합작투자를 선택하는 이유

합작투자회사는 사업주가 프로젝트에 단독으로 참여하기 위한 재정적 여유 또는 관리 능력(또는 의지)이 없지만, 다른 회사와 재무적, 기술적, 관리경영능력 등을 결합하여 참여하고 싶은 경우에 선택하는 구조이다. 하지만 어떤 경우에는 사업주가 프로젝트를 개발하기 위한 충분한 기술과 경험 등을 갖추었지만, 현지 국가에 대한 전문지식이 없거나 정치적인 연결고리가 없기 때문에 설립할 수도 있다. 예컨대 원자재 공급업자와 시공사는 자본력이 약한 현지 기업과 합작하여 프로젝트를 개발, 건설, 소유 및 운영하려 할 수 있을 것이다.

이외에 합작투자 구조가 가지고 있는 장점은 위험 분산, 조세 감면의 효율적 분배, 대출이나 다른 계약의 제한 조항 회피 등이다. 그렇기 때문에 합작투자회사는 각기 다른 요소를 기여하는 기업들로 이루어진다.

[3] 합작투자의 종류

합작투자회사는 자본금 JV(equity joint venture) 또는 계약 JV(contract joint venture)가 될 수 있다. 전자는 주로 법인(corporation)이나 파트너십(partnership) 등의 독립된 회사를 설립하는 경우인 반면에, 후자는 새로운 법적 기관을 설립할 필요가 없다.

해외 PF에서는 합작투자가 흔히 "팀 구성 합의서"나 "공동 개발 계약"등에 준하여 운영된다.

[4] 프로젝트 관리

합작투자회사의 운영이나 관리는 일반적으로 "합작투자 계약서"(joint venture agreement)를 따른다. 관리 파트너나 운영 회사는 일반적으로 투자자 대표들이 참여하는 "경영 위원회" 또는 "운영 위원회"의 전반적인 정책 관리에 따라 합작회사의 일상 업무를 관리하도록 선정된다. 또한, 지분 비율에 따라 투표 권한, 자본 공여 등의 의무가 분배된다.

[5] 이해상충

PF에서는 합작 투자자들이 다른 프로젝트 운영에 관심을 가질 수 있기 때문에 이해상충 문제가 흔히 발생하게 된다. 이 때 정보의 비밀유지는 중요하게 고려 되어야 할 사항이며, 각각의 투자자들은 합작투자회사에서 이용 가능한 정보와 투자자들의 비밀유지가 필요한 정보까지 조심스럽게 고려해야 한다. 또한 투자자들 사이의 경쟁과 관련된 조항을 합작투자 계약서에 포함시킬지 여부를 결정해야 한다.

[6] 책임의 본질

합작투자의 경우 프로젝트 사업주들에게 제한소구 혹은 비소구 책임을 지우지 않으며, 합작투자에 참여한 투자자들에게는 자본을 공여한 수준만큼만 책임을 한정시키려 노력한다. 이는 합자회사 구조나 유한책임 회사 설립을 통해 일부 달성 가능하다.

7.12 유럽경제이익그룹(European Economic Interest Groupings, EEIG)

[1] 일반사항

유럽경제이익그룹(EEIG)은 유럽국가 소속기업들 간의 경제 협력을 돕기 위해 고안된 새로운 기업 형태이다[11]. 대략적으로 EEIG는 유럽 공동체 회원국들의 규정에 따라 설립되어 각 회원국들의 통제를 받으며, 이들의 활동은 회원국가에 종속되어야만 한다. 비록 유럽 공동체의 규정이 계약 집행 권한, 고소 고발 권한 등의 법적 행위를 허용하지만 각 회원국들은 독립적인 법인격을 부여할지를 최종 결정한다[12].

[2] 책임의 본질

EEIG의 구성원들은 그룹의 채무와 의무에 대하여 공동으로 책임을 져야 한다. 하지만 규정에 따르면 채권자들은 EEIG의 자산에 대하여 우선적으로 소구권을 행사할 수 있다[13].

11) EC Regulation of 1985, Council Regulations (EEC) No. 2137/85.

12) Idem 1(2), 1(3).

13) Idem 24.

[3] 경영

EEIG의 구성원들은 사업체의 관리규정을 설정하는데 있어서 상대적으로 자유로운 편이다[14].

[4] 담보 관련 고려사항

EEIG가 PF를 진행할 때는 담보 관련 고려사항들이 존재한다. 비록 규정은 유럽 경제이익그룹에 참가한 업체들이 그들의 보유지분에 대한 유치권을 설정할 수 있다고 정의하지만, 유치권만으로 EEIG의 구성원이 될 수는 없다[15].

7.13 개발 컨소시엄

합작투자와 비슷한 컨소시엄은 일반적으로 규모가 크고 자본력이 강한 법인들이 공동으로 프로젝트를 개발하는 것이다. 몇몇 프로젝트들은 규모가 지나치게 크고 복잡하기 때문에 성공적인 프로젝트 진행을 위해서는 여러 기업들로 구성된 컨소시엄의 협력이 필요하다. 일부 프로젝트에서는 정부기관이 지분투자를 통해 참여하기도 한다.

컨소시엄 계약은 구성원들 간의 관계를 정의하고 일상 업무를 규제한다. 대표적인 조항은 소유권, 자본출자 요건, 금융조달 조건의 승인, 청산, 지분 소유권의 이전, 기밀유지나 준거법 등이다.

보통은 컨소시엄의 규모가 너무 커 관리가 힘들기 때문에 프로젝트의 개발과 건설 그리고 금융조달이 용이하기 위해서는 프로젝트 소재국에서 구성원들이 단일 회사를 설립한다. 이렇게 구성된 회사는 관리가 수월할 뿐만 아니라 특수목적회사에만 위험을 한정시킬 수 있다는 점, 사업이 진행되는 국가에서 세금 면제 및 기타 혜택을 받을 수 있다는 점, 법에서 요구하는 현지 투자자의 참여를 용이하게 한다는 점, 담보대출 등의 자금 조달이 용이하다는 등의 장점이 있다.

14) Idem 19(3).
15) Idem 22.

7.14 소유구조의 융통성 도모

비록 프로젝트 사업주들의 목표를 달성하기 위하여 가능한 빠른 시일 내에 소유구도를 완성해야 하지만 다국적 프로젝트가 융통성을 가지고 있는 것도 역시 중요하다. 현지 민간 기업과 정부 투자자들의 참여를 허용하고 소유와 위험분산 등 다양한 측면에서 정부의 참여가 이루어질 수 있도록 융통성을 유지할 필요가 있다. 마지막으로 다음을 포함한 다양한 금융조달 방안을 고려해야 하는데, 가령 설비 공급자들이 활동 가능한 수출금융, 대출 또는 보증을 제공하는 다자 및 양자기구, 상업 자금을 대여해줄 수 있는 국제금융공사(IFC) 또는 지역 개발은행, 특수목적기금, 기관 투자자 및 지분 투자자, 국내외 상업은행 등에 대한 접근성을 검토해야 한다. 이러한 금융기관들의 개입은 프로젝트의 지배구조에 영향을 미칠 수밖에 없을 것이다.

7.15 프로젝트 투자 수단의 세분화(fragmentation)

다양한 참여국들의 상충되는 세법 및 회계기준을 비롯하여 PF 거래의 복잡한 성격 때문에 PF에서는 여러 투자 수단(vehicles)을 결합할 필요가 있다. 예컨대, 지주회사는 세율이 낮은 국가에서 설립하여 프로젝트 회사에 대한 소유권을 확보하는 등의 방안을 모색하는 것이다.

이러한 고민들은 프로젝트 회사와 소유주들에게만 한정되지 않으며, 다국적 건설회사 등의 다른 프로젝트 참여자들도 단일 프로젝트에 참여하기 위해 국내외 회사를 설립하는 등의 방안을 검토한다. 이러한 개별 기관들은 서로 다른 통화로 대금을 지급받는 대신 프로젝트에 각기 다른 서비스를 제공한다.

Part 4

기술적, 정치적, 경제적 타당성

Chapter **8**

프로젝트의 타당성 조사 및 수요 분석

8.01 타당성 조사의 목적

타당성 조사의 목적은 제안된 프로젝트에 대한 기술적, 경제적 분석과, 계약, 정부 지원, 시장 등에 대한 연구를 하기 위함이다. 이는 제한된 개발 재원을 조달하기 위한 경쟁 속에서 사업주가 최적의 자원 분배를 결정하는데 유용한 자료가 된다. 외부적으로 이 자료는 프로젝트 사업주가 잠재적인 대주, 정부 관계자 및 지분 투자자에게 프로젝트를 설명하는데 유용하게 활용된다.

적절한 정보를 제공하기 위해서 위에 언급한 참가자들에게 각기 다른 종류의 보고서를 준비해야 할 수도 있다. 이러한 방식으로 정보를 제공한다면 모든 수신자들에게 공개가 부적절한 기밀 정보를 보호할 수 있게 된다.

8.02 일반사항 기술

일반적으로 타당성 조사는 프로젝트 전반에 대해 서술하는 것으로 시작된다. 장소는 프로젝트 부지가 표시된 지도와 함께 주변의 지형도, 날씨, 배수시설, 주요 랜드마크, 인구밀도, 교통시설과 주거지와의 접근성, 상하수도 처리시설 등 비용과, 공공부문 지원(또는 반대), 환경적 요소에 영향을 미칠 수 있을만한 정보가 들어간다.

8.03 프로젝트 사업주와 프로젝트 회사

타당성 조사 보고서에는 프로젝트 사업주들이 기재되고, 이들의 소유 지분뿐만 아니라 프로젝트 회사에 대한 통제권 등이 세부적으로 설명된다.

한편, 사업주들의 경력과 이력을 명시하는 것 역시 중요한데, 특히 프로젝트가 속한 산업이나 서비스 분야에서의 경험, 유사한 프로젝트의 성공적 마무리, 신용 등급과 자금 조달 능력, 재정 및 운영 성과와 전망, 그리고 관리 경험 등이 거론되는 편이다.

8.04 프로젝트 참여자

시공사, 운영사, 원자재 공급자, 생산품 구매자, 중앙정부와 지방정부 및 기타 주요 프로젝트 참여자들에 대해 타당성 조사에서 상세히 기술한다. 여기에는 참가자들에 대한 일반적인 설명뿐만 아니라 유사한 프로젝트에 참가했던 경력, 일반적인 재무 정보, 신용 등급, 그리고 프로젝트의 성공적인 진행을 위해 요구되는 이행능력 등에 대한 정보가 포함된다. 참가자들의 세부적인 재무정보를 확인하기 위해서는 증권 서류(security filings) 등이 포함될 수 있다.

8.05 기술 정보

타당성 조사에서 기술 정보를 다루는 부분에서는 사업에 대한 개략적인 설명과 프로젝트에서 사용하게 될 기술과 절차에 대해 설명하며, 설비 제조업체와 공급자에 대해서도 언급한다.

만약 프로젝트에 사용할 새로운 기술이 제안되었다면, 해당 기술에 대한 시범이나 이를 사용한 다른 프로젝트에 대한 정보가 함께 제공되어야 할 것이다. 또한 잠재적인 기술적 위험을 확인하고 설명해야 한다.

이와 더불어 제안된 프로젝트와 관련된 모든 기술적인 측면들이 파악되고 분석될 필요가 있다. 즉, 원자재(이용 가능성, 저장, 운반을 위한 시설, 원자재의 질), 설비(종류, 공급자, 현장에서의 이용 가능성), 물(수원지, 수질, 수질 처리의 필요성, 운반 방법), 도로, 철도, 항구, 선창(수요, 종류, 추가 시설 확충의 필요성), 원자재(공급원과 공급처), 현지 인력(고용가능 여부와 숙련도) 하청업체(협력가능 여부와 자격), 건설 및 시설운영 근로자(직업훈련, 주택수요), 예비 부품(이용 가능성, 인도 기한, 현장공급의 필요성) 및 폐기물의 처리(장소, 운송, 책임) 등을 고려해야 한다.

한편, 프로젝트의 기대 성능과 테스트에 대한 논의가 일반적으로 포함된다. 또한 기술적 측면에서 반드시 준수해야 할 규제와 기준, 프로젝트 소재국 법률 및 규정 등에 대한 논의도 역시 포함되어야 할 것이다.

8.06 경제 정보

타당성 조사에서 다루는 경제 정보들은 프로젝트 진행에 필요한 건설비용, 운영비용 그리고 금융 비용과 프로젝트 사업주가 받을 것으로 예상되는 투자수익에 대한 전반적인 설명을 제공한다. 경제 전망을 바탕으로 세워진 가정들과 잠재적인 비용 증가요인을 연구하게 된다. 또한, 건설 및 운영 예산안에 대한 분석도 포함시킨다.

8.07 계 약

제안된 계약서와 신용보강 조치에 대한 설명도 타당성 조사에 포함되는데, 특히 프로젝트 소재국 정부와 맺는 계약도 타당성 조사에서 검토하게 된다.

여기서 말하는 계약과 신용보강조치는 개발 계약, 파트너십 또는 합작투자 약정, 건설계약, 운영 계약, 사업부지 임대 또는 부동산 계약, 원자재 또는 원자재 공급 계약, 생산물 판매 계약, 폐기물 처리 계약, 프로젝트 소재국 정부와의 계약 및 기타 중요한 계약 등이 모두 포함된다.

여기에는 계약서에 대한 주요 조항과 중요한 계약 용어에 대한 설명이 포함된다. 주요 조항으로는 계약의 효력, 비용과 가격, 계약의 약속과 불이행, 손해보상 등의 피해와 책임,

중재와 소송에 대한 합의 등이 포함된다. 계약에 대한 일반적인 정보 외에도 각각의 설명은 계약의 협상 일정, 협상 세부 내용, 아직 합의점을 찾지 못한 주요 사항, 협상 단계에 대한 내용이 담긴다.

8.08 프로젝트 일정

개발, 건설, 그리고 프로젝트 운전 개시와 관련한 날짜는 중요한 일정을 기록하면서 함께 포함되어야 한다. 특히, 주요 계약의 협상 및 시행 일정, 정부의 허가와 승인 취득 예정일, 건설의 개시 및 상업운전일 등이 포함되어야 한다.

8.09 정 부

타당성 조사에서는 프로젝트 소재국의 정부에 대한 정보와 프로젝트 지원 가능성을 기술한다. 또한, 외환 위험, 비상위험, 양자 혹은 다자간 이해관계 등이 함께 포함되어야 하며, 기존에 정부와 체결한 계약이나 제안 받은 것이 있다면 상세히 설명을 해야 할 것이다.

8.10 시 장

프로젝트를 통해 생산되는 제품들이나 제공되는 서비스에 대한 시장의 수요는 타당성 조사에서 파악되어야 한다. 만약 별도의 시장 연구가 진행되었다면 연구 결과를 포함한다.

시장 정보란 일반적으로 프로젝트에서 생산된 결과물들을 구매하게 될 소비자에 대한 정보와 경제성에 대한 분석, 기존과 잠재적인 경쟁자들에 대한 정보, 재화나 서비스에 대한 예상 수요, 프로젝트의 생산품과 경쟁 상품에 대한 정부의 수요 관리, 가격설정, 재화나 서비스의 국가적 및 경제 정책적 중요도, 프로젝트가 속한 산업의 구조 및 해당 산업 소속 공기업의 민영화 계획, 프로젝트 생산물이 속한 산업에 영향을 미칠 새로운 추세 등이 들어간다.

만약 프로젝트의 생산품이 해외로 수출된다면 추가적인 분석이 필요한데, 해당 물품이 특정 장소에서 판매가 가능한지와 법적으로 또는 재무적으로 물품을 수입, 수출하는데 제약이 없는지를 확인해야 한다.

8.11 금융조달 방안

비록 타당성 조사 중에는 최종적인 금융구조가 확정되지는 않더라도 다른 금융조달 대안도 함께 제시되어야 한다. 특히 중요하게 검토해야 할 부분은 양자 또는 다자간 기구로부터의 자금지원 여부이다.

8.12 민영화

[1] 일반사항

정부가 소유한 자산을 민영화하는 정책은 전세계적으로 이루어지는 현상이다[1]. 민영화가 경제와 개별 프로젝트에 미치는 영향은 사업의 타당성을 결정할 때 고려해야 할 중요한 요소이다. 미래에 이루어질 민영화 계획 역시 프로젝트에 미칠 수 있는 영향을 고려해야 한다.

1) Ada K. Izaguirre, Private Participation in Energy, PUBLIC POLICY FOR THE PRIVATE SECTOR, WORLD BANK NOTE NO. 208 (MAY 2000); Ada Karina Izaquirre, *Private Participation in Telecommunications – Recent Trends in PUBLIC POLICY FOR THE PRIVATE SECTOR*, WORLD BANK NOTE NO. 204 (1999년 12월); Gisele F. Silva, *Private Participation in the Airport Sector – Recent Trends*, PUBLIC POLICY FOR THE PRIVATE SECTOR, WORLD BANK NOTE NO. 202 (1999년 11월); Neil Roger, *Recent Trends in Private Participation Infrastructure*, in PUBLIC POLICY FOR THE PRIVATE SECTOR, WORLD BANK NOTE NO.196 (1999년 9월); Penelope J. Brook Cowen, *The Private Sector in Water and Sanitation – How to Get Started*, PUBLIC POLICY FOR THE PRIVATE SECTOR, WORLD BANK NOTE NO. 126 (1997년 9월)

[2] 민영화의 방식

민영화는 완전 매각, 부분 매각, 그린필드 등 3가지 종류로 발전해 왔다. 아르헨티나에서와 같은 전체 매각 프로그램의 경우 정부가 보유한 특정 분야의 자산을 전부 민간부문에 판매한 바 있다. 트리니다드(Trinidad)에서 찾아볼 수 있는 부분 매각의 경우, 자산의 일부분을 민간에게 매각하여, 남은 지분에 대해서 차후에 매각하거나 지역사회를 위해 사용할 수도 있을 것이다. 마지막으로 가장 신중하게 접근해야 하는 방식은 콜롬비아에서처럼 정부가 인프라 자산의 소유권을 갖고 있으면서도 새로운 인프라 수요를 그린필드를 통해 민간 부문으로부터 충족시키는 것이다.

[3] 민영화의 이점

민영화의 장점은 민영화를 실시하는 각국의 독특한 경제상황에 따라 달라진다. 하지만 일반적으로 민영화에 따른 혜택은 해외 자본, 기술, 업무효율성, 노사관리 노하우 등의 도입, 신규 자본 유입에 따른 현지 금융시장의 발전, 외국기업과의 유익한 합작투자, 경제 성장 촉진을 위한 경쟁 및 효율적인 자유시장의 도입, 현지 기업들의 글로벌 시장 진출, 보건, 교육, 공중위생 등의 사회적 목표 달성에 자본 일부의 사용이 가능하다는 것이다.

[4] 프로젝트 사업타당성에 미치는 영향

민영화가 프로젝트에 미치는 영향을 분석할 때 몇 가지 요소들을 고려해 봐야 하는데, 첫 번째는 민영화를 실시하기 위한 명백한 규정과 법률의 틀이 존재하는지 여부이다. 사회기반시설의 민영화는 경제에 급격한 변화를 초래하기 때문에 법과 규정을 제정할 때 반드시 이를 고려해야 한다. 예컨대, 신흥국이 기존의 발전 시설을 민영화하고자 한다면 그 동안 소비자들에게 전력요금을 보조했을 경우 요금인상을 위한 적법한 절차를 법이나 규정에 명확히 반영해야 한다. 그렇지 않다면 소비자를 포함한 전력 산업의 참가자들은 시장결정 방식에 따라 책정되는 전력요금의 이점을 향유하지 못할 것이다.

둘째로 정부는 민영화가 가져올 변화를 받아들이기 위해 노력해야 한다. 그러기 위해서 정부는 반드시 정치적 내부 갈등과 의견 충돌을 최소화해야 하며, 더 나아가 체계적이고 효율적인 민영화 절차를 밟아야 할 것이다.

셋째로 정부가 보유하고 있는 다른 산업이나 분야의 기업들은 민영화된 기업과 사업계획 등을 체결하려고 노력해야 한다. 만약 새로운 인프라시설이 PF를 통해 자금을 조달 받으려 한다면, 다른 산업이 기꺼이 조달 가능한 계약을 체결하려 해야 한다. 정부의 재촉

없이는 이들이 장기 고정가격 계약 등 어떤 종류의 PF 계약이 필요한지 이해하지 못하거나 민영화 촉진 노력에 저항할 수 있을 것이다.

8.13 수요 분석(need assessment)

수요 분석은 타당성조사와 유사한데, 물품 구매자는 프로젝트가 생산한 재화나 서비스에 대한 수요를 확인하기 위해 진행하게 된다. 해당 보고서에는 주로 프로젝트가 생산한 물품을 구입할 때 발생하는 비용과, 동일 물품을 기존 구매처로부터 구입했을 때 발생하는 비용을 비교한 자료가 포함된다.

8.14 독립 엔지니어(Independent Engineer)

프로젝트의 성공은 대출 원리금 상환, 운영비용 지급 및 투자수익 창출을 위해 적절한 현금 흐름이 발생하는지에 달려있다. 현금흐름의 정확한 예측을 위해서는 단순히 법이나 규정, 계약 등뿐만 아니라 프로젝트 설계, 건설, 운영에 대한 기술적 평가가 이루어져야 한다.

따라서 대주단은 기술적 타당성을 검토하기 위해 독립적인 엔지니어를 고용하는 것이 관례가 됐다. 독립 엔지니어는 타당성 점검을 위한 보고서를 작성하기 위해 기술 및 디자인, 건설, 프로젝트 시운전, 정상가동 및 유지, 투입물의 공급, 생산과정, 재무추정 등 7가지 영역에 대해 조사한다. 평가하게 되는 요소들은 각각의 프로젝트 별로 매우 상이하지만 일반적으로 설비의 과잉 유무, 현지 운영 조건, 과거 유사한 프로젝트에서 발견된 설계의 취약점, 신기술, 건설 일정 및 준공일 준수 시 제공되는 인센티브, 운영 예산의 예비비, 허가 발급 현황, 프로젝트 개시 위험, 예방적 차원의 유지보수 계획, 예비 부품의 필요성, 원자재 공급, 재무 추정에서 사용한 가정들의 적절성 등이 포함된다.

Chapter 9

PF 소재국의 영업 환경

9.01 서 론

프로젝트 소재국의 거시경제 환경을 이해하는 것은 PF의 성공에 결정적인 요소이다. 영업환경은 장기적 투자와 대출을 이끌어 낼 수 있도록 충분히 안정적이어야 하며 안정성은 PF의 필수적인 요소이다. 환율과 인플레이션율이 안정적이고 정치적 환경이 예측 가능한 국가에서는 다자기구의 지원 없이도 성공적인 PF를 추진할 수 있다.

또한, 프로젝트 소재국 정치 지도자들은 해외 투자자, 해외 채권자, 소재국 정부의 역할을 정확하게 이해하고 있어야 한다. 요컨대 국가적으로 PF가 요구하는 안정성과 해외 투자를 촉진하기 위한 공감대가 형성되어 있어야 한다. 나아가 프로젝트 소재국의 법률과 규정은 이러한 공감대를 명확하고 예측 가능한 방식으로 반영하고 있어야 한다.

9.02 정치적 환경

해외 PF에서 발생할 수 있는 비상위험은 아래와 같이 다양한 부문에서 발생할 수 있다.

- 정치적 안정의 정도
- 해외 투자에 대한 정부의 태도(외환규정, 본국 송환제도, 세금, 인프라 건설을 위한 민영화 등 민간부문의 참여, 인프라에 대한 수요 등)
- 소재국 경제에 정부의 개입 범위
- 소재국의 경제 전망

정치적 안정성은 해외 PF의 성공을 결정하는 중요한 요소이다. 안정성이 금융조달과 투자의 신뢰를 조성하며, 투자자, 개발 사업자 및 금융기관들은 특정국가에 대규모 자금을 지원하기 전에 반드시 해당 국가의 정치적 안정에 대해 어느 정도 확신을 갖고 있어야 한다.

물론 완벽한 안정을 추구하기란 불가능하지만 합리적인 수준에서의 안정을 도모하고 정치상황을 예측하는 것이 목표이다[1].

정치상황에 대한 예측은 제도와 선거과정 등에 의해 영향을 받으며, 사회적으로 중요한 정치적, 경제적 사안에 대한 성공적인 합의가 도출되어야 더욱 정확해질 수 있다. 선거 제도의 장벽 등으로 여론이 확립되지 않았다면 정치상황에 대한 최소한의 예측마저 힘들어질 수 있다.

예컨대, 신흥국들은 새로운 사회기반시설에 대한 막대한 수요가 있지만 이를 개발하기에는 자금이 턱없이 부족한 경우가 많다. 따라서 해외 금융기관으로부터의 대출과 자본을 활용한 PF로 산업기반시설을 건설하는 것이 바람직할 수 있으며, 그렇기 위해서는 정치기구들이 사회기반시설의 개발과 건설, 운영, 소유권과 관련한 민간투자자들의 적절한 역할을 결정해줘야 한다. 그리고 난 뒤 정치적 결정들을 집행하기 위해서 공식적으로 법률과 규정, 그리고 필요에 따라 헌법 등의 개정이 진행되어야 한다.

유권자들은 이러한 변화를 지지해야 할 필요가 있으나, 대대적인 법 개정은 유권자들의 불만을 초래할 수 있고 이로 인해 정치 제도가 도전 받을 수 있다. 예컨대, 많은 신흥국에서는 소비자, 농업인, 산업 등에 전력요금이 부담되지 않도록 정부보조금을 제공하고 있다. 이들은 발전사업을 민영화하는 것을 반기지 않을 수 있으나, 그럼에도 불구하고 민간사업자가 진행하는 프로젝트의 성공가능성을 높이기 위해서는 정부보조금을 중단해야 할 필요가 있다. 민간사업자에 의한 사회기반시설의 개발은 정치적인 합의가 이루어지지 않는다면 반대세력에 의해 변화가 어려울 수 있다.

프로젝트를 시작하기 전에 반드시 이해하고 있어야 하는 정치적 요인은 행정부와 입법부의 권력과 권한의 분리 구조이다. 특히, 프로젝트에 필요한 협의나 계약을 어떤 부처와 맺어야 하는지 이해하는 것이 중요하다.

또 다른 고려사항은 반대 세력이나 정당이 얼마나 영향력이 있는지 이다. 비록 이러한 정당은 중앙정부에 대해서는 강력한 힘을 발휘하지는 못하지만 프로젝트가 진행되는 지역에서만큼은 다를 수가 있다. 이와 관련하여 확인해야 할 부분은 반대 정당이 어떠한 처우를 받으며 프로젝트에 어떤 영향을 미칠 수 있는지 이다.

마지막으로 국내와 국제 사회에서의 프로젝트 소재국의 역할을 이해해야 한다. 역할의

1) John Stuart Mill, 자유론 2장(1859), "질서와 안정성의 정당과 진보와 변혁의 정당 모두 건전한 정치적 삶의 필수적인 요소이다."

중요도에 따라 국제개발금융기구의 기금 또는 다른 나라 정부의 지원 등을 획득하는데 영향을 미칠 것이다.

9.03 인권 및 사회적 환경

몇몇 법률 평론가들은 인프라 프로젝트가 사회에 미치는 영향에 대해 고민하기 시작했다[2]. 이러한 논의는 신흥국에서 인프라 프로젝트를 진행할 때 저소득층의 반대 목소리가 커지는 등의 부정적 영향에 초점을 두고 있다. 하지만 이러한 염려는 더 정확하게 보면 정치적인 위험으로 분류되어야 하며 PF에 한정된 고유한 문제로 볼 수 없다. 만약 제1장에서 살펴보았던 인도네시아의 Dabhol 프로젝트에서처럼 영향력이 큰 정치 단체가 프로젝트를 반대한다면 단지 PF라는 금융 기법을 선택해서가 아닌 정치권의 부패나 경기 침체 등의 다른 문제가 존재하기 때문일 것이다[3].

9.04 입법 및 법률 환경

예측 가능한 정치 환경 외에도 PF를 추진하려면 장기간 경영활동이 지속될 수 있도록 법률 체계가 확립되어야 할 것이다. 최소한 이 법률체계는 PF에 적용될 수 있어야 하며, 시기적절하고 합리적으로 예측 가능한 허가 발급, 계약의 이행, 중재를 통한 합리적이고 효과적인 분쟁 해소 등이 이루어지는 데 이바지해야 한다.

PF를 추진하려면 정부가 프로젝트를 승인했다는 확신을 줄 수 있을 만큼 법률체계가 충분히 예측 가능해야 하며, 프로젝트가 어떠한 틀 안에서 발전할 수 있는지에 대해 명확한 가이드라인을 제공해야 하고 법률 준수와 관련하여 수반되는 비용이 프로젝트의 재정

---

2) Michael B. Likosky, Mitigating *Human Rights Risks Under State-Financed and Privatized Infrastructure Projects*, 10 IND. J. GLOBAL LEG. STUD. 65 (2003); Carl S. Bjerre, *Project Finance, Securitization and Consensuality*, 12 DUKE J. COMP. & INT'L L. 411 (2002); Lissa Lamkin Broome, *Framing the Inquiry: The Social Impact of Project Finance*, 12 DUKE J. COMP. & INT'L L. 439 (2002); Eric Marcks, *Avoiding Liability for Human Rights Violations in Project Finance*, 22 ENERGY L. J. 301 (2001).

3) *Accord* Stephen Wallenstein, *Situating Project Finance and Securitization in Context: A Comment on Bjerre*, 12 DUKE J. COMP. & INT'L L. 449 (2002).

에 나쁜 영향을 끼치지 않도록 주의해야 한다. PF 참가자들이 반드시 검토해야 하는 법률은 다음과 같다.

- 해당 분야 정부 기관들의 역할과 책임
- 면허, 허가, 영업권의 발급에 관한 사항
- 가격 규제와 통제
- 일반적인 영업규제
- 해외 투자자가 참여한 사업에 대한 중재와 통제
- 주주에 대한 배당 지급 제한
- 생산품구매자들의 권리, 책임 및 권한
- 지역권 및 기타 부동산 관련 권리
- 노동법과 규정
- 환경법 및 안전법과 규정
- 계약 이행과 거부
- 분쟁 해결
- 토지 소유권
- 조세부담

이러한 기본적인 법률은 충분히 이해할 수 있도록 명확해야 하며, 법률의 서로 다른 해석에 따른 위험이 발생하지 않아야 한다.

규제 환경은 투명한 운영이 보장될 정도로 명확히 정의되어야 하며, 규제 목적은 분명하게 표현되고, 명확한 절차를 통해 규제를 적용하며, 면허와 허가 발급은 최대한 객관적으로 진행되어야 한다.

규제의 안정성과 예측가능성은 공표 시스템을 통해 더욱 강화되며, 통지기간을 제공하여 프로젝트 회사가 변화에 적응할 시간적 여유를 주는 것이 중요하다. 또한 규정의 공표는 허가의 신청과 발급 절차에 대해 자세히 고지하여 프로젝트 참여자들이 의미 있는 결론에 도달할 수 있도록 돕는다.

국가의 법률과 규정들이 PF에 충분히 유리하지 않다면 프로젝트의 안정성은 프로젝트 회사에 대한 정부의 계약상 의무에 의존할 수 있다. 이러한 조항들은 사업실시협약 또는 기타 유사한 문서에 포함시킬 수 있다. 사업실시협약은 제14장에서 다루기로 한다.

9.05 경제 상황

프로젝트의 타당성을 판단하기 위해서는 소재국의 거시경제 상황에 대한 이해가 필요하다. 여기에는 가격 수준이나 해당 국가의 자본시장, 신용등급(특히, 외화채권 등급), 이자율 등의 중요한 요소들을 살펴봐야 한다. 또한, 이러한 중요한 지표들을 관리하는 정부의 역할 역시 중요하다.

9.06 개발도상국에서의 PF

개도국에서의 자본 부족 때문에 사회기반시설에 대한 수요 증가를 만족시키기 위해서는 해외 투자와 차관이 필요하다. 하지만 PF가 안정성과 예측가능성을 추구하게 되면서 대주, 보험회사, 다자간 기구 등의 다양한 참가자에 대한 위험 배분으로 인한 어려움과 보상 문제 때문에 거래가 복잡하고 비용이 많이 수반된다. 투자자들과 대주단은 불확실성보다 예측가능성을 선호하기 때문에 프로젝트의 기본 전제가 되는 수익, 세금, 본국 송환 등과 같은 경제적 요소들이 소재국 정부의 돌발 행동으로 악화되면 안 될 것이다. 물론 이러한 국가들은 당연히 경제, 노동, 입법, 규제 그리고 성장과 번영을 위한 정치체계를 본질적으로 개발하고 있다. 다만, 선진국만큼 예측 가능하거나 정착되지 않았을 뿐이다. 따라서 PF의 위험을 배분하는 작업이 모든 국가에서 중요하지만 특히 개도국의 경우에는 더욱 중요하다.

개도국의 영업 환경은 입법과 규제 시스템, 정치적 안정, 경제적 안정, 그리고 중앙집권화된 산업기반 시스템 등 적어도 4가지 측면에서 선진국과 차이를 보인다.

이들 국가의 입법과 규제 시스템들은 선진국에 비하여 명확하게 규정되어지지 않은 상태이다. 예컨대, 환경 관련 법률과 정책들은 개도국에서 아직까지 엄격하게 시행되고 있지 않으며, 사회기반시설의 소유권, 세금, 이익의 본국 송환 등과 관련된 문제에 대하여 외국인 대주 또는 지분 투자자들의 지위를 보장할 구체적인 시스템이 미비하다.

정치적 안정 여부는 신흥국에서 PF를 진행하는데 또 다른 불확실성을 야기한다. 따라서 복잡한 보험 상품가입, 높은 자본대비 차입 비율 등으로 많은 비용이 들게 된다. 재산 몰수, 사회 불안, 전쟁, 이윤의 국가 환수, 환전 불능, 정부에 의한 계약이나 보증의 위반 등은 모두 중요한 고려사항들이다. 이에 대해서는 제3장에서 논의했다.

경제적 불안정은 프로젝트가 생산하는 재화나 서비스를 구매하려는 잠재적 소비자들이 부족하여 프로젝트를 지탱할 수 없을 때 발생한다. 이러한 위험은 멕시코 유료도로 프로젝트의 낮은 수요 문제나 인도네시아 발전 프로젝트에서의 지급 불능 사태 등에서 관찰할 수 있다. 사회기반시설 프로젝트들은 사람들이 필요로 하는 서비스를 제공하지만 대다수가 비용을 지급할 수 없는 높은 가격이 책정되어 있을 수 있다.

개도국에서는 정치적 이념, 민간자본이나 다자 기구 투자의 부족, 민영화 추진 등으로 대부분의 사회기반시설이 정부의 소유다. 이러한 소유권 구도는 경쟁이 가져다 주는 긍정적인 효과를 없애고 시장의 비효율성을 키운다. 결과적으로 사회기반시설 프로젝트를 제안 받은 개발자들은 반드시 이러한 구도가 프로젝트에 어떠한 영향을 미치게 되는지 고려해야 할 것이다. 즉, 기존 정부 소유 프로젝트 간 경쟁이 심화되어 단기에 정치적 이익을 얻는 대가로 구매비용이 줄어들거나, 모든 정부 주도의 사회간접시설 프로젝트가 민영화되거나 또는 기존 시설 담당자의 관료주의에 따른 영향을 살펴야 한다.

선진국과의 이러한 4가지 차이가 결국 더 높은 건설 및 운영비용을 유발할 수 있다(인플레이션 위험, 환전 불가, 프로젝트 지연, 초과 비용, 프로젝트 생산물이나 서비스에 대한 수요감소 또는 잠재적 소비자들의 구매력감소, 이윤의 해외 송환 제한, 정부의 자산몰수 위험 등).

이러한 개도국 위험들은 PF의 구조를 더욱 복잡하게 만들고 관련 비용을 궁극적으로 증가시킨다. 이러한 이유 때문에 비소구와 제한 소구 방식의 PF는 개발도상국에서 성공적으로 추진하기가 매우 어렵다고 느껴지며, 위험경감에 더욱 특별한 관심을 기울여야 한다.

Chapter 10

경제적 타당성

10.01 목 적

프로젝트 사업주는 제안된 프로젝트의 실행 가능 여부를 결정하기 위해 필요한 재무 정보를 제공하고 분석해야 한다. 이 정보는 프로젝트의 참여를 원하는 금융기관이나 지분투자자들이 의사결정하는 데 도움을 주며, 어떤 경우에는 프로젝트 소재국 정부나 대량구매자 등 다른 중요한 참가자들에게 프로젝트의 실행 가능성을 알리기 위해 전달할 필요가 있다[1).

10.02 건설 예산

프로젝트의 경제적 타당성분석의 가장 중요한 요소는 예상 건설 비용이다. 해당 예산에는 개발비용, 토지 구매 비용, 건설 허가 취득 비용, 착수 비용, 원자재건설 막바지 단계에서 생산 테스트에 필요한 원자재 등을 구매하는 비용, 건설 기간 동안 대주에 지급해야 할 건설기간 중 이자비용(IDC: interest during construction) 등을 포함한다.

1) 프로젝트 지분투자 밸류에이션에 대한 논의와 관련하여 다음을 참고, Benjamin C. Esty, *Improved Techniques for Valuing Large-Scale Projects*, 5 J. PROJECT FIN. 9(1999 봄). JOHN D. FINNERTY, PROJECT FINANCING-ASSET-BASED FINANCIAL ENGINEERING 110-134 (1996).

10.03 운영 예산

건설 예산과 유사한 운영 예산은 프로젝트를 운영하는 데 필요한 비용의 추정치로 관리비용, 원자재 및 원자재 비용, 운영 수수료, 임금, 보험료, 처분 비용 및 기타 운영비용 등을 포함한다.

10.04 금융 비용

금융 비용은 대주에 지급하는 이자, 수수료 등을 일컫는 것으로 다른 비용과는 성격이 다르다. 이에 원금의 할부상환액도 타당성 분석에 포함되며, 경제적 타당성 분석을 통해 원금, 금융수수료, 이자율, 건설기간 중의 인출 일정, 상환 일정 등 대출계약 조건에 대해 전반적인 내용이 소개된다.

10.05 운전 자본

PF는 채무를 상환할 수 있는 충분한 현금흐름을 창출하는 능력에 기반한다. 하지만, 프로젝트 운영 초반에는 이익이 발생하지 않으며 제품이 생산되거나 서비스가 제공되는 시점과 대금을 수령하는 시점 사이에는 약 60일에서 90일 정도의 격차가 발생하는 것이 일반적이다. 결과적으로, 프로젝트의 경제적 타당성 분석에는 이익이 발생하기 전까지나 현금흐름이 부족한 기간 동안에 프로젝트가 필요로 하는 운전자금의 가용성을 반영하는 것이 필요하다.

10.06 타당성 분석의 전제

경제적 타당성 분석은 재무추정 단계에 사용된 전제에 큰 영향을 받는다. 이자율, 인플레이션, 환율, 원자재나 원자재 가격 등에 대해 어떤 전제를 했는지에 따라 전망이 변하게 된다. 이 때 확신과 추정으로는 기준이 될 수는 없으며 신뢰할 수 있는 전망, 과거 추세, 합리적인 예상치에 기초를 두어야 한다.

이러한 전제는 환율 또는 이자율에 대한 헤지수단인 스왑, 캡, 칼라, 플로어 등을 사용한다면 더욱 정확할 수 있을 것이다.

이와 마찬가지로 프로젝트가 받은 대출의 상환 스케줄은 만기를 늘리거나 줄이면서 조정할 수 있고, 이자율의 경우 원자재의 가격, 인플레이션, 프로젝트의 생산품가격 등의 요소에 따라 변하도록 대출 계약서를 작성할 수 있다. 이러한 방법을 이용하면 외부 요소의 변동에 따라 예비비 또는 준비금(reserve funding requirements) 필요 수준을 동시에 조정할 수 있다.

10.07 주요 비율

일반적으로 경제적 분석은 프로젝트가 채무를 상환할 수 있는 지와 투자자금으로부터 수익을 창출시킬 수 있는지 계산하는 것이며, 보통 채무상환비율과 투자수익률 등이 이에 포함된다. 또한, 대부분의 재무분석이 그렇듯이 이 때 중요한 것은 각 비율의 정의와 계산에 사용된 전제들이다.

10.08 가치평가

PF 관련 투자의 가치평가는 프로젝트의 분석에 있어 중요하다. 기본적인 가치평가 기술에는 잉여현금흐름을 가중평균자본비용으로 할인하고 차입금을 차감하거나 자기자본현금흐름을 자기자본비용으로 할인하는 것이 있다[2]. 최근에는 이러한 기술이 레버리지 비율의 변화에 대한 조정이 이루어지지 않는 한 부정확한 결과를 초래할 수 있어 주의가 필요하다[3].

2) 대형 프로젝트 가치평가에 대한 논의와 관련하여 다음을 참고, Benjamin C. Esty, *Improved Techniques for Valuing Large-Scale Projects*, 5 J. PROJECT FIN. 9(1999 Spring).

3) Idem 13-22

Chapter

11

환경 관련 규제와 프로젝트의 환경적 영향 분석

11.01 환경 관련 규제의 진화

[1] 일반 사항

환경 문제는 해외에서 진행되는 프로젝트의 개발, 건설, 운영에 있어서 중요한 요소이다[1]. 새로운 기준을 충족하고, 민사 또는 형사적 처벌, 법 위반을 해소하는 과정에서 증가하는 건설, 운영 및 자본 비용은 프로젝트와 투자자들에게 막대한 영향을 끼친다[2].

환경 관련 법률과 규제의 적용 범위는 프로젝트 자체 이상으로, 프로젝트에 의해 생산된 물품, 폐기물, 부산물까지 확대 적용될 수 있다.

[2] 프로젝트 소재국

지방이나 중앙정부는 특히 공해와 수질오염 위험이 있거나 폐기물을 처리하는 지역을 중심으로 환경을 보호하는데 앞장서고 있으며, 정책의 강도는 지역마다 다른 편이다.

[3] 다자 및 양자기구

세계은행과 아프리카개발은행, 아시아개발은행, 미주개발은행 등의 다자 및 양자기구는 업무 수행 과정에 환경 요소를 고려한다. 그 결과, 많은 정부와 다자 및 양자기구들이 건

1) Julia Philpott, *Keeping it Private, Going Public: Assessing, Monitoring, and Disclosing the Global Warming Performance of Project Finance*, 5 SUSTAINABLE DEV. L. & POL'Y 45 (2005); Edward D. McCutcheon, *Think Globally, (En)act Locally: Promoting Effective National Environmental Regulatory Infrastructure in Developing Nations*, 31 CORNELL INT'L L. J. 395 (1998).

2) Janis L. Kirkland et al., *An International Perspective on Environmental Liability*, in 1 ENVIRONMENTAL DISPUTE HANDBOOK: LIABILITY AND CLAIMS (David A. Carpenter et al. eds., 1991); THOMAS M. MACMAHON ET AL., INTERNATIONAL ENVIONMENTAL LAW AND REGULATION (1991).

설이 시작되기 전이나 차입을 승인하기 전에 프로젝트가 환경에 미치는 영향을 검토할 것을 요구하게 된다. 물론, 이러한 요구가 없더라도 사업주는 향후에 환경 규제가 발생시킬 잠재적 위험에 대해 미리 확인하고 숙지해야 할 것이다.

[4] 국제협약

때로는 국제협약도 환경 규제를 도입하는데, 예를 들면, 북미자유무역협정(North American Free Trade Agreement)은 환경에 대한 조항을 부속협정에 포함시키고 있으며,[3] 국가 차원에서 법이 시행되지 않았을 경우 환경협력위원회(North American Commission for Environmental Cooperation)에 앞서 비정부 기관들이 절차를 먼저 개시할 수 있도록 한다.

[5] 프로젝트 사업주의 소속 국가

프로젝트 사업주가 속한 국가의 법이나 규정은 프로젝트가 해당 국가에서 진행되지 않더라도 사업주에게 영향을 미칠 수 있다. 따라서 프로젝트 사업주가 속한 국가의 환경법이 해외에서도 적용 가능한지 고려되어야만 한다[4]. 이와 마찬가지로 미국에서는 증권법이나 독점 금지법에서도 이 같은 법률상의 쟁점이 존재하며, 특히 증권법의 경우에는 해외에서 발생할 수 있는 환경적 책임을 고려할 것을 요구한다.

11.02 프로젝트가 환경에 미치는 영향

프로젝트의 실행가능성 분석의 초기 단계부터 프로젝트가 환경에 미치는 영향을 고려해야 한다. 일부 관할권에서는 프로젝트에 대한 묘사, 환경에 미치는 영향, 피해 경감 조치, 프로젝트 규제 기관 등을 정리한 문서 작성을 요구하기도 하며, 이는 환경 분석 연구의 근간이 되기도 한다.

이러한 보고서나 환경영향평가를 명시한 문서에 기입될 정보나 분석은 프로젝트의 종류

3) 1993년 미합중국 정부, 캐나다 정부, 멕시코합중국 정부 사이에 체결한 북아메리카 자유무역협정(NAFTA); 1993년 미합중국 정부, 캐나다 정부, 멕시코합중국 정부 사이에 체결한 북아메리카 환경협력 협약

4) J. Turley, *When in Rome: Multi-lateral Misconduct and the Presumption Against Extraterritoriality*, 84 Nw. U. L. REV. 598 (1990).

나 정부의 요구에 따라 달라진다. 요구정보의 종류는 다음과 같이 요약할 수 있다.

[1] 프로젝트의 부지

프로젝트 장소에 대한 서술은 환경영향분석의 시작점이다. 이 때 중요한 요소는 지형, 토양의 유형, 필링(filling)이나 그레이딩(grading) 등에 따른 지형의 변화, 부식의 가능성 또는 건설이나 가동 중의 지반침하, 그리고 부지 계획 등이다.

[2] 공해

프로젝트의 건설단계나 시운전 단계 또는 정상가동 단계에서 대기 오염에 대해 고려해야 한다. 환경 분석에는 대기 중에 방출되는 오염물질을 규제하는 절차를 포함해야 한다.

[3] 수질

프로젝트에 필요한 용수는 환경에도 영향을 줄 수 있기 때문에, 지하수의 이용 가능성, 예상 사용량 및 처리 방법 등을 검토해야 한다. 또한, 호수나 강 하천 등에서 받아오는 지표수의 사용, 유출, 오염, 방향 전환 등에 대해 분석이 필요하다.

[4] 식물과 동물의 서식지

식물이나 동물의 서식지에 프로젝트 건설이나 운영이 끼치는 영향 역시 고려되어야 한다. 특히나 멸종 위기 식물이나 동물이 관련되어 있다면 더욱 특별한 관심을 가져야 한다.

[5] 건강 상의 위험요소

환경 분석에서는 프로젝트 건설이나 운영과 관련하여 발생하는 건강 상의 잠재적 유해요소가 중요한 의미를 갖는데, 그 이유는 공기 중 오염물질, 자기장 및 기타 건강 유해물질이 인체에 어떠한 영향을 미치는 지에 대해 의학적, 과학적 분석 결과가 불일치하기 때문이다. 건강 위험에는 이뿐만 아니라 폭발이나 화학적 유해물질의 저장 및 유출에 따른 위험도 포함한다.

[6] 소음

만약 프로젝트가 인구 밀도가 높은 지역 가까이 진행된다면, 소음이 문제가 될 수 있다. 따라서 저녁 6시부터 아침 7시까지 등 특정 시간에는 소음 관리에 더욱 신경 쓰는 등 소음을 줄이기 위한 기술을 서술한다.

[7] 심미적 요소

심미적인 요소가 환경 보호와 직결되지는 않지만 때로는 정부가 프로젝트의 디자인 설계 등 미적 부분에 관여하거나 국민들의 반대에 부딪힐 수 있기 때문에 이를 감안할 필요가 있다.

[8] 역사적 · 문화적 가치

프로젝트가 문화적으로나 역사적으로 중요한 장소에 가까이 위치할 경우에 프로젝트가 미칠 수 있는 영향에 대해 고려해야 하며, 최소한의 영향만 끼칠 수 있는 방안을 강구할 필요가 있다.

[9] 운송, 공공서비스, 공익사업

환경 분석에는 프로젝트가 기존 운송수단, 공공서비스, 공익사업에 미치는 영향과 잠재적인 수요 증가의 효과에 대한 검토를 포함해야 한다. 만약 추가 운송 수단이나 도로, 화재관리 시스템 등의 공공 서비스나 공익사업이 필요하다면 이를 추가할 때 미치는 영향에 대해서도 파악이 필요하다.

[10] 원주민

만약 프로젝트 진행을 위해 원주민들의 이주 조치가 필요하다면, 환경 분석에 포함되어야 한다. 원주민이라고 불리는 경우는 거주하는 지역과 이용하는 자원이 이들의 정체성 및 문화와 불가분의 관계를 이룰 때이다. 따라서 이들의 이주 시기와 비용, 적합한 거처가 마련될 수 있는지가 환경 분석에서 고려되어야 할 것이다[5].

5) Michael B. Likosky, *Mitigating Human Rights Risks Under State－Financed and Privatized Infrastructure Projects*, 10 IND. J. GLOBAL LEG. STUD. 65 (2003); Carl s. Bjerre, *Project Finance, Securitization and Consensuality*, 12 DUKE J. COMP. & INT'L L. 411 (2002); Lissa Lamkin Broome, *Framing the Inquiry: The Social Impact of Project Finance*, 12 DUKE J. COMP. & INT'L L. 439 (2002); Eric Marcks, *Avoiding*

2005년에는 세계은행이 원주민들에 대한 정책 개정을 승인하였는데[6], PF에 따른 영향을 받는 원주민들에게 자문 역할을 해주고 사전에 무료로 진행한 상담 끝에 지역주민들의 전반적인 지지를 얻은 경우에만 세계은행이 PF를 지원하고, 지지를 얻지 못할 시에는 이 주조치에 동의하지 않는다[7].

11.03 정부 허가(Permits)

환경 측면에서 바라본 사업타당성 보고서나 환경 영향 보고서에는 프로젝트 건설과 운영에 필요한 정부의 모든 허가를 포함해야 한다. 필요한 허가를 획득하지 못하는 경우에는 민사상, 형사상 벌금을 물거나 처벌을 받을 수 있다. 하지만 허가의 획득에 실패하여 받는 가장 큰 피해는 허가를 얻어내기까지 프로젝트의 건설이나 운영이 중단되는 것이다. 프로젝트가 지연되면 비용이 증가할 뿐만 아니라, 계약의 해지 또는 채무불이행 사태가 일어날 수 있다.

프로젝트가 필요한 허가는 프로젝트의 종류, 위치, 정부의 성향, 기술, 원자재, 오염물질 배출여부 등에 따라 달라진다. 허가의 예로는 대기오염 물질, 폐수, 재, 유해 폐기물 등의 처리, 매립지 건설 및 운영에 관한 것 등이 있다.

11.04 사회적 반대

프로젝트에 대한 사회적 반대는 프로젝트를 무산시킬 만큼 영향력이 크며, 대중의 반대에 대한 정부의 수용 정도, 허가의 신청과 발급 절차의 복잡성 등에 따라 달라진다. 만약 허가의 발급과 승인 절차가 어렵다면 사회적 반대로 인해 건설과 개발 단계 중 비용의 증가, 허가 발급 심사에서의 대중의 감시 요구, 사회적 우려경감을 위한 추가 자본이나 운영

Liability for Human Rights Violations in Project Finance, 22 ENERGY L.J. 301 (2001).

6) 세계은행 운영매뉴얼, 은행 절차 4.10(2005). Fergus MacKay, *The Draft World Bank Operational Policy 4.10 on Indigenous Peoples: Progress or More of the Same?*, 22 ARIZ. J. INT'L COMP. LAW 65 (2005); Note, *The World Bank and the Internationalization of Indigenous Rights Norms*, 114 YALE L.J. 1791 (2005).

7) 세계은행 운영매뉴얼, 은행 절차 4.10(2005).

비용의 증가 및 사업 포기 등으로 이어질 수 있다. 따라서 사업의 타당성 연구에서는 대중의 반대가 끼치는 영향을 고려해야 할 것이다.

사회적 반대는 꼭 환경문제에 기반하지 않을 수도 있다. 하지만 지역 주민들이 정치적인 이유 등으로 반대한다면 환경 허가 신청과 발급을 통해 간접적으로 대응할 수 있을 것이다. 사회적 반대의 위험은 최소화될 수 있지만 완전히 제거되기는 힘들다. 따라서 이를 완화하기 위한 방안으로는 프로젝트 성공 시 지역사회가 받을 혜택을 명시하여 지지 기반을 확보하는 것, 학교, 폐수 처리 시설의 건설 등 사회적 부가 혜택을 제공하는 것, 비용이 더 높더라도 반대가 덜 심한 장소를 선정하는 것, 재심사 또는 철회 우려가 낮은 허가를 확보 및 승인 받는 것, 환경 보호 노력을 최대화하는 것 등이 있을 수 있다.

11.05 세계은행의 환경 기준

다자기구(Multilateral institutions)는 환경에 미칠 수 있는 영향[8)]을 사업주가 통제하도록 조건부 보증 또는 대출을 제공하여 압박할 수 있는 유일한 위치에 있다. 따라서 세계은행은 신흥국에서 차관과 투자 활동을 통해 환경을 보호해야 할 부담을 갖는다. 국제금융공사(IFC)와 미국 해외민간투자공사(Overseas Private Investment Corporation) 역시 세계은행과 유사한 환경기준을 적용한다.

과거에는 미국 수출입은행(U.S. Export-Import Bank) 등 많은 양자기구에서 자금 공여와는 별개로 환경 보호 가이드라인을 제시하였다. 하지만 2003년에 OECD의 수출신용작업반(Export Credit Group)이 환경 및 수출신용에 대한 권고안(Common Approaches on Environment and Officially Supported Export Credits)을 내놓으면서 미국 수출입은행의 경우 2004년에 OECD 문서와 일관성을 갖도록 가이드라인을 개정하였다.

세계은행은 1988년에도 금융 지원을 받는 주체들에 대한 가이드라인으로서 환경 기준 권고사항을 설정하여 발간하였는데,[9)] 대부분의 가이드라인은 시대에 뒤쳐지고 신흥국들의 환경 목표를 달성하는데 미흡하다.

---

8) Homer Sun, *Controlling the Environmental Consequences of Power Development in the People's Republic of China*, 17 MICH. J. INT'L L. 1015(1996).

9) 세계은행은 운영지침 4.01에서 제시하는 메커니즘을 통해서 대출실행 결정하는데 환경요소를 고려한다.R. J. A. Goodland, *The World Bank Environmental Assessment Policy*, 14 HASTINGS INT'L & COMP. L. REV. 811 (1991).

세계은행은 새로운 환경 기준을 준비하는 단계에 있으며[10] 앞으로는 세계은행이 관여하는 모든 프로젝트에 적용 가능할 것으로 기대된다.

새로운 가이드라인은 2가지 환경 기준을 제시하는데, 산업별로 적용 가능한 이행 기준과 특정 오염물질 및 관리 기술에 대한 공통 기준이며, 기존 가이드라인보다는 더 엄격한 편이다.

11.06 환경 훼손과 검사

프로젝트가 진행되는 장소에 대해 구체적으로 많이 아는 것이 중요하다. 해당 장소의 과거 용도를 역사적 자료, 토지 장부 등의 문서를 통해 잘 이해하고 있어야 한다. 또한, 독성 폐기물 등 환경 유해 물질에 대한 검사를 진행하는 것도 고려되어야 하는데, 특히 해당 부지가 환경 보호법이 미흡한 신흥국이나 사회국가에서 군사용 또는 공업용으로 사용됐다면 더욱 그래야 할 것이다.

이러한 조치는 다음과 같은 이유에서 요구되는데, 먼저 프로젝트 건설이나 운영이 환경 위험요소를 더욱 악화시킬 수 있기 때문이며, 건설 작업을 진행하기 위해 정화 작업이 필요할 경우 초과 비용이 발생하기 때문이다. 게다가 미국과 같은 국가에서는 과거 부적절한 운영으로 환경이 악화되었더라도 현재 소유주 또는 부지의 운영자가 정화작업에 대한 책임을 져야 한다.

한편, 환경의 위해성을 확인하는 과정을 '환경 검토(environmental audit)'라고 하는데, 일반적으로 2단계로 진행된다. 첫 번째 단계는 해당 장소가 이전에 어떤 용도로 쓰였는지를 확인하고 외관 검사를 진행하는 것이며 추가 환경 검토를 권고하게 된다. 이어 두 번째 단계에서는 토질 및 수질 검사, 폐기물 저장 분석, 화학 테스트 등을 진행하고 추가로 필요한 정화 작업을 권고한다.

환경법에 따라 대주가 부담할 수 있는 책임의 크기는 환경 분석의 중요한 요소가 된다. 특히, 대주단이 담보권 행사로 프로젝트의 소유권을 갖게 되었다면 환경법에 의해 책임을 지게 될지 여부가 중요한 관심사항이 될 것이다.

10) 세계은행 환경부, 산업공해방지 및 경감 핸드북, 임시 버전(1995년 7월)

11.07 미래의 환경 규제

신흥국에서는 선진국에 비해 환경보호 관련 법이 미흡한 경우가 종종 있다. 이러한 국가들이 향후 국민들이나 세계은행의 요구에 따라 더 엄중한 환경 보호법을 제정할지 예측하기 어렵다.

다만, 이러한 법률은 프로젝트의 운영 단계에서 제정될 가능성이 높다. 따라서 환경 보고서에는 이러한 변화가 프로젝트에서 사용 예정인 기술과 금융조달에 미치는 영향과 법 준수로 인해 발생하는 비용을 고려해볼 필요가 있다. 프로젝트 계약서를 협의할 때는 환경 관련 법률과 규정이 바뀜으로써 발생하는 위험에 대해 확실히 짚고 넘어가야 할 것이다.

11.08 적도 원칙(The Equator Principles)

2003년에 도입되어 2006년에 한 차례 개정된 적도 원칙이란 PF에서 발생할 수 있는 환경 또는 사회적 문제(원주민, 문화재 관련 등)를 평가하고 관리할 수 있게 만든 가이드라인이다[11]. 이 원칙은 세계은행의 민간 부문 대출기관인 국제금융공사(IFC)가 시행하는 일부 정책 및 가이드라인에 기반한다. 이 원칙을 채택한 대주(EPFI: Equator Principles Financial Institution)는 자금을 공여하는 각 프로젝트에 평가, 관리, 계약서 작성 등 3가지의 카테고리로 나눠 가이드라인을 적용한다.

[1] 평가

각 EPFI는 프로젝트를 환경적 및 사회적 위험에 따라 분류하고, 위험도가 중간 또는 높은 단계라고 평가 받은 프로젝트의 사업주는 환경 평가 기준을 충족하도록 요구 받는다. 프로젝트의 위험은 소재국 법률과 세계은행 및 국제금융공사(IFC)의 가이드라인에 따라 평가되어야 할 것이다.

---

11) Note, *The Equator Principles: The Private Financial Sector's Attempt at Environmental Responsibility*, 40 VAND. J. INT'L L. 197, 200 – 3 (2007); Elisa Morgera, *Significant Trends in Corporate Environmental Accountability: The New Performance Standards of the International Finance Corporation*, 18 COLO. J. INT'L ENVTL. L. & POL'Y 151(2007).

[2] 관리

만약 프로젝트가 높은 수준의 위험을 부담한다면(어떤 경우는 중간 수준의 경우일 때도 포함), EPFI는 환경관리계획을 제출할 것을 요구한다. 해당 계획에는 평가 보고서에서 발견된 위험을 어떻게 완화시키고 모니터링 할 것인지 상세히 설명해야 하며, 그 과정에 공공부문의 참여가 요구된다.

[3] 계약서 작성(Documentation)

프로젝트의 대출 계약서에는 향후 프로젝트 기간 동안 회사가 환경관리계획을 준수할 것을 명시하고 정기적으로 결과 보고서를 제출할 것을 요구한다. 프로젝트 회사는 대출 계약에 의거 EPFI가 지우는 의무를 이행해야 한다.

[4] 2006년 개정안

적도 원칙은 2006년에 강화되어 다음과 같이 개정되었다. 개정사항에는 자본금이 기존 5천만 달러에서 천만 달러 이상의 모든 PF에 새롭게 적용, 프로젝트의 자문 활동에도 함께 적용, 환경과 사회에 미치는 영향이 큰 기존 프로젝트의 확장 시에도 적용, 환경 기준이 이미 엄격한 국가의 경우 융통성 있게 원칙을 적용, 각 EPFI는 적도 원칙의 경과 및 성과를 연간 보고, 공공의 협의 기준을 포함한 더욱 포괄적인 사회적, 환경적 기준 추가 등이 있다.

[5] PF에 미치는 영향

PF에 관한 적도 원칙의 효과는 아직까지 명확하지 않다. 부정적인 관점에서 은행이 단지 사회적, 환경적, 평판과 관련된 위험을 통제하고 소송비용을 줄이려는 시도에 불과하다고 보는 주장이 있다. 하지만 적어도 개도국에서는 적도 원칙이 최소한의 환경 규제를 제공한다고 볼 수 있다.

Part 5

PF 계약서 작성

Chapter **12**

PF 계약서 작성 개요

12.01 일반적 설명

계약은 PF에서 매우 중요하다. 어쩌면 PF에서만큼 상업적 계약을 더욱 많이 다루는 부문도 없을 것이다. 특히나 비소구와 제한적 소구방식의 PF는 계약 구조의 예측 가능성에 기반하기 때문에, 프로젝트 사업주와 대주단 모두 위험 분배와 기타 계약 조건에 관심을 갖는다.

프로젝트 참여자에게 계약서의 모든 조항이 중요하다는 것이 결코 과장은 아니다. 다음은 PF에서 중요하게 여겨지는 주요 조항(규정)의 예이다.

- 모든 프로젝트의 자산의 이용이나 매각에 대한 규정
- 프로젝트의 현금흐름을 수취하거나 사용할 권리에 대한 규정
- 프로젝트 대주 외 다른 참가자에게 담보권이나 기타 담보권을 이전하는 행위에 대한 규정
- 회복기간(cure periods) 없는 자동 계약해지에 대한 규제 또는 채무불이행에 대한 짧은 회복 기간 제공에 대한 규정
- 불가항력 규정
- 담보권행사 이후 프로젝트 관련 계약의 이관에 대한 규정

다음 장부터는 PF에서 중요한 계약서에 대해 정리한다. 계약서들이 언뜻 보기에 조금 과장되어 보일 수 있지만, 그렇다고 혼란스러워 하거나 낙담하진 않길 바란다. 어떤 저자는 이를 다음과 같이 설명한다:

PF의 목적을 달성하는 과정에서는 엄청난 법률적 기발함(ingenuity)이 발휘되지만, 이에 대해 회의적이더라도 결국에는 왜 이런 특이한 계약들이 생겨날 수 밖에 없었는지 그 출

현 배경을 알게 되면 수긍할 수밖에 없다[1].

12.02 국제 계약

전 세계 거의 모든 국가에서는 계약이 보장하는 당사자의 권리를 존중해주는 편이다. 하지만 모든 국가의 계약과 관련된 법률이나 집행, 해석 등이 동일하다고 볼 수는 없다.

[1] 준거법

PF에서 가장 기본적인 질문은 계약이 어떠한 준거법을 선택하는 지이다. 대부분의 계약에서 뉴욕이나 영국법이 선호되는 이유는 상법이 이들 관할권에서 잘 발달되어 있기 때문이다. 물론 법원에서 선택된 준거법을 준수할 지 여부는 당사자들이 반드시 짚고 넘어가야만 하며[2], 그렇지 않을 경우 당사자들은 거래에서 아무런 혜택을 얻지 못할 것이다.

일부 국가에서는 현지법 외에는 다른 준거법을 채택하지 못하게 규제하는데, 주로 정책적, 민족주의적 이유에 기반한다. 이런 상황에서는 대주단이 충분한 유연성을 확보하기 위해 특수한 예외 적용을 받길 원할 수 있다.

하지만, 당장에는 당사자들이 뉴욕법이나 영국법을 무작정 채택하려는 유혹을 떨쳐버리는 것이 중요하다. 현지 법률 자문을 통해 정밀 분석을 하다 보면 뉴욕이나 영국법 외에도 다른 국가 법률을 준거법으로 채택하게 될 수 있는데, 특히 현지 국가 법률이 집행에 있어서 유리할 경우 더욱 그러하다.

[2] 재판관할

준거법 선택과 동등하게 중요한 것은 분쟁을 해결하는 방법과 장소의 선택이다. 이러한 조항을 통해 당사자들의 의도를 더욱 명백히 드러내야 하며, 분쟁 해결을 위해 선택된 재판관할이 법으로 정해져 불변한 것인지 아니면 단순히 임의로 지정된 것인지, 또 일부 재판만이 해당 법정지에서 진행될 수 있는 것인지, 불법행위 등 계약 이외의 분쟁에도 적용

1) Philip Wood, Law and Practice of International Finance, §14.02[3] (1990)

2) SKADDEN, ARPS, SLATE, MEAGHER & FLOM, PROJECT FINANCE: SELECTED ISSUES IN CHOICE OF LAW (1996); EUROPEAN COMMINITES CONVENTION OF THE LAW APPLICABLE TO CONTRACTRUAL OBLIGATIONS (1980).

되는 것인지 등을 모두 고려해야 한다[3].

[3] 계약의 성립

계약의 성립을 위한 요구사항은 국가마다 상이한데, 당사자들은 반드시 현지 조건을 신중하게 따라야 할 것이다. 이러한 요구사항 중에는 약식 규정부터 정부 승인, 계약의 인장 등 엄격한 규정까지 다양하다.

[4] 계약의 구조와 유효성

많은 국제 계약들이 언뜻 보기에 비슷해 보일 수 있지만, 계약의 유효성을 결정 짓는 것은 결국 현지법이다. 따라서 현지 변호사는 당사자들이 계약을 집행하기 전 충분히 검토하는 시간이 필요할 것이다.

[5] 법적 절차

계약의 유효성과 마찬가지로, 계약의 법적 절차 요건을 확인하기 위해 현지법의 검토가 필요하다. 미국을 포함한 대부분의 국가에서는 계약 당사자들에게 절차상의 요건을 부과하며 일부 계약은 효력이 발생하기 전 정부의 승인을 요구하기도 한다. 또 다른 계약에서는 공증이나 증인이 필요하기도 하며, 나머지 국가에서도 비슷한 절차상의 요건과 실질적인 안전 장치 등이 마련되어 있다.

[6] 위험 배분의 구속력과 회복 방안

국제 PF에서 협상단이 가장 흔히 저지르는 실수는 위험 배분 및 회복 방안과 관련 있다. 프로젝트 지역에 따른 손해배상 지급 등 계약의 파기에 따른 회복은 미국에서만큼 쉽게 이루어지지 않을 수 있다. 프로젝트 소재국 정부 등 일부 계약 당사자들은 특정 위험에 대한 책임을 헌법상 지지 못할 수도 있다. 따라서 이러한 조항에 대해 현지 변호사들의 검토가 필수적이다.

3) GARY BORN & DAVID WESTIN, INTERNATIONAL CIVIL LITIGATION IN UNITED STATES COURTS (2ndEd. 1992)

[7] 환율 관련 문제

환율 관련 문제는 제3장에 자세하게 논의되어 있다.

[8] 정부의 조치

정부의 규제와 통제는 프로젝트 참여자들에게 예측 불가능한 위험으로 다가온다. 특히, 신흥국이나 구 소련 소속 국가 등에서 더욱 그러하다. 이러한 위험은 종종 불가항력 조항에 포함되며, 간과하지 말아야 한다.

[9] 계약조건

계약조건은 때때로 현지법의 적용을 받는다. 계약조건과 종료와 관련된 조항은 현지법의 검토가 필요할 수 있다.

[10] 언어

끝으로, 당사자들은 계약서에서 사용하는 언어에 대해 합의해야 한다. 물론 번역이 나중에 필요할 수 있겠지만, 해석의 기준이 되는 하나의 언어가 반드시 선택되어야 할 것이다. 이를 통해 다국어로 작성된 계약에서 해석의 논란을 방지할 수 있을 것이다.

12.03 계약서 종류

다음은 비소구 또는 제한적 소구 방식의 PF에서 필요한 계약서의 예시이다.

- 회사 형태 관련 계약서 : 파트너십, 합작투자, 주주 간 약정서
- 프로젝트 소재국 정부와의 계약서 : 양허약정서(concessions agreement), 정부 허가서, 정부지급보증서, 이행 합의서
- 부동산 관련 계약서 : 권리증권, 리스, 지역권(easements), 공사 중단시 관련 권리(construction lay-down rights)
- 건설 관련 계약서 : 건설계약서
- 기술 관련 계약서 : 라이선스 계약서

- 운영 및 유지 관련 계약서 : 운영계약서, 예비부품 공급 계약서
- 연료 공급 관련 계약서 : 연료 공급 계약서
- 공공설비 관련 계약서 : 전력, 가스, 석유, 수자원 공급 계약서
- 판매 관련 계약서 : 제품판매계약서, 전력판매계약서
- 운송 관련 계약서 : 설비 또는 연료 운송 약정서
- 금융 계약서 : 대출계약서, 대주간 계약서, 담보계약서

12.04 계약서의 개정, 수정, 추가

만약 프로젝트 계약서들이 PF에서 사용하기에 미흡하다면, 프로젝트 회사에게 자금을 공여하기 전 수정을 요청할 수 있다. 즉, 프로젝트 사업주의 이익을 지키기 위한 협상 서류 외에도 대주단의 요구사항을 충족시키는 계약서의 협상도 진행해야 한다.

하지만, 계약서의 작성이 완료될 때까지 대주가 선정되어 있지 않기 때문에 협상 자체가 쉽지 않은 일이다. 따라서 가장 적절한 전략은 대주단에게 궁극적으로 논란의 여지가 있을 수 있는 조항들을 프로젝트 사업주들이 미리 배제하는 것이다. 대주가 선정되고 나면, 사업주는 금융조달을 촉진하기 위해 계약의 개정을 요구할 수 있다. 하지만 다른 경우, 계약의 집행 전 프로젝트 사업주가 금융기관들에게 요구사항을 확실히 전달하고 어려운 문제를 미리 해결하는 것이 가장 현명한 접근방법이 될 수 있다.

12.05 비소구 관련 조항

[1] 개요

전형적인 비소구 방식의 PF에서는 프로젝트의 수익이 원금과 이자를 지급하기에 충분하지 않아도 채무 상환의 책임을 사업주에게 부과하지 않는다. 프로젝트의 비소구 특성은 사업주(혹은 다른 투자자들)가 소유한 다른 프로젝트와는 재정적 독립성을 보장한다. 또한, 사업주의 일반적인 자산은 특정 프로젝트에서 발생한 어려움으로부터 보호받을 수 있다.

[2] 예시 조항

비소구 방식의 PF 대출 조항은 프로젝트 담보를 제외하고는 사업주나 다른 자회사에 대해 대주가 채무불이행에 대한 법적 책임을 부과할 수 없다고 명시한다. 그러므로 대주는 권리와 의무를 행사할 때 오직 프로젝트 담보물에만 의존한다.

하지만 채무의 비소구 성격은 자금공여 기간 동안 유지될 필요는 없다. 예컨대 제1장에서 논의되었던 것처럼 프로젝트 개발 단계의 일정 기간 동안은 사업주에 대해 소구권을 행사할 수 있도록 계약을 구조화할 수 있다.

다음은 PF 대출 계약서에서 볼 수 있는 비소구 방식 관련 조항 예시이다.

Nonrecourse. The [Owner－actual owner of Project Company] shall not be personally liable for payment of the amounts evidenced by the Note executed by the [Project Company]. Nothing contained herein, however, shall (i) preclude the [Lender] or any holder of the Notes from exercising any right or enforcing any remedy under this Agreement, or the Note, whether upon an Event of Default or otherwise, under this Agreement, the Note, or any other Collateral hereunder or furnished as security for any of the indebtedness evidenced by the Note, or (ii) limit the [Owner's] liability hereunder in respect of any damages suffered by the Lender as a result of any inaccuracy of any representation in this Agreement or as a result of any fraudulent conduct on the part of the [Owner].

비소구 조항은 대출 계약서 외에도 다음과 같이 다른 PF 계약서에도 포함될 수 있다.

Nonrecourse. Any claim against the [Owner－actual owner of Project Company] that may arise under this Agreement shall be made only against, and shall be limited to the assets of, the [Project Company], and no judgment, order or execution entered in any suit, action or proceeding thereon shall be obtained or enforced against any partner of the [Project Company] or the assets of such partner or any incorporator, shareholder, officer or director of the [Project Company] or such partner or against any direct or indirect parent corporation or affiliate or any incorporator, shareholder, officer or director of any thereof for any purpose of obtaining satisfaction of any payment of any amount arising or owing under this Agreement.

12.06 금융조달 협력

[1] 개요

프로젝트 사업주의 이익을 지키는 것 외에도, PF 계약서들은 대주의 요구사항을 만족시키는 방향으로 협상되어야 한다. 하지만 대부분의 계약에서, 대주단은 계약이 완성되기 전까지는 선정되지 않는다.

이러한 딜레마를 극복하기 위해 프로젝트 계약서에 금융조달 협력 조항이라고 불리는 것을 포함시킨다. 이 조항은 당사자들이 프로젝트 계약을 실행하는 데 동의하면서도 대주가 금융종결을 위해 합리적으로 요구하는 사항에 협력할 것을 합의한다.

[2] 예시 조항

Cooperation for Project Financing. [Contracting Party] acknowledges that the [Project Company] wants to use the nonrecourse project finance financial structure for the financing of the project and further acknowledges that it understands the types of requirements imposed by project finance lenders on the underlying project contracts, such as this Agreement. [Contracting Party] agrees to cooperate with [Project Company] in the negotiation and execution of reasonable amendments or additions to this Agreement required by Lender as a condition to financial closing for the project debt, provided such amendment or addition does not result in a material adverse change to [contracting Party's] rights and obligation hereunder. [Contracting Party] further agrees to provide such data, reports, certifications, and other documents or assistance as may be reasonably requested by Lender, provided such assistance does not result in a material adverse change to [Contracting Party's] rights and obligations hereunder.

12.07 계약기간

프로젝트의 계약기간은 최소한 프로젝트 차입금의 대출 기간과 같다. 물론, 모든 프로젝트가 그런 것은 아니며 건설 계약의 경우 계약기간이 대출기간 보다 짧은 편이고, 일부 공급 계약 역시 계약기간이 짧은 편이다. 하지만 프로젝트의 실행 가능성에 영향을 미칠 수 있는 계약의 경우 금융조달 기간만큼 길어야 할 필요가 있다.

PF 계약서의 계약기간은 대부분 차입금 만기보다 길게 책정하는 것이 안전하다고 볼 수 있다. 만약 예상치 못한 사업의 지연이 발생할 경우나, 채무의 재조정 절차가 필요하다면, 문제를 해결하기 위해 대주는 명시된 만기보다 긴 기간이 필요할 것이다. 흥미롭게도 계약기간이 지나치게 긴 경우도 있는데, 프로젝트 소재국 정부와 계약을 체결할 경우 계약기간이 25년~30년을 넘지 않도록 하는 것이 바람직할 것이다. 만약 이 기간을 초과한다면 차기 정부가 계약을 변경할 권리를 주장하는 등 불확실성에 더욱 노출될 수밖에 없다.

12.08 프로젝트 완공

[1] 개요

프로젝트 계약에서 쉽게 찾아볼 수 있는 또 다른 개념은 프로젝트의 완공(completion)인데, 때로는 상업운전(commercial operation)단계라고도 한다.

프로젝트의 완공은 PF 계약서들에서 방아쇠 역할을 하기도 한다. 건설 계약에서 완공은 시공사가 지연에 대한 보상 또는 이행보증의 책임이 발생하는 기준 시점이 된다. 운영 계약에서는 운영자가 프로젝트 운영에 대한 책임을 지기 시작하는 기준일이다. 연료공급계약(input agreement)에 의한 대부분의 공급 의무와 생산물 판매계약에 의한 구매 의무는 일반적으로 완공 시점부터 발생한다.

대출 계약서에서 발생하는 주요 의무와 권리 역시 완공을 기준으로 시작되고 종료된다. 예를 들면 이자율과 대출 분할상환은 완공에 영향을 받으며, 이자율은 대주가 프리미엄을 요구하면서 감수한 건설 위험이 완화되고 대출 상환이 시작되는 시점에 줄어들기도 한다. 대부분 완공 시점은 건설자금 대출의 상환일인 동시에 장기자금 대출의 기표일이기도 하다.

또 가끔은 이 날에 지분 출자에 대한 책임이 종료되기도 한다. 지분 출자는 프로젝트가 필요로 하는 금융조달 계획의 일부분이거나 초과비용 발생으로 추가로 출자하는 것일 수 있다. 프로젝트 사업주가 제공하는 완공 보증의 '완공'의 정의는 건설작업을 끝내기 위해 추가 자금이 필요한지 여부와 필요 시점, 또는 건설이 완료되었는지 여부와 우발채무가 종료됐는지 등을 결정지을 것이다.

한편, 완공은 다양한 다자 또는 양자기구 등의 프로젝트 참여를 유인하는 기제가 된다.

예를 들면, 미국수출입은행은 건설기간 동안 자금을 대출해주지 않고 완공이 될 때까지 기다렸다가 프로젝트에 참여한다.

프로젝트 계약서에서 완공의 개념이 그만큼 중요하기 때문에 완공의 정의를 자세히 살피고 프로젝트의 모든 계약서에서 일관성 있게 사용되어야 할 것이다.

[2] 예시 조항

"Completion" shall mean the satisfaction of each of the following conditions: (a) the Project shall have been completed in accordance with the design specifications of the [Construction Contract], (b) the [Contractor] shall have completed all Start-up and Testing (as such terms are defined in the [Construction contract]), (c) the terms of the Performance Guarantee (as so defined) shall have been fully satisfied by either successful completion of the Performance Test (as so defined) or the payment of all liquidated damages required under the [Construction Contract], (d) the Interconnection Facilities (as so defined) shall have been completed, tested, and approved by the [Output Purchaser] as required by the [Output Agreement] and the [Output Purchaser] shall confirm its obligation to commence purchases, (e) all permits and other governmental approvals necessary to begin operations shall have been obtained, and shall be valid, binding, and in full force and effect: (f) all construction costs of the Project shall have been paid or the [Project Company] shall have made provision therefor; (g) each of [list project contracts] shall be in full force and effect, and there shall exist no defaults or event of default thereunder (whether with notice or the passage of time or both); and (h) [insert references to other project contracts that require completion to occur before obligations commence].

참고로 (a)부터 (d)까지는 건설계약에서 일반적으로 사용되고, (a)부터 (h)까지는 대출계약서에서 찾아 볼 수 있다.

12.09 무조건 지급 조항(Hell or High Water)

무조건 대금지급 조건(Take－or－pay) 계약 하에서는 프로젝트 회사가 아무런 물품이나 서비스를 제공 또는 생산하지 않더라도 계약에 명시된 금액을 무조건 지급해야 할 의무가 발생한다. 무조건 대금지급 조건을 가진 계약에 기반한 프로젝트에서는 무조건 지급 조항(hell or high water clause)이 포함된다. 해당 조항은 구매자가 대금을 지급할 절대적 의무를 지고, 프로젝트 회사는 구매자 측의 항변, 맞고소, 상계, 목적좌절 등 어떠한 권리의 주장이나 면책 요구에도 불구하고 대금을 지급받을 절대적 권리가 있다. 즉, 프로젝트 회사는 무슨 일이 있더라도 대금지급을 보장받는 것이다.

무조건 대금지급 조건의 계약이 아니더라도 위에서 언급한 조항이 주는 교훈을 되새길 필요가 있다. 프로젝트 회사와 계약을 맺는 당사자들은 계약 위반의 책임에서 벗어나기 위해 갖은 변명을 할 것이다. 물론 프로젝트 참여자들이 모든 권리와 면책 요구를 포기하게 만드는 것은 어려울 테지만 이를 제한하는 방법은 있다. 가능한 수준에 한해 프로젝트 회사가 부담하는 의무를 모든 프로젝트 계약 내에 제한시킴으로써 계약 상대방이 계약 불이행에 대해 늘어놓는 변명을 어느 정도 억제할 수 있을 것이다.

12.10 불가항력(Force Majeure) 조항

프로젝트 계약의 불가항력 조항은 유심히 살펴봐야 하는데, 만약 프로젝트 계약서 간 불가항력 조항이 불일치 한다면 프로젝트에 거대한 위험을 안겨줄 수 있기 때문이다.

예를 들면, 불가항력이 발생했을 때 건설시공사의 완공 기한을 늘려준다면 판매 계약서에도 마찬가지로 기한 연장이 이루어져야 한다. 만약 그렇지 않다면, 판매 계약서 상에서 불가항력 발생에도 불구하고 기한 연장없이 특정일에 판매를 개시하도록 요구받을 경우 프로젝트 회사는 프로젝트가 제 시간에 완공될 수 없기 때문에 판매 계약서 내용을 준수할 수 없을 것이다. 결과적으로 이러한 경우가 발생하면 판매 계약은 해지된다. 물론 불일치가 이만큼 심각하지 않더라도, 프로젝트의 일정이나 경제성에 미치는 영향은 막대할 것이다.

불가항력 조항의 불일치는 이른바 부활(resurrection) 조항이라고도 불리는 조항으로 해소할 수 있다. 부활 조항에서 건설시공사는 불가항력 발생 시 개발자가 다른 계약에서 허용된 구제 범위보다 더 큰 구제를 받지 않기로 개발자와 합의한다. 앞서 언급한 예에서 시공사는 프로젝트가 지연되어 판매 계약이 해지되었다면 이행의무를 면제받지 못했을 것이다. 다만, 어느 정도의 지연은 인정받을 수 있다.

어떤 프로젝트 계약에서나 불가항력 조항에 대해 협의할 때 계약이행에 영향을 주는 현지 상황을 이해하는 것이 중요하다. 즉, 간단히 말해 계약 당사자들은 프로젝트가 진행되는 **해당 지역에서** 무엇이 통제불가능한지 알아야 한다. 예를 들면, 미국 건설 업계의 특성상 프로젝트에 참여하는 건설시공사들은 건설현장에서 발생하는 근로자 또는 하청업체들의 파업이 불가항력에 해당되지 않는다는데 동의한다. 하지만 건설시공사는 다른 국가에서 시공할 경우 이러한 위험을 수용하지 않을 가능성도 있다.

유사한 문제가 예측할 수 없는 다른 위험에 대해서도 발생한다. 예컨대 "예측 불가능한 기상 상황"이란 표현은 국가마다 다른 의미를 가지고 있다. 특정 국가에서는 어떤 악천후가 또 다른 국가에서는 충분히 예측 가능하고 일반적인 일일 수 있어 예측 불가능하다는 말을 쓸 수가 없을 것이다. 따라서, 계약 당사자가 특정 국가에서 관행적으로 사용되는 "예측 불가능한 기상 상황"이라는 표현을 불가항력 조항에 삽입한 경우, 악천후가 예측 가능한 다른 국가에서는 해당 조항을 근거로 이행 의무를 면제받지 못할 수 있다는 점을 이해해야 한다.

한편, 서로 다른 법 체계는 불가항력 조항을 아무리 잘 만들어도 큰 혼란을 불러일으킬 수 있다. 위에서 논의한 것처럼, 준거법과 사법권의 선택은 불가항력 조항이 잘 적용되는데 중대한 영향을 미친다.

하지만 아무리 주의 깊에 설계해도, 불가항력 조항의 불일치 위험은 완벽히 제거하는 것은 불가능할 것이다. 따라서 계약 조항에 의존하는 대신, 프로젝트 사업주는 보증신용장(standby credit) 개설, 준비금 마련, 추가 노동력 고용 등 다른 해법을 찾아 조항의 불일치 문제를 해소해야 할 수도 있다.

12.11 문제가 발생한 경우

[1] 일반 사항

PF는 궁극적으로 계약에 의존하며 계약법에 의해 규율 된다. 작성된 계약의 조건은 실제 적용 가능한지 주의 깊게 검토되어야 하는데, 가령 한 당사자가 계약을 위반할 경우 프로젝트 채무를 조기상환하기로 했다면 손해배상의 형태로 이행하지 못할 수도 있다. 만약 프로젝트 당사자들이 특정 당사자가 특정 계약을 이행하길 원한다면, 해당 분야 법률을 면밀히 검토하여 적용 가능한지 확인해야 한다.

법률적 장애물은 모든 PF에 존재한다. 특히, 당사자에게 계약의 이행을 강요하는 소송은 PF에 있어서 재앙과도 같은데, 그렇다면 구제방안과 집행에 대해서 논의하는 이유는 무엇일까? 바로 계약의 위반을 막기 위한 법률적 장치를 만들고, 문제가 발생하였을 때 미리 마련된 구제방안을 통해 협상력을 제고할 수 있기 때문이다.

[2] 계약에 따른 피해 금액

계약에서 피해액의 범위가 상세히 명시되지 않은 이상, 일반적으로 계약을 이행 중인 당사자는 채무불이행 상대의 계약 위반으로 입은 피해 금액만큼 보상 받게 된다. 하지만 이러한 개념은 중요한 계약의 위반이 피해의 속출을 불러일으키는 PF 세계에서 적용이 불가능하다. 사법기관이나 중재기관이 피해의 예측가능 여부와 계약을 이행 중인 당사자가 피해를 완화할 의무가 있는지 여부를 판단하기까지 기다릴 정도로 시간적 여유가 없기 때문이다.

[3] 손해배상

위에 언급한 이유 때문에 대부분의 PF 계약에서는 손해배상 방식이 선호되는 편이다. 다만, PF 당사자들이 매우 중요하게 생각되는 손해배상 조항은 법원에서 항상 인정해 주지는 않는다. 미국 통일상법전(Uniform Commercial Code) 2-718(1) 항은 미국의 손해배상에 대해 잘 정리하고 있다.

Damages for breach by either party may be liquidated in the agreement but only at an amount which is reasonable in the light of the anticipated or actual harm caused by the breach, the difficulties of proof of loss, and the inconvenience or non-feasibility of otherwise obtaining an adequate remedy. A term fixing unreasonably large liquidated damages is void as a penalty[4].

---

4) OFFICIAL UNIFORM COMMERCIAL CODE AND COMMENTS §2-7/8(1) (1972)

따라서, 미국법의 적용을 받는 손해배상 조항은 굳이 어렵게 느낄 필요가 없다.

영국에도 유사한 법률 조항이 있는데, 만약 피해액이 범칙금이 아니고 협의된 손실 추정액 범위 이내이면, 손해를 먼저 증명하지 않고도 손해를 보상받을 수 있다[5]. 프랑스법은 법원이 손해액이 합리적이지 않다고 판단하는 경우 이를 수정할 권한이 있다[6].

[4] 특정이행(Specific performance)

만약 채무불이행 당사자가 단순히 계약에 따라 이행한다면, PF 거래가 훨씬 수월해질 것이다. 하지만 특정이행이란 해결책은 항상 선택할 수 있는 옵션이 아닌데, 왜냐하면 특정이행 여부가 법원의 재량에 달려있기 때문이다. 계약을 이행 중인 당사자는 종종 프로젝트 채무불이행 당사자의 교체를 원하기도 한다. 따라서, 특정이행만이 만병통치약은 아니다.

12.12 계약의 국제화

PF 계약의 해석과 집행을 국제 무대에서 동일하게 적용하기 위해 계약의 국제화가 진행되고 있다. 국제 계약은 해외 PF에서 발생할 수 있는 비상위험을 어느 정도 피하거나 관리할 수 있도록 도와 준다. 이는 프로젝트 소재국 법률이 아닌 다른 준거법을 채택하고, 소재국 외 다른 국가에서 중재 또는 재판을 받도록 하며, 다자 및 양자기구들의 금융지원을 유도하고, 현금담보계좌 등 담보물을 프로젝트 소재국 밖에서도 설정하고, 소재국 정부와 양허계약을 체결하며, 비상위험에 대한 보험에 부보하는 것등을 통해 가능해진다. 하지만, 프로젝트 사업주들이 대부분 경험한 것처럼, 최적의 국제 계약은 실제로도 공정하고, 또한 공정한 것으로 인식되는 조건으로 이루어진 공정한 계약이다.

5) JOSEPH CHITTY, ON CONTRACTS 26-061 (1994)

6) 예를 들어, FRENCH CIVIL CODE, art. 1152 참조

Chapter **13**

PF 금융계약의 진술 및 보증

13.01 일반 사항

상거래에서는 사실 확인이 중요한데,[1] PF에서는 특히 프로젝트의 세부사항에 대한 이해가 프로젝트 계약과 금융거래의 올바른 구조를 세우는데 결정적이다. 확인되지 않은 사실은 프로젝트의 잠재적 취약점이고 예측하지 못할 불상사를 초래할 수 있다.

이처럼 기정사실화된 정보는 진술과 보증 부분에 기록해놓는다. 이를 바탕으로 계약 당사자들은 PF의 실행 가능성을 뒷받침할 수 있는 요소들이 실존하는지 판단한다. 따라서 대출계약서 등의 계약에 있는 진술과 보증 부분은 프로젝트의 실사 과정에서 매우 중요한 역할을 한다.

[1] 정의

진술과 보증은 PF을 포함한 상거래의 기반이라고 볼 수 있다. 진술은 계약 당사자가 다른 계약 상대방에게 어떠한 사실이 올바르다고 진술한 내용인데, 이러한 진술은 과거 또는 현재에 관한 사실에 대해서만 다룰 수 있고 미래에 관한 사실은 진술하지 않는다. 그 이유는 미래에 진실이어야 하는 사실은 약정과 다름 없기 때문이다.

보증은 때때로 진술과 혼선을 일으킬 수 있지만 실질적으로 두 개념은 함께 쓰이며 시공사는 어떤 사실에 대해 "진술하고 보증"할 것을 요구받게 된다. 단순하게 말하자면 보증이 계약에서 발생하는 의무라고 한다면, 진술은 상대방이 계약에 참여하도록 유도하기 위한 것으로 아직 유효한 계약이 성사되지 않더라도 존재할 수 있다. 따라서 계약 상의 보증은 미래 어느 시점에 어떠한 사실이 유효할 것이라고 말하는 약속과도 같은 것이다.

역사적으로 보증의 위반은 계약을 위반하는 것과도 같으며, 허위진술은 불법행위로도

1) "전하, 그녀는 항상 사실(fact)은 소와 같다고 합니다. 소 얼굴을 빤히 쳐다보면 보통 달아납니다." Dorothy Sayers, Clouds of witness, 4장 (1926)

볼 수 있다. 소송을 제기하려면 허위진술이 중요한 사실에 대해 의도적으로 거짓을 한 것이어야 하며[2], 당사자는 거짓임을 인지하거나 정확성이 떨어진다는 사실을 알고 있었어야 하고, 계약 상대방은 이러한 허위사실을 믿고 계약에 참여했고, 피해가 허위사실과 관련이 있어야 한다.

예로부터 보증위반에 대한 회복은 계약이 여전히 유효할지라도 손해배상을 통해 진행된다. 다만 허위진술에 있어서는 손해배상이나 계약의 취소 등이 가능할 수 있다.

일부 법원에서는 진술과 보증에 대한 구분이 모호하기 때문에, 관례적으로 시공사에게 동일한 사실에 대해 진술하고 보증할 것을 요구하고, 허위사실일 경우 채무불이행 사유가 된다는 점에 동의를 구한다. 물론 두 개념 사이 실질적인 차이가 존재하지만 이런 접근방법을 통해 협의 과정을 단순화시킬 수 있다.

[2] 목적

PF 계약에서 이루어지는 진술 및 보증의 목적은 계약 당사자들이 참여할 거래의 사실적 기반을 세우기 위함이다. 그러므로 각 당사자는 진술 부분에서 PF의 토대가 되는 사실들을 포함시킨다.

예컨대, 진술 부분에서는 이사회나 은행 신용위원회가 거래를 승인하기 위해 근거로 삼은 기본 요소들이 포함되어 있을 것이다. 또 다른 예로는, 일반적인 상식이지만 모든 거래의 일부인 중요 사실들이 적혀 있을 수도 있다.

협의과정을 통해 계약 당사자는 상대방이 거래의 기반이 되는 사실들에 대해 진술할 수 있는지 파악할 수 있게 된다. 이러한 과정은 각 참여자들이 프로젝트에 필수적인 요소들이 실제로 존재하는지 파악하는데 도움을 준다. 예컨대 프로젝트 회사가 건설을 위한 제반 부동산 권리를 취득했다는 가정하에 대주가 자금을 빌려주기로 했는데 사실이 아니라고 밝혀지면, 필수 권리들을 모두 취득할 때까지 자금을 집행하지 않을 것이다.

[3] 진술과 보증의 역할

PF의 성공은 사업의 수익성과 이를 구체화한 계약에 달려 있기 때문에 진술과 보증이 그만큼 중요하다. 사실상 대출 계약서에 있는 진술 및 보증 부분은 PF의 주요 체크리스트처럼 읽어야 할 것이다. 따라서 프로젝트의 각 항목을 구성하는 요소들이 실제로 존재하는

2) 부실표시법(Misrepresentation Act)에 따라, 의사표시가 정확성에 대한 신중치 못한 묵살로 이루어졌다고 하더라도 책임은 존재한다. Misrepresentation Act, 1967.

지 입증하는 것이 실사의 근본이며 진술의 주요 목적이다.

예컨대 건설, 운영, 원자재공급, 판매 등을 규율하는 계약은 프로젝트를 성공으로 이끌어 사업주가 운영비용을 지급하고 대출을 상환하는 데 중요한 역할을 한다. 만약 계약 당사자 중 하나가 특정 허가나 자산을 보유하고 있지 않다면, 프로젝트 건설이 지체되고 비용이 증가하여 계약이 프로젝트의 신용을 보강하는데 실패할 것이다. 올바르게 작성되고 협의된 진술 및 보증은 계약이 프로젝트에 필요한 신용 지원을 제공할 수 있는지 파악하는데 도움을 줄 것이다.

13.02 진술과 보증의 메커니즘

[1] 기본 전제의 확인

프로젝트 계약과 대출 계약서에 있는 진술과 보증은 서면으로 각 계약 당사자들이 참고하여 거래 참여 결정을 내리게 된 정보들을 확인하는 목적을 갖고 있다. 수개월 또는 수년에 걸쳐 토의한 내용과 타당성조사 결과 및 전망은 일련의 정보를 도출하여, 이는 대주의 대출 승인, 건설시공사·운영자·원자재 공급자 등을 선정하는데 기초가 된다.

모든 계약서에는 법적 지위와 거래에 참여할 권한 등에 대한 진술과 보증이 일반적이며, 아래에 설명되어 있다.

법적 지위. 계약 당사자의 법적 지위가 중요한 이유는 해당 거래에 참여할 능력이 있는지 여부를 결정 짓기 때문이다. 법인화 되지 않은 회사가 계약에 참여한다면 추정자산에 대해 계약한 대로 집행할 수 없을 것이다. 이와 마찬가지로 부채에 대해 유한 책임을 지는 파트너로 구성된 합자회사는 무한 책임을 지는 파트너들로 구성된 합명회사와는 매우 다른 계약 지위를 갖는다. 그러므로 법인 또는 단체설립 계획, 기업의 존속여부, 올바른 납세 지위, 해외 영업자격 등이 각각 중요하다.

거래에 참여할 권한. 거래에 참여할 권한이 있는지 여부는 법적 지위만큼 중요하다. 이때 고려할 부분은 시공사가 거래에 참여하는데 제한사항이 있거나 법원 또는 정부기관의 명령이 심각한 영향을 끼치는지 확인하는 것이다.

[2] 협의과정에서 알게 된 추가 정보

계약협의 과정에서는 진술과 보증의 내용이 시공사들 간 잠재적으로 문제가 되는 정보들을 공개하기 시작하면서 점차 좁혀진다. 결국, 진술과 보증 조항은 상황에 따라 수정되고, 이와 함께 계약과 프로젝트의 구조, 가격, 조건 등도 바뀔 수 있다.

이러한 문제점들은 빨리 공개되어 프로젝트 일정에 차질 없도록 해결방안을 찾는 것이 중요하다. 비록 일부 사업주들은 이러한 문제점들을 숨길 수 있겠지만, 대부분의 경우 수면 위로 드러나면서 일이 더 커질 수 있기 때문이다.

예컨대 아직 프로젝트 회사가 정부승인을 받지 않았지만 대주가 진술 조항에서 해당 승인 취득 요건만 제외시켜 주는 대신 대출 계약서의 준수서약 부분에 프로젝트 회사가 승인을 받기 위해 성실히 노력할 것이라는 문구로 대체할 수 있다. 마찬가지로, 채무불이행 조항에서도 정부승인이 반드시 이루어져야 하고 약속된 날짜까지 유효해야 한다는 문구를 포함시킬 수 있을 것이다.

[3] 진술과 보증 조항의 효력 발생일

진술과 보증 조항의 효력은 대부분 계약 집행 날짜와 맞춰진다. 대출 계약서 등 일부 계약서에는 계약 당사자가 추가 대출 등 특정 행위를 취해야 하는 날짜에 진술과 보증이 사실과 다를 경우 계약 당사자가 해당 행위를 안 할 명분이 생긴다.

그러므로 계약 당사자들은 진술과 보증이 미래에 부정확할 수도 있다는 위험을 특정 주체에게 전가하여 그 위험을 분산시키려 한다. 만약 건설 시공사가 계약서에 프로젝트 수행에 필요한 인력을 보유하고 있다고 진술하고 매번 건설비용 지급일에 다시 진술할 필요가 없다면, 프로젝트 회사는 인력 부족 위험을 떠안은 채로 시공사에게 대금을 지급해야 한다. (물론, 다른 계약 조항을 통해 프로젝트 회사는 대금을 지급할 의무를 면제받을 수 있을 것이다)

[4] 중대성과 인지에 따른 진술과 보증의 책임 제한

협의과정에서 계약 당사자들은 가끔 진술과 보증의 책임발생 범위를 중대성(materiality) 또는 인지(knowledge)에 따라 제한을 두길 원할 수 있다. 중대성 요건은 계약 당사자가 중요하지 않은 사실은 진술과 보증의 범위에서 제외시키는 것이고, 인지 요건은 진술과 보증의 범위를 계약 당사자가 현재 아는 사실로만 제한하는 것이다. 만약 어떠한 사실이 나중에 거짓이라고 밝혀지고 당사자가 거짓인지 몰랐다면 진술과 보증의 위반으로 여기지 않고, 대신 거짓인지 인지하고 있었다면 위반으로 보는 것이다. 이러한 제한사항의 중요성은 거래마다 다르고 거래가 기반으로 하는 전제에 따라서도 다르다.

중대성 요건은 계약 당사자가 법률과 정부 명령을 준수하고 어떠한 계약도 위반하지 않았다고 진술 및 보증한 상황에서 종종 요구되기도 한다. 계약 당사자는 주요 법률을 준수하거나, 중요 법률을 실질적으로 준수하거나, 또는 미준수 시 운영에 심각한 영향을 미칠 수 있는 모든 법률을 준수한다고 진술 및 보증할 수 있도록 수정 요청을 할 수 있다.

계약 상대방이 중대성 요건을 허용하는 것은 해당 거래에서 진술과 보증이 얼마나 중요하고, 또 실제 그러한 진술을 정확히 판별할 수 있는 능력이 있는지에 달렸다. 만약 진술과 보증이 특별히 중요하지 않으면 일부 중대성 요건이 허용되기도 한다. 마찬가지로 만약 계약 당사자가 작성한 진술과 보증한 사실들을 증명할 수 있다면 중대성 요건이 인정될 수 있다.

PF에서는 운영이 곧 채무 상환 여력을 결정 짓기 때문에 중대성 요건이 허용되지 않을 수 있다. 그 이유는 대주는 진술의 위반이 중대한지 여부를 부정확성이 알려진 시점에 판단하기를 더 선호하기 때문이다.

그러나 건설 계약에서는 건설 시공사에게 중대성 요건을 인정해주는 것이 나쁘지 않을 수 있다. 왜냐하면 건설 시공사는 대부분 다양한 사법권에서 사업을 진행하고 있어, 어느 한 사법권에서는 법률 위반을 했더라도 반드시 중대한 결과를 낳는 것은 아니기 때문이다.

마찬가지로 대주는 사업주에게 대출 계약서에서 주요 프로젝트 계약을 준수하고 있다는 진술과 보증을 요구하면서 중대성 요건을 허용하지 않을 수 있다. 대주는 약정서의 조건에 따라 자금집행 여부를 결정하기 때문에 문제가 있는지 특별히 신경을 쓰게 된다. 또한, 프로젝트 사업주는 다른 계약 당사자들로부터 채무불이행이 없다는 진술을 받아 계약을 준수하고 있다는 증명을 대주에게 하기도 한다.

진술과 보증의 위반 책임을 제한하는 인지 요건의 경우, 위험 분산에서 사기방지 조항으로 성격이 변형된다. 진술과 보증의 인지 요건은 계약 당사자가 거짓임을 알지 못했고, 상대방이 고의임을 증명할 수 없는 이상 위반이 아니라고 정의한다. 이러한 요건은 제3자만이 알 수 있는 사실을 진술하는 특수 상황에서만 적용 가능할 것이다. 한 예로는 정부기관이 승인을 철회할 위험이 없다고 진술해야 하는 경우를 들 수 있을 것이다.

13.03 진술과 보증의 확인

계약 당사자 중 특히 대주가 프로젝트 회사와 다른 참가자들의 진술과 보증을 확인하는 것은 흔히 있을 수 있는 일이다. 다만, 얼마나 자세히 검토하는 지는 당사자들의 전문성, 당사자들이 형성한 관계의 성격, 거래의 금융 위험 등에 따라 다르다.

일반적으로 대주는 컨설팅 회사를 통한 분석, 법률의견 요청, 사업주로부터 증명서 취득 등 프로젝트의 실행 가능성에 대해 직접 실사를 진행한다. 또 다른 중요한 실사 내용 중 하나가 양도 동의(Consent to Assignment)인데, 이는 대주가 금융조달 완료 과정에서 프로젝트 참여자들로부터 받는다. 양도 동의는 제26장에서 더 상세히 설명한다.

13.04 예시 조항의 설명

Section. The [identity of party making representations and warranties] represents and warrants to [identity of party to whom made] that:

진술과 보증조항의 서문에는 한 계약 당사자가 다른 당사자에게 하는 진술과 보증에 대해 알리며, 뒤따르는 내용이 준수서약(covenants)이 아닌 진술과 보증이라는 것을 다시 한 번 상기시켜준다.

13.05 기업 형태

[1] 일반적 사항

가장 처음으로 나오는 진술과 보증 조항의 내용은 기업 형태에 관한 것으로, 계약 당사자의 기업이 주식회사(corporation), 합명회사(GP) 또는 합자회사(LP), 유한책임회사(limited liability company) 또는 유한책임파트너십(limited liability partnership)인지 확인해준다.

PF에서 진술과 보증 조항이 매우 중요한 이유는 참가자들을 파악하고 실사를 진행하는 것이 중요하기 때문이다. 가령 제15장에서 논의되는 바와 같이 PF에서는 건설 시공사가 손해배상이나 기타 금전적 보상 등으로 신용을 보강한다. 따라서 건설 시공사의 기업 형태를 파악해야 금융 실사를 진행할 때 시공사가 신용을 보강하기 위한 신용도가 충분한지 확인할 수 있다.

적법한 기업의 설립(due incorporation; due formation). 법인이나 파트너십이 적법한 절차를 통해 설립되었는지 여부는 관할권의 법률에 따라 다르다. 만약 설립일 기준으로 법률의 요구조건이 모두 충족되었다면 적법하게 설립되었다고 말한다.

유효 존속(valid existence). 비록 적법하게 기업이 설립되었다 하더라도 유효하게 존속하지 못할 수 있다. 법인의 경우 해산할 수도 있고, 사법당국이 사업자등록을 박탈하거나 영구적인 목적으로 설립되지 않아 유효기간이 만료될 수 있다. 파트너십의 경우 파트너 간 협약 또는 법규에 따라 더 이상 존속하지 않을 수도 있다.

유효한 등록 상태(good standing). 기업이 설립을 완료한 곳에서 수수료 지급과 세금 납부 의무를 다하고 연차보고서 등 필요서류를 제출했다면 기업이 유효한 등록상태라고 말한다. 그렇지 않으면 사법 시스템의 접근 권한 등 법적으로 부여 받은 특정 권한에 대한 제한을 받을 수 있다.

능력과 권한(power and authority). 기업은 법인허가 또는 파트너십 협약 등 설립 문서에 의해 주어진 권리를 통해 사업을 영위할 능력과 권한을 갖고 있다. 이러한 문서는 면밀히 조사하여 계약을 이행할 능력이 있는지 파악해야 할 것이다.

적법한 자격(due qualification). 일반적으로 기업에 적용되는 법규에서는 외국 법인(해당 사법권 하에서 설립되지 않은 법인)이 필수 자격요건을 갖출 것을 요구한다. 만약 이에 따르지 않는다면 사법 시스템을 이용할 권리가 일시적으로 제한될 수 있으며, 사후적으로 일정 비용을 지급하고 등록을 완료해야 권리가 회복될 수 있다. 그러나 미국의 일부 주에서는 사후 조치를 취하여도 위반 기간 동안 집행된 계약과 관련해서는 사법 시스템의 접근을 거절당할 수 있다. 그만큼 PF에서는 계약이 중요하기 때문에 프로젝트 회사의 유효한 등록상태를 면밀히 분석하여 중요한 프로젝트 계약이 집행될 수 있도록 해야 한다.

[2] 주식회사

Incorporation, Good Standing, and Due Qualification of Corporation

The [Corporation] is a corporation duly incorporated, validly existing, and in good standing under the laws of [Jurisdiction]; has the corporate power and authority to own its assets and to transact the business in which it is now engaged or proposed to be engaged; and is duly qualified to do business in each jurisdiction in which the character of the properties owned by it therein or in which the transaction of its business makes such qualification necessary.

[3] 합명회사

Incorporation, Good Standing, and Due Qualification of General Partnership

The [General Partnership] is a limited partnership duly formed and validly existing under the laws of [jurisdiction]; has the partnership power and authority to own its assets and to transact the business in which it is now engaged or proposed to be engaged; is duly qualified to do business in each jurisdiction in which the character of the properties owned by it therein or in which the transaction of its business makes such qualification necessary; and the copy of the partnership agreement attached hereto as Exhibit_ is a true complete copy of such partnership agreement, and there have been no other amendments or changes to such partnership agreement.

[4] 합자회사

Incorporation, Good Standing, and Due Qualification of Limited Partnership

The [Limited Partnership] is a limited partnership duly formed and validly existing under the laws of [Jurisdiction]; has the partnership power and authority to own its assets and to transact the business in which it is now engaged or proposed to be engaged; is duly qualified to do business in each jurisdiction in which the character of the properties owned by it therein or in which the transaction of its business makes such qualification necessary; and the copy of the limited partnership agreement attached hereto as Exhibit_ is a true and complete copy of such limited partnership agreement, and there have been no other amendments or changes to such limited partnership agreement.

[5] 합자회사에서의 무한책임사원

Incorporation, Good Standing, and Due Qualification of General Partners

Each general partner of the [Limited Partnership] is a corporation duly incorporated, validly existing, and in good standing under the laws of [Jurisdiction]; has the corporate power and authority to own its assets and to transact the business in which it is now engaged or proposed to be engaged; and is duly qualified to do business in each jurisdiction in which the character of the properties owned by it therein or in which the transaction of its business makes such qualification necessary.

13.06 권리능력과 권한

[1] 설명

권리능력과 권한에 대한 진술과 보증은 계약 당사자가 계약에서 고려하는 특정 거래에 참여할 수 있는지 확인해준다. 특히, 계약 당사자는 주주나 파트너로부터 모든 동의를 받았는지와, 기본 계약에 따라 계약을 체결할 수 있는지, 그리고 정부기관 및 법원을 포함한 제3자가 거래 승인 및 동의를 제공했는지를 파악한다.

거래 참여 및 이행 권한: 법인 설립 인증서, 내규, 파트너십 약정서 등 기본 서류들이 일부 거래에 제한을 둘 수 있다. 예컨대, 법인 설립 인증서 상에서는 제3자 채무에 대한 특정 보증을 위해 주주의 동의를 요구할 수 있다.

주식회사 또는 파트너십의 승인: 마찬가지로 기본 계약서에서 주주 또는 파트너의 모든 동의가 있어야 거래에 참여할 수 있다는 규정이 있을 수 있다.

법규 또는 사법 질서의 위반: 어떤 법률이나 규정, 또는 사법 질서 등은 계약 당사자가

참여하려는 거래를 금지 또는 제한할 수 있으며, 또는 정부기관이나 법원의 허가를 별도로 요구할 수도 있다. 또한, 해당 거래 자체는 위반이 아니지만 계약 당사자의 거래 참여는 법률 또는 질서를 위반한 것으로 간주될 수 있다.

이러한 진술의 범위는 사업주와 다른 시공사들이 사업을 영위하는데 필요한 모든 허가를 취득했다는 진술보다는 그 범위가 좁으며, 특정 계약의 이행과 인도에 국한되어 있다고 볼 수 있다.

기존 계약의 위반: 특정 거래는 기존 계약을 위반하게 할 수도 있다. 다른 계약 당사자와 맺은 계약의 위반이 참여를 계획 중인 거래와 직접적인 연관이 없더라도, 위반사항이 채무불이행으로 규정되어 계약 당사자가 손실을 입을 경우 프로젝트를 정상적으로 영위하는데 부정적 영향을 미칠 수 있다.

유치권의 부여. 일부 대출 거래에서는 차주가 계약 상대방에게 자산의 담보를 일방적으로 제공하지 못하도록 대주가 금지 조항을 추가할 수 있다. 만약 검토 중인 계약에 담보 제공 조항이 포함되어 있다면, 진술부분이 이러한 담보권 제공으로 대주와 문제가 발생하는 지 여부를 확인하는데 도움을 줄 수 있을 것이다.

[2] 예시 조항

Power and Authority. The execution, delivery, and performance by the [Contracting Party] of the [Contract] has been duly authorized by all necessary [corporate / partnership] action and does not and will not: (1) require any further consent or approval of the [shareholders / partners] of such [corporation / partnership]; (2) contravene such [corporation's / partnership's] [certificate of corporation or bylaws / partnership agreement / certificate of limited partnership or limited partnership agreement]; (3) violate any provision of any law, rule, regulation, order, writ, judgment, decree, determination, or award presently in effect having applicability to the [Contracting Party]; (4) cause the [Contracting Party] to be in violation of or in default under any such law, rule, regulation order, writ, judgment, injunction, decree, determination, or award or any such indenture, agreement, lease, or instrument; (5) result in a breach of or constitute a default under any indenture or loan or credit agreement or any other agreement, lease, or instrument to which the [Contracting Party] is a party or by which it or its properties may be bound or affected; or (6) result in, or require, the creation or imposition of any mortgage, deed of trust, pledge, lien, security interest, or other charge or encumbrance of any nature upon or with respect to the properties now owned or hereafter acquired by the [Contracting Party].

13.07 법적으로 집행 가능한 계약

[1] 설명

법적으로 계약이 집행 가능하다고 하는 진술과 보증은 법률 의견이 아니고, 정확히 말하자면 계약 당사자가 계약의 요건들이 충족되어 계약이 법적으로 집행 가능하다고 진술하는 것이다. 그러므로 진술 조항에서는 계약이 유효하고, 유효성에 논란이 없으며, 계약 당사자가 거래에 참여할 법적 권한이 있고, 중재 또는 사법 시스템을 통해 계약이 집행 가능한 점을 이해하고 있음을 확인한다.

[2] 예시 조항

Legally Enforceable Agreement. This agreement is in full force and effect and, is a legal, valid, and binding obligation of the [Contracting Party], enforceable against the [Contracting Party], in accordance with its terms, except to the extent that such enforcement may be limited by applicable bankruptcy, insolvency, and other similar laws affecting creditor's rights generally.

13.08 재무상태, 프로젝트 예산 및 전망

[1] 설명

재무상태에 대한 진술은 일반적으로 프로젝트의 금융계약서에서 찾아 볼 수 있으며, 건설예산, 운영기간 동안 수익 및 비용에 대한 전망, 프로젝트 회사의 재무제표를 포함한다.

대주가 요구하는 진술의 종류는 시공 개시 전에 필요한 대출인지, 아니면 운영 단계에 받는 대출인지에 따라 달라진다. 만약 건설자금 대출이고 프로젝트 회사가 신생기업이라면 재무제표가 없다는 점을 유념해야 한다.

어떤 경우에는 다른 프로젝트 계약에서도 이러한 진술을 활용하여 프로젝트 참여자의 신용도를 언급하는데, 가령, 건설 시공사가 건설계약에 의거 손해배상을 하는데 동의하는 등 해당 참가자가 금융조달 과정에서 일정 부분 신용보강을 제공한 경우 중요하다. 특히, PF 채무의 비소구 특성 때문에 대주는 재무 정보를 매우 중요하게 생각한다. 따라서 계약 의무의 진정한 가치는 신용을 보강하는 당사자의 재무상태에 달려있다고 본다.

어떤 경우에는 참여자들의 재무정보가 정부기관이나 공용 데이터베이스에서 제공되기도 한다. 예컨대 미국에서는 기업공개를 한 주식회사의 재무정보는 증권거래위원회에 등록되어 있어 일반인에게 공개되고 있으며, 그럴 경우 이에 대한 진술이 별도로 요구되지 않다.

[2] 새로운 사업을 위한 PF 금융계약서의 예시조항

시공 개시 전의 PF 금융계약서에서 찾아 볼 수 있는 재무상태에 대한 진술은 프로젝트 예산, 전망 및 채무에 대한 조항이 포함되어 있다.

프로젝트 예산: 프로젝트 대주는 운영수익이 원리금과 운영비용을 지급하는 데 충분한지 파악하기 위해 건설비용을 정확히 측정해야 한다. 진술 조항은 금융계약서의 별첨으로 추가되거나 금융조달 완료 시 별도로 전달되는 프로젝트 예산에 기반하며, 실제 프로젝트의 건설비용을 잘 반영하고 있다고 명시한다.

전망: 이와 마찬가지로 대주는 프로젝트를 통해 얻는 수익과 운영 상 발생하는 비용을 판단해야 한다. 진술 조항은 이러한 전망을 기반으로 실제 예측되는 수익과 비용을 잘 반영하고 있다고 명시한다.

(a) **Project Budget.** The project budget was prepared using reasonable assumptions of the type typically used in projects similar to this project and the [Project Company] is not aware of any presently existing or threatened fact, condition, or event that indicates or could reasonably be viewed as indicating that the project will not be able to be completed in accordance with the project budget, and there are no liabilities of the [Project Company], fixed or contingent, which are not reflected in the project budget.

(b) **Projections.** The projections were prepared using reasonable assumptions of the type typically used in projects similar to this project and the [Project Company] is not aware of any presently existing or threatened fact, condition, or event that indicates or could reasonably be viewed as indicating that the project will not be able to be operated in accordance with the projections, and there are no expenses of the [Project Company], fixed or contingent, which are not reflected in the project budget.

(c) **No Other Business.** The [Project Company] has engaged in no business other than the project, and has no obligations or liabilities other than those incidental to its organization, and those incurred in connection with the project or its execution, delivery, and performance of this Agreement, all of which are set forth in the projections and project budget. The [Project Company] is solely in the business of acquiring, developing, constructing, financing, owning, and operating the project.

(d) **No Material Adverse Change**. There has been no material adverse change in the condition (financial or otherwise), business, or operations of the [Project Company].

[3] 기존 사업에 대한 재무상태 진술의 수정

만약 프로젝트가 정상 운영 중이라면, 재무상태에 대한 진술은 현재를 반영한 재무제표와 기존 예산의 삭제 등을 반영해야 할 것이다.
재무상태에 대한 진술은 은행이 신용평가를 하면서 참고하는 정보를 포괄하고 있어야 하며, 일반적으로 전년도 및 최근 분기 재무제표 등이 포함된다. 또한 마지막 재무제표 기준일과 프로젝트의 금융종결 사이 기간에 대해서는 차주가 중대한 부정적 변화가 없다고 진술할 것을 요구하는 조항을 통해 해결한다.

일반적으로 인정된 회계원칙(GAAP). 차주는 재무제표가 해당 국가에서 일반적으로 인정되는 회계원칙을 따라 작성되었다는 것을 확인해줘야 한다. 미국에서는 GAAP (Generally Accepted Accounting Principles)이라고 하며, 이러한 원칙을 채택하면 다양한 기준(standards)을 사용할 수 있기 때문에 일관성 있게 적용해야 한다.

재무상태의 공정한 표시. 차주는 재무제표가 실제 재무상황을 공정하게 표시하고 있다고 진술할 것을 요구 받는다. 이 때 중요한 점은, 단순히 재무제표가 GAAP을 따른다고 진술하는 것이 재무상황을 공정하게 표시하고 있다는 것을 의미하지는 않는다는 것이다.

(a) **Projections**. The projections were prepared using reasonable assumptions of the type typically used in projects similar to this project and the [Project Company] is not aware of any presently existing or threatened fact, condition, or event that indicates or could reasonably be viewed as indicating that the project will not be able to be operated in accordance with the projections, and there are no expenses of the [Project Company], fixed or contingent, which are not reflected in the project budget.

(b) **No Other Business**. The [Project Company] has engaged in no business other than the project, and is engaged and only proposes to engage, solely in the business of owning and operating the project.

(c) **Financial Statements.**. The balance sheet of the [Project Company] dated as a [date], and the related statements of income and retained earnings for the financial year ended [date], and the accompanying footnotes, together with the opinion thereon, dated [date], of [Accountants], independent certified public accountants, and the interim balance sheet of the [Project Company] as of [date] and the related statement of income and retained earnings for the [x]−month period ended [date] are complete and correct and fairly present the financial condition of the [Project Company] as at such dates and the results of operations of the [Project Company] for the periods covered by such statements, all in accordance with generally accepted accounting principles consistently applied, and since [date] there has been no material adverse change in the condition (financial or otherwise), business, or operations of the [Project Company].

[4] 계약 당사자의 재무상태에 대한 진술

Financial Information. The balance sheet of the [Contracting Party] dated as at [date], and the related statements of income and retained earnings for the financial year [date], and the accompanying footnotes, together with the option thereon, dated [date] or

[Accountants], independent certified public accountants, and the interim balance sheet of the [Contracting Party] as of [date] and the related statement of income and retained earnings for the [x]-month period ended [date] are complete and correct and fairly present the financial conditions of the [Contracting Party] as at such dates and the results of operations of the [Contracting Party] for the periods covered by such statements, all in accordance with generally accepted accounting principles consistently applied, and since [date] there has been no material adverse change in the condition (financial or otherwise), business, or operations of the [Contracting Party].

13.09 소 송

[1] 설명

소송에 대한 진술이 PF에서 특히 중요한 이유는 소송이 제기되면 건설 일정에 영향을 미쳐 프로젝트 완공의 지연, 건설비용의 증가 및 장기적인 실행 가능성의 저하 등을 초래하기 때문이다. 소송을 당할 가능성도 진술에 포함하는 이유는 소송 위험만으로도 프로젝트 발전이 더뎌지고 비싼 합의금을 물게 될 수 있기 때문이다.

진술 조항은 차주에게 영향을 줄 수 있는 소송 또는 법적 절차에 대해서도 언급한다. 따라서 프로젝트 회사와 꼭 직접적인 관련이 없더라도 회사에 영향을 미칠만한 일이면 진술 조항에서 명확히 해야 할 것이다.

[2] 소송이 없을 경우의 진술

Litigation. There is no pending or threatened action or proceeding against or affecting the [Contracting Party] [if a partnership; or any general partner] or any [Project Participant] before any court, governmental agency, or arbitrator, which may, in any one case or in the aggregate, materially adversely affect the financial condition, operations, properties, or business of the [Contracting Party] [if a partnership: or any general partner] or any [Project Participant] or the ability of the [Contracting Party] [if a partnership: or any general partner] or any [Project Participant] to perform its obligation under the

[Project Documents] to which it is a party.

[3] 소송 진행 중일 경우의 진술

사업주를 상대로 하거나 또는 사업주에게 영향을 줄만한 소송이 진행 중 또는 가능성이 있는 경우라면 금융종결이 불가능하겠지만, 다른 참여자와 관련된 소송이라면 쉽진 않지만 그래도 추진 가능하다. 만약, 소송이 진행 중이거나 소송 위기에 처했다면 소송 진술 조항에 제한사항이 요구될 수도 있다.

Litigation. There is no pending or threatened litigation or proceeding against or affecting the [Contracting Party] before any court, governmental agency, or arbitrator which may, in any one case or in the aggregate, materially adversely affect the financial condition, operations, properties, or business of the [Contracting Party] or the ability of the [Contracting Party] to perform its obligations under this agreement.

13.10 판결 및 명령

[1] 설명

비록 현재 소송이 진행 중이지 않더라도, 프로젝트 회사는 과거 소송의 판결문을 통해 프로젝트 참여와 관련하여 제한이나 금지 조치를 받았을 수 있다.

[2] 예시 조항

No defaults on Outstanding Judgments or Orders. The [Project Company] has satisfied all judgments, and neither the [Project Company] nor any [Project Participant] is in default with respect to any judgment, writ, injunction, decree, rule, or regulation of any court, arbitrator, or federal, national, central, commonwealth, state, province, municipal, city, borough, village, county, district, department, territory, commission, board, bureau, agency or instrumentality, or other governmental authority, domestic or foreign, provided that, solely as to any [Project Participant], such default could have a material and adverse effect on such [Project Participant's]ability to perform its obligations under any [Project Document] to which it is a party. All [Project Participants] have satisfied all judgments and are in compliance with respect to all judgements, writs, injunctions, decrees, rules or regulations or all courts, arbitrators, or federal, national, central, commonwealth, state, province, municipal, city, borough, village, county, district, department, territory, commission, board, bureau, agency or instrumentality, or other governmental authority, domestic or foreign, where the failure to do any of the foregoing could affect the ability of any [Project Participant] to perform its obligations under any [Project Document].

13.11 기존 계약

[1] 설명

소송 외에도 프로젝트 회사는 별도로 체결한 계약 때문에 프로젝트 참여에 제한을 받을 수 있다. 특히, 기업 형태와 관련된 파트너십 협약 등은 거래에 참여하는데 제한을 해서는 안 될 것이다. 따라서 기존 계약에 대한 진술은 앞서 설명한 권한에 대한 진술을 보완해준다고 볼 수 있다.

기존 계약에 대한 진술은 프로젝트 회사가 여러 계약을 체결한 상황이고, 계약의 불이행이 금융조달에 악영향을 끼칠 수 있을 경우 더욱 중요해진다.

또한, 건설 시공사나 원자재공급자와 같은 다른 참여자의 경우에도 기존 계약 때문에 새롭게 고려 중인 계약을 체결하는 데 제한을 받을 수 있다. 프로젝트 경제성의 기본이 되는 이러한 계약들은 금융조달에 부정적인 영향을 끼칠 수 있다.

마지막으로, 기존 계약에 대한 진술 조항에서는 프로젝트 회사가 어떠한 계약에 대해서도 채무불이행을 하지 않았다고 명시한다. 이러한 진술이 PF에서 특히 유용한 이유는 건설 대출자금이 집행되는 각 기일에 프로젝트 계약이 계속 유효한지 여부가 중요하기 때문이다.

[2] 예시 조항

Other Agreements. Neither the [Project Company] nor any [Project Participant] is a party to any indenture, loan, or credit agreement, or to any lease or other agreement or instrument or subject to any charter or corporate [or partnership] restriction which, if performed by all parties thereto in accordance with its terms, could have a material adverse effect on the business, properties, assets, operations, or condition, financial or otherwise, of the [Project Company], or on the ability of the [Project Company], or could reasonably be expected to have a material adverse effect on the ability of any [Project Participant], to carry out its respective obligations under the [Project Documents] to which it is a party. Neither the [Project Company] nor any [Project Participant] is in default in any respect in the performance, observance, or fulfillment of any of the material obligations, covenants, or conditions contained in (i) in the case of the [Project Company], any agreement or instrument material to its business to which it is a party and, in the case of a [Project Participant], where a default under such agreement or instrument could have a material adverse effect on such [Project Participant's] ability to perform its obligations under any [Project Document] to which it is a party, or (ii) any [Project Documents].

13.12 불가항력

[1] 설명

불가항력은 화재, 홍수, 지진, 전쟁, 테러와 같이 계약 당사자들의 통제가 불가능한 사건을 일컬으며, 어떤 당사자가 해당 위험을 감수하게 될지는 협의에 따른다. 때로는 '천재지변'이라는 표현이 통제 불가능한 사건들의 목록과 관련하여 사용되나, 이러한 표현은 피하는 것이 좋다. 마찬가지로 '천재지변 또는 사회의 적의 소행'이라는 표현도 피해야 하는데, 이러한 표현이 일부 문화권에 모욕적으로 받아들여질 수 있으며, 특정 종교 신념을 비판하는 것으로 비춰질 수 있기 때문이다.

[2] 예시 조항

Force Majeure. Neither the business nor the properties of the [Project Company] or any of the {Project Participants} are affected by any fire, explosion, accident, strike, lockout, or other labor dispute, drought, storm, hail, earthquake, embargo, or other casualty(whether or not covered by insurance), materially and adversely affecting the business or properties or the operation of the [Project Company] or materially and adversely affecting the ability of any such [Project Participant] to perform its obligations under any [Project Document] to which it is a party.

13.13 자산의 소유권과 유치권

[1] 설명

자산과 유치권에 관한 진술은 일반적으로 대출계약서와 프로젝트 인수협약서에서 볼 수 있다. 해당 조항에는 시공사가 자산에 대한 소유권을 보유하고 있고, 계약서에 언급한 것 외에 그 어떠한 유치권도 설정되어 있지 않다고 명시한다. 다음 문단으로 PF에서 소유권에 대한 진술이 중요한 이유는 프로젝트의 개발, 건설, 운영을 위해 필요한 모든 자산이 프로젝트 회사의 소유인지 알아야 하기 때문이다. 만약 중요한 자산을 소유하지 않고 있다면, 최소한 프로젝트의 경제성에 대한 전망과 궁극적으로 프로젝트의 전체적인 성공에 영향을 미칠 수 있을 것이다.

[2] 예시 조항

Ownership and Liens. The [Project Company/Contracting Party] has good and marketable title to , or valid leasehold interests in, all of its properties and assets, real and personal, including, without limitation, the [Project Site] and the property and assets, real and personal, constituting a part of the project, and none of the properties and assets owned by the [Project Company/Contracting Party] and none of its leasehold interests in subject to any mortgages, deeds of trust, pledges, liens, security interests, and other charges or encumbrances, except such as are permitted herein.

13.14 자회사 및 지분소유권

[1] 설명

자산의 소유권과 유치권 관련 조항과 마찬가지로, 자회사와 지분 소유권에 대한 조항도 대출계약서와 인수협약서에서 찾아볼 수 있다. 여기에서는 프로젝트 회사의 자회사 현황을 확인하고 프로젝트의 개발, 건설, 운영 과정에서 필요한 모든 자산을 소유하고 있음을 진술한다.

[2] 예시 조항

Subsidiaries and Ownership of Securities. Exhibit_ sets forth a complete and accurate list of all subsidiaries of the [Contracting Party], the jurisdictions of incorporation, and the ownership of outstanding stock. All outstanding stock of each such subsidiary has been validly issued, is fully paid and non-assessable, and is owned by the [Contracting Party] free and clear of all mortgages, deeds of trust, pledges, liens, security interests, and other charges or encumbrances.

13.15 사업의 운영

[1] 설명

PF는 겉으로 드러나지 않아 발견하지 못한 위험에 특히 민감하기 때문에 프로젝트 회사를 비롯한 공급자 및 구매자 등이 사업을 올바로 운영하기 위한 모든 권리를 갖고 있는지 확인해야 한다.

[2] 예시 조항

Operation of Business. Other than governmental approvals, the [Contracting Party] possesses all licenses, permits, franchises, patents, copyrights, trademarks, and trade names, or rights thereto, to conduct its business substantially as now conducted and, as presently proposed to be conducted, and the [Contracting Party] is not in violation of any valid rights of others with respect to any of the foregoing. Each of the [list major contracting parties to each material project contract] possesses all licenses, permits, franchises, patents, copyrights, trademarks and trade names, or tights thereto to perform its duties under the documents to which it is a party, and such party is not in violation of any valid rights or others with respect to any of the foregoing.

13.16 프로젝트 자산 및 권리의 위임

[1] 설명

때때로 프로젝트 회사는 프로젝트 성공에 필수적인 주요 자산과 계약 관련 권리를 모두 갖고 있지 않을 수 있다. 따라서 금융종결 전에 모든 자산과 계약 관련 권리가 프로젝트 회사에게 이전되어야 할 것이다.

[2] 예시 조항

Assignment. Any and all assignments, consents, and transfers of property (real and personal), contracts, licenses, approvals, permits, and interest from [describe assignor] to the [project Company] necessary for the construction of the Project by the [Project Company] are in full force and effect and are legal, valid, and binding on [assignor] and do not require any further approval by any Person or any Governmental Approval to become fully legal, valid, and binding agreements. There exist no liabilities or other obligations which have not been disclosed in writing to the [Lender] with respect to the purchase by the [Project Company] of all rights, title and interest of [describe assignor] to the Project.

13.17 프로젝트 계약

[1] 설명

PF 대주단은 시설 운영으로부터 발생하는 예상 수익과 비용을 토대로 프로젝트의 신용도를 평가한다. 따라서 프로젝트 회사가 참여하는 모든 계약의 조건, 책임 및 의무는 면밀히 검토되어야 할 것이다. 또한, 개정이나 수정사항은 대주에게 공개하고 검토를 받아야 하며, 인출선행조건(conditions precedent)을 충족하거나 면제를 받아 계약 이행에 문제가 발생하지 않아야 한다. 특히, 프로젝트 회사는 협의된 날에 충족해야 하는 모든 일정 관련 의무를 준수해야 할 것이다.

[2] 예시 조항

Project Contracts. All Project Contracts are unmodified and in full force and effect, there are no defaults or events of default in any such Project Contracts or material breaches (if there are no definitions for defaults or events of defaults) under any such agreement, the [Project Company] is in compliance with all milestone obligations under each such Project Contract, and all conditions to the effectiveness and continuing effectiveness of each Project Contract required to be satisfied have been satisfied.

13.18 채 무

[1] 설명

PF 대주는 수익 창출 계약과 생산물 구매시장을 통해 채무 상환 재원을 마련한다. 그러므로 모든 채무의 규모와 조건은 대주에게 공개되어야 하며, 일반적으로 잔존채무의 규모는 상환 가능한 수준에 일부 더한 수준 만큼만 보유하고 있어야 한다.

[2] 예시 조항

Debt. The only outstanding Debt of the [Contracting Party] is debt permitted under the terms of this Agreement.

13.19 세 금

[1] 설명

프로젝트 사업주가 세법을 준수하고 있는지는 금융지원 여부를 결정할 때 중요하다. 그러나 신의성실의 원칙과 적법한 절차에 따라 이의신청을 하거나, 충분한 준비금을 유지하는 경우에 면제를 받는 경우도 종종 찾아볼 수 있다.

[2] 예시 조항

Taxes. The [Contracting Party] has filed all tax returns(federal, national, central, commonwealth, state, province, municipal, city, borough, village, county, district, department, territory, commission, board, bureau, agency or instrumentality, or other governmental authority, domestic or foreign) required to be filed and has paid all taxes, assessments, and governmental charges and levies thereon to be due, including interest and penalties except such taxes, if any, as are being contested in good faith and by proper proceedings and as to which adequate reserves have been maintained.

13.20 규제 및 법적 지위

[1] 설명

PF는 안정적인 현금흐름을 창출하기 위해 예측 가능한 규제환경에 기반을 둔다. 만약 예측이 불가능하거나 규제 관련 위험이 적절치 않게 배분된다면 원자재 공급 및 제품 판매시장의 불안정성, 법률 변경 등 외부 불확실성으로부터 보호받기 위한 신용 보강 조치가 필수적이다. 프로젝트의 규제 및 법적 지위가 그만큼 중요한 기반이기 때문에, 이에 대한 진술과 보증이 신중하게 작성되어야 할 것이다.

[2] 예시 조항

(a) The Project is a [describe regulatory/legal status] pursuant to [describe statute or regulation], and, as such, the [Project Company] is not subject to any laws or regulations respecting [describe regulatory regime that is inapplicable to the Project Company; for example, the rates of public utilities or the financial and organizational activities of public utilities].

(b) The [Lender] will not be deemed, solely by reason of any transaction contemplated by any of the [Loan Documents], by any federal, national, central, commonwealth, state, province, municipal city, borough, village, county, district, department, territory, commission, board, bureau, agency or instrumentality, or other governmental authority, domestic or foreign, or other governmental authority having jurisdiction, to be subject to regulation under any federal, national, central, commonwealth, state, province, municipal, city, borough, village, county, district, department, territory, commission, board, bureau, agency or instrumentality, or other governmental authority, domestic or foreign, regulating [describe project purpose; for example: the generation, transmission or sale of electricity] under which the [Lender] would be deemed to be subject to regulation. [Exceptions may be needed in the event the Lender becomes an operator of the project.]

13.21 허가

[1] 설명

프로젝트 회사가 프로젝트의 건설이나 운영에 필요한 허가를 취득하지 못하거나 못할 위기에 처한 위험은 모든 참가자들의 큰 골칫거리이다. 건설자금을 조달할 때 허가는 보통 3가지 종류로 분류할 수 있다. 첫 번째 종류는 기 취득하여 완전한 효력을 발휘하는 허가로 철회 대상 또는 조건 미충족의 여지가 없어 심각한 변화를 초래하지 않는다. 두 번째 종류는 건설 시작 전에는 취득할 수 없고 정기적으로 신청하여 취득하는 허가이다. 세 번째 종류는 완전한 효력을 발휘하거나 정기적으로 신청하는 허가 외에 모든 허가이다. 물론 후자가 프로젝트 참여자들에게 우려의 대상이 될 수 있다. 마지막 종류의 허가는 특히 신청 및 승인 절차를 면밀히 검토하여 취득 가능성, 발생 비용 등의 문제를 확인해봐야 할 것이다.

프로젝트마다 필요한 허가는 국가, 관할권, 수행 지역, 기술, 진행과정 및 기타 다양한 요소에 따라 다르다. 따라서 허가에 대한 진술은 프로젝트에서 필요한 허가를 언급하고 신청 단계에 대한 정보를 제공해야 할 것이다.

[2] 예시 조항

(a) The Governmental Approvals set forth in Exhibit _ constitute all Governmental Approvals required (a) for design, construction, start-up, testing, and operation of the project, (b) for the execution, delivery, and performance by [Project Company] of its obligations, and the exercise of its rights, under the [Loan Documents], (c) for the grant by the [Project Company] of the liens created by the [Security Documents] and for the validity and enforceability thereof and for the exercise by the [Lender] of the remedies thereunder, and (d) for the transfer of any such Governmental Approvals to the entity responsible for obtaining or maintaining such governmental approval.

(b) The Governmental Approvals listed on Part 1 of Exhibit _ are all the Governmental Approvals required under applicable law to commence construction of the projects and all such Governmental Approvals have been duly given, made, or obtained and are in full force and effect, and such Governmental Approvals are not subject to any pending or threatened judicial or administrative proceeding or appeal. None of such Governmental Approvals contains any terms, conditions, or provisions that could reasonably be expected to materially adversely affect or impair [Project Company]'s ability to build the project in accordance with project specifications set forth in the [Construction Contract].

(c) The Governmental Approvals listed on Part 2 of Exhibit _ have not been obtained as of the date hereof and are not required under applicable law to be obtained as of the date hereof and cannot be obtained until commercial operation or performance testing of the project occurs.

(d) The Governmental Approvals listed on Part 3 of Exhibit _ have not been obtained as of the date hereof but (a) are not required under applicable law at the present stage of the project and (b) are of a nature that they can be obtained when required in the ordinary course of business from the applicable agency by the [Project Company].

(e) The Governmental Approvals listed on Part 4 of Exhibit _ have not been obtained as of the date hereof but are not required under applicable law at the present stage of the project.

(f) The Governmental Approvals listed on Parts 2,3 and 4 of Exhibit _ are of a nature that they can be reasonably expected to be obtained upon timely and adequate application being made therefor and upon payment of prescribed fees.

(g) "Governmental Approvals" means any authorization, consent, approval, license, lease, ruling, permit, tariff, rate, certification, exemption, filing, or registration by or with any government or bureau, department or agency thereof.

13.22 법률의 준수

[1] 설명

프로젝트 참여자에게 적용되는 법률과 규제의 준수 여부는 중요한 실사항목 중 하나이다.

[2] 예시 조항

Compliance with Laws. The existing and planned use of the project complies with all Legal Requirements, including but not limited to environmental laws, occupational safety and health, applicable zoning ordinances, regulations, and restrictive covenants affecting the [Project Site], as well as all ecological, landmark, and other applicable laws and regulations, and all Legal Requirements for such use have been satisfied, except, where the failure to comply with a law, in any case or in the aggregate, could not reasonably be expected to materially adversely affect the [Project Site], the project or the ability of the [contracting Party] to perform under any of the documents to which it is a party. No release, emission, or discharge into the environment of hazardous substances, or hazardous waste, or air pollutants, or toxic pollutants, as defined under any environmental laws, has occurred or is presently occurring or will occur in operating the project in its intended form in excess or permitted levels or reportable qualities, or other permitted concentrations, standards, or limitations under the foregoing laws or under any other federal, national, central, commonwealth, state, province, municipal, city, borough, village, county, district, department, territory, commission, board, bureau, agency, or instrumentality, or other governmental authority, domestic or foreign laws, regulations, or Governmental Approvals in connection with the construction, fuel supply, water discharge, power generation and transmission, or waste disposal, or any other project operations or processes.

"Legal Requirements" means any and all federal, national, central, commonwealth, state, province, municipal, city, borough, village, county, district, department, territory, commission, board, bureau, agency, or instrumentality, or other governmental authority, domestic or foreign, statutes, laws, regulations, ordinances, rules, judgments, orders, decrees, permits, concessions, grants, franchises, licenses, agreements, or other governmental restrictions.

13.23 사회기반시설(인프라)

[1] 설명

일반도로, 고속도로, 철로, 철도 조차장, 부두와 같이 프로젝트 완성에 꼭 필요한 사회기반시설은 미리 설치되어 있거나 건설 계획에 포함되어 있어야 한다. 예컨대 프로젝트 지역까지 이르는 도로가 존재하지 않는다면 금융조달 및 도로 개발을 위한 계획안이 필요할 것이다.

[2] 예시 조항

Infrastructure. All [identify necessary infrastructure: roads, access, highways, railways, rail switching yards, piers, docks] necessary for the construction and full operation of the project for its intended purposes have either been completed or the necessary rights of way therefor have been acquired by appropriate governmental authorities or dedicated to public use and accepted or otherwise approved by said governmental authorities, and all necessary steps have been taken by the [Project Company] and said governmental authorities to assure the complete construction and installation thereof no later than the earliest of the date required for their usage to construct and operate the project or any date required by an law, order, or regulation, or any document to which the [Project Company] is a party or by which it is bound.

13.24 완 공

[1] 설명

프로젝트 완공의 지연은 건설 비용과 채무상환비용의 증가를 초래한다. 또한, 채무상환과 운영·관리 비용을 충당하기 위한 프로젝트의 수익이 발생하는 시점을 늦출 수 있다. 뿐만 아니라 연료공급 계약이나 제품판매 계약에 의거하여 프로젝트 지연에 따른 손해배상을 해야 할 수도 있어, 진술 조항에서는 프로젝트 완공일을 어느 정도 예측할 수 있어야 한다.

여기서 완공일의 정의가 중요한데, 더욱 자세한 내용은 제12장에서 다루었다.

[2] 예시 조항

Completion Date. The [Project Company], after reasonable investigation, estimates that the [Completion Date] will occur on or before [date].

13.25 담보물

[1] 설명

대주가 담보 집행을 보장받기 위해서는 프로젝트 회사나 다른 계약 당사자로부터 넘겨받은 담보의 소유권을 검토해야 한다. 또한, 현지법 검토를 통해 필요한 서류들이 제출되었는지 확인해야 한다.

[2] 예시 조항

Security Documents. The [Project Company] has good and marketable title to the [Real Estate], and has good title to the other [Collateral] that exists as of the date of representation free and clear of all [Liens] other than [Permitted Liens]. The provisions of the [Security Documents] are effective to create, in favor of the [Lender], valid and perfected first priority security interests in and mortgage liens on such [Collateral]. All filings, recordings, registrations and other actions necessary or desirable to perfect and protect such security interests and mortgage liens have been duly effected or taken.

13.26 전체 공개

[1] 설명

프로젝트 참여와 관련한 세부사항을 모두 공개했다는 것을 보장받기 위해서는 진술 조항이 포괄적인 것이 도움이 된다.

[2] 예시 조항

Full Disclosure. No written information, exhibit, or report furnished by the [Project Company/Contracting Party] to the [Lender] relating to the project in connection with the negotiation of this Agreement contained any material misstatement of fact or omitted to state a material fact or an fact necessary to make the statements contained therein not materially misleading after giving effect to the supplementation of such information, exhibits, and reports furnished by such parties. No information, exhibit, report, certificate, written, statement, or other document furnished by the [Project Company/Contracting Party] relating to the project, to the [Lender] or to any appraiser or engineer submitting a report to the [Lender], or in connection with the transactions contemplated by this Agreement or the design, construction, start-up, testing, or operation of the project, contained any untrue statement of a material fact or omitted to state a material fact necessary to make the statements contained herein or therein not misleading under the circumstances in which they were made.

There is no fact or circumstance known to the [Project Company/Contracting Party] that materially adversely affects or could reasonably be anticipated to materially adversely affect the properties, business, prospects, or financial or other condition of the [Project Company/Contracting Party] or any [Project Participant] or the ability of the [Project Company/Contracting Party] or any [Project Participant] to complete and operate the project as contemplated by the [Loan Documents] and project specifications and to perform its obligations hereunder as set forth in the [Construction Contract] or under the other [Loan Documents] to which it is a party.

13.27 다른 프로젝트 계약의 진술과 보증 조항

[1] 설명

대출 계약서 등의 PF 계약서 내에 다른 프로젝트 계약에 언급한 모든 진술과 보증 조항이 사실이며 올바르다고 확인하는 진술과 보증 조항을 포함시키는 것이 유용할 수 있다.

[2] 예시 조항

Representations and Warranties. [Project Company] hereby restates each of the representations and warranties made to the respective parties to each of the [Project

Contracts], as if each such representation and warrant were set forth in full herein of the date hereof.

13.28 다른 사업의 영위 금지

[1] 설명

대부분의 PF는 프로젝트의 개발과 소유를 위해 특별히 세워진 특수목적회사가 수행한다. 해당 회사는 프로젝트의 진행, 채무의 상환, 계약의 이행 등을 방해할 수 있는 다른 사업을 영위하지 않아야 하며, 진술 조항에서 이를 확인할 수 있다.

[2] 예시 조항

No Prior Business Activity. [Project Company] has not engaged in any material business activities except in connection with the development of the project and in matters specifically related thereto.

13.29 완비된 프로젝트

[1] 설명

진술 조항을 통해 프로젝트의 모든 요소가 완비되어 있다고 확인한다.

[2] 예시 조항

Complete Project. The work to be performed, the services to be provided, the materials to be supplied and the property rights to be granted pursuant to the [Project Contracts] are all of the rights and interests necessary for the development, construction, start-up, operation and ownership of the project.

Chapter 14

프로젝트 소재 국가와의 예비 협약

14.01 서 론

프로젝트 소재국 정부는 고의든 고의가 아니든 프로젝트의 계획 단계부터 개입하게 된다. 이러한 개입은 프로젝트를 규제하기 위한 법안의 발의부터 시작해서 민간 개발, BOT (Build－Operate－Transfer) 구조 또는 민영화 등 산업의 개혁을 촉진하는 법안의 발의까지 그 형태가 다양하다. 프로젝트의 운영 단계에서도 정부의 개입은 다양한 차원의 규제와 비규제를 통해 이루어진다.

특히 도로, 철도, 항구, 발전소, 병원, 공항 등 인프라 프로젝트일 경우 프로젝트의 개발, 건설, 운영, 금융조달 등에 있어서 정부의 관심과 관여가 더욱 높아지게 된다. 국가 차원에서 개발 수요가 낮은 산업화 프로젝트의 경우 정부의 관심과 협력 수준이 낮아질 수 있으나, 일반적인 산업화 프로젝트에서 정부 산하의 연료 공급회사가 프로젝트 연료 공급을 담당하게 된다면, 일자리 창출이나 세수 등의 혜택 외에 추가적인 정부의 관심을 끌 수 있을 것이다.

프로젝트에 대한 현지 정부의 관심 수준은 프로젝트를 지원하는 각종 협약의 이행 능력과 책임에 영향을 끼치고, 민영화 등의 구조개혁과 프로젝트의 실행 가능성을 높이는 법안 제정을 유도할 수 있다. 이번 장에서는 정부가 민간 부문의 관심을 유도하는 과정과 프로젝트 개발을 지원하고 외국인 투자를 유치하는 절차와 협약에 대해 설명한다.

14.02 입찰 과정

[1] 개요

일반적으로 현지 정부가 새로운 프로젝트 또는 기존 시설 재단장에 민간참여를 유도하는 방법은 입찰을 통해서이다. 입찰은 정부가 마련한 선정 기준에 의거하여 투명한 방식으로 물품 혹은 서비스의 효율적 공급자를 선정하는 것으로, 프로젝트의 완공과 운영을 낮은 비용에 가장 잘 수행할 수 있는 회사를 뽑는다. 선정 기준은 단순히 시장가격일 수 있고 또는 경험, 자금력, 비금융 자원, 가격 등에 서로 다른 가중치를 두는 복잡한 방식일 수 있다.

프로젝트 사업주는 입찰과정에서 꼭 유리하지만은 않다. 비록 입찰은 계약의 재협상을 제한하고 부패에 대한 대중의 부정적인 인식과 필요 이상의 비용을 최소화하는데 도움을 주지만, 입찰 준비와 평가 과정에 비용이 들고 많은 시간이 소요된다. 아래에서 언급한 입찰의 단점에도 볼 수 있듯이 입찰을 통해 항상 목표하는 바를 달성할 수 있는 것은 아니다.

[2] 입찰의 장점

공개 입찰은 여러 방면에서 현지 정부에 이로울 수 있다. 입찰 과정은 물품 또는 서비스의 잠재적 공급자들의 경쟁을 부추기고, 가격을 낮추며,[1] 비리에 대한 인식을 줄여 프로젝트에 대한 대중의 신뢰와 지지를 높일 수 있다. 개발도상국에서 정부는 입찰과정을 통해 과거 무료 또는 보조금이 제공되던 인프라를 민간으로 넘기는 데 대한 대중의 반대를 일정 부분 해결할 수 있다. 이와 관련된 세계은행의 한 연구에 따르면 1990-2001 사이에 취소된 인프라 프로젝트의 절반은 비리 협의에 연류되었으며 경쟁입찰을 하지 않은 것으로 밝혀졌다[2].

어쩌면 입찰의 가장 큰 장점은 민간 부문의 혁신을 촉진할 수 있다는 것이다. 자본주의는 경쟁을 통해 기업들의 혁신을 이끌며 이들의 위험 감수로 관료적이고 정치 환경에 영향을 받아 창의성이 저하되는 공공 부문보다 비용이 더욱 절감되고 개선된 프로젝트를 만

1) 연구에 의하면, 입찰과정은 민자발전소가 생산하는 전력가격을 평균 25% 낮추었음. Yves Alhouy & Reda Bousha, The Impact of IPPs in Developing Countries - Out of the Crisis and into the Future, Public Policy for the Private Sector, World Bank Note No. 162, 5-6 (1998년 12월)

2) Clive Harris et al., *Infrastructure Projects - A Review of Canceled Private Projects*, PUBLIC POLICY FOR THE PRIVATE SECTOR, WORLD BANK NOTE No. 252 (2003년 1월).

들어갈 수 있을 것이다[3].

[3] 입찰의 단점

한편으로 경쟁 입찰 과정은 위와 같은 장점을 무효화시킬 정도로 방해 요인이 될 수 있다. 첫 번째로 비시장 요소들이 입찰에 참가하기 위해 사전심사에 선정된 회사들의 계획을 좌절시킬 수 있다. 예컨대 일부 기술적 자격요건은 잠재적 입찰 참가자들을 제외시킬 수 있으며, 이러한 차별적 조항은 우연히 삽입되거나 입안자의 경험 또는 지식의 부족으로 들어가게 될 수도 있다.

두 번째로 낙찰에 성공한 참가자는 입찰 서류에 명시된 가격과 계약조건을 나중에 재협상 하기 위한 목적으로 낮은 가격을 먼저 부를 수 있다. 이러한 접근방법은 입찰 방식이 갖는 경쟁우위를 완전히 해치고 정부로 하여금 비리와 불공정성 혐의에 노출되게 만든다.

세 번째로 비공개 입찰의 경우에 입찰이 해로울 수 있다. 이러한 과정에서 낙찰 대상 참가자가 양보를 강요 받거나 낙찰 대상이 아닌 참가자는 낮은 가격을 쓰도록 강요 받을 수 있다. 이로 인해 결국 낮은 가격을 받아낼 수 있지만 과정의 투명성은 없어지고 심한 경우 입찰이 무산될 수 있다.

[4] 입찰참가자격 사전심사(the RFQ)

입찰 과정은 참가자격 사전심사가 잘 이루어진다면 입찰자와 현지 정부에게 부담을 덜어 주게 된다. 이러한 과정을 통해 정부는 누가 입찰에 참가할 수 있는지 결정한다.

입찰 자격 사전 심사 과정은 입찰 요청서(Request for Qualification)를 잠재적 입찰자에게 제안하면서 시작된다. 보통 요구되는 자격요건으로는 유사한 프로젝트에 참여한 경험과 그에 대한 성과, 현지 국가에서의 실적, 신용도, 기술 전문성, 사용될 기술의 종류, 관리직·전문직·기술직들의 경험 등 비금융 자원 등이 포함된다. 이에 입찰자가 고용한 하도급 업체도 비슷하게 평가를 받아야 할 것이다. 결과적으로 보면 RFQ에 대한 회신은 참가자들이 입찰에 참가할 자격을 갖췄는지 말해주며 프로젝트의 성공을 의미하기도 한다.

이 때 RFQ 과정을 통해 입찰자의 수가 제한될 수 있으며, 남은 입찰 참가자들은 더욱 책임감을 갖고 입찰에 준비할 수 있게 된다. 특히 입찰자가 많고 낙찰률이 낮을 때 생길 수 있는 불성실한 자료 준비나 부적격한 입찰지원을 받는 사례가 최소화될 수 있다.

---

3) 정부의 환율보장으로 사업주가 민간에서 차입하여 발생하는 비용보다 더 많은 금융비용을 부담해야 한다면 경쟁이 금융부문의 효용성을 보장하지 않는다. 앞의 Alhouy & Bousha 연구, Note 1, 6-7

RFQ의 또 다른 장점은 입찰을 진행하는 자에게 입찰 과정을 개선할 기회를 제공해준다는 것이다. RFQ에 대한 응답서의 개수와 질에 따라 프로젝트 입찰이 수준 높은 개발자들의 관심을 끄는지 어느 정도 가늠할 수 있게 한다. 그게 아니라면 적절한 관심을 끌 수 있도록 프로젝트 및 입찰과 관련하여 개선점을 찾거나 완전히 프로젝트를 포기하는 방안도 고려해볼 수 있을 것이다.

[5] 입찰 방식과 입찰 서류의 준비(the RFP)

개요. 경쟁적인 측면에서 볼 때 입찰 과정이 성공적으로 마무리되려면 기술 선정 등 프로젝트 요소와 최대한 동일하게 설계되어야 한다. 제안가격을 제한하면서 어느 정도 투명성을 확보할 수 있겠지만, 입찰 과정을 설계하는 것이 단순하지만은 않다. 대부분의 경우 입찰 서류 작성자들은 프로젝트에 대해 상세히 설명하고, 프로젝트에 영향을 미칠 규제 범위를 명시하며, 입찰평가기준과 절차를 최대한 투명하게 만들어야 할 것이다.

또한, 입찰을 준비할 시간이 충분히 주어지고 상세한 평가 절차, 일정 및 낙찰자 선정 과정 등이 공개된다면 잠재적 입찰자에게 더욱 매력적인 입찰이 될 수 있을 것이다.

입찰 구조에서는 특히 현지 정부가 부담하게 되는 위험의 분배, 프로젝트 회사의 신용도와 위험을 감수할 재정 능력, 사업주의 프로젝트 경험 등 프로젝트 외적인 요소도 중요하다.

실제로 입찰자가 혁신적인 해답을 내기 위해서는 일정 부분 입찰 과정의 융통성이 요구된다. 입찰 방식을 변형하더라도 구체적으로 입찰자의 모든 요구조건에 부응할 수는 없겠지만, 기술적 혁신이나 운영의 효율성만으로도 입찰을 고려하게 만들 수 있다. 그렇지 않으면 정부는 민간 부문과 손잡고 일하게 될 기회를 놓치고 기업들의 위험 감수 능력, 혁신, 기술력 등의 혜택을 받지 못하게 될 것이다.

마지막으로 조건 확정 방식 또는 협상 방식의 입찰 중 하나를 택해야 한다. 전자에서는 계약 조건 등 프로젝트의 요구사항을 입찰서류에 자세히 열거하며 이에 입찰자는 특정 가격을 제시하게 된다. 후자에서는 우선협상대상자가 가격, 기술력, 재정능력, 계약조건 등을 기반으로 선정되고 실제 계약은 낙찰자와의 협상을 통해 확정된다.

평가와 채점. 낙찰자를 평가하여 선정하는 방법은 크게 자가 채점(self-scoring)과 비자가 채점(non-self-scoring)으로 나뉜다.

자가 채점(self-scoring). 자가 채점 방식에서는 특징을 가진 각 항목마다 번호를 부여

하며, 입찰자는 스스로 각 항목에 대한 응답을 기반으로 점수를 매긴다. 이러한 방법은 비록 나중에 점수가 정확히 매겨졌는지 확인해 볼 필요가 있지만 선정 과정의 완전한 투명성을 보장한다. 또 다른 장점은 여러 입찰을 효율적으로 빠르게 진행할 수 있고 미흡한 응찰 건은 즉시 제외시킬 수 있다.

한편, 자가 채점의 단점은 입찰 프로세스가 적절히 설계되어야 올바른 입찰자를 선정할 수 있다는 것이다. 만약 프로젝트 자체가 복잡하다면 각 항목을 나눠 점수를 매기는 것이 어려워 해당 방식으로 낙찰자를 선정하는 것이 쉽지 않다. 또한, 자가채점은 점수 조작을 완전히 방지하지 못해 증명 절차가 필요할 수 있다.

외부 채점(non-self-scoring). 비자가 채점 방식에서는 입찰자들이 제안된 프로젝트의 특성에 대한 자료를 제출하도록 요구 받는다. 낙찰은 이러한 입찰 서류를 바탕으로 이루어진다.

비자가 채점은 입찰 과정을 조금 더 융통성 있게 만든다는 장점을 갖고 있으며, 혁신적인 아이디어를 담은 제안서를 비교적 많이 제출 받을 수 있게 된다. 이러한 창의성은 특히 성장 단계인 산업 또는 부문에서 매우 중요하게 여겨진다.

다만, 가장 큰 단점 중 하나는 선정과정에서 투명성이 부족하며 장기간 지속된 입찰 과정 때문에 채점결과 간 불일치가 발생할 수 있다는 점이고, 제안서를 평가하고 채점하는데 많은 시간과 자원이 필요하기 때문에 자가 채점 방식보다 더 오래 걸리는 단점도 있다.

[6] 계약서 견본

때로는 정부가 프로젝트 회사와 체결하기 위해 준비한 견본 계약서를 미리 입찰 정보지에 포함시키는 것이 도움이 될 수 있다. 견본 계약서는 민간 프로젝트 입찰 과정에서도 유용한 정보를 제공하며 만약 준수하기 어려운 조건이 있다면 이에 대한 참가자들의 의견이나 제안사항을 받아 평가에 참고할 수도 있을 것이다. 견본 계약서의 삽입 여부는 입찰 방식에 따라 달라지며 조건 확정 방식의 입찰에서는 보다 전형적인 계약서를 사용해야 할 것이다.

[7] 입찰 회의 및 입찰자들의 질의사항

입찰자의 질의는 입찰 과정이 아무리 신중하게 계획되었다 하더라도 흔히 발생하게 된다. 보통 입찰 기획자들은 질의에 답변하지 않고 입찰 서류만 유일한 정보로 제공되기도 하며, 반대로 모든 질의에 성실히 답변하여 모든 입찰참가자에게 공개할 수도 있다.

또 다른 대안은 입찰 주선자 측에서 잠재적 입찰참가자들을 대상으로 입찰 회의에 초대하는 것이다. 회의에서는 제안서에 대해 추가 정보를 제공할 수도 있고, 모든 참가자들에게 질의응답 기회를 제공할 수 있다.

입찰 회의가 갖는 장점은 프로젝트에 대한 입찰자의 관심을 키울 수 있고, 프로젝트의 잠재적 문제점들을 조기에 파악할 수 있는 기회가 되며, 제안된 프로젝트에 대해 정보를 효율적이고 공정하게 제공하는 방법이기도 하다.

[8] 담보

입찰 참가자가 입찰에 성실히 임한다는 보장을 받기 위해서는 담보를 제공받는 것이 안전할 수 있다. 다양한 종류의 담보가 사용될 수 있지만 가장 흔한 것은 계약이행보증이나 신용장이다. 만약 입찰자가 입찰 조건을 준수하지 않는다면, 정부가 지연 등으로 발생한 비용을 충당하기 위해 담보권을 행사할 수 있다.

[9] 다자기구를 통한 공개입찰 추진

1951년부터 세계은행은 자금을 지원하는 프로젝트에 대해 국제경쟁입찰을 진행하기 시작했다. 2004년에는 한 차례 개정되어 비차별적 평가, 선정 기준 공표, 공개 입찰 등의 기준을 새롭게 마련하였다[4]. 만약 이를 준수하지 않을 경우 세계은행을 통한 금융조달이 불가능해질 수 있다.

[10] PF에서의 입찰

개요. 적절한 구조로 공정하게 관리되는 경쟁입찰 프로그램은 프로젝트 회사에게 안정성을 보장해준다. 왜냐하면 프로젝트 회사가 상품과 서비스의 가장 적합한 제공자로 입찰과정에서 선정되었기 때문에 나중에 가격이나 다른 요소로 비판 받을 가능성이 적다. 제대로 설계된 투명한 입찰과정은 혹시나 생길지도 모르는 비상위험을 감소시키고 추후 프로젝트의 가격결정에 도전하기 어렵게 해준다.

특수목적회사: 프로젝트를 진행하고 소유할 회사의 형태와 지배구조는 응찰서류에 명확하게 서술되어 있어야 한다. 만약 그렇지 않으면, 정부는 모회사나 기타 법인이 프로젝트

4) 세계은행 가이드라인-IBRD 대출과 IDC 신용하에서의 조달 (2004년 5월)

를 소유한다고 결론 내릴 수 있다. 이 때 재정능력 등이 평가 항목에 포함되면, 나중에 특수목적회사가 신용도가 높은 낙찰자를 대체할 경우 입찰이 성공적이지 못할 수도 있다. 대부분의 PF에서는 특수목적 회사가 프로젝트의 소유권을 갖기 때문에 이러한 문제는 중요하게 받아들여진다. 반대로, 특수목적회사가 프로젝트의 소유권을 갖는 것이 허용될 경우, 해당 내용이 입찰 서류에 명확히 기재되어야 할 것이다.

컨소시엄 입찰의 문제점. 대규모 인프라 프로젝트에서는 흔히 하나 이상의 사업주가 참여할 필요가 있다. 한 회사가 감당하기에는 자금 규모나 위험에 대한 익스포저가 너무 클 수 있기 때문이다.

이러한 경우에, 기업 집단 또는 컨소시엄이 구성되어 하나의 프로젝트를 함께 진행하게 된다. 이러한 컨소시엄의 구성기업은 계속 바뀔 수가 있는데, 그 이유는 국제 PF의 위험요인이 꾸준히 변하고 각 기업들의 위험선호 성향이 다를 수 있기 때문이다. 하지만, 컨소시엄이 입찰 과정에 선정된다면 구성원들을 교체하는 것이 어찌 보면 불공평해 보일 수도 있다.

모든 입찰 참가자에게 공정하기 위한 한 가지 방법으로는 낙찰 후 구성원의 교체가 가능하도록 애초에 입찰 규칙에 명시하는 것이다. 컨소시엄에 참여할 기업은 나가는 기업과 동등한 신용도, 경험, 기술력 등을 보유한 기업으로 국한할 수도 있다.

대주의 개입 시점. 입찰을 준비하면서 프로젝트 사업주는 법률 자문단, 대주, 양자 및 다자기구 등의 자문을 통해 입찰사업이 대주 등 각 참여기관 입장에서 지원 가능한지 파악한다. 보통 응찰 서류에는 금융조달 방안이 포함되어 잠재적인 대주와 조달 프로그램 등이 서술된다. 대주가 전체적인 프로젝트 제안서를 검토하여 제출 자료가 확정적임을 확인해 두는 것이 안전한데, 그렇지 않을 경우 낙찰이 되어도 대주가 수용 불가능한 위험요소를 근거로 거부권을 행사하면 거래가 수정될 수밖에 없을 것이다.

물론, 입찰 참가자는 낙찰의 보장도 받지 않은 상황에서 대주의 검토가 이루어지면서 많은 시간이 소요되고 비용을 지급해야 할 것이다. 또한, 대주의 요구조건은 가변적이고 시장, 정치, 경제 상황 전반에 영향을 받게 되겠지만, 일정 부분 대주의 사전 검토를 받는 것이 도움이 될 것이다.

14.03 의향서(Letter of Intent)와 양해각서(MOU)

일부 프로젝트에서는 프로젝트의 첫 번째 진행단계가 소재국 정부와 의향서 발급을 논의하는 것이다. 의향서는 종종 양해각서라고도 불린다.

의향서는 추후 정식 계약을 체결하거나 거래를 수행한 것이라는 당사자들의 의향을 확인하는 비교적 짧은 성명서로 법적 구속력이 없다. 해당 문서에는 거래와 당사자의 역할이 대략적으로 설명되어 있다. 이러한 접근 방식은 현지 정부가 성공적인 사업 개발을 위해 특정 법률, 규정 및 정책을 변경한다는 약속을 받거나 인프라 제공이나 투자 등을 확정 짓는데 유용하다.

의향서는 법적 구속력이 없음을 명백히 해야 하며, 아래와 같은 예시 조항에서 확인 가능하다.

Nonbinding Effect. This Letter of Intent is intended to be an expression by the parties to this letter of intent of their interest in negotiating in good faith the terms and conditions of the agreements the parties determine to be necessary in the development and financing of the [Proposed Project]. This letter sets forth the current status of negotiations among the parties and is not intended to be a contract of any type whatsoever.

의향서에 기입되는 내용은 프로젝트와 현지 정부에 따라 다르지만, 일반적으로 위치와 규모 등 프로젝트에 대한 개괄적인 설명, 사업주가 일정 별로 완성해야 하는 작업, 현지 정부의 필요한 조치, 허가 발급을 위한 정부의 협력 약속, 원자재 공급 또는 구매와 관련하여 정부기관과 맺는 계약의 조건 및 가격, 정부 보증 및 기타 정부가 제공하는 신용보강 방안, 사업주가 프로젝트를 단독으로 진행할 수 있는 독점권, 금융조달이 어려울 경우 개발 비용의 지급 및 분배에 대한 책임, 프로젝트 회사가 감당할 수 있는 차입금과 자본의 규모, 사업주가 투자한 자본금의 적정한 수익률, 세금 혜택, 기밀유지, 분쟁 해결, 다른 당사자에 분담 가능한 개발권한 등이 포함된다.

14.04 양허약정과 라이선스

[1] 개요

프로젝트를 진행, 소유, 건설, 운영하는 권리는 현지 정부와 체결한 양허약정을 통해 취득할 수 있다[5]. 양허약정(concession agreement), 라이선스(license), 서비스계약(service contract), 개발합의(development agreement)란 용어는 때때로 같은 의미로 사용된다. 역사적으로 양허약정은 석유 탐사 및 개발 산업[6]에서 발전하여 이제는 개발 프로젝트 전반에서 광범위하게 찾아볼 수 있다.

[2] 양허약정(Concession Agreement)

양허약정은 현지 정부와 프로젝트 사업주(또는 이미 설립된 프로젝트 회사) 간 체결된다[7]. 해당 문서는 프로젝트에 대해 설명하고 프로젝트의 소유권, 개발, 건설, 운영 및 활용에 대한 정부의 라이선스 조건 등을 포함하고 있다.

일반적인 양허약정은 양허의 조건, 프로젝트 회사의 권리에 대한 설명, 프로젝트 회사의 허용 가능한 지분 구조, 프로젝트 회사의 관리, 프로젝트 회사에 대한 외국인 투자 관련 제한 및 통제, 프로젝트 사업주가 투자한 자본금에 대한 고정 수익률, 현지 정부가 허가서를 발급함에 따라 얻는 보상의 방식(가령, 세수수입 또는 지분이익), 현지 국가로의 장비와 물품의 수입 조건, 프로젝트와 사업주에 부과할 관세 및 가격 통제, 양허약정을 종료시킬 채무불이행에 관한 조항, 종료 절차, 양허 갱신 조항 등이 포함된다. 이러한 양허약정은 거래 조건이 적힌 상업 계약이면서 동시에 정부와 맺기 때문에 주권법(sovereign act)의 성격을 갖고 있다[8].

5) "양허약정은 정부가 천연자원의 탐사, 지역 개발, 특정 벤처회사를 설립하고자 하는 외국 회사 또는 외국인의 사업에 라이선스를 제공하는 것으로 정의될 수 있는데, 정부가 회사의 전문적인 역량, 자산, 기술, 자본을 원하는 것이다." Viktor Soloveytchik, New Perspectives for Concession Agreements: A Comparison of Hungarian Law and the Draft Laws of Belarus, Kazakhstan and Russia, 16 HOUS. J. INT'L L.261 (1993)

6) Ernest E. Smith, From Concessions to Service Contracts, 27 TULSA L.J. 493 (1992); Note, *From Concession to Participation: Restructuring the middle East Oil Industry*, 48 N.Y.U.L. REV. 774(1973); Kenneth S. Carlston, *International Role of Concession Agreements*, 52 Nw. U. L. REV. 618 (1957).

7) Soloveytchik, supra note 5; J. LUIS GUASCH, GRANTING AND RENEGOTIATING INFRASTRUCTURES CONCESSIONS -GETTING IT RIGHT (World Bank Development Studies 2004).

8) 프랑스, 독일 및 독립국가들의 법체계에서는 이를 어떻게 다루는지 살펴보기 위해서 상위 각주 p264-267 참조

현지 정부 관점에서의 약정 조건. 현지정부는 양허약정에서 다양한 보호조항을 요구할 수도 있다. 그 중에는 양허 기간 동안 프로젝트 회사가 제공할 서비스의 요구, 생산품에 대한 가격 규제, 양허 기간이 끝나 정부에 소유권이 넘겨질 경우 프로젝트의 가치가 떨어지지 않도록 충분한 운영·관리·보수의 요구, 건설 완공일 등 주요 기한의 목록, 프로젝트 회사나 사업주에게 특정 사건이 발생했을 때 정부가 양허를 종료할 수 있는 권한의 부여 등이 있다.

프로젝트 회사 관점에서의 약정 조건. PF의 성공에는 정부의 역할이 크기 때문에, 사업주, 대주 등은 정부로부터 양허약정, 라이선스, 법률 또는, 별도 계약 등의 특정 보장을 요구한다. 그 중에는 프로젝트를 수행하고 활용할 배타적 권리, 제품을 처분할 권리, 원재료 공급에 대한 보장, 관리 직원들의 체류 비자, 필요한 부동산 권리의 취득, 제3장에서 언급한 자산몰수, 이익환수 등 비상위험의 분배, 세법 등의 법률 변경과 불가항력에 대한 보호 조치, 환율변동 및 환전위험에 대한 보호, 프로젝트의 국유화 위험으로부터의 보호, 설비의 소유 및 처분할 권리 등이 해당된다.

현지 정부의 유효한 동의와 승인. 양허약정이나 라이선스의 조건에 따라 프로젝트 회사와 협의한 프로젝트 요건에 대해 특별히 정부의 승인을 확보해두는 것이 안전하다. 예를 들면, 양허의 조건 중에는 프로젝트 사업주의 자본수익률을 제한할 수 있다. 물론 수익률은 금융조달 계획에 영향을 받겠지만, 현지 정부가 금융 조건에 동의한다면 향후 목표수익률 달성에 대한 분쟁이 생기는 부담감을 덜게 될 수 있다.

기타 고려사항으로는 개발 및 건설 계획에 대한 승인, 대주가 양허권을 가질 수 있는지 여부, 양허약정이나 라이선스의 조건에 의거 대주가 프로젝트 회사의 채무불이행을 치유할 수 있는 여력이 있는지 여부, 대주의 담보권 행사를 위한 양허권의 이전에 정부의 승인이 필요한지 여부 등이 포함된다. 각각의 권리들은 프로젝트 대주에게 중요하다.

하지만 현지 정부가 이러한 우려에 대해 완전한 보장을 제공하지 못할 수도 있다. 헌법상 금지사항, 법률의 제한, 정치적인 필요성과 편의에 의해 모든 국가의 정부가 행동에 제한을 받는다. 따라서 사업주와 대주는 어느 정도의 비상위험을 감내해야 한다. 다만, 이러한 제한에도 불구하고 정부는 프로젝트의 어려움을 해결하기 위해 미리 사업주와 대주와 함께 합동 회의를 하고 협력할 수 있을 것이다.

[3] BOT(Build - Operate - Transfer) 구조의 예

양허약정은 BOT 방식을 사용하는 PF에서 자주 사용된다. 이 구조에서는 정부 대신 민간기관이 프로젝트와 관련한 건설, 소유, 운영에 대한 권리를 가지며, 임시로 민영화된 상태로 운영된 뒤 정부에게 소유권이 넘어가게 된다.

BOT 구조는 일반적으로 현지 정부(혹은 정부기관), 프로젝트 회사, 그리고 경우에 따라 사업주 간 맺은 양허약정에서 찾아볼 수 있다. 양허약정은 프로젝트를 개발, 구축 및 운영하는데 필요한 양허권을 프로젝트 회사에게 부여하며, 정부는 인프라 개발에서부터 정부기관이 생산물을 구매할 의무에 대한 정부의 보증까지 다양한 지원을 제공하는 데 동의할 수 있다.

[4] 분쟁

현지 정부는 때때로 양허약정이 법적 구속력이 없다는 근거로 준수하지 않는 경우도 있다. 정부가 이러한 주권을 행사하더라도[9] 법정 및 중재기관에서는 대부분 받아들이지 않고 있다[10]. 다만, 국제법이나 현지법 상으로도 정부가 양허약정 내용을 수정하거나 종료할 권리가 있는지 여부가 여전히 불분명하다[11].

14.05 입법부의 승인

몇몇 국가에서는 개발 과정이 많이 진행되기 전에 프로젝트에 대한 입법부의 승인을 받는 것이 신중할 수 있다. 이러한 승인은 통화 환전, 외국인의 현지 부동산 소유, 프로젝트 성공에 필요한 천연 자원에 대한 접근권한 등 개발 단계에서 직면할 수 있는 어려움에 대해 확신을 줄 수 있다. 이것은 특히 인프라 프로젝트에 아직 투자자들을 유치하지 못한 신흥국에서 필요할 것이다.

적어도 어려운 투자 환경에 대처할 수 있는 두 가지 방법은 다음과 같다. 첫째로, 프로

9) Texaco Overseas Co. v. Libya, 53 I.L.R. 329, p422 (I.C.J.Arb. 1977).

10) Idem p468 - 83

11) Michael E. Dickstein, *Revitalizing the International Law Governing Concession Agreements*, 6 INT'L TAX & BUS. LAW. 54, 63 (1988); Georges R. Delaume, *State Contracts and Transnational Arbitration*, 75 AM. J. INT'L L. 784 (1981).

젝트에 우호적인 방향으로 세법 및 투자 관련 법률을 개정할 수 있다. 또 다른 방법으로는 법률 개정을 통해서가 아니라, 회사가 행정부와 협약을 맺고, 입법부의 승인을 받아 적절한 투자 환경을 조성하는 것이다. 성문화된 법 체계를 갖는 Civil Law 국가에서는 행정부에 의한 조치만으로 충분할 수 있겠지만, 어찌됐든 이러한 계약은 어느 국가에서는 신중하게 현지 변호사와 함께 검토되어야 할 것이다.

14.06 사업실시협약(Implementation Agreements)

[1] 개요

사업실시협약이란 프로젝트 사업주와 현지정부가 맺는 계약으로, PF에서 감안해야 하는 정치적, 재정적 요소들이 현지 국가에서 예측하기 어렵거나 부재하여 이를 해결하기 위한 목적으로 이용된다. 비록 현지 정부가 프로젝트의 당사자더라도, 국가마다 정부 측 계약 체결 당사자가 상이하므로, 프로젝트의 개발, 금융조달, 운영을 위해 필요한 지원과 보증을 제공해 줄 수 있는 정부 기관이 반드시 포함되어야 할 것이다.

따라서 사업실시협약은 불확실한 환경 속에서 위험을 줄이고 개발 노력, 자본 투자, 금융조달 등을 위해 체결된다. 때로는 사업실시협약을 투자안정협약이라고 불리는 이유가 불확실성이 큰 환경 속에서 안정성을 보장하기 때문이다[12].

사업실시협약은 다음 각 항목과 관련된 불확실성에 대해 다루는데, 이는 (1) 정부 보증 (2) 자산 몰수 위험 (3) 프로젝트에 필요한 허가 및 기타 정부의 승인 (4) 통화 위험 (5) 세금 혜택 및 인센티브 (6) 입법상의 보호 (7) 전쟁, 폭동, 파업 및 정치 폭력 (8) 특정 분야에서 사업을 영위할 수 있는 권한 (9) 프로젝트 개발의 독점권 (10) 현지정부, 유관기관 및 프로젝트 사업자 간의 협력 등이다. 각 항목에 대해서는 아래에 자세히 설명한다. 다만, 특정 국가에서 어느 하나 또는 전부가 문제가 되는 지와 사업실시협약에 삽입할 필요가 있는지 여부는 현지 국가와 프로젝트의 고유 특성에 따라 달라질 것이다.

12) EDUARDO H. GALEANO, OPEN VEINS OF LATIN AMERICA: FIVE CENTURIES OF THE PILLAGE OF A CONTINENT 12 (1973)

[2] 정부 보증

제20장에서 논의하겠지만, 현지 정부의 통제 하에 일부 정치적, 법률적, 규제적, 재무적 위험을 정부의 보증이나 기타 신용 보강 조치를 통해 경감할 필요가 있다. 일반적으로 금융조달 방식이 확정되었을 때 실행되는 정부 보증은 프로젝트 회사를 정부 또는 정부기관의 불이행 위험으로부터 보호한다.

예를 들면, 대부분의 신흥국에서 이루어지는 발전 프로젝트에서는 수익의 원천이 공기업인 경우가 많은데, 이러한 회사들의 신용 상태는 불안정한 편이다. 따라서 사업주는 정부가 공기업의 이행의무를 보장하기를 원하겠지만, 정부에게는 문제가 될 수도 있다. 그 이유는 인프라 시설의 민영화를 통해 금전적 부담을 덜어내려 한 목적이 정부 보증을 제공하게 되면 무의미해지기 때문이다. 그럼에도 불구하고 부분 보증이나 구속력이 없는 지원보장서 또는 보장장(comfort letter) 등을 제공받을 수 있도록 타협 또한 가능하다[13].

[3] 자산 몰수 위험(expropriation)

PF에서 기본적으로 보장 받아야 하는 사항은 정부가 향후 소유권을 주장하거나 개발자로부터 프로젝트 자산을 몰수하지 않겠다는 것이다. 이러한 보장은 특정 자원의 민간 소유가 아직 낯선 분야에서 특히 중요하다.

자산 몰수의 광범위한 정의는 사업실시협약에 명시하게 되어 있으며, 실질적인 자산의 취득 외에도 법률의 변경 등 간접적으로 자산 취득의 효과가 있는 점진적인 몰수(creeping expropriation)도 포함될 수 있다.

프로젝트 사업주의 입장에서 실현 가능한 해결책은 현지 정부에 적지 않은 부담이지만, 대부분의 경우 사업주의 채무상환 금액과 투자 수익을 달러 등 경화로 보상받는 방안을 포함한다.

[4] 허가 및 기타 정부의 승인

사업실시협약에는 협력에 대한 책임도 포함되어 있는데, 정부와 정부기관이 프로젝트의 건설과 운영에 필요한 허가와 라이선스를 발급하는데 최선의 노력을 기울인다는 의무의 형태로 표현된다. 또한, 현지 정부가 사전통지나 소명의 기회도 없는 상태에서 정당한 이

13) "피라미드" 케이스에서, 공공기관 중 하나가 서명한 계약서를 정부가 승인한 것이 정부 보증이 아닌 것으로 판명되었다. Thomas W. Waelde & George Ndi, *Stabilizing International Investment Commitments: International Law Versus Contract Interpretation* 참조

유 없이 허가 및 라이선스를 취소하거나 수정하지 않겠다는 약속을 포함한다. 어떤 경우에는 중요한 허가나 라이선스가 취소되기 전에 대주가 사전 통보를 받고 사태를 해결할 기회를 미리 가질 수 있도록 요구하기도 한다.

[5] 통화 위험

실시협약은 특정 국가에서 발생할 수 있는 통화 관련 문제점들에 대해 언급하게 된다. 그 중에는 환전 위험을 비롯하여, 채무, 자본, 연료비용 등 각종 의무를 부담하기 위해 충분한 외화가 존재하는지 여부 등이다.

프로젝트 종류에 따라 외화송금 위험의 성격이 다르다. 예컨대, 신흥국에서 진행되는 인프라 프로젝트는 달러 등의 경화를 수취하지 않을 가능성이 높고, 가장 큰 위험은 고객으로부터 경화를 받는 것이 불가능하거나, 현지통화를 경화로 환전하고 해외로 송금하는 것이 어려워지는 것이다.

이와 반대로, 신흥국에서 광산 프로젝트가 진행 중이라면 광물의 수출을 통해 경화를 버는 것이 용이할 것이다. 통화 관련 문제는 프로젝트가 경화를 계속 보유하여 차입금 상환과 자본 수익 지급에 쓰일 수 있는 지와, 역외계좌에 수출대금을 예치할 수 있는 지 등이 중요하다.

이러한 위험들이 적절히 해소되지 않는다면 미국 해외민간투자공사(OPIC)나 국제투자보증기구(MIGA)의 보험 상품도 검토해볼 수 있을 것이다.

외환 통제는 프로젝트에 다방면에 영향을 주는데, 해외 대주로의 대출금 상환, 외국인 투자자에 대한 투자수익 지급, 서비스, 물품, 원재료 및 원자재의 수입, 해외 기술 라이선스료의 지급 등이 포함된다. 하지만 개별 항목에 대해 건별로 접근하는 것은 현명하지 못하고 비용과 시간이 많이 들며 프로젝트의 지연을 초래할 가능성이 높아 가능하면 총체적인 동의나 면제부가 주어져야 할 것이다.

한편, 외환을 받은 상태 그대로 보관할 수 있도록 승인을 받는 방법도 가능하다. 정부는 외화로 받은 차입금, 투자자금, 판매수익 등을 프로젝트 관련 비용인 대출상환금, 투자수익금, 설비 비용, 용역 수수료 등을 지급하는데 그대로 쓰일 수 있도록 허가할 수 있다.

통화 및 환전 위험은 제3장에서 광범위하게 다루었다.

[6] 세금 혜택 및 관세의 완화

개요. 현지 정부가 부과하는 세금의 인하는 사업실시협약에 포함시킨다. 종종 이러한 혜

택은 상품이나 서비스의 가격에 반영되어 사업주에서 구매자로 이전된다. 만약 세금이 증가하면 이를 상쇄하기 위해 가격을 인상할 수 있다.

해당 조항은 프로젝트 계약 전체에 적용시켜 건설사, 운영사, 연료공급자 등 모두에게 세금 혜택이 골고루 전해지는 것이 중요하다. 그렇지 않을 경우, 사업주에 한해 혜택을 누리고 다른 참가자들은 높은 가격 등의 불이익을 볼 수 있다.

세금 면제 기간: 세금 면제 기간은 협의된 일정 기간 동안 납세 의무를 면제하는 것이다. 세금 완화 없이는 프로젝트가 어려워질 경우나 일자리 창출, 인프라 시설의 건설 등의 유익한 사업을 진행한 공로를 인정 받아 일시적으로 세금 부담에서 벗어날 수 있다.

세금 면제 관련 조항을 준비할 때는 세무사 또는 회계사의 자문을 구해야 하며, 제대로 작성되지 않을 경우, 사업주가 본국에 배당금을 지급하면서 납세 의무가 발생할 수 있다.

[7] 입법상의 보호

법률 변경의 위험도 실시협약에서 다뤄질 수 있다. 법이 바뀌면서 프로젝트에 악영향을 줄 것을 대비해 보호 장치가 필요할 수 있다. 일부 국가에서는 차별 대우를 하지 않겠다는 보장이 필수적일 수 있으며, 페루의 경우 투자안정협약의 형태로 투자자들에게 비차별적 대우를 약속한다.

한편, 사업주들은 가끔 정부로부터 "최혜 대우(most favored status)"를 받을 수 있도록 보호를 요구하기도 하는데, 이를 통해 원래는 불가능하거나 반경쟁적 효과를 초래하는 법률의 유리한 개정이 이루어져 혜택을 누릴 수도 있게 된다.

[8] 전쟁, 폭동, 파업 및 정치 폭력

전쟁, 폭동, 파업 또는 보험 가입이 어려운 불가항력 위험이 큰 국가에서는 재정적 보호 조치가 사업실시협약에 포함된다. 이러한 조항은 광범위하게 국제 갈등과 국내 혼란 등을 모두 포괄해서 작성되어야 하며, 특정 가격에 프로젝트를 매수해준다거나 프로젝트의 대출 상환 또는 운영비용 지급을 약속하는 계약의 형태를 취할 수 있다.

또한 정부가 프로젝트 보호 차원에서 필요한 모든 조치를 취할 것이라는 우대조치(affirmative action)를 요구하는 것도 유용할 수 있다. 특히 파이프라인이나 운송 프로젝트 등 지리적으로 큰 영토를 사용하는 프로젝트나 시위나 사보타주 행위에 민감한 프로젝트일수록 중요할 것이다.

[9] 사업을 영위할 수 있는 권한

프로젝트가 속한 업계에서의 정부 역할은 명확하게 정의되어야 한다. 보통 이러한 역할은 업계에 적용되는 기본 법률과 규정에서 언급되어 있지만, 어떤 경우에는 관세와 자본 수익에 대한 정부의 통제 범위는 별도로 협상을 통해 문서화 되어야 한다. 하지만 어떤 경우에도 사업실시협약에서는 프로젝트 사업주가 계획하고 있는 제품과 서비스를 생산하고 판매할 모든 법적 권한을 현지 정부로부터 받았다는 사실을 명백히 해야 한다. 사업주가 추진 중인 프로젝트를 촉진하기 위해서는 정부가 마련한 정책 프레임에 사업주가 충분히 의존할 수 있다는 보장을 줘야 할 것이다.

[10] 프로젝트 개발의 독점권

사업실시협약은 사업주에게 프로젝트를 개발할 배타적 권리를 제공한다. 그렇지 않으면 정부가 고의든 고의가 아니든 다른 사업주들과 동시에 협상을 진행할 수 있다. 개발단계 이후 건설과 운영 단계에서 사업주는 현지 정부로부터 다른 경쟁 프로젝트를 지원하는 등의 방법으로 프로젝트를 차별하지 않겠다는 약속을 받아야 한다.

[11] 프로젝트 개발 및 차별 방지를 위한 협력

각 국가에 특성에 맞는 조항도 실시협약에 포함시킬 수 있으며, 이를 위해 현지변호사와 협력하여 위험요소를 판별하는데 도움을 받을 수 있다. 예시 조항으로는 사업주가 사업에 적절하고 숙련된 근로자들을 입국시켜 활용할 수 있도록 정부가 근로 허가증을 발급할 의무, 도로와 철로 같은 인프라의 개발 의무, 면세로 설비를 수입할 수 있는 보장 확약, 부지 취득과 연료 공급에 대한 지원 등이 될 수 있다.

정부가 프로젝트 개발에 협력할 의향이 있더라도 후속 프로젝트에 밀려 불이익을 당하지 않도록 차별 방지(nondiscrimination) 조항의 삽입을 요구할 수 있으며, 미국에서는 고형 폐기물 프로젝트에 주로 찾아 볼 수 있다.

Nondiscrimination. The [Host Government] covenants with the [Project Company] that it shall not enact any law, rule, or regulation the effect of which is to discriminate against the project in any manner whatsoever, it being the stated intention, policy, and agreement of the [Host Government] that all projects [describe project purpose/output] shall be treated no more favorably than the [Project], irrespective of location, pricing, participants, lenders, or any other factor.

[12] 올바른 시민성(good citizenship)

사업실시협약의 일부 조항은 프로젝트 소재국가 시민들의 복지를 향상시키기 위한 회사의 의무가 포함된다. 예컨대, 깨끗한 수질관리에 대한 책임이나 인프라 개발 또는 환경 규제를 준수해야 하는 의무가 될 수 있다.

[13] 집행 및 분쟁해결

사업실시협약은 일반적으로 현지 국가 법 체계 상 집행하기 어렵다고 알려져 있다. 따라서 현지국가가 최소한 주권 면책권을 행사하지 않겠다거나 기타 법적 방어권을 포기하겠다는 보장을 해줘야 할 것이다. 협약의 집행 문제는 뉴욕법이나 영국법 등 채권자 권리를 보호하는 준거법을 선택함으로써 개선될 수 있으며, 분쟁이 현지 국가가 아닌 해외 중재를 통해 해결될 수 있도록 요구하는 것이 안전할 수 있다. 마지막으로 현지 정부가 중재가 이루어질 국가와 '외국중재판정의 승인 및 집행에 관한 뉴욕 협약(New York Convention on the Recognition and Enforcement of Foreign Arbitral Awards)'에 가입되어 있는 것이 바람직할 것이다.

[14] 사업실시협약의 합헌성에 대한 고찰

사업실시협약의 합헌성은 협상 과정 내내 반드시 고려되어야 한다. 협약에 대한 입법부 등 정부부처의 추가 승인이 필요한지 확인하고, 각 조항이 헌법이나 준거법이 허용하는 범위보다 훨씬 더 넓은 범위를 포괄하는지 면밀히 검토해야 한다. 필요시 신규 입법이나 기존 법안의 개정이 요구될 수도 있다.

합헌성의 문제는 특히 보증, 법률 개정으로부터의 보호, 세금 혜택 등이 포함된 사업실시협약에서 민감하다. 이런 상황에서는 새로운 법안을 만들고 정부 기금을 출현하는 등의 행위에 제약을 줄 수 있기 때문에 별도의 법적 승인이 필요하게 될 수도 있다.

[15] 손해

현지 정부는 혹시라도 비상위험이 현실화 되거나 정부가 채무 불이행을 하게 된다면 프로젝트에 보상을 해주기 위한 보증을 제공해줄 수 있다. 정부는 사업주가 최소한의 수익률을 보장 받을 수 있는 가격에 프로젝트를 매입해주는 것과, 정부의 조치로 인해 높아진 비용을 일부 부담해주는 형태로 보상해 줄 수 있다.

[16] 국가지원 협약과 프로젝트 지원 협약

국제 PF에서는 국가지원과 프로젝트 지원 등 두 종류의 지원협약을 찾아볼 수 있다. 국가지원협약은 수출 신용기구나 양자 위험을 보장하는 보험회사 등의 금융기관과 정부에 의해 협상이 이루어지고 집행된다. 지원협약은 다목적이며 포괄적인 금융조달 위험에 대응하기 위해 작성된다.

반대로 프로젝트 지원 협약(사업실시협약)은 정부와 특정 프로젝트의 사업주 간 협상이 이루어져 실행된다. 보통 국가지원협약의 미비한 점을 보완하고 특정 프로젝트의 요구에 대한 위험을 분배하기 위한 의도로 필요하다.

또한, 국가지원협약은 금융제공기관을 보호하기 위해 협의되는 반면, 프로젝트 지원협약은 국가지원협약이 부담하지 못하는 위험에 대해 금융제공기관을 보호하고 사업주까지 보호하는 목적을 갖고 있다.

[17] 안정화 조항(Stabilization Clauses)

안정화 보증이라고도 불리는 안정화 조항은 주로 외국 기업에 의한 천연 자원 발굴 프로젝트에서 자주 찾아볼 수 있는 것으로, 현지 정부와의 계약에서 사용되어 왔다[14]. 조항의 목적은 비상위험을 통제하기 위한 것으로, 정부의 개입을 제한하고 국영기업이 권력을 행사하여 외국 회사와 체결한 계약에 피해를 주는 사례를 방지하기 위함이다. 이러한 제재는 준거법, 근본적인 재정정책 체제 및 해외 법인의 투자 결정에 필수적이라고 간주되는 기타 투자 조건 등에 모두 적용된다. 흔히 주권에 대한 불필요한 규제로 여겨져 1970년대 후반 이후 대부분 사라졌으나 장기적인 인프라 프로젝트에 대한 외국인 투자를 격려하기 위해 다시 사용되고 있다.

안정화 조항은 현지 국가 또는 유관기관 및 외국기업과 맺은 계약을 더욱 강화하는 역할을 한다. 이러한 조항이 없다면 투자자들은 외국 기업이 현지 정부, 특히 차기 정부의 변덕에 쉽게 휘둘릴 것을 우려하게 되며, 오직 계약조건과 중재 등에만 의지해야 할 것이다.

14) Waelde & Ndi, supra note 13, 260 – 266; Esa Paasivirta, *Internationalization and Stabilization of Contracts Versus State Sovereignty*, 60 BRIT. Y. B. INT'L L. 315 (1989); S. K. Chatterjee, *The Stabilization Clause Myth in Investment Agreements*, 5 J. Int'l Arb. 97 (1988); Rainer Geiger, *The Unilateral Change of Economic Development Agreements*, 23 Int'l & COMP. L. Q. 73 (1974).

그렇다면 정부는 왜 하필 외국 기업과 맺은 협약을 나중에 변경하고 싶은 생각이 드는지 궁금해질 수 있다. 보통 국가주의와 사회주의 사상 때문에 양허약정이나 민영화에 대한 불만이 다시 나타날 수 있기 때문이다. 결국, 신흥국의 상대적인 협상력은 정치, 통화, 외환 및 기타 요소와 관련된 위험이 감소하면서 향상되어 프로젝트와 사업주로부터 취할 수 있는 이익의 범위가 넓어지게 된다. 게다가 정부는 다음과 같은 이유로 인해 변화가 필요하다는 결론을 내릴 수도 있는데, 이는 계약이 협상되었을 때 예상했던 것보다 프로젝트의 수익성이 훨씬 좋을 경우 (사업주가 프로젝트의 잠재적 수익성에 대해 보수적인 전망을 하는 경우 특히 그렇다), 계약 협상 당시에 존재하지 않았던 환경 문제로 프로젝트에서 새로운 기술을 사용하거나 특별세금을 도입하여 해소될 수 있는 경우, 예상치 못한 프로젝트의 정치적, 경제적 또는 사회적 영향이 발생할 경우 등이다. 물론 비슷한 이유에서 외국기업도 계약의 변경을 요청할 수 있어 재협상은 오직 정부의 선택만은 아니다.

PF에서 안정화 조항의 기능은 정부의 통제 하에 있는 프로젝트 회사의 중요한 암묵적 투자 결정들을 확립하는 것이며 비상위험을 완화하도록 설계되었다. 안정화 조항은 특히 운영 기간이 20년 또는 30년 이상이어서 비상위험에 노출되어 있는 장기 프로젝트에 중요하다.

만약 이러한 조항을 위반할 경우, 구제책으로 다음 두 가지 형태를 생각해볼 수 있다. 첫째, 외국인 투자자는 새로운 법률이나 규정의 효과가 계약에 반영되어 당사자들이 다시 원래 위치로 돌아갈 수 있도록 계약을 재협상하여 보상 받을 수 있다. 둘째, 외국인 투자자는 원가 회복이나 원가 정산을 통해 정부나 국영기업으로부터 투자환경이 바뀐 데에 따른 보상을 받을 수 있다. 물론, 정부의 명령으로 계약이 단순히 파기된다면, 외국인 투자자는 다른 해법으로 점진적 수용 등의 방안을 검토해 볼 수 있다.

[18] 정부 관점에서의 국가 보증

현지 정부가 프로젝트로부터 혜택을 받는지 여부는 정부와 다른 프로젝트 참여자 사이의 위험 배분이 어떻게 이루어지는지에 따라 달라진다. 제3장에서 논의된 것처럼, 신흥국의 인프라 프로젝트와 관련된 위험은 흔히 정부 보증이나 다른 종류의 신용 보강 조치[15) 등 현지 정부의 지원을 필요로 한다. 그러나 정부 보증은 민간 부문 참여(민영화)가 가져다 주는 혜택을 훼손시킬 수 있다. 이러한 보증은 현지 국가의 납세자들에게 상당한 비용을 부담시키고, 나아가 국가의 재정여건을 악화시킬 수 있다.

15) 국가와 외국기업과의 계약에 대한 논의와 관련하여 다음을 참조, Jean-Flavien Lalive, *Contracts Between a State or State Agency and a Foreign Company*, 13 INT'L & COMP. L.Q. 503 (1962).

또한, 현지 정부가 잘못된 위험에 대한 책임을 지게 된다면, 프로젝트 사업주는 효율적인 프로젝트 운영을 위한 인센티브가 부족해질 수 있다. 예를 들면, 프로젝트의 원자재 수급이나 생산물 판매에 대한 현지 정부의 보증은 경제적으로 탄탄한 프로젝트만을 개발할 중요한 시장 인센티브를 제거할 수 있다. 때로는 프로젝트의 위험분배 구조가 현지 국가에게 과도한 위험을 배분할 수 있고, 프로젝트 회사는 실제 위험 대비 훨씬 적은 책임을 지게 될 수도 있다.

물론, 현지 국가는 위험 감소 정책을 통해 프로젝트에 제공하는 신용 지원을 줄이려고 시도할 수 있다. 예컨대, 현지 정부가 안정적인 거시경제 정책을 유지한다면, 사업주는 환율, 환전, 송금과 관련한 위험을 보장해달라고 덜 요구하게 될 것이다. 마찬가지로, 예측 가능한 규제 체제와 독립적인 감독기관 및 사법부가 있다면 정부 보증의 필요성이 줄어들게 된다. 결국, 국제 중재기관을 통한 분쟁 해결을 허용하는 국가는 현지 법원의 차별적 대우에 대한 우려를 완화하고 정부가 제공하는 신용 보강 조치의 필요성을 감소시킬 수 있다.

선진국은 일반적으로 프로젝트에 대해 정부 보증을 제공할 필요가 없는 이유는 사업주와 대주 입장에서 경제적, 비상위험이 감당할 만한 수준이기 때문이다. 하지만 오직 선진국에서만 누릴 수 있는 혜택은 아니다. 아르헨티나의 전력산업, 칠레의 통신, 전력 및 가스 산업 등에서와 같이 일부 신흥국들은 정부 보증 없이도 인프라 개발이나 민영화를 할 수 있는 우호적인 경제, 정치 환경을 만들었다.

중요한 것은, PF 참여자들이 때로는 정부의 특성에 대해 망각하게 되는데, 이는 정부가 수많은 이해상충 문제에 해답을 제시해야 한다는 점이다. 그만큼 정부의 입장에서 향후 프로젝트가 적용 받는 법률이나 규정을 수정하지 않는다는 확약을 하는 것이 매우 어려운 일이며, 확약을 하더라도 경제적 피해를 보상하기가 어렵다. 예컨대, 환경 관련 법률 및 규정의 변경은 국민들의 요구를 만족시키거나 국제조약의 요구사항을 충족하기 위해 필요할 수 있으며, 마찬가지로, 변하는 경제상황에 대응하기 위해 세법 개정이 필요할 수도 있다.

가끔은 현지 정부가 국영 기업을 통제하는 것이 어려울 수도 있다. 예컨대, 발전 프로젝트에서는 생산물의 구매자가 때때로 지방 정부 등이 통제하는 공공 기관인 경우가 있다. 그러나 중앙 정부는 보증을 제공할 만큼 공공기관을 충분히 통제하고 있지 않을 수 있다. 따라서 정부가 공공기관 구매자를 민영화하여 정부 소유에 대한 위험을 제거하는 것이 바람직한 해결책이 될 수 있을 것이다.

한편, 현지 정부가 건설비용 초과나 생산물 수요 부진 위험 등 프로젝트의 신용위험을 부담하도록 요구 받는 경우가 있다. 그러나 정부는 프로젝트 회사가 이러한 위험들을 더 잘 관리할 수 있는 것으로 여기기 때문에, 만약 정부에게 책임을 지운다면 민간 부문에서 사업성이 있는 프로젝트를 선택할 중요한 유인이 제거될 수 있다. 다만, 프로젝트 회사가 이러한 위험을 감당하는 대신에 수요가 예상보다 부진하거나 협의한 목표수익률을 달성하는데 실패할 경우 양허 기간을 연장 받는 등의 부분적인 보상을 받을 수 있다.

마찬가지로, 현지 정부는 외환이나 이자율 위험에 대해 보장해주는 것을 거절할 수 있다. 하지만 프로젝트 회사의 관점에서는, 정부가 이러한 위험을 통제하고 안정적인 경제 정책을 유지하기를 바라기 때문에 일정 부분 보장을 받는 것을 원한다. 이는 대부분의 경우 외화표시 변동금리 대출을 받기 때문에, 프로젝트의 수익이 이자율과 환율 변동에 민감하기 때문이다. 그러나 정부의 관점에서는, 정부 보증이 프로젝트 사업주로 하여금 과도한 외화표시 채무를 차입하도록 할 수 있으며, 정부가 통화 절하 등을 통해 경제 문제를 해결하려는 의욕을 꺾을 수 있다. 마지막으로, 통화 절하는 소득의 감소와 이에 따른 세수의 감소와 함께 발생하곤 하기 때문에, 프로젝트 회사가 보증을 청구할 때 현지 정부의 가용 사용할 자금이 부족할 수 있다.

그렇다면, 현지 정부는 보증이 필요한지 어떻게 판단하는가? 대부분의 경우 정부는 보증의 경제적 효과를 측정하여 예산에 이를 반영해야 한다. 물론, 기대 효과는 과거 경험에 대한 기록이 없이는 예측하기 어렵지만, 경제 모델을 활용하여 유의미한 전망을 내놓을 수도 있다. 이렇듯 보증에 대한 재무 분석은 현지 정부가 보조금이나 보증 등의 지원을 할지 여부를 결정하는 데 도움을 줄 수 있다[16].

14.07 예비 협정을 위한 기타 고려사항

현지 정부가 프로젝트에 대한 협력이나 투자 또는 보증을 통한 재정 지원을 제공해주는 대가로, 사업주와 추가적인 계약을 체결할 것을 요구할 수 있다. 이러한 내용은 사업실시 협약에 포함시키거나 별도의 문서에 명시할 수 있다.

16) Christopher M. Lewis & Ashoka Mody, *Contingent Liabilities for Infrastructure Projects－Implementing a Risk Management Framework for Governments*, PUBLIC POLICY FOR THE PRIVATE SECTOR, WORLD BANK NOTE NO. 148 (1988년 8월); Christoper M. Lewis & Ashoka Mody, *Risk Management Systems for Contingent Infrastructure Liabilities－Applications to Improve Contract Design and Monitoring*, PUBLIC POLICY FOR THE PRIVATE SECTOR, WORLD BANK NOTE NO. 149 (1998년 8월).

[1] 인프라 개발

현지 정부는 프로젝트의 성공을 돕기 위해 인프라를 제공해주거나 향상시켜줄 수 있으며, 선진국과 신흥국에서 모두 이루어질 수 있다.

그러나 국가에서 인프라를 제공하기 위한 투자를 시작하기 전에, 프로젝트 회사로부터 프로젝트를 이행할 것이라는 약속을 받아내는데, 보통 사업실시협약에 포함시키거나 별도 계약을 체결한다.

육상 및 항공운송: 프로젝트 실행가능성을 위해서는 육상 및 항공 운송의 이용 가능성 및 접근성, 비용, 규제 등 이 세 가지 요소가 중요하다. 이용 가능성과 접근성이란 항공, 도로, 철로 등 운송수단이 존재하는 지와 프로젝트 현장에서 가까운 위치에 있는지를 나타낸다. 비용은 프로젝트가 해당 수단의 건설, 유지 또는 활용을 위해 지급할 비용을 말하며, 규정이란 운송 제한사항(cabotage)이 있는지를 본다.

- **접근성.** 프로젝트 현장에서 이용할 수 있는 운송 수단의 접근성은 프로젝트의 실행 가능성을 평가할 때 중요한 고려사항이다. 또한, 표면적으로 덜 나타나긴 하지만 프로젝트 현장을 넘어 운송 네트워크에 대한 접근 가능성도 고려해볼 수 있다. 만약 운송 수단이 부족하다면 정부의 인프라 투자가 필요할 수 있다.
- **비용.** 단거리에 있는 도로 또는 철도를 이용하면서 발생하는 비용은 프로젝트의 개발 비용으로 분류되는 한편, 장거리에 있는 도로나 철로를 이용하면서 발생하는 비용은 대부분 현지 정부가 비용을 부담하는 인프라 비용으로 분류된다.
- **운송의 제한(cabotage).** 카보타지는 정부가 운송 시스템 이용을 제한하는 규정이다. 가장 일반적인 카보타지 규정은 현지에서 상품을 이동시키려면 자국 선박을 이용해야 한다는 것이다. 마찬가지로, 양국이 맺은 조약을 통해 두 나라의 선박이 아니면 운송을 제한 받을 수도 있다. 물론, 경쟁이 없다면 어떤 방식으로든 운송비용이 과도하게 발생할 위험이 있기 때문에, 프로젝트 회사는 경쟁적인 가격에 운송수단을 이용할 수 있도록 이러한 규정이나 조약에 대한 적용을 면제받기 위한 협상을 원할 수 있다.

항구와 항만: 일부 프로젝트는 건축 자재, 연료, 원자재 및 기타 자재를 수상으로 운송하기도 한다. 수상 운송은 별다른 효율적인 운송 수단이 없을 때 선택되는 편이다.

많은 국가에서 항구와 항만은 너무 붐비고 혼잡한 것으로 악명이 높기 때문에, 지연이나 예기치 못한 운영비용을 예방하기 위해 사업주는 기존의 항구와 항만에 직접 부두를 설치거나 새로운 시설을 건설하기도 한다. 새로운 시설은 현지 정부의 승인과 협조를 필요로 하며 초기 협상과정에서 논의 주제로 포함시켜야 한다.

전력. 전력은 현지에서 직접 생산할 수도 있고 해외에서 수입할 수도 있다. 자원의 글로벌화가 지속되면서 전력은 오늘날 국제적인 상품으로 거래고 있다. 그러나 이러한 추세에도 프로젝트 사업주는 충분한 전력을 현지에서 직접 공급받을 수 있는 지 판단해야 한다. 만약에 그렇지 않으면, 새로운 발전소를 만들거나 프로젝트 현장으로 공급할 수 있는 송전선을 설치해야 할 것이다.

전력공급업체와 프로젝트 회사가 맺는 전력판매계약은 프로젝트가 부담하는 전력요금의 변동 위험을 제한할 것이다. 정부가 전력요금 변동성을 규제하지 않는 이상, 프로젝트 회사는 공급업체의 가격 인상 위험에 노출되어 운용비용의 증가로 인한 프로젝트의 경제성을 악화시킬 수 있다.

한편, 프로젝트 회사와 현지 정부가 조금 더 현실적이라고 생각하는 대안으로는 회사가 직접 자체적인 발전소를 만드는 것일 수 있다. 물론, 현지에서 전력을 공급 받을 수 있는 지 여부를 떠나 프로젝트가 제조 공정에서 증기나 열을 사용한다면 직접 발전소를 만들어야 할 수도 있을 것이다.

어떠한 방법이 선택되든지 간에, 프로젝트의 기간, 특히 채무가 있는 기간 동안에는 충분한 전력이 공급될 수 있도록 해야 한다.

수도. 생산 과정에서 사용되는 공정수와 장비를 냉각시키는데 사용되는 냉각수는 대부분의 프로젝트에서 중요하게 여겨진다. 용수를 별도의 공급업체로부터 제공받는지 또는 프로젝트 회사가 직접 인근에서 가져오는지 무관하게, 사용될 용수의 수질, 화학성분, 접근성 및 이용가능성은 프로젝트 회사가 현장을 선택하고 비용을 예상하는데 중요한 고려사항이다.

현지 정부가 프로젝트가 용수를 사용하는데 개입되는 경우는 공급업체가 국영기업이거나 주변 수로에서 물을 가져올 수 있도록 승인해 줘야 할 때이다. 이 밖에도 현지정부는 프로젝트의 용수 사용이 향후 식수나 주변 자연환경에 등에 영향을 미치게 될지 고려해봐야 한다.

폐기물 처리. 프로젝트의 부산물은 잘 설계되어 관리되는 폐기물 처리시설에 의해 폐기되어야만 한다. 프로젝트 현장 근처에 폐기물 처리시설이 없다면 직접 필요 시설을 만들거나 정부에게 만들어 달라고 요구할 수 있다.

통신. 흔히 신흥국에서도 무선과 디지털 통신 시스템이 잘 구비되어 있지만, 특별히 프로젝트 현장에서도 통신 서비스가 가능한지 여부를 확인하여 정부의 협조를 구해야 할 것이다.

[2] 제품 또는 서비스

현지 정부는 프로젝트에서 생산되는 상품이나 제공되는 서비스의 종류에 제한을 둘 수 있다. 예컨대, 프로젝트의 제품이나 서비스가 최근 수입되고 있는 제품이나 서비스를 대체하는지 여부가 정부에게 중요한데, 만약 그럴 경우 정부는 외화관리 계획을 세우고 필요시 생산을 제한할 수 있다.

[3] 일정

현지 정부가 프로젝트 사업주에게 마감 시한을 정해주는 일은 드문 일이 아니다. 이를 통해 프로젝트가 적절한 시간 내에 완공되는 것을 보장받는 데 도움이 되며 대부분의 인프라 프로젝트에서 찾아볼 수 있다. 만약 프로젝트가 일정에 따라 진행되지 않으면 현지 정부는 벌금을 부과하거나 프로젝트 사업주와 맺은 계약을 취소하고 다른 개발자를 선택할 수 있다.

마감 시한은 일반적으로 세 표현 방식으로 나뉜다. 첫째, 캘린더(calendar) 방식은 정부와 사업주가 완공일을 선택하여 특정 작업이 해당 일자까지 완료되도록 정하는 것이다. 둘째, 카운팅(counting) 방식은 각 중요한 작업이 진행되는 일수를 정하여 사업주가 정해진 기간 내 작업을 마무리하는 것이다. 마지막, 선셋(sunset) 방식은 완공으로 하나만 지정하는 것이다. 만약 프로젝트가 해당 날짜 안에 완공되지 못하면 벌금을 내거나 계약이 종료될 수 있다.

어떤 방식을 사용하던지 불가항력이나 현지 정부의 실수, 또는 협의된 사항이라면 기한을 연장할 수 있다. 다만, 장기간 불가항력 사건이 지속되어 2~3년이 걸린다면 더 이상 기한이 연장될 수 없고 정부와의 계약은 종료된다.

[4] 프로젝트 확장 권한

현지 정부와 사업주는 초기 프로젝트의 협상 단계에서부터 프로젝트를 확장할 권한에 대해서 미리 협의하는 것이 바람직하다. 기존에 이미 운영되고 있는 프로젝트 부지에서 프로젝트를 확장하는 것이 정부와 사업주에게 모두 경제적으로 효율적일 수 있다.

[5] 사회공헌활동 참여

현지 국가는 사업주에게 프로젝트를 승인해주는 조건으로 사회공헌활동에 참여할 것을 요구할 수 있다. 보통은 현지에서 프로젝트에 대한 소유권을 갖고 있지 않거나 현지 정부 측에서 프로젝트가 지역사회에 이롭다는 것을 알릴 필요가 있을 때 더욱 그러하다. 예컨대, 장학 프로그램에 참여하거나 수도처리시설 등 공익 시설을 건설하는 일이 될 수가 있다.

또한, 정부는 지역 주민들에게 직업훈련을 해줄 것을 요구하는 대신, 프로젝트 회사는 훈련과 고용에 대해 자율권을 가질 것을 원할 것이다.

[6] 현지에서 원자재를 조달하는 방안

일부 신흥국에서는 국내보다 해외에서 원자재를 조달하는 것이 예측 가능성 측면에서 더 나을 수 있다. 따라서 프로젝트 대주는 원자재 공급 계약을 다른 나라의 공급업자와 체결할 것을 요구할 수 있다. 만약 이로 인해 프로젝트에 추가 비용이 발생한다면, 국내 공급이 안정적으로 개선된 이후 종료할 수 있다. 향후 원자재를 현지 국가에서 조달할 계획이 있다면 프로젝트 개발 단계에서 해당 국가와 다른 계약을 협상할 때 함께 다뤄야 할 것이다.

[7] 건설 장비의 수입

선진국에서는 건설 장비의 공급이나 접근성 등이 용이한 편이지만 신흥국에서는 시공사가 특수장비를 국내로 반입하여 추가 건설비용을 부담해야 한다. 게다가 어떤 경우에는 현지 국가의 장비 공급자가 특수 장비를 건설 프로젝트에 독점적으로 공급하여 높은 비용을 청구할 수 있다. 추가 비용에는 관세와 판매세 또는 이용세를 포함하여, 현지 국가와 예비 계약을 협상하는 과정에서 건설 장비의 사용과 비용에 대해 함께 고민해야 한다.

가끔은 일부 국가에서 특수장비를 반입할 수 있는 승인을 받아 시공사가 관세와 기타 세금 부과 없이 들여오는 경우도 있다. 대신 건설이 종료된 이후에 장비를 반출해야 하며, 현지 국가에서 매각할 경우 매각 시점의 시장가격을 기반으로 세금을 납부하는 조건이 뒤따를 수 있다.

[8] 가격 규제

프로젝트 생산물에 매겨지는 가격은 프로젝트의 실행 가능성에 매우 중요한 요소이다.

그러나 많은 신흥국에서 가격 규제와 보조금 지급이 오랜 관습이어서, 이들 국가에서는 정부의 보조금 덕분에 주택의 전기요금이 비현실적으로 낮은 가격에 책정된 편이다.

다만, 프로젝트 회사는 프로젝트의 실행 가능성을 위해 정부의 정책과 상관없이 시장가격에 공급하는 것을 선호할 것이다. 따라서 가격의 상한제나 기타 가격의 통제 없이 시장가격을 채택할 수 있도록 정부의 확약을 받는 것이 중요할 수 있다.

마찬가지로 생산물의 일부 또는 전체를 해외로 수출하는 프로젝트도 비슷한 우려를 할 수 있는데, 현지 정부는 수출 기반 프로젝트의 수익을 극대화하여 막대한 세수와 외화 획득을 원할 것이다. 따라서 정부는 프로젝트 회사가 낮은 가격에 생산물의 가격을 책정할 수 없도록 가격 하한제를 도입할 수도 있으며, 이 때 다른 공급자들에 대한 경쟁력을 유지하기 위해 하한 가격 수준을 신중하게 설정할 필요가 있다. 예컨대 하한 가격을 지역 또는 국제 벤치마크 가격 또는 지수의 일정 범위 내에서 설정하는 것이 해결책이 될 수 있다.

[9] 정부 소유의 천연자원

연료 광물 등 프로젝트에 필요한 원재료의 일부 또는 전체를 정부가 소유한다면, 프로젝트 회사와 정부가 프로젝트 개발 초기 단계에 가격 조건에 동의하는 것이 중요하다. 그렇지 않을 경우 프로젝트의 실행 가능성이 불확실해질 것이다. 천연자원을 민간 부문이 소유하는 경우에도 정부가 세금이나 수수료를 부과할 수 있어 주의가 필요하다.

[10] 생산물 판매에 대한 현지 규제

현지 국가의 법률이나 규제로 인해 생산된 상품이나 서비스를 판매하는 데 제한이 있을 수 있다. 예컨대, 정부기관에 판매의 독점권을 부여하거나, 현지 유통 시스템 이용에 정부의 사전 승인이 요구되는 등 물리적인 제약이 있을 수 있다. 이러한 단점은 프로젝트 실행 가능성을 보장받기 위해 조속히 해결되어야 할 문제이다.

[11] 수출 규제

수출은 일반적으로 정부에 의해 규제된다. 만약 프로젝트가 생산물을 수출한다면, 현지 변호사의 도움을 받아 현지 법률이 프로젝트에 미치는 영향을 이해하는 것이 중요하다. 대외무역법은 프로젝트 회사의 라이선스 획득, 수출국가의 제한, 수출 관세 지급 등을 요구할 수 있다.

[12] 수입 규제

마찬가지로, 수입 또한 정부의 규제 대상이다. 만약 수입 규제에 대한 부담이 크고 높은 수입 관세가 부과된다면, 프로젝트는 투입 원자재를 현지에서 조달할 수 밖에 없을 수 있다. 물론, 투입 원자재가 현지에서 조달 가능하지 않을 수도 있어, 정부와 예비 협상에 들어가면서 현지에서 조달할 수 있는 자원과 수반되는 비용에 대해 사전 조사를 해야 할 것이다.

[13] 직원 고용

일부 PF에서는 위험을 성공적으로 관리하는 공로의 99%가 시공사, 운영사, 프로젝트 회사의 직원들에게 돌아가고 나머지 1%가 프로젝트 변호사에게 돌아간다. 물론, 변호사에 대한 기여분은 과장일 수 있으나, 직원들이 프로젝트 위험관리에 크게 기여한다는 것은 과장이 아니다. 따라서 경험 있고 지식이 풍부한 직원들을 현지에 투입하는 것은 프로젝트의 성공에 매우 중요하고 이들의 입국과 재입국이 보장되어야 할 것이다.

뿐만 아니라 비거주자들의 입국과 재입국을 비롯하여 그들의 가족에 대해서도 동일한 대우를 해주는 조항을 만들어야 할 것이다. 또한, 이들의 임금을 국외로 자유롭게 이체할 수 있도록 허가하고, 직원의 소속 국가보다 높은 소득세율을 적용하지 말아야 할 것이다. 그렇지 않으면 프로젝트 회사 또는 시공사가 직원들에게 높은 임금을 지급하고 가족 방문을 위한 항공권을 구매하는 등 금전적 부담이 늘어나는 결과를 낳을 것이다.

[14] 대출이자에 대한 원천징수세

프로젝트 회사가 대주에게 지급하는 이자에 대한 원천징수세를 파악하는 것 또한 중요하다. 어떤 경우 조세 협약을 맺어 은행들의 해외 지점을 통해 원천징수세 부담을 없애거나 최소화하는 것이 가능하다.

한편, 수출입은행 등 정부 기관에게 지급하는 이자에 대해서는 일반적으로 원천징수 의무가 면제된다. 그러나 상업은행 대출에는 원천징수세가 적용되기 때문에 차주는 이들이 부담하는 원천징수액을 모두 지급해줘야 한다. 만약 이자 지급액의 상당 부분이 원천징수 대상이라면 프로젝트의 재무적 실행가능성이 악화될 수도 있다.

14.08 비상위험에 대한 보험의 승인

국제투자보증기구(MIGA) 등 보증기관의 비상위험에 대한 보험에 부보하기 위해서는 현지 정부로부터 반드시 승인을 얻어야 한다. 일반적으로는 발급 기관이 스스로 필요한 승인을 받지만, 정부와의 사전 협상 단계에서 승인 절차에 대해 논의하는 것이 도움이 될 수 있다. 특히 보험신청은 투자 실행 전 또는 확약 전에 이루어져야 하기 때문에 더욱 그렇다.

비상위험에 대한 보험을 제공하는 보험회사의 승인은 프로젝트 성공 가능성도 높여주는데, 그 이유는 채무불이행이나 보상금청구 등의 위험을 줄여주기 때문이다.

14.09 정권교체에 따른 프로젝트 지원 철회 위험

[1] 개요

일부 국가에서는 중앙정부나 지방정부 등이 바뀌는 경우 과거 정부가 프로젝트에 제공한 보낸 지원을 차기 정부가 철회할 수도 있다. PF에서는 특히 현지 국가 경제에 중요한 인프라 프로젝트일수록 이러한 위험이 높아지게 된다. 예컨대, 민영화에 대한 지원 부족, 입찰이나 계약 체결에 대한 집권당의 합의 형성 실패, 부정부패, 경쟁입찰 부재, 계약 체결에 대한 정부의 미확정적인 입장, 유사한 상황의 국가에서 체결한 계약조건의 미반영, 프로젝트 운영이나 개발에 대한 언론의 비판, 국가주의적 정서의 강도, 정치 권력의 이양에 대한 역사적 경험, 그리고 통치자의 가족들이 경제적 특혜를 받은 경우 권력의 안정성 수준 등이 고려될 수 있다. 만약 이러한 징후가 나타나면 차기 정권이 권력을 장악한 뒤 프로젝트에 대한 지원을 철회할 위험이 높아질 수 있다[17].

프로젝트 개발자는 선거 결과를 정확히 예측할 수 없기 때문에 정권 교체의 위험으로부터 스스로를 보호하기 위해서는 특정정치인이나 정당과 지나치게 긴밀한 관계를 유지하는 일을 피하고 다양한 지원을 받을 가능성을 열어 놓는 것이 나을 수 있다. 한 쪽으로만 유리하게 작성된 일방적인 실시협약은 피하고, 경쟁적인 시장가격으로 협의하되 현지 국가

17) 이전 정부에 의해서 유효하게 체결된 계약을 다음 정부에서 뒤집는 행위에 대한 예시로는 인도의 Dabhol 프로젝트가 있다. 제18장에서 설명한다.

의 사회와 경제에 혜택을 제공해야 할 것이다.

신흥국에서는 이전 정부와 협의된 계약을 차기 정부가 변경하는 것을 완전히 피할 수는 없으며, 특히 법률 체계가 확립 전인 국가의 경우 더욱 그러하다.

[2] 위험 경감을 위한 현지 정부와의 계약 체결

비상위험을 경감하기 위한 목적으로 정부와 계약을 맺기로 했다면 그만큼 현지 정치 환경이 예측 불허하여 원하는 바를 이루지 못할 수 있다는 점을 인정한 셈이다. 보통 계약을 체결하면 정부의 확약을 받은 것으로 간주되어 향후에 바꾸기 어렵고 집행 가능할 것이라 기대하지만, 불확실성이 존재하기 마련이다.

가장 먼저 확인해봐야 할 내용은 정부가 계약을 체결할 법적 권한이 있는 지 여부이다. 또한, 권한이 있더라도 계약이 유효하기 위해 어떠한 절차상 요구 사항을 준수해야 하는지 면밀히 확인해봐야 할 것이다[18].

[3] 계약상의 손해배상 및 보증

정권교체에 따른 위험을 줄이기 위해서는 계약종료와 배상금 지급에 대한 조항을 만들어 프로젝트 회사를 보호하는 방법도 고려할 수 있다. 손해배상금은 정부가 프로젝트 회사와 맺은 계약의 조항을 위반하는 경우 지급하게 된다. 다만, 사업실시협약 등의 계약에 정부의 확약을 다음과 같이 포함시키는 것이 도움이 될 수 있다.

Statement of Binding Effect. The [Host Government] states that is the intention, policy and purpose of the [Identify Government] that this agreement shall not be amended, annulled, modified, renounced, revoked, supplemented or terminated, nor its performance delayed or hindered, by any direct or indirect action or inaction by the [Identify Government] in any manner whatsoever or howsoever, whether by legislation (general or special), regulation, or administrative action. This statement shall bind all present and future executives, legislatures and administrative bodies, however termed, of the [Identify Government].

현지 정부 소속 공무원 또는 부처가 위 확약을 할 수 있는지에 대해서는 현지 변호사와

18) Waelde& Ndi, Supra note 13, p234－238.

함께 검토해야 한다. 그럼에도 불구하고, 이러한 확약은 문제가 발생할 경우 사업주가 계약 위반에 대한 보상을 요구하거나, 프로젝트 국유화와 유사한 조치임을 주장할 수 있는 논거를 제공해 준다.

[4] 계약과 주권의 대립

정부와 계약을 체결한다고 해서 반드시 원하는 대로 계약이 합법적이라고 인정 받는 것은 아니다[19]. 한편으로는 정부가 새로운 법률이나 규제를 만들고, 정권을 교체하고 국민을 통치하는 데 자율권을 갖고 있다고 여겨지며,[20] 다른 한편으로는 계약을 맺고, 국제법을 준수하여 외국인 투자를 장려하는 데에도 자율권이 있다는 점을 유의해야 한다[21].

14.10 주권면제의 포기

[1] 개요

프로젝트 소재 국가의 정부나 정부기관과 계약을 체결할 때는 주권면제에 대한 포기 조항을 포함시킬 필요가 있다[22]. 주권면제는 부당한 취급을 받은 당사자가 정당한 사유가 있더라도 정부에 대항하지 못하도록 제한한다. 주권면제는 과거 영국에서 어떠한 법정도 주권 위에 있을 수 없다는 전제에서 출발하여, 그 이후에 미국까지 점차 확대되었다[23].

오늘날에는 PF와 기타 국제거래에서 해당 개념을 감안하여 추진해야 하며, 일반적으로 정부와 맺는 모든 계약에서 주권면제 포기 조항을 포함시키는 것이 관례가 되었다. 이러한 조항을 통해 비정부 기관은 부당한 취급을 받은 경우에 정부를 상대로 재판을 신청할 수가 있게 된다[24].

---

19) Idem p243－246.

20) 예시 판례 Texaco Overseas Oil Petroleum Co./California Asiatic Oil Co. v. Libyan Arab Republic (1982) (“정부는 같은 통치권의 행사를 통해 자유롭게 약정한 것을 무시하는 통치권을 적용할 수 없으며, 그리고 내부적인 조치를 통해 계약 하에서 다양한 의무를 이행한 계약당사자의 권리를 무효화할 수 없다는 것이 결론이다.”), 유사판례 Saudi Arabia v. Arabian Am. Oil Co.(Aramco), Mobil Oil Iran Inc. v. Islamic Republic of Iran.

21) 예시 판례 American Indep. Oil Co. (Aminoil) v. Libyan Arab Republic, 21 I.L.M. 976, 1043 (1982).

22) Materials on Jurisdictional Immunities of States and their Property, U.N. Doc. ST/LEG/SER.B./20 (1982)

23) R. Delaume, *The Foreign Sovereign Immunities Act and Public Debt Litigation: Some 15 Years Later,* 78 AM. J. INT'L L. 257 (1994)

[2] 1976년 제정된 미국의 외국주권면제법 (Foreign Sovereign Immunities Act)

개요. 많은 국가에서 어떠한 형태로든 주권면제가 존재한다. 미국에서는 외국주권면제법을 통해 주권면제 여부를 판단하는 기준을 마련하였다. 일반적으로 외국 정부나 정부기관 또는 대행기관은 법에서 별도로 명시하지 않는 한 주권면제를 인정받는다[25]. 다만, 해당 법률의 적용은 상위 조약이나 계약에 따라 달라질 수 있다. 한편, 외국 정부의 산하기관이나 정치적 하부조직이 주식의 과반수를 보유한다면 해당 법률의 목적을 위해서 외국 정부로 간주된다[26].

면제의 예외사항. 외국주권면제법의 섹션 1605에 따르면 주권면제에 대한 예외사항으로[27] (1) 포기 확약서의 취득, (2) 특정 상업 활동, (3) 국제법을 위반한 수용, (4) 중재판정의 확인 또는 집행을 위한 조치, (5) 선박우선특권의 실행, (6) 우선권이 있는 주택담보의 압류 등이 있다[28].

- **면제의 포기.** 먼저, 정부는 주권면제의 적용을 포기할 수 있다[29]. 면제의 포기는 묵시적이거나 명시적일 수 있는데, 모건 개런티 트러스트 회사와 팔라우 공화국의 대립 사례[30]를 살펴보면, 팔라우 공화국 대통령은 발전소 건설과 관련하여 미국회사들과 대출 계약을 체결하면서 주권면제를 포기하였다. 구체적으로 계약서에는 팔라우 정부가 충분한 신뢰와 신용(full faith and credit)을 바탕으로 프로젝트의 금융조달을 지원한다고 명시하였다. 하지만 팔라우 정부가 채무를 이행하지 못하게 되자 미국 회사들은 정부를 상대로 소송을 제기했으며 법원은 팔라우 정부가 보증인에게 배상해야 된다고 판결하였다[31].

24) 예시 판례 Texaco Overseas Co. v. Libya, 53 I.L.R. 389, 422 (I.C.J. Arb. 1977).

25) Foreign Sovereign Immunities Act of 1976, Pub. L. No. 94-583, 1602, 90 Stat. 2891, 2892(28 U.S.C. §§1602-1611(1944)). Delaume, *supra* note 23.

26) Fore-most-McKesson v. Islamic Republic of Iran ("주된 대리인으로서의 관계가 형성되었음"과 같은 문구로, 외국정부가 기관의 운영을 지배하고 있다는 것이 확실하게 보여져야 함)

27) 28. U.S.C. 1605.

28) PF거래에서만 전형적으로 생기는 것이 아닌 예외적인 경우들이 있다. 미국에서의 소유권은 상속이나 증여로 양수받거나 고정자산의 권리도 예외가 되는 경우가 있고, 미국에서 외국 정부의 복잡한 행위로 발생한 개인의 사상, 소유자산의 손실 또는 손괴도 예외가 된다.

29) 28 U.S.C.A. 1605(a)(1).

30) 702 F.Supp. 60 (S.D.N.Y.1988).

31) Morgan Guar.Trust Co. v. Republic of Palau, 702 F. Supp. 60 (S.D.N.Y. 1988).

- **특정 상업 활동.** 한편, 특정 상업 활동이 주권면제의 예외사항이 되기도 한다. 가령, (1) 외국 정부가 미국에서 상업적 활동을 하는 경우, (2) 외국 정부가 다른 국가에서 수행한 상업적 활동과 연관해서 미국에서 특정 행위가 있는 경우, (3) 미국 밖에서 이루어진 상업적 활동이 미국에 직접적인 영향을 미칠 경우[32)]예외가 될 수 있다. 만약 외국 정부의 상업적 활동으로 미국 회사에 경제적인 손실을 입힌 경우, 미국 회사가 직접적인 피해를 받았고 막대한 재정 악화가 우연이 아니라 예상된 것이었다면 '직접적인 영향'이 있다고 판단한다[33)]. 일부 법원은 행위의 원인과 상업적 활동 사이의 연결고리가 유의미할 것을 요구한다[34)].

- **국제법을 위반한 수용.** 주권면제의 세 번째 예외사항은 재산의 수용이 국제법을 위반한 경우로, 해당 재산이 (1) 외국 정부와 상업적 활동과 연관하여 미국에 존재하고 있거나, (2) 외국정부 소속기관에 의해 소유 또는 운영되어 미국에서 상업적 활동에 참여하고 있는 경우이다.

- **중재판정의 확인 또는 집행.** 또 다른 예외사항은 중재 판정의 확인 또는 집행인데[35)], (1) 중재 판정이 미국 내에서 발생하거나 발생 예정이며, (2) 계약 또는 판정이 중재를 인정하고 집행할 수 있는 조약 또는 국제 협정에 의해 규율 되거나, (3) 중재 합의의 대상이 된 사건이 외국주권면제법의 상업적 활동 조항 등에 의해 미국에서도 다뤄질 수 있었던 경우면 예외가 적용될 수 있다.

- **선박우선특권.** 또 다른 예외는 외국 선박이나 화물에 대해 선박우선특권을 집행하기 위해 해사법 재판을 받는 경우이다.

- **우선권이 있는 주택담보.** 마지막으로 우선권이 있는 주택담보에 압류 조치가 취해지면 예외가 인정될 수 있다.

맞고소. 맞고소의 경우도 예외사항에 포함되며, 외국 정부는 다음의 경우 맞고소에 대하여 면제를 받을 수 없다. (1) 외국 정부가 소송을 당했으나 섹션 1605에 따른 면제를 받을

---

32) Republic of Argentina v. Weltover, Inc. (1992)("외국정부가 시장의 조정자로서의 역할이 아닌, 시장에서의 사적 당사자로서의 태도를 보이는 때"에는 그 행위는 상업적임), MCI Telecommunications Corp. v. Alahdhood, 증명서 신청 접수, (1996.9.17) (상업적 활동이란 "사인이 영리를 위해 관습적으로 참여하는 것"임). 외국 법원도 비슷한 예외를 적용한다. F.A. Mann, The State Immunity Act 1978, 50 BRIT. Y.B. INT'L L. 43 (1979) (영국)

33) Gould, Inc. v. Pechiney Ugine Kuhlmann, 853 F.2d 445 (6th Cir. 1988).

34) Stena Rederi AB v. Comision de Contratos del Comite Ejectivo, 923 F2d 380 (5th Cir. 1991).

35) Libyan Am. Oil Co., v. Socialist People's Libyan Arab Jamahirya, 482 F. Supp. 1175 (1980).

수 없는 경우, (2) 외국 정부가 소송을 건 거래 또는 사건에 대한 맞고소인 경우와, 또는 (3) 맞고소를 통해 얻고자 하는 구제책이 외국 국가가 바라는 금액을 초과하지 않거나 추구하는 형태가 아닌 경우이다.

주권 책임의 범위. 외국주권면제법에 따라 외국 국가가 면제를 받을 수 없는 경우에는 같은 상황에서 민간인과 동일한 방식으로 책임을 지게 된다[36]. 다만, 외국 국가는 정부기관이나 대행기관을 제외하고는 징벌적 손해배상의 책임을 지지 않는다.

국가 재산에 대한 압류. 외국 정부의 재산은 압류대상에서 제외되지만, 재산이 미국 내에 있으면서 미국에서 발생한 상업적 활동을 위해 사용된 경우, 집행을 돕기 위해 다음에 해당한다면 압류가 가능하다. (1) 외국 정부가 압류로부터 면제를 포기한 경우, (2) 해당 재산이 소송의 쟁점이 된 상업적 활동에 사용된 경우, (3) 집행이 국제법 위반으로 압류한 재산에 대한 권한을 부여하는 판결에 관한 경우, (4) 집행이 상속이나 증여를 통해 받은 재산 또는 미국에 있는 부동산이면서 외교적 차원에서 관리되고 있는 것으로 권한을 부여하는 판결에 관한 경우, (5) 외국 정부에 대해 내려진 중재판정을 확인해주는 명령에 기반한 판결일 경우이다.

미국 내에서 발생한 상업적 활동을 위해 사용한 재산은 다음의 경우 압류 대상이 될 수 있다. (1) 외국 정부가 판결에 앞서 명시적으로 압류로부터 면제 받기를 포기한 경우와 (2) 압류의 목적이 외국 정부를 상대로 판결을 집행하기 위한 것으로 관할권을 얻으려는 목적이 아닌 경우이다.

다만, 다음과 같은 일부 재산은 항상 압류대상에서 제외되기도 한다. 그 중에는 (1) 국제기구면제법에 따라 특권과 면제를 누릴 수 있도록 미국 대통령이 특별히 지정한 기구의 재산일 경우, (2) 외국 중앙은행이나 통화 당국의 재산으로, 별도로 면제 되지 않은 경우, (3) 군사 활동이나 군사적 성격을 갖고 있는 활동과 연관된 재산으로 군사 당국이 통제하고 있는 경우이다.

하지만 외국주권면제법은 관할권에 대해서만 다루기 때문에, 만약 외국 정부를 면제하기로 결정했다면 속인적 관할권(personal jurisdiction)을 확립해야 할 것이다. 즉, 외국 정부가 미국과 "최소한의 접촉"을 했다고 증명해야 하며, 이 때 최소한의 접촉은 미국에서 지속적이고 체계적인 활동을 하고 있거나, 미국에서 정기적으로 사업을 영위하는 기업체인 경우, 또는 피고인들이 미국에서 보호받으며 사업을 영위한 혜택을 받은 경우를 포함한다[37].

36) 28 U.S.C. §1606.

37) Texas Trading & Milling Corp. v. Federal Republic of Nigeria (1981) (나이지리아가 어느 곳에서나 ICC

사례 연구: PF에서의 주권면제의 포기. 외국주권면제법의 적용 사례를 살피면 PF에서 주권면제 권리의 포기가 어떻게 이뤄지는 지 이해하는 데 도움이 된다[38]. 일반적으로 외국 정부와 미국 기업이 맺는 가장 흔한 PF 계약은 전력판매계약이다. 해당 계약을 근거로 미국 회사는 발전 시설을 개발, 건설, 운영하고 외국 정부(또는 외국 정부기관)는 생산된 전력을 구매하고 전력요금을 지급하는 데 동의한다.

이러한 거래에서는 상황에 따라 주권면제가 포기될 수 있다. 만약 국가가 전력판매 계약이나 사업실시협약 또는 기타 문서에서 명시적으로 주권면제를 포기한다고 언급한 경우 직접적인 철회라고 본다.

또 다른 경우에는 주권면제 권리를 간접적으로 포기할 수도 있다. 만약 외국 정부에 대한 소송이 상업 활동에 관한 것일 경우, 주권면제 포기라고 볼 수 있다. 전력 판매 계약을 맺는 행위는 상업적인 활동이라고 간주될 수 있으며, 미국에 직접적인 영향을 미쳐야만 한다.

하지만 외국주권면제법은 무엇이 상업적 활동이고, 직접적인 영향은 무엇인지에 대해 자세한 지침을 제공하지 않는다. 뿐만 아니라, 이 부분을 둘러싼 판례는 일관된 결과를 나타내지 않는다[39]. 다만, 관례적으로 상업적 활동은 민간단체가 참여할 수 있는 활동으로 본다. 반대로 말하면, 상업적 활동은 특별히 정부가 하는 활동이 아닌 나머지 활동이다. 이러한 원칙에 따르면 전력판매 계약의 체결은 민간 주체가 계약을 체결하고 전력을 구매하므로 상업적 활동에 해당한다. 한편, 비상업적 활동은 대부분 세금을 걷거나 군대를 조직하는 것 등 정부만이 할 수 있는 활동에 국한되는 편이다[40].

한편, 직접적인 영향의 기준은 매우 구체적인 사실이어야 한다[41]. 그러나 어떤 경우에는 미국 회사에 손해를 끼쳤을 경우에도 미국에 직접적인 영향을 미쳤다고 간주할 수 있다. 다만, 단순한 경제적 손실로는 불충분하다[42].

중재가 일어날 수 있다고 동의한 지나치게 불편하지 않은 소송 관할지), Gemini Shipping, Inc. v. Foreign Trade Organization for Chemicals & Foodstuffs (S.D.N.Y. 1980)

38) Danielle Mazzini, Stable International Contracts in Emerging Markets: An Endangered Species?, 15 B.U. Int'l L.J. p343, 363 - 369 (1997)

39) 법원이 상인의 활동에 포함한 사례는 다음과 같다.
Janini v. Kuwait Univ., (1995) (대학교 강사 고용 계약), Practical Concepts, Inc. v. Republic of Bolivia (1987) (시골지역 개발), Segni v. Commercial Office of Spain (1987) (와인 마케팅 계약), Callejo v. Bancomer S.A. (1985) (CD 판매와 판매계약의 위반은 상업적 활동), Texas Trading & Milling Corp. v. Federal Republic of Nigeria (1981) (시멘트 판매계약, 신용장), Gemini Shipping, Inc v. Foreign Trade Org. for Chemicals and Foodstuffs (1981) (정부소유 회사 앞 곡물 운송)

40) Janini v. Kuwait Univ. (1995) (대학 강사 고용 계약)

41) Republic of Argentina v. Weltover, Inc. (1992) (뉴욕에서 이행될 아르헨티나 국채 상환이 미국에서 발생될 직접적인 효과), cf. United World Trade, Inc. v. Mangyshlakneft Oil Production Ass'n (1994)

42) United World Trade, Inc. v. Mangyshlakneft Oil Production Ass'n (1994) (궁극적으로 미국으로 자금이

직접적이던 간접적이던 주권면제의 포기가 결정되고 나면 다음 단계는 압류할 재산을 찾는 것이다. 미국에서 상업적 활동에 사용되는 정부의 재산은 아래 특정 상황에서 압류될 수 있다. 즉, 판결의 집행을 돕기 위한 압류절차에서 묵시적으로 또는 명시적으로 면제 받기를 포기하거나, 재산이 소송의 대상인 상업적 활동에 쓰였거나, 또는 재산이 상업적 활동을 위해 사용되고 판결의 집행이 중재 판정을 재확인하는 명령에 따르는 경우이다.

판결 전의 압류절차는 국가가 명시적으로 면책 받기를 포기한 경우 가능하며, 압류의 목적이 관할권의 취득이 아닌 판결에 만족하기 위한 것이어야 한다.

만약 미국이 중재 협약을 이행하기 위한 요청을 받는 경우, 중재가 미국에서 발생하거나 발생 예정일 경우, 또는 중재 대상이었던 사건이 미국에서 다뤄질 수 있었던 경우 주권면제의 권리가 철회된다.

그러므로 외국 정부를 상대로 소송을 청구하고 미국 내 재산을 압류하는 미국 법인의 권한은 상황에 따라 크게 달라진다[43]. 다만, 면제 권리를 완전히 포기(full waiver)한 경우에는 소송을 진행하는데 훨씬 수월할 것이다.

[3] 1978년 제정된 영국의 국가면제법(State Immunity Act)

개요. 1978년 제정된 영국의 국가면제법[44]은 위에서 논의한 미국의 외국주권면제법과 유사하다[45]. 일반적으로 영국의 국가면제법은 외국 정부가 영국 법원의 관할권에서 면제를 받을 수 있음을 명시한 후에, 예외적인 사항을 별도로 규정하였다[46].

면제의 예외. 미국 법률과 같이 주권면제에 대한 수많은 예외조항이 포함되어 있으며[47] 대부분 미국 법과 유사하다.

법의 적용. 영국 법은 주권면제가 모든 외국국가에 적용된다고 규정한다[48]. 여기서 말

유입되는 국외에서 지급이 필요한 계약은 직접적인 효과가 없음.

43) 면제포기를 주장하는 측에서 입증책임이 있다. Walter Fuller Aircraft Sales, Inc. v. Republic of the Philippines (1992)

44) State Immunity Act, 1978, ch.33.

45) S, Bird, *The State immunity Act of 1978*, 13 INT'L L LAWYER 619 (1979); Georges R. Delaume, *The State Immunity Act of the United Kingdom*, 73 A.J.I.L. 185 (1979); F.A.Mann, *The State Immunity Act 1978*, 50 BRIT. Y.B. INT'L L. 43 (1979); Robin C. A. White, The State Immunity Act 1978, 42 MODERN L. REV. 72 (1979), D.W.Bowett, *The State Immunity Act 1978*, 37 CAMBRIDGE L.J. 193 (1978).

46) State Immunity Act, 1978, ch.33. §1.(1)

47) Idem §1.(2)−(11).

하는 국가란 주권 또는 공권력을 가진 국가의 수장, 해당 국가의 정부, 정부의 모든 부처가 포함되며, 다만 행정부의 기능과 분리되어 있거나, 고소·고발이 가능한 후에는 포함되지 않는다[49].

14.11 미국의 국가행위론

국가행위론은 미국 법원이 외국 정부의 공식적인 행위의 효력을 심사하지 않겠다고 규정한 원칙이며[50], 주권면제와는 구분된다[51].

국가행위론은 전반적으로 외국 정부가 취한 행위에 대해 법적 검토를 하는 것에 대한 거부 의사표시이다. 비록 미국 대법원에서는 한 번도 판결을 내려본 적이 없지만, 하급 법원에서는 계약 분쟁이 종종 발생하면서 국가행위론의 적용을 시도했다[52]. 모든 판례들을 일반화하기는 어렵지만 하급 법원은 국가행위론의 적용 여부를 상황에 따라 결정한다. 이에 대해 진행된 연구에서는 미국 법원이 신흥국의 PF에서 흔히 발생하는 정부와의 투자계약에 대해 국가행위론을 적용할 수 있다고 주장한다[53].

만약 외국 정부와의 분쟁 해결 방법으로 중재를 선택했다면 더욱 융통성 있게 적용 가능할 수도 있다. 다만, 소송과는 달리, 주권면제를 비롯한 국가행위론은 계약과 분쟁에 적용할 수 없는 경우도 있다[54].

48) Idem §14.(1).

49) Idem §14.(1)(a)-(c).

50) Underhill v. Hernandez, 168 U.S. 250,252 (1897).

51) Antonio Dolar, Comment, *Act of State and Sovereign Immunities Doctrines: The Need to Establish Congruity*, 17 U.S.F.L. REV. 110-16 (1982)

52) Ampac Group Inc. v. Republic of Honduras (1992) (온두라스 정부를 상대로 한 시멘트 회사 민영화 계약 집행), French v. Banco Nacional de Cuba (1968) (쿠바정부 기관을 상대로 한 계약불이행을 금지하는 원칙)

53) Michael Ramsey, Acts of State and Foreign Sovereign Obligations (1998) (발전소 프로젝트의 측면에서 원칙을 검토하고, 원칙에 대한 예외와 제한이 완벽하게 외국정부 계약의 적용을 제거하지 못한다고 결론 내림), Michael Gruson, The Act of State Doctrine in Contract Cases as a Conflict-of-Laws Rule (1998) (민간 당사자간 계약내용과 관련한 외국 정부의 개입)

54) Carten T.Ebenroth and Thomas J. Dillon, Jr., *Arbitration Clauses in International Financial Agreements: Circumventing the Act of State Doctrine*, 10 J. INT'L ARB. 5(1993).

14.12 협동적인 위험 관리

외국 정부와 외국인 투자자가 참여하는 PF에서는 신중하게 피해야 하는 비상위험이 있다. 비상위험을 배분하기 위한 변호사와 투자자들의 노력에 휘둘려서 정부가 불리하게 책임을 지게 됐다고 정부 또는 국민들이 느낄 수 있으며, 이는 프로젝트에 새로운 위험을 발생시킨다.

대부분 현지 정부는 외국인 투자자들의 우려에 공감하는 편이다. 신흥국의 정부 최고위층은 외국인 투자자들이 적시에 채무를 상환하고, 투자수익, 세금혜택, 환율보증 등을 빨리 받길 원하는 것을 잘 알고 있다. 그러나 현지기업들은 동일한 요구사항을 제시해도 다른 처우를 받을 수 있다. 결국에는 현지기업의 부담으로 외국인 투자자들에게 차별적인 특혜를 제공했다는 여론이 조성될 수 있으며 정부에 대한 비판이 쏟아질 수 있다. 궁극적으로 협상자들과 협상 과정에 대한 부정부패 의혹이 제기될 가능성도 배제할 수 없다. 이에 외국인들에게 과도하게 양보했다는 두려움까지 겹쳐져 프로젝트에 불리한 환경이 조성될 수 있다.

계약 상으로는 적절해 보일지 몰라도 비상위험을 일방적으로 경감했다는 인상을 준다면 프로젝트의 장기적인 성공에 좋지 않을 수 있다. 일단 프로젝트의 금융조달이 완료되어 건설이 시작되면 막대한 양의 외국 자본이 프로젝트에 투입된다. 만약 프로젝트가 성공적으로 진행된다면, 현지 정부의 협상력이 더욱 높아지는데, 하필 차기 정부가 외국인 투자에 대해 적대적으로 변한다면, 이전 정부가 맺은 양허약정의 재검토를 원하면서 재협상이 진정한 위협으로 다가올 수 있다.

이와는 별개로, 프로젝트의 성과가 당초 전망을 훨씬 상회하게 될 경우 불공정하다는 주장이 발생할 수 있다. 마찬가지로 현지 정부가 프로젝트에서 발생하는 채무와 비용을 전망하면서 비현실적인 전제를 사용했다면 불공정성에 대한 불만이 더욱 커질 수도 있을 것이다.

따라서 외국인 투자자는 정부를 상대편으로 바라보는 관점보다 비상위험을 함께 관리 및 경감하여 동반 이익을 볼 수 있는 파트너로 인식하는 것이 최선이 될 수 있다[55]. 만약 외국인 투자자들이 일방적인 방향으로 비상위험을 경감했다면, 그 효과가 오래 지속되지 않을 수 있음을 기억해야 한다.

55) Waelde & Ndi, *supra* note 13, p237.

Chapter 15

건설계약

15.01 개 요

국제 PF에서의 건설계약은 프로젝트 회사에게 필요한 설비가 구비된 시설을 제공해주고, 시공사가 특정 또는 예측 가능한 가격에 약속한 성능 기준을 충족하는 설비를 정해진 기한 내에 인도하도록 규정한다. 이를 위해 계약서에는 시공사가 모든 설계와 건설공사, 설비와 원자재의 공급, 시운전 및 가동에 책임을 지도록 요구한다.

PF에서 프로젝트 회사와 시공사간의 긴장관계는 일괄도급방식의 건설계약에 기인한다. 즉, 시공사는 특정 또는 예측 가능한 가격에 합의된 수준의 성능을 보장하는 설비를 기한 내에 완공해야 한다. 물론 시공사는 프로젝트 완공지연, 비용 증가, 보장된 이행 수준 미달을 야기하는 상황을 예측될 수 없다. 따라서 계약금이 충분히 높지 않은 이상(즉, 리스크 프리미엄(risk premium)이 낮다는 뜻), 시공사의 주요 목표는 프로젝트 비용이 증가하는 위험을 통제하고, 완공지연에 대해 계약서에서 충분한 예외조항을 마련하며, 이행보증을 위한 시간적 여유를 확보하는 것이다.

가격변동, 지연 또는 계약이행과 관련한 위험을 부담하는 시공사에게 그 대가로 보상금을 지급하는 것이 일반적이다. 프로젝트가 예정일보다 일찍 완공되면 프로젝트 회사는 시공사에게 보상금을 지급한다. PF에서는 보상금 지급이 다른 계약서 상 프로젝트 회사의 책임과 권리 규정을 준수해야 한다.

아래에서 논의하는 바와 같이, 건설자금대출, 기타 차입금, 자본금 등 가용자금보다 건설 비용이 더 커질 위험은 PF에 큰 위험이다. 건설 비용의 증가는 건설기간 동안 원리금 상환의 증가, 완공에 필요한 자금의 부족, 운영기간 동안 원리금 상환 여력 불충분 등으로 연결된다. 이러한 초과비용 위험 때문에, 대주와 변호사들은 건설 계약 협상시 위험 분배에 특별한 관심을 기울인다.

PF 건설계약은 일반적으로 다음 조항을 포함한다: 자세한 역무 범위, 프로젝트 완공을 위해 필요한 모든 작업의 특정 가격, 계약이행보증 및 하자보수보증, 계약 불이행과 완공 지연에 대한 손해배상, 이행보증 사항 중 완공을 확인해줄 성능검사, 시공사의 신용도에 대한 규정이다. 이들 각각은 이 장의 나머지 부분에서 다루고 있다.

15.02 중요한 건설 위험

프로젝트 회사와 시공사 간 건설 위험을 적절히 배분하는 것이 프로젝트의 사업성을 결정하는 중요한 요소이다. 일반적으로 가장 중요한 건설 위험은 신용도가 높은 시공사에게 배분되어야 한다.

[1] 건설비용의 증가

프로젝트의 건설비용이 건설자금대출, 기타 차입금, 자본금 등 가용자금을 초과하는 경우가 PF 참여자들에게 가장 큰 위험요소이다. 건설비용이 예상을 벗어나는 이유는 부정확한 설계와 계획, 인플레이션(물가상승), 프로젝트의 시운전 단계에서 발생하는 문제 때문이다[1]. 초과비용위험은 건설기간 동안 원리금 상환비용을 증가시키고 완공에 필요한 자금이 부족해지며, 필요자금을 차입하더라도, 운영기간 동안 원리금 상환의 어려움을 겪게 만들 수 있다.

하지만, 초과비용 위험은 시공사가 고정가격 일괄도급 계약을 통해 위험을 부담하지 않아도 경감이 가능하다. 예컨대, 초과비용이 발생하면 계약에 따라 프로젝트 사업주나 지분투자자 및 예비 투자자들이 추가 출자를 이행할 수 있다. 마찬가지로, 건설대주에게 자금을 빌리거나 다른 참여자 또는 제3자를 통해 후순위 대출을 차입하는 등 예비 금융계약을 통해 추가 자금을 조달할 수 있다. 또 다른 대안은 프로젝트 회사가 에스크로 계좌 또는 예비비 계좌를 개설하여 초과비용 발생 시 대비할 수 있도록 한다.

[2] 완공 지연

프로젝트 완공 지연은 건설비용과 원리금상환비용의 증가를 야기할 수 있으며, 원리금

1) 구리광산 개발 프로젝트의 PF에서 프로젝트 부지 변경 요구사항으로 인해 약 2억불 가량의 공사예산이 증가하였음. Larry Wynant, Essential Elements of Project Financing, Harvard Business Review, 1980.5~6월호, 167p

상환과 유지관리 비용 충당에 필요한 프로젝트 현금 흐름에까지 영향을 끼칠 수 있다. 뿐만 아니라, 연료공급이나 생산물 판매계약 등 프로젝트 계약에 따라 손해 배상을 하거나 해당 계약이 해지될 위험도 존재한다.

이러한 위험을 통제하기 위해서는 건설과정의 중요한 단계들을 구체화하여 건설 일정을 세우는 것이 중요하다. 이러한 일정은 건설계약에 포함시켜 규칙적으로 업데이트 하는 것이 바람직하다. 만약 스케줄 지연이 발생하게 된다면 프로젝트 회사는 사전에 경고 알림을 받을 수도 있을 것이다. 또한, 이러한 일정에 공사대금 지급일자를 맞춤으로써, 시공사가 공사를 단계별로 적기에 이행할 유인을 제공할 수 있다.

[3] 공사이행보증

완공 이후 프로젝트의 성능이 약속한 수준에 도달하지 못하더라도 프로젝트 회사는 원리금 상환과 다른 계약상 의무를 이행해야 한다. 이러한 위험에 대한 해법은 보통 시공사에게 손해보상을 청구하는 것이다. 손해배상금은 시공사와 프로젝트 회사가 성능 미달에 따라 발생할 수 있는 피해액을 예측한 금액이다.

이행보증에 따른 손해배상은 약속한 성능 수준을 충족하지 못하여 증가하게 된 운영비용을 프로젝트 회사에게 보상하는 수준이다. 손해배상금은 성능 미달에 따른 프로젝트의 매출 하락 예상치를 상쇄하기 위해 프로젝트 채무를 조기상환하는 용도로 사용되기도 한다. 보통, 프로젝트 회사가 달성하기도 한 수준의 원리금상환비율(DSCR)을 유지하기 위해 필요한 조기상환 금액을 감안하여 buy-down 규모를 산정한다.

한편, 손해배상금의 범위는 한정되어 있기 때문에 시공사의 재무적 익스포저도 제한되어 있다. 범위는 건설 시장과 대주의 요구에 따라 기술적 난이도를 감안하여 정해지게 된다. 보통 총 공사 계약금액의 10%~30% 수준에서 상한이 설정되는 편이다.

시공사의 신용 상태는 위험경감 수단으로 계약이행을 보장하는 요소이다. 시공사의 신용 상태가 양호하지 않은 경우, 손해배상금을 지급하지 못할 수도 있다. 따라서 프로젝트 대주단은 때때로 신용 상태가 좋은 주체로부터 지급보증을 받거나, 신용장 또는 계약이행보증 등 신용보강 조치를 요구하기도 한다.

[4] 국제 건설계약에서의 불가항력 조항

해외 프로젝트는 대부분 다양한 국가의 여러 당사자들이 참여하여 협상을 진행한다. 때로는 프로젝트 계약에 대한 검토를 기업들과 변호인단들이 각자 진행하게 되면서 일관적이지 않은 불가항력 조항이 만들어지기도 한다. 따라서 가끔 시공사는 불가항력 조항에 따라 특정일까지 완공을 마쳐야 하는 의무를 면제 받았으나, 판매계약상 동일한 상황에서 프로젝트 회사는 유사한 면제를 받지 못하는 일이 발생할 수 있다. 결과적으로 판매계약은 해지될 수 있으며, 불일치가 이만큼 심각하지 않더라도 어쩔 수 없이 프로젝트 일정이나 사업성에 영향을 미칠 수 있다.

불가항력 조항의 모순은 부활조항(resurrection clause)을 통해 해결할 수 있는데, 불가항력 조항이 일치하지 않는 경우, 시공사는 프로젝트 회사가 다른 계약 상 받는 면제보다 더 큰 수준의 면제를 받을 수 없도록 한다. 앞서 언급한 사례의 경우, 판매계약이 해지될 정도로 프로젝트를 지연시킨다면, 시공사는 해당 이행의무를 면제받지 못한다. 다만, 어느 정도 일정 지연은 허용된다.

건설계약에서 불가항력 조항을 협의할 때는 계약이행에 영향을 주는 현지 상황을 이해하는 것이 중요하다. 즉, 계약 당사자들은 해당 지역에서 통제할 수 없는 것이 무엇인지 파악해야 한다. 예컨대, 미국내 건설 프로젝트의 경우 시공사의 직원이나 하도급업체들의 직원들이 파업을 하는 것이 불가항력 사건이라고 보지 않는다. 그러나 시공사는 다른 해외 관할권에서 유사한 계약을 이행하면서 이러한 위험을 부담하는 것을 거부할 가능성이 있다.

비슷한 문제가 예측하기 어려운 다른 위험요인에 대해서도 발생할 수 있다. 예컨대, "예측 불가능한 기상 상황"이라는 표현은 국가마다 다르게 정의되고 있다. 악천후는 지역에 따라 충분히 예측 가능하고 필리핀 등 일부 국가에서는 예측 불가능성이 무의미할 수 있다.

한편, 서로 다른 법 체계는 불가항력 조항을 아무리 잘 만들어도 큰 혼란을 야기할 수 있다. 제12장에서 논의했듯이 준거법과 분쟁해결 관할권의 선택은 불가항력 조항이 잘 지켜지기 위해 매우 중요한 요소가 된다.

신중하게 계약서를 작성한다고 해도 불가항력 조항의 불일치 위험을 완전히 제거하는 것은 불가능할 수 있다. 따라서 계약 조항에만 의지하는 대신 프로젝트 회사가 별도로 보증신용장(standby credit) 개설, 준비금 마련, 추가 노동력 고용 등 다른 대안을 찾을 필요가 있다.

[5] 시공사의 경험, 평판 및 재원

시공사, 하청업체, 공급자의 경험과 평판은 프로젝트를 정해진 가격에 제 때 완공할 수 있는지 확인하는데 도움을 준다. 마찬가지로 이들은 계약 상 손해배상금이나, 기술관련보증, 자가보험 관련 의무를 이행할 수 있는 충분한 재원도 보유하고 있어야 한다.

시공사의 경우, 계약의 요구사항을 만족시키기 위하여 충분한 인적 자원과 기술력을 갖추고 있어야 한다. 시공사나 주요 하청업체, 설비 공급자 등은 낮은 책임감이나 불충분한 재원, 또는 지식이나 경험 부족으로 계약상 의무를 이행하지 못할 수 있다는 점이 위험요인이다.

국제 프로젝트에서는 시공사가 특히 현지 노동자들과 일하는 것에 익숙해야 한다. 현지 경험을 보유한 건설 현장 관리자들은 현지에서 발생하는 노동문제 발생 위험을 줄이는 데 도움을 줄 수 있다.

시공사를 깊이 신뢰할 수 있는지 여부에 따라 대주단이 건설 관련 신용 보강 조치를 덜 요구할 수 있다. 대주는 시공사가 비슷한 프로젝트에 대한 경험이 있는지 여부, 자본력이나 모회사 보증 등을 감안하여 충분한 재정능력을 보유하는지 여부, 인적·기술적 자원 측면에서 시공사의 규모, 문제해결능력(대주는 계약에 따른 손해보다 프로젝트의 온전한 운영을 더 중요하게 여기기 때문), 유사 설비 보유 또는 운영을 통한 프로젝트 해당 산업 참여 경험 유무 등을 고려할 것이다.

[6] 건설 자재

산업화된 국가에서 가끔 간과할 수 있는 PF 위험 중 하나는 건설 프로젝트에 필요한 자재를 구하지 못하는 위험이다. 비록 이론적으로는 어느 건설 자재든 적절한 가격에 공급받을 수 있다 해도, 자재를 만들고 운반하는 비용과 시간은 초과비용이나 지연 문제처럼 프로젝트의 사업성에 영향을 줄 수 있다. 특별히 고려해야 하는 사항은 프로젝트가 해외에서 진행되거나 해외에서 건설 자재를 수입할 계획이라면 수출입 관련 법규가 미치는 영향이다.

[7] 유관 시설의 건설

신흥국에서 진행되는 대부분의 해외 프로젝트의 경우 여러 시설을 동시에 건설할 것을 요구할 수도 있다. 필요 시설 중에는 대형 가스 파이프라인, 부두, 철로, 제조시설, 전력 연계 및 운송시설 등이다. 각 시설들은 프로젝트의 성패에 영향을 미치기 때문에 어떤 위험이 내재되어 있는지 검토해야 한다. 이렇듯 사업주들이 프로젝트 초기 단계에서 가장 우려하는 부분은 아마도 이런 시설들의 동시 다발적 건설과 관련된 것이다.

이와 유사하게 중요한 것은 시스템 간 호환성이다. 예컨대 철로나 도로, 부두는 프로젝트의 요구사항과 일치해야 한다. 또한, 기존 인프라가 프로젝트의 요구사항을 충족하는 지도 확인할 필요가 있다.

비록 처음에는 엔지니어링회사나 프로젝트 회사 담당자가 기존 시설과 계획 중인 시설이 충분하다고 판단할지라도 변화가 생길 수 있다. 따라서 프로젝트 회사는 기존 또는 계획 중인 시설들이 바람직하지 않은 수준으로 바뀌는 것을 방지하기 위해 유관 시설 개발자나 정부와 계약을 맺길 원할 것이다.

[8] 원자재 공급과 처리시설

수익 창출에 있어서 원자재의 안정적인 공급이 중요하듯이, 재무 추정 단계에서 예상한 가격 범위 내에서 원자재와 시설을 모두 이용하는 것도 중요하다. 이 때, 프로젝트가 진행되는 현장에서 각종 원자재 공급이 가능한 지 여부에 따라 계약 조건이 달라진다. 예컨대, 미 북서부 태평양(US Pacific Northwest) 지역에서 목재 화력발전소 프로젝트가 진행된다면 연료인 우드칩 공급을 100% 수준까지 계약할 필요가 없을 것이다. 하지만 목재산업의 지형 변화나 환경단체의 압박으로 벌목작업이 제한될 경우 대체 수급이 필요할 수 있다. 추가적으로 수입이나 수출 과정에서 발생하는 비용, 운반 수수료, 보관비용, 제품 안정성, 독점 여부, 금융비용과 같은 위험 요소들이 적절한 공급이 가능한지를 판단하는 데 중요하다.

많은 프로젝트에서 프로젝트 회사는 위험성을 줄이기 위한 목적으로 원자재 수급을 위한 장기 계약을 체결한다. 또한, 가끔은 무조건 공급조건(supply－or－pay)의 계약을 사용하기도 하는데, 보통 이런 계약에서는 공급자가 프로젝트에 의존적이어서 원재료를 공급하지 않으면 프로젝트에 수수료를 지급하기로 동의한다. 어떤 계약을 체결하든지 결국에는 공급자의 신용 상태가 계약이행에 중요하다.

[9] 시공사 미이행 책임의 면제－사업주의 원인 제공

시공사가 PF 거래에서 손해배상책임에 직면한 경우 프로젝트 회사를 탓하는 경우가 많다. 물론, 건설이 지연되고 계약이행에 어려움을 겪는 것이 프로젝트 회사 때문일 수도 있다. 가령, 프로젝트 회사가 필요한 정보를 제 때 제공해주지 않거나, 건설 계약에서 명시한 의무를 소홀히 하거나, 허가를 취득하는데 실패하고, 시운전과 관련하여 부적절한 원자재를 공급하는 것은 모두 프로젝트 회사의 책임이다.

시공사가 위와 같은 주장을 근거로 책임을 회피하지 못하도록 건설계약에 여러 조항을 포함시킬 필요가 있다. 먼저, 계약서에는 프로젝트 회사와 시공사의 책임을 명확하게 정의

해야 하며, 이때 프로젝트 회사의 책임을 최소한으로 유지해야 한다.

두 번째로, 시공사가 완공 지연이나 초과비용에 대해 면책을 받기 위해서는 피해를 복구할 수 있는 충분한 기간을 포함하여 미리 서면 통지를 하도록 규정해야 한다. 만약 사전 통지를 하지 않는다면 피해에 대한 책임을 부담하기로 하며, 통지 절차에 대한 조항은 불가항력 조항과 유사한 수준을 사용하는 것이 바람직하다.

[10] 공동 시공

일부 프로젝트에서는 하나 또는 여러 시공사들이 각자 다른 역할을 맡아 단독 책임을 지지 않으면서 참여가 가능하다. 특히 수력발전 프로젝트에서 쉽게 찾아볼 수 있는 관행이지만, 위험성이 내포되어 있다. 시공사 간 조율 없이는 완공지연이나 비용초과 위험이 더욱 증가하며, 시공사들이 서로 책임을 떠넘길 수 있다. 따라서 프로젝트 회사는 관리자로서 프로젝트의 건설 과정을 주의 깊게 관찰 해야 한다. 최소한 각 건설 계약서에 해당 시공사가 다른 건설 계약의 공사 일정 등 계약 조건을 검토하고 인지했다고 확약한 내용을 포함해야 할 것이다. 또한, 시공사는 계약서 간 일정 등에 불일치 또는 결함을 발견하지 못했다고 진술하도록 하는 것도 도움이 될 수 있다.

15.03 시공사의 신용 상태

건설계약에서의 위험 배분은 시공사의 신용 상태가 좋아야 효과적일 것이다. 시공사는 계약체결 시점과 계약이행기간 동안 계약상 의무를 이행하기 위해 충분한 재원을 보유해야 한다. 특히, 건설이 늦어진다거나 약속한 시설을 제대로 건설하지 못할 경우를 대비해서 손해배상금을 지급한 여력도 있어야 한다. 시공사는 실제 공사 비용이 프로젝트 회사에게 제시한 비용을 초과하는 일이 발생해도 이를 흡수할 능력을 갖고 있어야 한다. 만약 보유 재원도 없고 모회사의 보증이나, 신용장, 계약이행보증 등 신용보강을 제공할 수 없는 경우 다른 시공사로 대체해야 할 것이다.

15.04 건설 관련 계약의 종류

프로젝트 건설 과정은 설계(engineering), 조달(procurement), 건설(construction), 시운전(testing) 및 가동(start-up) 단계를 거치며 완성된다. 따라서 건설 관련 계약들은 각 단계에 대해 규정하고 있으며, 가장 보편적인 건설 관련 계약은 설계 · 조달 · 건설(EPC) 계약이다. 가끔은 이러한 EPC 계약을 Fast-Track 건설계약이라고 지칭한다.

[1] 설계 계약

먼저 설계 계약은 사업주가 프로젝트를 디자인하고, 입찰과 심의를 거치며, 행정적인 업무를 수행하는데 필요하다. 구체적으로는 프로젝트의 전체적인 설계, 세부사양 검토, 초기 발생비용에 대한 견적 산정, 입찰 준비 · 권유 · 분석, 입찰에 필요한 비용 마련, 공급자의 비용 산정, 역무 일정 관리, 검사와 시운전, 프로젝트 회사의 건설계약 관리 등에 필요하다.

다만, PF에서는 설계 계약을 자주 사용하지 않는다. 그 이유는 설계 작업을 포함한 모든 건설 활동이 시공사를 총괄 책임자로 지정하는 폭넓은 일괄도급(turnkey) 계약에 다 포함되기 때문이다. 또한, 금융종결 전까지는 건설 자금이 집행되지 않기 때문에 실용적이지 않을 수 있다. 이 시점에서는 수익이 창출되지 않는 상태에서 대출이자가 누적되기 때문에 건설 공사가 빠르게 진행되어야 한다.

[2] 기자재 조달계약

조달계약은 프로젝트 건설에 소요되는 기자재를 공급하는 과정을 규정한다. 설계사가 기계, 설비, 원자재 등을 입찰하는 절차를 마련하는 것부터 시작해서, 입찰에 대한 경제적인 분석을 시행하고, 설비 수출입을 위한 정부 허가를 조율하며, 납품일을 모니터링하고, 물품의 운송을 준비하며, 현금 유출입 관리와 청구서 검토 등 금전적인 사안을 다룬 모든 조항을 포함한다.

별도의 설계 계약이 자주 활용되지 않듯이, 기자재 조달계약도 PF에서 필수적인 계약은 아니다. 이는, 일괄도급 계약 내에 기자재 조달에 대한 사항도 포함되어 있으며, 금융종결 전까지 사실상 조달에 필요한 자금이 집행되지 않기 때문이다.

[3] 건설계약

건설계약은 프로젝트에서 발생하는 모든 건설 작업을 규정하는 계약이다. 시공사는 건설작업 감독, 인력 공급 및 경영 관리, 시설과 물품의 공급, 현장 조사, 기술지원 등의 모든 서비스를 제공하는데 동의한다.

[4] EPC 계약

EPC 계약은 위 모든 단계를 통합시킨 계약이다. 가끔 Fast-Track 계약이라 불리는 이유는 앞서 언급한 세 단계를 순차적이 아닌 중첩적으로 빠르게 진행할 수 있도록 하기 때문이다.

15.05 확정금액 계약

건설공사 비용의 최고 한도가 정해진 확정금액 계약은 시공사가 확정공사비를 지급받고 건설 작업을 진행하도록 한다. 가끔은 확정공사비가 특정 지표에 따라 조정이 가능하기도 하는데, 대주는 어느 정도 최고 한도를 두는 것을 선호하지만 인플레이션율이 급격한 국가에서는 특히 유용할 수 있다.

다른 장에서도 언급했듯이 프로젝트 회사와 시공사가 확정금액 방식의 건설계약을 협상하는 과정에서 겪게 되는 긴장 상태는 시공사가 미리 정해진 금액에 공사를 끝내야 하는 계약의 특성 때문이다. 물론 시공사는 예상보다 비용을 높일만한 사건을 미리 예측하는데 어려움을 겪는다. 따라서 시공사는 공사비를 확정할 때 불확실성을 반영하여 여유 있게 가격을 제시한다. 일반화하기는 어려우나 보통 비상 상황을 대비해서 12%~20% 수준을 확보해 둔다.

확정금액 계약을 체결해도 불가항력 사건이나 프로젝트 회사에 의한 완공지연, 요구사항 변경, 예측 못한 부지 여건의 악화 등이 발생하여 가격을 조정해야 하는 사태가 벌어지기도 하며 그 범위는 매우 다양하다. 다만, 불가항력 사건이 발생하더라도 금전적으로 아무런 영향을 끼치지 않는다면 가격을 인상할 수 없다. 대신, 공사가 지연되었을 경우 시공사에게 건설 기간을 연장해주는 것이 가능하다. 만약, 프로젝트 회사가 건설 공사를 지연시켰다면 적절한 수준으로 공사 비용을 다시 조정할 수 있다. 마지막으로, 프로젝트 회사의 요구사항이 바뀐다면 가격 인상이 필요한지에 대해 당사자들끼리 협상에 들어가게 된다.

15.06 실비정산계약(확정금액 플러스 비용 계약)

건설계약의 또 다른 종류는 실비정산계약이다. 이름에서 알 수 있듯이, 이 계약에서는 프로젝트 회사가 시공사에게 건설비용과 수수료를 함께 지급한다. 시공사는 수수료를 받고 일정한 수익을 누릴 수 있는 보장을 받는 반면, 프로젝트 회사는 가장 낮은 건설 비용을 부담하게 된다. 확정금액 계약에서와 달리, 프로젝트 회사는 비상 상황에 대비한 위험 프리미엄을 부담하는 대신, 건설 예산을 초과한 비용에 대한 위험을 직접 부담하게 된다.

15.07 최대 지급액 및 인센티브를 포함한 실비정산계약

실비정산계약은 최대 지급액을 설정해놓고 성과에 따라 인센티브를 시공사에게 지급하는 방식으로 수정할 수 있다. 즉, 시공사가 건설비용을 낮게 유지하는데 성공한다면 인센티브를 지급하는 등 시공사가 예산 관리를 얼마나 잘 하는지에 따라 비용을 직접 흡수하게 하거나 보상금을 지급하는 방식이다. 만약 건설비용이 최대 지급액을 초과하게 된다면 시공사가 인센티브 수준 만큼 초과 비용을 흡수하기로 한다. 반대로, 최대지급액보다 비용이 덜 들어가게 된다면, 시공사와 프로젝트 회사가 절감한 금액을 적절히 분배하여 나눠 가진다.

15.08 PF의 일괄도급 계약

PF 거래는 건설비용, 건설일정 및 프로젝트 성과의 예측 가능성에 기반한다. 따라서 거래의 예측 가능성을 조금 더 높이기 위해서라도 프로젝트 회사는 특정 기일까지 시공사에게 정해진 가격에 전체 공사를 완료할 것을 요구하여 일괄도급(turkey) 계약을 체결한다.

프로젝트 회사가 공사 완료 후 건설비용을 지급하고 이제 열쇠만 돌리면 된다(turn the key)는 의미에서 일괄도급 계약이라고 부른다.

일괄도급 계약에서는 시공사가 일정 부분 예측 가능성을 보장하기 때문에 이에 대한 리스크 프리미엄을 요구할 것이다. 리스크 프리미엄은 시공사가 예측하기 어려운 사건들이 발생하여 프로젝트가 지연되거나 비용이 증가하고, 원하는 성능수준을 달성하지 못할 가능성이 있기 때문에 요구하는 것이다. 다만, 이 외에도 시공사는 계약을 협상할 때 건설비용이 변동할 위험을 줄이고, 완공지연에 대한 책임을 일정 부분 피할 수 있는 조항을 삽입하고 완공까지 충분한 시간이 주어질 수 있도록 요구할 것이다.

시공사가 약속한 날까지 공사를 마칠 위험을 부담하는 대가로, 프로젝트 회사는 예상보다 일찍 완공이 될 경우 보너스 형태로 보상금을 지급한다. PF 거래에서는 보너스 개념이 다른 PF 계약과도 연관되어 있어야 한다. 예컨대, 만약 시설 공사가 예상보다 빨리 끝났다면 시설 가동을 그만큼 빨리 시작할 수 있어 다른 계약에도 영향을 미친다. 만약 시공사에게 보너스를 지급해야 하는 상황인데 운영을 미리 개시할 계획이 없어 수익금이 없다면, 보너스 재원 마련은 추가 출자 또는 후순위채를 통해 조달하거나 건설예산 내 예비비계정에 반영되어야 할 것이다.

앞서 설명했듯이, 건설 비용이 대출금이나 출자금 등 조달한 재원을 초과하게 될 위험은 PF에서 매우 심각하게 받아들여진다. 만약, 건설 비용이 증가하면 건설기간 동안 원리금 상환비용이 증가하고, 완공에 필요한 자금을 못 구하거나, 구하더라도 프로젝트 회사가 증가한 원리금을 상환할 여력이 없게 될 수 있다.

15.09 일괄도급 건설계약의 대표적인 조항

일반적으로 건설계약 내 주요 조항에는 건설의 기술적 범위와 세부사항을 설명한 '역무범위(scope of work)', 시공사와 프로젝트 회사의 역할 분담, 보상 및 지급조건, 하도급계약, 성능테스트와 승인 조건, 역무의 변경, 역무의 철회, 보증, 역무에 대한 권리, 계약 위반에 대한 해결책, 계약이행보증 및 하자보증, 보험, 분쟁해결, 보상, 양도, 역무의 중단 및 종결, 불가항력에 관한 조항 등이 있다. 각 조항에 대해서는 아래에 자세히 설명하기로 한다.

15.10 역무 범위

[1] 설명

PF 건설계약에서는 역무 범위에 대해 설명한 조항이 가장 중요하다고 볼 수 있다. 이 조항은 건설일정에 따라 프로젝트의 자세한 설계 기준, 기술사양을 설명하고 건설에 필요한 주요 설비를 명시한다. 역무 범위를 규정하는 조항이 건설계약에서 가장 중요한 이유는 시공사의 책임 범위를 명확히 하고 어떠한 시설이 약속된 가격에 만들어져야 하는 지 설명하기 때문이다. 다만, 모든 공사작업과 설비를 열거하지 않는 이상 해당 조항에서 언급한 건설비용이 확정적인 것은 아니다. 역무 범위에는 포함되지 않은 작업들이 나중에 추가되면서 계약의 변경(change orders)이 이루어지고 가격이 인상될 수 있다.

[2] 예시 조항

Scope of Work. Contractor shall perform the work hereunder in accordance with the Contract Documents.

Contract Documents means this Construction Contract and all exhibits hereto, including the Scope of Work attached hereto as Exhibit _, it being the intent of the parties hereto that such scope shall include (i) all design, procurement, construction, installation, equipping, start-up, and performance testing of the facility; (ii) the provision of all equipment and supplies required by the Contract Documents; (iii) the provision of necessary construction forces, including all supervisory field engineering, quality assurance, support service personnel, and field labor; ;and (iv) preparation and delivery to the [Project Company] of operation and maintenance manuals.

15.11 시공사의 책임

[1] 설명

시공사의 책임을 설명한 조항에서는 디자인, 설계, 조달, 건설 및 공급 등 시공사가 수행할 역무의 종류를 설명한다. 그 외에도 시공사는 고용, 직업훈련, 안전, 직원 품행, 연수 계획, 프로젝트 회사와 운영사에 끼친 손해(turnover), 허가 취득 및 기소와 관련한 책임을 져야 한다.

[2] 예시 조항

Independent Contractor. Contractor is an independent contractor and shall maintain control over its employees and all Subcontractors. Contractor shall perform all Work in and orderly and workmanlike manner.

Project Manager. (a) Before starting the Work, Contractor shall designate a Project Manager as its representative to represent Contractor and shall notify [Project Company] of the name, address, and telephone number (day and night) of such representative, and of any change in such designation.

(b) The Project Manager shall be present or be duly represented at the Site at all times when the Work is actually in progress and, during periods when the Work is suspended, arrangements mutually acceptable to the Parties shall be made for any emergency Work that may be required. All requirements, instructions, and other communications given to the Project Manager by [Project Company] shall be as binding as if given to Contractor.

Supervision. Contractor shall supervise and direct the Work. Contractor shall be solely responsible for all construction means, methods, techniques, sequences, and procedures, and for coordinating all portions of the Work under the Contract.

Access. Upon reasonable prior notice, Contractor shall provide [Project Company], Lender and [Project Company]'s Representative with reasonable access to the Work; provided, however, that contractor may require such representative to the accompanied by an escort and to follow any of the procedures which Contractor, in its sole discretion, deems necessary or advisable. Contractor shall provide the representatives of any governing or regulatory agency having jurisdiction over the Work with similar access.

Emergencies. In the event of any emergency endangering life or property on or about the Work or the Site, Contractor may take such immediate action as may be reasonable and necessary to prevent, avoid, or mitigate damage, injury, or loss, and shall report to [Project Company], as soon as reasonably possible, any such incidence including Contractor's response thereto.

Compliance with Laws. Contractor shall meet and shall see that the Project shall meet all applicable requirements of federal, national, central, commonwealth, state, province, municipal, city, borough, village, county, district, department, territory, commission, board, bureau, agency or instrumentality, or other governmental authority, domestic or foreign, laws, codes, and regulations governing construction of the Project in existence as of the date of this Contract. The effect of changes in such laws, codes, and regulations after the date hereof shall be determined pursuant to Article_.

Contractor Permits. Contractor shall secure, pay for, and maintain the Contractor Permits.

Notices. Contractor shall give all notices and comply with all material laws, ordinances, rules, regulations, and lawful final orders of any Governmental agency bearing on the performance of the Work. If Contractor observes that any of the Contract Documents are at variance therewith in any material respect, it shall notify [Project Company] in writing, and any necessary Changes shall be made by appropriate Change Order.

Security. Contractor, at its expense, shall provide the following security for the Project: [describe any planned fencing, watchmen, and/or procedures].

Records. Contractor shall maintain at the Site for [Project Company] one record copy, and, at [Project Company]'s expense, shall furnish additional copies thereof to [Project Company], if requested, of all Contract Documents, drawings, plans, specifications, copies, addenda, test report, Change Orders, and modifications, in good order and marked to record all changes made during performance of the Work; these shall be delivered to [Project Company] as a condition of final payment.

Cleaning Up. Upon completion of the Work and before final payment is made, Contractor shall, or shall cause Subcontractors to, remove rubbish and unused Product from the Site and leave the Site in an orderly condition.

15.12 프로젝트 회사의 책임

[1] 설명

역으로 프로젝트 회사의 책임을 언급한 부분에는 프로젝트 부지의 여건, 현장에 대한 접근성, 허가, 시운전과 가동에 필요한 연료, 시설 및 폐기물 처리에 대해 규정한다.

프로젝트 회사가 위에 언급한 사항에 대해 책임을 지지 않으면 기한 내 시공사가 고정 가격에 공사를 마치는 것이 어려워질 수 있다. 다만, 프로젝트 회사와 대주는 책임을 최소한으로 유지하고 불이행에 대한 위험 부담을 최소화하길 원한다.

[2] 예시 조항

Project Company Responsibilities. (a) The {Project Company} shall investigate, determine, secure, pay for, and maintain any and all Permits required for [Project Company]'s ownership and commercial operation of the [Project] and for the performance of the Work (the "[Project Company] Permits"), including: federal, national, central, commonwealth, state, province, municipal, city, borough, village, county, district, department, territory, commission, board, bureau, agency or instrumentality, or other governmental authority, domestic or foreign, environmental, water, sewer, and land use Permits, including those [Permits] described in Exhibit _, [Project Company] shall further be responsible for obtaining and maintaining all easements or other real property rights necessary for performance of the [Work]. Contractor shall cooperate with [Project Company] (or with such other effected party as [Project Company] may designate, for and on behalf of {Project Company} to provide such pertinent data and information as [Project Company] or effected party may request to permit {Project Company} to obtain the [Project Company] Permits.

(b) In addition to other requirements contemplated by this Contract, [Project Company] shall furnish within [Project Company]'s property limits as and when reasonably necessary for the purposes of this Contract, upon the request of Contractor, access to:(i) the areas on the [Site] required for new construction, lay down areas, construction offices, temporary roads and utilities; (ii) designated Contractor parking areas; (iii) designated areas of existing buildings as reasonably required in conjunction with the [Work]; and (iv) areas at the property boundaries for junction or other work relating to electrical power, natural gas and oil lines, water, sewer, telephone, and other utility connections.

(c) [Project Company] will provide at the Site and pay for kW power for use by Contractor in its performance of the [Work].

(d) [Project Company] shall provide at the [Site] and pay for: (i) fuel and consumables, such as lube oils, lubricants, filters, chemicals, and other related costs as specified by Contractor for start up, debugging, Performance Testing, environmental testing and Commercial Operation otherwise in performance of the Work; (ii) connections at the points specified in Exhibit _ for water, sewer, electricity, telephones, and other public works; (iv) any water required for use by Contractor in its performance of the Work; (v) any special or supplementary operating equipment required for operating and maintaining the Project, such as fuel analyzing and temperature, performance, and supply output monitoring equipment with operating supplies, all as further specified on Exhibit _ attached hereto; (iv) all rolling stock and Residue removal and disposal of all effluents from the Project during testing, Provisional Acceptance and Commercial Operation; (vii) mobile equipment, if any, required by the Project and not specifically described in the Scope of Work; and (viii) operation and maintenance of the Project.

(e) Contractor shall obtain the Permits described in Exhibit _ ("Contractor Permits"). [Project Company] shall promptly sign any application for such Contractor Permits which require [Project Company]'s signature. In no event shall Contractor have any liability or responsibility for the failure of any Governmental Agency to grant or act upon any application for permit, license, exemption, or approval, or for the cost of, or the terms or conditions made applicable to, any permit, license, exemption or approval to be obtained by [Project Company].

15.13 착공지시서와 건설 개시

[1] 설명

건설계약의 협상과 집행은 금융조달이 성사되기 몇 개월 전에 완료하는 것이 일반적이다. 프로젝트 회사는 자산을 최소한으로만 보유하고 있기 때문에, 프로젝트 사업주가 건설자금을 추가로 지원해주지 않는다면, 시공사에게 지급할 자금이 충분하지 않을 것이다. 결론적으로 신중한 시공사는 금융종결을 달성할 때까지 공사 개시 의무를 미뤄둘 것이다. 그렇지 않으면 프로젝트 회사는 보유자산이 없기 때문에 지급불능에 대한 위험을 부담해야 한다.

착공지시서는 프로젝트 회사는 시공사에게 공사를 시작해도 된다고 서면으로 통지하는 것이다. 시공사는 일반적으로 공사를 시작하기 위한 조건을 제시할 것이다. 즉, 금융종결 완료, 건설허가 및 기타 정부 승인의 취득, 환경 심사, 필요 복원작업의 수행, 건설자금의 빠른 가용성 등을 요구할 것이다. 추가적으로 시공사는 대주가 직접 시공사에게 대출금을 지급하도록 하는 것과 프로젝트 회사의 채무불이행에 대한 자금 집행 조건을 제한하는 것(건설 계약과 관련하여 분쟁 중인 경우는 제외), 그리고 채무불이행이 발생하면 대주가 즉시 시공사에게 알릴 것을 원한다. 다만, 시공사에게 유리한 보호 조항을 모두 받아내는 것은 쉬운 일이 아니다.

[2] 예시 조항

Notice to Proceed. Contractor shall achieve Commercial Operation of the Project no later than (_) months after receipt of an effective written notice in the form attached in Exhibit _ (the “notice to Proceed”) from [Project Company] to commence the Work (the “Completion Date”); provided, however, that [Project Company] may not deliver the Notice to Proceed unless at least five (5) business days prior to such delivery it has provided Contractor with (i) certified copies of the permits described in Exhibit_ in final, non-appealable form, (ii) evidence reasonably satisfactory to Contractor that [Project Company] has entered into a loan agreement with a lender or lenders which individually or collectively have assets in excess of U.S. $2 billion and shareholder’s equity in excess of U.S. $100 million (the “Lender”) and that such loan agreement(the “Construction Loan

Agreement") provides that (a) the total amount available for borrowing by [Project Company](the "Construction Loan") includes at least [Contract Price] that can be used for no other purpose by [Project Company] other than to fulfill its obligations under this Contract; (b) all payments to be made by [Project Company] to Contractor pursuant to Article_ shall be made directly by the Lender by wire transfer, so as to be beyond the reach of [Project Company]'s creditors other than Contractor and the Lender; (c) the Construction Loan Agreement shall obligate the Lender to make or cause to be made all payments to Contractor to which it is entitled in the event of any termination of this Contract; (d) the Construction Loan Agreement may not be amended or terminated except upon terms that assure that Contractor shall receive all payments to which it is entitled under this Contract; (e) the Lender will accept payment and/or performance by Contractor, in lieu of [Project Company], to cure any default by [Project Company] under the Construction Loan Agreement, but without the obligation on the part of Contractor to make any such payment or provide such performance; and (f) the Lender will provide Contractor with written notice of any default by [Project Company] and the same period of time in which to cure such default as [Project Company] is entitled to; and (iii) [Project Company] has closed the Construction Loan and the funds to be borrowed thereunder are available for use in accordance with the provisions of the Construction Loan Agreement. Notwithstanding the curing by Contractor of any default by [Project Company] under the Construction Loan Agreement, Contractor shall retain any rights and remedies it may have against [Project Company] by reason of any such default by [Project Company] and shall be subrogated to any rights and remedies the Lender may have against [Project Company] pursuant to the Construction Loan Agreement.

15.14 공사 금액

[1] 설명

건설계약에는 시설 공사에 필요한 모든 비용과 수수료, 기타 지출을 포함한 확정금액이 제시된다. 따라서 시공사는 가격을 협상할 때 신중해야 하고, 프로젝트 회사는 시공사가 담당할 역무의 범위를 신중하게 고려해야 한다.

공사금액에는 임금, 보상금 및 고용관련 세금, 건설자재, 공급 물품, 시설에 포함되지 않는 건설장비, 운반비용, 하도급 비용, 설비대여 및 착수, 보험이나 계약이행보증 등 신용보강 관련 비용, 세금, 수수료, 관세, 라이선스 비용과 로열티, 정화작업 등과 관련한 비용들이 포함된다.

일부 산업에서는 비소구나 제한적 소구 방식의 PF에서 활용되는 확정금액 계약보다 실비정산계약을 쓰기도 한다. 실비정산계약의 경우, 초과비용 위험을 커버하기 위한 리스크 프리미엄을 가격에 반영하지 않아도 되어 프로젝트 회사가 비용을 아낄 수 있다. 그러나, PF에서 실비정산계약은 거의 활용되지 않으며, 활용되더라도 대주단은 건설비용이 소요예산을 초과할 위험에 대비하여 사업주가 완공 보증(completion guarantee)을 제공할 것을 요구할 것이다.

[2] 예시 조항

Firm Price. [Project Company] shall pay to Contractor in respect of the [Work], the amount of ($), subject to price adjustment only in accordance with this Contract (the "Contract Price").

15.15 지급금과 유보금

[1] 설명

만약 실비정산계약 방식을 활용하는 경우, 건설기간에 걸쳐 대금이 주기적으로 지급된다. 건설 가격에는 합리적으로 매겨진 건설비용과 함께, 협의된 간접비용과 건설 수수료가 더해진다.

보다 널리 활용되는 확정금액계약에서는 건설대금이 시간에 걸쳐 공사의 진척도, 일정 소화 및 준수 여부에 따라 지급된다. 이 때, 프로젝트 회사는 공사를 이행했더라도 예정보다 일찍 건설대금을 지급하는 것에 제한을 둘 수 있다. 이 같은 방법으로 프로젝트 회사는 소요예산보다 더 많은 원금과 이자를 부담하여 비용이 초과되는 것을 막을 수 있다. 만약, 단계별 건설대금 지급방식(milestone payments)이 사용된다면 시공사에게 지급되는 대금은 미완성된 부분을 제하고 산정될 것이다.

일부 건설계약은 시공사가 대금을 미리 받을 수 있도록 한다. 이러한 계약구조를 통해 시공사는 사전에 기자재와 설비, 물품을 구입할 수 있게 된다.

다만, 대금을 미리 지급하면 다시 돌려받지 못 할 위험이 존재한다. 이러한 위험으로부터 보호받기 위해 프로젝트 회사는 선수금환급보증을 활용할 수 있다. 시공사는 특정 기간 내에 수익이 발생하지 않거나 계약을 이행하지 않으면 선수금을 돌려 줄 것을 프로젝트 회사에게 보증한다.

한편, 대주는 독립적인 엔지니어를 고용하거나 내부 기술 평가 인력을 활용하여 건설 진행상황을 모니터링하고 시공사에게 공사대금 지급의 타당성을 평가한다. 즉, 대주의 독립적인 엔지니어는 공사의 기성률을 검토하고 대금 지급을 승인한다. 그러기 위해서는 건설계약상 대금 지급 조건이 프로젝트 회사가 맺은 대출계약의 대출금 집행 절차와 일관성을 가질 필요가 있다.

프로젝트 회사는 공사대금을 매번 지급할 때마다 일정 부분을 유보(retainage)한다. 유보금은 시공사에게 완공에 대한 경제적 유인을 제공하는데, 이는 공사 완공 후에 유보금을 지급하기 때문이다. 그렇지 않으면 시공사는 기회비용을 고려하여 마지막 공사대금을 받지 않고 공사의 세부적인 마감을 제대로 하지 않는 편을 선택할 수도 있다. 통상, 유보금의 비율은 각 공사대금 지급액의 5~10% 수준이다. 한편, 유보금의 대안으로는 신용장이나 유보금환급보증을 고려해 수 있다.

[2] 유보금환급보증

많은 건설계약에서 프로젝트 회사는 시공사에게 지급할 건설자금을 일정 비율 유보할 권리가 있다. 유보금은 대개 건설가격의 5~10% 수준으로, 완공시에만 지급되기 때문에 시공사에게 공사를 잘 끝마칠 동기부여를 한다.

만약 시공사가 기성률에 따라 지급 예정인 대금의 완납을 원한다면, 프로젝트 회사가 유보금환급보증을 요구할 수 있다. 해당 보증은 일정 기간 내에 공사가 완공되지 않거나 하자가 발생하면 프로젝트 회사가 유보금 상당 금액을 환급 받을 권리를 제공해준다.

[3] 유치권

시공사를 위해 일하는 자재공급자, 판매자, 하도급업자 등은 서비스를 제공하는 대가로 지급받는 대금이 미지급될 경우를 대비해서 프로젝트에 대한 유치권을 취득할 권리가 있다. 대부분의 경우 프로젝트 회사는 같은 금액을 시공사에게 한 번, 공급자, 판매자 및 하청업자에게 또 한 번 지급한다.

한편, 임금과 기자재대금 지급보증(labor and material payment bond)은 지급불능 위험에 대비하기 위해 시공사에게 요청할 수도 있다. 해당 보증은 보증인인 시공사가 공사대금을 받지 않았더라도 공급자, 판매자, 하청업자에게 대금을 지급하도록 요구한다.

[4] 예시 조항

Retainage. [Project Company] shall withhold from each payment of the [Contract Price] due Contractor hereunder an amount equal to _(_%) percent as retainage, to be paid to Contractor only upon achievement by it of [Final Completion].

15.16 완공일 보증, 계약이행보증 및 지연배상금

[1] 설명

시공사는 기계적(mechanical) 완공일, 실질적(substantial) 완공일 및 최종(final) 완공일 등 세가지 날짜를 지켜야 한다. 추가적으로 지연관련 위험을 줄이기 위해 프로젝트 건설 스케줄을 만들어 건설 과정 중 주요 일정을 명시할 필요가 있다. 이 스케줄은 건설계약에 포함시키고 주기적으로 업데이트 해야 한다.

[2] 기계적 완공(mechanical completion)

기계적 완공은 설비의 모든 기계가 조달 및 조립되어 설치가 완료된 상태로, 일부 잔업을 제외하고는 설비의 시운전과 성능 점검 등을 시행할 준비가 된 시점이다. 이 때, 잔업에는 도색, 조경 공사, 그레이딩(grading) 등이 있다. 만약 시공사가 기한 내에 기계적 완공을 완료하지 못하면 지연배상금을 지급해야 한다.

[3] 실질적 완공(substantial completion)

시공사가 약속한 성능 수준을 충족하였을 때는 실질적 완공을 달성했다고 한다. 프로젝트 종류를 불문하고, 시공사는 완공된 설비가 프로젝트의 원리금을 상환할 수 있고, 프로젝트 회사가 생산물 구매자와 체결한 판매 계약서의 조건을 충족할 수 있는 수준의 생산능력을 보유하였음을 증명해야 한다.

발전 프로젝트에서는 시공사가 일정 성능과 가용성(availability)을 보장해야 한다. 성능(또는 용량)보증이란 완공된 시설이 협의된 수준의 전력을 생산하고(최소 출력 보증), 연료를 효율적으로 사용하며(효율성 보증), 예비 전력 또는 석회석 등의 다른 원재료 및 설비의 사용을 제한하고(투입 보증), 환경 규제 등 법률을 준수(환경 보증)한다는 것을 보장하기 위한 것이다. 한편, 가용성 또는 공급신뢰성 보증이란 완공설비가 시운전 기간 동안 안정적인 수준으로 운영되는 것을 보장하는 목적을 갖고 있다.

만약 시공사가 이러한 보증이행에 실패한다면 프로젝트 회사의 유일한 구제책인 바이다운(buy-down) 방식의 손해배상에 대한 책임을 지게 된다. 배상금은 프로젝트의 대출금의 일부를 반제 또는 조기상환하여 차입금 상환비율을 협의된 수준에서 유지할 수 있도록 한다. 바이다운 방식의 배상은 프로젝트가 차입금을 상환할 만큼 생산이 잘 안되거나 연료 등 기타 투입물을 비효율적으로 쓸 때를 대비해서 필요하다.

손해배상금에 대한 시공사의 익스포저는 공사금액의 일정 비율로 제한된다. 예컨대, 에너지 관련 프로젝트에서 맺는 건설 계약은 배상금 관련 채무의 한도를 25%에서 40% 사이에 두는 편이다. 통상 배상금을 지급하기 전에 시공사에게 결함을 바로잡고 다시 시운전할 기회를 준다.

손해배상금을 지급한다고 하더라도 환경 보증에 대해서는 불충분한 해결책이다. 만약 환경 규제를 위반한다면, 허가당국이 프로젝트 운영을 아예 중단시킬 수 있기 때문이다. 따라서 시공사는 환경 요건을 충족시키기 위해 복구 작업을 진행해야 할 것을 요구 받는다.

실질적 완공 단계에서는 시공사가 프로젝트 회사에게 설비를 인도하며, 프로젝트 회사는 운영을 시작하고 하자 기간이 개시된다.

[4] 최종 완공(Final Completion)

최종 완공은 실질적 완공이 이루어지고 시공사가 설비의 완공 기준을 모두 충족하거나, 충족하지 못한 경우 손해배상금을 모두 지급하였을 때 발생한다. 프로젝트 회사는 최종 완공 시점에 설비를 인도받아 정상가동을 시작하고 최종 건설대금을 유보금과 함께 지급하게 된다.

[5] 하자보수

많은 건설계약에서 시공사는 성능 보증을 위해 설비 결함을 수리하는 조항을 포함시킨다. 해당 기간 동안에는 프로젝트 회사가 대출계약이나 다른 계약에서 명시하는 의무를 이행하거나 시공사가 배상해야 하는 범위를 줄이기 위해서라도 설비가 가동되어야 한다. 시공사는 대출상환금 운영비용 및 다른 계약에 따른 손해배상금을 지급할 수익의 부족 등, 건설기간 연장에 따른 피해를 프로젝트 회사에게 보상해 줄 필요가 있다. 또한, 시공사는 시설운영에 차질이 생기지 않도록 하자보수를 위해 만전을 기해야 한다. 성공적인 하자보수는 시공사의 피해보상 범위를 줄이거나, 손해배상금의 일부분을 돌려받도록 할 수 있다.

수익창출 제품판매 계약 등 주요 프로젝트 계약은 하자보수 기간을 융통성 있게 설정할 수 있도록 허용해야 할 것이다. 그러나 제품판매 계약에서 완공과 성능 보증이 특정일까지 완료될 것을 요구하는 경우도 종종 있으며, 그럴 경우 시공사는 결함을 고쳐서 프로젝트 회사의 운영비용을 절감하기 위한 목적 외에는 건설기간이 연장되지 않을 수 있다.

[6] 지연 배상금

시공사가 기계적 완공이나 실질적 완공 또는 최종 완공 일자를 맞추지 못한다면 프로젝트 회사에게 지연 배상금을 지급해야 한다. 지연 배상금은 지연으로부터 발생한 피해액을 일 단위로 산정한다. 배상금의 범위는 건설기간 연장에 따른 추가 금융비용, 구매계약이나 연료공급계약 등에 따라 시설 운영에 차질이 생겨 발생한 피해금액을 포함한다. 지연 배상금과 성능결함에 따른 배상금은 보통 계약 금액의 25%에서 45% 수준에서 책정된다.

[7] 시운전

위에서 언급한 여러 완공 일자와 보증기간의 중요성 때문이라도 시운전의 기준과 절차에 대해 충분한 합의가 이루어져야 한다. 또한, 시운전 과정의 기술적 특성을 비롯하여, 시운전 비용의 부담과 인건비 및 연료 등에 대한 책임 분담도 이루어져야 할 것이다.

[8] 조기 완공에 대한 보너스

프로젝트 회사는 조기 완공을 통해 예상보다 일찍 수익을 창출할 기회를 얻게 되고 금융비용을 줄일 수 있게 된다. 또한 시공사가 유리한 작업으로부터 혜택을 보는데 도움을 줄 수 있다. 보너스는 절약된 금융비용을 일 단위로 계산하여 일시에 지급하거나, 조기 가동을 통해 얻게 된 수익의 일정 비율을 지급할 수도 있다. 이 때, 연료계약이나 생산물 판매계약, 그리고 운영계약상 조기 가동을 허용되어야 한다.

보너스는 미리 건설 소요예산에 반영되어야 하며, 준비금이나 이자 절감 또는 조기 가동에 따른 수익금에서 지급될 수 있다. 어떤 경우에는 보너스가 오직 프로젝트 수익에서 운영비용과 대출 원리금을 차감한 나머지 금액에서 지급되기도 한다.

[9] 환경 보증

시공사는 시설 가동이 주요 환경 규제나 세계은행 등 국제기구가 제시한 각종 환경 기준을 준수한다는 보장을 해야 한다. 환경 규제는 가변적이고, 어떤 경우에는 건설 기간 중에 바뀌기도 한다. 따라서 프로젝트 참여자 중 누가 위험 부담을 해야 할지 정하는 것이 중요하다.

환경 규제 변경사항을 협상기간 중에 규제 당국으로부터 제안받거나, 프로젝트에 적용될 것이 예상되지 않는 이상, 시공사는 해당 법률의 변경을 투자 위험으로 인식한다. 다만, 시공사가 환경 관리를 위한 최신의 기술을 사용 중이라면 위험을 수용할 용의가 있을 수 있다. 하지만, 어떤 경우에는 최신 기술의 적용으로 공사금액이 너무 올라서 프로젝트가 경쟁력을 잃을 수 있다는 점에 유의해야 한다.

[10] 보증의 예외

계약 당사자들은 회피 가능성이 없는 보증을 제공하는 것을 꺼려할 수 있으며, 시공사들도 예외가 아니다. 특히 PF에서는 잠재적인 손해배상 범위가 크기 때문에 더욱 그러하다.

보증에 대한 예외조항은 다음과 같다. 즉, 법률의 변화, 프로젝트 회사의 업무 방해, 프로젝트 회사의 책임 위반, 시공사가 승인하지 않은 시설의 설계 또는 건설의 변경 요청, 전쟁이나 비상위험 등 불가항력 사건 발생 등이 예외로 인정될 수 있다. 일반적으로 노동자들의 파업이나 노동쟁의는 시공사가 통제할 수 있다고 판단하여 이행보증의 예외사항으로 인정되지 않는다. 다만, 예상치 못한 지하 상황(subsurface condition)은 협상 대상이 될 수 있으며, 때로는 해당 위험을 시공사가 수용하기도 한다.

[11] 보증의 대안

위에서 설명한 것처럼 시공사가 보증을 이행하는데 실패하면 비용 측면에서 프로젝트에 영향을 미치게 된다. 이러한 위험으로부터 보호하기 위해서는 이행이나 완공 보증(performance completion bond), 건조보험(builder's risk insurance) 또는 시스템 보험(systems or efficacy insurance)을 활용할 수 있다. 이행이나 완공 보증은 정확히 어떠한 건설 위험을 보증하는지 면밀히 검토해야 한다. 한편, 건조보험의 경우 상해보험사가 제공하는 것으로, 상해 위험에 해당되는 사건으로 사업이 지연되면 대출비용 증가분에 대해 프로젝트 회사에게 보상해준다. 시스템 보험은 앞서 언급한 건조보험이 커버하지 않는 상황때문에 발생한 프로젝트 지연이나 성능결함 등에 대해 보장하나, 보험료가 비싸고 가입하기 어려운 편이다.

또 다른 대안은 사업 지연이나 성능결함에 따른 비용을 다른 프로젝트 참여자들에게 전가하는 대신 가격을 조정해주는 방법이다. 예컨대, 제품 구매자는 낮은 가격을 지급하는 대신 일정 부분 위험을 수용하는 것을 고려할 수 있다.

[12] 예시 조항

배상금 관련 조항은 각각의 특수 상황과 사실에 기반하여 작성되기 때문에 저마다 다를 수가 있다. 다음은 지연 배상과 바이다운 방식에 대한 조항의 예시이다.

Delay Damages; Buy Down. If the [Facility] has not achieved [Commercial Operation], including satisfaction of the performance guarantees, by the [Completion Date], the [Completion Date] may be extended for an additional period of time not to exceed ___ if Contractor continues to pay delay liquidated damages equal to ___ for each day such date is so extended. In the event that [Facility] still has not achieved [Commercial Operation] at the end of any extension of the [Commercial Operation Date], Contractor shall pay to [Project Company] on demand liquidated damages calculated in accordance with Exhibit [typically, a formula based on the estimated damages to the Project Company of the delay and of the failure of the Facility to perform at levels guaranteed in the Performance Guarantees.]

15.17 하자보증(warranties)

[1] 설명

보증(guarantee)이 새로운 설비에 관한 것이라면, 하자보증(warranty)은 협의된 기간 동안 사업구조, 작업, 부품에 하자가 발생하는 경우에 대비한다. 시공사는 일반적으로 프로젝트 회사에게 여러 종류의 하자보증서를 제공한다.

먼저, 건설 프로젝트의 설계, 원자재, 작업 등이 협의한 수준에 못 미친다면, 보장 기간 동안 시공사는 하자가 발생한 부분에 대해 수리와 교체를 해주기로 약속한다. 가장 일반적인 기준은 시설에 결함이 없고 시공사가 보편적으로 인정된 건설 관행을 따랐는지 여부이다. 시공사는 보통 원재료 공급자와 하청업자를 대신하여 동일한 내용의 보증서를 프로젝트 회사에게 제공한다.

두 번째로, 모든 원재료와 기자재가 새로운 것이라는 것을 보장해야 한다. 만약 기 사용된 물품이 공사에 투입되어야 한다면, 특별히 계약에 명시해야 할 것이다.

세 번째로, 시공사가 공급품이나 원재료를 사용하는데 지장을 받지 않는다는 것을 보장한다. 특허권이나 지적재산권에 따라 사용이 제한되지 않는 이상, 시공사는 필요한 장비와 공정을 활용할 권리가 있으며, 이러한 권리를 프로젝트 회사에게 이전할 것을 보장한다.

또한, 시공사는 협의된 표준 관리사항(standard of care)을 준수하며 건설 과정 중에 충분한 주의를 기울였음을 보장한다.

하자보증은 계약에 포함된 세부사항을 시공사가 준수하였음을 보장하며, 일반적으로 계약에 명시된 업무 범위와 이의 변경 사항을 참고로 한다.

한편, 시공사는 설비가 관련 법, 규제, 규칙, 허가 발행 기관의 요구조건, 산업 관행 및 기타 기준을 준수하여 완공되었음을 보장한다. 다만, 법률적 요구사항은 시간이 지남에 따라 변하고, 어떤 경우에는 건설 과정 중에 변할 수도 있기 때문에 참가자 중에 누가 위험을 부담할지 결정해야 한다. 한편, 건설계약을 체결할 시기에 제안된 개정안은 모든 참가자들에게 알려져 있으나, 어떤 경우에는 그렇지 않을 수도 있다. 이러한 불확실성 때문에 시공사는 법률 변경 위험을 투자 위험(equity risk)으로 간주한다.

[2] 예시 조항

Warranty. For a period of one year, Contractor warrants to [Project Company] that the [Work] will be free from defects in material and workmanship (the "Warranty"). However, the Warranty is subject to the following terms and conditions:

(1) The term "defects" shall not include damage arising from [Project Company]'s or any other Person's misuse or reckless disregard, force majeure events, normal wear and tear, failure to comply with generally approved industry practices, or failure to follow written storage, maintenance, or operating instructions.

(2) The Warranty does not apply to defects caused by conditions more severe or adverse than those ordinarily or customarily experienced by like facilities or structures or to defects in design, material or workmanship furnished by [Project Company], its separate contractors, licensors, vendors of material, fabricators, or suppliers.

(3) All duties under the Warranty shall be discharged by repair or replacement of the defect at Contractor's option.

(4) [Project Company]'s failure to allow Contractor to make such tests or perform such remedial services as Contractor of its Warranty obligations with respect to the subject of such test or service. Contractor shall make such tests or perform such remedial services at such times as are reasonably mutually convenient.

Subcontractor and Vendor Warranties. With regard to any product or portion of the [Work] performed by or acquired from subcontractors, suppliers, or vendors, in the event Contractor obtains for the benefit of [Project Company] a warranty from such subcontractor, supplier, or vendor of at least equal or comparable coverage and duration to the Warranty, then the Warranty shall not apply to such product or portion of the [Work] and Contractor shall have no liability whatsoever for design and/or material and workmanship defects therein. Nothing in this Section shall be construed to obligate Contractor to attempt to obtain any such warranties.

15.18 변경사항

변경사항 조항에는 역무의 범위에 대한 계약변경 절차를 다룬다. 비록 모든 프로젝트 참여자들이 최대한 포괄적인 역무 범위를 작성했다 하더라도, 건설 과정이 진행되면서 변경사항이 생기기 마련이다. 이번 섹션에서 살펴볼 변경사항으로는 역무의 기술적 범위와 사양, 가격 및 이행기간의 변동이다.

15.19 작업내용의 소유권(Title to work)

[1] 설명

장비 등 프로젝트를 구성하는 모든 요소들이 현장에 설치되거나 전달되어 대금이 지급된 후에 소유권이 프로젝트 회사에게로 넘어가는 것이 일반적이다.

[2] 예시 조항

Title to the Work. Title to each item of equipment or work in progress/construction services will pass to [Project Company] upon receipt by Contractor of payment therefor.

15.20 계약위반에 대한 구제방안

[1] 설명

만약 시공사가 건설계약에서 명시한 의무를 위반했다면 발생한 피해의 크기에 따라 프로젝트 회사가 요구할 수 있는 구제방안이 다양할 수 있다. 위에서 설명한 것처럼, 성능결함이나 완공지연으로 입은 피해는 일반적으로 손해 배상금을 통해 프로젝트 회사에게 보상한다. 다른 위반사항은 프로젝트 회사가 작업을 중단시키고 시공사를 교체하거나, 약정손해배상 외의 금전적 피해보상 요구 등을 통해 구제받을 수 있다.

특정일까지 프로젝트의 운전을 요구하는 PF 계약에서는 계약 위반에 따른 구제 관련 조항이 특별히 중요하다. 만약 시공사가 협의된 일정에 맞춰 공사를 완공하지 못하면, 프로젝트 회사는 시공사를 교체하거나, 작업을 직접 마무리할 수 있는 권한을 보유해야 한다.

[2] 예시 조항

Event of Default. Either Party may terminate this Contract for default by the other Party as provided below. A Party shall be considered in default of its obligations under this Contract upon the occurrence of an event described below:

Insolvency. The dissolution or liquidation of a Party; or the failure of a Party within _(_) days to lift any execution or attachment of such consequence as may materially impair its ability to perform the [Work]; or a Party is generally not paying its debts as such debts become due; or a Party makes an assignment for the benefit of creditors, commences (as the debtor) a voluntary case in bankruptcy under the [describe relevant bankruptcy statute] (as now or hereafter in effect) or commences (as the debtor) any proceeding under any other insolvency law; or a case in bankruptcy or any proceeding under any other law is commenced a Party (as the debtor) and a court having jurisdiction enters a decree or order for relief against the Party as the debtor in such case or proceeding, or such case or proceeding is consented to by the Party or remains undismissed for a period of _(_)days, or the Party consents to or admits the material allegations against it in any such case or proceeding; or a trustee, receiver, custodian, liquidator or agent (however named) is appointed for the purpose of generally administering all or part of the property of a Party of such property for the benefit of creditors.

Failure to Perform. The failure by a Party to observe or perform any material covenant, condition, agreement, or undertaking hereunder on its part to be observed or performed for a period of thirty (30) days after notice specifying such failure and requesting that it be remedied is given to such Party, unless the other Party shall agree, in writing, to an extension of such time prior to its expiration;

Misrepresentation. Any representation or warranty of a Party herein is false or misleading or becomes false or misleading in any respect that would be materially impair the representing or warranting Party's ability to perform its obligations under the Contract Documents.

Remedies on Default; Termination. Upon the occurrence of any of the foregoing, the non-defaulting Party shall notify the defaulting Party in writing of the nature of the default and of the non-defaulting Party's intention to terminate this Contract for default (a "Notice of Default"). If the defaulting Party does not cure such default immediately, in a default relating to payment of money due, or commence and diligently pursue cure of such default, in the case of any other default, within thirty(30) days from receipt of such notification (or sooner reasonable period if safety to persons is involved), or if the defaulting Party fails to provide reasonable evidence that such default does not in fact exist, or will be corrected, the non-defaulting Party may, upon five(5) days written notice, in the case of a default in the payment of money, or seven(7) days written notice, in the case of any other default, to the defaulting Party and, in the case of the Contractor, its sureties, if any, terminate the non-defaulting Party's right to proceed with the Work(a "notice of Termination").

Notice to Lender and Right to Cure. No Notice of Default or Notice of Termination sent by Contractor to [Project Company] pursuant to this Contract shall be deemed effective against the [Project Lender] until a copy of such notice shall have been received by the [Project Lender]. The [Project Lender] shall have the same rights as [Project Company] to cure any default of [Project Company]. Cure by the [Project Lender] shall include, but not be limited to, (a) causing [Project Company] to cure, (b) curing itself, or (c) finding a suitable replacement for [Project Company] and permitting such replacement to cure within the time provided herein.

Right to Possession of Site and Contract documents. Upon termination of the contract by the [Project Company] due to a default by the Contractor, Contractor shall provide immediate possession of the [Site] to the [Project Company] and deliver to the [Project

Company] all [Contract Documents], plans and specifications, drawings, equipment, materials, and tools at the [Project Site] related to the [Work].

15.21 작업 중단과 종료

[1] 설명

프로젝트 공사는 신중히 추진하고 모니터링 해야 한다. 만약 공사가 지연되면 손해가 발생하거나 계약이 종료되고 금융비용이 증가할 수 있다. 따라서 프로젝트 회사는 건설과정에서 문제가 생기면 신속하게 대응해야 한다. 이 때 한가지 해결방안은 작업을 중단하거나 계약을 해지하는 것이다. 프로젝트 회사는 프로젝트 공사에 대한 책임을 지고 공사를 완료할 수 있는 권한을 보유해야 한다.

[2] 예시 조항

Right to Complete Work. In the event the Contractor's right to complete the Work under the terms of this contract is terminated, [Project Company] may complete the Work or have it completed by others. Provided [Project Company] continues the [Work], Contractor shall not be entitled to further payment until the Work has been completed. If the unpaid balance of the Contract Price exceeds the cost of completing the [Work], Contractor shall be entitled to such excess. If the cost of completing the [Work] exceeds the unpaid balance, Contractor shall be obligated to pay the difference to the [Project Company] on demand.

15.22 지급보증과 계약이행보증(Payment and Performance bonds)

[1] 설명

계약이행보증(performance bond). 계약이행보증은 건설계약에 따라 발생한 시공사의 의무에 대해 보증인이 프로젝트 회사에게 발급하여 신용 보강을 하는 것으로, 대주에게 양도하여 프로젝트 담보로 활용된다. 만약 시공사가 건설계약을 이행하지 못하면 보증이행 청구가 가능하다. 이 경우, 보증인이 공사가 완공될 수 있도록 계약을 이행해야 한다.

지급보증(payment bond). 지급보증의 경우에도 프로젝트 회사가 보증인으로부터 발급받아 대주에게 양도하여 프로젝트의 담보로 활용된다. 만약 시공사가 건설계약에 따른 지연배상금 등 일정 금액을 지급하지 못한다면 보증금 이행청구가 가능하다. 이 경우, 보증인이 자금을 대신 지급해야 한다.

하자보증(warranty bond). 계약이행보증의 한 형태인 하자보증은 시공사가 프로젝트 회사에게 제공하는 것으로 시공사가 보증기간 동안 하자보수를 하지 않을 위험에 대비하여 발행한다. 또한, 일반적으로 대주에게 양도하여 프로젝트 담보로 활용되기도 한다. 어떤 경우에는 이행보증과 지급보증 범위 내에 포함될 수도 있다.

유보금환급보증(money retention bond). 이번 장에서 언급했듯이, 건설계약에 따라 시공사에게 주기적으로 지급되는 건설대금의 일부는 완공 시점까지 유보금으로 보관된다. 하지만 시공사는 유보금환급보증을 발급하여 유보금을 미리 받을 수 있다. 만약 공사가 완공되지 않으면 프로젝트 회사는 보증 범위 내에서 유보금을 다시 환급 받아서 공사를 완공할 수 있다.

[2] 예시 조항

Bond. Contractor will provide to [Project Company] a [performance/payment/warranty] bond in a form acceptable to the [Project Company]. Such bond shall list [Project Company] and [Project Lender] as beneficiaries thereof as their interests may appear, and be issued by a surety acceptable to [Project Company].

15.23 보 험

[1] 설명

건설 기간 동안, 시공사는 공사 목적물에 대한 손실을 담보해주는 건설공사보험(all-risk builder's risk insurance)에 가입하여 이동 중이나 현장에서 작업하면서 발생한 직접적인 손실이나 피해에 대해 보상을 받을 수 있도록 한다. 일반적으로 보험의 효력은 프로젝트를 인도하면 종료된다. 건설공사보험은 잘못된 설계나 인력, 자재가 투입되어 발생한 피해와 시운전 기간 동안의 손실 등 보험대상에서 특별히 제외한 경우 이외의 모든 피해를 보상한다. 한편, 인도 또는 완공 지연에 따라 계약에 의해 지급해야 할 보상금이나 손해배상금 관련 손실은 보험대상이 아니다.

[2] 예시 조항

Property Damage Insurance. Contractor shall provide and maintain All Risk Builder's Risk insurance covering usual risks of physical loss or damage to the [Work] to the full replacement value of the [Project], from the start of activity at the [Site] until the [Final Completion Date/Commercial Operation Date]. [Project Company] and the [Project Lender] shall be named as additional insureds and such policy shall be endorsed to waive subrogation against [Project Company] and the [Project Lender]. The [Project Lender] shall be named as loss payee as its interests may appear.

Contractor shall procure a "delayed opening" endorsement to the above All Risk Builder's Risk insurance policy with limits of $_ subject to a deductible of _ days' delay. This coverage shall provide for payment of construction loan interest expense up to $_ per day, attributable to delay caused by damage to project property. It is agreed and understood that any proceeds from this "delayed opening" insurance shall first be applied to mitigate Contractor's obligation to pay liquidated damages under Section _[delay liquidated damages section]/

Certificates of Insurance; Policy Endorsements; Etc. Contractor shall furnish to [Project Company] certificates of insurance that evidence the insurance required hereunder is being provided by insurance carriers authorized to do business in [insert name of jurisdiction]. Each certificate shall provide that at least 30 days' prior written notice shall be given to [Project Company] and the [Project Lender] in the event of cancellation or material change in the policy to which it relates.

15.24 불가항력

[1] 설명

이번 장에서 논의된 바와 같이, 건설계약의 불가항력 조항이 다른 프로젝트 계약의 불가항력 조항과 일관성을 갖는 것이 중요하다. 그렇지 않으면 예컨대 시공사는 특정일까지 공사를 완료할 의무에서 벗어나지만, 판매계약에 따라 프로젝트 회사가 동일한 구제를 받지 못할 수 있다. 일관성이 없는 불가항력 조항의 문제점은 부활조항을 통해 해소할 수 있으며, 이 조항에 따르면 시공사는 프로젝트 회사가 관련 계약에서 받는 구제 범위보다 더 큰 범위의 구제를 받지 않을 것을 합의한다.

[2] 예시 조항

Adjustment for Delay. If the performance of all or any portion of the [Work] is suspended, delayed or interrupted by a [Force Majeure Event] or by an act of [Project Company] or by its failure to act as required by the [Contract Documents] within the time specified therein (or if no time is specified, within a reasonable time), an equitable adjustment will be made by [Project Company] to the [Contract Documents], including without limitation the [Contract Price] and the [Completion Date] for any increase in the cost or time of the performance of the [Work] attributable to the period of such suspension, delay, or interruption. Contractor shall give [Project Company] written notice of Contractor's claim as a result thereof specifying the amount of the claim and a breakdown of how the amount was computed. Any controversy concerning whether the delay or suspension was unreasonable or any other question of fact arising under this paragraph will be determined pursuant to arbitration, and such determination and decision, in case any question shall arise, will be a condition precedent to the right of Contractor to receive any payment or credit hereunder. Notwithstanding the foregoing, Contractor will in no event be permitted an extension of the [Completion Date] beyond that date required under the [Off-Take Sales Agreement].

15.25 공동시공(Coordination) 관련 우려사항

[1] 소개

여러 시공사들이 현장에서 함께 작업을 하는 건설 프로젝트에서는 건설계약에 공동시공에 대한 조항이 포함된다. 협력 시공사들은 건설 공사에 참여하면서 작업 진행을 과도하게 방해하면 안 된다. 만약 그럴 경우, 시공사는 예정된 준공일을 늦추거나 공사금액 인상을 요구할 것이다.

비슷한 문제가 소위 말하는 "인사이드 더 펜스(inside-the-fence)" 프로젝트에서도 발생한다. 이러한 프로젝트는 이미 사업을 영위하는 제조회사나 다른 회사의 영업 현장에 시설을 구축하는 것으로, 공동시공이 매우 중요하고 시공사의 업무 방해 위험이 매우 큰 편이다.

[2] 예시 조항

Interface and Coordination. During the progress of the [Work] other contractors may work in or about the [Project], including ___. [Project Company] is responsible for overall interface and coordination between or among the contractors at the [Site] and only [Project Company] shall have the authority to effect such coordination among contractors at the [Site]. No such authority shall be exercised by [Project Company] that will require Contractor to incur any additional expense or cost in connection with performance of the [Work]. [Project Company] shall so arrange and schedule the work of such other contractors so that Contractor is able to complete the [Work] without interruption or delay.

15.26 교 육

[1] 설명

시공사는 운영 인력을 대상으로 프로젝트에 대한 교육을 시키는 데 가장 적합한 위치에 있다. 따라서, 시공사가 운영을 위한 인력을 훈련시키고, 운영관리 매뉴얼을 제작하여 공급하도록 하는 것이 중요하다.

[2] 예시 조항

Training. Contractor shall train the operating staff of [Project Company/Operator] with respect to the operation and maintenance of the [Project]. In the course of such training, Contractor shall prepare and submit to [Project Company] operation and maintenance manuals for the [Project].

15.27 하도급업자

[1] 설명

프로젝트 회사가 실사를 통해 시공사의 시공 능력과 재원을 충분히 확인했다면, 하도급업자에 대한 검토까지 진행할 의지는 없을 것이다. 대신에 시공사가 하도급업체에 대해 책임 지고 계약이행 의무를 뒷받침해야 할 것이다. 또한, 하도급업체로 인해 비용증가나 지연, 성능결함이 발생한 경우, 프로젝트 회사에 대한 시공사의 책임이 면제되지 않는다.

다만, 프로젝트 회사는 시공사가 모든 주요 하도급업자와 판매자의 선정에 대해 먼저 승인을 받을 것을 요구할 수 있다. 시공사가 비록 책임을 지고 있지만, 프로젝트 회사도 하도급업자와 판매자의 공사 수행능력에 관심이 있기 때문이다.

또한, 시공사가 건설계약을 불이행하게 되더라도 프로젝트 회사는 공사가 계속 진행될 수 있도록 하도급업자에게 시공사의 의무를 맡길 수 있다. 하도급계약서에는 건설계약상의 채무불이행이 발생한 경우, 하도급계약이 프로젝트 회사에게 이관될 수 있도록 하는 조항을 포함시키는 것이 바람직하다.

[2] 예시 조항

Subcontractors, Suppliers, and Vendors. (a) Nothing contained in the Contract Documents shall create any contractual relationship between [Project Company] and any subcontractor, supplier, or vendor. The Contractor shall be solely responsible for the acts and omissions of all subcontractors, vendors, and suppliers retained by, through or under the Contractor in connection with the [Work].

(b) Provided Contractor has been paid for the applicable portion of the [Work], Contractor shall promptly pay each subcontractor, vendor, or supplier the amount to which the subcontractor, vendor, or supplier is entitled. [Project Company] shall have no obligation to pay or to see to the payment of any monies to any subcontractor, vendor, or supplier.

(c) Without in any way limiting Contractor's liability and responsibility under paragraph (a), all major subcontractors, vendors, and suppliers proposed to be retained by, through or under the Contractor in connection with the [Work] shall be subject to the prior written approval of the [Project Company].

15.28 책임의 한도

[1] 설명

건설계약 하에서 시공사의 책임의 한도를 규정하는 것이 일반적이다. 대부분의 경우, 이러한 한도는 건설가격의 일정 비율로 제한되어 있다. 다만, 시공사에 의한 건설 지연으로 발생한 피해액이 건설가격의 일정 비율보다 훨씬 클 수 있기 때문에, 프로젝트 회사는 계약을 해지하거나 시공사를 교체할 권리 등을 통해 프로젝트의 실행 가능성을 보존하고자 한다.

하지만, 책임의 한도는 시공사의 모든 의무에 적용되지는 않는다. 확정금액으로 기술적 완공을 달성해야 할 의무, 보험으로 보장 가능한 책임과 고의적인 실수에 따라 발생한 책임은 한도의 적용을 받지 않는다. 시공사와 프로젝트 회사는 특별(special) 손해, 징벌적(punitive) 손해, 간접(consequential) 손해에 대한 책임을 거부하는 것이 일반적이다.

[2] 예시 조항

Limitation of Liability. (a) Contractor's aggregate liability on all claims of any kind, whether based on contract, warranty, tort (including negligence of Contractor or any subcontractor or supplier), strict liability, or otherwise, for all losses or damages arising out of, connected with, or resulting from this Contract, or for the performance or breach thereof, or for services or equipment or materials covered by or furnished pursuant to this Contract (including remedial warranty or performance achievement efforts) shall in no case exceed the [Contract Price]. [Project Company] shall not assert any claims against Contractor unless the injury, loss, or damage giving rise to the claims against Contractor unless the injury, loss, or damage giving rise to the claim is sustained during the Contractor's warranty period, and no suit or action thereon shall be instituted or maintained unless it is filed in a court of competent jurisdiction within three (3) months after the cause of action accrues.

(b) Except for the damages specifically provided in this Contract, in no event (except if and to the extent the liquidated damages provided for its may cover such damages, whether as a result of breach of contract, warranty, indemnity, tort (including negligence), strict liability, or otherwise), shall Contractor or its subcontractors or suppliers be liable for direct, indirect, special, incidental, consequential, or exemplary damages including, but not limited to, loss of profits or revenue; loss of use of the equipment or any associated equipment; cost of capital; cost of substitute equipment, facilities or services; down time costs; cost of purchased or replacement stream or electric power; or claims of customers of [Project Company] for such damages.

15.29 부지 여건

[1] 설명

프로젝트 부지의 여건은 건설 비용 초과나 공사 지연의 잠재적 원인이 될 수 있다. 따라서 시공사는 현장 부지와 부지 여건에 대해 숙지하여 계약이행에 부정적인 영향을 주지 않도록 노력해야 한다.

[2] 예시 조항

Site Familiarity. Contractor represents and warrants to [Project Company] that it has examined the [Site] and is familiar with the condition, topography, weather conditions, and access to and from the [Site]; and that it has undertaken such studies of surface and subsurface conditions as it has deemed necessary and is satisfied with the results of such studies.

15.30 시공사의 다른 프로젝트 계약 준수에 따라 발생하는 특별한 문제

[1] 설명

모든 프로젝트 계약의 상호연관성 때문에 시공사는 주요 프로젝트 계약서의 사본을 받아 그 내용을 숙지해야 한다. 그래야 시공사가 본인의 계약이행 또는 불이행으로 다른 계약과 프로젝트 전체에 어떠한 영향을 미칠지 알 수 있게 된다.

[2] 예시 조항

Project Contracts. Contractor represents and warrants to [Project Company] that it has received copies of and reviewed each of the [Project contracts] in the form in effect on the date hereof, and agrees that it shall construct the [Project]

15.31 편의를 위한 계약의 해지

일반적으로 건설계약은 금융조달 계획이 수립되기 전에 체결된다. 이러한 접근방식을 통해 프로젝트 회사는 소요예산에 반영할 공사금액을 확정할 수 있다. 하지만, 금융조달을 받지 못한 경우, 사업주는 책임을 지지 않거나 일부 책임만 지고 계약을 해지하려 할 것이다.

이 문제를 해결하는 방법 중 하나는 위에서 설명한 착공지시서이다. 또 다른 방법은 프로젝트 회사가 편의에 따라 계약을 언제든지 해지할 수 있다는 조항을 포함시키는 것이다. 시공사는 대부분의 경우 계약해지 전까지지 프로젝트 회사가 요청한 작업을 수행하는데 발생한 비용을 받게 된다.

15.32 양허약정의 준수

[1] 설명

시공사가 프로젝트에 적용되는 양허약정을 준수할 것을 동의하는 것이 중요하다. 양허약정은 종종 사업주가 건설개시, 완공, 시운전 등의 일정을 지킬 것을 요구한다. 양허약정에 대해서는 제14장에서 다룬다.

[2] 예시 조항

Compliance with Concession Terms and Conditions. Contractor represents and warrants that it has received a true, correct, and complete copy of the Concession and that it shall satisfy each of the terms and conditions therein relating to project construction, completion, and start-up, as follows: [describe].

Chapter 16

투입계약(input contracts)

16.01 설 명

프로젝트 회사가 운영을 통해 수익을 창출하는 것이 PF의 근간이기 때문에, 계약서는 프로젝트 실행가능성의 기본 틀이자, 위험 분배의 통제 수단이다. 특히 연료나 기타 투입물의 비용을 명시하는 계약은 프로젝트의 현금흐름에 영향을 미치기 때문에 중요하다.

프로젝트 종류에 따라 어떠한 투입이 필요한지 달라진다. 따라서 원자재투입계약의 의미도 매우 다양할 수 밖에 없다. 다만, 이번 장에서는 공통적으로 적용되는 내용에 대해 설명하기로 한다.

원자재투입계약이 프로젝트의 수익으로 채무를 상환하려는 계획에 방해요소로 작용하면 안 될 것이다. 만약 대주 입장에서 위험이 적절히 배분되지 않았다면, 신용장, 지분출자약정, 보증, 보험 등 신용도가 높은 제3자의 신용 보강이 필요하다.

비용예측이 힘들거나 의존성(dependability) 위험이 적절히 배분되지 않았다면, 공급, 운송, 판매시장의 불안정과 법률의 변화 등 외부 불확실성으로부터 대주를 보호하기 위해 신용보강이 필요하다. 그러나 때때로 프로젝트는 불확실한 환경 하에서 진행되므로, 대주는 배분되지 않은 위험에 노출된다. 이러한 불확실성에 대한 자본 및 채권시장의 감내 수준은 시장여건이 변화함에 따라 달라진다.

PF는 일반적으로 연료 등 주요 투입요소에 대한 장기간, 무조건 공급조건(supply-or-pay) 계약을 필요로 한다. 다만, 아래에서 논의되는 것처럼, 일부 프로젝트에서는 원자재의 공급과 운반이 어렵지 않기 때문에 장기 계약이 필요하지 않은 경우도 있다.

대부분의 경우 무조건 공급조건 계약이 기본적인 계약구조로 쓰인다. 이러한 계약 형태에서는, 공급자가 연료 등의 제품 또는 연료 운반 등의 서비스를 제공하는 데 동의하고, 만약 의무를 이행하지 못할 경우 다른 방법을 동원해 상품이나 서비스를 제공하기로 하며,

또는 프로젝트 회사가 직접 조달하는데 드는 비용이나 피해에 대한 보상을 지급해야 할 것이다. 그러나 천재지변이나 프로젝트 회사의 계약위반 등이 발생하면 공급자의 의무는 면제될 수 있다.

설비의 운영(산업 프로젝트) 또는 생산물로의 전환(발전 프로젝트)에 필요한 공급 계약서의 주요 쟁점은 1) 공급의 안전성, 2) 운송의 안전성, 3) 비용 등 세 가지로 나눠볼 수 있다. 각 문제점은 PF에서 요구하는 예측 가능성을 높이기 위해 적절히 다루어져야 한다.

16.02 원자재투입계약이 필요 없는 경우

프로젝트에 따라서, 필요 연료나 기타 상품 및 서비스의 공급과 운반이 큰 문제가 되지 않는 경우가 있다. 조달이 용이하고, 가격위험이 적으며, 운반의 어려움이 없는 경우에는 장기 공급계약을 맺기보다 현물 구매(spot purchase)하는 것이 나을 수 있다. 다만 이런 경우는 매우 드물다. 어찌됐건, 주요 투입재의 안정적인 공급을 확보하는 것이 PF에서 중요하다고 할 수 있다.

만약 원자재투입계약이 필요 없다고 판단될 경우, 최종 결정을 내리기에 앞서 몇 가지 위험요인을 살펴봐야 할 것이다. 예컨대, 연료 또는 기타 투입재의 원천과 이용 가능성에 대해 시장분석을 수행하여 현재 및 미래 가용성과 가격을 전망해야 할 것이다. 만약 연료를 수입해야 한다면, 수출입 관련 비상위험과 관세의 변동을 고려해야 할 것이고, 운송 비용과 운송시설의 이용 가능성(특정 운송수단이 유일한 방안인지 여부 포함) 등을 살펴봐야 할 것이다.

16.03 주요 투입재 관련 위험

[1] 투입재 가격의 상승

연료 등 프로젝트의 투입재 가격은 전통적으로 변동성이 심하다. 따라서 특정 지수에 공급가격을 연동시킨 연료 계약은 가격 상승 위험에 대응하기 위한 방법이 될 수 있다. 만일 고정 가격으로 계약할 수 없다면 위험 회피를 위한 다른 대안을 찾아야 할 것이다.

가령, 프로젝트 회사는 연료비의 일부를 원리금 상환보다 후순위로 지급할 수 있도록 요구할 수 있다. 또 다른 경우에는, 일정 상한 수준 이상의 비용 지급은 모든 채무가 다 상환될 때까지 보류할 수도 있다. 마지막으로, 프로젝트 회사는 연료를 미리 구매하여 연료 조달 비용을 고정시켜 둘 수도 있다.

[2] 운송 시설 준공의 지연

종속적인 연료 생산 프로젝트(captive fuel project)에서는 프로젝트 현장에서 직접 연료 수급이 가능하다. 예컨대, 프로젝트 현장은 석탄광 입구에 지어져 운반시설을 구축하는데 큰 비용을 들이지 않아도 된다. 단순히 컨베이어 시스템이나 별도의 트럭화물 하역 구역만을 마련하면 기본적인 운반 시설 필요성을 만족시킬 수 있다.

그러나 다른 프로젝트에서는 연료나 기타 투입재를 파이프라인 시설, 철도, 도로, 항구, 선창 등을 이용하여 운반해야 한다. 어떤 경우에는 프로젝트 진행을 위해 특별히 운송시설을 신규로 건설해야만 하고, 또 다른 경우에는 기존 시설을 업그레이드해야 할 수도 있다. 따라서, 신규 건설이나 기존 시설 업그레이드 계획을 신중하게 세워 시운전과 상업운전 기간에 원자재를 시기 적절하게 공급할 수 있도록 해야 한다.

[3] 공급 가능성

안정적인 공급을 위해 프로젝트에서 활용 가능한 원자재의 규모를 파악하는 것이 중요하다. 만약 장기간에 걸쳐 공급받을 수 있는 원자재의 양이 풍부하다면 설사 가격변동 위험이 존재하더라도, 공급은 안정적일 수 있다. 그럼에도 불구하고, 불충분한 원자재 공급 위험을 완화하는 방법이 몇 가지 있다. 가장 보수적인 접근방법은 안정적인 공급이 입증된 광산 등을 프로젝트 원자재의 원천으로 삼는 것이고, 덜 보수적인 접근방법은 신용도가 높은 공급자로부터 공급 보증을 받는 것이다. 또 다른 대안으로는 프로젝트 회사가 공급 주체를 인수하거나 다수의 공급자와 여러 공급계약을 동시에 체결하는 방법이 있다.

[4] 운송과정에서 발생하는 문제점

프로젝트에서 필요로 하는 연료는 현장까지 직접 운반되어야 한다. 석탄광 근처에 위치한 발전 프로젝트는 운송 위험이 크지 않겠지만, 대부분의 프로젝트 부지는 연료가 생산되는 곳과 떨어져 있어 운송작업이 필요하다.

연료 운송 위험은 다양한 방법으로 해결할 수 있는데, 가장 보수적인 접근방법은 프로젝트 현장까지 연료를 운반하는 모든 시설을 프로젝트 회사가 매입하는 것이다. 예컨대, 프로젝트 회사는 석탄을 운반하기 위한 철도와 철도 차량 등을 소유할 수 있을 것이다.

좀더 적은 비용으로 접근하는 방법은 신용도가 높은 운송업자로부터 운송에 대한 보증을 받는 것이다. 또 다른 대안으로는 여러 운송업자와 운송계약을 맺는 것도 고려해 볼 수 있다.

[5] 국제 원자재투입계약에서의 불가항력

연료 공급 과정에서 발생하는 불가항력 문제는 금융조달 구조의 위험 배분과 생산물 가격변동 위험에 있어서 중요하다. 간단히 말해, 불가항력 조항을 만드는 과정에서 참여자들 간 이루어질 협상의 초점은 통제할 수 없고 예측하기 어려운 사건으로 원자재 공급 또는 운송에 문제가 발생할 위험을 누가 부담할 것인지 결정하는 것이다. 불가항력 위험은 PF의 다른 위험요인과 마찬가지로 공급자, 운송사업자, 프로젝트 회사 또는 구매자에게 해당 위험을 배분할 수 있다. 불가항력 조항에 대해서는 뒷장에서 더 자세하게 논의한다.

[6] 투입재 공급자와 운송업자의 경험과 자원

연료 공급자와 운송업자는 계약의 의무를 이행하기 위한 충분한 경험과 자원을 갖고 있어야 한다. 이들은 최소한 넉넉한 자금력, 인력 및 기술력, 생산과 운송작업을 관리할 능력을 보유해야 할 것이다.

[7] 연료 관리와 연료 관리자

연료의 공급 일정 조율이나 연료의 혼합 사용, 가격 통제 등 연료와 관련된 의사결정이 복잡할수록 프로젝트 회사가 연료 관리 계획을 세우고 연료 관리자를 고용하여 이러한 의사결정을 조율하는 것이 중요하다.

[8] 품질

BTU(British thermal unit) 수치, 수분 함량 및 기타 요소 등 연료의 다양한 품질은 생산 가능 전력규모에 영향을 미치고 궁극적으로 프로젝트의 수익에도 영향을 준다. 보통 이런 위험은 연료의 품질이 연료 공급과 관련되어 있는 경우 연료 공급자가 운송과 관련된 경우 운송업자가 부담하도록 배분한다.

품질에 이상이 생긴 경우 프로젝트 회사가 연료 공급자 또는 운송자에게 지급해야 하는 가격을 낮추거나, 연료의 품질 문제로 생산물 구매자에게 불충분한 수준을 공급하여 피해를 입힌 경우 계약에 의거 손해 배상금을 지급할 수 있으며, 증가한 운영비용을 전가하거나, 아예 계약을 해지하는 방법으로 문제를 해결할 수 있다.

[9] 투입재와 생산물의 연결

장기 원자재공급계약을 체결했을 때 가장 큰 문제점은 미래에 프로젝트 회사가 지급하는 가격보다 시장 가격이 더 낮을 위험에 직면할 수 있다는 점이다. 생산물을 둘러싼 경쟁시장에서는 경쟁기업들이 낮은 연료 비용을 부담함에 따라 가격 경쟁이 치열해질 수 있으며 결국 프로젝트의 수익이 감소할 수 있다. 그만큼 투입재와 생산물 사이의 연결고리가 없었다는 문제점을 지적할 수 있다. 장기간에 걸쳐 진행되는 원자재 관련 프로젝트에서는 원자재 가격을 일정 부분 재협상할 수 있는 조항을 계약에 삽입해 놓음으로써 충분한 가격 마진을 유지할 수 있도록 조치할 수 있다. 또는, 생산물의 가격을 투입재의 가격과 연동시켜 놓음으로써 미래에 발생할 수 있는 투입재 가격상승에 대비할 수 있다.

16.04 원자재투입계약의 종류

[1] 고정 물량(Fixed Amount) 계약

원자재투입계약에서는 고정된 투입재 총량을 공급 또는 운송할 것을 요구할 수 있다. 이러한 계약에서는, 공급자나 운송업자가 특정 규모의 투입재를 프로젝트에 투입하고, 프로젝트 회사는 이를 구매하는데 동의한다. 덕분에 양 당사자는 불확실성을 피할 수 있으나, 공급가능량과 필요량이 변동할 여지를 남기지 않는다는 점을 유의해야 한다.

[2] 요구 수량(Requirements) 계약

요구 수량 계약은 프로젝트 회사가 필요로 하는 공급물량과 운송 서비스만 구입하도록 규정한다. 프로젝트 회사에 대해서는 어떠한 의무가 발생하지 않기 때문에, 공급자가 불리한 조건에 놓이게 된다. 프로젝트 회사는 이런 형태의 계약으로 유연성을 유지하여 만일 설비가 가동될 수 없다거나 프로젝트를 진행하지 않기로 결정한 경우에는 공급자나 운송

회사에게 피해를 보상해줄 필요가 없다. 반면, 공급자와 운송업자는 프로젝트의 요구조건을 만족시키기 위해 공급과 운송 의무에 대한 위험을 직접 부담한다.

PF에서 요구 수량 계약을 더 실용적으로 활용하기 위해서는 변화가 필요하다. 공급자는 최종 이용자의 요구조건을 충족하되 요구 물량이 특정 상한을 넘지 않도록 제한할 수 있다. 또한, 프로젝트 회사는 최소한의 투입재를 직접 구입하도록 요구받도록 할 수 있다. 마지막으로, 프로젝트 회사가 미리 공급자에게 요구 수량 관련 변경사항을 알리도록 사전 통지하는 조항을 삽입하여 사전에 계획을 세우고 유연성을 확보할 수 있다.

[3] 생산(Output) 계약

생산 계약은 공급자가 모든 생산물(production) 또는 산출물(output)을 프로젝트에 공급하거나, 특정 공급원을 통해 생산된 산출물만 공급할 것을 요구한다. 이 경우, 특정 공급원(specified source)은 프로젝트의 주력 공급원이 된다. 다만, 이러한 계약에서는 프로젝트 회사가 공급받을 물량이 설비 가동에 충분한 지 확신할 수는 없다는 단점이 있다.

[4] 현물(spot) 계약

현물 계약에서 프로젝트 회사는 원자재와 운송 서비스를 구매 시점에 시장에서 거래되는 가격에 제공 받기로 한다. 현물 계약은 일반적으로 PF에서 요구하는 예측 가능성을 보장하지 않는 단점이 있다. 하지만, 원자재의 공급이 풍부하고 가격의 변동성이 크지 않은 프로젝트에서는 잘 활용될 수 있을 것이다.

[5] 전용 매장량 활용

프로젝트의 사업성이 특별히 투입재의 비용, 공급 또는 운송에 민감하다면, 공급자는 프로젝트 전용 석탄 또는 가스 매장량을 이용할 것을 요구할 수 있다. 이 같은 경우, 매장량을 미리 구입해야 할 것이다.

[6] 확정(firm) 계약과 미확정(interruptible) 계약

확정 계약에서는 최종 이용자들의 편의를 위해 연료 등의 투입재가 프로젝트에 중단 없이 공급 및 운반될 것을 요구한다. 반면, 미확정 계약에서는 연료 공급자가 확정 계약자들의 요구에 먼저 맞추는 것을 허용한다.

프로젝트에 어떠한 요구조건이 있는지에 따라 적합한 계약의 형태가 달라지지만, 만약 프로젝트 가동을 중단해도 생산물 구매자에게 피해에 대한 보상을 하지 않아도 된다면 미확정 계약을 선택하는 것이 비용을 아끼는 방법이 될 것이다. 특히, 가동 중단 기간에 투입재를 바꿔야 할 수도 있는 경우를 대비해서 미확정 계약이 적합할 수 있다.

[7] 차입금보다 후순위로 지급되는 프로젝트 비용

투입재 가격 변동 위험에 대응하기 위해 일부 프로젝트에서는 차입금 상환 이후에 투입재 비용을 지급할 수 있도록 요구할 수 있다. 예컨대, 연료 등 투입재의 공급자는 협의에 따라 비용 회수를 보류하는 것에 동의할 수 있다. 차입금 상환보다 우선순위가 밀린 비용은 나중에 자금 여력이 넉넉할 때 지급게 된다. 이러한 후순위 지급 방식은 신중하게 협의되어야 한다.

[8] 프로젝트의 파트너인 원자재 공급자

원자재 공급자가 직접 프로젝트를 소유하거나 파트너 역할을 하는 경우에는 투입재 가격 변동 위험을 줄일 수 있다. 공급 받는 원자재 가격은 원가 수준에 책정될 수 있으며, 수익은 프로젝트 생산물 판매를 통해 창출하기로 결정할 수 있다.

제19장에서 논의하는 tolling 계약은 이러한 특징을 활용한 계약이다.

16.05 면 책

일반적으로 미국의 법원은 양 당사자간 체결한 계약 내용을 수용한다. 연료 공급의 경우에도 그러한데, 예컨대, IOWA Electric Light & Power Co. 와 Atlas Corp 판례에서는 우라늄 가격이 상당히 올랐음에도 불구하고 애초에 계약한 대로 우라늄을 공급하라고 판결했다.

물론, 계약 이행에 대한 면책을 받기 위해서 가격이 오를 경우 공급을 중단할 수 있다는 조항을 계약서에 삽입하여 위기를 모면할 수 있다[1]. 다만, PF에서는 운영비용이 불확실하

1) Eastern Air Lines, Inc. v. McDonnell Douglas Corp. (1976) (계약상에 구체적으로 설명하고 있는 미래의 사안에 대해서 불가항력 원칙의 적용은 불가능하다)

다는 점이 용납되지 않을 수 있다. 그럴 경우를 대비해서, 원자재의 가용성 또는 가격의 변화와 같은 시장 여건에 따라 가격을 조정하는 것이 불가능하도록 계약서를 명확하게 작성하는 것이 필요하다.

16.06 신용도

공급 계약의 장기적 특성 때문에 공급자나 운송업자의 신뢰성과 신용도가 프로젝트 회사에게 대단히 중요하다. 이들은 계약 시점과 운영 중에 계약 의무를 지기 위한 재정 여력이 충분해야 할 것이다. 즉, 공급 지연이나 운송 지연이 발생하였을 때와 품질이 요구조건을 충족하지 못했을 때 배상금을 지급할 능력이 돼야 할 것이다. 만약, 이들이 충분한 자금력이 없고 모회사의 보증이나 신용장, 지급 및 이행보증 등의 신용 보강 조치가 이루어질 수 없다면, 해당 계약은 금융조달이 불가하며, 다른 공급자나 운송업자를 고용해야 할 것이다.

16.07 원자재투입계약의 주요 조항

원자재 공급과 운송 계약에서 찾아 볼 수 있는 주요 조항은 납품 물량과 납품 개시 시점, 가격, 대금지급, 일정 계획 및 원자재 측정, 품질 및 반품처리, 연료의 소유권 및 유실위험, 계약 기간, 불가항력, 채무불이행, 계약위반에 대한 구제방안 등과 관련된다.

16.08 납품 물량과 납품 개시 시점

[1] 설명

투입재 공급의 예측 가능성은 PF에서 매우 중요한 요소이다. 프로젝트 진행에 필요한 물량이 공급되기 위해서는 계약서 상 공급자가 특정 물량을 공급할 의무를 명시해야 한다.

또한, 계약서에서는 납품 의무가 개시되는 시점을 명확히 하고 상업 운전 전에 현장에 도착할 것을 언급한다. 납품된 공급물량은 시운전에 사용하거나 현장에 재고로 저장해놓는다.

[2] 예시 조항

Quantity; Commencement of Deliveries. Supplier shall deliver the {Product} to the [Project Site] in the following quantities: [set forth quantities required] per [hour/day/week/month/year]. Such deliveries shall begin on the date specified by [Project Company] in a notice to Supplier, which date shall be no earlier than the date [number] days after receipt of such notice by Supplier.

16.09 가 격

[1] 설명

프로젝트 진행 기간 동안 가격을 예측하는 것이 PF의 실행 가능성과 성공에 매우 중요한 변수이다. 계약서에는 가격에 대한 명확한 내용과 세금, 관세, 정부 부과금에 대한 책임 분배와 가격 조정에 대한 근거 등을 명시한다.

[2] 예시 조항

Price. The price of each [unit/pound/ton] of the input delivered to the [Project Site] shall be [describe price or provide formula for calculation]. Such price shall include all taxes, duties, fees, royalties, production payments, and other governmental (whether central, state or local) charges.

Adjustments. The price of any delivery of [input] hereunder shall be adjusted based on the quality of [input] delivered by Supplier as follows: [list adjustments necessary to offset the additional costs for processing the lower-quality input].

16.10 대금 지급

[1] 설명

계약서에는 대금 지급을 판매자의 명세서를 수령할 때 지급할 것인지, 또는 시운전이 성공적으로 완료됐을 때 지급할 것인지에 대해 명확히 기재하고 지급방식에 대해 설명한다.

[2] 예시 조항

Payment. [Project Company] shall pay [Supplier] for all input delivered in conformity with the terms hereof on the last day of each month during the term hereof, commencing on the [Initial Delivery Date]. The amount due shall be that amount set forth in an invoice prepared by the Supplier and delivered to the [Project Company] no later than the _day of the immediately preceding month.

16.11 일정 계획 및 원자재 측정(metering and weighing)

[1] 설명

원자재투입계약서 상에 명시한 투입재의 주문, 납품, 일정 관련 조항은 제품판매 계약서와 일치하도록 하는 것이 중요하다. 예컨대, 원자재계약서에서 명시한 투입 원자재 납품일은 제품판매 계약에서 언급한 생산 및 납품 일정과 일관성을 갖고 있어야 한다. 또한 계약서에는 반드시 투입원자재의 중량측정과 검수를 위한 장소 및 방식에 대해 정확히 언급해야 한다. 만일 작업에 필요한 적합한 계량기 등 측정기구가 설치되지 않거나 작동을 하지 않을 경우를 대비해서, 어느 당사자가 구매, 설치 및 관리보수 책임을 질 것인지에 대해 계약서에 명시해야 한다. 또한, 측정결과를 점검하고 검정시험(calibration tests) 결과를 관찰하는 등 전 과정을 모니터링 할 것을 요구하는 조항과 측정 과정에서 발생하는 분쟁의 해결방법에 대한 조항도 삽입한다.

[2] 예시 조항

Scheduling. Supplier and [Project Company] shall cooperate to schedule deliveries of the [input] on a schedule consistent with the [Off-Take Contract]. Annually the [Project Company] shall provide to Supplier a schedule of deliveries, which Supplier shall follow, consistent with the terms hereof.

Metering and Weighing. Each delivery hereunder shall be weighed on the scales maintained by the [Project Company] at the [Project Site]. Upon request, not to be unreasonably made, Supplier shall have the right to have the calibration of such scales tested by [entity]. Any error in the calibration shall be resolved by the parties pursuant to the arbitration provisions herein.

16.12 품질 및 반품처리

[1] 설명

투입 원자재의 품질은 PF의 가장 중요한 위험 요인 중 하나이다. 예컨대, 낮은 품질의 연료는 운영 비용을 높이고 설비 승인 요구조건을 충족하지 못하게 만들 수 있다. 또한, 성능 미달로 인해 성공적으로 프로젝트를 진행하기 어렵게 된다. 따라서, 계약서에는 자세한 품질 기준과 요구 조건을 명시하는 것이 안전하다.

이와 마찬가지로, 연료를 활용하는 발전 시설에서는 연료의 열량(BTU)을 자세히 표시하고, 열량의 변화가 생기면 공급자에게 지급할 연료 가격을 조정하는 방향으로 대응할 수 있다. 그러나 프로젝트 회사는 심각한 품질 문제가 발생하면 반품을 하여 배상을 받거나 공급자를 교체하길 원할 것이다.

따라서 연료의 품질과 특성에 대해 정확히 언급할 뿐만 아니라, 납품된 연료를 검증하는 절차도 표기해야 한다. 품질 검사는 독립적인 연구소에서 진행하거나 납품장소에서 운영직원에 의해 이루어질 수 있다. 계약서에는 어떤 계약 당사자가 검사 비용을 부담하며 얼마나 자주 진행할지를 명시한다. 마지막으로, 위에서 언급된 요구조건 충족 여부와 관련하여 발생하는 분쟁을 해결하기 위한 절차를 마련해 놓는 것이 도움이 될 수 있다.

[2] 예시 조항

Quality. The [input] delivered by Supplier hereunder shall be of the quality and shall have the characteristics and specifications set out in Exhibit _ hereto. [Project Company] shall have the right to reject any delivery not in conformity with such characteristics and specifications.

16.13 연료의 소유권 및 유실 위험

[1] 설명

연료의 소유권에 대한 내용과 유실의 위험을 부담할 당사자를 지정해서 계약서에 명시해야 한다. 일반적으로 소유권 및 유실 위험 부담은 납품 시점에 선택된 운송수단에 따라 판매자로부터 프로젝트 회사로 이전된다.

[2] 예시 조항

Title; Risk of Loss. Title and risk of loss to all [input] shall pass to the [Project Company] upon delivery to the [Project Site].

16.14 계약 기간

[1] 설명

원자재공급계약 기간은 일반적으로 차입금 상환 기간보다 같거나 길게 설정함으로써 PF 기간 동안 원자재 가격을 충분히 예측할 수 있도록 도움을 준다. 만약 프로젝트 회사가 통제할 수 없는 불가항력 상황이 발생하여 정상 가동이 지연된다면 계약 기간의 개시 시점을 함께 늦추는 것이 안전할 것이다. 최대한 많은 유연성을 갖기 위해, 프로젝트 회사가 지연 수수료를 지급하는 경우 납품 개시시점을 늦출 수 있도록 공급자가 허락할 수 있다. 한편, 최초 계약 기간과 프로젝트 예상 수명에 따라 계약을 갱신하거나 기존 계약 기간의 연장을 고려할 수도 있을 것이다.

[2] 예시 조항

Term. The term of this agreement shall commence on the date hereof and terminate on the date of the twentieth anniversary of the [Commercial Operation Date].

16.15 불가항력

[1] 설명

불가항력은 계약 당사자가 통제할 수 없고, 업계의 관행이나 합리적인 판단과 능력만으로는 예방될 수 없는 경우를 말하며, 이 경우 계약 이행 의무 중 일부에 대해 면제해 준다. 대신, 불가항력의 영향을 받은 당사자는 빠른 복구를 위한 합리적인 조치를 모두 취해야 할 책임을 지게 된다.

원자재투입계약에서도 불가항력 상황에 대한 범위를 한정시켜 구체적이고 명확하게 기재할 필요가 있다. 불가항력 사건은 계약이행에 심각하게 영향을 주고, 일반적인 사업 위험이나 부보 가능한 사건이 아닌 특별한 일일 경우에만 적용되어야 하며, 구제범위는 불가항력 사건이 미친 피해에 국한되어야 할 것이다.

[2] 통제 불가능한 사건

일반적으로 불가항력 사건이 발생하여 계약이행이 도저히 불가능하게 된다면 계약 당사자의 의무가 면책이 된다. 이러한 사건의 예로는 전쟁이나 기상이변 등이다.

[3] 법률 개정

법이 바뀌었을 때의 영향도 분명히 고려되어야 한다. 신흥국에서는 경제와 법 체계가 모두 성장 단계에 있다. 따라서 프로젝트가 진행되는 20여년 동안 더 엄격한 기준을 적용한 새로운 환경규제가 도입되어 높은 비용을 부담하게 될 수 있다. 법이 바뀜에 따라 발생하는 경제적인 피해에 대한 부담은 계약 당사자 중 하나가 져야 할 것이다.

[4] 예시 조항

Force Majeure. If the performance of all or any portion of the delivery obligations of Supplier hereunder, or of [Project Company] to accept deliveries hereunder, is suspended, delayed, or interrupted by a [Force Majeure Event], such party's obligations shall be suspended hereunder during such event. The party experiencing the [Force Majeure Event] shall give [project Company] written notice of the event and the consequences as a result thereof. Any controversy concerning whether the delay or suspension was unreasonable or any other question of fact arising under this paragraph will be determined pursuant to arbitration. Notwithstanding the foregoing, no party will be permitted to have its obligations suspended hereunder for a period in excess of [specify].

16.16 채무불이행

[1] 계약 해지

투입원자재의 공급과 가격이 프로젝트의 사업성과 성공에 매우 중요하기 때문에 공급자가 쉽게 계약을 해지하는 일은 없어야 할 것이다. 따라서 계약 해지에 해당하는 사건은 구체적으로 명시되어야 하며, 대주와 이해관계자들이 채무불이행 사태를 해결할 수 있도록 충분한 기간 전에 사전 통지를 해야 한다.

[2] 공급자에 의한 계약 해지

공급자 입장에서 원자재투입계약은 프로젝트 회사의 대금 미지급, 프로젝트 회사의 파산, 기한이익의 상실, 청산, 공급자 과실에 의하지 않은 사업의 포기, 정당한 이유가 없거나 다른 참여자의 채무불이행으로 인한 프로젝트 계약의 종료 또는 중대한 수정, 프로젝트 자산의 매각, 일정 관리의 실패, 프로젝트 회사의 계약 이행 거절이나 거절을 암시하는 행위, 주요 조항의 위반 등이 발생하는 경우에 해지할 수 있다.

[3] 프로젝트 회사에 의한 계약의 해지

프로젝트 회사 입장에서는, 공급자의 대금 미지급, 공급자의 파산, 기한의 이익 상실, 청산, 공급자의 계약 이행 거절이나 거절을 암시하는 행위, 불가항력 사건이나 공급자의 과실로 인한 완공 또는 운영의 실패, 주요 조항의 위반 등의 경우에 원자재투입 계약의 해지가 가능하다. 만약 공급자가 정부의 보증을 받은 정부기관이라면 정부가 보증을 이행하지 못할 경우 계약을 해지할 수 있을 것이다.

[4] 예시 조항

Events of Default. Either Party may terminate this Contract for default by the other Party as provided below. A Party shall be considered in default of its obligations under this Agreement upon the occurrence of an event described below:

Insolvency. The dissolution or liquidation of a Party; or the failure of a Party within sixty (60) days to lift any execution, garnishment, or attachment of such consequence as may materially impair its ability to perform the Agreement; or a Party is generally not paying its debts as such debts become due; or a Party makes an assignment for the benefit of creditors, commences (as the debtor) a voluntary case in bankruptcy under the [describe applicable bankruptcy statute] (as now or hereafter in effect) or commences (as the debtor) any proceeding under any other insolvency law; or a case in bankruptcy or any proceeding under any other insolvency law is commenced against a Party (as the debtor) and a court having jurisdiction enters a decree or order for relief against the Party as the debtor in such case or proceeding, or such case or proceeding is consented to by the Party or remains undismissed for a period of one hundred twenty (120) days, or the Party consents to or admits the material allegations against it in any such case or proceeding; or a trustee, receiver, custodian, liquidator or agent (however named) is appointed for the purpose of generally administering all or part of the property of a Party of such property for the benefit of creditors;

Failure to Perform. The failure by a Party to observe or perform any material covenant, condition, agreement or undertaking hereunder on its part to be observed or performed for a period of thirty (30) days after notice specifying such failure and requesting that it be remedied is given to such Party, unless the other Party shall agree, in writing to an extension of such time prior to its expiration;

Misrepresentation. Any representation or warranty of a Party herein is false or misleading or becomes false or misleading in any respect that would materially impair the representing or warranting Party's ability to perform its obligations under the Agreement.

16.17 계약위반에 대한 구제방안(Remedies for Breach)

[1] 설명

일반적으로 위에서 언급한 계약 해지 상황이 발생했다 하더라도 자동적으로 계약이 해지되지는 않는다. 먼저, 계약을 위반한 당사자에게 치유할 시간이 주어지고, 치유에 실패했을 경우에 계약이 비로소 해지된다. 만약 구제 방안으로 계약 해지를 선택하지 않는 경우, 배상금을 요구하거나 채무불이행 당사자가 강제로 계약을 이행하도록 할 수도 있다. 구제 방안은 협상과 프로젝트의 특성에 따라 달라진다.

[2] 계약해지 보상금

계약해지 사유에 따라 해지 보상금의 규모가 달라진다. 원자재 투입계약이 편의를 위해 또는 채무불이행으로 인해 해지되었다면, 해당 편의를 누리거나 채무불이행을 한 당사자가 높은 해지 보상금을 지급해야 할 것이다.

만일 공급자의 편의 또는 채무불이행으로 계약이 해지된다면, 프로젝트 회사는 채무를 어떻게 상환해야 하고 계약 불이행으로 발생한 투자의 기회비용을 어떻게 만회할 것인지 고민해야 할 것이다.

[3] 특정 이행(specific performance)

만약 공급자가 제공하는 원자재나 운송수단이 프로젝트에게 유일한 공급원 또는 운송수단이고, 다른 대안을 검토하기에는 비용이 너무 높아지거나, 프로젝트 성공에 원자재 가격이 매우 중요하다면, 특정 이행이 프로젝트 회사가 취할 수 있는 유일한 구제 방안일 수 있다. 이 경우, 계약을 이행하지 않은 당사자는 계약을 이행하도록 요구 받을 수 있다. 다만, 현지 자문을 통해 특정이행이 가능한지 신중히 검토해봐야 할 것이다.

[4] 대체 원자재

공급자가 계약을 이행하지 못할 경우, 다른 공급원천을 통해 투입원자재를 공급하여 운반할 것을 요구하는 방안도 고려해 볼 수 있다.

[5] 예시 조항

Remedies on Default; Termination. Upon the occurrence of any of the foregoing, the non-defaulting Party shall notify the defaulting Party in writing of the nature of the default and of the non-defaulting Party's intention to terminate this Contract for default (a "Notice of Default"). If the defaulting Party does not cure such default immediately, in a default relating to payment of money due, or commence and diligently pursue a cure of such default, in the case of any other default, within thirty(30) days from receipt of such notification (or sooner reasonable period if safety to persons is involved), or if the defaulting Party fails to provide reasonable evidence that such default does not in fact exist, or will be corrected, the non-defaulting Part may, upon five(5) days written notice, in the case of a default in the payment of money, or seven(7) days written notice, in the case of any other default, to the defaulting Party, terminate the Agreement (a "Notice of Termination").

Notice to Lender and Right to Cure. No notice of Default or Notice of Termination sent by supplier to [Project Company] pursuant to this Contract shall be deemed effective against the [Project Lender] until a copy of such notice shall have been received by the [Project Lender]. The [Project Lender] shall have the same rights as [Project Lender] shall have the same rights as [Project Company]. Cure by the [Project Lender] shall include, but not be limited to, (a) causing [Project Company] to cure, (b) curing itself, or (c) finding a suitable replacement for [Project Company] and permitting such replacement to cure within the time provided herein.

Right to Possession of Supply Site and Transportation Documents. Upon termination of the Agreement by the [Project Company] due to a default by the supplier, Supplier shall provide immediate possession of the [Supply Site] to the [Project Company] and deliver to the [Project Company] all [Transportation Documents] related to the [Supply]. [Project Company] shall thereupon have the right to [describe right of Project Company to take over mine or production facilities and supply the input to the Project.]

16.18 매장량, 채굴 또는 생산계획 (Reserves and Mining or Production Plans)

프로젝트 회사와 대주단은 공급원천을 정확히 파악하고 있어야 한다. 따라서 공급자는 원자재투입 계약서에 투입재원과 생산계획을 상세히 설명하며, 진술 조항에 원자재의 존재를 입증해 줄만한 지질학적 정보, 샘플링, 시추작업, 채굴 또는 생산 계획 등의 내용을 담고, 채굴 역량과 비용을 언급해야 한다. 또한, 이러한 비용을 경제적으로 충분히 충당할 수 있다는 입증자료를 제출하여 확인을 받는다. 이러한 정보는 매년 업데이트하여 프로젝트 회사에 제출해야 한다.

새로운 설비투자를 통해 원자재를 생산해야 하는 프로젝트의 경우, 원자재 공급자가 협의된 일정을 준수하도록 요구하는 것이 바람직하다. 이러한 일정에는 새로운 광산의 개시일, 지질 조사 기한, 보고서 등의 요구사항 준수일이 포함된다.

한편, 원자재의 저장은 공급과 관련한 또 다른 위험 요인 중 하나이다. 원자재는 생산부지에 저장해놓거나 프로젝트 회사가 프로젝트 부지에 저장해놓을 수 있다. 일반적으로 공급자가 프로젝트 부지 또는 생산부지에 재고를 일정 수준 축적해 두어 생산과정이나 운송과정에서 발생하는 문제에 대처할 수 있도록 요구해야 한다. 이 때, 일반적으로 1~3개월 분량의 원자재를 저장해놓는 편이다.

Chapter 17

운영 · 관리계약 (Operation and Maintenance Agreements)

17.01 일반사항

사업주가 프로젝트를 운영하는 방식은 두 가지인데, 운영계약을 체결하지 않고 직접 운영하거나, 당해설비 운영 주체를 고용할 수 있다. 후자의 경우, 사업주의 자회사가 프로젝트를 운영하기도 한다.

[1] 운영계약

PF 건설계약과 유사하게, 국제 PF의 운영 · 관리계약은 사전에 합의된 이행 기준을 충족하고, 고정적인 또는 합리적으로 예측 가능한 비용으로 운영할 수 있는 설비를 사업주에게 공급하도록 한다. 프로젝트 시공사의 책임과 유사하게, 운영자 역시 프로젝트의 운영 및 관리에 대한 모든 측면에 대해 책임을 져야 한다.

아래에서도 언급하겠지만, 운영 · 관리 비용이 예산 추정치와 프로젝트 수익을 초과할 가능성은 PF의 주요 위험 중 하나이다. 운영비용이 추정치를 초과할 경우, 당해설비 운영에 필요한 추가 자금은 준비금 계좌(reserve accounts), 원리금 상환 또는 배당금 지급을 위한 자금을 통해 조달한다.

통상 PF의 운영 · 관리계약에는 상세 업무범위, 당해설비 운영에 소요되는 고정비용 또는 예측 가능한 변동비용, 이행보증, 이행보증 미이행에 대한 손해배상, 운영자의 신용상태 등의 조항들이 포함되어 있다.

어떤 면에서 보면, 운영 · 관리계약이 프로젝트에 미치는 영향은 건설계약에 비해 미미한 편이어서, 중대한 사건이 발생하지 않아도 운영자를 교체할 수 있다. 단, 프로젝트 회사가 운영자를 쉽게 교체할 수 있는지 여부는 당해설비 운영의 난이도와 대체 운영자의 활용 가능성에 따라 달라진다. 입증된 기술을 사용하고, 연료 또는 원재료 처리에 어려움이 없어서 프로젝트를 운영하기가 상대적으로 쉬운 경우에는 운영자 교체가 주요 관심사항이 아니다.

[2] 사업주가 직접 운영

사업주는 프로젝트 회사와 운영자 간에 운영계약을 체결하는 대신에, 프로젝트를 직접 운영하는 방식을 선택하기도 한다. 특정 사업주가 유사한 프로젝트에 대한 운영 경험이 있는 경우에 이러한 선택을 하는데, 대주 또는 다른 사업주는 특정 사업주가 직접 운영하는 경우에도 프로젝트 회사와 운영 주체 간에 문서로 된 운영계약을 체결하도록 요구할 수 있다.

17.02 주요 운영위험

운영위험을 프로젝트 회사와 운영자 간에 어떻게 분배하는가는 프로젝트의 금융지원 가능 여부에 영향을 미치는 중요한 요소이다. PF 거래에서 운영계약이 효력을 가지려면, 가장 중요한 운영위험을 신용도가 양호한 운영자에게 배분해야 한다.

[1] 운영비용 증가

프로젝트의 운영비용이 프로젝트 수익을 초과할 가능성은 PF 사업참여자에게 중요한 위험이다. 운영비용이 추정치를 초과하는 경우, 그 원인은 공사 하자, 새로운 기술의 활용, 연료 처리 등 원재료 관련 문제 등에 있다. 이러한 초과비용 위험은 프로젝트 회사의 원리금 상환 불이행으로 이어질 수도 있다.

확정금액 조건의 운영·관리계약을 통해 초과비용 위험을 운영자가 부담하지 않았더라도, 초과비용 위험을 관리하거나 그 영향력을 줄일 수 있다. 예컨대, 운영비용이 예상을 초과하여 발생한 경우, 사업주, 그 외 지분투자자, 또는 예비 지분투자자(standby equity participants)의 계약 상 의무 이행을 근거로 추가 출자를 유도할 수 있다. 유사하게, 대주 재원, 사업참여자 또는 제3자의 후순위 대출을 활용하여 추가적인 자금을 조달하는 예비 금융계약(standby funding agreement)을 활용할 수도 있다. 또 다른 대안으로, 프로젝트 회사가 예비비 계좌를 만들어서 증가된 운영비용을 충당할 수 있다.

[2] 이행보증

프로젝트가 완공된 후에 보장된 수준으로 운영되지 않아도 프로젝트 회사는 여전히 원리금 상환 및 기타 계약 상 의무를 이행해야 하는데, 프로젝트 수익으로는 이를 감당할 수 없다.

위와 같은 위험을 경감하기 위해 손해배상을 활용하는데, 손해배상 금액은 운영자의 불완전한 설비 운영이 초래할 파급 효과에 대해 운영자와 프로젝트 회사가 추정하여 결정된다.

이행 관련 손해배상은 운영자가 사전에 합의된 이행 기준을 충족하지 못하여, 설비 운영비용이 증가하거나 수익이 감소함에 따라 프로젝트 회사가 입게 되는 피해를 보상한다. 손해배상 금액은 생산물 구매자에게 지급해야 하는 배상금, 운영비용 증가분, 프로젝트 수익 감소로 지급이 불가능해진 원리금 상환 비용을 충당하는 데 활용된다.

건설계약의 손해배상과 달리, 운영자가 부담하는 의무는 상대적으로 미미하다. 예컨대, 운영자의 손해배상 금액의 최대치는 통상 운영계약을 통해 1~2년 동안 얻게 될 총 수익으로 제한된다. 대신, 프로젝트 회사는 운영자를 교체하여 운영 성과의 개선을 도모할 수 있다.

위험 경감 장치로 활용하는 계약상 의무이행 능력은 운영자의 신용도에 달려있다. 재무적으로 건전하지 않은 운영자는 손해배상 금액을 지급하지 못할 가능성이 크므로, 대주는 운영자의 금융 관련 의무이행에 대해 신용도가 양호한 주체의 지급보증, 신용장, 은행 지급보증, 또는 다른 보증 장치로 보강할 것을 요구하기도 한다.

[3] 국제 운영계약 상 불가항력

PF계약들은 상호 연관성을 가지므로, 하나의 계약에 대한 불이행이 다른 계약에 대한 불이행으로 이어져서 프로젝트 회사에 연쇄적인 문제를 유발할 수 있다. 예컨대, 운영자는 불가항력 조항에 따라 운영 관련 의무를 면제받았으나, 프로젝트 회사는 같은 방식으로 제품판매계약에 따른 제품 인도 의무를 면제받지 못할 경우, 프로젝트는 수입원(revenue stream)을 잃을 수 있다.

불가항력 조항에 모순이 있는 경우, 소위 '재기(resurrection)' 조항을 통해 치유할 수 있다. 이러한 조항은 운영자가 받게 될 구제조치(relief)가 프로젝트 회사가 제품판매계약 등의 관련 계약 상 받게 될 구제조치보다 크지 않도록 함으로써, 프로젝트 계약의 불가항력 조항에서 발견된 모순을 치유한다.

운영·관리계약 내 불가항력 조항에 대해 협의할 때는 계약 이행을 위한 현지 상황을 이해해야 한다. 요컨대, 계약 당사자들은 '해당 지역에서' 통제할 수 없는 요소가 무엇인지 이해해야 하는데, 운영자의 소재국에 따라 노동 환경, 교통 체계 및 인프라가 큰 차이를 보이는 해외 프로젝트의 경우는 특히 그렇다.

적절하게 설계된 불가항력 조항일지라도, 국가 간 법률 체계가 다른 경우 혼란이 발생할 수 있다. 이 책의 다른 장에서도 언급된 것과 같이, 준거법과 분쟁 관할구역을 선택하는 것은 불가항력 조항이 인정받고 이행되도록 보장하는 데 중요한 요소이다.

불가항력 조항을 아무리 조심스럽게 설계하더라도, 불가항력 위험을 완전히 제거하는 것은 불가능하다. 사업주는 계약 조항에만 의지하기 보다는 신용장, 준비금 조성, 추가 고용 등과 같은 대안을 마련해 둘 필요가 있다.

[4] 운영자의 경험과 자원

운영자의 경험과 평판은 프로젝트가 운영비용 예산 내에서 효율적으로 운영되도록 보장하는 수단이다. 마찬가지로, 운영자가 계약 상 의무를 이행하기 위한 충분한 재원을 보유하고 있을 경우, 프로젝트 회사는 손해배상, 보증, 면책, 자가보험 의무에 관한 조항들을 통해 보호받을 수 있다.

프로젝트 시공사와 유사하게, 운영자도 계약을 이행하기 위해 충분한 인력 및 기술력을 보유해야 한다. 운영자가 업무에 적극적으로 참여하지 않거나, 재원이 부족하거나, 또는 관련 지식 및 경험이 부족하여 계약 상 의무를 이행하지 못하는 경우, 프로젝트가 위험에 처하게 된다.

해외 프로젝트의 경우, 운영자는 특히 현지 노동자들을 다루는 데 능숙해야 한다. 이 경우, 현지 경험이 있는 현장 관리자들을 활용하면 현지에서 노동 관련 문제가 발생할 위험을 줄일 수 있다.

[5] 원재료 공급과 설비 확보

프로젝트 회사는 원재료 및 기타 원자재의 공급과 설비 확보가 재무적 예상치 범위 내 수용 가능한 비용으로 가능한 지 확인해야 한다. 이러한 공급을 관리할 책임은 종종 운영자가 부담하는데, 원재료 공급을 약정하는 방식(formality)은 프로젝트 소재지 내에서의 원재료 확보 가능 여부와, 공급 필요를 효과적으로 관리할 수 있는 운영자의 역량에 달려있다.

[6] 운영자 미이행 책임의 면제 – 시공사 또는 사업주의 원인 제공

PF 거래에서 시공사 또는 프로젝트 회사 때문에 문제가 발생하여 운영자가 손해배상 책임을 부담하는 경우가 종종 있다. 실제로, 시공사 또는 사업주의 잘못 때문에 운영자가 이행 의무를 충족하지 못할 수 있는데, 시공사 때문에 문제가 발생하는 경우는 공사에 결함이 있을 때이다. 프로젝트 회사 때문에 문제가 발생하는 경우는 적시에 필요한 정보를 제공하지 못하거나, 운영·관리계약에 명시된 프로젝트 회사의 의무를 이행하지 못할 때, 정부 인허가를 취득하지 못할 때, 그리고 부적합한 연료 또는 기타 재료를 공급할 때이다.

운영자가 위와 같은 상황을 근거로 이행 책임을 면제받지 않도록 하려면, 계약서 내에 여러 조항들을 포함해야 한다. 첫째, 계약서 내에 프로젝트 회사와 운영자의 책임을 명확하고 엄밀하게 구분해야 한다. 이때, 사업주에 대한 책임 부과는 최소한으로 해야 한다.

둘째, 운영자가 계약에 따라 불충분한 계약 이행 또는 초과비용에 대한 책임을 면제받는 경우, 운영자는 파악한 문제를 프로젝트 회사에게 서면으로 통지하도록 해야 한다. 운영계약에서는 불이행을 치유할 수 있는 기간을 명시하기도 하는데, 운영자가 통지를 하지 않은 경우, 운영자는 시공사 또는 사업주의 잘못이라고 주장하여 이를 근거로 책임을 면제받을 수 있는 권리를 포기해야 한다. 이때, 불가항력에 대한 통지 절차와 유사한 조항이 우선적으로 활용된다.

[7] 협력

프로젝트의 운영은 시공사가 '미결사항(punch list)'이라고도 불리는 사소한 부문에 대한 공사를 마무리하는 단계에 시작한다. 공사가 완공되었다고 하더라도, 운영자는 현지에서 영업활동을 진행 중인 제조 기업 및 프로젝트 회사와 협력하며 운영해야 한다.

협력이 잘 안될 경우, 공사 지연과 운영비용 초과 위험이 증가하며, 시공사와 운영자는 지연 및 초과비용의 원인을 상대방 탓으로 돌릴 수 있다. 따라서, 프로젝트 회사는 건설 관리자로서 건설 및 운영 과정을 세심하게 점검해야 한다. 또한, 각 계약서에 조항을 추가하여, 계약당사자들이 다른 계약서에 명시된 일정 등의 계약조건을 검토하고 계약서 간에 일정 불일치 또는 다른 결함이 없음을 인정하도록 하는 방안도 최소한의 조치로 활용할 수 있다.

시공사와 운영자 간의 분쟁을 피할 수 있는 방법 중 하나는, 당해설비 운영 초기 몇 년 동안 시공사가 운영자의 역할을 수행하도록 하는 것이다. 이러한 방식에는 여러 장점이 있는데, 우선 시공사와 운영자가 부지에서 함께 영업하는 시운전 단계에서 발생하는 문제를 피할 수 있으며, 시공사와 운영자 간에 문제의 원인에 대한 상호 비난과 분쟁도 피할 수 있다. 또한, 시공사이자 운영자로서 직접 건설한 설비에 익숙하므로, 설비 건설과 운영을 보다 효과적으로 수행할 가능성이 높아진다.

17.03 신용도

PF 운영·관리계약에서의 위험 배분은 운영자의 신용도가 양호한 경우에만 효과적이다. 운영자는 계약 상 의무를 이행하기 위해 계약 체결과 이행 과정에 필요한 충분한 재원을 보유해야 한다. 이러한 재원은 설비를 이행보증 수준으로 운영하지 못할 경우 손해배상금을 지급하는 데 사용된다. 또한, 운영자는 계약을 이행하는 과정에서 발생할 수 있는 손실을 부담할 수 있어야 한다. 운영자에게 충분한 재원이 없고, 이에 따른 신용 위험을 경감하기 위해 합리적인 비용으로 신용을 보강할 수 없는 경우, 운영·관리계약은 금융지원이 불가하므로 다른 운영자를 구해야 한다.

17.04 확정금액계약(Fixed Price Contract)

역설적으로 확정금액 방식의 운영·관리계약은 PF에서 매우 드문 경우이다. 확정금액계약에서는 운영자가 고정된 금액을 받고 프로젝트의 전부 또는 일부를 운영하는데, 사전에 합의된 지수에 연동하여 고정 금액을 조정하기도 한다.

확정금액 방식의 운영·관리계약에 대한 협상 과정에서 사업주와 운영자 간의 긴장관계는 계약의 성격에서 비롯된다. 운영자는 프로젝트를 고정된 금액으로 운영해야 하는데, 운영비용 중 거의 모든 요소가 15년 또는 20년의 계약기간 동안 고정되어 있지 않다. 연동지수를 활용하여 이러한 위험을 일부 경감할 수는 있으나, 실제 경제환경이 프로젝트에 미치는 영향을 완벽하게 반영할 수는 없다.

17.05 실비정산계약 (확정금액 플러스 비용계약, Cost-Plus-Fee Contract)

실비정산계약은 운영·관리계약에서 가장 흔하게 활용되는 계약 방식으로, 명칭으로 알 수 있듯이 프로젝트 회사는 운영자에게 확정금액(수수료)에 더해서 실제 당해설비 운영비용을 사후 정산한다. 이 경우, 운영자는 확정금액 수입을 확보하고, 프로젝트 회사는 최저 운영비용을 요청 받을 가능성이 높아진다. 확정금액계약과 달리, 프로젝트 회사는 비상상황 관련 위험(contingency risk)에 대한 보험료를 부담하지 않는다.

17.06 최대 지급액 및 인센티브를 포함한 실비정산계약(Cost-Plus-Fee Contract with Maximum Price and Incentive Fee)

실비정산계약을 비용 또는 예산 이행실적을 감안하여 운영자에게 최대 지급액과 인센티브를 추가로 지급하는 방식으로 수정하는 방법도 검토해 볼 수 있다. 이 경우, 운영자의 비용 절감을 유도하기 위해 예산 이행실적에 따라 벌금 또는 장려금을 지급하는 조항을 계약서에 삽입한다. 운영비용이 사전에 합의된 최대 지급액을 초과하면, 운영자가 초과비용을 부담하거나 프로젝트 회사가 운영자를 교체하고 계약을 해지할 권리를 갖게 된다. 반대로, 운영비용이 최대 지급액보다 낮은 경우, 절감한 금액을 운영자와 프로젝트 회사가 나눠 갖는다.

인센티브 또는 장려금은 당해설비 운영과 관련한 다양한 필요를 충족하는 경우에도 지급 가능하다. 예컨대, 프로젝트 회사는 당해설비를 빠르고 효율적으로 정상 가동한 경우, 그리고 현지 지역사회와 양호한 관계를 맺을 경우에 장려금을 지급한다.

재무적 성과가 예상보다 양호한 기간에 대해서도 장려금을 지급하는데, 이와 관련한 조항은 신중하게 작성하여 이행 성과를 보상해야 한다. 예컨대, 운영수익은 물가 상승, 원재료 및 재고 비용의 변동 등의 이유로도 증가할 수 있으므로, 단순한 운영수익 증가는 장려금 지급 조건으로 불충분하다.

17.07 운영 · 관리계약 내 일반적인 조항

운영 · 관리계약 내 주요 조항에는 개별 운영자 및 프로젝트 회사의 책임에 대한 상세 목록, 보상 및 지급방법, 도급계약 사항, 성능 검사, 업무 변경, 하자보증, 계약 불이행 시 구제 방법, 보험, 분쟁 해결, 손해배상(indemnification), 계약 양도, 운영 중지 및 계약 종료, 그리고 불가항력 등이 있으며, 아래에 소개되어 있다.

17.08 운영자의 책임(Operator's Responsibilities)

[1] 설명

운영자의 책임 관련 조항에서는 운영자가 운영, 관리 및 보수 중 어떤 형태의 서비스를 제공할 것인지 규정한다. 그 외의 주요 책임으로는 직원의 배치 · 고용 · 훈련, 물품 구입, 적절한 재고 여유분 유지, 정기 검사 · 예방적 보수 · 정밀검사 등의 일정에 따른 관리, 설비 공급자의 하자보증이 유효하도록 하기 위한 관리, 보안 · 화재 예방 · 비상상황 관련 대책 수립, 인력 지휘, 재정 및 운영 현황 보고, 운영 기록 · 매뉴얼 · 기타 보고서 관리, 운영에 필요한 인허가 취득 및 관리 등이 있다.

운영자는 다른 프로젝트 계약, 하자보증 및 관련 법령 · 규제를 준수하여 당해설비를 운영해야 한다. 운영계약에는 운영자가 주요 프로젝트 계약서의 사본을 수령하여 검토했음을 통지하도록 하는 조항이 포함되어 있다.

운영 서비스는 착수(mobilization), 운영 준비(pre-operation), 그리고 운영(operation)의 3단계로 구분할 수 있다. 착수 단계에서 운영자는 예산 및 계획 수립에 자원을 투입하고, 설비 추천 및 프로젝트 계약서 검토를 수행한다. 운영 준비 단계에서는 운영자가 직원의 모집 및 채용, 공구 및 예비 부품 요구사항 마련, 물품 확보, 운영 절차 및 보수관리 계획 수립, 직원 훈련, 그리고 시공사의 시운전 및 검사 지원 등을 수행한다. 마지막으로, 운영 단계에서 운영자는 운영 과정 통제 및 점검, 예방적 관리, 계획된 보수관리 시행, 운영 예산 및 향후 계획 마련, 현지 지역사회와의 양호한 관계 유지 등을 수행한다.

[2] 예시 조항

Operator's Responsibilities. (a) Operator shall operate and maintain the [*Project*] in accordance with (i) generally accepted practices for the operation and maintenance of similar facilities; (ii) the [*Operation and Maintenance Manual*]; (iii) the [*Permits*], (iv) [*Governmental Requirements*]; and (v) the [*Off-take Sales Agreement*].

(b) Operator shall provide the labor, materials, and services necessary for it to perform the foregoing. Operator shall train employees to operate and maintain the [*Project*] in accordance with generally accepted practices for training employees for similar facilities.

(c) Operator shall perform the foregoing services in three phases: mobilization, pre-operation, and operation, as further described in detail in the scope and timing of services set forth in Exhibit ___.

17.09 프로젝트 회사의 책임(Project Company's Responsibilities)

[1] 설명

운영자의 책임관련 조항과 반대로, 프로젝트 회사의 책임 관련 조항은 프로젝트의 소유자로서 프로젝트 회사가 부담해야 할 책임을 규정한다. 이러한 책임에는 부지 제공, 정부 인허가 취득, 운영에 필요한 연료 및 설비 공급, 그리고 폐기물 처리 등이 있다.

프로젝트 회사가 해당 책임을 다하지 못할 경우, 운영자가 사전에 합의된 금액으로 기대된 이행 수준을 달성하는 것이 지연되거나 또는 불가능하게 된다. 따라서, 프로젝트 회사와 대주는 프로젝트 회사의 책임 관련 조항을 최소화하고, 책임을 이행하지 못할 위험이 가장 낮은 영역만 포함하려 한다.

프로젝트의 성공적인 운영 및 관리를 위해 계약의 특정 당사자에게 책임을 부과하지만, 운영계약서 내에 명시적으로 규정되지 않은 조항이 포함된 경우가 있는데, 이는 아래 예시 조항에 기재되어 있다.

하지만, 이러한 조항은 계약의 특정 당사자가 상대방에게 책임을 돌리거나 금전적 책임을 지울 수 있도록 하므로, 계약 당사자 모두 계약서에 포함하는 것을 거부할 것이다. 계약 체결 전에 적절한 심사를 통해 계약 당사자 모두 프로젝트 운영에 대한 사항을 명확히 이해하게 되면, 이러한 조항을 포함할 수도 있다.

[2] 예시 조항

Project Company Responsibilities. (a) *Input Supply*. [*Project Company*] will provide Operator with a sufficient quantity and quality and type of [*describe inputs*] to permit operation of the Project in accordance with this Agreement.

(b) *Project Permits*. [*Project Company*] shall, at its sole expense, procure and maintain in effect all [*Permits*].

(c) *Access*. [*Project Company*] shall provide Operator with all access to the [*Site*] required by Operator.

(d) *No Interference by Third Parties*. [*Project Company*] shall not permit any third parties to have access to the [*Project*] that would interfere with the performance of Operator's obligations hereunder.

(e) *Other*. Any obligations necessary for the successful operation and maintenance of the [*Project*] not described in this Agreement shall be [*Project Company/Operator*]'s responsibility.

17.10 운영 표준(Operating Standard)

[1] 설명

운영계약에서는 운영자가 당해설비를 운영할 때 따라야 할 표준 관리사항(standard of care)을 규정한다. 여기서 '표준'의 의미는 '표준산업관행(standard industry practices)'과 '정당한 운영 절차를 준수하는 가운데 수익을 극대화하는 방식'을 뜻한다.

해외 프로젝트의 경우, 소재국 내에서 유사한 설비를 운영한 사례를 참고하여 운영 표준을 정하기도 한다. 다만, 계약 당사자들이 유사 설비들의 운영 환경들을 충분히 검토하지 않았을 경우, 다른 프로젝트의 사례를 참고하는 것은 신중하게 접근해야 한다.

[2] 예시 조항

Operating Standard. Operator shall operate and maintain the [*Project*] in accordance with generally accepted practices for the operation and maintenance of similar facilities, in such a manner so that maximum revenues will be achieved, consistent with prudent operating practice.

17.11 계약금액 및 지급(Price and Payment)

[1] 설명

운영 및 관리에 소요되는 비용은 이 장의 앞부분에 언급되어 있다. 선택 가능한 방안으로는 확정금액, 실비정산, 최대 지급액 및 인센티브를 포함한 실비정산 방식이 있다.

운영비용은 정기적(보통 월별)으로 운영자에게 지급하며, 지급 방식은 다양하다. 일반적으로 운영자들은 지급 금액의 일부를 미리 받아서 운영 관련 물품 및 원재료 구입에 필요한 자금을 확보해 두려고 한다.

[2] 예시 조항

계약금액 관련 조항은 사용한 계약 방식, 다양한 위험에 대한 프로젝트 경제성의 민감도, 운영자가 프로젝트 회사의 자회사인지 여부 등에 따라 다양하게 규정할 수 있다. 따라서, 예시 또는 표본 조항은 독자에게 별 도움이 되지 않으나, 아래에 확정금액계약 방식의 조항을 예시로 기재하였다.

Fixed Fee. (a) For each Operating Year, [*Project Company*] shall pay to Operator, for the performance of the services described herein, an annual amount equal to [*amount*], invoiced in monthly installments beginning on the [*Commencement Date*], and on the first day of each calendar month thereafter. Monthly invoices shall be due ___ days after receipt thereof. Each such invoices shall be in an amount equal to 1/12 of such annual sum; provided, however, in the event that the [*Commencement Date*] is on a day other than the first day of the month, the first such invoices shall be in an amount equal to

1/365 of such annual sum multiplied by the number of days from the first day of such last month through the last day of the term hereof.

(b) Beginning in the first Operating Year, the annual sum shall be increased or decreased, as the case may be, by the percentage increase or decrease in the [*Escalation Index*] during the preceding Operating Year or, in the case of the first Operating Year, from the calendar year of the date hereof.

(c) When any [*Direct Costs –specify*] are incurred by Operator, including the insurance required hereunder; or any central, state, or other sales, use, value–added, gross receipts, duty, fee, or similar tax or charge with respect to the services hereunder, [*Project Company*] shall pay such tax or, if Operator is required to pay same, Operator shall include such amount in the next monthly invoice rendered.

17.12 이행보증과 손해배상 (Performance Guarantees and Liquidated Damages)

[1] 설명

운영자는 협의된 이행보증 사항을 이행하지 못한 경우 프로젝트 회사에게 손해배상금을 지급하는데, 손해배상은 프로젝트의 형태에 따라 다르다. 일반적으로, 운영자는 당해설비 운영을 통해 프로젝트 차입금의 원리금을 상환하고 프로젝트 회사가 제품 구매자와 협의한 사항을 이행할 수 있는 수준의 제품 생산을 보증해야 한다.

발전 프로젝트의 경우, 운영자는 협의된 수준의 연료를 사용하여 특정 수준의 전력을 생산할 수 있도록 당해설비를 운영할 것임을 보장해야 한다. 가용 보증(availability guarantee)은 당해설비가 신뢰할 만한 수준에서 운영될 것을 보장한다.

보증을 이행하지 못할 경우, 운영자는 소위 이행 관련 손해배상(performance liquidated damages) 의무를 부담하게 되는데, 이는 프로젝트 회사가 운영자로부터 받을 수 있는 유일한 배상이다. 손해배상의 대상은 원리금 상환 부족금액, 운영비용 증가액, 운영자의 불충분한 이행으로 다른 프로젝트 계약에서 발생한 손해 등이다. 일반적으로, 운영자가 앞서 언급한 사유들로 부담해야 하는 손해배상의 총 규모는 운영자가 1년 또는 2년 동안 받는 수수료의 일정 비율로 제한된다.

[2] 예시 조항

Performance Guarantees and Liquidated Damages. (a) Beginning on the [*Commencement Date*], Operator shall guarantee that in each Operating Year the [*Project*] will produce ____(the "Guaranteed Output")

(b) Operator shall pay [*Project Company*] liquidated damages of $____ for each [*quantity shortfall*] by which the actual output of the [*Project*] during any Operating Year is less than [*specify guaranteed amount*].

(c) [*Project Company*] shall pay Operator a bonus of $____ for each [*quantity overage*] by which the actual output of the [*Project*] during any Operating Year is more than [*specify guaranteed amount*].

(d) In the event that a Force Majeure Event occurs, the actual output of the [*Project*] shall be corrected by adding the output that the [*Project*] would have been capable of producing during such time period but for such Force Majeure Event.

17.13 설비 변경(Capital Changes)

[1] 설명

운영 과정에서 프로젝트 회사 또는 운영자가 운영을 개선하기 위해 당해설비에 대한 변경을 요청하는 것은 드문 일이 아닌데, 통상 이러한 변경은 운영계약 상 운영자의 일반적인 책임 범위를 벗어난다. 종종, 프로젝트에 익숙한 운영자가 당해설비 변경을 관리하거나 직접 변경하는 것이 나은 경우가 있다. 설비 변경 조항에서는 변경 절차를 규정하는데, 운영자가 직접 변경을 수행하는지 여부에 관계 없이, 설비 개량이 진행 중일 때 프로젝트 운영을 지속할 지 여부에 대한 판단이 변경 절차에 포함되어야 한다.

[2] 예시 조항

Capital Costs. The services Operator is obligated to provide hereunder do not include the repair or replacement of structural components of the [*Project*] or of major pieces of equipment of the [*Project*]. If [*Project Company*] desires that Operator perform any such services, Operator agrees to consider such request and provide [*Project Company*] with its decision within 30 days after such request.

17.14 계약불이행에 대한 배상(Remedies for Breach)

[1] 설명

운영자가 계약 의무 중 어느 하나를 이행하지 못할 경우, 프로젝트 회사가 요구할 수 있는 배상은 계약불이행으로 입은 피해에 따라 달라진다. 앞서 언급한 대로, 실적이 부족한 경우 프로젝트 회사는 통상 손해배상을 통해 보상받는다. 이외 불이행 사항에 대해서는 다양한 배상 방법을 활용할 수 있는데, 손해배상 청구대상이 아닌 금전적 피해의 경우, 운영자를 대체하는 방법을 생각해 볼 수 있다.

[2] 예시 조항

Events of Default. Either party may terminate this Contract for default by the other Party as provided below. A party shall be considered in default of its obligations under this Contract upon the occurrence of an event described below:

Insolvency. The dissolution or liquidation of a Party; or the failure of a Party within sixty (60) days to lift any execution, garnishment, or attachment of such consequence as may materially impair its ability to perform the [*Services*]; or a Party is generally not paying its debts as such debts become due; or a Party makes an assignment for the benefit of creditors, commences (as the debtor) a voluntary case in bankruptcy under the [*describe applicable bankruptcy statute*] (as now or hereafter in effect) or commences (as the debtor) any proceeding under any other insolvency law; or a case in bankruptcy or any proceeding under any other insolvency law is commenced against a Party (as the debtor) and a court having jurisdiction enters a decree or order for relief against the Party as the debtor in such case or proceeding, or such case or proceeding is consented to by the Party or remains undismissed for a period of one hundred twenty (120) days, or the

Party consents to or admits the material allegations against it in any such case or proceeding; or a trustee, receiver, custodian, liquidator, or agent (however named) is appointed for the purpose of generally administering all or part of the property of a Party of such property for the benefit of creditors;

Failure to Perform. The failure by a Party to observe or perform any material covenant, condition, agreement, or undertaking hereunder on its part to be observed or performed for a period of thirty (30) days after notice specifying such failure and requesting that it be remedied is given to such Party, unless the other Party shall agree, in writing, to an extension of such time prior to its expiration;

Misinterpretation. Any representation or warranty of a Party herein is false or misleading or becomes false or misleading in any respect that would materially impair the representing or warranting Party's ability to perform its obligations under the Contract Documents.

Remedies on Default; Termination. Upon the occurrence of any of the foregoing, the non-defaulting Party shall notify the defaulting Party in writing of the nature of the default and of the non-defaulting Party's intention to terminate this Contract for default (a "Notice of Default"). If the defaulting Party does not cure such default immediately, in a default relating to payment of money due, or commence and diligently pursue cure of such default, in the case of any other default, within thirty (30) days from receipt of such notification (or sooner reasonable period if safety to persons is involved), or if the defaulting Party fails to provide reasonable evidence that such default does not in fact exist, or will be corrected, the non-defaulting Party may, upon five (5) days written notice, in the case of a default in the payment of money, or seven (7) days written notice, in the case of any other default, to the defaulting Party, and terminate (a "Notice of Termination").

Notice to Lender and Right to Cure. No Notice of Default or Notice of Termination sent by Operator to [*Project Company*] pursuant to this Contract shall be deemed effective against the [*Project Lender*] until a copy of such notice shall have been received by the [*Project Lender*]. The [*Project Lender*] shall have the same rights as [*Project Company*] to cure any default of [*Project Company*]. Cure by the [*Project Lender*] shall include, but not be limited to, (a) causing [*Project Company*] to cure, (b) curing itself, or (c) finding a suitable replacement for [*Project Company*] and permitting such replacement to cure within the time provided herein.

17.15 운영 · 관리의 중지(Suspension of Services)

[1] 설명

프로젝트 회사는 종종 프로젝트의 운영 중단을 용이하게 하고자 하는데, 제품 구매자와 합의했거나, 프로젝트 운영이 더 이상 경제적이지 않다고 판단할 때 운영 중단을 고려한다. 이 경우, 프로젝트 회사는 운영을 일시적으로 중단하거나 계약을 해지할 수 있는 권한을 요구할 수 있다.

운영자의 입장에서는 아무런 사유 없이 계약이 종결되어 예정된 수익을 잃게 되는 것을 원하지 않는다. 특히, 실적이 부족할 위험을 포함한 운영 위험을 운영자가 부담하여 PF 계약의 필수적인 요소를 제공했을 경우 더욱 그렇다. 따라서, 운영자는 운영 초기 5~10년 이내에 계약을 해지할 경우 벌금을 부과하도록 요구한다.

[2] 예시 조항

Suspension of Services. At any time on and after the ____ anniversary of the [*Commencement Date*], [*Project Company*] shall have the right to terminate the Agreement upon not less than ____ day's advance notice to Operator. Such option shall be exercisable without liability to Operator, other than for those amounts due for the performance of services hereunder through the date of termination and for reasonable demobilization costs.

17.16 계약 종결 절차(Procedure at End of Agreement)

[1] 설명

운영·관리계약을 종결할 때는 기존 운영자의 경험, 운영 이력 및 기술을 프로젝트 회사에 어떻게 전수할 지 검토해야 한다. 종결 시점에 운영자는 운영 정보, 운영 이력 및 매뉴얼을 프로젝트 회사 또는 새로운 운영자에게 전수할 의무를 지니며, 기존 운영자가 새로운 운영자 소속 직원을 훈련하도록 하는 것도 좋은 방법이다.

또한, 계약 종결 시점에 운영자는 예비 부품 이전, 판매자 하자보증(vendor warranties) 양도, 새로운 운영자 또는 프로젝트 회사에 필요 기술 이전의 의무를 지닌다. 한편, 현장 및 당해설비에 대한 환경 검사를 수행하여, 운영자가 부담해야 할 환경 책임(environmental liability)이 있는지 확인하는 것도 프로젝트 회사에게 유리할 수 있다.

[2] 예시 조항

Turn-Over Upon Termination. Upon termination hereof, Operator shall immediately provide to [*Project Company*] access to the [*Project Site*]. Operator shall further immediately provide to [*Project Company*] all operating information, records and manuals; transfer to [*Project Company*] spare parts; assign to [*Project Company*] any vendor warranties, and license any technology used at the [*Project*], to the [*Project Company*].

17.17 보 험(Insurance)

[1] 설명

보험은 PF에서 활용되는 중요한 신용보강 수단으로, 운영 과정에서 발생 가능한 프로젝트 위험 중 다른 방법으로 경감되지 않은 위험은 운영계약 상 요구되는 보험을 통해 대응하는 것이 일반적이다. 보험 관련 조건에는 현실적인 수준에서 책정된 공제항목, 운영자의 재무적 건전성을 저해하지 않는 자가보험 수준, 그리고 보험회사의 최저 신용도와 안정성 수준이 포함된다. 보험에 대한 내용은 제20장에 자세히 소개되어 있다.

[2] 예시 조항

Insurance. (a) During the term of the Agreement, Operator shall maintain in effect the following insurance from an insurance company licensed to write insurance in [*jurisdiction*] in at least the following amounts: [*specify: workers' compensation; employer's liability; comprehensive general liability (including premises/operations, products and completed operations, broad form property damage (including products and completed operation), coverage for collapse, explosion, and underground hazards, employees as additional insureds, independent contractor coverage, cross-liability and severability endorsement, personal injury, incidental medical malpractice, occurrence policy form, and blanket contractual liability extended to include hold harmless and indemnification agreement); automobile; umbrella liability; "all risk" property insurance (including flood, earthquake, and collapse); comprehensive boiler and machinery insurance including production machines and electronic data processing equipment used in connection with the operation of the Project*].

(b) Operator shall furnish to [*Project Company*] certificates of insurance signed by its insurance carriers that evidence the insurance required hereunder, and upon request by [*Project Company*], it shall also furnish [*Project Company*] copies of the actual policies. Each certificate shall provide that at least thirty (30) days' prior written notice shall be given to [*Project Company*] and [*Project Lender*] in the event of cancellation, suspension, or material change in the policy to which it relates.

17.18 불가항력(Force Majeure)

[1] 설명

이 장의 다른 곳에서 언급된 것처럼, 운영계약 내 불가항력 조항은 다른 프로젝트 계약 내 불가항력 조항과 동등해야 한다. 그렇지 않은 경우, 운영자는 불가항력 조항에 따라 운영 의무를 면제받았으나, 프로젝트 회사는 같은 방식으로 제품판매계약에 따른 의무를 면제받지 못하는 상황이 발생할 수 있다.

[2] 예시 조항

Adjustment for Delay. If the performance of all or any portion of the [*Services*] is suspended, delayed, or interrupted by a [*Force Majeure Event*] or by an act of [*Project Company*] or by its failure to act as required by the Agreement within the time specified herein (or if no time is specified, within a reasonable time), an equitable adjustment will be made by [*Project Company*] to the Agreement, including without limitation the [*Annual Fee*] for any increase in the cost or time of the performance of the [*Services*] attributable to the period of such suspension, delay or interruption. Operator shall give [*Project Company*] written notice of Operator's claim as a result thereof specifying the amount of the claim and a breakdown of how the amount was computed. Any controversy concerning whether the delay or suspension was unreasonable or any other question of fact arising under this paragraph will be determined pursuant to arbitration, and such determination and decision, in case any question shall arise, will be a condition precedent to the right of Operator to receive any payment or credit hereunder.

Notwithstanding the foregoing, Operator will in no event be permitted relief beyond the type permitted to [*Project Company*] under the [*Off-Take Sales Agreement*].

Chapter 18

PF 제품판매계약 (Off-Take Sales Contracts)

18.01 제품판매계약의 필요성

제품판매계약은 프로젝트의 수익을 창출하는 계약으로, 프로젝트 회사가 제품 또는 용역을 판매하는 계약이므로, PF 거래의 핵심이다.

신용도가 양호한 구매자가 당해설비로 생산한 제품을 구매하기로 합의하는 장기 계약은 무소구 또는 제한적 소구 방식의 PF 금융에서 항상 필요한 것은 아니다. 프로젝트 회사와 대주는 장기 계약 대신 제품에 대한 시장 수요를 신용 보강 수단으로 활용할 수 있다. 이러한 방식은 프로젝트에 대한 수요가 확실하고, 제품 가격이 대출 기간 동안 안정적으로 유지되는 경우에 효과적이다. 그럼에도 불구하고, 프로젝트 회사와 대주는 제품 가격 변동, 제품 노후화, 시장 경쟁, 그리고 기타 시장 변동의 위험을 부담하게 된다.

18.02 제품판매계약의 형태

[1] 혼동

Take-or-pay 계약과 take-and-pay 계약의 정의에 대해 혼동하는 경우가 있는데, 두 계약의 차이는 명확하다. Take-and-pay 계약에서는 제품을 생산한 경우에만 대금을 지급하지만, Take-or-pay 계약에서는 무조건적으로 대금을 지급한다.

[2] Take-or-pay 계약

일반적으로 'Take-or-pay 계약'[1] 은 당해설비로 생산한 제품의 구매자와 프로젝트 회사 간의 계약 상 의무를 지칭하는데, 구매자는 프로젝트 회사에게 제품 또는 용역을 생산 및 인도할 수 있는 설비용량(capacity)을 유지하는 대가로 당해설비로 생산 가능한 제품 또는 용역에 대한 대금을 지급하기로 합의한다.

이 경우, 제품 구매자는 프로젝트 회사가 구매자의 요청에 따라 실제로 제품 또는 용역을 생산하는지 여부에 관계없이 설비용량에 대해 대금을 지급한다. 즉, 구매자는 설비용량에 대해 무조건적인 대금지급의무를 지닌다.

일반적으로 계약 당사자는 구매가격을 고정(또는 설비용량)비용과 변동비용으로 구분하여 계약 구조를 도출한다. 고정비용은 프로젝트 설비로 제품을 생산할 수 있는지 여부와 관계 없이 지급해야 하는 비용으로, 프로젝트 원리금 상환비용, 고정 운영비, 그리고 주주에게 지급해야 할 최저 투자수익을 반영한다. 변동비용은 구매자가 제품을 구매하고자 할 때 지급하는 비용으로, 변동 운영비를 반영한다. 이러한 구분을 통해 구매자는 프로젝트 회사가 실제로 제품을 생산할 때만 발생하는 변동비용까지 지급하여 프로젝트 회사가 초과 수익을 얻는 것을 방지하고, 최소한의 금액만 지급할 수 있다.

Take-or-pay 계약은 어떤 일이 있어도 부담해야 하는(hell-or-high-water) 의무가 포함되어 있는 것으로 알려져 있으며, 프로젝트 회사가 제품을 생산 또는 인도하지 않거나, 제품을 생산 또는 인도할 능력이 없어도 대금을 지급할 의무를 부담한다.

이러한 대금지급의무 때문에 Take-or-pay 계약은 일종의 보증으로 분류되기도 하며, 대부분의 경우 구매자의 재무제표와 공시자료에 제3자 채무에 대한 보증으로 보고할 수 있다.

Take-or-pay 계약은 일종의 보증이기 때문에, 구매자는 계약을 체결하기 위해 대출거래은행의 승인을 받아야 할 수 있다. 대부분의 대출 계약에서는 차입자가 대주의 동의 없이 제3자 채무에 대한 보증을 제공하지 못하도록 제한한다.

[3] Take-and-pay 계약

'Take-and-pay' 계약에서는 구매자가 프로젝트 제품을 실제로 인수하거나, 인수한 것으로 가정하고 프로젝트 회사에 대금을 지급해야 하는데, 이때 구매자의 대금지급의무는 프로젝트 회사가 실제로 제품 또는 용역을 생산하여 인도한 경우에만 발생한다. 구매자가 제품 구매를 원하지 않을 경우, 프로젝트 회사가 계약 대로 제품을 생산하지 못하는 경우에 한해 제품 구매를 요구 받지 않는다. 이러한 계약은 'take-if-offered' 계약이라고도 불린다.

엄격한 Take-or-pay 계약과 마찬가지로, Take-and-pay 계약에서도 구매가격을 고

1) A. F. Brooke II, *Great Expectations: Assessing the Contract Damages of the Take-or-Pay Producer*, 70 TEX. L. REV. 1469 (1992) 참고

정비용과 변동비용으로 구분하여 계약 구조를 도출한다. 고정비용은 프로젝트 설비로 제품을 생산할 수 있는 경우 구매자가 지급해야 하는 비용으로, 프로젝트 원리금 상환비용, 고정 운영비, 그리고 주주에게 지급해야 할 최저 투자수익을 반영한다. 구매자는 제품을 구매하고자 할 경우 변동비용을 지급해야 하며, 변동비용은 변동 운영비를 반영한다. 프로젝트 회사는 제품을 충분히 판매하여 채무 상환과 운영비 충당, 주주 수익 지급을 감당하지 못할 위험을 직접 감당한다.

이러한 방식의 계약은 아래에 소개되는 장기판매계약과 차이가 없는 것처럼 보이나, Take-and-pay 계약의 경우, 구매자는 생산자의 고정비용에 해당하는 생산 능력에 대한 대금을 지급한 경우 인도를 거부할 권리가 있다. 반면, 장기판매계약에서는 구매자의 구매 의무 불이행으로 판매자가 계약상 손해를 본 경우, 이를 보상해야 한다.

[4] 혼합형(Blended) 계약

제품판매계약 중에는 take-and-pay와 take-or-pay 특성을 모두 포함하는 혼합형 계약도 있다. 이 경우, 특정한 경우에 한해 서비스가 중단되더라도 구매자가 대금지급의무를 이행해야 한다. 구매자가 융자금 또는 선급금을 지급하면, 프로젝트 회사는 이를 바탕으로 향후 제공할 서비스를 보장한다.

[5] 장기판매계약(Long term Sales Agreement)

장기판매계약은 프로젝트 회사와 구매자가 프로젝트 생산물의 특정 수량을 매매하기로 하는 계약이며, 계약기간은 보통 1~5년이다.

구매자는 계약 상 품질 요구사항을 충족하는 제품이 생산 및 인도된 경우에 한해 계약된 수량을 구매할 의무를 지닌다. 만약, 구매자가 적합한 제품을 구매하지 않아서 프로젝트 회사가 계약상 손해를 본 경우, 구매자는 이를 보상해야 한다. 다만, 구매자가 프로젝트 채무상환을 지원하기 위한 최소한의 대금을 지급할 의무까지 부담하지는 않는다.

[6] 즉시인도판매계약(Spot sales)

즉시인도판매계약은 PF 제품판매계약 방식 중 효용이 가장 낮은 방식으로, 판매 시점의 시장 가격으로 거래가 이루어진다. 이러한 판매는 계약서 또는 구매주문서(purchase order)에 따라 이루어지며, 구매자는 제품을 실제로 구매하지 않을 경우 제품의 추가 구매, 생산 능력에 대한 대금 지급, 또는 프로젝트 채무상환 지원 등의 의무를 부담하지 않는다.

18.03 계약 관련 위험 – 프로젝트 회사에 대한 계약의 효용 및 신용보강 수단으로서의 가치

PF 계약이 기본적인 신용보강 수단으로서 프로젝트 회사와 대주에게 가치가 있으려면 두 가지 법적인 검토가 필요하다. 우선, 프로젝트 회사와 대주에 대한 계약의 효용은 구속력(enforceability)에 의존하므로, PF 계약에 계약법(contract law)의 원칙이 적용되어야 한다. 또한, PF 거래 후 재정적 위기가 발생한 경우, 계약의 담보 실행 가능성(viability)을 검토해야 한다.

프로젝트 회사의 관점에서 프로젝트 계약은 프로젝트 수익과 비용의 기초이다. 마찬가지로, 대주의 관점에서 PF의 주요 담보는 프로젝트 회사가 프로젝트 개발, 건설 및 운영과 관련하여 체결한 일련의 계약들이며, 이는 대주의 신용 분석에 있어 중요한 요소이다.

일반적으로, 개별 PF 계약은 미이행 계약(executory contract)이어서, 사업참가자 중 어느 한쪽이 계약내용을 이행 또는 이행 완료하여 계약상 얻을 수 있는 최대 이익을 사전에 확보할 수 없으며, 다른 참가자도 제품 및 용역 대금을 미리 지급하지 않는다[2]. 미이행 계약에는 프로젝트의 고유 위험이 반영되어 있으며, 이는 계약이 담보로서 지니는 가치에도 영향을 준다. PF 대주가 부담하는 위험은 계약의 미이행적인 성격(executory nature)에 기인한다. 프로젝트 회사나 계약 상대방(채무자) 모두 PF 대출을 종결하는 시점에 계약 관련 중요한 의무를 전부 이행하지 못한다. 게다가, PF 계약기간은 보통 15년, 20년 또는 30년인 경우도 있으므로, 진행 중인 이행 의무는 프로젝트 기간 동안 유지된다. 또한, 채무자가 프로젝트에 지급해야 할 수익의 지급을 포함한 계약 의무의 이행을 요구 받더라도, 이에 대응하여 항변할 수 있는 많은 구실들이 있을 수 있다.

예컨대, 채무자는 계약에 따른 이행 또는 지급 의무에 대해 항변할 수 있거나, PF 거래와 독립적인 상계권(right of setoff)을 가지고 있을 수 있다. 개별 PF 계약은 변화하는 동적인 환경에서 진행되므로, 공식적인 수정, 권리 또는 배상에 대한 포기(waiver)가 불가피하다. 따라서, PF 금융은 매출채권을 활용한 금융과 차이가 있는데, 계약의 미이행적인 성격 때문에 담보에 문제가 발생하며 최종적인 담보 가치가 하락할 수 있다.

---

2) BARKLEY CLARK, THE LAW OF SECURED TRANSACTIONS UNDER THE UNIFORM COMMERCIAL CODE § 11.01[2] (1993) 참고(Scott L. Hoffman, *A Practical Guide to Transactional Project Finance: Basic Concepts, Risk Identification, and Contractual Considerations*, 45 BUS. LAW 181 (2006) 인용)

18.04 계약 조건 및 항변 관련 위험 (Risks in Contract Terms and Defenses)

국제 거래에 대한 서적에 전 세계에 적용 가능한 정보를 담는 것은 매우 어려운데, 이는 국가마다 법 체계가 다르기 때문이다. 이러한 단서 하에, 아래에서 다뤄지는 내용은 미국 내 많은 주에서 유효한 미국 통일상법전(Uniform Commercial Code, U.C.C.)을 주요 근거로 한다. 프로젝트 회사의 권리는 계약 조건과 다양한 항변, 청구, 기타 상계(offset)에 의해 좌우되며, 그 결과 PF 대주도 프로젝트 회사의 계약 이행, 위법 행위, 그리고 계약의 구속력에 따라 다양한 위험을 부담하게 된다.

따라서, 담보권자(secured party)는 U.C.C. §§ 9-403과 9-404에 따른 '차단(cutoff)' 관련 동의를 확보하여, 다른 계약 당사자가 담보권자에게 청구, 항변, 또는 상계를 주장하지 못하도록 할 수 있다[3]. 다만, 담보권자가 항변을 사전에 인지했거나 신의성실의 원칙을 위반한 경우에는 이와 같은 동의를 강요할 수 없다[4]. 또한, 부정행위(fraud)나 인허가 미취득(lack of authority)과 같은 경우에 계약 당사자는 생산 능력에 대한 계약 상 항변을 포기한 것으로 간주되지 않는다[5].

차단(cutoff) 관련 사항을 계약 내에 추가하지 못하여 그 대신 계약 상대방이 동의하기로 협의한 경우에도, 담보권자는 계약 상대방에게 양도 통지를 함으로써 이익을 얻을 수 있다. U.C.C. § 9-404에 따르면, 담보권자는 계약 상대방이 프로젝트 회사와의 다른 거래와 관련하여 통지 후에 확립되는 권리에 대해 자신에게 항변 또는 청구를 제기하지 못하게 할 수 있다[6].

차단 관련 계약 또는 채무자에 대한 통지에 더해서, 또는 그 대안으로 대주는 계약의 유효성과 구속력을 검토한다. 이러한 심사는 전문가의 의견 제시 및 재검토의 형태로 이루어지는 것이 일반적이다.

[1] 상업적 불가(Commercial Impracticability)

관습법 상 목적좌절 원칙(doctrine of frustration of purpose)은 기본적인 가정이 충족되지

3) U.C.C. §§ 9-403; 9-318(1)(a); CLARK, 주석 2의 § 11.04[4] 참고
4) U.C.C. § 9-404 참고. 이러한 조항을 판매계약 이외에 양도 가능한 계약(assignable agreements)에 적용할 수 있는지 여부는 CLARK, 주석 2의 § 11.04 참고
5) U.C.C. § 9-404
6) U.C.C. § 9-404

않아 계약 이행이 극도로 어려워지거나 막대한 비용이 발생하는 경우, 채무자의 이행 의무를 면제시켜 준다[7]. 환경의 변화로 프로젝트 생산물 판매계약에 따라 구매자가 의무를 이행하는 것이 좌절되거나 불가능해진 경우, 구매자는 계약을 취소하려 할 수 있다. 이러한 경우의 일반적인 판단 기준은 '계약 이행을 위한 비용이 과도하고 불합리하게 증가하여, 이행 의무를 면제하지 않을 경우 중대한 불공평(grave injustice)이 발생하는지 여부'이다[8].

프로젝트 참여자는 목적좌절 원칙 대신 상업적 불가 원칙을 통해서도 계약상 의무의 이행을 회피할 수 있다. 상업적 불가 원칙은 U.C.C. § 2-615에 수록되어 있으며,[9] 계약 당사자가 인지하지 못한 사고(contingency)에 대한 위험부담 주체가 아닌 경우와, 특정 사고가 발생하지 않는 것이 계약의 기본적인 가정인 경우, 그리고 사고의 발생으로 계약의 이행이 상업적으로 실행 불가능한 경우에 계약 이행 의무를 면제하도록 한다.

일반적으로 U.C.C. § 2-615는 예측할 수 없는 사고로 계약 이행의 본질적인 성격이 바뀐 경우에 적용된다. U.C.C.의 주석 4에서는 '전쟁, 금수 조치, 소재지 흉년, 주요 공급원의 예측하지 못한 조업 중지 등으로 원재료 또는 공급 물품이 심각하게 부족한 경우' 계약 당사자의 의무 이행을 면제할 수 있다고 규정한다[10]. 다만, 동 조항에서는 시장가격의 상승 또는 폭락만을 사유로 계약 당사자의 계약상 의무를 면제하지 않는데, 그 이유는 이러한 변동이 '확정금액 방식의 계약을 통해 대응할 수 있는 사업 위험에 해당하기' 때문이다[11]. 따라서, 계약 실행 후에 재판매 가격이 폭락했다는 사유로 구매자가 계약상 의무 이행의 면제를 요청할 경우, 법원은 이를 기각한다[12].

목적좌절과 상업적 불가의 경우는 일반적으로 프로젝트 참여자가 직면하는 주요 위험에 해당하지 않는다. 채무 상환에 대한 무소구 제한조건(nonrecourse limitations)으로 인해,

7) RESTATEMENT (SECOND) OF CONTRACTS, §§ 261, 265 (1981)

8) Gulf Oil Corp. v. Federal Power Comm'n, 563 F.2d 588, 599 (3d Cir. 1977), 상업적 불가(commercial impracticability) 원칙이 장기 공급계약에 적용된 사례('Aluminum Co. of Am. V. Essex Group, Inc., 499 F. Supp. 53, 70 (W. D. Pa. 1980)'; 'International Minerals & Chem. Corp. v. Llano, Inc., 770 F.2d 879, 887(10th Cir. 1985)' 환경 관련 주 정부(state) 법률 적용에 따라 천연가스 구매자의 구매가 불가능하게 된 경우)가 있으나, 광범위하게 적용되지는 않고 있다. ('Iowa Elec. Light and Power Co. v. Atlas Corp., 467 F. Supp. 129 (N. D. Iowa 1978), rev'd on other grounds, 603 F.2d 1301 (8th Cir. 1979), cert. denied, 445 U.S. 911 (1980)' 우라늄 가격이 증가한 경우; 'Superior Oil Co. v. Transco Energy Co., 616 F. Supp. 98 (W. D. La. 1985)' - 천연가스 가격이 증가한 경우; 'Eastern Air Lines, Inc. v. Gulf Oil Corp., 415 F. Supp. 429 (S. D. Fla. 1975)' - 에너지 위기로 전력요금이 상승하고 확정금액 방식의 장기 연료공급계약이 영향을 받은 경우)

9) U.C.C. § 2-615, 동 조항에는 명시적으로 판매자만 언급하고 있으나, 해당 주석 9에서 구매자도 특정한 경우에 의무의 이행을 면제받을 수 있음을 언급하고 있다.

10) U.C.C. § 2-615, 주석 4

11) 상동

12) U.C.C. § 2-615, 주석 9

프로젝트 계약에 상세한 불가항력 조항들을 포함하여 계약 이행에 관한 위험을 배분하기 때문이다. 따라서, 프로젝트 회사는 계약서에 이행 의무를 면제할 수 있는 개별 사고들을 열거함으로써, 상업적 불가 원칙에 대한 프로젝트 참여자의 소구권을 제한할 수 있다. U.C.C.§ 2-615의 주석 8에서는 동 조항이 '계약 상 더 큰 의무에 근거하여(subject to greater liability by agreement)' 적용할 수 있음을 명시하고 있다[13].

[2] 일반적인 계약이론(General Contract Theories)

프로젝트 계약을 취소할 수 있는 다른 법률 이론들에는 거래의 기본 가정에 대한 공통적인 착오[14]와, 일방적인 '불편부당(unconscionability)'이 있다[15]. 또한, 프로젝트의 개별 계약은 당해 계약에 제시된 하자보증[16] 및 이행 환경 관련 조항 등의 이행 조건을 따르므로, 법원은 금융 조달에 부수적인 영향을 끼치더라도 예상되지 않은 상업적 위험으로 인한 의무를 면제하도록 판결할 수 있다.

[3] 프로젝트 계약 위험의 사례: 생산물 계약 및 납품 계약 (Output and Requirements Contracts)

계약법에 대한 자세한 논의는 이 책의 범위를 벗어나지만, 프로젝트 참여자들의 기대를

13) U.C.C. § 2-615, 주석 8

14) '공통적인 착오' 원칙은 계약 당사자 양측 모두 계약과 관련한 기본적인 가정에 대해 오해하여 합의된 이행사항에 실질적인 영향이 발생하고, 계약위반 당사자가 해당 위험을 부담하고 있지 않은 경우 의무 이행을 면제한다. RESTATEMENT (SECOND) OF CONTRACTS § 152 (1981) 참고. 예컨대, 'Aluminum Co. of Am. V. Essex Group, Inc., 499 F. Supp. 53, 69 (W. D. Pa. 1980)'의 경우, 장기공급계약에서 계약가격(contract price)을 다른 가격에 연동한 경우, 유가 상승으로 전기요금이 예기치 않게 오른 점을 반영한 가격 조정이 가능하다. 반면, 'Exxon Corp. v. Columbia Gas Transmission Corp., 624 F. Supp. 610 (W. D. La. 1985)'의 경우, 계약 가격으로 이익을 얻을 것이라는 가정은 구매 가격의 변경을 위한 충분한 근거가 되지 못한다.

15) U.C.C. § 2-302. 일반적으로, 상업 거래에서 계약 당사자 간의 정당(conscionability) 계약을 가정한 사례('Consolidated Data Terminals v. Applied Digital Data Sys., Inc., 708 F.2d 385, 392 (9th Cir. 1983)')가 있다. 한편, 계약 당사자의 협상력에 차이가 있는 상업 계약의 경우, 법원이 이행을 강제하지 못하도록 하는 근거로써 불편부당 원칙을 적용한 사례('Pittsfield Weaving Co. v. Grove Textiles, Inc., 121 N H. 344, 430 A.2d 638 (1981)')가 있다. 불편부당 원칙을 모든 계약에 확대 적용한 사례는 'Cal. Civ. Code § 1670.5 (West 1979)'을 참고. 미국 법원은 인플레이션에 대한 불편부당 원칙의 적용에 대해서는 지속적으로 반대하고 있는데, 그 이유는 불편부당 여부를 판단하는 시점이 계약 이행이 아닌 계약 체결 시점이기 때문이다. ('Kerr-McGee Corp. v. Northern Util., Inc., 673 F.2d 323, 328 (10th Cir. 1982), cert. denied, 459 U.S. 989 (1982)' - 천연가스 판매계약 내 불명확한 가격 상승 관련 조항이 불편부당하다는 사유로 설비에 대해 배상을 청구한 것을 기각함; 'Compania de Gas de Nuevo Laredo v. Entex, Inc., 686 F.2d 322, 328 (5th Cir. 1982)' - 비용 인상을 전가하는 조항의 적용은 불편부당하지 않다고 판결함)

16) U.C.C. §§ 2-313(명시적 하자보증), 2-314(판매적격성에 대한 잠재적 하자보증), 2-315(특정 목적에 적합한지에 대한 잠재적 하자보증), 2-316(명시적 · 잠재적 하자보증의 배제 및 수정)

좌절시킬 수 있는 잠재적인 쟁점에 대한 사례는 살펴볼 필요가 있다. PF 분석에서 공급 및 판매계약 의무(contractual obligations)가 어떤 구조를 가지는지 – 예컨대, 물품 공급계약이 생산물 계약 또는 납품 계약인지 – 는 대주가 수행하는 신용 분석에 중요하다. U.C.C.에서 허용하는 범위 내에서 계약상 의무 이행의 면제는 프로젝트 운영과 현금흐름의 예측 가능성에 영향을 미친다.

납품 계약의 경우, 프로젝트 회사는 구매자가 요구한 특정 제품을 판매 및 인도할 것을 약정하며, 구매자는 다른 공급자로부터 동등한 제품을 구매하지 않을 것을 약정한다. 생산물 계약의 경우, 구매자가 프로젝트 생산물을 인수하고 대금을 지급하기로 약정한다.

일반적으로, 납품 계약의 구매자에게는 요구량(requirements)을 제시할 의무가 없으며, 생산물 계약의 판매자에게는 생산물을 생산해야 할 의무가 부과되지 않는다. 다만, 양측 모두에게 신의성실의 원칙이 적용된다[17]. U.C.C.는 신의성실의 원칙을 '객관적 사실과 일치하고, 공정한 거래의 합리적인 상업적 표준을 준수하는 것'으로 정의한다[18].

또한, U.C.C.는 명시된 추정치, 명시된 추정치가 없는 경우 통상적인 또는 비교 가능한 기존의 생산물이나 요구량(requirements) 대비 부당하게 불균형을 이루는 수량(quantity)을 제공 또는 요구할 수 없도록 한다[19]. 이러한 조건은 요구량 또는 생산량이 증가하는 경우에만 적용할 수 있으며, 감소하는 경우는 해당하지 않는다[20]. 따라서, 생산물의 급격한 감소로 계약 종결에 이르게 되더라도, 신의성실의 원칙을 위반하지 않았다면 위에서와 같은 예외 대상이 아니다.

프로젝트 회사의 관점에서 신의성실의 원칙에 따른 계약종결 기준은 구매자의 계약 의무를 면제해준다. 예컨대, 구매자는 신의성실에 입각한 판단에 따라 생산 공정에서 사용될 천연가스를 석탄으로 대체하는 등 계약상 공급될 물품의 대체재를 사용하기로 하고 요구량을 없앨 수 있다[21]. 또한, 구매자가 보다 저렴한 대체재를 발견한 경우, 요구량을 전부 없앨 수 있는 신의성실에 입각한 구실을 마련할 수 있다[22]. 마찬가지로, 프로젝트를 계속

17) 'Fort Wayne Corrugated Paper Co. v. Anchor Hocking Glass Corp., 130 F.2d 471, 473 (3d Cir. 1942)' 및 U.C.C. § 2-306 참고

18) U.C.C. § 2-103(1)(b)

19) U.C.C. § 2-306(1)

20) 'R.A. Weaver and Assoc., Inc. v. Asphalt Constr., 587 F.2d 1315, 1322 (D. C. Cir. 1978)', Michael S. Finch, 'Output and Requirements Contracts: The Scope of the Duty to Remain in Business, 14 U.C.C. L.J. 347, 351 (1982) 참고

21) 'Paramount Lithographic Plate Service, Inc. v. Hughes Printing Co., 22 U.C.C. Rep. 1135 (Pa. C. P. 1977), aff'd w/o opinion, 337 A.2d 1001 (Pa. Sup. 1977)'에서 'McKeever, Cook & Co. v. Cannonsburg Iron Co., 138 Pa. 184, 16 A. 97, 20 A. 938 (1888, 1890)'를 인용

22) 상동

운영하면 심각한 경제적 손실을 입게 될 것임을 구매자가 입증할 수 있는 경우, 법원은 생산 라인 또는 구획(segment)의 가동 중단을 허용할 것이다[23]. 따라서, 구매자의 요구가 감소하는 경우에도 신의성실의 원칙에 의해 프로젝트 회사가 대출금 상환을 위해 필요한 수익에 큰 타격을 입을 수 있다.

계약서에 관련 조항들을 삽입하여 계약 종결 문제의 예측 가능성을 높일 수 있다[24]. 예컨대, 구매자는 최소 요구량에 대한 계약 조항을 활용하여 미래의 요구량을 정해둘 수 있으며, 그 결과 구매자는 운영을 종료하기로 결정한 경우에도 최소 요구량만큼 구매할 의무를 부담하게 된다[25]. 한편, 합병, 인수, 또는 해당 사업 매각의 경우, 납품 계약을 승계자(successor-in-interest)에게 양도하도록 하여 추가적인 보호장치를 마련해둘 수 있다[26].

생산물 계약에서는 사업 종료와 수량 변동의 위험이 프로젝트 생산물 구매자에게로 전가된다. 생산물 계약의 구매자는 프로젝트의 생산물을 전부 인수하고 대금을 지급하기로 합의하므로, 프로젝트가 아닌 구매자가 불확실성에 따른 위험을 부담한다.

18.05 국제 프로젝트의 수익창출 계약 (Revenue Contracts in Transnational Projects)

일부 국가에서는 프로젝트의 수익창출 계약에 따른 현금흐름에 기반한 PF가 새로운 금융기법이다. 최근까지 개발도상국에서 프로젝트 채무의 상환을 약정하는 계약에 근거한 금융조달은 상대적으로 미지의 영역이었다. 따라서 개발도상국에서는 미국과 영국에서 표준적으로 활용되는 주요 PF 계약 조항들이 개발되지 않았다. 성공적인 PF에 필수적이라고 여겨지는 표준 조항들에는 프로젝트 생산물을 규정된 가격에 구매할 명시적 의무, 채무불이행, 그리고 구제 방법(remedies)이 있다.

---

23) 'Fort Wayne Corrugated Paper, 130 F.2d 471 (3d Cir. 1942)', 'HML Corp. v. General Foods Corp., 365 F.2d 77, 81 (3d Cir. 1966)'. 반대로, 확정금액 방식의 계약에서 제품 또는 서비스의 시장가격이 상승하는 경우, 프로젝트는 가격 상승을 활용할 기회를 잃는다. U.C.C. § 2-306 주석2 참고

24) 'Monolith Portland Cement Co. v. Douglas Oil Co. of Cal., 303 F.2d 176 (9th Cir. 1962)', 'In re United Cigar Stores, 8 F. Supp. 243 (S.D.N.Y. 1934)' 참고

25) 'Utah Int'l, Inc. v. Colorado-Ute Elec. Ass'n, Inc., 425 F. Supp. 1093, 1096-97 (D. Colo. 1976)' 부수적 의견(dictum)

26) Finch, 주석 20 참고, 'Texas Indus., Inc. v. Brown, 218 F.2d 510, 513 (5th Cir. 1955)'과 비교(유사한 계약 조항에 대해, 공장을 다른 주체에 임차하더라도 구매자의 요구량 관련 계약 의무가 면제되지 않는다는 법원의 판결을 보강하는 방향으로 해석함)

18.06 국제 프로젝트의 수익창출 계약 집행(Enforcement of Revenue Contracts in Transnational Projects)

PF의 기반인 수익창출 계약을 집행하기 위한 확실한 방법은 신중하게 검토되어야 한다. 이때, 검토 과정에서 (i) 사법 제도(judicial system)로의 접근 가능성, (ii) 재판 절차에 소요되는 기간 및 비용, 그리고 (iii) 중재 조항(arbitration provisions)의 구속력 등을 확인한다.

계약의 집행에 기간 또는 비용이 많이 소요되거나 구속력을 예측하기 어렵더라도 프로젝트의 신용도는 여전히 양호할 수 있다. 이는 안정적인 생산물 판매계약이 없더라도 프로젝트 생산물에 영향을 미치는 근본적인 경제 상황 및 생산물에 대한 시장 수요가 PF 거래를 정당화할 수 있기 때문이다.

18.07 프로젝트 대주에 대한 수익 양도 (Assignment of Revenues to the Project Lenders)

제품판매계약에 따른 수익은 프로젝트 채무의 상환을 위해 중요하므로, 모든 대금은 프로젝트 대주에게 지급하고, 이를 프로젝트 회사의 계좌에 보관하는(for credit to the project company's account) 것이 일반적이다. 이러한 방식에 대한 제품 구매자의 동의는 제26장에 소개되어 있다.

18.08 제품판매계약 내 일부 조항 (Selected Provisions in Off-take Contracts)

제품판매계약의 협상 과정에는 프로젝트 참여자의 목표가 반영되므로, 제품판매계약은 PF의 다른 계약들에 비해 각 거래 별로 독특한 경향을 보인다. 다만, 기본적으로 흔히 활용되는 조항들은 아래에 예시와 함께 소개되어 있다.

18.09 생산설비용량 일부에 대한 할당 계약(Agreement for Allocation of a Portion of Production Capacity)

[1] 설명

프로젝트 생산설비용량의 전체 또는 특정 부분을 할당할 경우, 구매자는 생산물 공급을 확신할 수 있다. 할당을 통해 구매자는 생산 설비를 실제로 보유하지 않더라도, 제조 또는 생산설비용량을 활용할 수 있게 된다.

동시에, 프로젝트 회사는 할당을 통해 생산물 판매에 대한 예측 가능성을 확보할 수 있다. 할당된 설비용량은 생산 및 판매에 활용되거나, 생산을 유보한 경우 구매자가 구매자가 용량요금 등의 비용을 프로젝트 회사에게 지급한다.

[2] 예시 조항

The [*Project Company*] allocates to the Purchaser a percentage of the total output capacity of the [*Project*] equal to [____] percent, per calendar [*month/quarter/year*].

18.10 구매 자격 선택권(Option Capacity)

[1] 설명

프로젝트 생산물에 대한 구매자가 다수일 때 특정 구매자가 구매 의무를 면제받고자 할 경우, 다른 구매자들이 구매 취소분만큼 추가로 구매할 수 있어야 의무를 회피할 수 있다. 통상 제품판매계약에서는 구매 취소 의사가 있는 구매자의 구매 자격을 다른 구매자에게 제안하도록 한다. 다른 구매자가 이러한 구매 자격을 인수하기로 할 경우, 구매 취소 의사가 있는 구매자는 용량요금 및 예비비용(capacity and standby charges)을 프로젝트에 지급할 의무에서 해방될 수 있다.

[2] 예시 조항

The Purchaser shall have the option, exercisable on [*specify period*]'s advance notice, to increase such percentage to an additional percentage of up to [____] percent.

18.11 예비 생산 능력(Reserve Capacity)

[1] 설명

종종 프로젝트의 실제 생산 능력이 계획된 설비용량(nameplate capacity)을 초과하는 경우가 있다. 제품 구매자는 이러한 초과분에 대해 우선적인 선택권을 보유하고 싶어하는데, 특히 구매자가 잠재적인 프로젝트 채무(underlying project debt)를 간접적으로 보증하는 take–or–pay 계약의 경우에 그렇다.

[2] 예시 조항

If at any time the [*Project Company*] determines that the actual capacity of the Project is in excess of the Nameplate Capacity, and the [*Project Company*] determines to operate the Project to take advantage of such additional capacity, which such decision shall be in the sole and absolute discretion of the [*Project Company*], then it shall make available to the Purchaser an option to purchase such reserve capacity. The Purchaser shall have the option, exercisable on [*specify period*]'s advance notice, to increase its purchased capacity hereunder to an additional percentage of up to [_____] percent of the total reserve capacity.

18.12 대기 요금(Standby Charge)

[1] 설명

대기 요금은 take–or–pay 계약 하에서 프로젝트의 고정비용 규모에 해당하는 위약금이다. 계약한 대로 프로젝트 생산물을 구매하지 않을 경우, 구매자는 대기 요금을 지급해야 한다. 만약 프로젝트 회사가 생산물을 다른 구매자에게 판매할 수 있는 경우, 구매를 취소한 주체가 지급해야 할 대기 요금이 감소한다.

[2] 예시 조항

If the Purchaser does not purchase and pay for the Minimum Quantity during any calendar month, it shall pay to the [*Project Company*] the Standby Charge. The Standby Charge means an amount equal to the difference between (A) the sum of (i) the Debt Service Costs, (ii) the Fixed Operating Costs, and (iii) the Minimum Equity Return, and (B) the total sales price of any Minimum Quantity sold to another purchaser (but only that portion of the sales price representing the costs described in (A) (i) through (iii)).

18.13 계약의 존엄성(Sanctity of Contracts)

[1] 설명

종종 PF가 계약, 법 또는 규제를 활용한 정부 지원 등 정부 정책에 따른 견고한 현금흐름에 기반하여 추진되는 경우가 있다. 이러한 기반은 특히 정부 정책이 필수적인 신흥국을 포함한 많은 나라에서 중요하다.

미국의 사례는 이러한 문제를 이해하는 데 도움이 된다. 미국은 1978년에 제정된 Public Utility Regulatory Policy Act(PURPA)[27]에서 국영기업들이 해당 주(state)가 정한 가격에 전력을 구매하도록 했다. 프로젝트 회사가 전기를 생산하면 국영기업이 PURPA에 따라 이를 구매해야 하므로, 프로젝트 회사는 견고한 현금흐름을 바탕으로 차입할 수 있다.

이처럼 현금흐름에 대한 예측가능성이 높아지더라도, 프로젝트 참여자는 통상 PURPA에 따른 구매 의무를 계약서 안에 명시하도록 요구한다. 그 이유는 특정 가격, 인도, 하자보증, 그리고 채무불이행 관련 조항들이 프로젝트 수익에만 기반을 두는 금융조달에 각각 중요한 요소이기 때문이다.

미국의 사례를 보면, 견고한 현금흐름을 형성하는 정부의 지원은 계약 체결 후에도 공공 정책에 대한 검토 결과에 따라 변경될 수 있으며, 이는 계약 형태와 무관하게 이루어진다. 체결 당시의 경제 환경에서 협상 및 승인 완료되어 계약 당사자들과 주(state) 의회 또는 정부 기관에 합리적이었던 계약이 현재 불리한 영향을 미칠 경우, 이를 개선하도록 주 의회 또는 규제 당국에 압력이 가해질 위험이 있다. 계약의 변경은 채무 상환을 위해 필요

27) 16 U.S.C. § 824a-3

한 프로젝트 수익의 감소로 이어져서 프로젝트의 실행 가능성에 부정적인 영향을 주거나, 심지어 프로젝트의 중단을 가져올 수도 있다.

[2] 미국법 분석(Analysis Under U.S. Law)

미국의 주(state)가 기존 PF 계약에 간섭할 수 있는지 여부는 해당 주의 법에 달려있다. 예컨대, 계약 의무를 심각하게 해치는 법률 제정의 위헌 여부는 미국 헌법 내 '계약조항(Contract Clause)'을 근거로 판단한다[28]. 미국 대법원은 일반적으로 '계약조항'을 해석할 때 계약 당사자들의 권리와 주(state)의 필요를 균형적으로 고려하며, 계약 의무를 해친다고 해서 모두 위헌이라고 판단하지는 않는다[29].

'계약조항'이 주 정부의 통치권(police power)을 제거하는 것은 아니다. 공공 목적을 달성하기 위해 설립된 국영기업 및 기타 기업은 주 정부의 통치권 관련 법률(police power legislation)을 따른다[30]. 따라서, 국영기업과의 계약은 주 정부의 지시 변경 또는 기존 가격 대체의 적용 면제 대상이 아니다[31].

'Energy Reserves Group, Inc., v. Kansas Power & Light Co.'[32]의 사례에서, 미국 대법원은 주 정부의 조치가 '계약조항' 상 용인될 수 있는지를 판단하기 위해 양 측면을 모두 검토(two-prong test)하였다. 대법원은 주 정부에 대해 (i) 규제 이면에 중대하고 적법한 공공 목적이 있는지, (ii) 계약 당사자들의 권리와 책임을 조정할 때, 합리적인 조건과 주 정부의 조치를 정당화하는 공공 목적에 적합한 지위(character)에 근거하였는

28) '어느 주도 계약 의무를 해치는 법을 제정할 수 없다', U.S. Const. art. I, § 10, cl. 1. 미국 헌법에 이러한 조항을 포함한 의도는 주 의회가 채무자 구제 법안(debtor relief laws)을 제정하지 못하게 하기 위함이었으나, 법원에서 이러한 의도가 확대되었다. L. LEVY, *ORIGINAL INTENT AND THE FRAMERS' CONSTITUTION*124-36 (1988), B. WRIGHT, *THE CONTRACT CLAUSE OF THE CONSTITUTION* (1938), FELIX FRANKFURTER, *THE COMMERCE CLAUSE UNDER MARSHALL, TANEY AND WAITE* (1937) 참고. 이 조항은 연방 정부에는 적용되지 않는다.

29) 미국의 주(state)가 기존 계약에 간섭할 수 있는지 여부는, 해당 부문에 대해 연방 법원을 배제(exclusive)하는 의회의 선취권(Congressional pre-emption)에 의해서도 제한된다. 'National Gas Pipeline Co. v. Railroad Comm'n of Texas, 679 F.2d 51 (5th Cir. 1982)' 참고

30) 계약이 주 정부의 영향력 아래 있는 이유는, 일반적으로 거주민의 '중대한 이익(vital interests)을 보호하기 위해서'이다. 'Energy Reserves Group, Inc. v. Kansas Power & Light Co., 459 U.S. 400, 410 (1983)'('Home Bldg. & Loan Ass'n v. Blaisdell, 290 U.S. 398, 434 (1934)' 인용) 기존 계약의 대체 및 폐기는 주 정부의 조치가 유효한 공공 목적에 기반한 경우에 허용 가능하다. (예: 'Exxon Corp. v. Eagerton, 462 U.S. 176, 190 (1983)', 'Allied Structural Steel Co. v. Spannaus, 438 U.S. 234, 241-42 (1978)')

31) 'Block v. Hirsh, 256 U.S. 135, 137 (1921)', Munn v. 'Illinois, 94 U.S. 113, 133-34 (1876)'(사유 재산을 공공 목적으로 헌납할 경우 해당 재산이 공공 법규를 따르게 된다) 참고

32) 459 U.S. 400 (1983)

지를 요구한다[33].

Kansas Power & Light Co.와 동 회사의 가스 공급자인 Energy Reserves Group, Inc.은 캔자스 주 내에서(intrastate) 천연가스 공급 계약을 두 건 체결하였으며, 해당 계약서에는 두 가지 형태의 불명확한 가격 상승 조항이 포함되었다. 하나는 공급자가 매 2년마다 판매 가격을 조정할 수 있도록 한 조항이며, 다른 하나는 정부의 가격 상한이 상승할 경우 판매 가격을 인상할 수 있도록 한 조항이다[34]. 계약 체결 후에 의회는 가스 판매 관련 규제를 해제하고, 대신 주 정부가 주 내의 가스 가격을 통제할 수 있는 권한을 부여하였으며,[35] 이에 캔자스 주는 가격 통제 관련 법률을 제정하였다[36]. 가스 공급자(the utility)는 가격 변경 조항의 집행(enforcement of the price redetermination clause)을 금지한 캔자스 주 법 조항을 근거로 계약 가격 조정을 거부하였다[37]. 대법원은 캔자스 주 법이 특정 가스 공급자를 차별하지 않고 모든 가스 공급자에게 적용되는 점을 감안하여, 해당 법이 연방정부의 가스 관련 규제 해제에 따른 시장 가격 변동으로부터 공공요금 납부자(utility ratepayers)를 보호하는 주(state)의 중요 이익을 장려하기 위해 정밀하게 고안된 것이라고 판단하였다[38].

대법원에 의미가 있는 사안은 정부의 규제가 가스 공급계약에 미치는 예측 가능한 영향이었다. 캔자스 주는 천연가스 판매에 대한 규제를 오랫동안 지속해 왔으며,[39] 천연가스 계약은 명시적으로 주 정부 규제의 적용을 받았다[40].

'Keystone Bituminous Coal Assn. v. DeBenedictis'[41]의 사례에서, 미국 대법원은 함몰피해(subsidence damage)를 방지하기 위해 채광 작업(mining operation)을 제한한 펜실베이니아주 법이 '계약조항'을 위반하지 않는다고 판단하였다. 해당 법에서는 석탄 채굴업자가 충분한 양의 석탄을 남겨두어 공공 용도로 활용되는 건축물, 묘지, 영구 하천을 지탱하도록 하였으며,[42] 피해가 발생한 경우 지상 부지 소유자가 손해배상 청구를 사전에 포기

33) 상동, 411－13
34) 상동, 403－405
35) 상동, 405－406
36) 상동, 407－408
37) 상동, 408
38) 상동, 421
39) 상동 414 n.8, 'Allied Structural Steel v. Spannaus, 438 U.S. 234 (1978)'(계약조항의 적용 대상인 법(law under Contract Clause scrutiny)은 통상 주 정부의 규제 대상 이외의 영역에 영향을 미친다)과 비교
40) 상동 416, 'Hudson County Water Co. v. McCarter, 209 U.S. 349, 357 (1908)'('존립 기반 등의 권리가 주 정부의 제한을 적용 받는 주체는 계약 체결을 통해 주 정부의 지배를 벗어날 수 없다')
41) 480 U.S. 470 (1987)
42) 상동, 476

했더라도 채굴업자가 수리 비용을 지급하도록 하였다[43]. 대법원은 주(state) 법원이 해당 사안을 해결하는 방식에 대해 사후적으로 비판하지 않을 것임을 명시하였으며, 주(state)의 입장에서 함몰 피해를 방지하는 강력한 공익 추구의 명분이 있으므로 '계약조항'에 대한 위반이 아니라고 판단하였다[44].

'Energy Reserves'와 'Keystone'의 판례를 통해, 계약 조건의 예측 가능성에 기반을 둔 PF는 막상 반드시 예측 가능한 것은 아니라는 점을 알 수 있다. 정부가 강력히 규제하고 있는 부문의 경우, 규제가 지속되는 경향이 있으며, '계약조항'을 위반하지 않으면서도 계약이 취소될 수 있다.

[3] 소급적용 및 확립된 예상 - 정부 정책이 기존 계약에 미치는 영향 (Retroactivity and Settled Expectations - The Effect of Governmental Actions on Existing Contracts)

정부 정책이 기존 PF 계약 및 거래에 소급 적용되어 효과를 가질 지 여부는 프로젝트 대주와 다른 참여자들의 주요 관심사이며, 이는 경제 환경의 변화에 따라 의회나 행정부가 기존 법률 및 규제의 적절성에 대해 의문을 품을 때 특히 그렇다[45]. 미국의 경우, 앞서 언급한 '계약조항'의 사례와, 제5차[46] 및 제14차[47] 개정 헌법에 따른 적법 절차를 거치지 않고 소유권을 취하는 경우에 이와 같은 의문을 제기할 수 있다.

일반적으로, 미국 법원은 소급 입법(retroactive legislation)에 반대하는데, 이는 안정성을 유지할 필요[48]와 특정 부류의 시민에게 영향을 주는 입법을 꺼리는 경향에 근거한다[49]. 다만, 긴급 상황의 발생으로 소급 입법을 해야 할 경우, 대법원은 통상 소급 적용의 영향을 감내해 왔다[50]. 마찬가지로, 기존 정부 정책을 비준(ratify)하거나 행정 조치를 조

43) 상동, 477

44) 상동, 506

45) Charles Hochman, *The Supreme Court and the Constitutionality of Retroactive Legislation*, 73 Harv. L. Rev. 692 (1960), W. David Slawson, *Constitutional and Legislative Considerations in Retroactive Lawmaking*, 48 CALIF. L. REV. 216 (1960), Ray Greenblatt, *Judicial Limitations on Retroactive Civil Legislation*, 51 NW. U. L. REV. 540 (1956), Seeman, *The Retroactive Effect of Repeal Legislation*, 27 KY. L.J. 75 (1938), Elmer Smead, *The Rule Against Retroactive Legislation: A Basic Principle of Jurisprudence*, 20 MINN. L. REV. 775 (1936) 참고

46) U.S. Const. amend. V. E.g., 'Norman v. Baltimore & O. R. Co., 294 U.S. 240, 304 - 5 (1935)', Hochman, 주석 45 693 - 94 참고

47) U.S. Const. amend. XIV. E.g., 'Chase Sec. Corp. v. Donaldson, 325 U.S. 304, 315 - 16 (1945)', Hochman, 주석 45 693 - 94 참고

48) J. Rawls, *A THEORY OF JUSTICE* 238 (1971) 참고

49) Hochman, 주석 45 692 - 93 참고

정(adjust)하는 입법에 대해서도 소급 적용의 영향을 감내한다[51].

다른 형태의 소급 입법의 경우, 대법원은 해당 입법이 소급 입법에 대한 사법상의 기피 경향을 극복했는지를 판단하기 위해 그 영향을 면밀히 검토한다. 해당 법이 재산권이 아닌 배상(remedy)에 영향을 주거나, 정부의 의도와 합리적인 연관성을 지닌 경우, 소급 적용에 따른 영향을 통상 지지한다.

'Chase Securities Corp. v. Donaldson'[52]의 사례에서, 원고는 공소시효의 만료로 'Blue Sky Law'에 대해 소송을 제기하지 못했다. 재심 및 항소 과정에서 미네소타 법원은 원고가 고소한 형태의 위반을 포함한 'Blue Sky Law'의 일부 항목에 대한 공소시효를 없앴다[53]. 이에 원고는 거듭 소를 제기했고, 피고는 해당 소급 입법이 제14차 개정 헌법의 적법 절차 보호(due process protections)를 위반한 것이라고 주장했다[54]. 대법원은 해당 입법의 영향을 받지 않는 원고의 재산 회복 요구권(right to seek recovery)과, 해당 입법의 초점인 재산 회복을 위한 구제 방법을 구분하여 판단한 결과, 피고의 주장을 각하하였다[55].

재산권과 관계된 경우, 대법원은 소급 적용의 효과가 합헌인지 판단하기 위해 일종의 합리성 검증(rationality test)을 수행한다. 'Railroad Retirement Board v. Alton Railroad Co.,'[56]의 사례에서, 실질적인 적법 절차(substantive due process)를 감안한 결정에 따라 대법원은 철도회사가 더 이상 피고용자가 아닌 노동자를 위한 연금 기금을 마련하도록 하는 법안을 무효화했다. 아마도 대법원은 회사의 고용 관계 및 관련 의무를 종결할 권리가 관련 공익에 우선한다고 판단한 것으로 보인다.

다만, Alton Railroad사의 전례가 되는 가치(precedential value)는 실질적인 적법 절차의 약화에 따라 제한적인데, 이는 최근 'Usery v. Turner Elkhorn Mining Co.'[57]건의 대법원 판결에서 드러난다. 대법원은 진폐증 보상 법안의 합헌성을 고려하였는데, 해당 법안은 광산업자들이 법안 발효일 이전에 이미 피고용자가 아닌 광부들에게도 보상금을 지급하도록

---

50) E.g., 'Lichter v. U.S., 334 U.S. 742 (1948)'(제5차 개정 헌법은 연방 정부가 전시(wartime condition)에 부당 이득자가 발생하지 않도록 시민들과의 기존 계약을 재협상한 1942년의 재협상법(Renegotiation Act)에 이의를 제기). 단, 'Louisville Joint Stock Land Bank v. Radford, 295 U.S. 555 (1935)'(경기 불황에 대응한 긴급 조치를 무효화)도 참고

51) E.g., 'FHA v. The Darlington, Inc., 358 U.S. 84 (1958)'(의회의 Federal Housing Administration 정책의 비준이 제5차 개정 헌법을 위반하지 않은 것으로 판단). 'Anderson v. Mt. Clemens Pottery Co., 328 U.S. 680 (1946)'(기존 법령의 결함을 치유하는 소급법을 지지)

52) 325 U.S. 304 (1945)

53) 상동, 307

54) 상동, 308

55) 상동, 311

56) 295 U.S. 330 (1935)

57) 428 U.S. 1 (1976)

하였다[58]. 대법원은 적법 절차에 대항하여 입법을 지지하였는데, 해당 소급 입법이 단지 '기존의 확립된 예상(otherwise settled expectations)을 뒤엎었다고 해서' 위헌이 아니라는 점에 주목하였다[59]. 합리적 관계에 대한 검증을 통해 대법원은 해당 법안이 갱내노동에 따르는 의료비를 광산업자에게 정당하게 배분하였다고 판단하였다[60].

마찬가지로, 규제 권한을 주 정부에 보류(reservation to the states of the power to regulate)하는 경우처럼 명시적인 헌법상 제한에 해당하는 경우를 제외하고는, 의회의 '통상조항(Commerce Clause)'에 근거한 입법권을 제한하는 실질적인 적법 절차는 없다[61]. 한편, 의회의 '통상조항'에 근거한 입법권은 기존 계약을 무효화할 수 있는 권한에까지 확대된다[62].

'Usery'의 사례에서 보듯, 미 의회가 계약상 합의사항에 영향을 줄 수 있다는 점은 '확립된 예상(settled expectation)'에 근거를 두는 PF의 관점에서 불안요소이다. 소급 입법에 대한 미국 사법상의 전통적인 선입관은 극복 가능하며, 그 결과 금융조달의 기반이 되는 가정들의 확실성이 흔들릴 수 있다. 재산권에 영향을 미치더라도, 입법 내용이 정부의 목표와 합리적인 연관성을 가진다면, 미국 대법원은 해당 입법의 소급 효과를 지지할 수 있다[63].

[4] 국제 PF에 대한 시사점(Lessons for International Project Finance)

PF 계약의 존엄성(sanctity)에 관한 미국의 사례는 경제만큼이나 독특한 미국의 법률에 기반을 두고 있다. 이러한 사례가 주는 시사점은, 특정 조건 하에서 정부 및 제품 구매자가 성공 가능성이 낮은 프로젝트로부터 스스로 이탈하거나, 계약 상대방의 이탈을 용인하려는 강한 유인이 생길 수 있다는 점이다. PF 거래 참여자들은 계약 합의사항의 예측가능성(존엄성)을 저해할 수 있는 법률뿐만 아니라, 계약 조건들이 프로젝트 기간 동안 유지될 것인지 파악하기 위한 근본적인 경제 환경도 검토해야 한다.

---

58) 상동, 8-9

59) 상동, 16

60) 상동, 19

61) U.S. CONST. art. I, § 8, cl. 3, 'Gibbons. v. Ogden, 22 U.S. 1, 196-97 (1824)', 'Nebbia v. New York, 291 U.S. 502 (1934)의 사례 참고

62) 'Norman v. B & O. R. Co., 294 U.S. 240, 307-10 (1935)

63) 제5차 개정 헌법의 수용조항(Takings Clause)에 따르면, 계약의 무효화는 위헌적인 획득(taking)이 아니다. 경제적 규제를 통해 가치가 훼손되더라도, 재산에 대한 물리적인 침해가 발생하지 않고 해당 규제가 공익을 추구할 경우 '획득'이라고 볼 수 없다. 마찬가지로 계약의 무효화가 제5차 개정 헌법의 평등보호조항(Equal Protection Clause)에 대한 위반이라고 할 수 없다. 'Hodel v. Indiana, 452 U.S. 314, 331 (1981)'(경제적 규제가 정부의 목표와 합리적인 연관성을 가지고, 근본적인 권리를 박탈하거나 차별 계층(suspect class)을 생성하지 않는 한 무효화할 수 없음)

[5] 개발도상국 내 계약의 안정성 - 다볼 프로젝트 (Stability of Contracts in Emerging Markets - The Dabhol Project)

수년 동안의 구조화, 협상, 금융조달 및 PF 거래 종결 과정을 거친 후에 주요 프로젝트 계약을 재협상하는 것은 PF의 기본 원칙인 안정성 및 예측가능성에 부합하지 않는 것처럼 보인다. 그럼에도 프로젝트 참여자들은 거래 중에 발생한 예측하지 못한 문제를 치유하거나, 사업소재국 내 경제 및 정치 환경의 변화에 대응하기 위해 협상테이블로 복귀하곤 한다[64]. 한편, 참여자 중 하나가 프로젝트 관련 의무를 불이행한 경우에도 재협상을 하게 된다.

위에서 언급한 내용은 1995년 인도에서 실제로 발생하였다. 인도 Maharashtra주와 Enron Corporation의 자회사인 미국 에너지기업이 체결한 장기 전력판매계약의 위반은 주(state) 정부의 조치로 PF 계약에 손실이 발생할 위험을 보여주는 명백한 사례이다[65].

해당 프로젝트에서 Maharashtra주는 28억 달러 상당의 설비에서 생산된 전력을 협의된 가격에 구매하기로 하였으며, 외환 위험을 떠맡기로 하였다. Enron은 당해 설비에 대한 투자에 16%의 수익률을 보장받았다.

전력판매계약을 협의 및 체결하여 금융 종결과 착공까지 진행된 후에, Maharashtra주의 조직 구성이 변경되었다. 본질적으로, 새로운 주 정부는 기존 정부의 협상내용이 인도에 해로운 거래(비싼 전력요금, 프로젝트 비용 과다 및 경쟁입찰 없이 계약상대방 선정, 환경오염 유발)라고 주장하며 정부 조치를 합리화하였다. 표면적으로는 새로운 정부가 PF의 복잡성과 PF가 기반을 두는 장기 계약의 효과를 인지하지 못한 것일 수 있으나, 인도의 인프라 수요가 단기적인 정치적 이익에 종속된 데 기인한 정치적 조치일 수도 있다. 단지,

---

64) Jeswald W. Salacuse, *Renegotiating International Project Agreements*, 24 FORDHAM INT'L L. J. 1319 (2001), Abba Kolo and Thomas W. Walde, *Renegotiation and Contract Adaptation in International Investment Projects*, 1 J. WORLD. INV. 5 (2000) 참고

65) 'Enron Corp. Unit Receives Green Light for a Power Plant in India, WALL ST. J., Aug. 11, 1994', Marcus W. Brauchli, *A Gandhi Legacy: Clash Over Power Plant in India Reflects Deeper Struggle With Its Economic Soul*, WALL ST. J., Apr. 27, 1995, A1, A6', Marcus W. Brauchli, *Enron Project is Scrapped By India State*, WALL ST. J., Aug. 4, 1995, A3, Miriam Jordan, *Enron Pursues Arbitration in Dispute Over Project Canceled by Indian State*, WALL ST. J., Aug. 7, 1995, A9B, John Bussey, *Enron Sees Compromise on India Plant: Company Offers to Revise Pricing Pact But Keeps Its Legal Options Open*, WALL ST. J., Aug. 23, 1995, A8, Miriam Jordan, *State Government in India to Rethink Enron Power Plant*, WALL ST. J., Sept, 25, 1995, A9, 'Enron and AES Unit Progress on Stalled Projects in India, WALL ST. J., Oct. 31, 1995, A15', 'Enron Begins Talks With an Indian State on Big Power Project, WALL ST. J., Nov. 6, 1995, A19F', Miriam Jordan, *Enron, Indian State Revive Power Project*, WALL ST. J., Nov. 22, 1995, A4, Terzah Ewing, *Enron Resumes Building Dabhol Plant in India, Finishes a Phase of Financing*, WALL ST. J., Dec. 11, 1996, A4, Miriam Jordan, *Enron of U.S. Settles India Power Dispute*, WALL ST. J., Jan. 9, 1996, A6 참고

인도가 다른 개발도상국들처럼 식민주의에서 산업화로 옮겨가는 과정일 수도 있다[66]. 어떠한 경우든 정부의 조치로 인도에서의 인프라 개발과 금융조달이 중지되었으며, 정부의 일방적인 계약 해지는 PF 산업 전반에 충격을 주었다. Enron은 분쟁 조정을 신청하였으나, 이후 계약 재협상을 제안하였다.

1996년 말에 재협상이 완료되어 분쟁을 해결하고 공사를 재개하였다. 재협상 결과 프로젝트의 자본비용이 감소하고 전력요금도 하락하였으며, 주 정부가 프로젝트에 대한 지분투자수익을 얻게 되었다.

이 프로젝트를 통해 얻을 수 있는 교훈은 다음과 같다. 국제법의 기본 원칙에 따르면 Maharashtra주는 계약을 이행해야 하나,[67] 주 정부는 협상 과정에서 이행 의무를 면제받거나, 적어도 의무를 경감 받을 수 있었다고 주장하였다. 법원 또는 조정 절차를 활용했다면, 결정 과정에 시일이 많이 소요되어 프로젝트를 종결시켰을 것이다. 다만, Enron이 전력요금을 양보한 점은 스스로가 프로젝트에서 지나친 이익을 얻고 있었음을 암시한다. 그럼에도 불구하고, 주 정부가 프로젝트를 무효화하도록 용인할 경우, 개발도상국에서 진행되는 계약의 존엄성과 PF의 위험감수에 관해 위험한 메시지를 전달했을 것이다.

Enron의 선택은 옳았다. Enron은 일정 부분 인도 정부의 서투른 에너지 전략에 따른 피해자였으나, 경쟁입찰을 거쳤다면 문제의 상당수를 회피할 수 있었다. Enron이 프로젝트에 사후 입찰을 활용한 이유는, 투명한 절차를 거칠 경우와 비교했을 때 해당 주(state)(그리고 다른 개발도상국들)가 같은(또는 보다 나은) 조건의 거래를 제안 받았음을 납득시키기 위함이었다.

일부는 Enron의 조치가 프로젝트 개발을 저해하고, 국제 계약의 안정성을 해치며, 서구 개발자들이 개발도상국 시장을 착취하고 있음을 인정한 것이라고 염려하였다[68]. 저자

66) Marcus W. Brauchli, *A Gandhi Legacy: Clash Over Power Plant in India Reflects Deeper Struggle With Its Economic Soul*, WALL ST. J., Apr. 27, 1995, A1, A6

67) '합의는 준수되어야 한다(pacta sunt servanda)'라는 법 원칙은 계약이 부인된 다볼 프로젝트와 같은 모든 국제계약에 대해, 계약 당사자들이 이에 구속되고, 신의성실의 원칙에 따라 계약을 이행하여야 함을 주장한다. 이러한 법률 이론은 서유럽의 자연법(natural law) 원칙을 근거로 하며, 정부가 자신의 정치적, 사회적, 또는 경제적 목표를 달성하기 위해 기존 계약을 변경할 권리를 가질 수 없음을 주장한다. RESTATEMENT (THIRD) OF THE FOREIGN RELATIONS LAW OF THE U.S. 321 (1987), e.g., 'Sapphire Int'l Petroleums Ltd. v. National Iranian Oil Co., 35 I.L.R. 136, 181 (Arb.Award 1963)', Terence Daintith & Ian Gault, *Pacta Sunt Servanda and the Licensing and Taxation of North Sea Oil Production* 8 CAMBRIAN L. REV. 27 (1977) 참고. 이와 같은 원칙은 국영기업에까지 확대하여 적용되는데, 해당 국영기업은 계약 책임에서 분리되지 않는다. E.g. 'McKesson Corp. v. Islamic Republic of Iran, 52 F.3d 346, 352 (D. C. Cir. 1995)'(주 정부의 역할 또는 정책을 수행하는 독립적인 국영기업이 있더라도 주 정부의 책임이 부인되지 않음)

68) Danielle Mazzini, *Stable International Contracts in Emerging Markets: An Endangered Species*, 15 B. U. Int'l L. J. 343, 355 (1997), Bernard Wysocki, Jr., *Some Painful Lessons on Emerging Markets*, WALL

는 그렇지 않다고 보며, 오히려 Enron이 기본적인 절차적 투명성 결여와 위험의 재평가에 따르는 잠재적 위험에 대한 영리한 반응으로 대담하게 가격 하락을 용인한 것이라고 생각한다.

앞으로 이와 유사한 상황의 재발을 피할 수 있을까? 경쟁입찰 절차와 이와 유사한 투명성 확보 절차가 지속적으로 개발되고, 관련 절차에 대한 대중의 신뢰가 제고될 경우 피할 수 있을 것이다. 다만, 국가적, 또는 사회주의적인 경향이 다시 등장할 경우, 사업소재국 정부가 유사한 형태로 프로젝트의 무효화를 시도할 수 있다는 점을 유념해야 한다[69].

앞서 언급된 형태의 프로젝트를 협의할 때 유념하여 검토해야 할 사항들은 다음과 같다.

- 계약서를 정교하게 작성하여 생산물 구매자가 프로젝트 생산물을 인수할 의무를 규정해야 한다. 이를 위해 계약 조건을 재고할 수 있는지 여부와, 재고 조건 및 방법을 계약 조항에 명시한다. (예: termination for cause, termination for convenience, termination for breach, changes in the capital facility, rights to operate or sell project after termination)
- 계약서 내에 규정된 사건에 해당하는 경우 외에는 사업소재국 정부의 일방적인 계약해지를 명시적으로 금지하는 안정화 조항(stabilization clause)을 활용하는 방안을 검토한다[70].
- 사업소재국 정부에 프로젝트 지분 투자수익을 제안하고, 계약 협상 과정이 경쟁입찰 또는 다른 투명성 확보 절차를 따른 것임을 보장하는 방안을 검토한다[71].

ST. J., Sept. 18, 1995, A-1 참고

69) Thomas W. Waelde & George Ndi, *Stabilizing International Investment Commitments: International Law Versus Contract Interpretation*, 31 TEX. INT'L L. J. 216, 217-18 (1996), Michael D. Ramsey, *Acts of State and Foreign Sovereign Obligations*, 39 HARV. INT'L L. J. 1 (1998) 참고

70) 안정화 조항(stabilization clauses)은 제14장에 소개되어 있다.

71) 국제 프로젝트 계약을 재협상할 때 고려해야 할 사항은 Salacuse, 각주 64에 탁월하게 소개되어 있다.

Chapter **19**

전력판매계약 (Power Sales Agreements)

19.01 개 요

전력판매계약, 또는 구매자 입장에서 전력구매계약은 발전 PF의 핵심적 요소이다. 전력판매계약은 프로젝트 회사가 전력을 생산하여 판매할 의무와, 전력 구매자가 생산된 전력을 구매할 의무를 규정한다. 이와 같은 거래를 통해 원리금 상환, 운영비용 조달, 지분투자 수익 지급을 위한 자금을 마련한다. 따라서 전력판매계약은 금융계약 및 운영계약으로서의 두 가지 역할을 모두 이행해야 한다.

전력 구매자의 신용도가 양호하지 않으면 전력판매계약에 따른 대금이 지급되지 않는다. 따라서 전력 구매자는 과거, 현재 및 미래 예상 재무실적을 바탕으로 청구 대금을 지급할 충분한 현금을 보유하고 있어야 한다. 그렇지 않은 경우, 신용도가 양호한 중앙 정부 보증 또는 다자금융기구의 지원 등과 같은 신용 보강이 요구된다[1].

19.02 국제 프로젝트의 수익창출 계약 (Revenue Contracts in Transnational Projects)

일부 국가에서는 프로젝트의 수익창출 전력판매계약에 따른 현금흐름을 기반으로 하는 PF가 새로운 금융기법이다. 따라서 개발도상국에서는 미국과 영국에서 표준적으로 활용되는 주요 PF 계약 조항들이 개발되지 않았거나, 상대적으로 미지의 영역이다. 성공적인

1) 전력판매계약의 주요 위험요소에 대한 상세한 설명은 John G. Manuel, *Common Contractual Risk Allocations in International Power Projects*, 1996 COLUM. BUS. L. REV. 37 (1996) 및 William M. Stelwagon, *Financing Private Energy Projects in the Third World*, 37 CATH. LAW. 45 (1996) 참고

발전 PF에 필수적이라고 여겨지는 조항의 예로는 전력 기업이 프로젝트 생산 전력을 규정된 가격에 구매해야 할 명시적 의무가 있다.

19.03 개발의무(Development Obligations)

프로젝트 개발은 복잡하고 번거로울 수 있는데, 송전선 및 송전 설비 설치를 위한 부지 및 재산권 획득, 정부 인허가 신청 및 취득 등 개발 관련 기타 활동에는 불확실성과 지연이 따르기도 한다. 어떤 프로젝트의 경우, 전력 구매자가 프로젝트 회사의 이와 같은 기능 수행을 지원하거나, 직접 수행하는 것이 나을 수 있다. 한편, 다른 프로젝트의 경우, 전력 구매자가 프로젝트 회사의 연료 공급 및 운송 계약과 같은 프로젝트 계약 관련 협상을 지원하기도 한다. 결국, 프로젝트 회사는 PF에 필요한 모든 요소들을 만족할 만한 수준으로 구비해야 하며, 다음 절에서 소개되듯이 전력 구매자 또한 필요에 따라 프로젝트 개발의 완료에 관심이 있다.

19.04 이행 일정(Performance Milestones)

[1] 일반사항

특정 기일까지 공사가 완공되고, 전력 수요를 충족할 수 있는 발전 설비를 이용할 수 있는지는 전력 구매자에게 중요하다. 전력 구매자는 다른 전력판매계약 협상을 취소 또는 거절했거나, 규제 당국에 생산설비 약정을 체결했거나, 또는 다른 생산설비 공사 계획을 연기했을 수 있다. 계약된 대로 전력을 활용하지 못하게 될 경우, 전력 구매자는 생산설비 제약에 직면할 것이며, 금전적 손해를 입게 될 수도 있다.

전력 구매자는 자체 계획사항에 대해 결함이 발생하는 것을 막기 위해, 통상 프로젝트 회사가 준수해야 할 일정(milestone)을 제시한다. 일정은 프로젝트를 계획대로 완료하기 위해 특정 기일까지 완비되어야 할 중요 사항들의 연속이다. 적합한 심사와 공사 계약 내 조항에 포함할 일정의 협의, 그리고 합리적인 시한 추가를 통해 사업주는 일정 지연 관련 위험을 차단할 수 있다.

이와 같은 일정은 계약 체결 이후, 또는 계약 체결과 동시에 만족해야 하는 '선행조건(conditions precedent)'이라고도 불리며, 일정의 예에는 약정사항을 나타내는 계약 보증금(contract deposit) 지급, 프로젝트 개발에 대한 소유와 통제 입증, 예비적인 정부 승인 취득이 포함된다. 설비의 상업운전 이전에 만족해야 하는 선행조건에는 전력요금 또는 요율에 대한 승인, 주요 인허가 확보, 공사·연료공급·운영계약의 집행, 보험 가입, 금융 및 투자 종결, 완공 및 설비 점검 통과, 전력 구매자가 상호 연결 관련 조사를 수행하고 전력 연계 설비를 설계 및 구축하기 위해 필요한 계약서 작성 및 자료제공 등이 포함된다. 상업운전 개시 시점에는 계약서에서 요구하는 특정 성능 수준을 달성해야 한다.

프로젝트 회사가 이와 같은 일정을 지키지 못하는 상황은 공사 지연과 같은 다양한 요인 때문에 발생한다. 일정을 지키지 못할 경우, 전력 구매자는 프로젝트 회사에 대한 용량요금(capacity payment) 지급을 지연시킬 수 있다. 또한, 전력 구매자는 지연에 따른 손해배상금 지급을 위한 신용장 개설금액 인출과 같이 프로젝트 회사가 제공한 담보를 활용할 권리를 부여 받을 수 있다. 어떤 프로젝트의 경우, 전력판매계약에 '일몰(sunset)' 일자를 명시하여, 상업운전 일정이 적시에 이행되지 않을 경우 전력 구매자가 계약을 종결할 수 있는 권리를 부여한다.

단, 프로젝트 회사가 모든 종류의 지연에 대해 책임을 져야 하는 것은 아니다. 예컨대, 사업소재국 정부의 정치적 조치로 프로젝트가 지연된 경우, 프로젝트 회사는 해당 지연 사유를 해소하기 위해 필요한 기간 동안의 이행 의무를 면제받을 수 있다. 이러한 비상위험은 전력 구매자, 특히 국영기업인 전력 구매자가 프로젝트 회사보다 더 잘 대처하는 것으로 간주된다.

[2] 프로젝트 계약의 승인(Approval of Project Contract)

전력 구매자가 프로젝트의 실행 가능성을 판단하는 중요한 요소 중 하나는 프로젝트 계약이므로, 다수의 계약에 대한 사업주의 협상 및 집행이 프로젝트의 진행 전에 완료되어야 한다. 전력 구매자는 계약 집행 기일을 정해두는 것에 더해, 계약 조건들을 검토, 승인하고 싶어할 수 있는데, 전력 구매자가 지급하는 전력 구매가격에 프로젝트의 연료 및 운영비용의 일부가 직접 전가되어 있는 경우에 특히 그렇다.

금융기관이 프로젝트 계약을 충분히 검토하기 때문에 전력 구매자는 계약을 검토할 필요가 없다고 주장할 수 있으나, 이러한 주장은 전력 구매자에게 헛된 희망일 뿐이다. 우선, 전력 구매자와 금융기관 각자가 인식하는 PF의 위험 및 보상이 다르다. 예컨대, 전력 구매자와 프로젝트 회사의 장기 계약관계는 프로젝트 채무의 기간을 넘어서도 이어지는 경우가 많으므로, 전력 구매자의 장기 목표가 대주의 목표와 다를 수 있다. 따라서, 전력 구매자는 프로젝트 평가에 있어서 대주에게만 의존할 수 없다.

전력 구매자의 프로젝트 계약에 대한 검토는 신속하게 진행되어야 한다. 이러한 점을 감안하여, 계약 조항에서는 검토의견 제시를 위한 한정적인 시간을 제공하며, 독단적인 행위를 제한하고, 전력 구매자가 검토 대상 계약을 간과하여 검토의견을 제시하지 않을 경우 승인한 것으로 간주(deemed approval)한다.

[3] 금융종결(Financial Closing)

사업주가 공사 비용을 자체 자금으로 조달하지 않는 한, 프로젝트 공사는 금융 종결 후 대주가 공사 자금을 집행할 때까지 진행되지 않을 것이다. 결국 전력 구매자에게는 공사 자금의 집행과 관련된 일정이 중요하다. 통상, 전력 구매자는 특정 일자 또는 합의 종료 시까지 금융 종결을 완료할 것을 요구한다.

[4] 일정 미이행에 대한 벌금(위약금)

일반사항

프로젝트의 일정 중 하나를 이행하지 못한 경우, 계약 당사자는 미이행의 부작용에 대응하기 위한 구제 방법을 마련해야 한다. 활용 가능한 구제 방법에는 미이행 일정과 향후 달성 방침을 전력 구매자에게 보고하도록 하거나, 신용도가 양호한 주체가 정기적으로 피해보상금(일별 또는 월별 피해보상금이 있으며, 프로젝트가 특정 일자 내에 완공될 경우 환불 가능)을 지급하도록 하는 방법, 또는 프로젝트가 특정 일자 내에 완공되지 못할 경우 계약을 해지하는 방법 등이 있다.

상업운전의 지연

앞서 언급한 대로, 공사의 지연 및 전력 구매자의 발전 설비 이용가능 여부가 특정 일자를 넘기는 경우, 전력 구매자는 다른 계약에 따라 설비용량 제한 및 금전적 손해까지도 입을 수 있다. 전력판매계약에서는 기한을 준수하지 못한 경우 프로젝트 회사가 전력 구매자에게 배상금을 지급하도록 한다. 단, 불가항력에 해당하거나, 지연 사유가 전력 구매자에게 있는 경우, 프로젝트 회사는 완공 일자를 이행할 의무에서 면제된다.

제3자의 조치 또는 방조로 프로젝트의 완공이 지연될 수도 있으나, 이 경우 관례적으로 프로젝트 회사는 계획된 완공 일자를 준수할 의무에서 면제되지 않는다. 그 이유는, 특히 제3자가 다른 프로젝트 계약의 당사자인 경우, 프로젝트 회사가 제3자를 통해 지연에 따른 손해를 배상 받을 수 있기 때문이다.

생산설비 완공 실패

프로젝트의 공사가 진행되지 않은 경우, 전력 구매자는 종종 프로젝트 회사로부터 미이행에 대한 손해를 배상 받는다. 자본금 여력이 부족한 특수목적회사인 프로젝트 회사는 손해배상금을 지급할 자금이 없는 경우가 발생할 수 있으므로, 신용장 또는 신용도가 양호한 주체의 보증과 같은 금융 담보를 요구한다.

설비용량 미달

프로젝트의 전력 생산능력이 전력판매계약에서 합의된 설비용량의 추정치를 미달할 경우, 통상 전력 구매자에게 배상을 제공한다. 일반적으로 프로젝트 회사는 석탄화력발전의 경우 설비용량의 82.5~85% 달성을 약정하고, 가스화력발전의 경우 설비용량의 90% 이상을 약정한다.

설비용량 미달에 대해 전력 구매자에게 제공하는 배상의 엄밀한 조건은 협상에 달려 있으며, 일부 피해는 최소한 프로젝트의 복구 중에라도 배상해야 한다. 프로젝트 회사가 설비용량을 최대 수준으로 회복하도록 여유기간을 부여하였으나 여전히 미달하는 경우, 전력 구매자에게 설비용량 미달에 따른 피해를 보상하게 된다. 설비용량을 미달할 경우, 프로젝트 회사가 채무 상환을 위한 충분한 현금을 창출하지 못하게 되므로, 프로젝트 차입금 상환에 자금을 우선적으로 투입한다.

[5] 상업운전(Commercial Operation)

상업운전은 중요한 일정 중 하나이며, 상업운전 시점에 프로젝트는 전력 구매자에게 안정적이고 확실한 전력을 제공하게 된다. 일반적으로 계약서 내에 상업운전 개시를 결정할 성능 점검 절차가 규정되어 있다. 이와 같은 점검을 통해 설비 운영의 특징과 안정적인 설비용량 규모, 그리고 안전 관련사항을 확인한다.

프로젝트의 상업운전을 계약 상 요구되는 기일 내에 개시하지 못할 경우, 다양한 협상 결과를 적용할 수 있다. 우선, 계약을 완전히 해지하여 프로젝트 회사의 전력 구매자에 대한 의무가 소멸될 수 있다. 대신, 일정 지연 일수에 대한 손해배상금을 전력 구매자에게 지급한 뒤에, 일정한 기간이 지난 후에도 상업운전을 이행하지 못할 경우, 추가적인 손해배상을 부과하여 계약을 해지하거나, 추가적인 손해배상 없이 계약을 해지할 수도 있다.

이때, 프로젝트 회사가 프로젝트를 조기에 운영할 자격을 부여 받는지 여부를 확인해야 하며, 만약 그렇다면 전력요금에 대해 합의해야 한다. 합의된 요금은 에너지요금에 국한하여(energy-only payment) 지급되는데, 전력 구매자가 지급하는 금액에는 프로젝트 회사의 운영비용(이익 포함)이 포함되나, 공사 예산에 이미 포함된 고정비용은 포함되지 않는다. 또는, 전력 구매자가 초기 전력을 구매하지 않고 제3자에게 판매하도록 할 수 있다. 한편, 전력 구매자가 다른 경로를 통해 더 비싼 가격에 전력을 구매하거나, 보다 높은 비용으로 전력을 자체 생산해야 하는 경우, 보상금을 지급한다.

경제 또는 국가위기 상황 및 일시적인 설비용량 초과의 경우, 전력 구매자가 상업운전을 연기하고자 할 수 있다. 이와 같은 유연성을 확보하려면 계약 당시에 전력 구매자가 프로젝트 회사에게 지급할 지연 배상금의 예상치와 사전 통지 기간을 검토해야 한다. 프로젝트의 공사 일정이 진행될수록 전력 구매자가 이와 같은 선택을 할 때 부담해야 할 비용이 증가하는 것은 당연하다.

[6] 불가항력(Force Majeure)

불가항력이 발생한 경우 통상 계약 준수 기한이 연장되나, 항상 그렇지는 않다. 일부 전력판매계약의 경우, 불가항력에 대한 최대 연장 기한을 규정하여, 불가항력이 계약 이행에 지속적으로 영향을 주더라도 추가적인 연장을 허용하지 않는다. 이를 통해 전력 구매자는 불가항력에 해당하지 않는 지역에서 생산된 전력을 대안으로 활용할 수 있다.

19.05 전력 공급의무 및 구매의무 (Obligation to Deliver Power; Obligation to Take Power)

전력판매계약 조항 중에서 가장 중요한 사항은 전력 구매자의 구매의무와 프로젝트 회사의 공급의무를 구조화한 방식이다. 계약 상 의무는 PF에 대한 신용 보강의 기초를 형성하며, 계약에 따른 이행 의무를 면제할 경우 프로젝트의 운영과 현금흐름의 예측가능성이 영향을 받게 된다.

따라서, 전력 구매자의 전력 구매의무를 면제하는 것은 제한적으로 적용된다. 일반적으로 불가항력이 발생하면 계약 당사자들의 의무가 면제되며, 전력 구매자의 시스템에 비상상황이 발생하거나, 비상상황 직전 단계의 경우에도 면제 대상이다. 시스템의 비상상황은 전력 구매자의 시스템이 긴급하고 중요한 사업 중단, 인명 또는 재산상 피해를 발생시키는 경우이며, 비상상황 직전 단계는 실제 시스템 비상상황이 발생하기 전에 비상상황의 발생이 합리적으로 예상되는 경우이다.

PF에서 활용되는 대부분의 전력판매계약은 생산물 판매계약이며, 이러한 계약은 프로젝트 종결 및 생산량 변동 위험을 전력 구매자에게 배분한다. 생산물 판매계약의 경우, 전력 구매자는 프로젝트가 판매를 위해 생산하는 모든 전력을 구매하고 대금을 지급하기로 합의하며, 따라서 프로젝트 회사가 아닌 전력 구매자가 수요의 불확실성에 따른 위험을 부담한다.

전력판매계약서는 공급할 전력의 종류(kind)를 명시하는데, 전력의 종류에는 간헐 전력(intermittent energy), 고정 전력(fixed energy), 또는 용량 및 배분 가능 전력(capacity and dispatchable energy)이 있다. 전력 수요는 기상 조건 등에 따라 변동하므로, 계약서에 배전 관련 조항을 명시하기도 한다. 배전 관련 조항은 전력 구매자가 전력을 구매하는 기간을 선택하도록 하는데, 용량요금은 프로젝트 회사의 고정비용을 보상하기 위한 것이므로, 배전되지 않는 기간에도 지급한다.

일반적으로, 전력 구매자는 프로젝트 설비용량의 특정 수준만큼을 전부 구매하기로 합의한다. 설비용량을 사용할 수 없는 경우 벌금을 부과하므로, 설비용량 수준은 현실적인 수준으로 책정해야 한다. 전력 수요는 해당 시각과 계절에 따라 변동하므로, 구매 의무 또한 동일한 변수에 연동하여 변한다.

19.06 공급 지점 및 연계(Delivery Point and Interconnection)

[1] 공급 지점(Delivery Point)

전력판매계약서에는 판매하는 전력의 공급 지점을 명시되어야 하는데, 이를 위해 종종 연계지점을 표기한 일련의 선화(line drawing)를 계약의 증거자료로 포함하기도 한다.

[2] 연계 설비(Interconnection Facilities)

또한, 전력판매계약서는 연계 설비에 대한 설계, 공사, 보유 및 유지보수, 그리고 전력 구매자가 프로젝트 생산 전력을 공급받기 위해 필요한 시스템 업그레이드에 대한 책임을 배분해야 한다. 프로젝트 완공 시점에 프로젝트 회사의 연계 설비가 모두 작동 가능해야 전력 구매자에게 전력을 공급할 수 있다.

[3] 수용권(손실보상권, Power of Eminent Domain)

국영기업인 전력 구매자가 토지 및 기타 부동산 관련 권리를 소액 또는 무료로 취득할 수 있는 합법적인 권한을 보유하고 있는지는 특히 중요하다. 이러한 권리는 변전소, 송전선 및 기타 연계 설비들을 위한 토지 획득에 있어 중요한 비용 절감 수단이다.

전력 구매자가 수용권을 보유하고 있는 경우라도, 정치적 반대 또는 주민들의 반발을 초래할 가능성 때문에 실질적인 권리 행사에 주저할 수 있다. 특히, 개발도상국의 경우 도시 지역이 과도하게 발달하여 사업 이익을 위해 빈곤층이 재배치되거나 희생될 수 있으므로, 수용권을 적극적으로 실행하기 어렵다. 또한, 지방 또는 미개발 지역 주민들의 권리에 대해 관심이 높아짐에 따라 전력 구매자가 스스로의 권리 실행을 꺼리게 될 수 있다.

[4] 전력 융통(Wheeling)

전력 구매자에게 직접 연계하는 것이 물리적 또는 기술적으로 불가능한 경우, 전력 융통 관련 사항(wheeling arrangements)을 계약서에 반영해야 한다. 계약시 고려사항에는 전력 융통 관련 책무, 전력 융통 비용 및 송전선 관련 손실의 부담 주체 등이 있다.

[5] 토지 관련 권리(Land Rights)

수용권 외에도 토지와 관련한 다른 권리들도 전력판매계약에 중요한 사항이다. 계약서에는 계약 상대방의 부동산에 대한 접근 및 사용과 관련한 공통적인 권리가 명시되어야 한다. 부동산에 대한 접근은 계약 상대방의 부동산에 소재한 연계 설비 등과 같은 자산의 수리 및 유지보수를 위해 필요할 수 있다. 제26장에서 언급된 대로, 부동산 관련 중요 권리는 프로젝트 대주와 향후 대주로부터 프로젝트를 인수하는 주체에게 양도 가능해야 한다.

19.07 전력요금

[1] 개요

발전 PF는 생산된 전력에 대한 전력판매계약에 따른 현금흐름을 기반으로 하므로, 합의된 전력요금은 예측 가능한 수입원(revenue stream)을 제공해야 한다.

[2] 전력요금의 정치적 측면(미국 사례)

미국의 사례에서 얻을 수 있는 교훈 중 하나는, 미국의 전력산업에서 전력요금은 정치적 및 경제적 성격을 동시에 지닌다는 점이다. 가격이 현실적이지 않은 경우, 정치적 요인들이 작용하여 기존의 가격을 뒤집기도 하는데, 이는 개발도상국에서도 마찬가지이다. 경쟁 입찰 절차, 정교한 계약서들, 그리고 잘 다듬은 전력판매 계약 내 가격 조항들에도 불구하고, 최종 수요자에게 부과하는 전력요금은 경제적인 현실을 충족해야 한다. 요약하면, 전력요금 지급자가 감당할 수 있는 최대한의 전력요금이 협상 논의에 포함되어야 한다.

[3] 전력 계약 내 가격 조항의 일반적인 형태

Take-or-pay. Take-or-pay 계약은 전력 구매자와 전력 판매자간의 계약 상 의무를 지칭하는데, 전력 구매자는 전력 판매자에게 전력을 생산 및 공급할 수 있는 설비용량을 유지하는 대가로 발전 설비용량에 대한 대금(용량요금)을 지급하기로 합의한다. 용량요금은 전력 구매자의 요청에 따라 실제로 전력을 생산하는지 여부에 관계없이 지급된다. 즉, 전력 구매자의 용량요금 지급 의무는 무조건적이므로, 전력을 공급받지 않더라도 용량요금 지급의무는 남아있다. 전력을 생산하는 경우, 전력 구매자는 당해설비에서 생산한 에너지요금과 용량요금을 함께 지급한다.

Take-and-pay. Take-or-pay 계약과 Take-and-pay 계약은 서로 대조적이다. Take-and-pay 계약에서 전력 구매자는 제품 또는 용역을 실제로 공급받은 경우에만 전력요금 지급의무를 부담한다. 즉, 전력 구매자는 전력을 공급받으면 사업주에게 일정 금액을 지급해야 한다. 이 때, 충분한 전력을 생산 및 판매하여 원리금 상환, 운영비용 조달, 지분투자수익 지급을 할 수 있을지 여부와 관련한 위험은 프로젝트 회사가 부담한다.

[4] 용량요금 및 에너지요금 지급 구조 (Capacity and Energy Payments Structure)

PF를 지탱하는 전력판매계약 내 전력요금은 통상 용량요금과 에너지요금 두 개의 요소로 구성된다. 이들은 금융조달을 위해 필요한 현금흐름을 창출한다.

[5] 용량요금(Capacity Payment)

용량요금은 고정 또는 가변 형태로 부과할 수 있으며, 최저요금(floor), 초기에 높은 요금 부과(front-loaded), 또는 평준화(levelized) 방식으로 부과할 수도 있다. 각각의 방식은 아래에 자세히 소개되어 있으며, 부과 방식에 관계 없이, PF 계약에서 요구하는 용량요금은 사업주의 원리금 상환 및 고정 운영비 조달에 충분한 수준이어야 한다.

용량요금은 프로젝트의 **고정**비용 조달과 사업주의 지분투자수익 지급을 위해 설계되었으며, 사업주의 프로젝트 개발비용 회수(recovery)도 포함한다. 용량요금은 프로젝트의 고정비용을 충당하기 위한 수익의 기초이므로 전력판매계약의 초기에 지급되며, 전력 생산설비의 설비용량을 근거로 책정한다. 설비를 통해 전력을 생산할 수 있는 경우, 전력 구매자는 실제로 전력을 구매하는지 여부에 관계없이 용량요금을 지급한다.

용량요금을 부과하는 근거는 앞서 언급된 비용들이 프로젝트 회사가 전력 생산설비를 가동했는지(dispatch) 여부에 관계없이 부담하는 비용을 반영한다는 데 있다. 사실, 사소한 예외를 제외하면 전력 구매자가 프로젝트 회사로부터 전력을 구매하는 계약을 체결하는 대신 전력 생산설비를 직접 공사하고 보유할 경우, 앞서 언급된 비용은 전력 구매자가 부담해야 했을 것이다.

고정비용에는 유지보수비와 예비부품 관련 비용 등을 포함하는 전력 생산설비의 운영 및 유지비용, 수용 전력요금(demand charge)과 파이프라인 비용, 연료 운송 비용 등을 포함하는 고정 연료비, 원리금과 신용장 수수료, 약정 수수료 등을 포함하는 금융 비용, 사고 및 사업 방해, 비상위험 보험에 대한 보험 수수료가 있다.

지분투자수익도 용량요금을 구성하는 중요한 요소 중 하나이다. 사업주가 얻게 되는 투자수익률은 부담하는 위험에 따라 달라지는데, 일부 국가에서는 정부가 최대 수익률을 정하기도 한다.

마지막으로, 사업주가 지급한 사업 개발비용에 대한 보상도 용량요금에 포함된다. 이때, 개발비용에는 설비 공사 비용, 인허가 취득 비용, 법률 검토 비용, 공사 용역(engineering service) 비용, 그리고 환경 개발 비용 등이 포함된다.

고정 또는 변동 요금(Fixed or Variable). 용량요금은 계약기간 내에 매년 일정한 금액으로 하거나, 상황에 따라 변동하도록 할 수 있다. 통상, 변동 가능한 용량요금은 PF 거래를 뒷받침할 만큼 예측 가능하지 않다.

최저요금(Floor). 상황 변화 또는 생산설비의 성능에 따라 가변적인 용량요금은 종종 최저요금의 적용을 받는다. 용량요금을 최저요금 이하로 조정하는 것은 불가능하며, 이때 최저요금은 통상 프로젝트 채무 상환에 필요한 금액이다. 이를 통해 PF 거래를 뒷받침하기 위한 충분한 확실성(certainty)을 제공하게 된다.

초기에 높은 요금 부과(Front-Loaded). 프로젝트 회사는 상업운전 개시 시점에 대규모의 채무를 차입하였을 것이며, 이에 대한 상환 의무를 부담하게 된다. 어떤 경우, 잔여 채무가 많고 채무상환 비용이 큰 계약 이행 초기에 전력에 대한 용량요금이 더 크도록 구조화하기도 한다.

이러한 방식은 전력 구매자에 대한 담보 보장(collateral security) 관련 문제를 일으키기도 하는데, 이에 대한 자세한 내용은 이 장의 뒷부분에 언급되어 있다.

말기에 높은 요금 부과(Back-Loaded). 용량요금을 마지막 해에 더 많이 지급하는 방식은 초기에 높은 요금을 부과하는 방식과 상반된 방식이다. 이러한 가격 구조에서는 채무상환 스케줄에 따라 계약 후반부에 더 많은 원금을 상환한다. 말기에 높은 요금을 부과하는 방식은 전력요금이 계약 후반부에 더 높을 것으로 예상되는 경우에 활용한다. 한편, 개발도상국에서는 PF 거래를 뒷받침하기 위해 필요한 전력요금의 대규모 인상을 피하기 위한 정치적인 이유로 이와 같은 방식을 이용할 수 있다. 대신, 지분 출자 또는 배당금을 조정하여 프로젝트 초기의 과도한 이자 부담을 완화시킬 수 있다. 다만, 역사적으로 금융시장은 말기에 높은 요금을 부과하는 방식 대신 초기에 높은 요금을 부과하는 방식을 선호하여, 말기에 높은 요금을 부과하는 방식에 합의하지 않았다.

평준화 요금(Levelized). 앞서 언급한 두 가지 방식의 절충 형태로 용량요금을 평준화하는 방식이 있다. 평준화 요금 방식에서는 잔여 채무의 규모에 관계없이 시간이 지나도 용량요금이 동일한 수준을 유지한다. 지급액은 프로젝트의 고정비용 지출 및 필요금액에 대한 장기 최적 예측치의 평균적인 현재가치를 산출하여 결정한다.

[6] 용량요금의 조정(Adjustment to Capacity Charges)

예상치 못한 비용이 발생할 위험은 프로젝트 회사가 용량요금의 규모를 결정할 때 고려하는 중요 사항 중 하나이다. 예상치 못한 비용에는 공사 비용 증가, 대외채무의 금리 마진 및 만기 변동, 운영·관리 비용 변동, 운영에 영향을 주는 물가 상승, 환율 변동, 국내 금리 및 만기 변동, 법률 개정, 그리고 세금 관련 사항 변경 등이 있다. 프로젝트 회사가 이러한 위험을 부담할 경우 용량요금이 인상될 것이다. 용량요금을 조정하는 목적은 프로젝트 회사에게 환경 변화가 발생하지 않은 경우와 계약상 동일한 상태를 보장해 주기 위함이다. 한편, 전력 구매자가 위험을 부담할 경우 용량요금이 인상되지 않을 것이다.

앞서 언급한 위험의 배분 방식은 프로젝트마다 다르다. 다만, 전력 구매자가 국영기업인 경우, 민간 방식(민영화의 장점)은 공사 비용 증가, 대외채무의 금리 마진 및 만기 변동, 그리고 운영·관리 비용 변동과 관련한 위험을 통상 프로젝트 회사가 부담한다. 물가 상승, 환율 변동, 국내 금리 및 만기 변동, 법률 개정, 그리고 세금 관련 사항 변경 등 나머지 비용들은 통상 전력 구매자가 부담한다.

예컨대, 정부 규제가 변경되어 공사 가격이 상승할 경우, 전력 구매자가 더 높은 용량요금을 지급해야 한다. 그 이유는 전력 구매자가 프로젝트 회사보다 정치적 상황을 통제하는 데 있어 우월한 위치에 있다고 여겨지기 때문이다. 특히, 다수의 전력 구매자가 여전히 국영기업인 개발도상국의 경우, 정치적 위험을 전력 구매자에게 배분하는 것을 정당화할 수 있다.

[7] 에너지요금(Energy Payment)

용량요금과 달리, 에너지요금은 전력을 실제로 생산한 경우에 전력 구매자가 지급한다. 에너지요금도 용량요금처럼 고정 또는 변동 요금, 최저요금, 예상요금(forecasted payment), 또는 지수 연동요금의 형태를 가질 수 있다.

에너지요금은 연료비 및 변동 가능한 운영·관리 비용 등과 같은 전력 생산설비의 **변동** 운영비용을 반영하여 산출한다. 변동 가능한 비용의 예로는 프로젝트 운영에 따라 정해지는 판매세(sales tax) 및 유지보수 비용 등이 있다.

에너지요금은 프로젝트의 운영을 전제로 한 것이며, 생산설비의 실제 전력 생산량을 근거로 전력판매계약 기간 동안 지급한다. 생산설비를 가동하지 않는 기간 동안에는 에너지요금을 지급하지 않는다.

연료비 등과 같은 에너지요금의 구성요소가 변동할 가능성은 시간에 따라 달라진다. 따라서, 프로젝트 회사는 연료비 증가에 상응하여 에너지요금을 인상하거나, 연료비를 물가

상승률 또는 특정 시장의 연료비 등의 적절한 지수에 맞춰 조정함으로써, 연료비 증가분을 전력 구매자에게 전가하고자 한다.

고정 또는 변동 요금(Fixed or Variable). 에너지요금은 계약기간 내에 매년 일정한 금액으로 하거나, 상황의 변화에 따라 변동하도록 할 수 있으며, 요금의 조정 또는 변동 가능성은 아래에 언급되어 있다. 발전 PF 거래에서는 변동 가능한 에너지요금에 고정적인 용량요금을 결합하는 방식의 요금 구조를 주로 활용한다.

최저요금(Floor). 상황 변화에 따라 조정하는 에너지요금은 종종 최저요금의 적용을 받는다. 에너지요금을 최저요금 이하로 조정하는 것은 불가능하며, 이때 최저요금은 통상 특정 운영비용을 충당하기 위해 필요한 금액이다.

예상요금(Forecasted). 예상요금 방식은 미래 전력요금에 대한 예상을 반영하여 에너지요금을 책정한다.

지수 연동요금(Indexed). 연동요금 방식은 사전에 합의된 지수에 따라 요금을 조정한다. 이와 같은 지수에는 산업물가지수(industry price indices), 공공 연료가격 평균(utility fuel price averages), 연료비 등이 있다. 연동요금 방식을 사용할 경우, 지수를 더 이상 활용할 수 없게 되거나, 지수의 구성요소가 바뀐 경우, 또는 비용을 공정하게 반영하지 못하는 경우에 대비하여 계약당사자들이 지수를 변경할 수 있는 장치를 포함하는 것이 좋다.

[8] 연료비(Fuel Costs)

연료비에 따른 요금 변동 위험은 통상 프로젝트 회사에게 배분하는데, 이는 연료비가 고정적이지 않고 가변적이므로, 프로젝트 회사가 관련 위험에 가장 잘 대응할 수 있다는 가정에 근거한다. 그럼에도 불구하고, 통상 전력 구매자가 연료 관련 계약 및 근거 계약을 승인할 권한을 가지는데, 그 이유는 해당 계약들이 프로젝트의 성공에 매우 중요하기 때문이다.

다만, 일부 프로젝트는 연료 공급에 귀속(captive) 또는 결합(tied)되어 있는데, 지정된 탄광 또는 가스 매장지에서 연료를 공급받는 프로젝트가 그 예이다.

종종 연료 가격이 증가할 위험이 전력 구매자에게 전가되기도 하는데, 이 경우 전력 구매자는 연료 계약의 협상 과정을 적극적으로 감시하고, take-or-pay 방식의 계약 의무와 연료비 인상을 가져올 수 있는 기타 의무를 최소화하려 한다. Take-or-pay 방식의 계약 의무가 있는 경우, 전력 구매자는 프로젝트에서 생산한 전력을 구매할 정도로 전력요금이 충분히 낮다는 결론을 내려야 한다. 이러한 결론이 맞았다면, 전력 구매자는 높은 운영비용 때문에 프로젝트가 쓸모 없게 될 위험과, take-or-pay 계약에 따라 사용하지 않은 연료에 대한 비용을 지급해야 할 위험을 최소화할 수 있다.

[9] 벌금 및 보상금(Penalties and Bonuses)

에너지요금의 변동 가능성은 전력 구매자에게 불확실성을 더해 주며, 동시에 운영비용을 전력요금에 전가할 수 있는 경우, 프로젝트 회사가 해당 비용을 통제할 유인을 갖기 어렵다.

다만, 프로젝트 회사가 운영비용의 증가에 따른 계약 상 위험을 인수하였으나, 비용 증가를 전력 구매자에게 전가할 권리를 인정받지 못한 경우, 프로젝트 회사는 추가적으로 부담하는 위험에 대한 보상으로 용량요금을 인상해야 할 것이다. 용량요금의 인상은 전력 구매자의 입장에서 매력적인 대안이 아니므로, 통상적인 전력판매계약을 구성할 때 벌금 및 보상금에 대해 협의하는 방식으로 대처한다. 이때, 과도한 운영비용이 발생한 경우에 벌금을 부과하고, 운영비용을 절감한 경우에 보상금을 지급한다.

용량요금과 관련해서도 벌금과 보상금을 활용할 수 있는데, 그 이유는 전력 구매자가 전력 생산에 대해 생산설비의 활용 가능성에 의존하고 있기 때문이다. 통상적인 구조 하에서, 공사 완공의 지연, 잘못된 공사 또는 운영·관리에 의한 생산설비 운영의 강제 폐쇄로 전력 생산설비를 활용하지 못하는 경우, 전력 구매자는 용량요금을 지급할 의무에서 면제된다.

다만, 위와 같은 치유 또는 구제방식(remedy)은 전력 공급이 부족한 경우에 전력 구매자의 손실을 배상하기에 항상 충분하지는 않다. 전력 구매자는 다른 전력 공급자에게서 전력을 구매하거나 기존 보유 생산설비로 전력을 추가 생산하는 과정에서 비용이 더 발생할 수 있다. 마찬가지로, 생산설비의 생산 능력이 계약서에 명시된 최저 수준보다 높은 수준인 경우, 전력 구매자는 추가 생산전력을 통해 충분한 이익을 얻게 되므로, 프로젝트 회사에게 초과 이행에 대한 보상금을 지급한다.

그 외에 협의 대상인 벌금과 보상금은 프로젝트의 공사 비용과 관련이 있다. 일반적으로 용량요금을 산출할 때 사용한 공사 가격 추정치를 초과하는 공사 비용이 발생할 위험은 사업주가 부담한다. 공사 가격이 추정치보다 상승하는 경우, 프로젝트 회사는 채무 상환에 필요한 자금이 부족할 수 있으나, 동시에 합리적인 추정과 공사 계약 내 가격 인상에 대한 보호조항 협의를 통해 추가적인 공사 비용을 통제할 수 있는 최적의 위치에 있다. 결국, 공사 비용이 용량요금을 산출할 당시에 추정한 수준보다 적게 드는 경우, 사업주가 용량요금의 해당 부분을 보상금으로 갖거나, 사업주와 전력 구매자가 사전에 합의된 비율로 나눠 갖는 방식으로 계약을 체결하는 것이 일반적이다.

설비용량에 대해 유사한 절충안이 협의되기도 한다. 용량요금을 산출할 당시, 용량요금이 공사 완공 및 운영 단계에서 생산설비의 설비용량을 추정하는 것으로 가정한다. 일반적으로 용량요금을 산출할 때 사용한 추정치보다 설비용량이 부족할 위험은 프로젝트 회사가 부담한다. 설비용량이 부족한 경우, 프로젝트 회사는 채무 상환에 필요한 자금이 없을 수 있으나, 동시에 공사 계약과 적절한 운영·관리의 실행을 통해 설비용량을 통제할 수 있는 최적의 위치에 있다. 설비용량이 용량요금을 산출할 당시에 추정한 수준을 초과하는 경우, 프로젝트 회사는 보상금을 받거나, 운영 과정에서 부족분이 발생할 경우 초과 내역으로 대신 채울 수 있다.

단, 프로젝트 회사의 통제 밖에 있는 위험에 대해서는 통상 전력 구매기업이 금융 위험을 부담한다. 이는 프로젝트 회사가 해당 위험을 통제할 수 없기 때문이며, 전력 구매자가 전력 생산설비를 직접 공사하여 운영했다면 해당 위험을 부담했을 것이기 때문이다. 특정 가변 연료비용과 판매세(sales tax)가 이러한 예에 해당한다.

[10] 용량요금의 지급 시점

일반적으로 용량요금은 프로젝트 회사가 전력을 생산할 수 있거나, 전력 구매자가 전력이 사전에 합의된 수준에서 안정적으로 생산될 수 있다고 판단한 시점부터 지급한다. 전력 구매자가 지급 시점이 지연되도록 할 경우, 통상 용량요금은 상업운전이 예상되는 시기부터 지급한다. 단, 불가항력, 제3자의 행위, 그리고 전력 구매자가 통제할 수 없는 다른 사건이 발생하는 경우에는 보통 용량요금의 지급을 시작하지 않는다.

[11] 용량요금의 종료 시점

용량요금은 프로젝트의 채무상환을 포함하도록 설계되므로, 채무를 상환하거나 더 나은 조건으로 대환(refinance)한 경우 수정해야 한다. 따라서 전력판매계약 기간 동안 프로젝트 회사와 동 회사의 차입 현황에 대한 지속적인 점검이 필요하다.

[12] 개발도상국 내 지분투자수익 관련 문제

PF 대주단은 개발도상국에 생산설비를 구축하는 PF 거래에 더 높은 위험이 따른다는 점을 인식하고 있으므로, 사업주가 지분투자를 더 많이 하도록 요구하는 경향이 있다. 대주단은 사업주가 지분투자에 대해 더 높은 수익률을 얻게 된다는 것을 확인하고 싶어하는데, 이는 사업주가 프로젝트에 계속 참여하고, 문제가 발생할 경우 재정적으로 지원할 경제적 유인을 갖도록 하기 위함이다. 대규모 지분투자와 높은 수익률이 결합되면, 부득이한 상황이 발생할 때 사업주의 개입을 보장받을 수 있다.

개발도상국의 경우, 지분투자수익과 관련하여 정치적, 경제적 문제가 따른다. 첫째, 높은 투자수익을 제공하기 위해 전력요금이 인상되어야 하지만, 거래 상대방은 이를 감당하지 못할 수 있다. 둘째, 수익률 인상은 전력요금 납부자의 반대로 정치적 반발을 일으킬 수 있다. 그 결과, 금융 종결 단계, 공사 진행 단계, 또는 운영 기간 중에 전력판매계약의 부인 또는 재협상이 이뤄질 수 있다.

[13] 계약조건이 불리한 것으로 드러난 경우

전력판매계약은 장기 계약이므로 계약 당사자 일방이 계약 당시에 예상한 이익을 얻지 못할 가능성이 높다. 손실이 충분히 큰 경우, 해당 주체는 계약의 재협상을 시도하거나, 소송을 통해 계약을 해지하려 할 수 있다. 이와 관련하여, '계약의 존엄성(sanctity of contract)' 원칙은 제18장에 상세하게 언급되어 있다.

장기 계약이 현지 법률 체계에서 구속력이 있는지를 판단하기 위해 현지 법을 검토해야 하는데, 미국에서는 구속력이 있다. 예컨대, 'Sioux City Foundry Co. v. South Sioux City'[2]의 사례에서, 시 당국은 전력판매계약이 시에 손실을 가져다 주었다고 주장하며 계약상 전력요금을 인상하려고 하였다. 8차 공판 당시 법원은 '시 당국의 실제 주장은 과거를 돌아보고 스스로 불리한 계약을 체결했음을 발견한 것이므로 1968년 당시의 계약이 월권(ultra vires)이라고 볼 수 없다'는 점에 주목하였다[3].

'United States v. Southwestern Electric Cooperative, Inc.,'[4]의 사례에서도 유사한 결론이 도출되었다. Southwestern Electric Cooperative는 Soyland로부터 전력 전체를 구매하기로 하고, 전력요금을 Soyland의 전력 생산설비 공사 비용에 연동하였으나, 공사 비용이

2) Sioux City Foundry Co. v. South Sioux City, 968 F.2d 777 (8th Cir. 1992), *cert denied*, 113 S. Ct. 1273 (1993)

3) 968 F.2d 782

4) United States v. Southwestern Electric Cooperative, Inc., 869 F.2d 310 (7th Cir. 1989)

3.6억 달러에서 50억 달러로 급격히 증가하였다. 이후 전력 구매자는 '공통적인 착오(mutual mistake)'와 '목적좌절(frustration of purpose)'을 근거로 계약을 취소하고자 하였다. 법원은 '구매자가 시장 상황을 잘못 예측하여 결과적으로 불리한 계약에 얽매이게 되었음을 발견하였다면, 스스로의 책임이므로 불가능 또는 관련 원칙을 근거로 판매자에게 위험을 전가할 수 없다'고 판결하였다[5].

물론, 계약서에 조항을 추가하여 가격 인상 등과 같이 사전에 합의된 상황이 발생할 경우 이행을 면제해줄 수 있다[6]. 다만, 이로 인해 PF 거래 관행상 받아들이기 어려운 불확실성이 발생할 수도 있다. 만약 그렇다면, 계약서에 명시하여 생산설비 활용 가능성(availability), 전력요금의 변동 같은 시장 환경의 변화를 근거로 가격을 조정하지 못하도록 할 수 있다.

19.08 사업주의 담보 및 약정 (Security and Commitment of Project Sponsor)

[1] 계약이행에 대한 담보(Security for Performance)

프로젝트 회사에게는 수입원(revenue stream)이, 전력 구매자에게는 생산설비의 성능이 중요하므로, 프로젝트 회사와 전력 구매자 모두의 신용상태 또한 중요하다. 둘 중 하나가 계약 상 요구된 금액을 지급하지 못할 경우, 정성 들여 고안하고 협의한 계약 조항들이 무가치하게 된다. 이러한 상황을 막기 위한 신용 지원의 대안으로는 사업주 또는 중앙정부 등과 같이 신용도가 양호한 주체의 보증, 금융기관의 신용장, 이행보증, 그리고 에스크로 계좌가 있다.

프로젝트 회사의 주된 관심사는 전력 구매자의 신용도가 양호한지 여부이다. 대금지급 위험이 남아있는 한, 프로젝트 회사는 다양한 신용보강 방안을 마련할 것을 요구할 것이다. 이와 같은 방안에는 중앙정부의 보증, 정부의 후순위 설정, 취소불가 신용장, 에스크로 계좌, 다자개발은행의 사업 참여, 전력 구매자와 거래 중인 신용도가 양호한 주체의 매출채권 질권설정(pledge of receivables) 등이 있으며, 이에 관해서는 제20장에 소개되어 있다.

5) 상동, 315

6) 'Eastern Air Lines, Inc. v. McDonnell Douglas Corp., 532 F.2d 975 (5th Cir. 1976)' (계약서에 미래에 발생할 상황이 명확히 언급된 경우, 불가항력 원칙을 적용할 수 없음) 참고

[2] 프로젝트에 기반한 담보(Project-Based Security)

프로젝트에 기반한 담보에는 프로젝트 회사가 프로젝트 자산의 전부 또는 일부에 대한 담보권을 전력 구매자에게 부여하는 경우가 포함된다. 이러한 방식은 프로젝트 회사가 신용장 수수료 등과 같은 신용보강 관련 비용을 부담하지 않아도 된다는 장점을 지닌다.

하지만, 프로젝트에 기반한 담보는 금융조달을 까다롭게 하는데, 이는 대주단이 담보권 유지, 담보권 행사 시 담보 우선권 등과 같은 사항에 대해 우려할 수 있기 때문이다. 결국, 전력 구매자는 자신의 프로젝트에 기반한 담보권(lien) 및 저당권(collateral rights)을 대주단의 담보권 및 저당권에 자진해서 후순위로 설정해야 한다.

[3] 최소 지분투자 이행(Minimum Equity Undertaking)

제1장에서 언급된 대로, PF 대주단은 일반적으로 사업주가 프로젝트에 일정 수준의 지분을 투자할 것을 요구하여, 사업주가 프로젝트와 관련하여 포기하기 어려운 경제적 권리를 보유하도록 한다. 이러한 전략을 통해 지분투자수익을 높은 수준으로 보장받도록 한다. 마찬가지로, 전력 구매자는 종종 특수목적회사가 유의미한 규모의 일정 지분을 출자 받아 적당한 자본을 확보하도록 하여, 사업주가 재무적으로 어려운 상황에도 프로젝트를 지속적으로 지원할 것을 보장받고자 한다. 이는 합의된 수준의 최소 지분투자 실행 및 합의된 기간 동안 프로젝트 회사 이익의 내부 유보를 요구하는 조항을 통해 이루어진다.

[4] 현금 및 신용장(Cash and Letters of Credit)

전력 구매자가 계약상 의무 이행에 대한 담보로 프로젝트 회사의 예금 담보 또는 취소불가·직접 지급(direct pay) 신용장 지급을 요구하는 경우도 있다. 계약을 불이행할 경우, 전력 구매자는 담보 계좌에서 손해액만큼 인출하거나, 신용장 개설금액을 인출할 권리를 가진다.

두 형태의 담보 모두 전력 구매자에게 최대한의 보호를 제공하지만, 프로젝트 회사의 입장에서는 비용이 많이 드는 방식이다. 프로젝트 회사가 담보 계좌에 현금을 입금하면 해당 자금을 활용할 수 없으며, 사업주에게 배당할 수도 없다. 한편, 신용장을 담보로 제공할 경우, 프로젝트 회사는 신용장 수수료를 지급해야 한다.

[5] 초기에 높은 요금을 부과하는 방식에서의 계좌 관리 (Tracking Accounts - Front - End Loaded)

프로젝트 회사는 상업운전 개시 시점에 대규모의 채무를 차입하였을 것이며, 이에 대한 상환 의무를 부담하게 된다. 어떤 경우, 전력판매계약 내 전력요금 관련 조항을 협의할 때 원리금 상환의무를 감안하기도 하는데, 이때, 잔여 채무가 많고 채무상환 비용이 큰 계약 이행 초기에 전력에 대한 용량요금이 더 크도록 구조화하기도 한다.

다만, 이러한 방식은 전력 구매자가 잠재적인 위험에 노출되도록 할 수 있다. 계약 후반부에 전력요금이 하락할 경우, 프로젝트 회사는 충분한 투자 수익을 얻지 못한다고 판단하여 프로젝트를 중단할 수 있다. 그 결과, 전력 구매자는 계약 초기에 지급한 높은 요금의 반대급부인 향후 보다 저렴하게 전력을 구매할 수 있는 기회를 상실하게 된다.

이와 같은 위험에서 보호받기 위해, 전력 구매자는 보통 프로젝트의 담보를 요구함으로써 담보권자(secured party)로 분류되어, 손실을 회복하기 위한 예금 담보 또는 프로젝트 자산에 대한 담보권을 확보하고자 한다.

19.09 불가항력(Force Majeure)

불가항력은 영향 받는 계약 당사자의 합리적인 통제를 벗어나는 상황으로, 효과적인 산업 관행 또는 합당한 기술 및 판단의 이행으로 방지할 수 없다. 불가항력이 지속되는 동안, 계약 이행사항 중 사전에 합의한 부분에 대해서는 통상 이행 의무를 면제해준다. 한편, 불가항력의 영향을 받는 계약 당사자는 계약 이행을 재개하기 위한 모든 가능한 조치를 즉시 취해야 한다.

불가항력 관련 위험을 배분하는 방식은 계약마다 다르며, 전력판매계약에서도 마찬가지이다. 개발도상국에서 진행되는 전력 프로젝트의 경우, 사업주는 모든 불가항력 사항과 관련한 위험을 전력 구매자가 부담하도록 유도하나, 통상적으로 전력 구매자가 부담하게 되는 위험은 상당히 제한적이다.

불가항력에 대한 구제 대상은 계약서에 구체적이고 명확하게 명시되어 있는데, 계약 이행에 중대하게 불리한 영향을 미치는 경우, 정상적인 사업 위험 또는 보험 가능 상황이 아닌 예외적인 상황에만 적용하며, 구제 범위는 불가항력에 따른 영향으로 제한된다.

[1] 비상위험(Political Risk)

민간 소요, 파업 및 유사 상황과 같은 비상위험은 종종 전력 구매자에게 배분한다. 주(state)에서 지원하는 사업의 경우, 전력 구매자가 비상위험을 통제하는데 가장 적합하다. 따라서, 파업이 발생한 경우 전력판매계약 상 이행 일정은 파업에 따른 지연일 만큼 연장되며, 프로젝트가 운영중인 경우 전력 구매자는 용량요금을 계속 지급한다.

전력 구매자가 중앙정부 또는 주 정부 산하 국영기업이 아닌 경우, 해당 전력 구매자는 비상위험에 대한 책임을 전부 떠안으려 하지 않을 수 있다. 전력 구매자 대신 프로젝트 회사가 비상위험을 인수할 경우, 비상위험에 대한 보상으로 통상 더 높은 전력요금을 부과한다. 전력 구매자의 입장에서 이러한 결과는 경제적으로 유리한 선택이 아닌데, 왜냐하면 전력 구매자가 생산설비를 스스로 공사하고 운영했다면 동일한 위험을 직접 부담했을 것이기 때문이다.

비상위험이 발생한 경우, 용량요금을 인상하여 프로젝트 회사의 손실을 보상해주는 것이 일반적이지만, 어떤 경우에는 전력 생산설비의 상업운전 개시일을 연장해 주는 구제방법을 사용하기도 한다.

[2] 통제할 수 없는 상황

전력판매계약의 협상 과정에서 통제할 수 없는 상황은 크게 문제가 되지 않는다. 일반적으로, 계약 이행을 불가능하게 만드는 불가항력이 계약 당사자의 합리적인 통제 범위를 벗어나서 발생하고 지속될 경우, 계약 당사자의 이행 의무가 면제된다. 이러한 상황에는 전쟁, 기상이변 등이 있다.

이와 같은 통제할 수 없는 상황에 대한 노출은 효과적인 보험을 통해 제한할 수 있다. 해당 보험은 프로젝트의 금융계약에서 요구되며, 전력판매계약에서도 전력 생산설비의 운영 불가로 전력을 공급받지 못할 위험에서 전력 구매자를 보호하기 위해 통상적으로 보험이 요구된다. 일반적인 보험상품에서는 자산 교체 관련 비용과, 적당한 기간 동안의 원리금 상환비용 및 고정비용을 보험금으로 지급한다.

[3] 법률 개정(Change of Law)

관련 법률이 개정될 경우, 그에 따른 효과도 검토해야 한다. 개발도상국에서는 제반 경제 상황과 해당 국가의 법률 모두 급변하고 있다. 따라서, 프로젝트가 진행되는 20년 가량의 기간 동안에 환경 관련 법과 같이 기존 법률보다 더 많은 비용을 수반하는 새로운 법률이 적용될 수 있다. 법률 개정의 경제적 영향은 계약 당사자 중 한 쪽에 배분해야 한다.

19.10 지급(Payment)

전력판매계약에는 계약에 따른 대금 청구 및 지급과 관련한 절차 조항이 포함되어 있다. 이러한 조항은 원리금 상환, 연료비 및 운영비용 지급 전에 수익금을 수령하도록 다른 프로젝트 계약들과 맞춰야 한다. 그렇지 않으면, 운전자금, 준비금, 또는 지급 유보된 배당금 활용을 통해 필요한 자금을 마련해야 한다.

대금 지급은 청구 후 통상 30일 정도의 일정 기간 내에 이루어져야 한다. 대금 지급이 이루어지지 않은 경우 치유기간을 부여할 수 있으며, 지연된 대금 지급에 대해서는 프로젝트 회사가 자금을 활용하지 못하게 된 것을 보상하고, 프로젝트 회사를 은행처럼 활용하려는 유인을 억제할 수 있도록 일정 수준의 이자율이 부과된다.

19.11 환전 가능성(Currency Convertibility)

환전 가능성은 전력판매계약에 따른 수익과 관련이 있거나, 전력판매계약 상 전력 구매자의 의무를 지원하기 위한 신용보강과 관련이 있으므로 프로젝트 회사와 대주 모두의 관심사항이다. 환전 가능성에 대한 내용은 제3장에 자세히 언급되어 있다.

19.12 계약기간 및 계약해지(Term and Termination)

[1] 계약기간(Term)

전력판매계약의 계약기간이 최소한 프로젝트 채무의 만기까지 이어져야 대주의 입장에서 수익 흐름이 채무 만기까지 유지될 것임을 확인할 수 있다. 종종 대주단은 프로젝트의 재구성 또는 구조조정(workout) 기간에도 수익 흐름이 지속되도록 하기 위해, 계약기간이 채무 만기보다 몇 년 더 이어지도록 요구할 수 있다.

[2] 계약해지 상황(Termination Events)

전력판매계약은 PF 수익의 기본을 형성하므로, 계약을 쉽게 해지할 수 없어야 한다. 계약을 해지할 수 있는 상황은 계약서에 엄밀하게 규정되어야 하며, 사전 통지를 통해 대주단과 다른 이해관계자가 관련된 채무불이행 상황을 치유할 수 있도록 해야 한다.

[3] 전력 구매자의 계약해지 조건(Termination by Power Purchaser)

전력 구매자의 입장에서 전력판매계약이 해지 대상이 되는 경우는, 프로젝트 회사의 전력 구매자에 대한 대금 미지급, 프로젝트 회사의 파산, 기한이익 상실 또는 청산, 프로젝트 포기(전력 구매자의 과실이 아닌 경우), 사전에 합의된 특정 프로젝트 계약의 해지 또는 중대한 수정(합리적인 사유 또는 계약상대방의 채무불이행으로 인한 경우 제외), 프로젝트 자산의 매각, 전력 공급 부족기간의 지속(전력 구매자의 과실이 아닌 경우), 상업운전 등과 같은 일정을 특정 기일까지 미이행, 계약사항 부인 또는 계약을 이행할 의도가 없음을 의미하는 프로젝트 회사의 조치, 그 외 주요 계약 조항의 불이행 등에 해당할 때이다.

[4] 프로젝트 회사의 계약해지 조건(Termination by Project Company)

프로젝트 회사의 입장에서 전력판매계약이 해지 대상이 되는 경우는, 전력 구매자의 프로젝트 회사에 대한 대금 미지급, 전력 구매자의 파산, 기한이익 상실 또는 청산, 계약사항 부인 또는 계약을 이행할 의도가 없음을 의미하는 전력 구매자의 조치, 불가항력 또는 전력 구매자의 과실로 공사 완공 또는 프로젝트 운영 불가, 그 외 주요 계약 조항의 불이행 등에 해당할 때이다. 전력 구매자가 사업소재국 정부의 채무이행 보증을 받는 국영기업인 경우, 해당 정부가 보증인으로서 보증 의무를 미이행하면 계약을 해지할 수 있다.

[5] 대주단(Project Lenders)

일부 금융거래의 경우, 전력 구매자가 계약해지를 제안하면, 대주단과 전력 구매자가 기존 프로젝트 회사를 새로운 회사로 대체하기로 합의하기도 한다. 통상 이러한 대체는 운영 경험, 금융조달 원천, 그리고 어떤 경우 국가 안보 등을 고려하여 전력 구매자가 타당한 승인권(approval right)을 행사함으로써 이루어진다.

[6] 구제 방법(Remedies)

일반적으로, 앞서 언급한 계약해지 상황이 자동적으로 계약해지로 이어지지는 않는다. 대신, 채무불이행 당사자에게 불이행 사항을 치유할 수 있는 기간을 제공하고, 해당 기간 내에도 치유가 되지 않으면 계약이 해지된다. 구제 방법으로 계약해지를 선택하지 않거나 계약해지가 불가능한 경우, 손해배상금 지급 의무가 발생하거나 채무불이행 당사자가 특정이행(specific performance) 원리에 따라 계약을 이행하도록 요구 받을 수 있다. 구제 방법은 협상 과정과 프로젝트의 독특한 환경에 따라 달라진다.

[7] 계약해지 보상금 지급(Termination Payments)

계약해지에 따라 지급해야 하는 비용은 계약해지 사유에 따라 달라진다. 전력판매계약을 편의상 또는 채무불이행의 사유로 해지한 경우, 편의상 해지하는 당사자 또는 채무불이행 당사자가 상대적으로 더 높은 계약해지 보상금을 지급해야 한다.

전력 구매자가 편의상 계약을 해지하거나, 전력 구매자의 채무불이행으로 계약을 해지한 경우, 프로젝트 회사는 프로젝트 채무를 어떻게 상환할 지와, 계약 이행시 얻을 수 있었던 투자수익의 상실을 어떻게 회복할 지에 대해 검토해야 한다.

반대로, 프로젝트 회사가 편의상 계약을 해지하거나, 프로젝트 회사의 채무불이행으로 계약을 해지한 경우, 전력 구매자는 금전 지급보다는 전력 생산설비를 취득할 수 있는 권리에 더 관심을 가질 것이다. 특히, 계약해지 보상금을 지급할 수 있는 유일한 주체가 특수목적법인으로서 자금여력이 부족한 프로젝트 회사인 경우가 이에 해당한다. 다음에 논의될 내용과 같이, 전력 구매자는 설비용량을 확보할 필요가 있는 경우 생산설비에 대한 통제를 요구할 수 있다.

[8] 전력 구매자의 프로젝트 운영권
(Power Purchaser's Right to Operate the Project)

전력 구매자는 프로젝트 회사가 채무를 불이행한 경우 통상 프로젝트 운영권을 요구하는데, 이는 전력 구매자의 시스템 및 공급 요구사항(supply requirements)에 있어서 해당 프로젝트가 중요한 부분을 차지하기 때문이다. 다만, 대주단은 적당한 운영자로 프로젝트 회사를 대체한 경우, 전력 구매자의 프로젝트 운영권 행사를 중단시킬 수 있다.

[9] 계약종결 시점의 프로젝트 소유권
(Ownership of Project at Expiration of Term)

앞서 언급한 대로, 전력판매계약 기간 동안 지급되는 용량요금은 사업주의 기대 투자수익을 보상해주는 것이 일반적이다. 계약종결 시점에 전력 구매자가 프로젝트 소유권을 가지는지 여부는 협상에 달려있다. 전력 구매자가 프로젝트 소유권을 가지는 경우, 계약서 내에 계약종결 시점에 생산설비가 갖춰야 할 조건과, 소유 및 운영권 이전 관련 상세 절차에 대한 조항을 삽입해야 한다.

19.13 벌금(Penalties)

전력 구매자에게 합의된 일자까지 전력을 공급하는 것은 중요한 계약 의무이다. 전력 구매자는 계획된 설비용량을 감안하여 다른 사업계약을 체결할 지 여부를 결정한다. 따라서, 프로젝트의 상업운전 지연과 프로젝트의 설비용량(nameplate capacity) 미달에 따른 전력 구매자의 손해를 보상하기 위해 손해배상금을 지급해야 한다.

마찬가지로, 전력 구매자는 계획된 시점에 설비용량이 부족할 경우 손해를 입게 된다. 전력 구매자가 연계 설비 일부의 공사 또는 설치에 대한 책임이 있는 경우에는, 전력 구매자가 당해 설비의 완공 지연에 따른 손해를 배상해야 한다.

19.14 기술표준(Technical Standards)

일반적으로 전력 구매자는 프로젝트가 상업운전 이전에 충족해야 할 운영 특성(operating characteristics)과 전력망 요구사항(power grid requirements) 등과 같은 상세한 기술 명세를 확립한다. 이러한 기술표준은 프로젝트가 전력 구매자가 보유한 다른 생산설비의 안전성과 확실성에 영향을 미치지 않도록 해준다.

전력판매계약에는 생산설비 공사 및 점검에 대한 적합한 감시에 관한 조항을 삽입한다. 이러한 감시 관련 조항에는 공사 현장에 대한 전력 구매자의 접근 허용, 프로젝트 회사가 전력 구매자에게 월별 공사 진행 현황을 보고할 의무 등이 포함된다.

운영 단계에 대해서는, 전력판매계약 내에 운영·관리 관련 현행 기술표준을 명시한다. 한편, 운영 기간 중에 기술표준의 변경을 허용하기도 한다.

19.15 운영절차(Operating Procedures)

전력 생산설비에 대한 운영 절차는 계약 협상 단계에서 검토하는데, 전력 구매자가 설비를 전달 받아서 직접 운영하는 경우가 특히 그렇다. 생산설비의 형태와 전력 구매자의 고유한 요구사항에 따라 운영 절차가 달라지기 때문에, 일정관리 절차, 운전 정지(cold shutdown) 후 개시에 대한 통지, 예열 대기(warm standby) 중 설비 유지사항, 유지보수 일정 및 표준, 그리고 계획 정지(scheduled outage)가 허용되지 않는 기간 등의 요소들을 고려해야 한다.

19.16 계량(Metering)

전력 계량은 본래 기술적인 성격을 지닌다. 계량 관련 조항에서는 계량 설비에 대한 비용 부담, 설치, 점검 및 유지보수 의무를 지닌 계약당사자를 명시한다. 또한, 구제 방법 관련 조항(remedy section)을 포함하여, 계량 설비에 오류가 있을 경우 미래 및 과거 소급 시점에 취해야 할 조치를 명시한다.

19.17 제3자 판매 및 프로젝트 소유권 이전 (Third-Party Sales and Project Transfers of Ownership)

[1] 일반사항

프로젝트 회사가 생산 전력을 다른 구매자에게 판매할 수 있는 권리를 갖도록 할지는 협상 대상이며, 프로젝트 별로 다르다. 이러한 제3자 판매를 허용할 경우, 프로젝트 회사는 프로젝트 수익을 극대화할 수 있는 권리를 갖게 된다. 이에 대응하여, 전력 구매자는 우선협상권(right-of-first-refusal basis)을 요구하거나, 미래에 전력판매계약을 체결할 수 있는 옵션을 유지하고자 할 수 있다.

[2] 우선협상권(Right of First Refusal)

전력판매계약에서 우선협상권은 일반적으로 전력 구매자가 생산설비의 초과생산 전력 및 생산설비 자체를 우선적으로 구매할 권리를 의미한다. 우선협상권은 안정적인 전력에 대한 요구와 결합된 전력 구매자의 설비용량 필요에 근거한다. 기존 프로젝트 회사를 교체할 경우, 전력 구매자는 생산설비를 공정 시장가치에 구매하여 직접 운영할지 여부를 검토할 수 있는 최소한의 기회를 요구한다.

전력 구매자에게 우선협상권을 부여하면, 대주에게는 문제가 발생할 수 있다. 먼저, 우선협상권 관련 조항이 담보권 실행 상황에서 대주가 프로젝트를 매입할 권리에 영향을 미치고, 그에 따라 담보권 실행이 지연되며, 최소한 잔여 채무 수준의 금액으로 프로젝트를 매각할 수 있는 권리를 방해 받게 된다. 또한, 전력 구매자가 프로젝트를 구매할 권리를 보유하는 한, 프로젝트의 매입을 고려하는 잠재적인 구매자가 감소(프로젝트 매입을 위해 자금을 투입할 유인이 사라짐)한다.

[3] 제3자 판매의 영향(Effects of Third-Party Sales)

프로젝트 회사와 전력 구매자는 초과생산 전력에 대한 제3자 판매의 허용이 전력판매계약에 미칠 영향을 검토해야 한다. 전력 구매자가 지급해야 하는 용량요금은 일반적으로 프로젝트 회사에게 최소한의 지분투자수익을 제공하기 위한 것이며, 이는 제3자 판매 여부와 관계없다. 제3자 판매를 통해 예상치 못한 이익이 발생한 경우, 용량요금의 일부를 전력 구매자에게 돌려주기도 한다. 마찬가지로, 전력 구매자는 금융조달에 필요한 신용 지원, 프로젝트 개발비용 분담, 그리고 인프라 관련 비용 부담 등의 지원도 제공하는데, 프로젝트 회사의 제3자 판매를 허용하기 전에 지원 제공 여부를 검토해야 한다. 용량요금의 일정 비율 인하와 전력 구매자의 기타 비용 부담은 프로젝트 회사의 제3자 판매 허용을 위한 방안으로 활용되기도 하며, 이 경우 전력 구매자가 프로젝트의 초기 성공에 기여한 만큼 수익의 일부를 전력 구매자에게 돌려준다.

19.18 '규제에 따른 수정' 조항("Regulatory Out" Provisions)

전력 구매자가 사업소재국 정부의 규제 대상인 경우, 전력 구매자가 불리한 규제의 시행에 대응하여 계약을 직접 또는 간접적으로 수정하고자 할 위험이 발생한다. 계약서에서 이러한 행위를 허용하는 경우,[7] 규제의 변경으로 계약 조건이 불리하게 되므로 금융조달에 문제가 발생한다. PF에서 조건부 규제 변경은 허용될 수 있으나, 무조건적인 규제 변경은 허용되기 어렵다. 다만, 사업소재국의 특수한 환경에 따라 무조건적인 규제 변경을 허용하기로 결정할 수도 있다.

금융조달에 영향을 주지 않으면서 계약서 내에 규제에 따른 수정[8] 조항을 삽입할 수 있다. 대신, 프로젝트 채무를 상환한 후에는 규제 관련 위험을 지분투자자가 부담하도록 한다. 규제에 따른 수정 관련 조항의 예는 다음과 같다.

The parties recognize and hereby agree that if any government or regulatory authority should for any reason enter an order, modify its rules, or take any action whatsoever having the effect of disallowing the [*Power Purchaser*] the recovery from its customers of all or any portion of the payments for capacity hereunder (a "Disallowance"), then:

(a) if the Disallowance occurs before the 15th anniversary of the commercial operation

---

7) '규제에 따른 수정' 조항은 법원 또는 정부 기관의 조치 때문에 전력 구매자가 전력요금으로 비용을 충당하지 못하게 된 경우, 전력판매계약에 따른 전력요금을 재협상하거나 계약을 즉시 해지할 수 있도록 하는 계약 조항이다. 'North American Natural Resources, Inc., et al., v. Michigan Public Service Comm'n, 73 F. Supp. 2d 804, 808 n.5 (W. D. Nich. 1999)' 참고

8) 전력판매계약 내 규제에 따른 수정 조항에 대한 미국 법원의 최근 판례 2개는 'Agrilectric Power Partners, Ltd., v. Entergy Gulf States, Inc., et al., 207 F.3d 301 (2000)'(전력판매계약 내 규제에 따른 가격 조정 조항은 계약당사자 양측이 자발적으로 조항에 합의한 경우 구속력이 있음)과 'North American Natural Resources, Inc., et al., v. Michigan Public Service Comm'n, 73 F. Supp. 2d 804 (W. D. Mich. 1999)'(전력 구매기업이 전력요금 납부자가 전력공급회사(Qualifying Facility, QF)에 지급하는 요금을 회복시키지 못하도록 하는 주(state) 당국의 직접 또는 간접적인 조치를 금함)이 있음. 'Freehold Cogeneration Assocs., L.P. v. Board of Regulatory Comm'rs of New Jersey, 44 F.3d 1178, 1191－92 (3d Cir. 1995)'(주(state) 당국이 전력 국영기업과 전력공급회사의 전력요금 재협상 또는 계약 매수(buy－out) 협상을 강요할 수 없음), 'Independent Energy Producers v. California Public Utilities Commission, 36 F.3d 848, 858 (9th Cir. 1994)'('연료 가격, 즉 전력 국영기업의 회피 비용(avoided costs)이 추정한 것보다 낮다고 해서 주(state) 정부와 전력 국영기업이 표준 계약 조항을 일방적으로 수정할 수 없다. 연방정부의 규제에 따르면, 전력공급회사는 전력 국영기업에게 계약 체결 시점에 산출한 회피 비용으로 전력을 공급할 수 있다.'), 'Smith Cogeneration Management v. Corporation Comm'n, 863 P.2d 1227, 1240 (Okla. 1993)'(주(state) 정부가 전력공급회사와 전력 국영기업 간의 전력판매계약 내 회피 비용을 허가했다면, 주 정부는 추후 회피 비용을 재고하기 위해 계약을 다시 검토할 수 없음) 참고

date, the [*Power Purchaser*] shall continue to pay for such capacity at the rate set forth herein. Payments for capacity beginning on the 15th anniversary of the commercial operations date shall not exceed the amount unaffected by the Disallowance. Further, the [*Power Purchaser*] may, at its option, beginning on the 12th anniversary of the commercial operations date withhold up to [*percentage*] percent of the capacity payments until the earlier of (i) the 20th anniversary of the commercial operations date and (ii) the date the entire amount of the Disallowance is repaid to the [*Power Purchaser*] plus interest thereon at the [*interest rate*] from the date each part of the Disallowance was paid to the [*Project Company*]; and

(b) if the Disallowance occurs after the 15th anniversary of the commercial operations date, all future payments for capacity shall not exceed the amount unaffected by the Disallowance, and the [*Project Company*] shall repay the full amount of the Disallowance plus interest thereon at the [*interest rate*] from the date each part of the Disallowance was paid to the [*Project Company*] by the later of (i) one year from the date of such Disallowance and (ii) the 20th anniversary of the commercial operations date.

The parties agree that neither shall initiate a petition for Disallowance, and obligate themselves to establish, if practicable, an appeal and overruling of any Disallowance or a superseding order, approval of modified rules or tariffs, or other action so as to allow timely resumption of full, or failing that, adjusted payments hereunder[9].

위 예시조항은 대출 기간이 15년보다 긴 경우이며, 프로젝트가 문제에 직면한 경우에 차환 또는 대출 계약에 대한 구조조정 가능성을 다루지는 않았다.

9) 규제에 따른 수정 조항의 다른 사례는 'Agrilectric Power Partners, Ltd. v. Entergy Gulf States, Inc., et al., 207 F.3d 301 (2000)'('[Entergy]가 계약에 따라 [Agrilectric]에게 지급한 금액은 [Entergy]가 회복 기간, 연료 조절(fuel adjustment) 또는 조정 심리(reconciliation hearing) 기간, 또는 계약기간 내 특정 시점 또는 기간 동안 규제 범위 내에서 전력요금, 연료 가격, 또는 그 외 비용을 통해 만회할 수 있는 금액을 초과할 수 없다. 이러한 경우, 계약당사자들은 [Agrilectric]에 대한 지급 금액의 조정에 대해 상호 합의해야 한다.') 참고

19.19 전력 구매자의 책임(Power Purchaser Responsibilities)

프로젝트 회사는 전력 구매자가 일정한 책임을 부담하도록 요구할 것이다. 우선, 계약이 유효하기 전에 갖추거나, 특정 기간 내에 충족해야 할 조건들이 있는데, 그 예로는 계약에 대한 정부 승인 또는 프로젝트 진행을 위해 필요한 인프라 관련 지출 등이 있다.

통상 전력 구매자는 프로젝트 부지에 가능한 경우 공사 전력(construction power)을 공급하거나, 일부 프로젝트의 경우 송전선 및 연계 설비를 구축할 의무가 있다.

19.20 프로젝트 회사의 책임(Project Company Responsibilities)

프로젝트 회사가 전력 구매자에 대해 부담하는 책임은 프로젝트를 효과적인 산업 관행, 법률 및 규정, 인허가, 전력망 요구사항(grid requirements), 그리고 전력 구매자의 처리 절차에 맞게 운영하는 것이다. 실제로는 이와 같은 책임을 운영계약에 따라 프로젝트 운영자가 부담하게 된다.

유지보수 의무는 전력 구매자와 긴밀히 연계되어 있는데, 이는 정비 정지(maintenance shutdown)가 프로젝트의 전력 생산 가능성에 영향을 미치기 때문이다. 이와 같은 생산 가능성에 미치는 영향 때문에, 연간 유지보수 계획에 대한 전력 구매자의 사전 승인, 계획 정지(scheduled outage) 실시 시기 관련 필요 조건, 전력 구매자가 일정을 변경할 수 있도록 충분한 여유 확보, 예정에 없는 유지보수 제한 등과 같은 사항들을 고려해야 한다.

19.21 보험(Insurance)

전력 구매자는 일반적으로 프로젝트 회사가 보험에 가입한 상태를 유지할 것을 요구한다. 특히, 전력 구매자가 전력이 생산 및 공급되는 지 여부에 관계없이 프로젝트 회사에게 특정 대금을 지급해야 하는 경우 보험 가입이 요구된다.

보험 관련 조항에는 필요한 보험 형태의 목록을 포함한 최소 요구사항, 전력 구매자가 책임 보험(liability policies)의 피보험자로 지정되도록 하는 요구사항, 수리 등과 같은 용도의 보험금 사용 관련 요구사항 등이 포함된다. 대주단은 모든 보험금을 채무 상환에 사용할 수 있는 권리를 요구하기 때문에, 채무를 조기 상환하는 경우 용량요금을 인하하도록 하는 내용을 전력판매계약에 포함할 지에 대한 검토가 필요하다.

19.22 전력 구매자의 계승(Successors to the Power Purchaser)

전력 구매자가 국영기업인 경우, 시간이 지나서 민영화될 가능성이 있다. 전력판매계약에는 전력 구매자의 의무를 계승 주체에게 전가하도록 하는 조항이 포함되어야 한다. 또한, 계약서 내에 새로운 전력 구매자의 신용도 관련 사항도 고려되어야 한다. 만약, 계승 주체가 최소한의 신용도를 충족하지 못할 경우, 새로운 신용 보강 장치를 요구하는 것이 바람직하다.

19.23 개발도상국 내 전력판매계약에서의 위험 배분

[1] 공사(Construction)

개발도상국의 발전 PF 관련 공사 위험은 통상 사업주, 시공사, 그리고 전력 구매자(및 사업소재국 정부) 간에 배분된다. 건설계약에서는 프로젝트 회사와 시공사 간의 위험을 배분하며, 전력판매계약에서는 프로젝트 회사와 전력 구매자 간의 위험을 배분한다. 공사 위험은 크게 세 종류가 있으며, 이는 초과비용 발생, 공사 지연, 그리고 이행 표준 미충족이다.

초과비용(Cost Overrun). 용량요금의 규모를 결정하는 과정에서 중요한 협상 사항은 초과비용 위험을 부담하는 주체이다. 전력 구매자가 초과비용 위험을 부담할 경우, 용량요금을 인상하여 프로젝트 회사에게 비용 변경이 발생하지 않았을 경우와 계약 상 동일한 조건을 보장해 준다. 프로젝트 회사가 위험을 부담할 경우에는 용량요금이 그대로이다.

통상, 프로젝트 회사가 공사비용 증가 관련 위험을 부담하며, 프로젝트 회사는 해당 위험을 확정금액 건설계약을 통해 시공사에게 전가한다. 다만, 시공사가 특정 위험을 인수하지 않거나, 위험을 전부 인수하면, 공사 금액이 너무 올라서 프로젝트의 금융조달이 어려워질 수 있다. 이러한 위험에는 공사비용 증가를 발생시키는 법률 개정, 세금 관련 사항 변경 등의 비상위험이 있다.

비상위험은 통상 전력 구매자가 부담하는데, 이는 전력 구매자가 프로젝트 회사보다 비상위험 관련 상황을 통제하는 데 유리한 위치에 있는 것으로 간주되기 때문이다.

공사 지연(Delay). 공사 지연 관련 위험을 누가 부담할 지 또한 중요하다. 전력 구매자가 예상한 시점에 전력을 활용할 수 없게 되면, 전력 구매자는 설비용량 제한(capacity constraints)에 직면할 수 있다. 일정에 확실성을 기하기 위해, 전력 구매자는 통상 프로젝트 회사가 공사를 사전에 협의한 일자까지 완료하도록 요구한다. 이를 바탕으로 프로젝트 회사는 건설계약을 통해 시공사와 완공 일자를 협의한다.

프로젝트 회사가 공사 일정을 준수하지 못하는 상황은 장비 인도 지연 등의 사유로 발생할 수 있다. 일정 미준수에 대해 전력 구매자는 프로젝트 회사에 대한 용량요금 지급을 연기할 수 있으며, 지연에 대한 손해배상금 지급을 요구한다. 프로젝트 회사는 이에 따른 위험을 시공사에게 전가한다.

다만, 프로젝트 회사가 모든 형태의 지연에 대한 책임을 지지는 않는다. 예컨대, 사업소재국 정부의 정치적 조치로 프로젝트가 지연된 경우, 프로젝트 회사(및 시공사)는 지연 사유를 해소하기 위해 필요한 기간 동안 이행 의무를 면제받는다. 비상위험에 따른 공사 초과비용이 발생한 경우와 마찬가지로, 전력 구매자는 프로젝트 회사보다 위험을 통제하는 데 유리한 위치에 있는 것으로 간주된다.

이행표준 미준수(Failure to Achieve Performance Standards). 전력판매계약에서는 프로젝트 회사가 전력 생산설비의 설비용량 및 열소비율(heat rate)를 감안하여 설정된 목표 수준의 성능을 달성하도록 요구하기도 한다. 사전에 합의된 목표 수준을 달성하지 못할 경우, 프로젝트 회사는 손해배상금을 지급해야 한다. 프로젝트 회사 또는 전력 구매자의 이행 지연 또는 과실이 아닌 다른 사유로 이행표준을 준수하지 못할 위험은 시공사가 통제할 수 있다.

[2] 운영(Operating)

개발도상국 내 발전 PF 관련 운영 위험은 통상 사업주와 운영자, 그리고 전력 구매자(및 사업소재국 정부)에게 배분한다. 운영 · 관리계약에서는 프로젝트 회사와 운영자 간의 위험을 배분하며, 전력판매계약에서는 프로젝트 회사와 전력 구매자 간의 위험을 배분한다. 운영기간 중에 발생하는 위험은 크게 두 종류가 있으며, 이는 초과비용 발생과 운영실적 부족이다.

초과비용(Cost Overrun). 운영 위험의 대부분은 운영계약 상 운영자가 부담한다. 일반적으로, 운영비용이 연간 예산을 초과할 경우, 운영자가 초과비용에 따른 손해배상금을 지급한다. 다만, 불가항력 또는 비상위험과 같은 상황으로 초과비용이 발생한 경우, 운영자의 책임이 면제되며, 운영비용 관련 예산이 증액된다.

프로젝트 회사와 전력 구매자 사이에서, 전력 구매자는 전력 구매 가격 중 전력 해당 부분의 운영비용을 프로젝트 회사에게 지급한다. 이때, 전력 해당 부분에는 사전에 합의한 운영 · 관리 비용이 반영되며, 운영 · 관리 비용은 물가 상승 및 환율 변동에 연동된다. 프로젝트의 실제 운영 · 관리 비용이 사전에 합의된 수준을 초과할 경우, 초과비용은 전력 구매자가 부담하는 것이 아니라, 운영자가 프로젝트 회사에게 손해배상금의 형태로 지급한다.

운영 위험은 통상 운영자가 부담하는데, 이는 운영자가 초과비용을 통제하는 데 가장 적합한 위치에 있기 때문이다. 불가항력, 비상위험, 또는 전력 구매자의 과실로 초과비용이 발생하면, 통상 전력 구매자가 프로젝트 회사에게 추가적인 운영비용을 보상한다.

운영실적 부족(Operating Performance Shortfall). 전력판매계약에서는 통상 프로젝트 회사에게 전력 생산설비가 설정된 목표 수준의 성능을 지속적으로 달성하도록 요구한다. 사전에 합의된 목표 수준을 달성하지 못할 경우, 프로젝트 회사는 손해배상금을 지급해야 하는데, 이는 통상 용량요금 인하의 형태로 이루어진다.

가장 흔하게 활용되는 이행표준에는 프로젝트의 예기치 못한 운전 정지(operational shutdown) 횟수, 설비 가용성(availability) 감소로 인한 전력 구매자의 프로젝트 설비용량 할당 제외(deration), 열소비율 저하 등이 있다. 프로젝트 회사 또는 전력 구매자의 이행 지연 또는 과실, 생산설비 결함 이외의 사유로 이와 같은 표준을 이행하지 못할 위험은 운영자가 부담한다. 단, 비상위험은 전력 구매자가 부담하며, 이외 불가항력 관련 위험은 프로젝트 회사가 부담한다.

[3] 연료(Fuel) 공급

개발도상국 내 발전 PF 관련 연료 위험은 통상 사업주와 연료 공급자, 그리고 전력 구매자(및 사업소재국 정부)에게 배분한다. 연료공급계약에서는 프로젝트 회사와 연료 공급자 간의 위험을 배분하며, 전력판매계약에서는 프로젝트 회사와 전력 구매자 간의 위험을 배분한다. 연료 위험은 크게 세 종류가 있으며, 연료 가격, 공급 및 운송 관련 위험이다. 일부 프로젝트의 경우, 프로젝트 회사와 연료 운송자가 별도의 계약을 체결하기도 한다.

가격(Price). 가격위험의 배분은 연료 공급자가 국영기업인지 여부에 일정 부분 영향을 받는다. 연료 공급자가 국영기업인 경우, 연료비는 프로젝트 회사를 거쳐 프로젝트 회사에게 관련 비용을 배상하는 전력 구매자에게로 전가된다.

연료 공급자가 국영기업이 아닌 경우, 연료 공급자는 통상 사전에 합의한 고정 금액을 물가 지수에 연동하여 부과한다. 연료 공급자는 물가상승의 영향을 제외하면, 연료비를 통제하는 데 가장 적합한 위치에 있는 것으로 간주된다. 전력판매계약에서 전력 구매자가 프로젝트 회사에게 지급하는 에너지요금 중 연료 해당 부분을 인상할 때도 동일한 물가 지수가 사용된다. 따라서, 프로젝트 회사는 물가 상승 관련 위험을 전력 구매자에게 전가하고, 전력 구매자는 이를 전력 소비자에게 전가한다.

공급(Supply). 일반적으로 발전 PF에서 발생하는 연료공급 관련 위험은 연료를 수입하는지 여부에 영향을 받는다. 연료를 수입하는 경우, 연료 공급자는 프로젝트 연료를 공급하지 못하면 프로젝트 회사에게 손해배상금을 지급해야 한다. 손해배상금의 규모는 프로젝트 회사가 연료 미공급으로 입게 된 수익기회 상실(revenues lost)과 전력 생산 불가에 따라 전력 구매자에게 지급해야 하는 배상금을 보상할 수 있는 수준이다.

다만, 불가항력의 경우 연료 공급자의 공급 의무가 면제되며, 해당 위험은 프로젝트 회사가 부담한다. 그러나 연료 공급자가 국영기업인 경우 정치적 불가항력(political force majeure)이 발생하더라도 이행 의무를 면제받지 않는다.

운송(Transportation). 공급과 유사하게, 연료 운송자는 프로젝트 연료를 운송하지 못하면 프로젝트 회사에게 손해배상금을 지급해야 한다. 손해배상금의 규모는 프로젝트 회사가 연료 미공급으로 입게 된 수익기회 상실(revenues lost)과 전력 생산 불가에 따라 전력 구매자에게 지급해야 하는 배상금을 보상할 수 있는 수준이다. 다만, 불가항력의 경우 연료 운송자의 운송 의무가 면제되며, 해당 위험은 프로젝트 회사가 부담한다. 그러나 연료

운송자가 국영기업인 경우 정치적 불가항력(political force majeure)이 발생하더라도 이행 의무를 면제받지 않는다.

[4] 시장(Market)

개발도상국 내 발전 프로젝트 관련 시장 위험은 전력판매계약을 통해 전력 구매자와 프로젝트 회사에게 배분한다. 시장 수요, 가격, 그리고 환율 변동 등과 같은 시장 위험은 통상 전력 구매자에게 배분하는데, 이는 전력 구매자가 시장 위험을 대비하고 분석 및 관리하는데 최적의 위치에 있는 것으로 간주되기 때문이다.

수요(Demand). 프로젝트 회사가 생산한 전력에 대한 수요 관련 위험은 전력 구매자의 용량요금 지급 의무에 달려 있는데, 이는 수요가 감소하더라도 용량요금 지급 의무가 유지되기 때문이다. 이 장의 앞부분에서 언급한 대로, 용량요금은 프로젝트 회사의 고정비용을 보상하기 위한 것이다.

가격(Price). 전력 구매자가 최종적인 전력 소비자에게 부과하는 전력의 시장 가격이 불충분할 위험 또한 전력 구매자가 부담한다. 즉, 고정비용에 상당한 용량요금과, 연료 및 가변 운영비용에 상당한 가변 운영 요금으로 구성되는 계약 요금(contract price)이 실제로 전력 구매자가 전력 소비자에게 부과하는 가격보다 클 수 있다.

물가상승(Inflation). 물가상승 위험에 대해서는 전력판매계약 내 용량요금 및 에너지요금을 통해 대응한다. 일반적으로, 물가상승에 따른 가격 인상의 위험은 전력 구매자가 부담하는데, 이는 물가상승 관련 지수가 물가상승의 **프로젝트에 대한** 경제적 영향을 대표한다는 추정에 근거한다.

통상, 운영자에게 지급하는 운영 수수료 등과 같이 사업소재국 외부에서 취득한 물품 및 용역 관련 비용은 경화 지수(hard currency index)와 연동되어 있다. 한편, 현지 노동비용 등과 같이 사업소재국에서 취득한 물품 및 용역 관련 비용은 현지화 지수(local index)에 연동되어 있다. 앞서 언급한 대로, 연료비는 통상 개별적인 연료 지수(fuel index)에 연동되어 있다. 프로젝트 채무에 대한 변동금리 관련 비용은 물가상승 지수가 아닌 프로젝트 회사가 선택한 LIBOR 등과 같은 기준금리에 연동되며, 이에 따라 실제 금리가 계약 체결 당시에 가정한 금리와 달라지게 된다.

***환율 변동*(Exchange Rate Fluctuations).** 일반적으로, 개발도상국 내 발전 프로젝트에는 통화 위험이 발생하는데, 이는 프로젝트 회사가 채무상환, 공사, 그리고 일부 운영비용 관련 채무는 경화(hard currency)로 지급하고, 수익은 사업소재국 현지 통화로 수취하기 때문이다. 이러한 위험에 대한 해결책으로 전력 구매자가 전력판매계약에 따라 프로젝트 회사에게 지급하는 대금을 지수에 연동하는 방법이 있는데, 해당 지수는 경화와 현지 통화 간의 환율 변동을 반영한다.

[5] 비상위험(Political)

법률 변경, 환전 또는 송금 불가, 몰수, 그리고 전쟁 및 민간 소요사태 등과 같은 비상위험은 통상 사업실시협약에서 다룬다. 사업실시협약에 관해서는 제14장에서 상세히 다루고 있다.

비상위험을 통제하기에 가장 적합한 주체인 정부가 프로젝트의 비상위험을 부담할 지 여부는 다양한 요인에 따라 달라진다. 이러한 요인에는 프로젝트가 사업소재국 정부의 정치적, 사회적, 그리고 경제적 목표에 가지는 중요성, 프로젝트에 대한 현지 참여 정도, 다자 및 양자기구의 참여 여부, 사업소재국 정부의 전반적인 신용도 등이 있다.

비상위험이 현실화될 경우 프로젝트를 보상하기 위해 사업소재국 정부가 제공하는 보장 및 보증의 방식에는 사업주가 최소한의 수익률을 얻을 수 있는 가격으로 프로젝트를 인수하도록 허용하거나, 프로젝트의 비용 증가를 보상하기 위해 정부가 추가 요금을 지급하는 방법 등이 있다.

19.24 Tolling 계약(Tolling Agreements)

일부 프로젝트의 경우, 전력 구매자가 생산설비 가동을 위한 연료 인도(delivery) 의무를 부담하기도 한다. 연료가 인도되면, 프로젝트 회사는 연료를 사용하여 전력을 생산하고, 전력 구매자에게 판매해야 한다. 이러한 구조에 적용하는 계약을 'Tolling 계약'[10]이라고 한다.

Tolling 계약은 주로 위험을 통제하기 위해 활용되는데, 전력 구매자는 tolling 계약을 통해 연료의 활용 가능성 및 연료 가격이 지닌 변동성 관련 위험을 더 잘 통제할 수 있게 된다.

10) 이러한 명칭은 도로 또는 다리를 통과할 때 지급하는 통행료에서 유래하였다. 사실상, 전력 구매자/연료 공급자는 연료를 프로젝트에 전달한 뒤 이를 전력으로 변환할 수 있는 권리에 대한 요금을 지급한다.

Tolling 계약의 주요 조항 대부분은 전력판매계약과 동일하나, 일부 중요한 차이점이 존재하는데, 이는 아래에 언급되어 있다.

[1] 연료의 활용 가능성 및 불가항력(Fuel Availability and Force Majeure)

전력판매계약에서 불가항력 사항은 통상 연료를 인도해야 할 의무가 있는 계약 당사자가 스스로의 잘못이 아닌 사유로 연료를 공급하지 못하는 경우에 발생한다. Tolling 계약에서는 전력 구매자와 연료 공급자가 동일하므로, 불가항력 사항으로 연료가 공급되지 않았을 때 전력 구매자가 프로젝트에 요금을 지급할 의무가 면제된다면, 프로젝트의 수익이 감소할 것이다. 따라서, 연료와 관련된 불가항력 사항이 발생한 경우에도 전력 구매자가 용량요금을 지급하도록 요구하는 것이 일반적이다.

[2] 연료의 효율성과 연료 사용(Efficiency and Fuel Use)

일반적으로 전력판매계약 체결 과정에서 연료의 효율성은 전력 구매자의 관심사항이 아니다. 하지만, Tolling 계약에서는 연료가 비효율적일 경우 전력 구매자가 전력 생산을 위해 연료를 더 공급해야 한다. 따라서, 프로젝트 운영자는 연료의 효율성(열소비율, heat rate)에 대한 최저 수준을 보장해야 하며, 종종 연료를 효율적으로 사용한 경우 운영자에게 보상금을 지급하기도 한다.

Part 6

신용보강 (CREDIT ENHANCEMENT)

Chapter **20**

PF 신용보강 (Project Finance Credit Enhancement)

20.01 PF의 신용보강 개요

이론적으로 PF에서는 구조화를 통해 위험을 모두 제거할 수 있으며, 대주단은 프로젝트 계약에서 발생하는 수입을 통해 채무를 상환받을 수 있다. 현실에는 제2~4장에서 언급한 PF 관련 위험들이 존재하기 때문에, 대주가 프로젝트 계약에만 의존할 경우 투자위험에 노출되게 된다. 따라서 신용도가 양호한 주체의 신용지원 또는 신용보강이 필요하다.

신용보강의 목적은 위험이 현실화된 경우 대주의 손실을 최소화하는 것이다. 신용보강은 각각의 상황 및 요인에 따라 사업주 또는 사업참여자의 직접 보증, 제3자 보증, 미확정 보증, 그리고 프로젝트 참여자의 도덕적 책임 부담 등의 방식으로 이뤄진다.

PF의 신용위험 중 가장 일반적인 형태는 프로젝트 채무 상환을 이행하지 못하는 경우이며, 일반적으로 사업주 또는 프로젝트와 연관된 제3자의 신용지원을 통해 신용위험을 경감한다. 개념상으로는 사업주가 근본적인 위험 부담자이나, PF의 무소구 원칙 때문에 사업주에게 위험을 배분하는 데는 한계가 있다. 따라서 사업주는 일부 위험은 직접 부담하면서, 특정 조건 하에서 지분을 출자하거나 보험, 제3자 보증, 신용장 등의 방식으로 신용을 보강하도록 요구 받는다.

어떤 방식의 신용보강을 사용할지를 검토할 때, 각 방식의 실익은 세부 조건, 이행을 위해 필요한 비용, 어려움, 소요 시간 등을 종합적으로 고려해서 판단해야 한다. 예컨대, 불가항력 위험을 경감하기 위해 보험 또는 제3자 보증 중 어떠한 방법을 사용할 지 판단하려면 보험료, 보험조건, 보험청구 이행에 소요되는 시간을 각각 보증료, 보증조건, 보증이행의 경우와 비교해 봐야 한다.

따라서, PF 위험 배분의 목적은 신용보강 장치를 결합하여 프로젝트 참여자들 간에 위험을 분산하는 것이며, 이를 통해 특정 주체에 위험이 집중된 소구금융 형태가 아닌 금융지원 가능한 PF 구조를 도출하는 것이다.

제3자 보증은 여러 금융방식에 중요한 구성요소이나, 신용보강은 제3자 보증 외에도 제한적 보증(limited guarantee), 간접 보증(indirect guarantee), 내재적 보증(implied guarantee), 부족분 납입 보증(deficiency guarantee), 보장 제공(comfort undertaking), 보험(insurance), 신용장(letter of credit), 보증인(surety obligations), 손해배상(liquidated damage), take-or-pay 계약, through-put 계약, put-or-pay 계약, 배상 의무(indemnification obligation), 추가출자(additional equity commitment) 등을 통해서도 가능하다. 결국, 신용보강 방식은 프로젝트를 구성할 때 정하기 나름이다.

개별 신용보강 방식은 별도의 계약서에 포함되어 있으며 전체 금융구조에 반영되어 있어야 한다. 따라서, 신용보강이 PF계약의 필수요소인 경우 신용보강 관련 계약서 완비는 금융종결의 선행조건이 되며, 만약 관련 계약서가 완비되지 않으면 채무불이행으로 간주한다. 끝으로, 신용보강은 대주에게 담보의 형태로 양도되어 직접 집행 가능해야 한다.

대주와 투자자가 위험 분담에 만족할 수 있는 신용보강의 방식은 특정 시점에 금융시장이 위험을 어떻게 판단하는가에 따라 달라진다. 예컨대, 기술력을 바탕으로 사업을 안정적으로 이행할 경우, 사업 초기에는 보증 등을 통한 신용보강이 필요하지만, 몇 년 후 신용보강이 불필요할 수 있다. 반대로, 사업소재국 정부의 정치적 성향이 변할 경우, 과거에는 신용보강이 필요하지 않았으나, 프로젝트 관련 정치환경의 변화로 갑자기 신용보강이 요구될 수 있다.

20.02 보 증

[1] 일반사항

다른 신용보강 방식과 마찬가지로, 보증을 통해 프로젝트 관련 위험을 프로젝트에 대한 직접 참여를 꺼리는 주체에게 전가할 수 있다. 또한, 프로젝트에 직접 참여하지 않고도 자본을 투자할 수 있도록 해준다.

프로젝트에 대한 보증의 가치는 보증인의 신용도에 의해 결정되며, 보증문구도 보증의 가치에 영향을 준다. 만약 보증서에 항변 포기(waiver of defenses)와, 절대적이고 무조건적인 채무보장 조건이 포함되지 않을 경우, 대주의 입장에서 신용보강이 충분히 되었다고 인정하기 어렵다[1).

1) Peter A. Alces, *The Efficacy of Guaranty Contracts in Sophisticated Commercial Transactions*, 61 N. CAR. L. REV. 655 (1983) 참고

[2] 사업주 보증

PF 보증은 사업주 또는 제3자가 제공하며, 사업주가 직접 보증인이 되는 경우가 가장 일반적이다. 통상 사업주는 특수목적회사(프로젝트 회사)를 설립하여 프로젝트를 수행하도록 하는데, 특수목적회사는 채무 이행 위험에 대응할 충분한 자본이나 신용도를 보유하고 있지 않다. 따라서, 사업주는 신용보강을 통해 위험을 경감해야 금융종결 단계에 이를 수 있다. 이때 필요한 신용보강은 대개의 경우 사업주가 프로젝트 회사의 채무에 대해 보증을 제공하는 형태로 이뤄진다.

사업주 보증은 사업 목적과 프로젝트 진행 필요에 따라 다양한 형태로 구성된다. 예컨대, 사업주가 프로젝트 시공사로서 완공의무를 지고 있는 경우 완공계약(Completion agreement)을 체결한다. 사전에 합의된 대로 완공될 경우, 완공계약이 소멸되고 사업주의 채무도 소멸되므로, 사업주는 다른 프로젝트에 유사한 보증을 제공할 수 있게 된다.

따라서, '완공(Completion)'을 어떻게 정의하는지는 협상과정에서 매우 중요하며, 일반적으로 프로젝트의 완공 여부는 독립적인 엔지니어의 설비 점검 등을 통한 계약이행보증 조건 이행 여부 확인, 환경규제 요건 충족, 그리고 차주(프로젝트 회사)의 완공증명서를 검토하여 판단한다.

만약 사업주의 신용도가 낮아 위험 경감이 불충분할 경우, 제3자를 통한 신용보강이 필요하다. 이때, 프로젝트 참여자는 사업 성공 시 경제적 이익을 얻으므로 제3자 보증 제공을 요구 받을 가능성이 있다. 예컨대, 원재료 공급자가 금융지원이 이루어져야 공급이 가능하다고 판단하거나, 사업주가 금융지원 없이 시장에서 경쟁이 어려울 것으로 예상할 경우, 보증을 제공할 유인이 있다. 이외에도 제품 공급 여부에 크게 영향을 받는 제품 구매자, 프로젝트 완공 시 경제적 이익을 얻는 도급계약자들이 보증을 제공하려고 할 것이다.

[3] 제3자 보증

제3자 보증 제공자는 대개 직접적이며 무조건적인 PF 보증을 제공하는 것을 기피한다. 특정한 금융 형태에서 대주는 보증인의 의무가 제한된 보증을 받아들이기도 하는데, 이러한 보증의 예로는 제한적 보증, 간접 보증이 있다.

일반적으로 사업주, 사업소재국 정부, 양자 및 다자 기구(bilateral and multilateral agencies), 원재료 공급자, 설비 시공자, 도급계약자, 제품 구매자 등 프로젝트 참여자가 PF 보증을 제공한다.

[4] 보증과 풋옵션의 차이

보증인이 대지급을 통해 보증을 이행하고 수익자(beneficiary)의 권리를 대위변제해도 원 채무자의 채무가 소멸되는 것은 아니다. 즉, 원 채무자의 보증 수혜자에 대한 채무가 보증인에게로 전가될 뿐이다. 아래에서도 언급되겠지만, 풋옵션의 경우 옵션을 실행하면 계약관계가 즉시 소멸되므로 보증과는 차이가 있다.

[5] 담보 제공

보증의 가치는 보증인의 현재, 그리고 미래의 신용도에 따라 달라진다. 따라서, 보증을 제공할 때 수익자에게 전용 은행계좌와 같은 담보를 제공하거나, 보증인이 지켜야 하는 다양한 특별약정 조항을 두는 경우가 많다. 만약 특별약정을 위반할 경우, 프로젝트 관련 대출계약 또는 보증에 대한 불이행이 발생하게 된다. 후자의 경우, 보증인은 수익자가 직면하는 보증 불이행 관련 위험을 경감하기 위해 현금, 신용장, 또는 이에 상응하는 담보를 제공하도록 요구 받을 수 있다.

20.03 국제보증

[1] 일반사항

해외 PF의 성패는 신용도가 양호한 프로젝트 참여자가 다른 참가자의 채무를 대신 부담하기로 합의하는지에 따라 결정되는 경우가 있다. 예를 들면, 금융지원 조건에 국제보증(international guarantee)을 포함하거나, 프로젝트 개발자가 지분투자자의 추가적인 위험 경감을 위해 신용보강을 요구하는 경우가 있다.

국제보증을 활용할 경우 특별히 고려해야 하는 점에는 보증조건에 대한 다양한 해석, 변제 및 통화 위험, 세금 문제, 외국법 등이 있다.

[2] 보증조건에 대한 다양한 해석

보증서 내 '무조건적인(absolute, unconditional)'과 같은 문구는 보통 보증인에게 대지급 또는 계약이행을 요구하기 위한 다른 조건이 없다는 것으로 해석되지만, 국제금융시장에서 이러한 문구를 사용할 때는 주의가 필요하다. 왜냐하면, 국제금융시장에서는 보증인의 의무에 대해 추가적인 협상이 필요하며, 표준화된 보증 문구 또는 서식이 많이 사용되지 않기 때문이다. 따라서 보증 문구를 사전에 명확히 정의해 두어야 구속력을 확보할 수 있고, 법원마다 판결이 다를 경우 발생하는 문제를 막을 수 있다[2].

[3] 변제 및 통화 위험

보증인이 보증조건에 따라 변제하는 경우 어떤 통화를 사용하도록 되어있는지도 고려해야 한다. 특정 통화가 명시되어 있지 않은 경우 환율 변동에 따라 수익자가 막대한 피해를 입을 수 있기 때문이다.

통화를 지정하지 않은 경우에는 준거법으로 보증조건을 해석하는데, 영국에서는 근거 계약에 가장 밀접하게 연관된 통화를 사용하도록 한다.

한편, 보증조건 중 다중통화(multi-currency) 조항도 유의해야 한다. 다중통화 조항은 보증인이 변제할 때 피보증인이 지급하기로 되어 있는 통화가 아닌 다른 통화로 할 경우 발생 가능한 손실을 막기 위한 것으로, 별도 협의를 거쳤거나, 보증인이 통화 전환에 따른 손실을 보장해주기로 한 경우 외에는 다른 통화로 변제하지 못하도록 해야 한다.

법원의 보증이행 판결에 따라서도 통화 관련 불확실성이 발생할 수 있다. 예컨대, 외국 법원에서 외국 통화로 지급하도록 판결할 경우 수익자가 손실을 입을 수 있으며, 법원 소재지 통화로 지급하도록 하는 외국 판결도 비슷한 효과를 갖는다.

수익자는 판결일자와 실제 지급일자가 다른 경우 각각에 적용되는 환율 차이로 손실을 입을 수도 있으므로, 면책조항(indemnity clause)에 이를 적절히 반영하여 위험을 차단해야 한다.

[4] 세금 문제

프로젝트에 수반되는 거래에 대해 소재지 법 상 원천징수세가 부과되는지 여부도 확인해야 한다. 만약 그렇다면, 보증수혜자는 보증인에게 세금 부과액만큼 보상할 것을 요구해야 한다. 세금 관련 법 또는 조항은 정기적으로 개정되므로, 보증수혜자는 현행법 상에 원천징수세 조항이 없더라도 세금 부과액에 대한 보상 관련 조항을 검토할 필요가 있다.

---

2) Raymer McQuiston, *Drafting an Enforceable Guaranty in an International Financing Transactions: A Lender's Perspective*, 10 INT'L TAX & BUS. LAW. 138 (1993) 참고

[5] 외국법

준거법은 보증 적용이 순조롭게 진행되고, 관할 법 체계 하에서 보증인과의 중재가 순조롭게 진행되어 보증 이행의 구속력을 확보할 수 있는지 여부를 검토하여 선택해야 한다[3].

20.04 제한적 보증

[1] 일반사항

일반적으로 보증의 보증인은 제3자(보증수혜자)의 의무를 직접적, 무조건적으로 이행한다. 보증금액이나 기간이 제한된 보증은 최소한의 신용보강으로 프로젝트에 대한 금융지원을 유도하기 위해 사용된다. 이러한 방식은 보증인의 신용도와 재무상태에 큰 영향을 끼치지 않으면서 프로젝트의 신용을 보강해준다. 보증이 프로젝트의 건설기간 동안에만 유효하거나, 사전에 금액을 계산할 수 있는지 여부에 관계 없이 보증금액이 한정된 경우가 제한적 보증에 해당한다. 설계 변경 또는 법률 개정으로 완공을 위해 추가 자금이 필요한 경우 보증인이 이에 필요한 자금을 지원하는 초과비용 보증(cost overrun guarantee)이 두 번째 경우의 예가 될 수 있다.

[2] 환수보증(Claw - back)

환수보증은 사업주, 지분투자자 등 프로젝트 관련 주주가 제공하는 보증으로, 사업 운영 과정에서 원리금 상환이나 자본금 증자 등을 위한 자금이 필요한 경우 주주들이 이미 지급받은 배당금 등의 수익을 프로젝트 회사에 반환해야 한다.

[3] 현금부족분 보증(Cash Deficiency)

현금부족분 보증은 보증인이 프로젝트 회사의 현금부족분만큼 추가 출자를 하기로 약속하는 보증이다. 이러한 형태의 보증은 보통 사업주가 제공하나, 어떤 경우 사업주 외에 다른 프로젝트 참여자가 제공하기도 한다.

---

3) 보증 계약의 준거법에 대한 상세한 논의는 주석 2 문헌 참고

[4] 완공보증(Completion)

완공보증은 통상 사업주가 제공하며, 공사 완공이 지연되어 예정된 시기와 초기에 편성된 예산으로 운영이 어려워지는 초과비용 위험을 경감하기 위한 장치이다. 이 경우 사업주는 공사 완공과 상업운전 수행을 위해 필요한 자본 추가 출자, 완공을 포기한 경우 프로젝트 관련 채무 상환, 후순위 대출을 통한 초과비용 지급 약정, 초과비용 발생시에도 대출원리금 상환비율을 계획대로 준수하는 등 완공과 관련한 특정 조치를 취하기로 합의한다.

완공보증의 대상에 포함되는 공사비용에는 자본금, 설비, 공사 용역, 그리고 공사기간 중 이자(construction period interest) 등 완공에 필요한 비용 등이 있다. 완공보증에서 '완공'을 어떻게 정의하는지는 매우 중요한데, 이 내용은 제12장에 자세히 설명되어 있다.

사업주는 완공 위험을 단독으로 부담하지 않고, 공사 계약, 장비 공급계약 및 부대 서류 작성 과정에서 시공사, 장비 공급자 등 공사 참여자의 귀책으로 발생한 초과비용의 부담 의무를 협의하여 위험을 전가한다.

[5] 무조건 보증(unlimited guarantees) 관련 위험

제한적 보증과 달리 제한이 없는 무조건 보증은 단순히 보면 최선의 위험 경감 장치인 것 같으나, 이와 같은 백지수표의 존재를 비밀로 할 수 없기 때문에 실제로는 위험 경감에 도움이 되지 않는다. 예컨대, 사업주가 제공하는 무조건적인 완공보증은 시공사와 사업소재국 정부, 물품 구매자 등 프로젝트 참여자들에게 매력적인 자금원(pool of cash)으로 비춰지고, 그 결과 프로젝트의 사업성이 훼손될 지경이 되도록 공사 비용이 확대될 수 있다. 제한된 공사예산을 통해 얻는 효율성은 PF의 중요한 보호수단 중 하나인데, 이것이 단순한 신용보강 장치 하나 때문에 무력화되는 것이다. 그 결과, 공사가 완공되더라도 사업주는 설비를 운영할수록 손해를 보게 되므로 프로젝트 자체를 포기할 것이며, 대주는 결국 원리금을 상환 받지 못하게 된다.

20.05 간접 보증

앞에서 언급한 직접적, 제한적 보증과 달리, 간접 보증은 프로젝트 참여자의 자체 신용(underlying credit)을 기반으로 한다. 간접 보증에서는 보증 계약 하에서 이루어지는 보증인에 대한 항변(defenses)이 필수적이지 않다. PF에서 가장 흔한 간접 보증은 수익창출 계약이다. 이러한 계약은 일반적으로 제품의 경우 take-or-pay 형태, 용역의 경우 through-put 형태, 그리고 take-and-pay 형태이다.

[1] Take-or-pay 계약

Take-or-pay 계약은 판매자와 구매자가 제품이나 용역을 특정일에 특정 가격으로 구입하기로 약속하는 형태이다. 이때 구매자는 제품이나 용역의 인수여부와 관계없이 무조건적으로 대금을 지급해야 한다.

Take-or-pay 계약은 광물자원 매매계약, 도시 내 고체폐기물 소각 용역 계약, 외항선 PF에서의 용선계약 등 다양한 프로젝트 환경에서 활용된다. 계약이 PF의 유일한 수익 원천인 경우, 계약서 상의 대금은 사업주가 원리금을 상환하고 운영비용을 충당할 수 있을 만큼 충분해야 한다. 또한, 계약기간이 최소 프로젝트 대출 만기 이상인 장기이므로, 물가상승 등의 요소를 반영할 경우 가격이 오를 수 있다.

[2] Take-and-pay 계약

Take-and-pay 계약은 구매자가 제품을 인수할 경우에만 대금을 지급할 의무가 있는 점을 제외하면 Take-or-pay 계약과 비슷하며, 따라서 Take-and-pay 계약에는 무조건적인 의무에 해당하는 조항이 없다. 예컨대, 소규모 발전 PF에서 전력 국영기업과 전력판매계약을 체결할 경우, 전력이 공급되면 전력 국영기업은 사업주에게 사전에 약속한 금액을 지급하므로 고정적인 수입원을 확보할 수 있다. 따라서 전력판매계약은 프로젝트의 연속적인 수익을 보장해주는 간접 보증의 역할을 한다.

[3] 기타

간접 보증의 다른 예로는 추가자금 지원 약정, 특정 조건 하에서 대주의 대출채권을 매입할 의무가 발생하는 대출채권 매입 계약, 그리고 프로젝트 자산 매입 계약 등이 있다. 이러한 계약들의 공통적인 목적은 프로젝트가 요구대로 완공되지 않거나, 다른 문제가 발생하여 프로젝트의 수익성이 악화되어 관련 의무를 이행하지 못하게 되는 경우에 프로젝트 채무를 상환하거나 줄이는 것이다.

20.06 내재적 보증 및 이행

[1] 일반사항

PF에서 내재적 보증은 보증인이 자체 신용을 바탕으로 프로젝트 운영에 필요한 지원을 제공하기로 대주에게 확약하는 수단을 가리킨다. 내재적 보증은 때로 법적 구속력이 없고, 따라서 재무제표 공시에 포함해야 할 의무도 없다.

사업주가 모기업 지원 또는 프로젝트 성공으로 얻게 될 경제적 이익을 고려하여 프로젝트 회사에 지분을 출자하면, 대주단은 이를 통해 사업주의 프로젝트에 대한 지속적인 지원 의지를 확인하고 안심할 수 있다.

[2] 지원보장서(보장장, Comfort Letter)

지원보장서는 내재적 보증의 한 예인데, 이 경우 대주가 우려하는 위험 요소를 다루는 주체가 보장자(guarantor)가 된다. 지원보장서에는 신용도가 우수한 모기업이 채무자에 대한 지분 전액을 지속 보유하겠다는 확약, 프로젝트 회사를 매각하지 않겠다는 의지, 프로젝트 회사의 회사명에 모기업 회사명 일부를 포함시키고 대출기간 동안 회사명을 유지하겠다는 의지, 프로젝트 운영을 감독하겠다는 사업 방침의 선언 등이 포함되어 있다.

대주가 위의 상황들에 대해 어떤 보장을 택할 지는 주관적인 판단의 영역이다. 지원보장서는 보통 의향서(statement of intent), 사업방침서(statement of business policy) 등의 형태로 작성되며, 시간이 지나면 바뀔 수 있다. 지원보장서는 법적 책임이 있는 보증서가 아니다.

20.07 풋옵션(매도 청구권, Put Options)

[1] 일반사항

PF에서 풋옵션은 사업주와 소수 지분 투자자, 대주단 등 프로젝트 참여자 간의 계약이며, 지분 반환(equity return), 채무 상환과 같은 특정 조건을 충족하지 못하는 경우 사업주가 지분권을 매입하거나 채무를 인수하기로 동의한다.

[2] Regulatory Put

PF의 풋옵션 중 regulatory put이 가장 일반적이다. 이러한 형태의 옵션은 계획에 따른 지분 반환과 프로젝트 회사에 대한 경영 참여 최소화를 희망하는 소수 지분 투자자가 지분 보유 때문에 규제 대상이 되는 위험을 피하고 싶어하는 경우에 활용된다. 현행 또는 향후 제·개정될 일부 법령의 규제 대상이 되는 경우, 투자자는 규제를 피하기 위해 사업주가 자신의 지분권을 인수하기를 희망할 것이다.

[3] 보증과의 차이점

풋옵션의 경우 해당 옵션을 실행하면 계약 관계가 소멸된다. 채권 서류(debt instrument) 또는 지분권을 사전 합의된 옵션가격에 양도하면, 대주 또는 지분 투자자의 권리가 소멸된다. 보증의 경우, 보증인이 변제를 이행해도 피보증인, 즉 원 채무자의 채무가 소멸되는 것이 아니라, 보증인이 보증 수익자의 권리를 대위변제하는 것이다. 다시 말해, 원 채무자의 수익자에 대한 채무가 보증인에게로 전가될 뿐이다.

계약구조에 따라 보증이 이행된 후에 수익자가 원 채무자와의 계약 변경을 시도할 수 있다. 이 경우, 계약 변경이 완료되어 원 채무자가 계약내용을 모두 이행할 때까지 보증인은 대위변제를 유예해야 할 수 있다.

20.08 신용장(Letters of Credit)

신용보강의 또 다른 방식인 신용장은 은행과 같이 지급능력이 양호한 주체의 지급 의무와 신용도를 활용하여 자본 부족 등으로 지급능력이 부족한 프로젝트 회사의 지급 의무와 신용도를 대체하는 계약이다. PF에서 보증 신용장(standby or guarantee letter of credit)은 프로젝트 회사가 원리금 상환 또는 프로젝트 이행과 같은 계약사항을 위반하는 경우를 대비하는 수단으로 사용된다.

예컨대, 공기 내 공사를 완공하지 못할 경우 발생하는 손해배상 지급을 보장하기 위해 물품 구매자는 프로젝트 회사에 신용장을 요구할 수 있다. 이때 신용장은 건설 계약상 시공사의 의무 불이행 또는 신용장에 명시된 다른 의무의 불이행을 '대기(stand by)'한다.

20.09 보증 의무(surety obligation)

공사가 완공되어 설비 운영을 통해 기대한 수익을 창출하기까지의 신용위험은 일반적으로 완공보증을 통해 경감한다. 완공보증은 공사 완공 및 일정 수준 이상의 생산능력 및 효율성 확보를 보장한다. 완공보증은 보통 시공사가 제공하지만, 때로는 보증인이 계약이행보증 또는 지급보증을 제공하여 위험을 분담하기도 한다.

[1] 입찰보증(Bid Bonds)

입찰보증은 프로젝트 또는 계약에 입찰할 때 함께 제출하는 보증으로, 주로 사업소재국 정부가 인프라 구축 프로젝트에 낙찰된 사업주의 사업 이행을 보장받기 위해 요구한다. 입찰보증금은 유동적이며, 대개 계약금액의 1~2% 수준이다.

[2] 이행보증(Performance Bonds)

이행보증은 주로 건설계약에 대한 신용보강 수단으로 자주 사용되며, 보증인이 프로젝트 회사에게 보증서를 발급하면 프로젝트 담보의 일부로 대주에게 양도된다. 만약 시공사가 건설계약 조건을 이행하지 못할 경우 보증이행을 청구할 수 있으며, 보증인이 계약의 이행을 유도하여(cause) 프로젝트가 완공되도록 한다.

[3] 지급보증(Payment Bonds)

지급보증도 이행보증과 마찬가지로 주로 건설계약에 대한 신용보강 수단으로 사용되며, 보증인이 프로젝트 회사에게 보증서를 발급하면 프로젝트 담보의 일부로 대주에게 양도된다. 만약 시공사가 공사 지연에 따른 손해배상과 같이 건설계약에 명시된 비용을 지급하지 못할 경우 보증이행을 청구할 수 있으며, 보증인이 해당 비용을 대신 지급한다.

[4] 하자보수보증(Warranty Bonds)

하자보수보증, 혹은 유지보수보증은 시공사가 프로젝트 회사에 제공하는 보증으로, 완공설비에 하자가 있는 경우 시공사가 건설계약에 명시된 하자보수 기간 내에 수리 또는 교체를 이행하지 않을 위험에 대한 안전 장치이다. 하자보수보증도 프로젝트 담보의 일부로 대주에게 양도되며, 보증규모는 이행보증과 지급보증 규모 범위 내로 책정되기도 한다.

[5] 유보금환급보증(Retention Money Bonds)

제15장에서 이미 언급된 대로, 보통 건설계약에는 시공사에게 계약 이행에 따라 정기적으로 지급하는 공사대금의 일정 비율을 완공 시까지 지급 유보하도록 한다. 시공사는 프로젝트 회사에 유보금환급보증을 제공하여 프로젝트 완공을 보장함으로써 유보된 공사대금을 미리 지급받아 사용하기도 한다. 공사가 완공되지 않을 경우, 프로젝트 회사는 유보금환급보증의 보증금액을 활용하여 완공에 사용한다.

[6] 임금 및 자재대금 지급보증(Labor and Material Payment Bond)

일반적으로 원재료 공급자, 판매자, 하도급자(subcontractor)들은 계약 이행 또는 물품 납품 대금을 받지 못할 경우를 대비해서 프로젝트 관련 담보권(lien)을 가지며, 담보권은 사업소재국 해당 법을 따른다.

많은 경우, 프로젝트 회사는 시공사에게 대금을 지급한 뒤에 문제가 발생하면 같은 금액을 다시 물품 공급자, 판매자, 하도급자에게 지급해야 할 수 있다. 이러한 위험을 차단하기 위해 프로젝트 회사는 시공사에게 물품 공급자나 판매자, 하도급자에 대한 대금 지급을 보장하는 임금 및 자재대금 지급보증을 제공하도록 요구할 수 있다.

20.10 상업 보험(Commercial Insurance)

[1] 일반사항

PF에서 상업 보험은 중요한 신용보강 수단이다. 경감되지 않은 프로젝트 위험에 대한 보험료가 합리적일 때, 사전 합의된 최소의 위험을 자가보험(self-insurance)하는 보험 프로그램에 가입한다. 이러한 보험 조건에는 현실적인 수준에서 책정된 공제항목, 원리금 상환 및 운영비용 충당에 필요한 현금흐름을 저해하지 않는 자가보험 수준, 그리고 적격 보험회사의 신용도와 안정성 수준이 포함된다.

[2] 상업 보험과 프로젝트 대주

보험상품은 대주에게 매우 중요하기 때문에, 대주는 아래에 언급되는 것과 같이 손실에 대한 보호조항과 부가적인 권리를 요구한다.

추가적인 피보험자(Additional Insured) 추가적인 피보험자[4]는 프로젝트 회사 이외에 보험계약에 따라 이익을 얻는 주체를 말한다. 대주가 추가적인 피보험자로 지정되었다고 해서 보험료를 지급해야 하는 것은 아니지만, 때로 담보가치를 확보하기 위해 보험료를 지급할 수도 있다.

프로젝트 회사의 정관에 추가적인 피보험자로 등재되면 대주는 마치 별도 부보된(covered) 것으로 간주된다. 그러나, 보험금 수혜자(손실 수익자, loss payee)로 등재되지 않으면 보험금을 지급받지 못할 수도 있다는 점을 주의해야 한다.

보험금 수혜자(Loss Payee) 대주가 보험금 수혜자로 등재되면, 손실 발생시 보험금이 프로젝트 대주에게 가장 먼저 지급된다[5]. 통상 보험금 수혜자 관련 조항에는 프로젝트 회사와 대주 간 상호 관계에 의거하여 보험금을 지급하도록 명시되어 있다. 따라서 대주는 대출금 규모를 상한으로 하는 보험금에 대한 소유권을 가지게 되고, 대출 계약서들을 토대로 보험금을 사업 재건에 사용할 지, 또는 프로젝트 채무의 원금 상환에 사용할 지를 판단하게 된다. 물론, 제3자 채무보험의 경우에는 프로젝트 회사와 대주 모두 보험금을 받을 수 없다. 추가적인 피보험자의 경우와 마찬가지로, 대주에게는 보험료 지급 의무가 없다.

무효 방지 조항(Non-vitiation Clauses) 프로젝트 대주는 추가적인 피보험자, 보험금 수혜자 관련 보호장치 외에도 상업 보험 계약에 무효(또는 계약 불이행) 방지 조항을 추가하도록 요구한다. 일반적으로 보험회사는 피보험자의 부실고지(misrepresentation), 비밀유지 위반, 보증 위반(breach of warranty), 또는 단순 착오를 사유로 보험 계약을 무효화할 수 있는데, 이들 각각의 경우는 대주가 실사 과정에서 판단하기 매우 까다롭고, 대출기간 중에 점검하는 것이 불가능하다. 이때 무효 방지 조항은 보험회사가 보험 계약을 무효화하거나, 보험금 수혜자인 대주에 대한 보험금 지급을 거절하지 못하도록 한다. 하지만 이러한 조항은 협의가 매우 어렵고, 그 유효성이 보험시장 환경에 크게 영향을 받는다.

4) 어떤 경우 'additional named insured'는 현재 유효한 보험증권에 따른 피보험자를 의미하고, 'additional insured'는 최초에 발행된 보험증권의 피보험자를 의미하기도 하나, 종종 구분 없이 사용된다.

5) 사소한 청구의 경우 사전 협의된 금액을 프로젝트 회사에 직접 지급하도록 대출계약서에 명시된 경우도 있다.

재보험(Reinsurance) 일부 개발도상국들은 프로젝트 회사가 사업소재국(자국) 내에서 보험을 취득할 것을 요구하거나, 외환 관리를 통해 자국에서 보험을 취득하는 것과 동일한 효과를 얻으려 한다. 그러나, 프로젝트 대주는 사업소재국 보험회사의 신용도가 불충분하다고 판단할 수 있다. 또한 법률, 사법체계 등 해당국 고유의 위험들 때문에 사업소재국 보험회사와의 거래를 불안해 할 수 있다. 이 경우 대주는 전체, 혹은 대부분의 보험내용에 대해 국제 보험시장에서 재보험에 가입하도록 한다.

재보험은 재보험사와 프로젝트 회사 또는 대주 간에 어떠한 계약관계도 규정하지 않는, 단순히 보면 보험회사와 재보험회사 간의 보장 계약이다. 직접적인 상호관계가 존재하려면, 프로젝트 회사의 보험증권(policy)에 대한 보장(endorsement) 역할을 하는 cut-through 조항이 재보험 계약에 포함되어야 한다.

Cut-through 조항의 형태는 다양한데, 가장 완벽한 형태는 재보험금 지급 대상을 보험회사에서 특정 수령인으로 전용하는 경우이다. Cut-through 보증 조항(cut-through guarantee endorsement)도 재보험금 지급 대상을 보험회사에서 특정 수령인으로 전용하도록 하며, 원 피보험자 몫의 재보험금 지급도 보장한다.

Cut-through 조항은 지급불능 상황이 발생하는 경우 매우 중요해진다. 만약 원(primary) 보험회사가 지급불능 상태에 빠지면, Cut-through 조항은 해당국 파산법에 따라 재보험금 지급 대상을 원 보험회사(와 보험회사의 채권자들)에서 프로젝트 대주로 전용하도록 한다.

대위권 포기(Waiver of Subrogation) 대위권 포기조항은 PF 계약 시 관례상 요구되며, 일반적으로 보험회사는 변제와 동시에 피보험자가 제3자에 대해 가지고 있던 채권을 대위하게 된다. 즉, 보험회사는 피보험자에게 보험금을 지급하며 발생한 손실을 회복하기 위해 제3자에 소를 제기할 수 있다. 이 경우, 프로젝트 대주는 보험회사가 대주 또는 프로젝트 회사에 청구소송을 제기하는 것을 원하지 않는다.

근저당(Collateral Security) 마지막으로, PF 대주는 프로젝트 회사가 보험금과 보험증서를 담보로 제공하도록 요구한다. 이러한 조치는 보험회사에는 아무 영향을 미치지 않지만, 프로젝트 회사의 채권자들로부터 대주를 보호해준다.

보험 관련 기타 사항(Other Insurance Issues) PF 대주는 프로젝트 회사가 보험 관련 기타 사항들을 준수할 것을 요구한다. 보험 관련 기타 사항들에는 보험료 납부 증명서 제출,

보험 해지 또는 보험료 미납, 보험증서 수정사항 발생시 사전에 대주에게 취소 또는 변경 통지하도록 보험회사와 협의, 대주에게 미납 보험료 지급의무를 부과하지 않고 프로젝트 회사 대신 보험료를 지급할 수 있는 선택권을 부여하도록 협의하는 것 등이 있다.

[3] 상업 보험의 종류

PF의 위험을 경감할 수 있는 다양한 보험증권의 형태가 아래에 소개되어 있다. 보험계약은 나라별로, 그리고 시대별로 매우 다르기 때문에, 아래의 내용은 개별 조건에 따라 부정확할 수도 있다.

건설공사보험(시공사 위험 보험, Contractor's All Risks) 건설기간 중 PF 시공사들은 위험 보험과 같은 재물 손괴 보험(property damage insurance)에 가입하여 건설작업 중 공장 부지, 운송 단계, 공사현장에서 발생하는 손실 또는 손해를 이유 불문하고 배상하도록 요구 받는다. 이러한 보험은 프로젝트 회사가 설비를 인수하면 종결된다. 제작자의 위험 관련 보험계약은 명시적으로 제외된 경우를 제외한 설계, 원재료, 기술 결함에 따른 손해 등 모든 위험과 시운전 또는 검사기간 중에 발생하는 위험에 대한 보장에 적용된다. 그러나, 계약서상 면책사항에 해당하거나, 배송 또는 완공 지연에 따른 손해배상으로 발생한 손실은 보장하지 않는다.

상위손실보험(Advanced Loss of Revenue) 상위손실보험은 건설기간 중에 발생한 보험 가입된 (부보된) 손해로 지연이 발생하여 손실을 입는 경우를 대비한 보험이다.

해상적하보험(Marine Cargo) 해상적하보험은 화주가 설비나 원재료를 사업부지로 운송하는 과정에서 손상이 발생하는 경우를 대비한 보험이며, 하역 시 발생한 손실 보상도 포함한다.

해상상위손실보험(Marine Advanced Loss of Revenue) 해상상위손실보험은 보험 가입된 (부보된) 손해로 운송 지연이 발생하여 손실을 입는 경우를 대비한 보험이다.

운영보험(운영자 위험 보험, Operator's All Risks) 운영자 위험 보험은 상업운전 이후에 발생한 손실 또는 손해를 이유 불문하고 배상 받기 위한 보험이다. 설비가 사업부지 외의 장소에서 검사되거나 수리되는 경우의 위험을 보장한다.

운영자 손실보험(Operator's Loss of Revenue) 운영자 손실보험은 완공 후 발생한 물리적 손실 또는 손상으로 피해를 입는 경우를 대비한 보험이다. 공급자의 사업장에서 발생한 손실 또는 손상으로 입은 피해를 보장할 수도 있다.

제3자 보상책임보험(Third-Party Liability) 제3자 보상책임보험은 외형적인 상해나 재산상 손해에 대한 법적 의무로 발생하는 손해나 손실을 대비한 보험이다. 표준 보상책임보험의 보장범위에서 제외되는 경우는 계약 책임, 산재 보상, 실업 수당 및 장애급여 등이 포함된 고용주 책임, 자동차 손해배상 책임, 피보험자의 정상적인 영업과정에서 정기적으로 배출되는 오염물질로 인한 외형적인 상해나 재산상 손해 등을 포함하는 환경 파괴, 전쟁, 사용권 손실(loss of use), 지정된 피보험자의 생산물 관련 재산상 손해, 폭발, 붕괴, 지하(underground) 위험 등이 있다.

재해 발생에 따른 책임은 포괄책임 또는 초과책임 보험을 통해 대비한다. 포괄책임 보험은 주 보험의 보험범위를 넘어서는 부분을 보장하며, 초과책임 보험은 보상한도를 상향 조정한다.

고용주 책임보험/산재보상보험(Employers' Liability/Workers' Compensation) 고용주 책임보험 또는 산재보상보험은 고용인 사망 또는 부상으로 고용주가 법적 책임을 지거나 배상액을 지급하는 경우를 대비한 보험이다.

유한위험보험(Finite Risk) 유한위험보험은 다년간에 걸쳐 보험금을 지급받을 수 있는 보험이다.

무역보험(Trade Disruption) 무역보험은 해상보험의 일종으로, 재산상, 정치적, 운송, 불가항력을 포함하는 다양한 형태의 위험으로 인한 추가비용 및 손실을 보장한다.

[4] '시장에서 상업적으로 가능한' 조건(The "Commercially Available in the Marketplace" Standard)

계약 시 필요한 보험을 특정하기 어려운 경우, '시장에서 상업적으로 가능한' 경우에 한해 보험이 요구된다고 명시하는 경우가 있다. 그러나, 많은 국가의 경우 확립된 (established) 보험시장이 존재하지 않으며, 이러한 국가들의 보험회사들은 PF 거래에 수반되는 복잡한 위험들에 대처할 수 없거나, 프로젝트 참여자의 위험을 경감하기 위해 필요한 보험금을 지급할 수 없을 수도 있다. 따라서, 위와 같은 문구가 사용되는 경우에는 현실적인 보험시장이 적절하게 정의되어 있어야 한다.

[5] 외환 관리(Exchange Controls)

보험증서에 사업소재국 화폐단위를 표기해야 하는 경우가 있을 수 있다. 이 경우, 손실이 발생하면 보험금을 사업소재국에서 타국으로 보내는 것이 어려워질 수 있으며, 만약 보냈을 경우에는 환율 변동으로 손실이 발생할 수 있다. 이러한 상황이 중요해지는 경우는 상해가 발생하여 사업 재건을 포기하기로 결정했을 때이다.

보험금 환전을 사전에 승인할 수 있는 경우 이를 활용하면 되며, 현지 보험회사가 역외 재보험에 가입하도록 하여, 손실 발생시 재보험 계약상 보험금 지급대상을 프로젝트 회사로 지정해두는 것도 좋은 방법이다. 외환 관리에 대한 자세한 내용은 제3장에 소개되어 있다.

[6] 수출신용기관의 요구(Export Financing Requirements)

PF 금융조달의 일부가 수출신용기관을 통해 이루어질 경우, 금융지원을 받은 자산에 대해 보험에 가입하도록 요구할 수 있다. 이 경우, 수출신용기관이 속한 국가의 보험회사를 활용할 것을 요구한다.

20.11 비상위험 보험, B Loan 프로그램, 보증

[1] 일반사항

비상위험은 여러 가지 방법을 통해 경감할 수 있다. 제3장에서 이미 언급한 대로, 프로젝트를 구성할 때 안정적인 역외 현금흐름을 확보해 두면, 통화 이전 또는 환전 관련 위험을 줄일 수 있다. 제21장에 나와있는 것처럼, 국제금융공사(International Finance Corporation, IFC)와 같은 다자금융기구가 프로젝트에 참여하는 경우, 사업소재국 정부가 프로젝트 회사의 민간 채무 상환을 방해하는 것을 줄일 수 있다. 또 다른 방안은 비상위험 보험을 활용한 양자 또는 다자기구의 환급보증(repayment guarantee)을 취득하여 비상위험에 대응하는 것이다[6]. 이러한 기구 중에는 일본 통산성(현 경제산업성) 내 일본수출입보험국

(Japan Export－Import Insurance Department/Ministry of International Trade and Industry)과 미국 해외민간투자공사(U.S. Overseas Private Investment Corporation, OPIC)가 가장 규모가 크다. 마지막으로, 민간 보험회사의 비상위험 보험도 활용할 수 있다.

이때, '보험'이라는 용어가 일부 혼동을 불러일으킬 수 있다. 위험 보장범위는 한정되어 있으나, 보험금 청구 절차는 까다로운 편이므로, 위에 언급된 프로그램들은 사업소재국 내 정치 관행이나 절차에 민감한 사업관리 프로그램(project management program)을 완벽히 대신할 수 없다.

이번 절에서 논의된 대로, 양자 및 다자기구들은 비상위험 보험을 제공한다[7]. 양자기구들은 타국내에서 진행되는 프로젝트에 정통하지만, Caspian Sea Oil Pipeline이나 Bolivia－to－Brazil natural gas pipeline과 같이 국경을 넘어 진행되는 프로젝트의 경우 비상위험이 증가하므로, 여러 국가들을 걸쳐 이루어지는 대규모 프로젝트의 경우 다자기구가 더욱 능숙하게 수행할 수 있다.

[2] 국제투자보증기구(Multilateral Investment Guarantee Agency)

일반사항 국제투자보증기구(이하 MIGA)는 1988년에 설립되어 본부는 워싱턴 D.C에 소재하고 있으며, 2006년 7월 기준 168개의 회원국을 보유한 세계은행(World Bank) 그룹 소속기관이다[8].

MIGA 설립 협정문에 따르면, MIGA의 설립목적은 '회원국 간, 특히 개발도상국에 대한 생산적인 투자를 촉진하여 국제부흥개발은행(International Bank for Reconstruction and Development)과 국제금융공사(International Finance Corporation) 등 국제개발금융기관의 활동을 지원하는 것'이다[9].

---

6) Kenneth J. Vandevelde, *The Bilateral Investment Treaty Programme of the United States*, 21 CORNELL INT'L L. J. 201 (1988), Jurgen Voss, *The Protection and Promotion of Foreign Investment in Developing Countries: Interests, Interdependencies and Intricacies*, 30 INT'L & COMP. L. Q. 686, 686－88 (1981) 참고

7) S. Linn Williams, *Political and Other Risk Insurance: OPIC, MIGA, EXIMBANK and Other Providers*, 5 PACE INT'L L. REV.59, 64 (1993), Rodney Short, *Export Credit Agencies, Project Finance, and Commercial Risk: Whose Risk Is It, Anyway?*, 24 FORDHAM INT'L L. J. 1371 (2001) (수출신용기관이 장기 신용위험에 대한 보험을 제공해야 하는지에 대해 의문 제기)

8) 1985년 10월 11일에 MIGA의 설립에 대한 협정문이 채택되어, 1988년 4월 12일에 정식으로 발족하였다. (reprinted in 24 I. L. M. 1598 (1985); codified in Multilateral Investment Guarantee Agency Act, Pub. L. No. 100－202, Section 10(e) (1987), 101 Stat. 1329－34, 22 U. S. C. §2901c et seq.)

9) MIGA 설립 협정문(Convention Establishing the Multilateral Investment Guarantee Agency), art. 2 (1985년 10월 11일)

MIGA는 비상업적 위험에 대해 보증 및 보험(공동보험, 재보험 포함)을 제공하여 개발도상국에 대한 해외직접투자를 활성화하기 위해 설립되었다[10]. 이러한 설립 목적에 근거하여 MIGA는 (i) 환전 또는 송금 불가, (ii) 몰수, (iii) 전쟁, 혁명 및 민간 소요사태, (iv) 사업소재국 정부의 약정불이행 등에 대해 제한적인 보험을 제공한다. 한편, 보험 대상에 대해 개별적으로, 또는 결합하여 가입할 수 있다.

지원대상(Eligibility) 지원대상은 회원국이 개발도상국에 신규로 투자하는 경우이다[11]·[12]. 또한, 개발도상국에서 진행중인 프로젝트의 확대, 현대화(modernization), 금융구조 변경을 위한 투자와 민영화 투자도 지원 가능하다.

보험의 경우, 대주 또는 투자자의 본사 및 주 사업지역이 회원국(투자 대상 국가 제외) 내 소재하거나, 회원국 국영기업이 대주 또는 투자자의 지분을 과반수 보유해야 지원 가능하다[13].

MIGA는 지원대상 사업에 대한 참여 여부를 결정할 때, 내부 규정에 따라 사업의 경제성, 개발 효과, 현지 법 준수 여부, 사업소재국의 투자환경 등을 고려한다[14].

보험 대상(Coverage) MIGA는 지분투자와 대출에 대한 보험을 제공하는데, 채무 보험 대상은 지분투자자가 보증하는 중장기 대출과, MIGA의 투자 지원과 연계하여 상업적 대주(commercial lender)가 지원한 중장기 채무가 해당된다[15].

MIGA의 보험을 발급하기 전에 사업소재국의 승인이 필요하며,[16] 필요한 승인은 보통 MIGA가 직접 취득한다. 승인 과정을 통해 사업소재국 정부가 배상청구 위험(claims exposure)을 줄이는 방향으로 MIGA와 협조할 가능성이 높아지게 된다.

2006년을 기준으로 MIGA는 지분투자 1달러 당 은행 대출 4달러까지 보험 제공 가능하다. 투자자들은 앞서 언급된 4개의 보험 대상을 조합하여 선택 가능하다. 지분투자금액의 90%까지, 대출금액의 95%까지 부보 가능하다. MIGA는 최대 2억 달러까지 보험 가능하

---

10) 상동, art. 2(a)

11) 상동, art. 2(a)

12) 상동, art. 14. '개발도상국'은 협정문(convention)에 정기적으로 등재되는 국가를 의미한다. art. 3(c)

13) 상동, art. 13.

14) 지원대상 검토 시 고려하는 요소는 (i) 투자의 경제적 건전성 및 투자대상국의 발전에 기여하는 정도, (ii) 투자의 현지 법 및 규정 준수 여부, (iii) 투자가 투자대상국이 발표한 개발목표와 일치하는지 여부, (vi) 공정한 대우 및 투자에 대한 법적 보호가 가능한 지 여부를 포함한 사업소재국의 투자환경 등이다. 상동, art. 12(d)

15) 상동, art. 12(a), (b)

16) 상동, art. 15

지만, 필요한 경우 보험 신디케이션(syndication of insurance)을 통해 추가 지원도 가능하다. 한편, 국가별 한도는 6.2억 달러이다.

MIGA의 보험은 피보험자가 채무를 불이행하지 않는 한, MIGA가 자체적으로 취소할 수 없다. 피보험자는 보험가입 후 3년이 지나면 아무 기일(anniversary date)에나 해지할 수 있다.

MIGA가 지원하는 보험의 보험료는 위험도와 프로젝트에 따라 다르다. 세계은행의 리스크 관리부서는 MIGA가 개별 프로젝트에 지원 가능한 한도와, 개별 국가에 대한 익스포저 총합 한도를 정하고 있다.

환전 또는 송금 불가 위험(Currency Inconvertibility and Currency Transfer Risks)

MIGA는 지역 통화로 얻은 수익(이익, 원금, 이자, 자본금 등)을 외화로 환전하지 못하거나, 현지에서 보유하고 있는 외화를 해외로 송금하지 못하여 손실이 발생하는 경우를 대비한 보험을 제공한다. 이러한 보호장치는 사업소재국 정부의 조치 또는 방조로 인한 외환 취득의 과도한 지연, 외환 관련 법률 또는 규정의 불리한 변경, 그리고 외환 자체 부족 등의 사유로 환전이 불가한 경우에 활용 가능하다. 단, 보험 대상에 화폐가치 절하 관련 위험까지 포함되지는 않는다.

MIGA는 보험조건에 따라 보험금을 지급할 때 보험증서에 표기된 통화로 지급하며, 거래가 차단된 현지 통화로 지급된 경우, MIGA에서 환전해 준다.

몰수(Expropriation)

MIGA는 사업소재국 정부가 몰수, 점진적 몰수(creeping expropriation)(시간이 지나 몰수와 같은 효과를 나타내는 일련의 조치), 국유화, 자금 또는 유형자산 압류 등의 방식으로 프로젝트 자산 또는 투자자의 프로젝트 소유권을 취득하여, 투자금액의 전체 또는 일부에 대해 손실이 발생하는 경우를 대비한 보험을 제공한다. 단, 사업소재국 정부가 적법한 규제기구를 통해 선의의 무차별적인 조치를 취하는 경우는 보험 대상에 포함되지 않는다.

MIGA는 지분권을 전액 몰수당한 피보험자에게 투자금액의 순 장부가액만큼 보상하고, 자금 몰수의 경우에는 폐쇄자금(blocked funds)의 일정 비율만큼 보상한다. 부분 몰수의 경우, 금융 외 자산(non-fund assets)은 순 장부가액만큼 보상하고, 금융자산(funds)은 보험금액만큼 보상한다. 채무에 대해서는 잔여 원금, 지연이자, 그리고 미수이자를 보상한다.

보상금을 지급하기 전에, MIGA는 몰수된 투자와 관련된 모든 권리와 소유권, 이권을 양도할 것을 요구한다.

전쟁, 혁명 및 민간 소요사태(War, Revolution, and Civil Disobedience)

사업소재국에서 전쟁, 혁명, 폭동, 쿠데타, 테러, 사보타주 등이 발생하여 물리적 손해나 파괴, 유형자산의 소멸, 실질적인 사업 중단과 관련한 손실이 발생하는 경우도 MIGA의 보험 지원 대상이다. 단, 정치적 이유로 발생하여 보험에 가입된 자산이 손괴된 경우여야 한다.

전쟁 또는 민간 소요사태로 사업이 중단되어 프로젝트의 성공 가능성에 영향을 주는 경우도 보험 대상이다. 보험 기간은 보험증서에 미리 정해둔 시기까지 연장되며, 총 손실이 실현되어야 효력이 발생한다.

지분권의 경우, 손상된 자산의 순 장부가액, 교체비용, 또는 수리비용의 최소 금액을 피보험자에게 지급한다. 채무에 대해서는, 전쟁 또는 민간 소요사태로 손해가 발생하여 상환이 어려워진 잔존 원금과 지연/미수이자를 MIGA가 보상한다.

사업소재국 정부의 약정불이행(Breach of Undertaking by Host Government)

마지막으로, MIGA는 사업소재국 정부가 프로젝트 회사와의 계약을 불이행 또는 이행 거절할 위험을 대비한 보험을 제공하여 불이행에 따른 손실을 보장한다.

불이행 또는 이행 거절이 예상되는 경우, MIGA의 보험은 피보험자가 적정 시기 내에 해당 법정에서 분쟁에 대해 판결 받지 못할 위험과, 불이행에 대한 판결 또는 중재 판정을 집행할 권리가 부인될 위험을 대비하게 해준다. 이때, 투자자가 중재와 같은 분쟁해결 소송 절차를 적용할 수 있음이 계약서 상에 명시되어야 한다. MIGA는 해당 분쟁해결 법정에서 손해에 대한 판정이 이루어지고, 사업소재국 정부가 정해진 기간이 지나도록 지급을 거절할 경우 보험금을 지급한다. 한편, 사업소재국 정부의 조치로 분쟁해결 기구가 작동하지 않는 경우, 일정 기간이 지난 후 보험금이 지급된다.

보험기간(Length)

MIGA 보험의 보험기간은 보통 15년이 최대이나, 프로젝트의 성격에 따라 20년인 경우도 있다. 피보험자가 MIGA에 대한 계약의무를 불이행하지 않는 한 MIGA가 보험계약을 종결할 수 없으나, 피보험자는 계약 후 3년째부터는 아무 기일(anniversary date)에나 보험 대상을 축소하거나 해지할 수도 있다.

[3] 국제금융공사(International Finance Corporation)

국제금융공사(이하 IFC)는 세계은행(World Bank) 그룹 소속기관으로, 1956년에 개발도상국 내 민간 사업 촉진을 위해 설립되었으며, 본부는 워싱턴 D.C에 소재하고 있다. 세계은행은 정부를 대상으로 자금을 대여하는 반면, IFC는 민간부문에 대출 및 지분투자를 한다.

IFC의 프로젝트 참여는 추가적인 대출 및 지분 투자 유치를 촉진하는 것으로 인식되고 있으며, IFC는 대출 신디케이션과 증권 인수 분야에 적극 참여하고 있다.

환전 또는 송금 불가 위험(Currency Inconvertibility and Currency Transfer Risks)

IFC 협조융자의 금리는 양허성(concessionary) 금리 수준이 아니며, 때로는 높은 수준인 경우도 있어 상업 금융기관(commercial lenders)이 협조융자에 참여하는 유인으로 작용한다. 상업 금융기관은 IFC가 참여하는 사업의 경우 사업소재국 정부의 지원이 뒷받침될 것으로 기대하여 참여를 긍정적으로 검토한다. 실제로, IFC가 사업에 참여할 때의 가장 큰 장점 중 하나는 IFC가 추가적인 금융조달 원천을 동원할 수 있다는 점이다.

협조융자에서 IFC는 프로젝트에 자금을 지원한 후, 상업 금융기관에 "B" 융자 참여 관련 권리를 매각하고, "A" 융자 부분을 유지한다. IFC의 보장(umbrella) 하에서 상업 금융기관의 "B" 융자는 IFC의 "A" 융자와 동일하게 취급되는데, IFC가 계약을 체결하고(documents) 융자를 실행(administer)한 후, 상환금액과 담보를 IFC와 "B" 융자 금융기관 간 안분한다. 한편, "A" 융자에 대한 채무불이행은 "B" 융자에 대한 채무불이행을 의미한다.

IFC의 "B 융자"는 환전 또는 송금 불가 위험을 일부 대비하도록 해준다. "B" 융자는 IFC 등의 다자기구가 제공한 융자를 다른 금융기관에 매각하되, 다자기구가 직접 관리하는 형태이다. IFC가 개시, 종결 및 관리(administer)를 직접 수행하므로, 참여 은행은 다자기구가 지니는 선순위 채권자 지위(preferred creditor status)를 갖게 된다.

IFC가 참여하는 프로젝트는 일반적으로 사업소재국에 경제적 이익을 주기 위한 것이며, 대개 대상국가의 경화(hard currency) 획득을 증가시키는 형태로 이뤄진다. 그럼에도 불구하고, 정부의 채무보증이 없기 때문에 프로젝트의 성공가능성이 매우 중요하다.

일반적으로 IFC의 융자대상은 사업소재국 내 기업들이며, 해당국가의 법에서 허용하는 경우 외국인이 융자대상 기업의 지분을 보유할 수 있다.

[4] 세계은행 보증(World Bank Guarantees)

세계은행 또는 국제부흥개발은행(International Bank for Reconstruction and Development, IBRD)은 제2차 세계대전 이후 서유럽 지역의 재건을 위해 설립되었다. 이후 세계은행의 사업 영역은 지속적으로 개발되어, 전세계의 다양한 프로젝트에 참여하고 있다. 세계은행은 비영리 국제기구이며, 여러 국가 정부들로부터 재원을 지원받아 운영되고 있다. 세계은행에 대해서는 제21장에 자세히 언급되어 있다.

세계은행은 상업 금융기관이 개발도상국의 민간 분야에 지원한 융자를 보증해 주는데, 이때 사업소재국 정부의 복보증(counter guarantee) 지원이 필요하다. 세계은행이 보증하는 비상위험에는 환전 및 송금 관련 손실 발생, 사업소재국 정부(및 정부기관)의 계약 불이행, 채무 상환에 영향을 미치는 각종 규제 변경 등이 포함된다. 세계은행의 보증은 금액이나 기간에 제한이 없으나, 복보증 지원조건에 제약이 있다. 특히, IMF는 사업소재국 정부의 경제 전망을 위협하지 않는 수준에서 복보증 지원 총액의 최대치를 제한하고 있다. 사업소재국 정부의 복보증 지원이 요구됨에 따라, 세계은행의 PF 사업에 대한 보증 지원은 제한적으로 이뤄지고 있다.

환전 또는 송금 불가 위험(Currency Inconvertibility and Currency Transfer Risks)

세계은행은 상업 금융기관에게 비상위험에 대한 보증을 제공하는데, 보증금액은 대출금의 100%까지이며, 보증 대상이 되는 비상위험은 협상 가능하다. 보증 프로그램은 과거 Co-Financing and Financial Advisory Services 그룹이 관리하는 Expanded Co-financing Operation program(ECO)을 통해 제공되었다.

몰수(Expropriation)

세계은행은 몰수 위험에 대해서는 보증을 제공하지 않는다.

전쟁, 혁명 및 민간 소요사태(War, Revolution, and Civil Disobedience)

세계은행은 전쟁 등의 위험에 대해서는 보증을 제공하지 않는다.

사업소재국 정부의 약정불이행(Breach of Undertaking by Host Government)

세계은행은 사업소재국 정부가 프로젝트 회사와의 계약상 의무를 이행하지 않을 위험에 대비한 보증을 제공하여 불이행에 따른 손실을 보장한다.

[5] 아시아개발은행(Asian Development Bank, ADB)

ADB는 1966년도에 설립되었으며, 회원국은 아시아 내 47개국, 아시아 외 19개 선진국으로 이루어져 있다. ADB의 융자 대상인 프로젝트의 경우 비상위험에 대한 보증도 지원 가능하며, 프로젝트 비용의 50%에 대해 최대 1.5억 달러까지 사업소재국 정부의 복보증 없이도 지원 가능하다.

환전 또는 송금 불가 위험(Currency Inconvertibility and Currency Transfer Risks)

ADB는 사업소재국 정부의 의무 불이행으로 환전 및 송금 불가가 발생할 위험에 대비한 보증을 제공한다.

몰수(Expropriation)

ADB는 몰수, 국유화 또는 프로젝트 자산의 탈취에 대한 보증을 제공한다.

정치적 폭력(Political Violence)

ADB는 정치적 폭력 관련 위험에 대한 보증을 제공한다.

사업소재국 정부의 약정불이행(Breach of Undertaking by Host Government)

ADB는 사업소재국 정부가 프로젝트 회사와의 계약상 의무를 이행하지 않을 위험에 대비한 보증을 제공한다. 사업소재국 정부의 계약상 의무에는 사전에 합의된 규제 체계 유지, 국영기업의 필요 원자재 및 원재료 인도, 국영기업의 프로젝트 생산물 구매, 프로젝트 수행을 위해 필요한 인프라 구축 등이 있다.

[6] 미주개발은행(Inter-American Development Bank, IDB)

IDB는 1959년에 설립된 라틴아메리카 및 카리브해 회원국의 주요 대출기관으로, 현재 대부분의 라틴아메리카 및 카리브해 국가들이 주로 IDB를 통해 대외 채무를 조달하고 있다. 47개 회원국은 라틴아메리카 국가와 미국 등 선진국으로 이루어져 있다.

IDB는 상업 금융기관이 공공 및 민간 부문에 지원한 융자에 대한 보증을 제공하는데, 세계은행과 달리 사업소재국 정부의 복보증이 없이도 지원 가능하다.

개발도상국의 민간 부문에 지원한 융자의 경우, 보증대상은 계약 불이행, 환전 및 송금 불가 등의 비상위험이며, 프로젝트 비용의 50%에 대해 최대 1.5억 달러까지 지원 가능하다.

IDB는 상업 금융기관의 융자금에 대해 포괄적인 전위험(all－risk) 신용보증을 제공하는데, 프로젝트 비용의 25%(소규모 국가인 경우 40%)에 대해 최대 2억 달러까지 지원 가능하다.

최근 IDB는 10억 달러 규모의 보증지급형 대출(Guarantee Disbursement Loan program)을 신설하여, IDB 보증의 형태로 대출을 집행할 수 있는 옵션을 부여하였다. 이러한 보증구조는 차입자가 대출금의 전체 또는 일부를 보증서의 형식으로 인수한 뒤에, 민간 부문에서 차입할 때 신용보강 수단으로 활용할 수 있도록 한다. 이 경우, 프로젝트 대출금을 민간에서 차입할 때 차입금리를 낮추는 데 도움이 된다.

환전 또는 송금 불가 위험(Currency Inconvertibility and Currency Transfer Risks)

IDB는 환전 및 송금 불가 위험에 대한 보증을 제공하지만, 화폐가치 절하 관련 위험까지 보증하지는 않는다.

몰수(Expropriation)

IDB는 몰수 위험에 대해서는 보증을 제공하지 않는다.

전쟁, 혁명 및 민간 소요사태(War Revolution, and Civil Disobedience)

IDB는 전쟁 등의 위험에 대해서는 보증을 제공하지 않는다.

사업소재국 정부의 약정불이행(Breach of Undertaking by Host Government)

IDB는 사업소재국 정부가 프로젝트 회사와의 계약상 의무를 이행하지 않을 위험에 대비한 보증을 제공한다. 사업소재국 정부의 계약상 의무에는 사전에 합의된 규제 체계 유지, 국영기업의 필요 원자재 및 원재료 인도, 국영기업의 프로젝트 생산물 구매, 프로젝트 수행을 위해 필요한 인프라 구축 등이 있다.

[7] 미국 해외민간투자공사 (Overseas Private Investment Corporation (U.S.), OPIC)

OPIC은 워싱턴 D.C.에 위치한 미국 정부기관[17]으로, 자체비용으로 운영되어 세금 지원을 필요로 하지 않는다.

17) OPIC 설립법에 명시된 설립목적은 '미국의 민간자본과 기술이 저개발 국가 및 지역, 시장경제 전환하는 국가에 참여하는 것을 동원하고 촉진하여, 미국의 개발지원 목표를 달성하는 것'이다. 22 U. S. C. § 2191

OPIC은 1971년에 설립되어[18] 미국의 민간기업들이 개발도상국, 신흥 민주국(emerging democracies), 그리고 시장경제 도입국의 경제 개발 분야에 진출하는 것을 돕고 있으며, 전세계를 대상으로 활동하고 있다.

OPIC은 환전 불가, 몰수, 정치적 폭력(political violence) 등 비상위험으로 발생하는 손실을 보장하는 보험을 제공한다. OPIC의 보험 채무는 미국 정부의 충분한 신뢰와 신용을 바탕으로 한 지지 대상이다.

통상 OPIC이 제공하는 보험의 가입 대상은 신규 투자, 민영화, 기존 설비의 확장 또는 현대화 사업이다. 기존 설비를 취득하는 경우, 투자자가 설비의 확장 또는 현대화를 추진하기로 약속하는 경우에 한해 보험 가입 가능하다. OPIC 보험의 가입 대상은 외국지원법(Foreign Assistance Act)에 명시되어 있으며,[19] (i) 미국 국민, (ii) 미국 국민이 실질적으로 소유(substantially own)[20]한 미국 법인 또는 기업, (iii) 미국 국민이 지분의 95% 이상을 보유한 외국 기업, (iv) 적격의 미국 기업이 해당된다. OPIC은 150개 국가에 대한 투자에 참여 가능하지만, 정책적 검토 및 법령 개정에 따라 특정 국가에 대한 참여가 제한되고 있다[21].

미국 투자자가 외국 설비를 소유 또는 운영해야 지원 대상이 되는 것은 아니며, 외국인이 보유한 설비의 경우 미국 투자자의 투자금액 일부만 보험 대상이 된다. 과반수 지분 보유자 또는 설비 운영 주체가 외국 정부에 귀속된 경우, 설비 투자 지원에 제한이 가해진다.

신청된 투자가 미국 경제에 미치는 영향도 지원대상 판단 기준에 포함되는데, 구체적으로는 미국 고용시장에 미치는 부정적 효과, 사업소재국 정부의 요구사항으로 인한 잠재적인 미국의 투자 관련 무역 이득 감소, 그리고 미국 국제수지에 미치는 중대한 역효과 등이 있다. 프로젝트가 이와 같은 부정적인 효과를 가질 것으로 예상되면 보험 지원이 거절된다.

투자가 사업소재국에 미치는 영향도 지원대상 판단 기준인데, 일반적으로 사업소재국의

18) OPIC은 외국지원법(Foreign Assistance Act of 1961, 22 U. S. C. §§2191 - 2206b)에 따라 운영중인 독립법인이다. OPIC 설립 전에는, 미국 정부가 제2차 세계대전 후 마셜플랜의 일환으로 투자자들에게 환전불가 위험에 대한 보증을 제공하였고, 이후 미 국제개발국(U.S. Agency for International Development)이 투자자들에게 개발도상국 투자와 관련한 비상위험에 대해 보험을 제공하였다.

19) 22 U. S. C. § 2191

20) OPIC은 미국 연방 또는 주 법에 따라 설립된 법인의 발행 주식을 미국 국민이 50% 이상 직접 또는 실질적(beneficially)으로 보유한 경우, 해당 법인을 미국 국민이 실질 소유 (beneficially own)한 것으로 간주한다. 상장 법인의 주식을 미국에 소재한 수탁인(trustees) 또는 명의인(nominees)(증권 중개회사 포함) 명의로 보유하고 있는 경우, 해당 지분은 투자자가 다른 견해를 가지고 있지 않는 한 미국 국민이 보유한 것으로 간주한다. 외국인이 보유한 주식의 경우, 최종적인 실질 보유자를 추적하여 해당 미국 법인을 미국 국민이 실질 소유하고 있는지 판단한다.

21) 미국 법령과 정부 정책에 따라 특정 국가들에 대한 OPIC의 지원 가능 여부가 바뀌기도 한다. 예를 들면, 2006년에 라이베리아에서 Ellen John Sirleaf 대통령이 당선 후 오랜 내전이 종결되자, OPIC 지원이 다시 가능해졌다.

개발 수요와 일치하거나, 민간 발주 및 경쟁을 촉진하는 사업이 지원 대상이다.

미국과 개별 사업소재국은 OPIC 지원과 관련한 양자 계약을 체결하는데, 양자 계약 상 OPIC의 보험 발급 전에 사업소재국 정부의 승인을 취득해야 한다.

지분 투자의 경우, OPIC의 보험은 투자금 및 수익에 대한 환전 불가, 몰수, 비상위험을 보상한다. 보험 대상 투자에는 자본 투자, 현물 출자, 모기업 대출(parent company debt), 대출보증 등이 있다.

대출과 관련하여, OPIC의 환전 보험은 대금을 현지 통화에서 달러로 환전하지 못하거나 사업소재국 역외로 송금할 수 없게 되어, 예정 기일에 대금을 지급하지 못하는 경우를 보상한다. 몰수 또는 정치적 폭력에 대한 보험은 두 사건 중 하나의 결과로 차입자가 예정 기일에 채무를 불이행하고, 채무 불이행이 3개월(같은 사건 때문에 뒤이어 발생한 채무불이행의 경우 1개월) 동안 지속되는 경우가 보상 대상이다. 한편, 대출 기간(tenor)이 3년 이상이고, 차입자가 외국의 민간 기업인 경우가 지원 대상이다.

환전 또는 송금 불가 위험(Currency Inconvertibility and Currency Transfer Risks)

OPIC은 환전 또는 송금 불가 위험에 대비한 보험을 제공하여 중앙은행의 역할을 대신하지만, 프로젝트 회사가 현지 통화를 환전, 송금할 수 있는 법적 권리를 취득 및 유지해야 한다.

OPIC은 보험 발급 전에 사업소재국의 환전 및 송금 관련 법과 규제, 절차를 검토하여 보험 범위를 정하며, 환전 또는 송금과 관련한 법적 절차가 없으면 보험을 제공하지 않는다.

보험 대상은 법, 규제 및 절차의 변경으로 환전이 불가해진 경우와, 담당 직원 때문에 환전이 지연(보험 발급 당시에 해당 국가에서 통상 소요되는 기간을 초과)되어 '수동적으로' 환전이 불가해진 경우이다.

환전이 통상 문제가 되는 국가의 경우, OPIC은 역외 계좌를 바탕으로 한 보험을 구성하여 경화(hard currency)로 취득한 수익을 역외 계좌에 예치하도록 한다. OPIC은 사업소재국이 이러한 구조에 대한 동의 또는 허가를 폐지, 거부 또는 무효화할 위험을 대비한 보험을 제공하여 실행 가능성을 보장한다.

환전 불가에 대한 보험 대상에 프로젝트 연료 또는 다른 원재료까지 포함되지는 않으므로, 원자재 구매대금 지급을 위해 현지 통화를 경화로 환전하는 경우의 환전가능성은 보장하지 않는다.

OPIC의 보험은 특정 환율수준을 보장하지 않으며, 통화가치가 절하되는 경우도 대상이 아니다.

몰수(Expropriation)

OPIC의 보험은 사업의 국유화, 압류, 몰수, 그리고 '점진적(creeping)' 몰수에 대한 보상을 제공한다. 몰수는 투자자의 근본적인 지분권 또는 수익권을 박탈하므로, OPIC은 몰수를 외국 정부기관의 불법 행위로 규정한다. 몰수에 해당하려면 국제법 원칙에 대한 위반 또는 현지법에 대한 실질적인 위반이어야 하며, 부분이 아닌 전체에 대한 몰수행위여야 한다.

세율 인상(직접적인 계약 위반이 아닌 경우)과 같이 적법한 세무 및 규제 당국의 정당한 집행에 해당하는 경우와, 프로젝트 회사가 유발하거나 부추기어 발생한 사업소재국 정부의 조치인 경우는 보험 대상이 아니다.

OPIC은 PF에서 정부 차원의 집행과 민간 참여자의 행위에 차이가 있음을 인식한다. 정부가 프로젝트의 민간 부문 참여자로서 연료 공급자, 구매자 또는 투자자의 역할을 할 경우, 정부의 집행은 보험 대상에서 제외된다.

예컨대, 발전 PF에서는 프로젝트 회사와 사업소재국 정부 기관 간에 계약을 하는 경우가 있는데, 이때 OPIC은 정부의 행위를 배제하는 예외를 규정해 둔다. OPIC은 보험금 지급 전에 계약 상 분쟁 해결 절차를 진행할 것을 요구하며, 이를 통해 OPIC의 보험은 정부가 사전에 합의된 분쟁 해결 절차를 준수하지 않거나, 이 과정에서 중재금을 지급하게 되는 위험을 대비하게 해준다.

OPIC은 석유, 가스 프로젝트에 대해서는 약간 다른 형태의 보험을 제공하는데, 사업소재국 정부가 프로젝트 회사에 일방적으로 부과한 중대변화로 발생한 손실을 보장한다. 계약을 취소하거나, 계약 내용을 손상(impairment) 또는 거절(repudiation)하는 경우, 양허 계약(concession agreements), 제품 공유 계약(product sharing agreements), 용역 계약(service agreements)과 같이 프로젝트 회사와 사업소재국 정부 간에 체결한 중요 프로젝트 계약을 실질적으로 위반하는 경우가 해당된다. 발전 프로젝트와 달리, 보험금 청구 전에 분쟁 해결 절차를 완료하도록 요구하지는 않으며, 정치적 폭력이 프로젝트 운영에 영향을 끼쳐서 6개월 이상 운영이 중단되는 경우도 보험 대상에 포함한다.

일반적으로 OPIC은 보험금 지급의 선행조건으로 피보험자의 관련 권리를 전부 양도할 것을 요구하며, 이를 바탕으로 OPIC은 사업소재국 정부에 배상을 청구한다. 피보험자의 권리는 하나 또는 둘 이상의 프로젝트 대주에게 담보로 제공되어 있을 수 있으므로, 대주간 협약에 권리를 양도할 가능성을 명시해야 한다.

OPIC은 보험에 가입한 대주가 받기로 예정된 분할상환 원금과 보험금 지급일 시점의 이자를 대주에게 지급하는데, 보통 OPIC은 해당 채무를 전액 선지급할 수 있는 옵션을 가지고 있다.

정치적 폭력(Political Violence)

정치적 폭력에 대비한 보험은 정치적 이유로 발생한 폭력의 결과 재산상의 손해나 영업중단 손실을 입는 경우가 보험 대상이다. 정치적 폭력의 예에는 전쟁(선전포고를 한 경우 또는 하지 않은 경우), 사업소재국 군대 또는 다국적군의 적대행위, 혁명, 내전, 폭동, 그리고 정치적 이유로 발생한 사회 갈등이 있으며, 테러와 파괴행위도 정치적 이유로 발생한 경우에는 정치적 폭력에 해당한다. 학생 또는 노동 관련 목표를 달성하기 위한 조치는 정치적 이유로 발생하지 않은 경우 보험 대상에서 제외된다.

OPIC도 다른 보험회사와 마찬가지로 재산상의 손해나 영업중단 손실에 대한 보상금액에 한도를 정해둔다. 예컨대, 재산상의 손해에 대한 보상금액은 통상 총 상한금액 이내에서 교체비용 또는 취득가액(original cost), 공정시장가액, 수리비용 중 작은 금액으로 결정된다. 교체비용은 취득가액의 2배 이내로 제한되며, 사업소재국 내에서 설비를 교체하는 경우에만 지급된다.

영업중단 손실에 대한 보상은 통상 1년 이내로 제한된다. 프로젝트 부지에서 멀리 떨어진 곳에 철도 또는 운송설비와 같은 주요 기간시설이 있는 경우, OPIC은 이러한 시설에 발생한 손실도 보장한다.

OPIC은 보험에 가입한 대주가 받기로 예정된 분할상환 원금과 보험금 지급일 시점의 이자를 대주에게 지급한다.

석유 가스 프로젝트의 경우, 사용하지 않은 채로 시간이 지나도 가치가 감소하지 않는 고유한 특성을 지니므로, OPIC은 이를 반영하여 관련 보험 프로그램을 수정한다. 만약 정치적 폭력으로 프로젝트를 운영하는 것이 불가능해지거나 위험해지는 경우, OPIC은 프로젝트와 관련한 권리를 양도받는 조건으로 프로젝트의 순 장부가액을 지급한다. 사업주는 정치적 환경의 변화로 프로젝트 중단 후 5년 내에 다시 운영할 수 있게 된 경우, 프로젝트와 관련한 권리를 OPIC이 지급한 금액으로 되살 수 있다.

프로젝트 시공사와 수출자(Project Contractors and Exporters)

프로젝트 위험에 노출되어 있는 사업참여자는 PF 대주와 지분투자자 뿐만이 아니다. OPIC은 이러한 사업참여자에게 시공사 관련 보증(입찰보증, 계약이행보증, 또는 선수금환급보증)에 대한 잘못된 대지급 청구, 압류 또는 정치적 폭력에 의한 유형자산 및 예금손실, 설비 판매금액의 환전 불가, 외국인 구매자의 계약상 분쟁 해결 절차 위반에 따른 손실을 대비한 보험을 제공한다.

신흥국 PF의 채권 금융조달(Bond Financing in Emerging Market Project Finance)

다음에 별도 제목으로 언급하겠지만, OPIC은 미국 투자자를 대상으로 한 채권 발행을 장려하기 위해 1999년에 비상위험 관련 보험을 도입하여, 신흥국 PF에서 채권 금융조달이 지속적으로 활용되도록 하였다.

[8] 미국수출입은행(United States Export-Import Bank)

미국수출입은행(USExim, 미 수은)은 미국 내 민간 자본, 재화 및 용역의 수출을 지원하기 위해 설립된 독립 기구이다. 1994년에 미 수은은 미국 수출기업이 세계 인프라 개발사업에서 경쟁할 수 있도록 PF 부서를 설립하였다. 더 많은 개발도상국가들이 정부가 보증하는 차입을 줄임에 따라, 미 수은의 지원이 미국 수출기업에 더욱 중요해졌다.

미 수은은 보증을 통해 프로젝트의 비상위험을 대비하도록 한다. 이때, 프로젝트의 상세한 위험에 대한 심사를 진행한 후에 보증서 발급을 약정하는데, 심사 과정에서 아래의 사항들을 검토한다.

- 프로젝트 관련 합의사항에 보증이행 청구를 야기할 만한 사건의 발생을 유도, 촉진하거나, 사건의 발단이 될 수 있는 요소가 있는지 여부
- 지원 산업의 특수한 문제로 비상위험이 증폭될 가능성이 있는지 여부
- 보증이행을 청구할 경우 프로젝트가 채무를 상환할 능력이 있는지 여부
- 사업소재국이 국제협약에 가입했거나, 프로젝트 관련 별도의 계약을 통해 정부 지원을 제공하는지 여부(이 경우 미 수은이 보증을 이행할 위험을 경감할 수 있고, 보증이행 청구와 관련한 분쟁에서 승소할 가능성을 높일 수 있다)

추가로, 프로젝트는 OECD 가이드라인과 미 수은 기술환경부(Engineering and Environment Division)의 요구사항, 그리고 미 수은의 대출금 인출 관련 정책 및 절차를 준수해야 한다.

[9] 일본국제협력은행(Japanese Bank for International Cooperation)

일본국제협력은행(JBIC)은 1999년에 일본 정부의 국책금융기관으로 설립되어 기존 일본수출입은행의 기능을 흡수하였다. JBIC은 특정 조건 하에서 비상위험에 대한 보험을 제공한다.

[10] 영국무역산업부 소속 ECGD(Export Credit Guarantee Department of the United Kingdom Department of Trade and Industry)

ECGD는 영국 수출기업, 투자자, 대주가 직면하는 신용 및 비상위험에 대한 보호장치를 제공하는 영국 정부기관이다. 비상위험 관련 보험에는 보험기간이 15년에 이르는 경우를 포함하여 다양한 보험제도가 있다. 보험 대상에는 광범위한 비상위험이 포함되는데, 예를 들면 전쟁, 내전, 반란 등 정치적 사유로 지급 불능이 발생하는 경우, 사업소재국 정부 또는 지급 의무가 있는 제3국이 대외채무 지급을 방해 또는 지연하는 경우, 수출허가가 취소되거나 갱신되지 않는 경우, 그리고 프로젝트에 지분이 없는 사업소재국 정부가 프로젝트 자산을 몰수하는 경우에 프로젝트 대주들이 보호받게 된다. 실제 보험대상은 개별 프로젝트의 성격에 따라 결정된다.

[11] 캐나다 수출개발공사(Export Development Corporation (Canada))

EDC는 전세계 200여개 국가를 대상으로 캐나다 수출업자 및 투자자들에게 금융 및 리스크 관리를 지원하는 정부기관이다. EDC는 2005년에 금융지원 및 사업 구조화 업무를 통해 약 7,000여개의 캐나다 기업들에게 총 575억 달러의 거래를 지원하였다. EDC는 재정적으로 자립하였으며, 상업적 기반으로 운영 중이다. EDC는 비상위험에 대해 손실액의 최대 90%까지 보장하며, 보험 대상으로는 계약 불이행 위험, 환전 위험, 몰수 위험(점진적 몰수 포함), 거래 상대국의 채무불이행, 정치적 폭력 위험, 압류 위험, 그리고 송금 위험이 있다.

[12] 기타 OECD 회원국 정부의 보험기관

경제협력개발기구(OECD)의 회원국들[22]은 미국 OPIC과 유사한 형태로 비상위험에 대한 보험 프로그램을 운영하고 있다.

---

22) 2018년 6월 기준 회원국(총 37개국)은 호주, 오스트리아, 벨기에, 캐나다, 칠레, 콜롬비아, 체코, 덴마크, 에스토니아, 핀란드, 프랑스, 독일, 그리스, 헝가리, 아이슬란드, 아일랜드, 이스라엘, 이탈리아, 일본, 대한민국, 라트비아, 리투아니아, 룩셈부르크, 멕시코, 네덜란드, 뉴질랜드, 노르웨이, 폴란드, 포르투갈, 슬로바키아, 슬로베니아, 스페인, 스웨덴, 스위스, 터키, 영국, 그리고 미국(미국령인 괌, 푸에르토리코, 버진아일랜드 포함)이다.

[13] 기타 OECD 회원국의 수출신용기관

OECD의 회원국들은 앞서 언급된 것과 유사한 형태의 수출신용기관을 설립하여 운영하고 있다. PF에서 수출신용기관의 대출은 사업 수익이 소속 국가의 재화와 용역을 구매하는데 사용될 경우에 한해 지원 가능하다.

[14] 상업 보험

보험회사 중 일부는 비상위험에 대해 보조적, 대안적 성격의 보험을 제공한다[23]. 이러한 보험사에는 런던의 Lloyd's, Zurich-American, American International Underwriters, Chubb 등이 있다.

보험 범위

일반적으로 민간 보험회사가 제공하는 보험의 보험기간은 1년 내지 3년 수준이어서 프로젝트의 통상적인 대출기간에 미치지 못하지만, 일부 보험회사들은 프로젝트의 대출기간에 상응하는 수준인 10년을 보장하는 보험을 제공할 수 있게 되었다.

민간 보험회사는 정책적 고려사항에 제한 받지 않기 때문에 OPIC, MIGA 혹은 수출신용기관보다 지원 조건이 유연하다. 즉, 민간 보험회사는 프로젝트 사업주의 국적이나, 프로젝트가 사업주 소속국가의 경제에 미치는 영향과 관계없이 비상위험에 대한 보험을 제공할 수 있다. 또한, 민간 보험회사는 비밀을 보장해주고, 프로젝트 관련 재난, 채무 및 기타 사항을 보장하는 통합적인 보험에 가입할 경우 협상 과정에서 비용을 절감할 수 있다. 게다가, 민간 보험회사는 프로젝트의 특수한 요구사항과 사업주의 신용상태를 반영하여 맞춤형 보험을 제공할 수 있는 반면, 공적 기구가 제공하는 보험상품에는 유연성이 부족하다. 한편, 민간 보험회사는 개발도상국이나 신흥국을 대상으로 송금 위험이나 비상위험에 대한 보험을 거의 제공하지 않는다.

MIGA의 협력보험 프로그램(Cooperative Underwriting Program, CUP)

다자 및 양자기구들은 시장의 요구에 적극 부응하는 보험상품을 개발하기 위해 민간 보험회사와 협력을 추진하고 있다. MIGA는 민간 시장에서 비상위험에 대한 보험을 확대하려는 세계은행의 요구에 따라 협력보험 프로그램(CUP)을 신설하였다. 민간 보험회사는

23) Douglas A. Paul, New Developments in Private Political Risk Insurance and Trade Finance, 21 INT'L LAW. 709, 712 (1987) 참고

특정 사업 또는 국가에 단독으로 참여하기는 부담스러우나, 공공기관이 함께 참여하는 경우 보험을 제공할 의향이 있는데, CUP는 이러한 민간 보험회사의 사업 참여를 유도한다. CUP가 사업에 참여할 경우 민간 보험회사는 기존에 내부적으로 얻을 수 있는 것보다 많은 심사 및 국가별 정보를 얻을 수 있다. 또한, 다자 또는 양자기구의 보험 참여는 보험금 청구를 야기할 수 있는 사업소재국 정부의 조치 또는 방조를 억제한다.

비상위험에 대한 보험의 포트폴리오(Portfolio Political Risk Insurance)

일부 보험회사는 포트폴리오를 기반으로 비상위험에 대한 보험을 제공하는데, 이러한 보험은 프로젝트 사업주의 특정 국가에 대한 전체 투자 포트폴리오에 대한 비상위험에 대해 보장한다.

[15] 권리 양도(Assignment Rights)

앞에서 언급한 대로, 비상위험에 대한 보험을 제공하는 보험회사들은 보험금 지급 조건으로 프로젝트 회사가 프로젝트와 관련한 권리를 보험회사에 양도할 것을 요구하므로, 프로젝트 관련 계약서 상 계약 당사자의 동의 없이도 권리 양도가 가능해야 한다. 양도에 대한 동의는 제26장에 자세히 언급되어 있다.

[16] 신흥국 PF의 채권 금융조달에 대한 비상위험 보험

신흥국에서 프로젝트 관련 자금 조달 수단으로 채권시장의 중요성이 확대되고 있다. OPIC은 1999년에 새로운 비상위험 경감 프로그램을 도입하여 미국 투자자에 대한 신흥국 채권 발행을 늘리도록 유도하였다. OPIC은 이 프로그램을 통해 적격 투자자들에게 개별 프로젝트 당 최대 2억 달러를 20년 내로 보장한다. 보험명은 채권 보험(Contract of Insurance for Fixed Income Securities)이며, 총 보험 청구액의 100%를 지급한다[24]. 채권 보험은 새로운 프로젝트뿐만 아니라 기존 프로젝트를 확장 또는 개선하는 경우에도 지원 가능하다.

OPIC은 프로젝트 회사 또는 채권 발행자와 '회사 지원 계약(company support agreement)'을 체결하는데, 이 경우 프로젝트 회사는 진술과 보증(representations and warranties)을 수행

24) 비상위험에 대한 보험 중에는 전체 보험금액의 5% 또는 10%를 공제하는 조항을 두어 피보험자가 보험금 청구를 최소화하려는 유인을 제공하는 경우가 있다. 일반적으로 채권 발행자와 관련이 있는(affiliated) 채권 보유자가 채권 보험의 혜택을 입을 경우, 공제 조항이 요구된다. 이번 장에서 언급되었듯이, OPIC의 지분 관련 보험계약에도 공제 조항이 있다.

하고, 약정을 체결한다. 이러한 약정의 예로는 부패방지 관련 법 및 규정 준수, 적용 가능한 세계은행의 환경 가이드라인을 포함한 환경 관련 법 및 규정 준수, 합법적인 노동조합 설립과 단체교섭 허용 등이 있다. 약정을 위반할 경우, OPIC은 보험금 지급을 거절하거나, 보험을 철회 및 종결시킬 수 있다. 이러한 요구사항들이 보험의 효용성에 어떠한 영향을 줄 지는 불확실하다. OPIC은 지난 28년 동안 보험금 청구의 약 10%를 거절하였는데, 이중에는 환경 관련 약정을 불이행한 사례도 포함된다.

채권 보험은 프로젝트 관련 채권 발행을 촉진하기 위해 제공하는 최초의 비상위험 관련 보험이라는 중요성을 지닌다. 또한, 보험을 통해 프로젝트의 신용등급이 투자가능 등급에서 국가신용등급에 준하는 투자가능 등급(sovereign foreign currency investment grade rating)으로 평가된다. 그 결과, 기존에는 매입을 고려하지 않았던 더 많은 기관 투자자들이 상향된 등급을 보유한 프로젝트의 관련 채무를 매입할 수 있게 되며, 잠재적인 채권 구매자가 늘어나면 통상 차입비용이 감소하게 된다.

보통, 선순위 보험은 현지 통화의 환전이 불가능하거나, 환전된 자금의 송금이 불가능한 경우를 대상으로 한다. OPIC은 환전 불가능한 현지 통화가 지급되거나, 현지 통화의 송금이 법적으로 불가능해진 경우 보험금을 지급한다. 환전 및 송금에 대해 사전에 정책적으로 유효한 제한이 있었거나, 피보험자가 환전 및 송금을 위해 합리적인 노력을 기울이지 않은 경우, 그리고 손실 발생의 주요 원인이 피보험자에 기인하는 경우는 보험 대상에서 제외한다.

OPIC은 보험금을 지급할 때 공식 환율(정부 부과금 및 세금 차감 후)을 사용하며, 공식 환율이 없는 경우 다른 합법적이고 통상적인 환전 방식에 쓰이는 환율을 사용한다.

새로운 보험의 보험금 청구 절차(claims settlement process)는 채권보유자에게 채권지급(bond payments)이 잘못 이뤄지지 않도록 하는데, 이는 채권 발행자가 보험금 청구 신청 및 지급 결정 과정에 채권지급을 적기에 할 수 있을 만큼 충분한 규모의 원리금상환 준비금(debt service reserve fund)을 사전에 조성할 때 가능하다.

[17] 비상위험 관련 보험의 신용도 평가

비상위험에 대한 보험증서와 부속 서류들은 보험을 통해 프로젝트의 전반적인 신용 구성(credit package)에서 위험이 얼마나 경감되는지 판단하기 위해 주의 깊게 검토되어야 한다. 분석 대상에는 보험 제공자의 신용도, 정확한 보험 형태, 보험금을 적시에 지급하기 위해 필요한 조건들, 보험금의 적절성, 보험회사가 보험금 지급을 거절할 수 있는 조건, 보험회사가 보험을 철회할 수 있는 조건, 보험절차 대기(policy waiting) 및 보험금 지급 판단기간 동안 채무 상환에 필요한 프로젝트 준비금이 충분한지 여부 등이 있다. 평가 과정에서 프로젝트 관련 계약들을 분석하여 수익 및 운영 관련 계약내용이 비상위험 관련 보험 및 다른 신용 보강 장치와 일관되도록 하는 것이 중요하다.

한편, 보험 범위에 대해서도 이해가 필요한데, 비상위험에 대한 보험은 상업위험을 포함한 프로젝트 관련 모든 위험에 대해 보장하지 않는다. 따라서, 비상위험에 대한 보험은 신용보증과 성격이 다르다.

자금의 환전 및 송금 불가 위험에 대한 보험은 대상을 구분하기 쉬운 편이어서, 보험금을 청구할 경우 적기에 지급받을 수 있는 유익이 있다.

20.12 하자보수보증(Warranty)

하자보수보증은 프로젝트가 완공(종료)된 이후에도 보호장치를 제공하는 수단이며, 통상 건설 계약, 하도급 계약, 장비 공급계약 및 운영계약에 포함되어 있다. 하자보수보증의 조건은 프로젝트마다 다르며, 해당 용역 또는 장비의 가격에 따라 달라지지만, 대부분의 경우 하자가 있는 건축물 또는 장비를 수리 또는 교체해주는 의무로 제한된다. 하자보수보증은 보험에서 보장하지 않는 결함에 대한 보상을 제공하는 경우도 있어서 '준보험(quasi-insurance)'으로 간주되기도 한다.

20.13 확정금액(Fixed-Price) 건설계약의 손해배상 및 기타 손해배상

프로젝트 회사는 상업운전을 개시해야 할 시점까지 프로젝트 공사가 완공되지 않거나 공사 완공 후에 보장된 수준으로 작동하지 않아도 채무를 상환하고 계약 의무를 이행해야 한다. 이러한 위험에 대비하기 위해 손해배상을 활용하는데, 손해배상 금액은 시공사의 공사 지연 또는 불완전한 이행이 가져온 파급 효과에 대해 시공사와 사업주가 추정하여 결정된다.

손해배상 조항은 피해액 계산 과정에 분쟁이 발생하는 것을 막아주는데, 사업 이행 실패 후 예측 가능한 결과치가 요구되는 PF에서 특히 유용하다. PF에서 종종 간과되는 위험 중 하나는 손해배상 조항이 법정에서 받아들여지지 않는 경우이다[25].

다만, 손해배상 조항의 구속력은 국제적 관점에서 신중하게 검토되어야 한다[26]. 모든 국가의 법원이 손해배상 개념을 인정하지는 않으므로, 당사자가 재판 과정에서 채무 확정을 요청한다.

미국의 중대(seminal) 관습법에서 손해배상 조항을 인정받으려면, (i) 조항의 목적이 처벌이 아닌 피해액 계산이어야 하고, (ii) 계약 내에 피해액 계산이 어렵거나, 피해액의 사전 예측이 불가능한 경우를 반영한 조항(subject)이 포함되어야 하며, (iii) 피해액이 관습법과 비교하여 합리적인 수준이어야 한다[27].

PF 참여자들의 주요 관심사는 손해배상 조항을 적용할 경우와 손해배상 조항 없이 현지법을 적용하는 경우 각각의 손해배상액 간에 합리적인 연관성이 있는지 여부이며, 이는 사실 관계 확인을 통해 파악할 수 있다.

만약 계약 당사자들의 추정이 틀린 경우, 손해배상 조항이 유일한(exclusive) 배상 방법인지 여부가 중요해지는데, 미국 법원은 손해배상 조항이 유일한 방법이 아니라 다양한 배상 방법 중 하나라는 입장을 견지해 왔다[28].

손해배상은 다른 프로젝트 계약에서도 신용보강 수단으로 활용되는데, 연료 공급계약의 경우, 연료 공급자는 프로젝트에 필요한 연료를 공급하지 못하면 프로젝트 회사에게 다른 공급자를 통해 연료를 구매하여 발생한 추가비용만큼 손해배상금을 지급한다.

20.14 배상 의무(Indemnification Obligations)

PF에서 신용보강은 계약상 배상 의무의 형태로 이뤄지기도 하는데, 이 경우 채무 배분을 법원 또는 중재인에게 맡기는 대신, 배상 의무를 통해 손실 발생에 책임이 있는 주체들에게 직접 배분한다. 배상 의무는 상호 합의된 특정 상황에서 취한 조치로 다른 참여자가

25) *Liquidated Damages Recovery Under the Restatement (Second) of Contracts*, 67 CORNELL L. REV. 862 (1982)의 사례 참고

26) Rubin, *Unenforceable Contracts: Penalty Clauses and Specific Performance*, 10 J. LEGAL STUD. 237 (1981), Goetz & Scott, *Liquidated Damages, Penalties and the Just Compensation Principle: Some Notes on and Enforcement Model and ad Theory of Efficient Breach*, 77 COLUM. L. REV. 554 (1977) 참고

27) U.C.C.의 손해배상 조항은 미 관습법과 비슷하지만, U.C.C.가 당사자의 의도를 고려하지 않는 점에 차이가 있다. (U.C.C. § 2-178) 대신, 피해액이 합리적인지 판단하기 위한 객관적 검증을 진행한다. 미 관습법과 U.C.C. 방식은 합리성 판단의 기준시점에 차이가 있는데, 미 관습법은 계약일을, U.C.C.는 계약일과 불이행 시점을 함께 고려한다.

28) 'Ralston Purina Co. v. Hartford Accident & Indem. Co., 540 F.2d 915, 919 (8th Cir. 1976)'의 사례 참고

피해를 입지 않도록 한다. 배상 의무 관련 조항은 위험의 전가를 가져오기 때문에, 위험에 대한 가정이 PF의 신용 분석에 미치는 영향은 작지 않다.

PF 계약서에 배상 의무 관련 조항이 없다고 해서 프로젝트 참여자의 배상 책임이 경감되는 것은 아니다. 미국 일부 주에서는 배상 책임이 내재되어 있기도 하지만, 내재적 배상 의무의 개념을 폐지한 주도 있으며, 과실상계(comparative negligence)를 도입한 주에서는 잠재적 배상 의무의 효과가 제한적이다. 그럼에도 불구하고, 일부 국가에서는 잠재적 배상 의무의 개념을 통해 손실 발생에 대한 책임이 상이한 주체들 간의 손실 분담을 허용한다.

20.15 정부 보증(Sovereign Guarantee)

[1] 프로젝트

사업소재국 정부의 통제 아래에 있는 정치, 법 및 규제, 그리고 재무 관련 위험을 경감하기 위해 정부의 보증이 필요한 경우가 있는데,[29)] 신용도가 낮은 전력 구매자와 거래하거나, 정치 및 경제 환경이 비우호적인 경우가 해당된다.

사업소재국 정부는 정부 보증을 통해 특정 사건이 발생 또는 발생하지 않는 경우 프로젝트 회사에게 변상해줄 것을 보장하며, 보증 범위는 프로젝트의 특수한 위험에 따라 달라진다.

사업실시협약(implementation agreement) 상 정부 보증은 (i) 제품판매계약(off-take agreement) 내 구매자의 채무를 보증하는 방식으로 프로젝트 회사에게 직접 보증 제공, (ii) 비상위험 인수(buy-out), (iii) 사업소재국 정부가 프로젝트를 지원하겠다는 '보장'의 명시, (iv) 민간 에너지 개발을 지원하기 위한 법 및 규제 개혁 약속, (v) 관련 법 개정에 따른 추가비용 보상 및 투자수익 개선을 위한 요금 책정, (vi) 프로젝트 개발에 필요한 민간 채무 관련 보증 약정, (vii) 대주에게 보증을 제공한 다자 또는 양자기구를 수혜 대상으로 하는 손해 배상 등 다양한 형태로 제공된다. 한편, 정부 보증이 사업실시협약의 일부가 아니라 독립적인 장치인 경우도 있다.

프로젝트에 따라 민간 보증이 정부 보증을 대체할 수도 있는데, 예컨대 프로젝트의 생산물 구매자가 민간(기업) 및 공공(정부) 주체로 구성된 경우, 민간 주체가 양호한 신용도

29) Jonathan Inman, *Government Guarantees for Infrastructure Projects*, 68 PROJECT FIN. INT'L 36 (1995) 참고

를 바탕으로 공공 주체의 생산물 구매 관련 채무를 보증할 수도 있다.

미래에 인프라를 민영화하기로 한 국가의 경우, 사업소재국 정부가 제품판매계약 기간을 넘어서는 정부 보증을 제공하지 않으려 할 수 있으므로, 보증 기간 및 보증 범위를 설계할 때 민영화 가능성을 고려해야 한다. 이때, 민영화된 주체의 신용을 바탕으로 보증 범위를 축소하는 것이 절충안이 될 수 있다.

[2] 세계은행

세계은행도 사업소재국 정부의 상환 계약(repayment agreement)을 조건으로 PF에 참여한다. 만약 자금지원이 세계은행의 대출(World Bank loan) 형태로 이루어질 경우, 세계은행은 사업소재국 정부 또는 다른 사업참여자에게 지원한 대출에 대해 해당 국가와 상환 계약을 체결한다. 한편, 세계은행이 보증을 제공하는 경우, 해당국 정부가 세계은행에 상환 배상(repayment indemnity)을 제공한다.

[3] 세계은행이 참여하지 않는 경우 정부 보증의 유용성

제21장에서도 언급되는 대로, 세계은행이 보증 제공 등을 통해 사업에 참여하면, 사업소재국 정부의 지원을 유도할 수 있다는 장점이 있다. 반면, 세계은행이 참여하지 않는 경우, 사업소재국 정부가 보증 계약 상 보증이행 주체에 해당해도 상환 의무를 이행하지 않을 수 있다.

그 결과, 세계은행이 참여하지 않는 PF 사업의 경우 정부 보증의 유용성에 대해 의문이 제기될 수 있다. 상업적 대주는 세계은행처럼 사업소재국 정부를 유도할 수단이 없는데, 예를 들면, 상업적 대주는 일부 예외적인 경우를 제외하면 대출 계약에 연쇄지급불능 조항(cross-default provisions)을 삽입하거나, 정부가 미래에 추진할 사업에 대한 자금 지원을 결정함으로써 정부의 조치에 영향을 줄 수 없다. 세계은행과 같은 개입 수단이 없는 경우 보증의 강제성을 확보할 수 없으므로, 상업적 대주는 신용 보강으로서의 정부 보증에 의존하기 전에 정부 보증의 한계에 대해 충분히 검토해야 한다.

[4] 보증이행 청구금액 지급 가능 여부

보증을 제공한 정부가 보증이행 청구금액을 즉시 지급할 수 있는 자금 여력이 없을 수 있는데, 이행청구 시점에 정부 재정에 여유가 없어서일 수 있다. 이러한 신용위험은 비단 정부 보증에 국한된 것이 아니라, 무담보 보증 채무에 필연적으로 존재하는 것이다.

법률상 제한이 있는 경우에도 정부가 즉시 보증을 이행하지 못할 수 있는데, 보증이행을 위한 지급액이 정부 예산에 포함되어있지 않은 경우가 이에 해당한다. 이 경우 지급을 실행하기 위해 특별 입법이 필요할 수 있으며, 그로 인한 지연은 프로젝트의 경제성을 악화시켜서 보증의 원래 목적과 배치되는 결과를 낳을 수 있다.

[5] 사업소재국 정부 보증의 필요성

개발도상국에서 진행되는 인프라 사업은 각종 위험을 수반하므로, 정부 보증 또는 다른 형태의 신용 보강을 통한 사업소재국 정부의 지원이 요구된다. 그러나, 정부 보증은 민간부문의 참여(민영화)를 저해할 수 있으며, 보증을 제공하는 사업소재국 정부의 납세자에게 상당한 비용 부담을 부과하여 재정 건전성을 침해할 수 있다. 사업소재국 정부의 정부 보증 제공이 지니는 의미는 제14장에 소개되어 있다[30].

20.16 기타 형태의 정부 신용보강

[1] 일반사항

정부는 프로젝트 회사가 국영기업과 제품판매계약을 체결할 때의 위험을 줄이기 위해 프로젝트 회사에게 다른 형태의 신용 지원을 제공할 수 있는데, 제공 방식은 사업참여자가 정하기 나름이다.

[2] 정부의 후순위 설정(Government Subordination)

정부 보증 대신 정부의 후순위 설정을 바탕으로 신용 지원을 제공할 수도 있는데, 발전 PF의 경우 정부는 단지 국영기업을 운영하는 데 그치지 않고, 세금 징수, 국영기업을 통한 연료 공급, 전력요금 부과 및 징수, 그리고 때로는 프로젝트 자금 지원 등에도 관여한다.

정부와 프로젝트 회사, 대주단이 체결한 후순위 계약이 정부의 후순위 설정의 기초가

30) Christopher M. Lewis & Ashoka Mody, *Contingent Liabilities for Infrastructure Projects – Implementing a Risk Management Framework for Governments*, PUBLIC POLICY FOR THE PRIVATE SECTOR, WORLD BANK NOTE NO. 148 (Aug. 1998), Christopher M. Lewis & Ashoka Mody, *Risk Management Systems for Contingent Infrastructure Liabilities – Applications to Improve Contract Design and Monitoring*, PUBLIC POLICY FOR THE PRIVATE SECTOR, WORLD BANK NOTE NO. 149 (Aug. 1998)

된다. 정부는 위험이 현실화된 경우 국영기업에 자금을 지원하는 대신, 프로젝트 회사가 정부 또는 연료 국영기업 등 다른 프로젝트 참여 국영기업에 지급해야 할 대금의 지급을 연기해 주기로 합의할 수 있다. 이때, 지급액이 탕감되는 것이 아니라, 전력구매 국영기업이 대금을 지급할 수 있을 때까지 지급 시점이 연기되는 것이며, 이러한 방식은 전력구매 국영기업의 단기 현금흐름이 악화되었을 경우에 유용하다.

[3] 정부 지원 계좌(Government-Funded Accounts)

정부 보증의 또 다른 대안은 정부가 지원하는 상환 준비금 계좌인데, 정부가 자금을 예치하여 프로젝트 대주에게 담보로 제공하면, 대주는 물품 구매 국영기업이 프로젝트 회사에 대금을 지급하지 못할 경우 담보 계좌를 통해 대금을 회수한다.

금융지원 가능한 정부 지원 계좌를 구성하려면, 물품 판매 계약기간 또는 최소한 대출기간까지 유효한 취소 불가능하고 신용이 확보된 자금 보충 구조를 마련하는 것이 중요하다.

[4] 매출채권 질권설정(Pledge of Receivables)

프로젝트에서 생산된 전력을 구매하는 국영기업이 거래처에 전력을 재판매 하는 경우와 같이, 물품 구매 국영기업이 사업소재국 내 신용도가 양호한 기업에게 물품을 재판매 하는 경우, 생산물을 인도하여 프로젝트가 수취하게 될 자금을 신용 보강의 수단으로 활용할 수 있다. 구체적으로, 이러한 양질의 거래처가 대금을 지급하는 계좌를 프로젝트 대주에게 담보로 제공하면, 대주는 국영기업이 프로젝트 회사에 대금을 지급하지 못하는 경우 담보 계좌를 통해 대금을 회수할 수 있다.

이때, 국영기업은 신용도가 양호한 거래처들의 그룹을 만들어 이들이 국영기업에 지급해야 할 대금을 전부 에스크로 계좌에 입금하도록 한다. 그룹을 구성할 때는 월별 대금 입금액과 국영기업이 프로젝트 회사에 지급해야 할 대금 및 사전에 합의된 준비금의 월별 합계가 같도록 한다. 에스크로 계좌를 보충할 필요가 있는 경우, 국영기업이 수취하기로 예정된 금액의 일정 비율을 추가로 직접 입금한다.

위와 같은 방식은 재정적으로 취약한 주체의 신용도를 보완하기 위해 사용하는 전통적인 구조로, 외상 매출금을 활용한 대출과 마찬가지로 담보부 자산을 분리한다. 그러나, 이 방식은 제한적으로 활용 가능한데, 비록 일부 프로젝트에 유용하게 활용할 수 있으나, 다른 프로젝트의 경우 최우량 매출채권(highest quality receivables)이 빠르게 고갈되어 신용 보강 수단으로의 효용이 감소하거나 사라지게 된다. 한편, 거래 기업의 기반을 다변화해야 특정 거래기업의 신용 문제가 에스크로 계좌의 유지 가능성을 위태롭게 하는 것을 막을 수 있으므로, 거래 기업의 현황을 지속적으로 확인하여 담보 가치를 유지하도록 해야 한다. 추가로, 양질의 매출채권을 분리 및 약정하여 민간 전력회사에게 이득을 주는 것에 대해 국영기업의 기존 채권자들이 동의할 필요가 있다. 마지막으로, 국영기업의 최우량 매출채권을 담보로 제공하면 민간 발전프로젝트의 자금 조달에 큰 도움이 될 수 있으나, 해당 국영기업의 재무상태 약화 및 등급 하락이 뒤따를 수 있다.

[5] 사업소재국 현지 은행의 신용장을 통한 정부 계좌 지원

국영기업 또는 거래기업이 에스크로 계좌에 필요한 자금을 입금하지 않을 위험을 프로젝트 회사가 전부 부담하는 대신, 금융기관이 취소불가 신용장 등의 보완적인 보증서를 발급하여 위험을 인수할 수 있다. 이 경우 특수한 경우의 한정된 위험에 대해 보증하는 제한적 보증만 필요할 수도 있는데, 예를 들면 보증 대상을 전체 거래기업이 아닌 특정 기업이 지급해야 할 매출채권으로 제한할 수 있다.

매출채권 질권설정에서와 마찬가지로 금융기관이 국영기업과 거래기업들의 신용위험을 인수하도록 유도하는 것이 중요한데, 신용도가 양호한 국영기업 및 해당기업과 이미 금융거래 중인 현지 금융기관들이 글로벌 주요 은행보다 위험 인수에 대해 긍정적일 수 있다.

[6] 정부 이전 계좌를 담보로 활용 (Use of State Devolution Account as Collateral)

정부 이전 계좌를 담보로 활용하는 방법 역시 앞서 언급된 방법과 유사하게 국영기업이 마련한 에스크로 계좌를 통해 제품판매계약 불이행에 대비하지만, 에스크로 계좌에 자금이 입금되지 않거나 자금이 부족한 경우, 부족분을 지방정부(state)가 지급한다는 차이가 있다. 지방정부는 국책은행(central government bank) 또는 관련 기관을 통해 이전 계좌의 자금(중앙정부의 지방정부(state)에 대한 연간 자금 배정 금액)이 채권자에게 직접 지급되도록 한다.

이러한 방식은 주요 프로젝트에 대해 다른 지방정부의 자금을 전용하기 때문에 정치적으로 민감하다. 또한, 다른 지방정부의 채권자가 이러한 전용에 대해 동의해야 하며, 헌법상 장애요인으로 전용이 불가능할 수도 있다.

[7] 물품구매 국영기업을 신용도가 양호한 구매자로 대체

거래기업을 통해 에스크로 계좌의 신용을 보강하는 방법과 유사하게, (신용도가 상대적으로 낮은 물품구매 국영기업 대신)신용도가 양호한 거래기업을 물품 구매자로 대체할 수 있다. 이러한 방식이 금융지원 가능성을 높일 수는 있겠지만, 신용도가 우수한 거래기업을 잃게 된 물품구매 국영기업의 신용도를 낮추는 결과를 가져올 수 있다.

20.17 사업실시협약(Implementation Agreements)

사업실시협약은 위험 축소를 통한 개발, 자본 투자 및 대출을 촉진하기 위해 프로젝트 개발자와 사업소재국 정부가 체결하는 계약으로, (i) 정부 보증, (ii) 몰수, (iii) 정부 인가 및 승인, (iv) 화폐 관련 사항, (v) 세제 혜택 및 유인, (vi) 법적 보호, (vii) 전쟁, 폭동 및 파업, (viii) 사업 인가, (ix) 그 외 일반적인 협력사항 등의 조항을 포함한다. 정부 쪽 계약 주체는 국가마다 다를 수 있으나, 프로젝트 개발, 금융조달 및 운영을 위한 보증, 재정 지원 및 보장을 제공할 수 있는 정부 기관이 포함되어야 한다. 사업실시협약은 투자와 관련된 불확실성에 대해 안정 또는 지원을 제공하는 점을 반영하여 안정(stability) 또는 지원(support) 협약이라고도 불린다.

사업실시협약에 대한 자세한 내용은 제14장에 소개되어 있다.

20.18 준비금(Reserve Funds)

준비금은 PF 대출뿐만 아니라 전통적인 상업금융에서 가장 흔하게 활용되는 신용보강 방식이다. 준비금은 프로젝트 위험의 영향을 완화하기 위해 대출 계약서 상 요구되는 계좌이며, 출자금액, 신용장 인출금액, 보증이행 청구액, 프로젝트 현금흐름 또는 이들의 조합을 통해 마련한다. 준비금은 지급이자 또는 연료 가격 상승 등으로 비용이 확대되거나, 프로젝트 수입이 예상치 대비 부족해질 경우 프로젝트가 받게 될 영향을 상쇄하는 데 사용된다. 준비금은 프로젝트 대주가 동의하지 않는 한 다른 용도로 사용할 수 없다. 준비금을 인출한 경우 대출 계약서 상 준비금 계좌를 채우도록 요구되는데, 이러한 요구는 위험이 최소화되어 준비금이 더 이상 필요하지 않게 될 시점까지 지속된다. 예컨대, 프로젝트 채무의 일부를 상환하여 채무 규모가 준비금보다 작은 수준이 될 경우, 준비금의 최소 유지 금액 또한 감소하거나 아예 삭제될 수 있다.

20.19 Cash Calls

'Cash Call'은 현실화된 프로젝트 위험의 영향을 상쇄하기 위해 프로젝트 회사에 강제적으로 자본 또는 후순위 대출을 투입하는 경우를 비공식적으로 일컫는 용어이다. 프로젝트에 발생한 변화로 프로젝트 회사가 채무를 상환하거나 운영비용을 조달하는데 어려움이 발생할 경우, 대출 계약 상 자금 지급이 요구된다. 예컨대, 프로젝트의 연료비가 사전에 대주와 프로젝트 회사 간에 합의된 수준보다 증가할 경우, 인상분을 상쇄하기 위해 추가적인 자금이 필요하게 된다. 투입된 자금의 사용은 프로젝트의 특수한 상황에 따라 다르며, 자금 사용 방식도 준비금 보강, 프로젝트 채무의 일부 상환을 통한 채무상환 의무 감축, 또는 인상된 비용에 대한 직접 충당 등 다양하다. 자금 사용 방식은 잔여 채무 금액, 프로젝트 관련 비용 인상이 지속될 것으로 예상되는 기간, 그리고 프로젝트의 전반적인 금융 건전성 등을 고려하여 결정한다.

20.20 프로젝트 비용을 대출금의 후순위로 설정

프로젝트 위험을 처리하는 방식 중에는 특정 프로젝트 비용을 프로젝트 대출금의 후순위로 설정하는 방법도 있다. 예컨대, 연료와 같은 프로젝트 투입재료의 공급자 또는 프로젝트 운영자는 사전 협의된 특정 경우에 대해 프로젝트 회사로부터 대금 일부의 지급을 유예해 줄 것을 요청 받을 수 있다. 이때 후순위로 설정된 비용은 향후 원리금 상환이 더 이상 위태롭지 않게 되었을 때 함께 지급된다. 후순위 설정과 관련한 조항은 신중하게 협상해야 한다.

20.21 헤지 전략(Hedging Strategies)

파생상품시장에서 사용되는 옵션, 스왑, 선물 등의 다양한 헤지 전략들을 활용하여 제품 가격과 관련한 위험을 줄일 수 있지만, 프로젝트 단위에서 헤지 전략을 운용하는 데는 적지 않은 비용이 든다.

20.22 프로젝트 파트너로서의 원자재 공급자

프로젝트 사업주의 정체성과 역할은 신용 보강의 또 다른 수단이 될 수 있다. 예컨대, 원자재 공급자가 프로젝트의 주주 또는 파트너인 경우, 상품 가격이 생산 비용과 같거나 거의 근접하게 책정되어 생산량에 따라 프로젝트 수익이 발생하므로 상품 가격 위험을 크게 경감할 수 있다.

Part 7

차입 및 채권 발행을 통한 금융조달 (DEBT AND EQUITY FINANCING)

Chapter **21**

PF 금융조달 원천 (Financing Sources For the Project)

21.01 일반사항

PF 구조를 정하고 나면, 사업주와 사업소재국 정부는 대상 사업의 고유한 목표와 위험을 고려하여 대출 및 투자 유치 가능성을 꾸준히 점검해야 한다[1]. 대주와 투자자의 이익은 이러한 목표와 위험에 따라 변하는데, 상업적 대주들은 정치 및 경제환경이 예측 가능한 프로젝트를 선호하는 반면, 다자 기구들은 정치, 경제적 안정 보다는 기술 개발, 사회적 목표 달성, 수출, 그리고 환경 관련 목표 달성을 촉진할 수 있는 사업에 참여하기를 원한다.

대주단과 투자자의 사업 참여 목적과 실행 능력이 빈번히 변하기 때문에, 잠재적인 대출 및 투자 조달의 원천에 대해 면밀히 고려해야 한다. 어떤 개별 프로젝트의 위험이 현실화될 경우, 해당 국가에서 진행 중인 프로젝트 관련 금융조달이 일시적으로 연기될 수 있다. 외채 위기(1998년 아시아 외환위기와 멕시코 페소화 위기 등)와 다자 기구의 정책방향 변경(프로젝트가 환경에 미치는 영향에 대한 관심 증가 등) 등과 같은 요소들 또한 대출 및 투자 유치에 영향을 미칠 수 있다. 따라서, 사업주는 동일 프로젝트에 대해 양자 또는 다자 기구의 보증 지원을 바탕으로 한 상업 은행 대출, 신용평가기관의 평가등급을 바탕으로 한 채권 발행 등 여러 금융조달 원천을 동시에 고려하는 것이 유리할 수 있다.

금융조달 원천은 사업소재국 정부와 사업주의 목표에 따라서도 변하는데, 사업소재국 정부의 경우 무조건적인 금융보증이 포함된 프로젝트에 대한 참여를 점점 더 기피하고 있다.

마찬가지로, 사업주도 프로젝트 관련 장기 채무에 대해 상환 청구권이 있는 대규모 프로젝트를 추진하는 것을 꺼리며, 대부분의 사업주가 손익 보고 목적으로 장기 채무를 재무상태표에 남겨두지 않으려고 한다. 이러한 목표들로 인해 금융 구조의 유연성이 제한된다.

일반적으로 금융조달 방식의 유연성은 가능한 길게 보장되어야 하며, 이를 위해서는 사

1) David Blumenthal, *Sources of Funds and Risk Management for International Energy Projects*, 16 BERKLEY J. INT'L L. 267 (1998) 참고

업 소재지의 민간 및 정부 측 사업참여자가 프로젝트에 개입할 수 있는 유연한 지배구조를 유지해야 한다. 또한, 프로젝트에 대한 다양한 수준의 정부 개입이 가능하도록 금융조달 방식이 유연해야 한다. 마지막으로, 수출금융 지원 대상인 설비 공급자, 다자기구, 대출 또는 보증을 제공할 수 있는 양자기구, 민간 자금을 동원할 수 있는 국제금융공사(IFC) 또는 지역 개발은행, 특별 펀드(specialized funds), 기관 투자자, 국내외 상업 은행 등 가능한 모든 금융조달 수단에 대해 참여 가능성을 열어두어야 한다.

21.02 은행 및 기관투자자(Banks and Institutional Lenders)

금융조달 수요가 있을 때 통상 상업은행과 기관투자자를 먼저 검토하는데, 상업 대출은 사업소재국 또는 다른 국가의 은행을 활용한다. 이때 사업소재국 현지은행은 프로젝트 위험에 대한 평가능력에 한계가 있어서 프로젝트에 대한 자금 지원이 어려운 경우가 많으나, 글로벌 은행이 프로젝트에 참여하는 경우에는 참여 유인이 확대된다.

대출금 지원 방식은 여러 은행들의 독립적인 대출 또는 여러 은행들이 동일한 조건으로 일정 비율만큼 대출하는 신디케이션 대출로 구분할 수 있다[2].

그러나, 프로젝트에 대주로서 참여하는 참가자는 위험 기피적인 경향이 있어서, 상업은행과 기관투자자의 위험 식별 및 관리 방식은 신용 보강에 필요한 비용을 가중시킨다.

21.03 주식시장

아래에 소개되는 것처럼, 주식시장에서 주식을 발행하거나, 특별 펀드를 통해 자금을 조달할 수 있다. 이때 조달 비용은 투자자가 추정하는 위험을 반영하므로 위험에 연동하여 변동한다.

2) Brian W. Semkow, *Syndicating and Rescheduling International Financial Transactions: A Survey of Legal Issues Encountered by Commercial Banks*, 18 INT'L LAW. 869 (1984)

[1] 국내 주식시장 및 상장

국내 주식시장을 통해 인프라 개발사업에 필요한 대규모 자금을 조달할 수 있다. 개발도상국의 경우 주식시장이 조성 중인 단계이나, 주식시장이 성숙할 경우 인프라 개발에 중요한 금융조달 출처가 될 것이다.

주식시장에서 주식을 발행 및 매각하거나, 보험회사 등 기관투자자 또는 개인투자자에게 지분을 매각하는 방법도 국내 주식시장에서 자금을 조달하는 방안이 될 수 있다.

[2] 해외 주식시장

해외 주식시장을 통해 인프라 개발사업에 필요한 자금을 상당 부분 조달 가능하지만, 지원대상이 보통 다국적 대기업으로 제한된다. 개발도상국 기업의 경우, 투자에 대한 법적 제한과 신뢰할 만한 정확한 재무정보의 부족 때문에 해외 주식시장에 진출하는 것이 어렵다.

해외 주식시장에서 주식을 사모 발행하는 것은 상대적으로 쉬운데, 미국의 경우 증권거래위원회(Securities and Exchange Commission, SEC)의 규정 144A는 특정 자격조건을 갖춘 기관투자자가 SEC에 등록되지 않은 증권을 매입하는 것을 허용한다[3].

주식시장에서 주식을 발행 및 매각하거나, 보험회사 등 기관투자자 또는 개인투자자에게 지분을 매각하는 방법도 해외 주식시장에서 자금을 조달하는 방안이 될 수 있다.

21.04 채권시장

[1] 일반사항

일반적으로 채권 매입자들은 프로젝트 금융조달 원천 중에서 가장 위험 기피적이다. 독일, 일본, 영국, 미국은 채권시장이 성숙한 편이나, 이외 유럽 및 아시아 국가들의 채권시장은 아직 초기단계이다. 미국의 경우 개인 및 기관투자자가 채권을 매입할 수 있다.

3) 규정 144A는 개발도상국의 회사들이 美 예탁증서(ADRs)를 발행하여 美 주식시장에서 자금을 조달하도록 허용한다. ADR은 미국 수탁은행(depository bank)이 발행하고, 해당 지분은 보관 은행에 맡겨둔다. ADR은 증권거래소에서 거래된다.

[2] 신용평가

시장에서 발행된 채권은 S&P, Moody's, Duff&Phelps와 같은 공인 신용평가기관의 평가를 받는다[4].

프로젝트에 대한 평가는 전혀 다른 영역인데, 보통 채무 상환이 적기에 이뤄질 지에 대한 전망을 반영한다. 국제 프로젝트의 채무에 대해 평가할 때는 (i) 국가 위험, (ii) 통화 위험, (iii) 비상위험, (iv) 법률(계약) 위험, (v) 생산물 시장 등을 고려한다. 추가로, 생산물 계약에 대한 평가, 생산물 구매자의 신용도, 전반적인 예상 재무실적, 원재료 준비상태, 연료 위험, 기술 위험도 평가에 중요한 요소로 검토된다.

신용평가 절차에는 시간이 많이 소요되므로 평가를 일찍 시작할수록 유리하다. 신용평가의 관점에서 개발도상국 프로젝트의 견고성은 주요 계약의 구조와, 프로젝트의 모든 요소가 계약들에 적절히 반영되어 있는지 여부에 달려있다.

아래에 논의되는 내용은 신용평가기관이 평가를 수행할 때 수행하는 신용 분석을 요약한 것이다. 평가 기준과 절차는 시간에 따라 변하므로, 프로젝트의 개발 초기 단계에 이러한 기준과 절차를 숙지하고 있어야 한다.

국가 위험 분석. 국가 관련 통화 위험은 신용평가 과정에서 보통 2가지 측면에서 검토되는데, 첫 번째는 개별 국가에 적용되는 국가별 위험 한도이다. 평가에 있어 관심사는 금융 또는 기타 위기상황이 발생할 경우 해당 국가가 환율을 통제하거나 프로젝트 회사가 해외 채권자들에게 원리금을 상환하지 못하도록 제한할 수 있다는 점이다. 그 결과, 신용평가기관은 프로젝트에 대한 신용등급을 국가 등급보다 높게 배정하지 않는다.

국가 관련 통화 위험의 두 번째 측면은 프로젝트 회사가 사업소재국 현지 통화로 표시된 원리금을 상환할 수 있는 능력과 관계가 있다. 신용평가 과정에서 현지 통화는 개별적으로 한도가 적용되므로, 해외에서 발행하는 프로젝트 채권은 달러 표시 해당부분과 현지 통화 표시 해당부분의 신용등급이 다를 수 있다.

환율위험 분석. 일반적으로 환율위험 분석은 통화가치의 하락 가능성에 집중하는데, 환율 변화의 영향을 상쇄하기 위해 프로젝트의 수익을 조정하지 못하는 경우에 특히 중요하다. 수익 조정은 물가를 조정하거나, 외화표시 수익과 외화표시 채무상환 비용을 맞추는 방법, 수익금을 지급받는 통화와 긴밀히 연동된 통화로 자금을 조달하는 방법 등을 통해

---

4) Peter V. Darrow et al., *Rating Agency Requirements*, in SECURITIZATION OF FINANCIAL ASSESTS (J. Kravitt ed. 1991)

가능하다.

비상위험 분석. 신용평가 과정에서 사업소재국의 법과 규제도 분석 대상이며, 구체적으로 해당 정부의 민영화에 대한 태도, 민영화가 프로젝트에 미칠 영향 등을 고려한다[5].

법적(계약) 위험 분석. 신용평가 과정에서 수익 창출 계약의 법적 조건과, 계약 또는 이권에 내재된 경제적(정치적) 유인을 분석한다. 장기 수익창출 계약을 통해 금융을 조달했는지 여부가 주요 관심사이며, 그렇지 않은 경우 신용평가의 초점은 내재된 계약 수익보다는 예상 매출액에 두게 된다.

생산물 시장. 신용평가 과정에서 프로젝트 수익 관련 계약의 법적 조건 외에도 프로젝트의 경제적 특성도 검토된다. 이러한 경제적 특성의 변화가 프로젝트에 미치는 영향도 주요 고려사항이다.

대부분의 관심이 새로운 인프라 건설에 있는 개발도상국의 경우, 앞서 언급된 신용 분석 범위로는 불충분하며, 프로젝트가 경제에 미치는 장기적 영향도 분석 대상이다. 예를 들면, 프로젝트 생산물의 최종 사용자에 부과되는 가격이 적당해야 하며, 그렇지 않은 경우 가격에 대해 재협상을 해야 할 수도 있다.

[3] 채권시장의 장점

사업주는 금융조달 수단을 고려할 때, 전통적인 채권시장을 활용하는 방안과 상업은행 또는 기관 투자자를 통해 자금을 조달하는 방안의 장점과 단점을 검토해야 하며, 주요 차이점은 다음과 같다.

대규모 유동화 시장. 프로젝트 사업주는 채권시장을 통해 대규모 유동화 시장에서 자금을 조달할 수 있으나, 은행 또는 기관 투자자를 통해 조달할 수 있는 자금은 제한되어 있다.

장기 채무. 채권시장에서 조달하는 자금의 평균 만기는 민간에서 조달하는 자금보다 긴 편이며, 상업은행과 일부 기관 투자자는 자금의 만기에 대한 규제 또는 내부 제한이 있다.

5) Ken Miyamoto, *Measuring Local Legal Risk Premium in Project Finance Bonds*, 40 VA. J. INT'L L. 1125 (2000)

법적 부담이 덜한 계약조건. 채권 거래(public debt deal)의 계약조건은 개별 차입거래(private debt deal)보다 법적 부담이 덜하고, 제한적인 약정도 적은 편이다. 일반적으로 개별 차입 거래에서는 프로젝트에 불리한 상황이 발생하는 경우 대주가 조기에 개입하는 것을 선호하는 반면, 채권 거래에서는 채권 서류를 수정하는 절차가 까다로워서 대주가 나중에 개입하는 것을 선호한다. 채권 거래의 경우, 채무 상환이 적기에 이루어지지 않는 경우에 대주가 개입한다.

예컨대, 채권 거래에서 프로젝트 계약의 수정 또는 전면 대체는 프로젝트 현금흐름에 부정적인 영향을 주지 않는 경우에 허용 가능하지만, 은행 거래의 경우, 통상 은행이 프로젝트 계약에 대한 수정 또는 대체를 검토하고 승인할 권리를 가진다. 또한, 채권 거래에서 프로젝트 회사는 원리금상환비율을 충족하는 경우 손실 회복 또는 자본 확충을 위해 추가 자금을 조달할 수 있으나, 개별 차입 거래에서는 은행의 동의가 필수적이다. 한편, 채권 거래에는 채무 불이행에 대한 구제 기간(cure periods)이 상대적으로 긴 편이며, 기한의 이익 상실(acceleration)과 같은 부담스러운 조항이 적은 편이어서 부채 규모가 사전에 협의된 수준을 초과할 경우에만 해당 조항이 적용되는데, 이는 민간 거래에서 다른 채무에 기한의 이익 상실 조항이 적용될 경우 해당 채무에도 기한의 이익 상실 조항을 적용하는 것과 대조적이다.

[4] 채권시장의 단점

규제기관의 감독. 미국에서 채권 거래를 하려면 Rule 144A에 명시된 경우를 제외하고는 아래와 같은 증권거래위원회의 오랜 등록 절차를 거쳐야 한다.

신용평가. 필수적인 절차인 신용평가에는 시간이 많이 걸리고, 신용등급은 프로젝트 계약의 구조와 위험 배분에 영향을 미친다.

프로젝트 근거 계약 변경에 대한 승인이 어려움. 채권 투자의 수동적인 성격 때문에 프로젝트에 대한 수정 또는 변경, 재구성은 협상 및 이행이 매우 어렵다. 채권 보유자가 다수이며 분산되어 있고, 수탁자가 프로젝트의 선택사항에 대한 판단을 꺼리는 점 등이 결합하여 PF 금융조달 채권시장의 활용가치에 의문을 제기한다. 특히, 대출 계약 수정, 포기 및 승인이 빈번히 일어나는 프로젝트 구성 단계에서 이러한 문제가 크게 작용한다.

부(−)의 차익거래(Negative Arbitrage). 또한, 상업은행의 일반적인 대출과 달리 채권

금액은 한꺼번에 마련해야 한다. 따라서, 건설자금을 조달할 때 조달된 자금에 이자 비용이 발생하므로 부(−)의 차익거래가 발생하게 된다. 은행 거래에서는 미인출 금액에 대해 약정 수수료가 부과되는 경우도 있긴 하지만, 건설 과정에서 자금이 필요할 때만 인출한다.

거래비용 과다: 채권시장을 활용하기 위한 거래비용은 매우 커서, 1억 달러 미만의 거래는 채권시장에 접근하기 어렵다.

[5] 미니펌(Mini−perm)과 상환형(amortizing) 미니펌

채권시장의 단점을 극복하기 위한 대안으로 단기화 장기금융(short−term, permanent financing)의 줄임말인 미니펌을 고려해볼 수 있다. 미니펌 구조에서 공사 관련 대출은 민간 기관에서 조달한 뒤, 대출 만기에 채권 발행을 통해 차환한다. 대출 기간은 보통 5~7년이며, 장기 상환 스케줄(20~25년)에 따라 상환하되, 대출 만기 시점에 잔액을 전부 상환한다. 이때, 잔액은 일시상환액(bullet maturity)이라고도 불리며, 대출 만기에 채권 발행금액으로 대출 잔액을 차환한다.

상환형 미니펌도 하나의 대안일 수 있는데, 상환형 미니펌 구조는 기관대출 만기 시점에 채권시장에서 유리한 조건으로 차환하지 못할 위험을 제거해준다. 상환형 미니펌 구조는 채권시장과 대출기관에서 함께 자금을 조달하며, 이때 채권시장을 통해 상당부분(예를 들면 85% 수준)을 조달한다. 대출금 중 기관대출이 초기 상환 스케줄 기한(5~7년) 내에 전액 상환되고, 이 기간 동안 채권 보유자들은 채무불이행, 승인, 기권 관련 사항에 대해 민간 기관의 결정을 따른다. 다만, 채무불이행의 발생으로 민간 기관과 채권 보유자들의 이해관계가 충돌하여 채권 보유자들에게 중대한 영향을 미치는 경우는 예외이다.

PF에서 상환형 미니펌 구조가 가지는 장점은 크게 두 가지인데, 우선 차환 위험이 없기 때문에 민간 기관이 부과하는 이자와 수수료가 줄어든다. 또한, 채권 보유자들은 민간 기관이 수행하는 프로젝트 건설 및 이행 점검결과를 활용하여 구조화 관련 비용을 최소화하고 프로젝트의 유연성을 강화할 수 있다.

상환형 미니펌 구조는 채권 보유자와 민간 기관 사이에 협의되어야 하는 대주 간의 쟁점을 야기한다. 보통 상환금액은 비례적으로 분배하는 반면, 채권 보유자들의 권리는 후순위에 해당하기 때문에, 중대한 채무불이행이 발생할 경우 채권 보유자들의 투표권을 면밀하게 정의하는 등 관련 쟁점에 대한 고려가 필요하다.

부(−)의 차익거래도 문제가 될 수 있는데, 채권은 건설 초기에 전액이 일시 발행되지만 채무 금액을 한꺼번에 전부 사용하지는 않으므로, 프로젝트는 미사용 채무 금액에 대한 이자도 지급하게 된다. 이러한 비용은 미사용 채무 금액으로 얻을 수 있는 이자수익으로 일부 상쇄할 수 있다.

21.05 Rule 144A 채권 발행(미국)

미국의 Rule 144A 채권시장은 1990년에 증권거래위원회(SEC)가 Rule 144A를 채택한 이후로 발전해왔다. 역사적으로 증권거래위원회는 사모(private placements) 채권의 전매(secondary trading)를 금지해 왔다. 그러나, Rule 144A를 통해 사모 발행 증권의 재판매에 대한 규제를 완화함에 따라 사모 발행 증권 유통시장의 유동성이 확대되어, 전세계 증권 발행자들이 미국 시장을 더욱 매력적으로 인식하게 되었다.

이 조항(rule)은 증권법 상 적격투자자(Qualified Institutional Buyers, QIB)에게 채권을 재판매 할 때 필요한 등록 요구사항에 대해 배타적이지 않은 피난처를 제공한다. 적격투자자는 미국 정부가 발행 또는 보증한 증권을 포함해서 독립적인(unaffiliated) 기업의 증권을 자체적으로 최소 1억 달러 이상을 보유 및 투자할 수 있는 주체를 말하며, 보험회사나 연금회사 등이 해당한다.

통상적인 Rule 144A 시장의 구조는 전통적인 사모 채권[6]의 발행인이 투자은행에 보유주식을 매각하면, 투자은행이 해당 주식을 Rule 144A에 따라 적격투자자에게 재판매 하는 형태이다.

증권을 적격투자자에게 매도할 때만 제외 대상에 해당하며, 증권을 발행할 때 미국 거래소(또는 미국 자동 상장 시스템(automated interdealer quote system))에 상장된 증권과 같은 유형이 아니어야 한다. 또한, 매도자와 잠재 매수자가 발행인에 대한 특정 정보를 얻을 권리를 가지고 있어야 하며, 매도자는 매도 행위가 Rule 144A에 의거한 것임을 잠재 매수자에게 알려주어야 한다.

사업주는 금융조달 수단을 고려할 때, 채권시장을 활용하는 방안과 상업은행 또는 기관투자자를 통해 자금을 조달하는 방안의 장점과 단점을 검토해야 하며, 주요 차이점은 다음과 같다.

---

6) 전통적인 사모 채권의 발행은 증권법 4조 2항에 따른 등록 요구사항 또는 증권법에 공표된 D규제의 대상에서 제외됨.

[1] 장점

Rule 144A 채권시장을 통해 자금을 조달할 때의 장점은 앞서 언급된 전통적인 채권시장에서와 유사하다.

대규모 유동화 시장: 프로젝트 사업주는 Rule 144A 채권시장을 통해 전통적인 채권시장에는 못 미치더라도 대규모 유동화 시장에서 자금을 조달할 수 있으나, 해외 프로젝트에 대해 은행 또는 기관 투자자를 통해 조달할 수 있는 자금은 제한되어 있다.

장기 채무: Rule 144A 채권시장에서 조달하는 자금의 평균 만기는 민간에서 조달하는 자금보다 긴 편이며, 상업은행과 일부 기관 투자자는 자금의 만기에 대한 규제 또는 내부 제한이 있다.

법적 부담이 덜한 계약조건: 또한, Rule 144A 채권 거래의 계약조건은 개별 차입 거래보다 법적 부담이 덜하고, 제한적인 약정도 적은 편이다.

규제기관의 제한적 감독: Rule 144A 채권 거래는 일반 채권 거래와 달리 증권거래위원회의 오랜 등록 절차를 거치지 않아도 된다.

[2] 단점

프로젝트 근거 계약 변경에 대한 승인이 어려움: 채권 투자의 수동적인 성격 때문에 프로젝트에 대한 수정 또는 변경, 재구성은 협상 및 이행이 매우 어렵다.

- **부(−)의 차익거래(Negative Arbitrage).** 또한, 상업은행의 일반적인 대출과 달리 채권 금액은 대부분의 경우 한꺼번에 마련해야 한다. 따라서, 건설자금을 조달할 때 조달된 자금에 이자 비용이 발생하므로 부(−)의 차익거래가 발생하게 된다. 은행 거래에서는 미인출 금액에 대해 약정 수수료가 부과되는 경우도 있긴 하지만, 건설 과정에서 자금이 필요할 때만 인출한다.

21.06 투자펀드(Investment Funds)

투자펀드는 인프라 개발사업 투자를 위한 민간 펀드를 모집한 특별 펀드이며, 정부 또는 민간 부문이 운영한다.

아래에 자세히 소개될 세계은행 산하의 국제금융공사(IFC)는 개발도상국에서 진행되는 프로젝트에 대한 대출 및 지분투자 용도의 특별 투자펀드 형성에 유용하다. 예컨대, IFC가 참여한 인프라 개발사업에 대해 글로벌 에너지펀드와 같은 펀드가 조성된다.

21.07 세계은행그룹 내 금융조달 원천

[1] 국제 또는 지역 다자기구의 사업 참여

세계은행, IFC, 지역별 개발은행과 같은 다자기구는 전세계 또는 특정 지역의 특정 프로그램 및 사업의 개발을 지원하기 위해 설립되었다. 지원대상 사업은 시간에 따라 바뀌며, 금융지원 금액은 제한적이지만, 회원국의 재정, 통화, 개발에 중대한 영향을 미치는 다자기구의 참여는 프로젝트에 도움이 된다.

[2] 국제부흥개발은행 (International Bank for Reconstruction and Development, IBRD)

일반사항: 세계은행, 또는 국제부흥개발은행(IBRD)[7]은 제2차 세계대전이 끝날 즈음인 1944년에 전쟁으로 훼손 및 파괴된 서유럽의 도로, 통신 및 전력시설 등의 인프라의 재건자금을 지원하기 위해 설립되었다[8]. 국제부흥개발은행은 비영리 국제기구로, 전세계 다양한 국가의 정부들이 주주이다[9].

설립 당시에 세계은행은 세계 자본시장에서 자금을 차입하여 해외 자본이 필요한 회원

---

7) '세계은행'과 '국제부흥개발은행'은 혼용되어 쓰이며, '세계은행그룹'은 IBRD와 산하기관들(국제개발협회(International Development Association, IDA), 국제금융공사(IFC), 국제투자보증기구(MIGA))를 의미한다.

8) 세계은행의 간략한 연혁은 HOSSEIN RAZAVI, *FINANCING ENERGY PROJECTS IN EMERGING COUNTRES* 34 - 37 (1996) 참고

9) 세계은행의 총 회원국은 2007년을 기준으로 184개 국가이며, 각 회원국의 지분은 회원국들 간의 상대적인 경제력에 따라 결정된다.

국에 다시 융자하는 매개체의 역할을 수행하였다. 즉, 자체 신용도로 낮은 금리에 자금을 조달할 수 없는 국가들의 금융중개 기관으로 조직되었다. 협정문에 명시된 세계은행의 주요 목적은 다음과 같다.

1) 개발도상국의 생산 설비 및 자원 개발을 장려하는 등 생산적인 목적을 위한 투자를 촉진하여 회원국의 개발을 지원
2) 보증을 제공하거나 민간 투자자의 대출 및 투자에 참여하여 민간 해외투자를 촉진하고, 합리적인 조건에서 민간 투자 유치가 어려운 경우, 적절한 조건 하에서 자본금, 자체 조달 자금 및 다른 금융조달 원천을 통해 생산적인 목적을 위한 자금을 지원하여 민간 투자를 보충
3) 회원국의 생산적인 자원 개발을 위한 해외투자를 장려하여 생산성, 생활수준 및 노동환경의 개선을 지원함으로써, 국제무역의 장기적이고 균형적인 발전과 국제수지의 균형 유지를 도모[10)]

설립 초기에 주로 서유럽 국가들의 재건을 위한 자금을 지원한 이후 세계은행의 지원대상이 변경되어, 1960년대 후반부터는 아프리카, 아시아 및 라틴아메리카의 개발도상국에 대부분의 대출을 지원하였다. 1980년대에는 세계은행의 지원이 개발도상국 내 최빈곤층의 기본 수요인 주거, 보건, 생활용수, 안전한 폐기물 처리, 에너지, 교육과 관련한 프로젝트에 집중되었다. 또한, 세계은행은 자금 공급을 넘어 성장에 이바지하는 경제환경의 조성과 결부된 경영자 교육, 제도 구축(institutional building)에도 지원을 확대하고 있다.

따라서, 세계은행이 사업 참여를 긍정적으로 검토할 지 여부를 판단하기 위해서는 기업환경 개선, 민간 부문 참여 촉진, 환경문제 개선 등의 다양한 요소들을 고려해야 한다. 물론, 사업을 통해 세계은행의 원래 목적인 빈곤 축소와 경제개발 촉진 역시 달성되어야 한다.

세계은행의 자금지원 규모는 170억 달러 ~ 200억 달러 수준이며, 회원국들이 상대적인 경제력에 따라 불입한 자본출자액을 대출 재원으로 사용한다. 2006년 6월 30일 기준으로 세계은행의 자본출자액은 약 1,900억 달러이나, 개별 회원국에 대한 자본출자할당액의 7% 정도만 불입되고, 나머지는 채무 상환을 위해 필요한 경우에 한해 불입을 요구한다. 세계은행은 1947년 이후 이익을 지속하여 이러한 조치는 필요하지 않았다.

세계은행은 세계자본시장에서 단기, 중기 및 장기 차입을 통해서도 필요한 자금을 조달하며, 기존 대출금의 원리금 상환액과 투자 수익도 자금 보충에 활용한다.

10) IBRD 협정문 art. I.

세계은행은 최상위 신용등급을 활용하여 낮은 조달비용으로 자금을 차입하며, 이는 조달비용이 높은 개발도상국을 지원하는 데 활용한다.

대출(Loan Program). 대출은 회원국이 진행 중인 특정 사업을 지원하기 위해 사용된다[11]. 지원 대상은 차입자가 합리적인 조건으로 다른 금융조달 원천을 통해 프로젝트 자금을 조달하지 못하는 경우이며, 이에 따라 세계은행은 보통 최종 대부자로 인식된다[12]. 추가로, 프로젝트의 기술적, 경제적 실행가능성과 대출금 상환가능성을 입증해야 한다[13]. 대출 대상이 민간 주체인 경우, 세계은행은 해당 회원국 정부가 대출에 대한 보증을 제공할 것을 요구한다[14].

보증(Guarantee Program). 세계은행은 대출 외에 보증도 지원하고 있으며,[15] 1980년대 채무위기로 개발도상국 내 상업대출이 감소함에 따라 금융조달 여건 개선을 위해 보증 제도를 신설하였다. 세계은행의 부분위험보증(World Bank Partial Risk Guarantee Program)은 민간 대주에게 거래상대국 정부의 계약 불이행과 특정 불가항력 위험에 대한 제한적인 보호장치를 제공한다. 한편, 다른 다자기구 또는 수출입은행의 대출과 지분투자는 보증 대상이 아니다.

일반적으로 거래상대국 정부의 계약 불이행은 정부가 프로젝트 사업주와 체결한 계약 중 하나를 불이행하거나, 정부 허가(concession)에 대한 의무를 부인 또는 불이행하는 경우에 발생한다.

세계은행은 보증서를 발급할 때 사업소재국 정부의 보장 또는 복보증(손해배상이라고 하기도 함)을 요구하며,[16] 보증서 발급의 대가로 '적절한' 보증료를 징수한다[17].

---

11) IBRD 협정문 제3조 §4에서 "세계은행은 회원국 또는 회원국 지방정부에 보증을 제공하거나, 대출에 참여 또는 대출을 지원할 수 있다"고 명시하고 있다.

12) IBRD 협정문 제3조 §4(ii)에서 세계은행은 "차입자가 세계은행의 관점에서 합리적인 조건으로 지배적인 시장 상황에서는 자금을 조달하지 못하는 경우로 인정할 경우" 대출을 지원할 수 있다고 명시하고 있다.

13) IBRD 협정문 제3조 §4(v)에서 "세계은행은 대출 또는 보증을 지원할 때 차입자 및 차입자가 회원국이 아닌 경우 보증인(회원국)이 대출 계약 관련 의무를 이행할 수 있을지에 대한 전망을 특히 고려해야 하며, 사업 소재지인 특정 회원국 뿐만 아니라 전체 회원국의 이해관계를 세심하게 고려해야 한다"고 명시하고 있다.

14) IBRD 협정문 제3조 §4에서 "세계은행은 회원국 내 사업자, 제조기업 및 농기업에 보증을 제공하거나 대출에 참여 또는 대출을 지원할 수 있다"고 명시하고 있다. 상동Art. III, §4 그러나, 동 협정문 제3조 §4(i)에서는 "대출 대상이 사업 소재지인 회원국이 아닌 다른 주체인 경우, 회원국 또는 회원국 중앙은행 및 이에 준하는 기관 등 세계은행이 인정하는 주체가 대출 원리금 및 기타 비용에 대해 전액 보증을 제공해야 한다"고 명시하고 있다.

15) IBRD 협정문 제3조 §4에서 "세계은행은 회원국 또는 회원국 지방정부, 회원국 내 사업자, 제조기업 및 농기업에 보증을 제공하거나 대출에 참여 또는 대출을 지원할 수 있다"고 명시하고 있다.

세계은행은 채무불이행이 발생하여 보증 의무를 이행해야 할 경우, 대주로부터 보증부 대출채권을 매입할 권리를 부여받아야 한다[18]. 이를 통해 세계은행은 보증인으로 남아있는 대신 차입자의 직접적인 대주가 되므로, 채무재조정과 선순위 채권 처리과정에 대한 통제력을 확보할 수 있다.

일반사항: 대출 또는 보증을 통한 금융 지원은 해당 사업이 생산적인 목적[19]을 지니고 있는지 확인하고, 채무상환 가능성[20]에 대해 검토한 후에 진행된다. 전자는 사업에 관한 사항이지만, 후자는 사업소재국 정부의 신용도와 결부되어 있다.

프로젝트에 대한 경제성 평가를 위해 프로젝트가 사업소재국에 미치는 경제적 비용과 편익을 분석하며,[21] 이때 프로젝트 수익에서 비용을 차감한 순이익의 현재가치와 예상 내부수익률을 검토한다. 지원 대상 프로젝트는 순이익의 예상 현재가치가 양(+)이고, 상호 배타적인 대안 프로젝트 순이익의 예상 현재가치보다 크거나 같아야 한다[22].

재무분석을 통해 프로젝트의 재무적 실행가능성(financial viability)을 판단하는데, 일반적으로 프로젝트를 통해 충분한 수익이 창출되어 원리금 상환과 운영비용을 충당하고, 프로젝트 주주가 수용 가능한 수준의 지분투자수익을 제공하는지 판단한다.

세계은행은 사업을 검토할 때 해당 국가의 다른 개발 목표도 감안하는데, 예를 들면, 제안된 사업을 충분히 지원하기 위해 경제 정책이나 규제 개혁이 필요할 수 있다.

한편, 제안된 사업의 지원여부를 고려하기 위해 세계은행의 다른 대출에 대한 지원대상 국가의 채무상환 이력을 참고하는데, 과거에 IBRD 또는 IDA의 대출에 대해 채무를 불이

16) IBRD 협정문 제3조 §4(i)에서 "사업이 진행 중인 회원국이 아닌 다른 주체에 대출을 지원하는 경우, 회원국 또는 회원국 중앙은행 및 이에 준하는 기관 등 세계은행이 인정하는 주체가 대출 원리금 및 기타 비용에 대해 전액 보증을 제공해야 한다"고 명시하고 있다.

17) IBRD 협정문 제3조 §4(vi)에서 "다른 투자자의 대출에 대해 보증을 제공할 경우, 세계은행은 위험 부담에 대한 적절한 보상을 받는다"고 명시하고 있다.

18) IBRD 협정문 제4조 §5(c)에서 "차입자의 채무불이행으로 세계은행이 보증 또는 기타 피보증 채무의 액면가격과 발생 이자를 매입할 경우, 보증 관련 의무가 종결될 수 있음이 보증서에 명시되어야 한다"고 명시하고 있다.

19) IBRD 협정문 제3조 §4에서 "세계은행은 회원국 또는 회원국 지방정부, 회원국 내 사업자, 제조기업 및 농기업에 보증을 제공하거나 대출에 참여 또는 대출을 지원할 수 있다"고 명시하고 있다.

20) IBRD 협정문 제3조 §4(v)에서 "세계은행은 대출 또는 보증을 지원할 때 차입자 및 차입자가 회원국이 아닌 경우 보증인(회원국)이 대출 계약 관련 의무를 이행할 수 있을지에 대한 전망을 특히 고려해야 하며, 사업 소재지인 특정 회원국 뿐만 아니라 전체 회원국의 이해관계를 세심하게 고려해야 한다"고 명시하고 있다.

21) 세계은행은 "프로젝트가 경제에 창출하는 순이익이 동일한 자원을 활용한 상호 배타적인 대안 프로젝트의 순이익보다 큰 지"를 판단한다. THE WORLD BANK OPERATIONAL MANUAL, OPERATIONAL POLICIES, OP 10.04, ¶ 1(Sept. 1994)

22) The World Bank Operational Manual, Operational Policies, OP 10.04, ¶ 2(Sept. 1994)

행한 국가에 대해서는 신규 자금지원이 제한된다.

세계은행은 이외에도 PF 지원을 위해 다른 여러 요인들을 분석하는데,[23] 사업이 환경, 재정착 여부, 원주민, 그리고 국제수로(international waterways)에 미치는 영향 등의 사회경제적 요인들이 이에 포함된다.

앞서 언급한 고려사항들은 공통적으로 사업이 생산적인 목적을 지니고 있는 지와 연관되어 있으며, 또 다른 주요 고려사항은 사업소재국 정부의 신용도이다[24]. 사업소재국 정부의 신용도를 평가할 때 고려하는 요인들은 현재 및 장래 상환해야 할 채무, 채무 상환을 위한 외화 조달 능력, 경제 구조, 사회 인프라, 제조업, 농업, 부존 자원, 무역 형태, 국제수지, 공공행정 수준 등이며,[25] 제안된 사업이 미치는 영향도 분석 대상이다.

세계은행의 신용도 요구기준을 충족하지 못하는 국가들은 통상 국제개발협회(IDA)의 양허성 차관을 지원받으며, 이러한 국가들을 'IDA 지원국(IDA-only)'이라고 부르기도 한다.

외부 유입 사업(Enclave Projects). 일부 예외적인 경우, 세계은행이 IDA 지원국에 대출을 지원하기도 하는데, 사업소재국에 대한 IDA의 자금지원 여력이 사업 수행을 위해 충분하지 않은 경우가 해당한다. 다만, IBRD 협정문을 준수해야 하므로 채무불이행 위험이 낮다고 판단하는 경우여야 한다[26]. 세계은행은 수출 지향적인 사업이어서 원리금 상환을 위해 필요한 외화를 충분히 획득할 수 있거나, 세계은행에 유리한 보증 또는 신용보강 방안이 마련되어 있는 경우, 그리고 사업 수익이 세계은행 대출 상환을 위해 별도로 관리되는 경우 채무불이행 위험이 낮다고 판단한다. 이와 같은 조건을 만족하는 경우, 세계은행은 해당 사업을 사업소재국과 구별된 별도 외부 유입(enclave) 사업으로 간주한다.

간접 지원. 금융약정 규모가 미미하더라도 세계은행의 참여 자체가 매우 중요할 수 있다. 세계은행은 개발도상국 사업 부문에 특수한 권위와 영향력을 보유하고 있어서, 회원국에게 대출 및 보증을 직접 지원하는 방법 외에도, 세계은행 산하가 아닌 다른 원천을 통한 금융조달 가능성을 증대시킬 수 있다.

---

23) 세계은행이 제안된 사업에 대해 검토할 때 고려하는 요소들에 대한 간단한 설명은 P. BENOIT, *PROJECT FINANCE AT THE WORLD BANK* 2-30 (1996)을 참고

24) IBRD 협정문 제3조 §4(v)

25) IBRD 정보공개문(Information Statement) (1994년 9월 20일)

26) IBRD 협정문 제3조 §4(v)

담보제공 금지(Negative Pledge). 세계은행의 담보에 대한 태도는 참여 사업의 구조에 영향을 미치는데, 세계은행이 대출 및 보증을 제공하지 않았더라도, 세계은행이 자금을 지원한 사업소재국 정부 자산을 담보로 설정하는 PF 사업은 영향을 받게 된다.

세계은행은 통상적으로 회원국 및 민간 차입자에게 대출을 지원할 때 담보를 요구하지 않는다[27]. 대신, 대출 계약에 담보제공 금지 조항을 추가하여 차입자가 다른 대주에게 담보권을 제공하는 경우, 세계은행에도 이와 동등한 비율의 담보권을 제공하도록 요구한다[28].

[3] 국제통화기금(International Monetary Fund, IMF)

국제통화기금(IMF)은 세계은행과 함께 설립되었으며, 주주 구성도 세계은행과 같은 세계은행의 자매기구이다. 설립 목적은 국제 통화시스템의 안정화였으나, 이러한 역할 수행은 1970년대에 중단하였고, 대신 회원국의 경제 정책을 검토하여 채무 위기나 인플레이션, 실업률, 그리고 국제수지 적자 관련 지원을 제공하는 국제기구로 부상하였다. IFM의 자금 공여는 종종 해당 국가의 경제 개선을 가져오는 엄격한 경제 및 정책 개혁 요구를 수반한다.

IMF는 PF 거래에 직접 참여하지는 않으나, IMF의 정책적 개입은 PF의 신용도 판단과 근거 계약에 영향을 미칠 수 있다. 이러한 개입은 세금, 관세 및 가격 책정 관련 사항까지도 포함한다. 예컨대, IMF는 전력요금이 과도하게 낮게 책정되어 있는 국가에 대해 시장에 기반한 가격 책정 방식을 활용하도록 압박할 수 있다. 이는 발전 프로젝트에서 부과할 수 있는 전력요금의 상승을 통해 수익성을 강화하며, 그 결과 추진 가능한 대상 사업의 범위가 확대된다.

회원국이 IMF의 정책 권고에 반하는 입장을 취할 경우에도 PF에 영향을 미친다. 특정 국가에 대한 IMF의 태도가 중요하므로, IMF의 우려사항을 처리하지 못할 경우, 제안된 사업에 대한 금융 시장의 태도에 영향을 줄 수 있다.

[4] 국제개발협회(International Development Association, IDA)

국제개발협회(IDA)는 1960년에 설립되어 차관 공여 업무를 수행하는 세계은행의 자매기구이다. IDA의 설립목적은 상업적 금리 수준의 대출을 감당할 수 없는 최빈국(poorest countries)에 개발금융을 지원하는 것이다.

---

27) 세계은행 업무방법서, Operational Policies, OP 7.20, ¶¶ 1,2. (2001년 2월)

28) 대출 및 보증계약에 대한 일반 조건, §6.02 (2005년 7월 1일). 6.02(c) 항에서는 구매대금에 대한 담보는 예외로 두고 있다.

협정문에 명시된 IDA의 주요 목적은 다음과 같다.

IDA 회원국 내 저개발지역의 주요 개발 수요를 충족하기 위한 자금을 보다 유연한 조건에 통상적인 대출보다 국제수지에 영향을 적게 미치는 형태로 제공하여, 경제개발의 촉진 및 생산성 향상을 통한 생활수준 개선을 도모하고, 나아가 IBRD의 개발 목표 달성에 기여하고 업무를 보완한다[29].

IDA는 제안된 사업에 참여할 지 여부를 검토할 때, 세계은행과 마찬가지로 개발 및 지원대상 국가 관련 사항들을 모두 평가한다. IDA의 판단에는 제안된 사업의 개발 효과가 매우 중요한 역할을 하며, 지원대상 국가와 관련해서는, 제안된 사업이 해당 국가의 개발 목표에 있어 우선순위를 지니는 지 여부, 해당국의 경제 정책 현황, 세계은행 대출 또는 IDA의 차관에 대해 심각한 채무불이행 상황인지 여부를 고려한다.

한편, IDA는 세계은행과 달리 사업소재국의 신용도나 채무상환 가능성은 고려하지 않으며, 채권시장에서 자금을 차입하지 않으므로 조달금리를 기반으로 이자율을 산정하지 않는다. 또한, IDA의 자금 지원은 세계은행처럼 담보제공 금지조항(negative pledge provision)을 수반하지 않는다.

IDA는 세계은행과 마찬가지로 최종대부자이며,[30] 자금 지원을 받으려는 사업은 많으나 가용 재원은 제한되어 있다.

IDA의 회원국은 총 173개국이며, 세계은행 회원국이어야 IDA의 회원국이 될 수 있다.

IDA의 융자는 소프트론(soft loan) 또는 차관(credits)으로 불리며, 세계은행의 대출보다 융자기간이 길고, 이자가 아닌 소액의 수수료를 부과한다. IDA의 융자는 개발금융 협정을 따르므로 세계은행 대출과 대조되는데, 이는 세계은행 대출의 경우 대출 계약을 따르기 때문에 다소 엄격하고 보조금 지원이 없기 때문이다.

IDA는 채권시장이 아닌 부유한 회원국과 세계은행의 납입금(subscription)을 통해 재원을 조달한다. 이러한 재원을 개발도상국 정부에 융자하여 빈곤 퇴치 사업 및 에너지, 교육, 보건, 복지 관련 사업을 수행하도록 한다. 한편, 재원 마련은 매 3년마다 재원보충 프로그램을 통해 향후 3년 동안의 지원금을 모금하는 방식으로 이루어진다.

[5] 국제금융공사(International Finance Corporation, IFC)

일반사항: 국제금융공사(IFC)는 1956년에 설립되어 세계은행의 민간부문 대출 업무를

29) IDA 협정문 제1조

30) 상동 art. V, §1(c)

수행한다. IFC는 개발도상국 내 민간 사업에 대해 정부 지원이 없어도 자금을 지원하는 반면, 세계은행은 공공부문에만 자금을 지원한다.

IFC가 자금을 지원하는 사업은 통상 사업소재국 경제에 이로운 사업인데, 대부분 해당 국가의 경화 획득 역량을 제고하는 방식으로 이루어진다. IFC의 지원 자금에 대해서는 정부가 채무 이행을 보증하지 않기 때문에 IFC는 지원 사업의 성공 가능성을 매우 중요하게 보며, 이는 사업에 대한 세계은행의 접근방식과 대조된다.

IFC의 협정문에는 아래와 같이 명시되어 있다.

IFC의 목적은 저개발 지역 회원국 내 생산적인 민간 기업의 성장을 유도하여 경제성장을 촉진함으로써, 국제부흥개발은행(IBRD)의 업무를 보완하는 것이다… IFC는 이러한 목적을 달성하기 위해 (i) 합리적인 조건으로 민간 투자를 충분히 유치하기 어려운 경우, 민간 투자자와 공동으로 **회원국 정부의 채무보증 없이 투자를 제공**하여, 회원국 개발에 기여하는 생산적인 민간 기업의 설립, 개선 및 확장을 위한 자금을 지원한다…[31].

세계은행과 달리 IFC는 대출, 보증, 그리고 전환사채, 출자 등 모든 종류의 투자가 가능하여, 지원 수단이 대출과 보증에 국한되지 않는다[32]. 또한, 정부의 채무 보증을 요구하지 않는 점도 세계은행과의 차이점이다[33].

IFC는 최종대부자이며, 협정문에도 명시되어 있듯이 IFC의 사업 참여는 '합리적인 조건으로 민간 투자를 충분히 유치하기 어려운 경우'로 제한되어 있다[34]. 지금까지 IFC는 신흥시장에서의 첫 번째 사업, 또는 부문별 인프라 개발사업에 대한 민간 투자를 지원하기 위해 설계된 법률 및 규제가 아직 검증되지 않은 경우에 특히 중요한 역할을 수행해 왔다.

통상 IFC의 대출 대상은 현지 기업이며, 사업소재국 정부가 허가하는 경우 외국인이 현지 기업을 소유하는 것도 가능하다.

IFC의 회원국은 총 178개국이며, 세계은행 회원국이어야 IFC의 회원국이 될 수 있다.

대출. IFC의 대출은 "A" 융자, "B" 융자프로그램 2가지로 구분되는데, "A" 융자는 IFC가 자체 재원으로 지원하는 대출이며, "B" 융자는 상업 대주단과의 협조 융자이다.

IDA와 달리, IFC의 대출 이자는 양허성(concessionary) 금리가 아니다. 한편, 세계은행

31) 국제금융공사 협정문 art. I (강조 추가)
32) 상동Art. III, §2 (IFC는 보유 재원을 활용하여 상황에 적절하다고 판단하는 방식으로 투자할 수 있다)
33) 상동Art. III, §1 (민간 기업에만 투자하는데, 이때 민간 기업에는 정부가 참여한 기업도 포함한다)
34) 상동Art. I (강조 추가)

과 달리, IFC 대출의 이자 및 대출조건은 세계은행의 유리한 신용도를 활용하지 못한다. 그 결과 IFC의 대출이자가 종종 높을 수 있는데, 이는 상업 금융기관이 “B” 융자(협조 융자라고도 불린다)에 참여하도록 유도하기도 한다[35].

상업 금융기관은 IFC가 참여하는 사업에 대한 사업소재국 정부의 지원을 기대하며 “B” 융자에 관심을 갖는데, 사실 IFC의 사업 참여가 가지는 가장 큰 유익은 IFC가 다른 금융조달 원천을 모집할 수 있다는 점이다.

제20장에 자세히 소개된 대로, 협조 융자 구조 하에서 IFC는 프로젝트에 자금을 지원한 후 상업 금융기관에 “B” 융자의 참여 관련 권리를 매각하고, “A” 융자 부분을 유지한다. IFC의 보장(umbrella) 하에서 상업 금융기관의 “B” 융자는 IFC의 “A” 융자와 동일하게 취급되는데, IFC가 계약을 체결하고(document) 융자를 실행(administer)한 후 상환금액과 담보를 IFC와 “B” 융자 금융기관 간 안분한다. 한편, “A” 융자의 채무불이행은 “B” 융자의 채무불이행을 의미한다.

지분 투자(Equity Program). IFC는 프로젝트 관련 수동적인 소수 지분을 보통주, 우선주, 전환사채, 성과 연동 금리부 대출 및 기타 지분에 준하는 수단을 활용하여 인수할 수 있다[36]. 또한, IFC의 프로젝트 참여로 정책당국 고위층과의 교류가 가능해지므로, 다른 금융조달 및 지분 투자 원천을 모집할 수 있다.

IFC는 개발도상국 프로젝트에 대한 대출 및 지분투자를 위한 특별 투자 펀드 조성에도 유용하다. 예컨대, IFC가 참여하는 인프라 개발사업에 대해 펀드가 조성되어 있다. 또한, IFC는 개발도상국 기업들이 국제금융시장에 진출하고 국내 자본시장을 개발하는 데도 유용하다.

보증. IFC는 금융기관에 보증을 제공할 수 있으나, 보증 지원 빈도는 낮은 편이다.

IFC 사업 참여의 유익. 대출, 지분투자, 보증 제공 외에도 IFC의 사업 참여가 가져다주는 부차적 유익들이 많이 있다. 세계은행의 사업 참여와 마찬가지로, 이러한 유익들 중

35) 상동Art. III §3(v) (IFC는 지원 기간 및 조건의 적절성을 판단할 때 지원기업의 자격, (IFC가 부담하는) 위험 수준, 민간 투자자가 유사한 금융에 대해 통상적으로 요구하는 기간 및 조건을 감안한다)

36) 상동 Art. III §3(iv) (IFC는 투자기업의 경영에 대한 책임을 지지 않으며, 기업 경영 또는 경영 관리의 영역에 해당한다고 판단하는 사안에 대해서는 의결권을 행사하지 않는다) 그럼에도 불구하고, 채무불이행 또는 파산상태가 발생하는 경우 IFC는 적절한 조치를 취해야 한다. 상동Art. III §4 (투자에 대해 채무불이행이 발생하거나 발생 가능성이 확대된 경우, 투자 기업이 파산하거나 파산 위기인 경우, 그 외 투자를 위태롭게 하는 상황이 발생할 경우, (협정문 내) 어떤 조항도 IFC가 관련 이익을 보호하기 위해 필요한 조치를 실행하고 권리를 행사하는 것을 제한하지 않는다)

가장 중요한 것은 바로 IFC가 상업 금융기관을 포함한 다른 기관의 사업 참여에 촉매제 역할을 한다는 점이다. 이외에도 프로젝트의 비상위험 경감 및 보장, IFC의 최종 대부자로서의 지위, 민간부문 투자 가능, 그리고 유연한 투자 형태가 IFC 사업 참여의 장점에 속한다.

다른 기관의 사업 참여에 촉매제 역할

IFC는 "B" 융자 프로그램을 통해 상업 금융기관의 사업 참여에 촉매 역할을 하는데, 이때 상업 금융기관은 IFC의 협조 융자에 대한 심사와 금융 구조화에 크게 의존한다.

비상위험 경감 및 보장

세계은행과 마찬가지로, IFC는 다자기구의 독특한 지위를 통해 금융기관과 투자자들을 비상위험으로부터 보호할 수 있다. IFC와 사업소재 회원국 정부와의 관계, 세계은행 및 IDA와의 협력은 정부 보증을 요구하지 않고도 차입자들의 투자계약 이행을 유도한다. 다만, "B" 융자에 참여한 은행에 직접적인 비상위험 경감을 제공하지는 않는다.

최종 대부자로서의 지위

IFC가 참여하지 않으면 프로젝트가 진행되지 않는 경우가 있는데, 이는 민간 부문이 프로젝트에 대해 부정적으로 인식할 때 IFC가 최종 대부자로서 투자자금을 제공하기 때문이다.

민간부문에 투자 가능

세계은행은 정부가 지원하는 사업에 대해서만 지원이 가능하지만, IFC는 민간부문에 자금을 지원할 수 있다. 이는 경제체제가 시장경제로 전환 중인 국가이거나, 인프라 개발사업을 지원할 만한 자금 여력이 부족한 개발도상국에 유용하다.

유연한 투자 형태

앞서 언급한 대로, IFC는 협정문에 명시된 특정 제한조건을 충족할 경우 어떠한 투자에도 참여가 가능하다. 세계은행은 대출과 보증만 지원이 가능하지만, IFC는 대출, 보증, 지분투자, 지분투자에 준하는 기타 투자를 모두 지원 가능하다.

[6] PF에서 세계은행그룹 대출의 역할

PF 거래에 대한 지원은 세계은행과 IFC, IDA를 통해 서로 다른 방식으로 이루어진다[37]. PF 금융지원의 경우, 세계은행은 소득 중위의 개발도상국을, IFC는 개발도상국의 민간 부문을, 그리고 IDA는 개발도상국 중 최빈국을 지원한다. 세계은행 내 기관 중 비상위험에 대한 보험을 제공하는 국제투자보증기구(MIGA)에 대해서는 제20장에 소개되어 있다.

세계은행과 IDA의 금융 지원. PF에 대한 대출은 대출 계약을 따르는 세계은행의 대출과, 개발금융협정을 따르는 IDA의 차관을 통해 이루어진다. 대출과 차관은 회전방식으로 운영하지 않으며, 대출 약정을 체결하면 (채무불이행이 발생하지 않는 한) 시간이 지나면서 대출이 집행되고, 특정 채무불이행이 발생할 경우 기한의 이익이 상실된다. (세계은행과 IDA는 아직 이러한 조치를 실행한 적이 없다)

세계은행 대출은 프로젝트 회사에 직접 대출하거나, 사업소재국 정부에 대출하면 이를 프로젝트 회사에 재대출 또는 온렌딩하는 두 가지 방식으로 이루어진다. 직접 대출 구조에서는 세계은행과 프로젝트 회사 간에 대출계약을 체결하고, 사업소재국 정부가 대출금 상환을 보증한다.

온렌딩 대출 구조에서는 프로젝트 회사가 아닌 사업소재국 정부가 세계은행에 대한 대출금 상환 의무를 부담한다. 이때 세계은행과 사업소재국 정부 간의 대출 계약은 주 대출을 명시하고, 사업소재국 정부와 프로젝트 회사 간의 대출계약은 프로젝트 대출을 명시한다. 또한, 사업실시협약은 사업소재국 정부와 프로젝트 회사 간에 체결되어 프로젝트 개발, 건설 및 운영에 대한 계약 상대방의 의무를 명시한다.

외부 유입 사업(Enclave Projects)에 대한 세계은행 금융지원. 전술한 대로, 세계은행은 사업소재국 정부의 신용도가 낮아도 ‘IDA 지원국’ 내 프로젝트에 자금을 지원할 수 있다. 이러한 지원은 IDA가 설립된 1960년 이후 실행되지 않고 있다.

지원대상 프로젝트는 세계은행 대출금 상환에 충분한 현금흐름을 창출해야 하고, 수출지향적인 사업이어서 역외에서 외화를 충분히 획득할 수 있어야 하며, 사업소재국과 분리되어 자산과 담보를 분리할 수 있어야 한다. 세계은행은 대출에 대해 통상 직접 보증 또는 Take-or-pay 계약과 같은 내재적 보증을 통한 제3자의 신용 지원을 요구하며, 사업소재국 정부의 보증도 요구한다.

추가로, 세계은행은 프로젝트의 현금흐름을 통해 안정적으로 원리금을 상환하는 담보구조를 마련하도록 요구한다. 이를 위해 역외 신탁계정을 활용하는데, 외화로 취득한 프로

37) BENOIT, 주석 23의 37-57 (1996) 참고

젝트 수익을 이 계좌에 예치하면, 동 계좌에서 인출하여 사전에 협의된 순서대로 채무를 상환한다.

세계은행의 다른 융자와 마찬가지로, 외부적 사업에 대한 융자 또한 프로젝트 회사에 대한 사업소재국 정부 보증부 직접 대출과, 사업소재국 정부에 대출하면 이를 프로젝트 회사에 재대출 또는 온렌딩하는 온렌딩 대출의 두 가지 방식으로 이루어진다. 직접 대출 구조에서는 세계은행과 프로젝트 회사 간에 대출계약을 체결하고, 사업소재국 정부와 민간 사업주가 대출금 상환을 보증한다. 한편, 역외 신탁계좌의 관리를 위해 별도의 계약을 체결한다.

온렌딩 대출 구조에서는 프로젝트 회사가 아닌 사업소재국 정부가 세계은행에 대한 대출금 상환 의무를 부담한다. 이때 세계은행과 사업소재국 정부 간의 대출계약은 주 대출을 명시하고, 사업소재국 정부와 프로젝트 회사 간의 대출계약은 프로젝트 대출을 명시한다. 또한, 사업실시협약은 사업소재국 정부와 프로젝트 회사 간에 체결되어 프로젝트 개발, 건설 및 운영에 대한 계약 상대방의 의무를 명시한다.

IDA 차관. IDA 차관은 세계은행 대출과 달리 개별 프로젝트가 아닌 사업소재국 정부를 지원대상으로 한다. 온렌딩 대출 구조에서는 사업소재국 정부가 IDA 차관을 프로젝트에 다시 대출할 수 있으며, 이때 IDA 차관에 대한 상환 의무는 프로젝트 회사가 아닌 사업소재국 정부가 부담한다.

계약 구조는 세계은행의 온렌딩 대출계약과 동일하다. 세계은행과 사업소재국 정부 간의 대출계약은 주 대출을 명시하고, 사업소재국 정부와 프로젝트 회사 간의 대출계약은 프로젝트 대출을 명시한다. 또한, 사업실시협약은 사업소재국 정부와 프로젝트 회사 간에 체결되어 프로젝트 개발, 건설 및 운영에 대한 계약 상대방의 의무를 명시한다.

지분 투자. 세계은행과 IDA 모두 프로젝트에 대한 지분 투자를 하지는 않으나, 회원국에 대한 대출을 통해 지분 투자를 위한 자금을 지원한다[38].

대출금 차환(Debt Refinancing). 세계은행의 지원자금은 프로젝트 채무를 차환하는 데 사용할 수 있는데, 예컨대, 정부가 단기 프로젝트 채무를 차환하기 위한 자금을 지원할 수 있다. 이때, 정부의 차환 의무를 뒷받침하기 위해 세계은행이 정부에 대출을 지원하며, 대출 집행금액은 단기대출 상환에 사용된다. 잠재적인 단기대출 지원기관에게 (사전에 협의

38) 상동 51 - 52 참고

된 조건의) 대출금 차환이 보장되므로, 프로젝트는 단기 및 장기자금을 동시에 활용할 수 있다[39].

[7] PF에서 세계은행그룹 보증의 역할

세계은행 보증: 세계은행은 현재 부분위험, 부분신용, 그리고 정책적 보증 3가지를 제공하고 있다[40].

부분위험 보증은 사업소재국 정부가 의무를 불이행하여 변상을 해야 할 위험으로부터 대주를 보호해준다. 부분위험 보증이 보장하는 위험은 개별 협의대상이며, 관세 위험, 규제 위험, 회수 위험, 중재 관련 위험, 법령 개정 위험, 환전 위험, 송금 위험, 보조금 지급 관련 위험을 포함한다. 부분위험 보증은 다음과 같은 계약 구조로 지원된다.

상업 금융기관이 대출계약에 따라 대출을 집행하면, 사업소재국 정부와 프로젝트 간에 이행 및 기타 계약을 체결하여 프로젝트 회사에 대한 사업소재국 정부의 계약 상 의무를 명시한다. 세계은행은 이러한 계약 상 사업소재국 정부에 배정된 위험의 전부 또는 일부에 대해 보장하는 보증서를 발행한다. 사업소재국 정부는 세계은행에 배상(또는 복보증)을 제공하여, 세계은행이 부분위험 보증에 따라 상업 금융기관에 대지급한 금액을 보상한다.

부분신용 보증은 채무불이행 위험으로부터 대주를 보호하지만, 보증 대상이 전체 채무의 특정 부분(tranche)에 국한된다. 보통 보증 대상 채무는 다른 채무보다 만기가 뒤에 도래한다.

정책적 보증은 세계은행의 정책 목표를 지원하기 위해 발행된다.

세계은행의 간접 보증: 세계은행은 대주에게 정부 또는 다른 사업참여자의 채무에 대한 직접 보증을 제공하는 대신, 정부에 융자하여 정부 또는 제3자(은행 등) 보증의 보증이행 자금을 지원한다. 이러한 구조에서 보증 제공자는 정부 또는 제3자이므로, 보증 수혜자는 세계은행에 직접 상환 청구를 하지 않고 간접적인 관계를 갖는다.

정부 보증을 사용하는 경우, 세계은행은 정부와 대출계약을 체결하고 보증청구 금액을 지원하기로 약정한다.

한편, 제3자 보증을 사용하는 경우, 상업은행 또는 다른 독립 기관이 보증을 제공하면 정부는 (복보증 또는 배상계약에 준하여) 제3자에게 보증이행 자금을 배상하기로 합의한

39) BENOIT, 주석 23의 52-53 참고

40) 세계은행 업무방법서, Operational Policies, OP 14.25 (2005년 12월), 세계은행 업무방법서, Bank Procedures, BP 14.25 (2005년 12월) 참고

다. 이때, 보증이행 자금은 세계은행의 정부에 대한 융자금으로 충당한다[41].

세계은행 보증의 지원 가능 여부. PF에 세계은행 보증을 지원하려면 투자 형태, 보증대상 채무의 종류, 보증대상 위험의 형태와 같은 요소들을 고려해야 한다.

우선, 세계은행은 대출에 대해서만 보증이 가능하지만,[42] PF의 경우 다른 형태의 투자에 대해서도 보증이 필요하다. 지분 투자 또는 다른 형태의 투자에 대한 보증이 필요한 경우, 세계은행은 정부 보증이행 자금을 지원하기로 합의한다[43].

세계은행은 대출에 대한 보증만 지원 가능하므로, 보증대상 채무의 종류 또한 이행보증이 아닌 지급보증만 지원 가능하다. 금융조달 과정에서 통화 위험에 대한 정부 보증이 요구되는 경우, 정부 보증에 이행보증이 포함될 수 있다. 이때, 정부의 보증 채무를 지원하기 위해 세계은행의 신용보강이 필요하면, 정부 보증에 대한 간접 금융지원의 형식을 활용해야 한다. 이 경우에도, 이행보증 관련 채무는 금전적인 채무로 한정되어야 한다[44].

마지막으로, 보증대상 위험의 형태도 세계은행 보증 지원 여부의 판단 기준이다. 세계은행과 IDA의 협정문이 보증 지원 가능한 위험의 형태를 명시하고 있지는 않으나, 실제로는 보증대상 위험의 형태를 검토한다. 통상, 세계은행은 상업위험을 제외한 비상위험과 정부의 약정불이행 위험으로 보증 대상을 제한한다. 이러한 방침의 근거로, 세계은행은 정부에 대한 직접 개입, 정부의 대주로서의 지위, 그리고 비영리적인 성향을 활용하여 비상위험 및 정부의 약정불이행 위험을 관리할 수 있으나, 상업위험은 그렇지 않다는 점이 일부 작용한다.

IDA 보증. IDA 협정문에는 보증을 제공할 수 있다고 명시되어 있으나, 현재 보증을 제공하지 않고 있다[45].

기타 신용 지원 : Take－or－pay 또는 Take－and－pay 계약. 세계은행 보증이 지닌 법적(대출에 대한 보증만 가능), 정책적(비상위험 및 정부의 약정불이행 위험으로 보증대상 제한) 구조가 PF 참여를 위한 유연성을 제약함에 따라, 세계은행은 지원 제도에 유연성을 강화하고 있다.

41) BENOIT, 주석 23의 46－47 참고

42) IBRD 협정문 제3조 §4에서 "세계은행은 회원국 또는 회원국 지방정부, 회원국 내 사업자, 제조기업 및 농기업에 보증을 제공하거나 대출에 참여 또는 대출을 지원할 수 있다"고 명시하고 있다. (강조 추가)

43) BENOIT, 주석 23의 47－48 참고

44) 상동 48 참고

45) IDA 협정문, art. V, §5

예컨대, take-or-pay 계약은 PF에서 보증과 비슷한 신용보강 장치로 활용되는데, 이러한 계약은 판매자가 제품 또는 용역을 공급하지 않아도 구매자가 대금을 지급하도록 하는 무조건적 의무를 부여하므로, 장기적인 수익을 보장해준다.

정부가 이러한 계약을 체결할 경우, 세계은행이 정부의 의무이행을 위한 자금을 지원할 수 있는 여지가 생긴다. 제품을 인도하면 take-or-pay 계약은 구매계약과 같아지며, 세계은행은 구매계약에 대해 자금을 지원한다.

제품이 인도되지 않아도 정부가 프로젝트 회사에 대금을 지급해야 하므로, take-or-pay 계약은 정부가 프로젝트 채무에 대해 보증을 제공하는 것과 같아진다. 이 경우, 세계은행은 계약 상 보증과 비슷한 대금 지급을 위한 자금을 지원하여 비상위험 및 정부의 약정불이행 위험을 간접적으로 보증한다. 상업위험은 다른 신용지원을 통해서도 대처할 수 있는데, 예를 들면, 보험 계약상 보험금이 프로젝트 회사에 직접 지급되는 경우, 정부의 부보된 위험에 대한 보상액(payments for covered risks)을 지원하기 위해 세계은행이 정부에 융자를 제공하기도 한다[46].

[8] 세계은행 사업 참여의 유익

대출 및 보증 제공 외에도 세계은행의 사업 참여가 가져다 주는 부차적 유익들이 많이 있다. 이러한 유익들 중 가장 중요한 것은 바로 세계은행이 상업 금융기관, 다자 및 양자기구의 참여에 촉매제 역할을 한다는 점이다. 이외에도 막대한 재원, 개발도상국에 대출 가능, 정부 투자 지원 가능, 유리한 대출 만기 및 이자, 비상위험에 대한 보호 및 보장 가능, 대출계약에 연쇄지급불능 조항(cross-default provisions)을 삽입하여 정부의 조치에 영향력 행사 가능, 정부가 미래에 추진할 사업에 대한 자금 지원을 결정함으로써 영향력 행사 가능, 사업에 영향을 주는 거시경제 정책에 영향력 행사 가능, 프로젝트 위험에 덜 예민한 점, 세계은행 조달정책 및 경영 요구사항 활용 가능한 점이 세계은행 사업 참여의 장점에 속한다.

다른 기관의 사업 참여에 촉매제 역할: 세계은행은 상업 금융기관, 다자 및 양자기구의 사업 참여에 촉매제 역할을 한다. 많은 기관들이 세계은행과의 사업 참여를 검토할 때 세계은행과 협력하며, 세계은행의 신용 판단에 의존한다. 예산이 한정되어 있거나 인력이 부족한 기관들은 개별 사업에 대한 분석에 제약이 따를 수 있다[47].

46) BENOIT, 주석 23의 50-51 참고
47) BENOIT, 주석 23의 59-67 참고

재원. 세계은행이 활용 가능한 재원은 막대하여, 대출 및 위험 감내를 위한 재원이 한정적인 상업 금융기관과 달리, 금융 지원에 보다 유연하다.

개발도상국에 대출 가능. 세계은행은 개발금융기관으로서 개발도상국에 대한 대출에 상업 금융기관보다 더 열심이다. 개발도상국에 대한 대출 경험과 관리 능력을 모두 지닌 세계은행은 개발도상국에게 중요한 금융조달 원천이다.

정부 투자 지원 가능. 세계은행은 지원대상 국가의 고위 관료들과 협상이 가능한데, 이는 상업 금융기관에서는 하기 힘든 일이다. 그 결과, 세계은행은 개발도상국의 프로젝트 투자에 필요한 자금을 지원할 수 있으나, 상업 금융기관은 보통 이러한 지원을 미리 준비하지 못한다. 한편, 정부의 투자금은 다른 금융조달 원천을 통해 확보하기 어려운 경우도 있다.

유리한 대출 만기 및 이자. 세계은행이 제공하는 대출의 만기와 이자는 대개 민간 부문보다 유리한 조건이며, IDA의 차관은 양허성(concessional) 금리 수준이다.

비상위험 경감 및 보장. 세계은행은 다자기구의 독특한 지위를 통해 금융기관과 투자자들을 프로젝트의 비상위험으로부터 보호할 수 있다. 앞서 언급한 대로, 세계은행은 보증 지원 또는 지원대상국의 보증 채무에 대한 금융 제공을 통해 비상위험 경감을 지원한다.

세계은행이 비상위험 보장에 참여하기만 해도 비상위험 경감에 중요한 요소로 인식된다. 세계은행과 지원대상국 정부 관료 간의 긴밀한 관계, 지원대상국 내 다양한 프로젝트에서 세계은행의 대주로서의 역할, 그리고 지원한 보증에 대한 보증이행 청구를 막으려는 세계은행의 노력이 종합적으로 작용하여, 다른 금융기관과 투자자들로 하여금 정치적 사건이 프로젝트에 영향을 미치는 위험이 최소화되었다고 확신하도록 한다. 정부 입장에서는 세계은행 보증계약에 대한 보증이행 자금을 지급해야 하므로, 세계은행과 협업하여 보증이행을 막고 향후 유치하고자 하는 다른 대출에 미치는 영향을 피하려는 유인이 있다.

대출계약에 연쇄지급불능 조항을 삽입하여 정부의 조치에 영향력 행사 가능. 세계은행과 IDA는 정부와 대출 계약을 체결할 때, 계약을 불이행하는 경우 대출을 중지하거나 궁극적으로 종결할 수 있도록 하는 조항을 삽입한다. 또한, 연쇄지급불능 조항도 삽입하여, 개별 대출 중 하나가 중지되는 경우, 세계은행이 해당 국가에 대한 모든 대출의 집행을 중지할 수 있도록 한다[48].

정부가 미래에 추진할 사업에 대한 자금 지원을 결정함으로써 영향력 행사 가능: 위와 유사하게, 사업소재국 정부는 자신들의 조치가 향후 추진 사업에 대한 세계은행의 자금 지원 결정에 미칠 영향을 고려해야 한다. 특정 사업에 대한 부적절한 정치적 조치는 향후 수년간의 자금 지원에 부정적인 영향을 줄 수 있다.

사업에 영향을 주는 거시경제 정책에 영향력 행사 가능: 세계은행이 개별 사업 또는 일련의 사업들에 참여하는 경우, 사업, 부문 또는 국가 차원의 정치·경제 개혁과 연계된 경우가 있는데, 세계은행에서는 이를 '정책적 융자조건(policy conditionality)'이라고 한다. 이와 관련한 세계은행의 검토와 정치·경제 개혁이 결합되면 금융기관과 투자자들의 부담을 상당 부분 줄여줄 수 있다.

프로젝트 위험에 덜 예민: 세계은행의 위험 분석은 상업 금융기관의 위험 분석과 구별되어야 한다. 상업 금융기관은 모든 형태의 프로젝트 위험을 분석하지만, 세계은행은 대출 또는 보증에 대해 정부의 지급 의무가 뒷받침되기 때문에 해당 프로젝트의 위험보다 사업소재국 정부의 신용 위험에 더욱 주안점을 둔다. 그렇다고 해서 세계은행이 프로젝트 위험을 무의미하게 여기는 것은 아니다. 세계은행은 사업을 통한 개발목표 달성에 관심이 있으므로, 프로젝트가 합리적으로 실행 가능한 지를 확인하기 위해 프로젝트 위험을 분석한다.

세계은행 조달정책 활용 가능: 세계은행은 차입기관들이 세계은행의 조달 관련 기준(procurement standards)을 따르도록 요구하는데, 이는 상업 금융기관의 기준보다 통상 더 상세하다[49]. 세계은행의 조달 관련 기준은 경제 성장 및 효율성을 촉진하고, 회원국 국민이 입찰에 참여할 수 있는 기회를 제공하기 위해 설계되었다[50]. 조달 관련 기준은 세계은행이 보증을 제공한 대출금으로 취득하는 제품 및 용역에도 적용된다[51].

세계은행의 경영 요구사항 활용 가능: 위와 유사하게, 세계은행의 회계처리, 보고 및 감사 절차는 자금을 지원받는 기관에도 적용된다[52].

---

48) IBRD 대출 및 보증계약에 대한 일반 조건, §6.02(d) (1985년 1월 1일)

49) 세계은행 대출 및 IDA 차관 관련 조달에 대한 지침(1995년 1월, 1996년 1월 1차 개정, 1996년 8월 2차 개정, 1997년 9월 3차 개정, 1999년 1월 4차 개정), IBRD 협정문 제3조 §5(b)에서 "세계은행은 대출금이 경제 성장과 효율성을 고려하여 사용되도록 면밀히 검토해야 한다"고 명시하고 있다.

50) 세계은행 대출 및 IDA 차관 관련 조달에 대한 지침(1995년 1월, 1996년 1월 1차 개정, 1996년 8월 2차 개정, 1997년 9월 3차 개정, 1999년 1월 4차 개정)

51) 상동 ¶ 3.14

52) 회계처리, 보고 및 감사 안내서 (1995년 1월)

21.08 지역개발은행

[1] 일반사항

지역개발은행은 세계은행과 유사하게 빈곤 감축 및 경제성장 촉진 등의 목적을 수행하기 위해 설립되었으며, 전세계적인 차원보다는 특정 지역에 지원을 집중한다. 지역개발은행의 주주 역할 및 출자 지원은 지역 내 국가들과 선진국들이 담당한다.

[2] 아프리카개발은행(African Development Bank, AfDB)

아프리카개발은행(AfDB)은 1963년에 설립되었으며, 아프리카 대륙 내 공공자금의 주요 조달원이다. 회원국은 아프리카 내 54개 국가와, 대부분 선진국인 그 외 지역 26개 국가로 구성된다. 연간 신규 대출 및 보조금 지원 규모는 30~40억 달러 수준이다.

AfDB는 자체 금융조달 비용을 기준으로 프로젝트에 대한 대출 금리를 산정한다. 또한, 사업타당성 조사, 프로젝트 준비 및 실행 관련 사업을 통한 기술 협력에도 참여하여 관련 투자 및 융자를 촉진한다.

[3] 아랍경제사회개발기금 (Arab Fund for Economic and Social Development)

아랍경제사회개발기금은 1972년에 설립되어 아랍연맹 내 회원국의 개발 사업에 자금을 지원한다.

[4] 아시아개발은행(Asian Development Bank, ADB)

아시아개발은행(ADB)은 1966년에 설립되어 아시아 내 회원국의 인프라 개발사업에 자금을 대출한다. 회원국은 아시아 국가와 그 외 지역 선진국을 포함하여 총 67개 국가로 구성된다.

ADB의 대출 규모는 60억 달러 수준이며, 대출 재원은 회원국이 납입하는 출자금을 통해 마련한다. 개별 회원국은 출자금액의 12% 정도만 실제로 납입하며, 나머지는 ADB가 채무 상환을 위해 요구하는 경우에 한해 납입한다. 한편, ADB는 기타 자금을 조달하기 위해 자본시장을 활용한다.

과거 ADB는 정부가 보증하는 공공기관 대출에 지원을 집중하였으나, 회원국 내 민영화 추세에 따라 지원 대상이 민간 부문으로 확대되었다. 이때, 민간 기업에 대한 대출에는 정부 보증을 요구하지 않는다.

[5] 유럽부흥개발은행 (European Bank for Reconstruction and Development, EBRD)

유럽부흥개발은행(EBRD)은 1991년에 설립되어, 다수 정당에 기반한 민주화와 다원주의(pluralism), 시장 경제를 지향하는 중앙 및 동유럽 국가의 시장 경제 전환을 지원하는 목적을 수행하고 있다. 회원국은 총 67개 국가로 구성되며, 유럽연합(EU), 유럽투자은행(European Investment Bank)도 주주이다. EBRD는 구 소련을 포함한 중앙 및 동유럽 국가에 대해서만 대출 및 투자를 지원하고 있다.

EBRD는 회원국이 납입하는 출자금을 통해 재원을 마련한다. 개별 회원국은 출자금액의 25% 정도만 실제로 납입하며, 나머지는 EBRD가 채무 상환을 위해 요구하는 경우에 한해 납입한다. 한편, EBRD는 기타 자금을 조달하기 위해 자본시장을 활용한다.

EBRD는 특히 민간 부문의 특정 사업에 지원을 집중하며, 지원 자금에 대해 시장에 기반한 금리를 부과한다. EBRD는 대주(외화 또는 현지 통화), 지분 또는 준지분(quasi-equity) 투자자, 다른 기관과의 협조융자 동원자(mobilizer), 보증인, 재구매 계약 및 금리스왑 계약 등에 대한 재무위험 관리자(treasury risk management provider), 대내 또는 대외 채무증서 인수인 등 다양한 형태로 금융 제공 및 금융 조달 지원, 투자를 수행한다.

[6] 유럽연합(European Union, EU)

유럽연합(EU)은 1993년에 25개 유럽국가를 주축으로 설립되었다. EU는 아프리카, 아시아, 카리브해 국가, 중앙 및 동유럽, 라틴아메리카, 그리고 구 소련을 포함하여 전 세계의 개발도상국에 자금을 지원한다.

[7] 유럽투자은행(European Investment Bank, EIB)

유럽투자은행(EIB)은 1958년에 설립되어 유럽 내부 및 외부의 개발을 위한 자금을 지원하고 있다. EIB는 유럽연합의 금융 집행기관이며, 회원국은 유럽연합의 회원국과 동일하다.

EIB는 회원국이 납입하는 출자금을 통해 재원을 마련한다. 개별 회원국은 출자금액의 7.5% 정도만 실제로 납입하며, 나머지는 EIB가 채무 상환을 위해 요구하는 경우에 한해 납입한다. 한편, EIB는 기타 자금을 조달하기 위해 자본시장을 활용한다.

[8] 미주개발은행(Inter-American Development Bank, IDB)

미주개발은행(IDB)은 1959년도에 설립된 라틴아메리카 및 카리브해 회원국의 주요 대출기관으로, 현재 대부분의 라틴아메리카 및 카리브해 국가들이 주로 IDB를 통해 대외채무를 조달하고 있다. 48개 회원국은 라틴아메리카 국가, 카리브해 국가, 미국 및 기타 선진국으로 이루어져 있다.

IDB의 대출 규모는 50~70억 달러 수준이며, 대출 재원은 회원국이 납입하는 출자금을 통해 마련한다. 개별 회원국은 출자금액의 2.5% 정도만 실제로 납입하며, 나머지는 IDB가 채무 상환을 위해 요구하는 경우에 한해 납입한다. 한편, IDB는 기타 자금을 조달하기 위해 자본시장을 활용한다.

IDB는 통상 회원국 공공기관이 특정 사업을 수행하는 데 필요한 자금을 지원하며, 이 경우 정부 보증을 요구한다.

IDB의 대출은 정부 보증 없이 민간 기업에 직접 지원되는 경우도 있는데, 이 경우, 금리는 시장에 기반하여 책정한다. 민간 부문에 대한 대출금은 보통 인프라 개발사업과 수출금융 부문에 활용된다.

미주투자공사(Inter-American Investment Corporation, IIC). IDB는 자신의 민간 부문 계열 기관인 미주투자공사(IIC)를 통해 민간 부문에 직접 자금을 지원한다. IIC는 신규 프로젝트, 기존 프로젝트에 대한 확장 및 현대화, 그리고 민영화에 필요한 대출, 지분 투자 및 보증을 제공한다. IIC는 지원가능 금액이 제한적이어서 대규모 인프라 개발사업에 대한 지원에 한계가 있으나, 다자기구로서의 지위를 활용하여 다른 대출 및 투자 등 금융조달 원천 모집을 지원할 수 있다.

IIC는 IFC와 유사한 형태의 협조융자를 제공한다. IIC 협조융자의 금리는 양허성(concessionary) 금리가 아니며, 높은 수준인 경우도 있어 상업 금융기관이 협조융자에 참여하는 유인으로 작용한다. 한편, 상업 금융기관은 IIC가 참여하는 사업에 대한 사업소재국 정부의 지원을 기대하며 협조융자에 관심을 갖기도 한다. 협조융자 구조 하에서 IIC는 공식적인 대주로서 융자를 실행(administer)하며, 협조융자의 채무불이행은 IIC에 대한 채무불이행을 의미한다.

[9] 이슬람개발은행(Islamic Development Bank, IsDB)

이슬람개발은행(IsDB)은 1974년에 설립되어 57개 회원국으로 구성된 다자기구로, 회원국 및 비회원국 내 이슬람 공동체의 경제 성장을 촉진하기 위한 자금을 지원한다. IsDB는 코란(이슬람 법)[53]의 원칙 내에서 운영되며, 개발 사업에 대한 무이자 대출, 임대차 거래와 할부 판매에 대한 금융 지원, 지분 투자를 제공한다.

[10] 북유럽투자은행(Nordic Investment Bank, NIB)

북유럽투자은행(NIB)은 1975년에 덴마크, 핀란드, 아이슬란드, 노르웨이, 스웨덴이 공동으로 설립하였으며, 현재 회원국은 8개국이다. NIB는 북유럽 국가 및 전세계 사업 중 회원국이 관심을 보이는 사업에 대한 투자자금을 지원한다.

[11] 북유럽개발기금(Nordic Development Fund, NDF)

북유럽개발기금(NDF)은 1989년부터 주로 아프리카 및 아시아의 개발도상국에 특별 할인된 조건으로 자금을 지원하였으나, 2005년에 회원국 결의로 운영을 중지하였다.

[12] 석유수출국기구 국제개발기금 (OPEC Fund for International Development)

석유수출국기구 국제개발기금은 1976년에 설립되어 개발도상국에 자금을 지원하고 있다. 회원국은 석유수출국기구(OPEC)의 15개 회원국과 같다.

21.09 양자기구(Bilateral Agencies)

[1] 일반사항

다자기구와 달리, 양자기구는 설립국가의 무역 증진 및 이익 확보가 설립 목적이다. 양

53) Michael J. T. McMillen, *Islamic Shariah-Compliant Project Finance: Collateral Security and Financing Structure Case Studies*, 24 FORDHAM INT'L L.J. 1184 (2001), Benjamin C. Esty, *The Equate Project: An Introduction to Islamic Project Finance*, 5 J. PROJECT FIN., No. 4, 7- 20 (Winter 2000) 참고

자기구는 보통 국익을 위해 설립되어, 국가적, 정치적 목적을 수행한다. 따라서, 양자기구와 효율적으로 협업하기 위해서는 해당 기구의 지원 대상, 수출 진흥과 신흥 시장경제 도입 국가의 개발 지원 등 해당 기구가 달성해야 하는 목표를 이해해야 한다.

다른 정부 기관과 마찬가지로, 관료주의와 예산의 제약이 양자기구의 효율성과 PF의 요구사항에 반응하는 역량에 영향을 미친다. 양자기구의 재원은 보통 소관 정부부처를 통해 마련된다.

양자기구는 통상 개발기구와 수출입금융 지원기구의 2가지 형태로 분류할 수 있다. 개발기구는 설립국 정부가 개발도상국에 대해 설정한 정치·경제적 목표를 달성하기 위해 자금 및 차관을 제공한다. 이러한 기구의 예로는 미국 국제개발기구(U.S. Agency for International Development, USAID)가 있다.

양자기구의 가장 흔한 형태는 수출입은행이며, 정부는 제품 및 용역 수출을 위한 자금을 다양한 방식으로 지원한다. 정부가 지원하는 수출금융에는 수출 전 운영자금, 단기 수출대금 융자, 장기 자금지원 등이 있다. 종종, 입찰 및 거래 용도로 지원의향서(pre-commitment "indications of support")를 발급받기도 한다.

수출입은행은 금융지원 외에도 프로젝트의 비상위험에 대한 보험도 제공한다. 이는 금융조달을 위해 특히 중요한데, 금융기관의 입장에서는 사업소재국 정부가 프로젝트에 영향을 끼쳐 외국 양자기구와의 갈등을 초래하지 않을 것이라는 신뢰가 필요하기 때문이다. 비상위험에 대한 보험은 제20장에 소개되어 있다.

양자기구는 정부가 설립한 기관이므로, 제도와 정책, 신용판단 기준이 잘 정의되어 있고, 일관성이 있다. 상업 금융기관과 민간 투자자는 경쟁적인 상황과 경영진의 판단, 그리고 대출 또는 투자 손실 경험을 감안하여 정책이 변동하여, 심지어 하룻밤 사이에 정책이 바뀌기도 한다.

[2] OECD 협약(The OECD Consensus)

각 국 정부가 수출입 거래에 양허성 자금을 지원할 경우, 경쟁, 제조 효율성 및 가격이 왜곡될 수 있다. 이를 인지한 OECD 회원국들은 수출신용협약을 체결하였는데,[54] 이는 OECD 협약이라고도 불리며, 2005년에 개정되었다[55].

OECD 협약은 수출신용 지원 조건에 대한 가이드라인과 지원 한도를 규정한다. OECD

54) OECD의 회원국은 호주, 영국, 캐나다, 프랑스, 독일, 일본, 멕시코, 그리고 미국을 포함한 37개 국가이다. 회원국들은 세계 무역을 확대하면서 개발도상국의 경제성장을 촉진하기로 합의하였다.

55) OECD 수출신용협약, TD/PG(2005)38/FINAL (2005년 12월 5일)

협약에 따르면, 회원국들은 수출계약 금액의 85% 이내에서 수출신용을 지원해야 하며, 적용 대출이율은 반년마다 개정되는 OECD 적용금리보다 높아야 한다.

OECD는 1998년에 수출신용협약을 개정하여 제한적 소구 방식의 프로젝트에 대한 지원 조건을 완화하였다[56]. 이러한 개정은 OECD 회원국 수출신용기관의 포트폴리오에서 비회원국 내 사업 관련 PF 거래가 차지하는 비중이 증가하고 있는 점을 감안한 조치이며, 유연하고 혁신적인 제한적 소구 방식의 금융 지원에 장애가 되는 요소에 대해 다자기구가 취한 첫 번째 조치 중 하나이다.

수출신용협약의 개정을 통해 수출신용기관이 프로젝트의 현금흐름을 보다 정확히 반영한 금융 조건으로 지원할 수 있게 되었으며, 복잡한 구조의 PF 거래에 대해 은행이나 다른 금융기관과의 협조융자를 보다 용이하게 할 수 있게 되었다. 개정 전에는 수출신용기관이 해외 PF에 제한적 소구 방식의 금융 지원을 할 경우, 금융 조건이 OECD 협약의 일반 조건에 따라 제한되었다.

PF에 적용되는 협약[57]은 최대 상환기간을 14년으로 정하고 있으나, 수출신용기관의 OECD 고소득국 프로젝트에 대한 지원 비중이 총 협조융자 금액의 35%를 초과하는 경우, 최대 상환기간이 10년으로 제한된다[58]. 동 협약에는 원리금 상환을 유연하게 해주는 조항도 있으며, 상환기간이 12년을 초과하는 경우, 해당 상업 기준금리에 가산금리가 추가된다.

[3] 수출입금융 지원방식

수출입은행은 수입 기업에 자금을 지원할 때 일반적으로 직접대출, 간접대출, 그리고 이자율지지의 세 가지 방식을 활용한다.

직접대출. 전통적인 대출 계약을 활용하는 가장 간단한 구조의 지원방식으로, 수출입은행이 수입 기업에 직접대출을 지원한다. 통상, 수출입은행 설립국 내 기업의 제품 또는 서비스를 구입하는 조건 하에 대출을 지원하며, 대출 조건은 OECD 협약을 준수하는 범위 내에서 결정된다.

수출입은행 설립국 내 기업의 제품 또는 서비스를 구입하는 조건 없이 대출을 지원하는

56) *Project Finance: Understanding on the Application of Flexibility to the Terms and Conditions of the Arrangement on Guidelines for Officially Supported Export Credits in Respect of Project Finance Transactions, for a Trial Period*, Consensus (98)27 (1988) 참고. OECD 협약에서는 PF를 '대출자가 경제주체의 미래 현금흐름과 수입을 상환재원으로 하고, 해당 주체의 자산을 담보로 하여 제공하는 금융'으로 정의하고 있다. 상동 App. 1.

57) 상동 Annex X, Terms and Conditions Applicable to Project Finance Transactions, 78－80

58) 상동 78, ¶ 2

비구속성 대출(untied loan)의 경우, 국제경쟁입찰을 활용한다. 비구속성 대출은 경쟁입찰을 거치며 보호장치가 불필요해지므로, OECD 협약을 준수하지 않아도 된다.

간접대출. 간접대출 구조는 수출입은행이 상업은행 등의 중개금융기관에 대출을 지원하면, 중개기관이 이를 수입기업에 대출하는 방식이며, 전대금융 또는 온렌딩이라고도 한다.

이자율지지. 이자율지지 구조에서는 상업 금융기관이 수입 기업에 시장 금리보다 낮은 금리로 대출을 지원하면, 수출입은행이 시장 금리보다 낮은 금리(OECD 협약 금리라고도 한다)와 상업 금융기관이 시장에서 부과할 수 있는 금리 간의 차이를 보전해 준다.

[4] 미국수출입은행(USExim)

미국수출입은행(US Exim, 미 수은)은 독립적인 미국기관으로, 설립법 상 금융 지원을 통한 미국 수출 촉진, 채무 상환에 대한 적절한 보증 확보, 그리고 상업 금융기관의 지원이 어려운 부문에 대한 금융 지원의 세 가지 지도 원칙을 준수해야 한다. 1994년에 미 수은은 미국 수출기업이 세계 인프라 개발사업에서 경쟁할 수 있도록 PF 부서를 설립하였다[59]. 더 많은 개발도상국가들이 정부가 보증하는 차입을 줄임에 따라 미 수은의 지원이 미국 수출기업에 더욱 중요해졌다.

미 수은은 미국 기업의 수출 거래에 대해 고정 금리로 대출을 지원한다. 미국 기업이 생산한 제품 및 서비스를 구매하는 외국 기업에 직접대출을 지원하거나, 해외 수입자에게 자금을 제공하는 기관에 수출금액의 최대 85%까지 중개대출을 지원한다. 수출 물품에 외국산 부품이 포함되어 있는 경우, 미 수은은 미국산 해당 분에 대해서 100% 대출 또는 보증을 지원할 수 있다. 이때, 총 대출 또는 보증 금액은 수출금액의 85% 이하여야 하며, 미국산이 차지하는 비중이 수출금액의 50% 이상이어야 한다. 미 수은의 대출에 대한 상환방식은 OECD 가이드라인을 따른다.

추가로, 미 수은은 민간 금융기관이 해외 수입자에게 제공한 대출에 대해 보증을 지원하여 신용을 보강함으로써 채무상환 위험을 경감한다.

미 수은은 수출자금 대출 또는 민간 대출에 대한 보증을 지원할 때, 프로젝트 완공에 관한 완공 위험을 인수하지는 않는다. 따라서, 미 수은은 건설 자금을 지원하지는 않으나, 특정한 완공 검사를 통과한 경우에 한해서 완공 시점에 건설 관련 채무를 '인수(take out)'

59) Edardo Lachica, *U.S. Export-Import Bank Builds Up Steam for Key Role in Project Finance*, WALL ST. J., May 8, 1995, A9G

하기로 계약할 수 있다. 미 수은은 민간 부문이 완공과 관련된 위험을 충분히 다룰 수 있다고 보지만, 건설 기간 중에 비상위험에 대한 보증을 제공하기도 한다.

미 수은은 참여를 요청하는 사업이 갖춰야 할 일반적인 요구사항을 정립하였으며, 이러한 요구사항은 적절한 구조를 갖춘 대부분의 PF 거래에 포함되어 있다. 미 수은의 요구사항에는, 프로젝트의 생산물 및 원재료와 관련하여 신용도가 양호한 주체와 미 수은의 대출 기간보다 긴 장기 계약을 체결할 것, 적절한 위험 배분 및 충분한 원리금상환비율, 유사 프로젝트에 상응하는 프로젝트 비용, 시장에 기반하여 책정된 생산물 및 원재료 가격, 통화 절하 위험에 대한 경감 방안을 갖출 것, 프로젝트 참여자들이 사업 관련 각자의 의무를 이행할 기술력, 경영 및 재무관리 능력을 보유하고 충분한 기술력을 입증할 것, 기술적 타당성을 입증할 것, 사업소재국 정부의 사업 참여를 입증할 것, 법적·제도적 분석을 통해 계약사항을 집행할 수 있음을 입증할 것 등이 있다.

사업의 성격에 따라, 미 수은은 사업소재국 정부에게 프로젝트 장려계약(project incentive agreement)을 체결하도록 요구할 수 있다. 이러한 계약은 특정 비상위험을 다루고, 미 수은과 사업소재국 정부가 비상위험과 관련한 분쟁을 해결하는 방식을 정하기 위해 요구된다.

미 수은의 지원을 받기 위한 조건도 있는데, 일반적으로 미국 수출기업 및 금융기관, 해외 금융기관의 신용도가 양호해야 미국 기업의 제품 및 서비스 판매에 대한 지원을 받을 수 있다. 또한, 자금을 지원받은 프로젝트 또는 보증을 지원받은 대출의 채무이행능력이 보장되어야 한다. 추가로, 프로젝트가 미국 경제에 가져다 주는 이익이 손해보다 크지 않는 한, 프로젝트 생산물이 (i) 프로젝트 운영으로 세계 시장에 과잉 공급되거나, (ii) 미국 생산자와의 경쟁을 유발하거나, (iii) 미국 생산자에게 심각한 피해를 가져오는 경우는 참여할 수 없다.

마지막으로, 사업소재국 정부와 미 수은은 양자 간에 계약을 체결하여, 정치적 폭력, 몰수, 환전 불가 등의 비상위험이 발생하여 채무불이행으로 이어질 경우 미 수은이 정부에 소구권을 행사할 수 있도록 해야 한다.

[5] 일본수출입은행(Export-Import Bank of Japan)

일본수출입은행(JExim)은 영업을 중단하였으며, 수출입금융은 일본국제협력은행(Japan Bank for International Cooperation, JBIC)에서 지원하고 있다. JBIC은 개발도상국의 사회 인프라 개발 및 경제 안정화 등을 달성하기 위한 양허성 장기 저리 자금도 지원한다. JBIC은 일본 공적개발원조의 40% 가량을 지원하고 있다.

[6] 해외민간투자공사(Overseas Private Investment Corporation, OPIC)

해외민간투자공사(OPIC)는 워싱턴 D.C에 위치한 미국 정부기관으로, 자체비용으로 운영되어 세금 지원을 필요로 하지 않는다.

OPIC은 1971년에 설립되어[60] 미국의 민간기업들이 개발도상국, 신흥 민주국가(emerging democracies), 시장경제 도입 국가의 경제 개발 분야에 진출하는 것을 돕고 있으며, 전세계를 대상으로 활동하고 있다.

OPIC은 사업소재국에서 지원 가능해야 하므로, 미국과 개별 사업소재국은 OPIC 지원과 관련한 양자 계약을 체결하는데, 양자 계약 상 OPIC의 보험 발급 전에 사업소재국 정부의 승인을 취득해야 한다.

한편, 신청된 투자가 미국 경제에 미치는 영향도 지원대상 판단 기준에 포함되는데, 구체적으로는 미국 고용시장에 미치는 부정적 효과(미국 내 일자리 감소가 없어야 함), 투자에 따른 미국의 잠재적인 무역 이득을 크게 감소시키는 사업소재국 정부의 요구사항, 그리고 미국 국제수지에 미치는 중대한 역효과 등이 있다. 프로젝트가 이와 같은 부정적인 효과를 가질 것으로 예상되면 대출 지원이 거절된다.

투자가 사업소재국에 미치는 영향 또한 지원대상 판단 기준인데, 일반적으로 사업소재국의 개발 수요와 일치하거나, 민간 발주 및 경쟁을 촉진하는 사업이 지원 대상이다.

OPIC은 비상위험에 대한 보험을 제공하는 기관으로도 널리 알려져 있는데, 환전 불가, 몰수, 정치적 폭력 등 비상위험으로 발생하는 손실을 보장하는 보험을 제공한다. OPIC은 비상위험에 대한 보험 외에도, 직접 대출 및 보증을 통해 해외직접투자 관련 프로젝트에 대해 제한적 소구 방식의 PF를 지원할 수 있다.

대출 대상은 미국 기업이 지분의 100%를 보유하거나, 미국 기업이 사업주로서 합작 투자한 기업이어야 한다. 한편, 미국 투자자는 통상 프로젝트 지분의 25% 이상을 보유하는 등 상당 규모의 익스포저를 부담해야 한다.

한편, 민간 부문이 프로젝트 관련 의결권의 과반수를 보유해야 하지만, 민간 부문의 경영을 요구하는 계약을 체결했거나, 다른 측면에서 미국에 명백하게 이익을 줄 것으로 예상되는 경우에는 의결권 보유에 대한 요구사항을 적용하지 않을 수 있다. 정부가 지분의 100%를 보유하거나 통제하는 프로젝트의 경우, 미국이 상당 부문 참여할 것을 요구하는 OPIC의 요구사항을 충족하지 않으므로 지원 대상이 아니다.

---

60) OPIC은 외국지원법(Foreign Assistance Act of 1961, 22 U. S. C. §§2191 – 2206b)에 따라 운영중인 독립법인이다. OPIC 설립 전에는, 미국 정부가 제2차 세계대전 후 마셜플랜의 일환으로 투자자들에게 환전 불가 위험에 대한 보증을 제공하였고, 이후 미 국제개발국(U.S. Agency for International Development)이 투자자들에게 개발도상국 투자와 관련한 비상위험에 대해 보험을 제공하였다.

PF 대출의 최소 금액은 통상 10만 달러이며, 석유 및 가스 프로젝트에 대해서는 2.5억 또는 3.25억 달러까지 지원 가능하다.

상업 금융기관을 통해 자금을 조달할 수 있는 프로젝트는 OPIC의 대출 지원 대상이 아니다. 이는 OPIC의 설립 목적이 통상적인 금융기관이 지원을 주저하거나 할 수 없는 국가에 자금을 지원하는 것이기 때문이다. OPIC의 지원 대상은 재무적으로 실행 가능한 프로젝트에 대한 투자이므로, 지원 조건은 양허성 조건(concessionary)이 아니다.

[7] 벨기에 수출보증공사(신용보증공사)(Office National du Ducroire, OND) – 현 Credendo 그룹

벨기에의 수출신용 지원은 벨기에 신용보증공사(OND)가 담당한다. OND는 상업은행의 대출에 대한 신용보강을 위해 수출신용보험을 제공한다.

[8] 캐나다 수출개발공사(Export Development Corporation, EDC)

캐나다 수출개발공사(EDC)는 수출금융과 보험을 지원하며, OECD 협약을 준수한다.

[9] 덴마크 수출신용위원회(Eksportkreditraadet) – 현 수출신용기금(EKF)

덴마크 수출신용위원회(Eksportkreditraadet)는 덴마크의 수출신용기관이며, 보증만 제공한다.

[10] 핀란드 수출신용회사(Finnish Export Credit Limited) – 현 핀란드보증공사(Finnvera)

핀란드 수출신용회사는 정부가 대주주인 합작회사이며, 수출자 및 수입자에 대한 금융과 은행간 신용을 지원한다.

[11] 프랑스 무역보험회사(Compagnie Francaise d'Assurance pour le Commerce Exterireur, Coface)

프랑스 무역보험회사(Coface)는 프랑스의 수출신용기관으로, 상업 및 비상위험에 대한 보험을 제공한다.

[12] 독일 신용보험회사(Hermes Cover)

독일의 수출신용은 신용보험회사(Euler Hermes Kreditversicherungs-AG)가 지원한다.

[13] 이탈리아(Instituto Centrale per il Credito a Medio Termine)

이탈리아의 수출신용은 Instituto Centrale per il Credito a Medio Termine가 담당하며, 수출신용 관련 상업 및 비상위험에 대한 보험은 이탈리아 수출보험공사(Sezione Speciale per Assicurazione del Credito all' Esportazione, SACE)가 담당한다. SACE는 1997년에 PF 그룹을 구성하였다.

[14] 네덜란드

네덜란드의 수출금융은 상업은행이 제공하며, 신용 위험에 대한 보험은 Nederlandsche Credietverzekering Maatschapij가 제공한다.

[15] 영국 수출신용보증국(Export Credit Guarantee Department, ECGD) -현 영국 수출금융청(UK Export Finance, UKEF)

영국의 수출금융은 상업은행이 제공하며, 수출신용보증국(ECGD)은 영국 금융기관에 대한 채무 이행을 보증하여 영국산 제품 및 서비스를 지원한다.

ECGD는 영국 수출기업의 대금 수취와 관련된 상업 및 비상위험에 대한 보증을 제공한다. 또한, 몰수, 전쟁, 영국 기업이 해외에서 투자한 지분 및 자금의 환전 불가에 대한 보험을 제공한다.

[16] 호주 수출금융보험공사 (Export Finance and Insurance Corporation, EFIC)

호주의 수출신용은 수출금융보험공사(EFIC)가 담당하며, 수출금융과 상업 및 비상위험에 대한 보험을 제공한다.

[17] 오스트리아관리은행(Oesterreichische Kontrollbank AG(OeKB))

오스트리아의 수출금융은 오스트리아관리은행(OeKB)이 담당한다.

[18] 노르웨이 수출보험공사(Gaaranti-Instituttet for Eksportkreditt, GIEK)

노르웨이 수출보험공사(GIEK)는 수출금융을 지원하기 위해 대출에 대한 보증을 제공한다. 또한, 노르웨이 개발협력기구(Norwegian Agency for Development Cooperation)는 Eksportfinans와 함께 수출신용을 제공한다. Eksportfinans는 상업은행과 GIEK가 주주인 수출신용기관이다.

[19] 스웨덴(Swedish International Development Authority)

스웨덴의 수출신용은 Swedish International Development Authority가 담당하며, 보증은 스웨덴 수출신용보증위원회(Swedish Export Credits Guarantee Board)가 담당한다.

[20] 스페인 수출신용보험사(Export Credit Insurance Company)

스페인 수출신용보험사는 수출신용 관련 상업 및 비상위험에 대한 보험을 제공한다. 양허성(concessional) 수출신용은 Institute for External Trade가 제공한다.

[21] 한국수출입은행(Export Import Bank of Korea)

한국수출입은행은 대한민국의 양자간 금융지원을 담당한다.

[22] 양자기구의 기타 지원

양자기구는 개발도상국 사업에 대해 수출기업과 거래은행에 다른 형태의 지원도 제공하는데, 많은 경우 수출 관련 상업 및 비상위험에 대한 보험 또는 보증을 제공한다.

21.10 지구환경기금(Global Environment Facility)

지구환경기금(GEF)은 1991년에 조성되었으며, 개발도상국의 환경 사업 및 프로그램에 차관 및 양허성 자금을 지원한다. 이산화탄소와 메탄 가스 배출을 감축하여 지구온난화를 예방하는 사업이 우선 지원대상이다. GEF의 회원국은 총 176개이며, 국제연합환경계획(UNEP)과 국제연합개발계획(UNDP), 세계은행 등이 공동으로 관장하고 있다.

GEF는 환경보호 관련 비용 때문에 경제성 분석 결과로는 실행 불가능한 사업에 자금을 지원하는데, 프로젝트를 분석할 때 '환경이익(earth benefit)'을 경제적 이익과 동등하게 감안한다.

21.11 후순위 대출(Subordinated Debt)

[1] 일반사항

후순위 대출은 PF에서 활용하는 금융조달 방식으로, 대출조건과 금리가 차별화된 형태이다. 기본적인 형태는 다른 대출과 유사하나, 후순위 대출 지원기관은 다른 대출기관보다 채무상환과 담보권 실행에 있어 후순위라는 점에 차이가 있다. 후순위 대출기관은 채무상환 위험과 담보 관련 위험의 증가를 보상받기 위해 더 높은 금리와 수수료를 요구한다.

[2] PF에서 후순위 대출 조건 (Subordinated Debt Terms in Project Financings)

집행 시점(Funding). 후순위 대출기관과 프로젝트 회사는 후순위 대출을 언제 집행할지 결정해야 한다. 예를 들면, 건설 관련 선순위 대출에 비례해서 할 지, 아니면 대출금 전환 시점에 할 지를 정해야 한다. 후순위 대출이 지분 참여를 대체하는 프로젝트의 경우, 선순위 대출기관들이 후순위 대출 전액을 건설 기간 동안 집행하도록 요구한다. 그 결과, 선순위 대출 규모는 감소하지만, 건설 기간 중에 부담해야 할 이자가 증가한다.

집행 조건(Conditions to Funding). 후순위 대출을 건설 관련 선순위 대출에 비례해서 집행하는 방식을 생각해 볼 수도 있다. 그러나, 자금 집행 조건을 결정함에 있어 후순위 대출기관의 영향력은 미미한 편인데, 이는 선순위 대출기관이 후순위 대출을 어떤 상황에서든 집행하기로 약정된 자금으로 간주하기 때문이다.

마찬가지로, 후순위 대출을 대출 전환 시점에 집행하는 경우, 선순위 대출기관은 집행 조건을 상당 부분 제한할 것을 요구한다. 이러한 제한 조건(예를 들면, 선순위 대출의 최대 금액을 집행할 것)은 협의가 가능한 경우도 있으나, 협의 결과 선순위 대출기관이 프로젝트 회사로 하여금 준비금을 확대하거나 유사한 보호장치를 마련할 것을 요구할 수 있다.

기타 대출(Other Indebtedness). 선순위 대출기관은 프로젝트 건설 및 운영 관련 문제를 치유하기 위해 필요한 최소한의 대출금 증가가 용이하게 이뤄질 것을 요구하며, 때로는 증가할 수 있는 금액의 한도를 협상하기를 원한다.

상환 제한 기간(Payment Blockage Periods). 일반적으로 선순위 대출기관은 선순위 대출의 원리금 상환에 문제가 없고, 선순위 대출계약에 대한 불이행이 발생하지 않는 한, 후순위 대출에 대한 원리금 상환을 허용한다. 만약 채무불이행이 발생하면, 선순위 대출기관은 후순위 대출기관에 대한 상환을 일정 기간 제한한다.

선순위 대출계약의 수정(Amendment of Senior Debt Documents). 선순위 대출기관이 문제가 있는 사업을 처리할 수 있는 수단은 다양하다. 일반적으로, 선순위 대출기관은 대출금 증가, 금리 및 수수료 확대, 상환 일정 촉진을 요구한다. 후순위 대출기관은 선순위 대출에 다른 부분을 양보하거나 차입자와의 협의를 통해 이러한 증가 또는 확대, 촉진에 대한 한도를 설정할 수 있다.

프로젝트 계약의 수정(Amendment of Project Contracts). 선순위 대출기관은 통상 프로젝트 회사가 프로젝트 계약의 수정을 용이하게 할 수 있도록 요구한다. 다만, 계약 수정으로 선순위 대출금이 증가하거나, 순 현금흐름이 변경되어 후순위 대출에 악영향을 끼치는 경우에는 프로젝트 회사가 프로젝트 계약을 수정하지 못하도록 하기도 한다.

21.12 사업개발자금 대출(Development Loans)

[1] 개요

PF 사업참여자가 프로젝트의 위험을 분석할 때 사업개발 단계를 간과하는 경우가 있다. 그러나, 사업주는 사업개발 단계에서 심각한 위험에 직면할 수 있으며, 사업개발에 소요되는 추정 비용은 2백만 달러에서 2천만 달러에까지 이르는 등 매우 크다. 사업개발자금은 정부 보조금(grants), 사업개발 관련 대출, 그리고 주주 지분 중 어느 하나 또는 전부를 통해 조달한다.

[2] 정의

사업개발자금 대출은 프로젝트의 개발 단계에 제공되는 대출이며, 사업주가 자본이 불충분하거나 다른 활동을 위해 자금이 필요하여 사업개발을 위한 재원이 부족할 때 활용할 수 있는 중요한 금융조달 원천이다. 사업개발자금 대출기관은 보통 사업 경험이 많은 금융기관이며, 사업주의 사업개발에 중요한 전략적 이익(신뢰도, 금융지원 및 사업 경험)을 제공한다.

[3] 사업주의 목표

통상적으로 사업주는 개발 중인 프로젝트를 보유하거나, 최소한 지분의 상당 부분을 보유하고 싶어 한다. 또한, 사업개발 과정을 관리하고, 사업개발자금을 사용하는 데 재량을 가지고 싶어한다.

[4] 사업개발자금 대출기관의 목표

반면, 사업개발자금 대출기관은 프로젝트의 진행단계 중 매우 위험한 단계에 자금을 지원하므로, 위험에 상응하는 지분 이익과 자금 사용에 대한 일정 수준의 통제, 사업주가 조치를 취하지 않는 경우 특정 시점에 프로젝트의 소유권을 취득하고 사업개발을 종결할 수 있는 권한을 요구한다. 사업개발자금 대출기관은 대출 계약 상 자금을 지속적으로 지원할 수 있는 권리를 확보하기도 한다.

사업개발자금 대출기관의 역할은 프로젝트의 형태와 개발자의 경험 보유 정도에 따라 달라진다. 수동적인 기관은 사업개발 보고서 검토, 대출금 축소 승인, 진행과정 점검 등의 역할을 수행하는 반면, 적극적인 기관은 사업주에게 계약과 금융조달 가능성에 대해 전문적인 조언을 하며, 사업개발 과정에 필요한 자원을 적극 투입한다.

사업개발자금 대출은 통상 사업주가 주어진 과업을 완료하도록 계획된 일정에 맞춰 구조를 정한다. 이러한 일정에는 생산물 및 원재료 계약서 작성, 정부 허가 취득, 금융 약정 체결 등이 있다. 보통 이와 같은 일정은 충분히 여유 있게 계획하여, 사업주가 일정에 맞춰 수행하지 못할 경우 사업개발자금 대출기관이 필요에 따라 대신 개발을 수행할 수 있도록 한다. 물론, 최종 일정은 프로젝트가 상업운전을 개시하는 시점이다.

사업개발자금 대출은 사업주에게 통상 월별로 정기적으로 집행되며, 집행 금액은 프로젝트의 전체 개발 단계에 대한 예산을 토대로 산정한다.

사업개발자금 대출기관은 대출의 담보로 정부 인허가와 프로젝트 계약을 포함한 프로젝트 자산에 대한 담보권을 요구한다. 프로젝트 자산은 대출이 이루어질 당시의 개발 단계에 따라 변동하기 때문에, 자산에 대한 지속적인 점검이 필요하다.

사업개발자금 대출의 상환 재원은 건설 자금을 통해 마련한다. 이때, 건설 자금 대출기관은 사업개발자금 대출기관의 담보권이 유효할 경우 융자를 하지 않으므로, 사업개발자금 대출기관이 취득한 담보권은 건설 자금을 조달할 때 반환하는 것이 보장된다.

사업개발자금 대출은 프로젝트가 개발될 것이라는 보장이 없는 상황에서 이루어지기 때문에 대출기관 입장에서 위험부담이 매우 크다. 사업주의 역량과 별개로, 외부 불확실성 때문에 프로젝트 개발이 실패할 수 있다. 예를 들면, 사업개발 과정에서 정부 인허가, 정치적 반대, 민간의 반대, 신용도가 양호한 장기 구매자의 부족, 금융지원이 가능한 조건으로 원자재, 연료 및 수자원 조달 불가, 법령 개정 등과 관련된 위험 요소들이 개발 관련 노력을 무의미하게 만들 수 있다.

또한, 사업개발자금 대출의 담보 가치는 프로젝트 개발 능력에 전적으로 의존하며, 심지어 담보 가치가 사라질 수도 있기 때문에, 대출 취급에 위험이 따른다.

21.13 사업참여자를 통한 금융조달 (Financing From Project Participants)

금융 지원은 실제 자금 집행에만 국한되지 않는다. 예를 들면, 프로젝트 시공사는 건설 관련 미확정 대금 지급을 위한 프로젝트의 자금이 부족한 경우, 완공 시점에 대금을 받을 권리를 주장하는 대신 필요자금을 제공하고자 할 수 있다. 장비 공급자, 프로젝트 운영자, 연료 공급자 및 다른 사업참여자들도 이와 유사한 채무 형태의 유예를 약정할 수 있다. 프로젝트 회사가 이러한 형태의 지원을 필요로 할 경우, 사업참여자들은 프로젝트와 관련된 사업 기회를 잃지 않기 위해 기꺼이 채무 형태의 유예를 약정하기도 한다.

21.14 기타 금융조달 원천(Other Sources)

[1] 일반사항

프로젝트에 필요한 자금을 조달하는 대안적 또는 보완적인 원천은 정하기 나름이다. 특수 채무, 초 후순위 대출(deeply subordinated debt) 등 다양한 금융구조를 활용하여 사업 참여자들과 제3자 대출기관의 위험을 관리하면서 일정한 수익을 창출할 수 있다.

[2] 사업소재국 정부

사업소재국 정부는 직접적 또는 간접적 방식의 잠재적인 금융조달 원천이다. 직접적으로는, 사업소재국 정부가 프로젝트 회사에 금융을 지원할 수 있으며, 간접적으로는 일시적 면세 등의 세금 감면, 프로젝트 설비에 대한 최저관세 부과 등이 있다.

사업소재국 정부가 프로젝트에 금융을 지원할 때 이로운 점은 정부의 영향력(leverage), 후순위 지원(subordination), 외화 부담 감소, 정부 지원에 따른 비상위험 감소 등이 있다.

사업소재국 정부의 금융 지원은 민간 투자 유치에도 도움이 되는데, 신용도가 낮은 국가에서 진행되는 대규모 사업에 정부가 전체 프로젝트 비용의 상당 부분(20~30% 정도)을 지원할 경우, 민간 대출 및 지분 투자를 유치할 가능성이 높아진다. 사업소재국 정부의 입장에서도 이러한 방식을 활용하는 것이 프로젝트 비용 전부를 지원하는 것보다 훨씬 낫다.

정부의 지원금액을 현지 통화로 상환할 수 있을 경우 외화 수요가 감소하며, 정부 지원 금액이 커질수록, 프로젝트의 외화 수요가 더욱 감소한다.

정부의 대출이 민간 대출보다 채무 상환 및 담보 순위에 후순위인 경우, 정부의 금융 지원이 프로젝트에 도움이 된다. 정부는 이러한 양보의 대가로 해당 대출에 대해 더 높은 이자율을 부과한다.

사업소재국 정부가 금융을 지원하거나 지분에 참여한 프로젝트는 외국 기업이 전액 보유한 경우보다 정치적 반대 또는 공격에 직면할 가능성이 낮다. 사업소재국 정부는 프로젝트의 대주 또는 지분 투자자로 참여함으로써, 수익을 공유할 뿐만 아니라 경우에 따라 프로젝트의 세부 상황을 인지할 수 있다.

[3] 시공사

일반사항: 시공사는 금융기관이 아니며, 시공사가 어떤 형태로든 건설 관련 융자를 제공

할 경우, 일반적인 금융조달 원천을 활용하는 경우보다 금융비용이 더 많이 든다. 그럼에도 불구하고, 프로젝트 회사는 PF의 고유한 위험 때문에 시공사와 같이 일반적이지 않은 금융조달 원천을 고려하기도 한다.

시공사는 프로젝트의 풍부한 금융조달 원천이다. 대부분의 지분 투자자가 완공 전에 지분을 투자하는 것을 꺼리는 반면, 시공사는 건설 관련 위험에 대한 이해를 바탕으로 건설 중인 프로젝트에 지분을 투자하기도 한다. 마찬가지로, 시공사는 시운전 관련 위험에 대한 이해를 바탕으로 메자닌 금융을 통해 건설의 마지막 단계에 융자를 제공하기도 한다.

시공사는 후순위 대출을 제공할 수도 있다. 시공사는 완공 시점에 보유한 공사 미수금을 후순위 대출로 전환하도록 요청 받을 경우, 미래 수익 중에 선순위 채권 상환 및 운영비용 충당 후에 남은 자금으로 후순위 대출을 회수한다. 이러한 방식을 통해 공사 미수금을 건설 자금 또는 장기대출(term loan)로 상환하지 못하도록 한다.

공사 유보금을 활용한 금융 지원(Retainage as Financing). 완공 시점에 시공사에게 공사 유보금을 지급하기는 하지만, 지급하기 전까지는 유보금에 대한 이자를 부과하지 않은 것이므로, 프로젝트에 일종의 금융을 지원한 것과 같다는 점을 기억할 필요가 있다. 건설 기간 동안의 이자 절감액은 프로젝트의 수익과 같은데, 세심한 시공사는 자금을 활용하지 못해 발생하는 손실을 건설 가격에 포함시킨다.

상계권 제한(No Right of Offset). 시공사가 금융을 지원하는 경우, 차입자는 금융 계약에 따라 시공사에게 지급해야 할 금액과, 건설에 결함이 발생하여 시공사가 지급해야 할 금액을 상계하려 할 수 있다. 차입자가 상계권을 포기하지 않는 한, 시공사는 공사를 완공해도 대출 계약을 다른 금융기관에 매각할 수 없다.

이와 관련한 조항의 예는 다음과 같다.

[*Project Company*] agrees that the obligations of the [*Project Company*] under this Agreement to repay the [*Contractor*] for Loans shall be unconditional and shall not be affected, modified, or impaired, upon the happening from time to time of any event arising under the Construction Contract, including any of the following:

(i) performance of nonperformance by [*Contractor*] of the Construction Contract;

(ii) the existence of any claim, setoff, defense, or other right that the [*Project Company*] may have at any time against the [*Contractor*];

(iii) the release or discharge by operation of law of the [*Project Company*] from the performance or observance or any obligation, covenant, or agreement contained in the Construction Contract; or

(iv) any other circumstance or happening whatsoever, whether or not similar to any of the foregoing.

21.15 코란에 따른 금융 지원

코란은 대출에 이자를 부과하는 행위를 금지하며,[61] 유사한 제한조건이 기독교 및 유대인 성경에도 나와 있다. 그러나, 코란은 지분 수익을 창출하는 지분 투자를 금지하지 않으므로, 이슬람 금융에서는 지분과 유사한 구조, 임대차 거래 및 할부 판매를 활용한다.

이슬람권과 서양 금융기관 모두 코란의 종교적 제한에 맞춘 금융 구조를 고안해 왔다. 그럼에도 불구하고, 금융 구조가 이슬람 종교법인 샤리아(Shari'a)를 따르는지에 대해 율법학자로 구성된 위원회(committee)의 검토과정을 거친다.

21.16 프로젝트 현금흐름의 증권화 (Securitizations of Project Cash Flows)

[1] 일반사항

증권화는 무차입 상태로 프로젝트를 운영하는 회사의 경우와 프로젝트 인수 거래에 활용도가 높아지는 금융기법이다. 증권화 과정에서 현금흐름과 계약 관련 권리는 사업주로부터 분리되며, 현금흐름을 모아 자본시장에서 투자자에게 매각하는 자산유동화 증권의 신용을 보강한다.

프로젝트 현금흐름의 안정성 및 예측 가능성이 증권화의 성공 여부를 결정하는 중요한

61) 코란 수라(Sura) 2:275-276에는 '이자를 받는 사람은 악마의 손에 굴복한 자 외에는 죽을 것이다. 왜냐하면, 그들은 장사와 이자가 같은 것이라고 하였기 때문이다. 신은 장사는 허락하였으나, 이자는 금지하였다.'고 나온다. Mansoor H. Khan, *Designing an Islamic Model for Project Finance*, 16 INT'L FIN. L. REV. 13 (1997) 참고

요소인데, 이는 현금흐름이 증권의 원리금을 상환하는 재원이기 때문이다.

기초 증권은 다양한 방식으로 구조화할 수 있는데, 프로젝트 현금흐름을 개별 증권에 비율대로 배분하거나, 자산 그룹별로 증권을 분할 발행할 수 있다.

프로젝트 현금흐름을 창출하는 제품판매계약을 양도하는 것이 쉽지 않기 때문에, 현금흐름의 증권화도 어려운 편이다. 단순히 현금을 창출하는 프로젝트가 아닌 적극적인 경영이 필요한 복잡한 프로젝트가 대표적인 예이다.

최근 들어 증권화는 '전 사업(whole business)'에 대한 증권화로 확대되어, PF에서 더욱 유용한 수단으로 인식되고 있다. 전 사업 증권화는 현금흐름뿐만 아니라, 사업 전체를 분리하여 증권화하는 것으로, 유럽에서는 일부 대형 인프라 개발사업에서 전 사업을 기초로 한 증권화와 PF를 통해 자금을 조달한다. 아직까지는 증권화와 같은 금융기법이 인수 금융에 주로 활용되고 있으나, 장래에는 새로운 사업을 개발할 때도 금융조달 수단으로 활용될 것이다.

[2] 증권화의 장점

신용등급이 투자등급 이하인 기업의 경우, 증권화를 통해 장기 차입금을 보다 적은 비용으로 조달할 수 있다. 금융비용이 적게 드는 이유는 프로젝트 현금흐름을 사업주의 신용위험과 분리함으로써, 프로젝트 현금흐름의 신용도와 프로젝트 주주의 신용도를 분리할 수 있기 때문이다.

금융 조건도 전통적인 은행 차입보다 부담이 덜한 편이다. 현재, 증권화 거래의 금융 약정 및 기타 금융 조건이 일반적으로 더 유리하다고 인식되고 있다.

채무불이행에 대해 보다 유연하다는 점도 장점 중 하나이다. 채무불이행이 발생할 경우, 증권화 채권은 채권 수탁자(bond trustee)가 관리한다. 대리은행 및 채권단이 관리하는 전통적인 은행 차입과 달리, 채권 수탁자는 소수의 반대 채권은행의 방해를 받지 않으므로 채무불이행 이슈에 대해 보다 유연한 편이다.

사업주는 프로젝트 현금흐름의 증권화를 통해 재무상태표를 개선할 수 있는데, 증권화된 자산과 이에 따른 금융 채무를 재무상태표에서 제거하면 사업주에게 유리한 방향으로 조정할 수 있다. 또한, 사업주가 금융계약 상 준수해야 할 약정들을 충족하는 것도 용이해진다.

마지막으로, 전통적인 PF와 마찬가지로 사업주는 증권화를 통해 프로젝트의 특정 채무를 현금흐름에 대응시킬 수 있는데, 예를 들면 제품판매 계약에 따른 20년 동안의 현금흐름을 같은 기간의 프로젝트 채무와 명확히 대응시킬 수 있다.

[3] 증권화 구조

증권화의 엄밀한 구조는 증권화 대상이 현금흐름인지, 아니면 전 사업인지에 따라 달라진다. 한편, 사업주의 목표, 현금흐름의 신용도, 관련 채무자(생산물 구매자)의 채무불이행에 대비한 신용 보강의 형태, 증권 발행을 공모 또는 사모로 할 지 여부, 세금 관련 문제, 해당 사업에 대한 규제사항 등도 증권화 구조에 영향을 미친다.

한편, 사업주의 파산이 증권화에 영향을 주어서는 안 되는데, 이를 위해 현지법에 따라 도산격리(bankruptcy-remote) 기업을 설립해야 한다. 미국의 경우, '진성 매각(true sale)' 조건을 충족해야 하며, 영국법은 보다 유연해서 당사자가 채택한 법률 구조를 더욱 중요하게 본다.

Chapter 22

사업설명서 (기채취지서, OFFERING MEMORANDUM)

22.01 목 적(Purpose)

사업주는 금융기관으로부터 프로젝트 자금을 조달하기 위한 첫 단계로 사업설명서를 준비한다. 사업설명서는 잠재적인 대주를 대상으로 프로젝트에 관해 설명하는 자료이며, 사업주의 사업 경험, 시공사, 운영자, 공급자, 생산물 구매자 등 주요 사업참여자의 정보와 수행 경험, 사업소재국 개황, 프로젝트 계약에 대한 요약사항, 프로젝트 위험 및 대응 방법, 금융조건 제안내용, 공사 예산, 손해배상 관련사항, 사업주 및 기타 사업참여자의 재무상태 등의 내용을 포함한다.

22.02 주요 항목(Key Provisions)

이번 장에서는 국제 PF 거래에서 통용되는 대출 관련 사업설명서의 주요 항목에 대해 다룬다.

프로젝트에 대한 지분 투자를 유치하기 위해 투자제안서를 활용하는 경우도 있는데, 투자제안서는 사업설명서와 거의 동일하며, 지분투자 조건 관련 제안사항에 주안점을 둔다.

22.03 프로젝트 개요(Project Overview)

이 항목에서는 제안된 프로젝트에 대한 간략한 개요를 우선적으로 기술하는데, 이러한 개요에는 프로젝트의 형태, 사업소재국에 대한 배경 자료, 개발 현황, 기타 중요 정보 등이 포함된다.

22.04 차 주(Borrower)

이 항목에서는 차주의 조직 형태(주식회사, 합명회사, 유한회사), 본사 소재지, 지배구조 등을 기술한다.

22.05 사업주(Project Sponsors)

이 항목에서는 사업주의 정보와 프로젝트에 대한 개입 수준을 기술한다. 구체적으로는, 사업주가 프로젝트의 계약 당사자, 경영자, 또는 단순 지분 투자자 등의 방식 중 어떤 방식으로 참여할 지 소개한다. 한편, 사업주의 요약 재무상태도 기술한다.

프로젝트 회사의 경영 구조도 기술하는데, 경영 구조는 경영위원회 또는 무한책임사원 등의 형태가 있다. 프로젝트 경영을 경영 계약에 따라 다른 회사가 하는 경우, 해당경영 계약의 주요 내용도 기술한다.

22.06 차입 규모(Debt Amount)

이 항목에서는 프로젝트 수행을 위해 필요한 차입 규모를 기술하며, 대출 집행 및 상환에 사용하는 통화도 기술한다.

22.07 대출금 용도(Uses of Proceeds)

대출금을 어떻게 사용할지에 대한 내용도 사업설명서의 중요한 기술 대상이다. 이 항목에서는 잠재적인 대주에게 대출금 용도가 건설 자금, 장기대출(term loan), 또는 둘 다인지 언급하며, 대출금으로 구입할 프로젝트 자산에 대해서도 기술한다.

22.08 담 보(Collateral)

프로젝트 회사가 대출에 대해 어떤 형태의 담보를 제공하는 지도 중요한 기술 대상이다. 이 항목에서는 담보권이 다른 채무보다 후순위인지 여부와, 담보에 관해 특별히 고려해야 할 사항에 대해 기술한다.

사업소재국에서 취득 가능한 담보권의 형태에 대해 간략히 기술하는 것도 유용한데, 이는 사업소재국의 법령에 따라 달라지며, 제26장에 언급되어 있다.

추가로, 대주는 지분 투자자들이 프로젝트에 자본금을 출자하도록 강제할 수 있는 권리에 대해 관심이 있는데, 관련 내용은 아래에 소개되어 있다.

22.09 대출 및 투자 조달 원천(Sources of Debt and Equity)

이 항목에서는 프로젝트의 초기 예비 운영비용을 포함한 총 공사 예산과 운전자금(working capital) 소요금액을 간략히 기술한다. 프로젝트 수행을 위해 필요한 대출 및 투자 등의 금융 조달 원천도 소개하며, 다자 또는 양자 기구의 대출 또는 투자 내역도 언급한다.

22.10 지분투자 조건(Equity Terms)

이 항목에서는 지분투자 조건을 보다 상세하게 기술하는데, 지분투자 형태, 출자 시기, 투자금액 조달 방식(건설 관련 대출 종결 시점에 전액 조달, 건설 관련 대출과 동시에 조달, 또는 완공 시점에 조달), 무조건적 약정 또는 조건부 약정인지 여부와 조건부 약정인 경우 투자를 실행하지 않을 조건, 그리고 지분투자 관련 일반적인 조건에 대해 소개한다.

또한, 지분투자자가 자본금 출자 의무를 이행하도록 하는 계약에 대해서도 기술하는데, 종종 요구되는 대로 프로젝트 대주가 이러한 계약의 이행을 강제할 수 있는 경우, 대주의 관련 권리도 언급한다.

22.11 초과비용(Cost Overruns)

사업설명서에서는 대출과 지분투자 등의 자금 조달 원천을 소개한 후에, 통상 초과비용이 발생할 경우 이를 어떻게 조달할 지에 대해 기술한다. 사업주가 초기에 사업설명서를 통해 제시한 방안은 협상 과정에서 바뀔 수 있으나, 예비비 계좌(contingency account), 사업주의 완공 보증, 확정금액(fixed-price) 계약관계, 기간이 명시된 일괄도급(turnkey) 방식 공사 계약, 시공사의 공사 미수금에 대한 후순위 대출 전환 의무 등의 방안을 우선적으로 활용한다.

22.12 기타 사업주 보증 및 신용보강 (Other Sponsor Guarantees and Credit Enhancement)

사업주가 제공하는 기타 보증 또는 신용보강을 소개하는 항목에서는 건설, 운전 개시, 운영 과정에서 발생 가능한 위험 중 사업주에게 책임이 있는 부분에 대한 대응 방법을 언급한다.

22.13 이자율(Interest Rate)

프로젝트 회사는 일반적으로 사업설명서 상에 이자율을 명시하지 않고 비워둔다. 대신, 이자율 해당 부분을 공란으로 남겨둠으로써 관심 있는 금융기관의 입찰 참여를 유도하거나, 신용 스프레드를 비워둔 채로 희망하는 기준금리를 제시할 수 있다. 대표적인 기준금리로는 은행이 최상위 고객에게 제시하는 우대(또는 참고)금리, LIBOR(London Interbank Offered Rate), Cayman(케이맨 제도 내 은행 간 상호 적용금리), HIBOR(Hong Kong Interbank Offered Rate)등이 있으며, 고정금리도 제시할 수 있다.

22.14 대출금 상환, 분할 상환 ; 강제적 또는 선택적 조기상환(Repayment and Debt Amortization; Mandatory and Optional Prepayments)

이 항목에서는 대출금의 상환 기간에 대해 기술하는데, 대출 기간, 최종 만기일자, 원금에 대한 분할 상환 스케줄을 포함한다.

선택적 또는 강제적 조기상환 조건도 기술하는데, 선택적 조기상환에 조기상환 수수료가 부과되는 경우, 해당 수수료도 명시한다.

22.15 대출약정, 인출 및 약정 취소(Commitment, Drawdown, and Cancellation of Commitment)

또 다른 항목에서는 프로젝트 회사가 필요한 총 대출 약정금액과 예상 인출 계획에 대해 기술하는데, 프로젝트 회사가 계약 종결 시점에 약정금액을 전부 인출하지 않을 경우 약정 수수료가 부과된다.

PF의 경우, 건설 대출은 전체 건설 기간 동안 인출하는 것이 일반적이나, 장기대출은 금융종결 시점에 전액 인출하여 건설 대출의 상환 재원으로 활용한다.

22.16 수수료(Fees)

이 항목에서는 대주에게 제안하는 구조화 수수료, 금융종결 수수료, 보험 수수료 및 약정 수수료 등의 각종 수수료에 대해 기술하는데, 구체적인 수수료 부과액은 공란으로 남겨두고 협상 과정에서 확정한다.

22.17 금융 종결 및 인출 조건 (Conditions to Closing and Drawdown of Funds)

금융 종결을 위한 조건은 프로젝트마다 상이하나, 일부 조건은 모든 PF 대출 계약에 공통적으로 포함된다. 자세한 내용은 제24장에 언급되어 있다.

22.18 개별 인출 조건(Conditions to Each Drawdown of Funds)

대출 약정금액의 개별 인출을 위한 조건도 프로젝트마다 상이하며, 자세한 내용은 제24장에 언급되어 있다.

22.19 약정사항(Covenants)

약정사항도 프로젝트마다 상이하며, 자세한 내용은 제24장에 언급되어 있다.

22.20 채무불이행(Defaults)

채무불이행 역시 프로젝트마다 상이하며, 자세한 내용은 제24장에 언급되어 있다.

22.21 준거법(Governing Law)

이 항목에서는 대출 계약에 대해 선택 가능한 준거법을 명시한다. 사업소재국 현지법을 준거법으로 적용하는 경우도 있으나, 개발도상국에서 진행되는 프로젝트의 경우 현지 금융기관이 대출금을 전액 지원하지 않는 이상, 사업소재국 현지법을 적용하지 않는다. 이와 관련한 내용은 제12장에 언급되어 있다.

22.22 변호사, 자문사 및 컨설턴트 (Lawyers, Advisors, and Consultants)

이 항목에서는 프로젝트에 참여하는 변호사, 자문사 및 컨설턴트를 명시한다. 사업설명서에서 사업주가 대주에 제안하는 변호사에 대한 승인 합의사항을 기술하는 경우도 있으며, 법률 수수료에 대한 예산 내역이 요구될 수도 있다.

Chapter 23

PF 대출약정서(PROJECT FINANCE DEBT COMMITMENT LETTERS)

23.01 계약내용협의서(Term Sheet)

대부분의 PF 금융거래는 계약내용협의서의 준비와 함께 시작되며, 계약내용협의서에서는 대주와 차주 간에 협의되어야 할 주요 거래에 대한 개요를 명시한다. 계약내용협의서(의향서(letter of intent 또는 interest letter)라고도 한다)와 약정서 간에는 차이점이 있으나, 개발자와 은행 심사역(credit officers), 시공사(contractors), 국영기업(utilities) 및 이외 사업참여자들이 PF 거래에서 끊임없이 오해하는 영역은 대주의 약정과 관련이 있는데, 여기에는 금융지원 의향서와 공식 약정서 간의 차이점도 포함된다. 이러한 오해로 인해 대주와 프로젝트 사업주가 합의한 사항, 금융 조건, 개발자가 계약 종결 조건을 충족해야 하는 기한, 향후 추진 사업에서 대주와 프로젝트 사업주의 관계 및 이와 유사한 사안에 대해 혼란이 발생한다. 이는 대주와 프로젝트 사업주 간의 초기 관계 설정에까지 영향을 주는 불행한 결과를 초래할 수 있다. 이어질 내용은 대출 신청으로 시작해서 의향서를 거쳐 약정서까지 이어지는 PF의 대출 진행 과정을 요약한 것이다.

[1] 사업관련 자문을 위해 PF 금융기관에 접근

사업주는 잠재적인 사업 또는 현재 진행 중인 사업에 투자하는 것이 적절한지에 대해 자문을 받기 위해 금융기관을 찾기도 한다. 문의 내용에는 계약에 대한 금융지원 가능 여부, 특정 프로젝트의 경제성, 시공사의 계약 이행 관련 평판 등이 포함된다. 통상 미국 법원은 은행이 차주 또는 잠재 차주에 대해 부담하는 선량한 관리자의 주의 의무(fiduciary duty)를 인정하지 않으므로, 은행은 차주 또는 잠재 차주에게 잠재적인 대출 또는 투자에 관한 견해를 자유롭게 제시한다.

미국 내 일부 법원은 은행의 고객에 대한 선량한 관리자의 주의 의무를 인정하기도 하는데, 이런 경우는 통상 특수한 상황이 발생한 경우로 제한된다. 예컨대, 한 법원은 고객이 투자하는 자산에 대해 은행이 담보권을 보유하고 있는 경우, 은행이 이를 알릴 의무가 있다고 판결하였다[1]. 또 다른 법원은 차입 고객의 투자가 사기 행위와 연관되어 있음을 알고 있었다면, 선량한 관리자의 주의 의무를 위반한 것으로 판결하였다[2].

사업주 또는 차주가 PF 금융기관에 자문을 구하는 경우, 사업주 부담으로 추진한 거래로 금융기관이 이익을 얻었거나, 사업주 또는 차주가 상당 기간 금융기관의 자문에 의존해 온 관계가 아닌 한, 일반적으로 선량한 관리자의 주의 의무가 없다. 앞서 언급된 사례는 PF 시장에서 매우 드문 경우인데, 왜냐하면 사업주는 이미 변호사와 컨설턴트를 통해 자체적으로 자문을 받는 전문적인 사업가이기 때문이다.

[2] PF 대출 신청 – 시기

PF 금융기관이 대출 신청을 받아들여야 할 의무는 없지만, 일단 신청을 수락하면 요청 사항을 처리하고 평가해야 할 의무를 부담하게 된다.

PF 업계에서는 공식적인 대출 신청 절차를 거치는 대신, 잠재적인 대주에 추진 사업과 금융 조건 제안 내용, 주요 계약서의 사본과 같은 제한적인 심사 정보를 기술하는 사업설명서를 회람하는 것이 관행이다.

이와 같은 절차는 사업주에게 혼동을 야기할 수 있는데, 예를 들면, 사업주는 사업설명서를 제출하면 금융기관이 제안내용을 적극적으로 검토할 것이라고 생각한다. 또한 금융기관이 실제로 진행된 것이 없는 상황에서 자료를 '검토 중'이라고 언급할 경우, 사업주에게 추가적인 혼동을 일으킬 수 있다.

[3] 의향서(Letter of Intent, LOI) – 약정 전 관심 표명

의향서(letter of intent 또는 interest letter)는 PF 업계에서 널리 활용되는 양식으로, 많은 금융기관이 사업주에 대한 PF 금융지원에 관심이 있음을 표명하기 위해 활용한다. 금융기관은 신용위원회 또는 투자위원회의 승인을 위한 금융지원 제안내용 보고 등과 같은 내부 지침을 준수하기 전에도 의향서를 발급할 수 있다. 이 경우, 금융기관은 단지 대출 신청 절차를 진행하는 것에 관심이 있을 뿐임을 나타낸 것이다.

대부분의 경우, 금융기관은 의향서를 토대로 신용위원회의 승인을 얻는다. 통상, 사업주

1) First National Bank Lenox v. Brown, 181 N.W.2d 178 (Iowa 1970)
2) Richfield Bank and Trust Co. v. Sjogren, 244 N.W.2d 648 (Minn. 1976)

는 금융지원의 기본 조건에 대해 금융기관과 협의한 후에, 금융기관에 내부 승인 절차를 진행하도록 요청하는데, 이러한 과정이 일종의 대출 신청 절차이다. 이 경우, 의향서와 약정서는 매우 유사한 형태가 되는데, 차이가 있다면 의향서에는 금융기관이 금융 제공을 약정하는 것이 아니라고 명시되어 있으며, 약정서에 대한 신용위원회의 승인은 내부 지침을 준수한 후에야 가능하다는 점이다.

그렇다면 의향서는 어떤 쓸모가 있는가? 사업주는 잠재적인 대주에게 제안한 PF 금융지원 내용에 대한 실질적인 분석이 진행 중임을 확인할 수 있다. 당사자 간의 명확하고 효과적인 연락을 통해서도 확인할 수 있지만, 사업주는 문서를 활용하는 방법을 더 선호한다.

또한, PF 심사 과정은 많은 비용을 수반하는데, 아래에도 언급하겠지만 사업주는 금융 종결 여부와 관계 없이 대주의 프로젝트 및 프로젝트 계약서에 대한 법률 검토 및 전문가 검토 비용을 대신 부담하기도 한다. 사업주는 의향서를 통해 금융기관이 제안된 프로젝트와 금융조건에 관심이 있는지 여부를 초기에 판단할 수 있다.

금융기관은 의향서를 통해 차주가 금융기관의 내부 신용 승인을 받고 싶어하는 금융조건의 주요내용을 확인할 수 있다. 의향서에 기술되는 금융조건은 종종 사업주가 사업설명서에서 처음 언급한 다소 공격적이거나 낙관적인 조건과 다르며, 의향서에는 대출 승인 대상인 금융조건이 명확하게 기술되어 있다.

금융기관의 관점에서 보면, 의향서는 금융기관에게 대출 신청 이후의 절차를 적시에 수행해야 할 의무를 부과한다. 또한, 의향서에 부정확한 용어가 사용된 경우 금융기관은 내부 지침을 위반하게 될 수도 있으므로, 의향서가 약정서로 바뀌지 않도록 변호사의 자문을 받아야 한다.

[4] 구두 약정(The Oral Commitment)

금융기관과 사업주가 약정서 내용을 협의하는 동안 금융기관은 대출에 대한 구두 약정을 피하기 위해 주의한다. 사업주의 입장에서는 명확한 용어의 사용을 피하는 소통 방식에 불만을 느낄 수 있으나, 은행 심사역은 자신의 구두 약정 때문에 은행이 대출 의무를 부담해야 할 수도 있다는 점을 인식하고 있다. 약정은 반드시 문서여야 할 필요는 없으며, 구두 약정으로도 금융기관의 이행을 강제할 수 있다[3].

3) 'National Farmers Organization v. Kingsley Bank, 731 F.2d 1464, 1470 (10th Cir. 1984)' 참고(배심원이 확정되지 않은 대출 금액, 기간, 이자율 및 상환 조건을 결정할 수 있도록 한 판결)

23.02 약정서(The Commitment)

일반적으로, 약정서는 은행이 고객에 대한 대출을 공식적으로 제안하는 문서이다. 차주는 약정서에 서명하여 은행의 제의를 받아들이거나, 수용 가능한 약정서가 완성될 때까지 협상을 지속할 수 있다.

약정서에 공통적으로 포함되는 내용들이 많이 있는데, 이어질 내용은 약정서에 언급되는 전형적인 조항들과 각 조항의 목적을 요약한 것이다.

[1] 약정의 범위(The Commitment and Its Scope)

개요 이 조항에서는 약정의 범위에 대해 규정하는데, 대주는 대상 프로젝트에 대해 아직 심사를 수행하지 못한 점과, 심사 결과에 따라 약정된 금융조건이 바뀔 수 있음을 명시한다. 사업주는 당연히 이러한 조항을 삭제하거나 제한적으로 남겨두고 싶어하지만, 대주는 확인된 사항만을 기반으로 약정할 수 있다. 확약이 필요할 경우, 사업주는 대주에게 PF 제안 내용에 대해 충분히 검토할 시간을 제공해야 한다.

예시조항

[*Lender*] is pleased to deliver to you a commitment to provide financing in connection with your [*describe project*], all as set forth below. The terms for the commitment are outlined below. The proposed terms and conditions are based on a limited due diligence review. Accordingly, the terms and conditions herein are subject to our review of the [*Project*] (as defined below) and the relevant documents, legal review by our lawyers of all relevant documents (this includes legal acceptability), technical review by our technical consultant, and negotiation of final loan and collateral documentation.

[2] 대출금액(The Loan Amount)

개요 약정서 내 대출금액 관련 조항에서는 대주가 차주에게 제공하기로 협의한 총 대출금액을 규정한다. PF 계약에서는 대출금액 조항이 건설 대출 약정과 장기대출 약정으로 나뉘어져 있는 경우도 있다.

예시조항

The total principal amount of the loan commitment to be provided pursuant to the terms and conditions of the loan agreement to be negotiated between the Borrower and Lender (the "Loan Agreement") shall be an amount not to exceed US$[*000,000,000*] (the "Loan Commitment")

[3] 대출금의 용도(Use of Proceeds)

개요 이 조항에서는 차주가 대출금을 어떤 용도로 사용할 수 있는지에 대해 규정하는데, 통상 프로젝트를 진행하기 위해 자금을 어떻게 사용할 지에 대한 사항을 포함한다. 다른 약정 조항과 달리, PF에서 이 조항에는 대출금 용도가 매우 구체적으로 명시된다.

예시조항

The Loan Agreement shall provide that the [*Project Company*] will use the proceeds of the loan made by Lender under the Loan Agreement (the "Loan") for the development, construction and start-up of the [Project], as set forth in the construction budget attached hereto as Attachment___.

[4] 상환 조건(Repayment Terms)

개요 이 조항은 따로 설명이 필요 없지만, 의외로 많은 약정서에서 상환 조건 중 몇 가지 항목을 다루지 않는다. 이 조항에는 이자율, 이자 계산 방법, 상환 주기, 상환 금액, 만기, 그리고 필요한 경우 분할 상환 스케줄이 명시되어야 한다.

예시조항

The Loan Agreement shall provide that the loan shall be repaid in [*xx*] consecutive semiannual installments, commencing on [*date*], according to the following schedule: [*explain repayment schedule*].

The loan shall mature on [*date*]. All payments with respect to the loan shall be applied first to accrued and unpaid interest and then to principal. The Loan Agreement shall provide that the interest rate applicable to the loan shall be a [*fixed/variable*] rate per annum equal to the [*describe interest rate; example: Lender's Reference Rate (as defined below)*] plus [*xxx*] basis points (the "Interest Rate"). Interest shall be paid based on the amount of principal outstanding on the loan during the term of the loan. Interest shall be payable [*describe payment date; for example: quarterly*], in arrears, on the first day of each [*describe months; for example: March, June, September and December*], commencing [*date*]. Interest will be calculated on a 360-day year basis for the actual number of days elapsed.

The Loan Agreement shall provide that the [*Project Company*] shall pay a default rate of interest equal to the interest rate plus [*xxx*] basis points, upon the occurrence of a default or event of default under the Loan Agreement.

[5] 진술 및 보증(Representations and Warranties)

개요 PF 약정서에서는 종종 대출 계약에서 요구될 진술 및 보증 관련 세부사항을 규정한다. PF 거래에서 진술 및 보증 관련 사항은 제13장의 주제이므로 여기서는 다루지 않는다.

'PF 거래에서 관례적인(customary)' 진술 및 보증 사항이 최종 계약서에 포함될 것이라고 명시하는 조항은 피하는 것이 일반적인 원칙이다. 어느 정도까지가 관례적인 지에 대해서는 법원에서 최종적으로 판단하겠지만, 프로젝트 회사와 대주 간에 이견이 있을 경우, 협상 과정이 불필요하게 지연될 수 있다. 다만, 위와 같은 단순한 방식이 필요한 경우 아래에 제시된 표준 조항을 활용한다. 한편, 은행의 표준 진술 및 보증사항을 약정서에 첨부하는 방식을 활용할 수도 있다.

예시조항

The Loan Agreement shall include representations and warranties customary in financing a project, including without limitation, as to (a) organization and existence of the [*Project Company*], (b) financial condition and statements of the [*Project Company*], (c) the absence of litigation, (d) the absence of breaches of documents, (e) authorizing action, (f) governmental approvals, (g) no tax liens and payment of taxes, (h) title to assets, (i) creation and perfection of first liens, and (j) compliance with laws, and shall, in addition, include the following: (i) each of the [*Project Contracts*] (as defined below) are legal, valid and binding agreements, enforceable against the parties thereto in accordance with their terms; and (ii) all financial information regarding the [*Project*], including the capital budget, projections, operating budget, each major project participant and similar information, reflects the [*Project Company*]'s best and good faith budget and projections for the periods referenced therein.

[6] 약정사항(Covenants)

개요 약정서에서는 PF 대출계약에서 검토하는 약정사항을 상세하게 규정한다. PF 대출의 약정사항 관련 내용은 제24장에 상세히 소개되어 있다.

진술 및 보증과 마찬가지로, 'PF 거래에서 관례적(customary)'이라는 표현은 피해야 한다. 다만, 시간이 부족하여 단순한 방식의 접근이 필요한 경우, 중요한 약정사항을 위주로 명시하고 일반적인 사항은 포괄적인 표현을 사용할 수 있다.

예시조항

The Loan Agreement shall provide that the [*Project Company*] comply with affirmative and negative covenants customary in a project financing, and shall include the following:

Affirmative:

1. The [*Project Company*] shall provide for an adequate supply of fuel to the [*Project*] during the term of the loan.

2. The [*Project Company*] shall create a revenue account, into which account the [*Project Company*] shall deposit an amount equal to (i) gross revenue of the [*Project*], and from which shall be paid (ii) the sum of (a) the costs of fuel, operations, and maintenance of the Project and (b) debt service payable to Lender, which such funds may be applied by Lender, in its sole discretion, in the event of a default or event of default under the Loan Agreement.

Negative:

1. The [*Project Company*] shall not:
   (a) incur any liens other than those permitted by Lender;
   (b) incur any contingent liabilities relating to obligations of other persons/entities;
   (c) incur any debt other than (i) the loan, (ii) subordinated debt approved by Lender in its sole discretions; and (iii) up to $[*xxx*] of debt incurred in the ordinary course of business.
2. The [*Project Company*] shall not sell, lease, assign, transfer of dispose of any of its assets, other than in the ordinary course of its business in excess of $[*xxx*] per

year (unless replaced by equipment of like kind, nature and condition).

3. The [*Project Company*] shall not merge into or consolidate with any person.
4. The [*Project Company*] shall not engage in any business other than in connection with operation of the [*Project*].
5. The [*Project Company*] shall not amend, modify or supplement or exercise any option under, any [*Project Contract*].

[7] 채무불이행(Events of Default)

개요 앞서 언급한 진술 및 보증, 약정사항과 마찬가지로, 이 조항에서는 대출계약에 포함되는 채무불이행 사유를 상세하게 규정한다. 채무불이행 조항에 대한 협상을 조기에 완료할 경우, 금융종결 단계를 진척시킬 수 있다.

예시조항

The Loan Agreement shall provide events of default and remedies customary in a project financing, and shall include the following:

1. Failure to pay any principal, interest, or fee under the Loan Agreement when due.
2. The bankruptcy or insolvency of the [*Project Company*] or any major [*Project Participant*].
3. A default or event of default by the [*Project Company*] under any agreement to which it is a party.
4. Any representation, warranty, statement, or certification made by the [*Project Company*] is false or misleading.
5. The breach of any covenant in the Loan Agreement.
6. Lender shall fail to have a valid and perfected first priority security interest in, and lien on, the collateral.
7. Any permit shall be revoked, terminated, withdrawn, suspended, modified or withheld, or cease to be in full force and effect, or shall fail to be obtained when necessary.

[8] 금융종결 조건(Conditions to Closing)

개요. 금융종결 조건 관련 조항은 대주가 대출을 집행해야 하는 시기를 결정하므로, 대주의 입장에서 매우 구체적으로 규정되어야 한다. PF 거래에서는 금융종결 조건이 매우 명료한데, 대주와 차주가 약정서에 서명하면, 양측은 선의를 가지고 금융종결에 임해야 한다. 차주가 약정서에서 규정하는 금융종결 조건을 충족하면 대주는 금융종결을 이행해야 하며, 만약 이행하지 않으면 이에 따른 손해배상 의무를 부담해야 할 수 있다.

예시조항

The closing date shall take place upon satisfaction by the [*Project Company*] of the conditions precedent described below, in addition to those standard and customary for a project financing (the "Closing Date"), and shall be no later than [*closing date*]:

1. A favorable due diligence review of all documents necessary for the design, construction, operation and maintenance and fuel supply of the [*Project*] entered into by the [*Project Company*] and the respective parties thereto, with terms, conditions, guarantees, and credit enhancement, all in form and substance satisfactory to Lender and its lawyers (the "Project Contracts"):
2. Project design, engineering, operation plans, project economics (including the operating budget and project projections) shall be in conformity with the [*Project Contracts*], and shall be in form and substance satisfactory to Lender, its lawyers and technical consultant.
3. All permits, consents, and approvals from all governmental jurisdictions, agencies, or other entities thereof ("Government Permits") (i) required to construct the [*Project*] are obtained, are final and in full force and effect, are not appealable, are not the subject of or related to any pending or threatened litigation of government action that may result in the modification or revocation thereof, and are satisfactory in all respects to [*Lender*] and its lawyers, and (ii) no Governmental Permit necessary for operation of the [*Project*] is the subject of or related to any pending or threatened litigation or governmental action that may result in the failure of issuance thereof, and there is no reason to believe that any Governmental Permits necessary for the operation of the [*Project*] will not be obtained, and those Governmental Permits necessary for the operation of the [*Project*] that are obtained

are final and in full force and effect, are not appealable and are not the subject of or related to any pending or threatened litigation or governmental action that may result in the modification or revocation thereof, and are satisfactory in all respects to Lender and its lawyers.

4. The [*Project Company*] shall have granted to Lender, and shall have obtained, a first priority security interest in, or lien on, all collateral, all in form satisfactory to Lender and its lawyers.
5. No material adverse change in the condition of the [*Project Company*], the [*Project*] or any of the parties to the major [*Project Contracts*] shall have occurred since the date hereof.
6. There shall have occurred no default or event of default, or any event with which the giving of notice or the passage of time, or both, could result in a default or event of default, under any [*Project Contract*].
7. There shall be no pending or threatened litigation concerning the [*Project*].
8. An independent engineer's study shall have been prepared by [*Engineer*] and submitted to Lender, which such report shall be in form and substance acceptable to Lender.
9. An environmental audit of the [*Project*] shall have been submitted to Lender, which such report shall be in form and substance acceptable to Lender.
10. The Loan Agreement and all related documentation shall be duly authorized, executed and delivered by the [*Project Company*], and shall be in form and substance satisfactory to Lender and its lawyers.
11. A legal opinion satisfactory to Lender and its lawyers shall have been delivered opining as to the enforceability of the Loan Agreement and the other loan documents delivered in connection therewith, the enforceability of the documents related to the [*Project*], permit and regulatory matters, and such other matters as Lender may reasonably request.
12. Lender shall have received such certificates, opinions of lawyers and other closing documents as may reasonably be requested, all in form and substance acceptable to Lender and its lawyers.
13. Lender shall have received from the [*Project Company*] financial statements, capital

budget projections, and base case projections, in form and substance acceptable to Lender.

[9] 기한(Term)

개요 PF 약정서에는 통상 만료기한을 명시하는데, 사업주는 금융종결을 위한 조건들을 특정일 이내에 충족해야 한다. 기간 내에 충족하지 못하는 경우 약정서의 기한 또한 종결되므로, 이에 상응하는 조치가 없는 한 대주는 금융종결을 진행해야 할 의무 또는 책임을 더 이상 지지 않는다. 반면, 사업주는 대주가 부담한 비용 및 경비를 배상해야 할 책임을 지게 된다.

예시조항

This commitment will expire at [*time*], [*date*] if not agreed to and accepted by that date as evidenced by you executing a copy of this letter in the space indicated below and returning it to us by such time. Additionally, if the financial closing date does not occur by [*closing date*], the above terms and conditions will also no longer apply (except for Section x [*reimbursement of lender's expenses*], which shall survive termination hereof), unless mutually extended.

[10] 비밀유지(Non-disclosure)

개요 약정서에 대한 비밀유지는 대주의 입장에서 중요한데, 사업적인 관점에서 대주는 차주가 약정서 내용을 다른 금융기관에 '유출(shop)'하여 내부적인 금리 책정 정보가 드러나는 것을 꺼린다. 법적인 관점에서 대주는 금융종결 여부에 대해 시공사나 국영기업과 같은 제3의 사업참여자에게 오해의 여지를 남기지 않으려고 한다.

예시조항

This is a confidential communication, the contents of which may not be disclosed to any other person or entity without the prior written consent of Lender. This commitment is not assignable by the [*Project Sponsors/Project Company*] and may not be relied upon by any entity other than the [*Project Sponsors/Project Company*]. The commitment, after acceptance by you, supersedes all prior oral discussions and written communications between us as to the subject matter hereof.

[11] 비용(Expenses)

개요. 금융종결 여부와 관계없이, 사업주들은 PF 협상 및 종결 과정에서 대주가 부담한 모든 비용에 대해 공동 및 개별적으로 책임을 진다. 이러한 비용에는 대주의 현금 지급 경비, 컨설턴트 및 변호사 고용 관련 비용 등이 있다.

사업주는 이와 같은 비용을 줄이려고 시도하며, 만약 통제가 되지 않을 경우 관련 비용이 급격히 증가하여 금융종결 시점에 프로젝트 비용의 상당 부분을 차지할 수 있다.

비용 절감을 위한 방안들. 사업주는 이와 같은 비용들에 상한을 정할 수 있는데, 상한에 도달할 경우 추가적으로 발생하는 비용은 대주가 부담하게 된다. 대주가 상한을 정하는 방식에 동의하지 않을 경우, 사업주는 대주가 작성한 항목별 예산을 감안하여 주기적으로 예산 집행 내역을 보고받는다. 또 다른 방안으로는 사업주가 대주에게 사전에 합의된 수수료를 지급하면, 대주가 이를 활용하여 비용을 충당(및 통제)하는 것이다.

예시조항

Borrower will pay all reasonable expenses related to the drafting, execution, documentation, and administration of the loan. Such fees and expenses shall include but not be limited to reasonable out of pocket legal, consulting (including the lawyers and consultants referred to above), and reproduction costs incurred but will exclude Lender's related salary and general overhead expenses.

[12] 중대악화사유(Material Adverse Change)

개요. 대주는 약정서에 중대악화사유(Material Adverse Change) 조항을 포함하여, 사업주, 프로젝트 참여자(시공사, 공급자, 생산물 구매자 등), 또는 (법령 변경 또는 기타 사유로) 대상 프로젝트에 중대한 부정적인 사건이나 변화가 발생할 경우, 금융종결을 거부하거나 최소한 계약 조건을 재협상할 수 있도록 해야 한다.

예시조항

The lender shall have no obligation to close hereunder if there shall occur any material adverse changes in the business, prospects, or condition (financial or otherwise) of the [*Project Company/Project Sponsors*], any affiliate thereof, the major [*Project Participants*] or the [*Project*], including, without limitation, the project budgets and cash flow projections.

23.03 약정서 관련 일반사항

약정서에 대한 주요 가이드라인은 아래와 같이 정리해볼 수 있다.

- 대주는 약정서를 매우 상세하게 작성해야 하며, '관례적(customary)이고 합리적(reasonable)인 약정사항(covenants) 및 채무불이행(events of default)'과 같은 표현은 피해야 한다. 일반 기준으로서, 약정서는 대출 계약의 주요 조항들에 대한 개요의 역할을 해야 한다.
- PF 대주는 약정서에 두 개의 일자를 명시해야 하는데, 하나는 사업주가 수락하지 않을 경우 약정서의 효력이 사라지는 일자이며, 다른 하나는 금융이 종결되거나, 은행 및 사업주가 금융 종결을 추진해야 할 의무가 사라지는 일자이다.
- 대주는 약정서에 중대악화사유(MAC) 조항을 포함하여, 개발자(developer), 프로젝트 주요 참가자, 또는 (법령 변경 또는 기타 사유로) 대상 프로젝트에 중대한 부정적인 사건이나 변화가 발생할 경우, 금융종결을 거부하거나 최소한 계약 조건을 재협상할 수 있도록 해야 한다.
- 약정서는 PF 전문 변호사와 컨설턴트의 검토를 받아야 한다.

Chapter 24

PF 거래를 위한 금융계약서 및 기타 계약서

24.01 상업은행 관점

비소구적 성격의 PF에서 대주단은 사업주의 신용이나 일반 자산보다는 해당 프로젝트의 시설 운영 추정 수익에 기초하여 신용평가를 하고, 매출 계약과 현금흐름과 같은 프로젝트의 자산을 담보로 대출을 승인한다. 그러므로 신용평가는 프로젝트 사업주의 신용보다는 프로젝트 자체의 경제적, 기술적 요소에 입각하여 실시한다. 대출금은 사업주에 대해 비소구적 성격을 갖기 때문에, 사업주는 프로젝트의 대출금을 갚거나, 대출 상환에 충당할 만큼의 현금 흐름이 충분하지 않다고 하더라도 대출금 원금 및 이자액을 상환해야 할 법적 의무를 직접적으로 지지 않는다.

프로젝트 회사가 어떤 재화나 서비스가 제공할 때 그 대가를 받을 수 있는 의무가 진술되어 있는 계약들은 프로젝트 회사의 현금흐름에 막대한 영향을 미치기 때문에 매우 중요하다. 프로젝트를 건설하고 운영하는데 필요한 생산물 판매계약, 부지임대 및 공사 계약 등의 계약들은 프로젝트의 수익으로부터 기대되는 대출금 상환 계획과 상충되어서는 안 된다. 만약 프로젝트 위험요소들이 대주단이 수용할 수 없게 분담된다면, 신용장, 자본 제공 약정, 보증 및 보험 등과 같은 형태의 신뢰할 수 있는 제 3자의 신용보강이 요구된다. PF 계약들은 담보장치로서 대주단에게 실질적인 보강 수단이 되고, 그럴만한 가치가 있어야 한다.

PF는 또한 신뢰할만한 현금흐름 창출과 연계되는 예측 가능한 규제 및 정치적 환경과 안정적인 시장 환경에 기반한다. 이러한 변동성이 어느 정도 불가피하거나 프로젝트 위험이 수용하기 어려울 정도로 대주단에 부과되어 있는 경우, 대주단은 원자재공급 및 상품시장의 불안정성, 법률의 개정 등의 불확실한 환경적 요소로부터 보호받기 위해 신용보강을 필요로 한다. 그러나 많은 경우에 프로젝트는 불확실한 환경에 처해있기 때문에 대주단이 사전에 분담되지 못한 위험을 가질 수도 있다.

고전적인 PF 기법에서 사업주는 개별적인 프로젝트에 대해 잠정적으로 책임을 지지 않는다. 즉 비소구성을 갖는다고 할 수 있다. 다만, 비소구적인 PF는 매우 드물다. 대부분의 PF에서 사업주들은 제한적으로나마 책임을 지게 되는데, 다시 말해 제한적 소구성을 갖는다고 할 수 있다. 요구되는 소구의 정도는 프로젝트가 처한 위험에 따라 결정된다.

24.02 신용평가 과정에서 상업은행의 프로젝트 위험 분석

PF 대주단으로서 상업은행들은 심사를 하기 전 제안된 프로젝트에 대한 면밀한 검토를 수행한다. 신용분석에 대한 정도나 범위, 방법 등은 기관마다 다양한 반면, 거의 모든 은행이 신용 평가를 하는데 쓰는 일반적인 기초요소들이 있다. 아래에 이를 요약하였다.

[1] 사업주의 경험과 평판

해당 국가에서 사업주의 유사 프로젝트 경험 유무는 대주단에게 있어 매우 중요하다. 비록 각각의 사업이 특징적인 위험요소들을 가지고 있기는 하지만, 유사 프로젝트 경험은 사업 수행, 공사, 개시 및 운영에 있어서 매우 유리하게 작용하기 때문이다. 마찬가지로 공사보증 및 완공을 위한 산업내 평판 또한 재무적으로 불확실한 부분을 해소하여 금융지원 가능성을 확보하는데 도움이 된다.

[2] 사업관리 팀의 경험과 평판

또한, 사업주는 프로젝트의 경영을 위해 실질적인 사업 운영 이외의 여러 필수적인 경험들을 보유하고 있어야 한다. 프로젝트에 대한 매 순간의 결정들은 채무상환을 포함한 사업의 성패를 가르는데 매우 중요하다. 그러므로 사업인력, 자원, 평판 및 관리경험은 이러한 과제들을 수행하기에 충분해야 한다.

[3] 시공사의 경험과 정보

시공사, 하도급자 및 설비공급자들의 풍부한 경험과 훌륭한 평판은 적시에, 적정한 비용으로 프로젝트를 완공할 수 있음을 보장할 수 있다. 마찬가지로, 시공사, 하도급자 및 물품공급자들은 관련된 손해배상 청구액, 기술에 대한 보증, 각종 보상금, 자가보험의무 등에 관련된 계약조항들을 뒷받침 할 수 있는 재무적인 자원을 반드시 확보해야만 한다.

시공사는 계약상 요구사항들을 충족시키기 위해 필요한 충분한 인적, 물적 자원을 보유하고 있어야 한다. 산업에의 낮은 기여도, 불충분한 자원 혹은 지식이나 경험의 부족 때문에 시공사, 주요 하도급자 혹은 설비 공급자가 계약상의 의무를 수행할 수 없을 수도 있다는 것은 잠재적인 위험이 될 수 있다. 국제적인 프로젝트에서 시공사는 특히 현지 인력들과 일하는 것에 숙달되어야 한다. 그 지역에서의 경험을 가지고 있는 현지 공사현장 관리자는 현지 노동자와 관련된 위험을 경감시키는데 특히 도움이 될 것이다.

[4] 운영자의 경험과 자원

효과적이고 믿을만한 사업 운영은 장기적으로 사업 성공을 위해 필수적이다. 프로젝트 운영 주체는 일반적으로 장기운영 계약에 따라 예측된 수준의 현금흐름을 창출하기 위해 충분한 경험과 평판을 가지고 있어야 한다. 마찬가지로, 운영자는 반드시 이행보증 및 기타 운영계약 하의 의무들을 뒷받침할 수 있는 재무적 능력을 가지고 있어야 한다.

[5] 프로젝트 원자재의 가격과 공급 예측 가능성

사업은 반드시 재무 추정치의 범위 내에서 수용 가능한 비용으로 원자재 공급을 할 수 있는지를 담보할 수 있어야 한다. 원자재 공급계약에 대한 형식은 사업 지역 자재의 가용여부에 따라 다르다. 예컨대, 폐타이어를 소각하여 발전연료로 활용하는 프로젝트를 수행하는 지역에 폐타이어가 대량 발생하고, 폐타이어의 처리 관련 규제가 엄격하다면, 프로젝트에 필요한 폐타이어 공급계약은 필요량의 100% 수준일 필요가 없다. 그러나 다양한 사업 시나리오 하에서, 예를 들면 다른 제품을 생산하기 위해 타이어를 가공하는 사업의 경우 대체원자재가 필요하게 될 수도 있다. 또한 수출입 비용, 운송 및 저장비용, 제품의 안정성, 독점, 재무비용 등이 공급량이 충분한지 여부를 담보하는 잠재위험 요소가 된다.

많은 프로젝트에서, 장기 원자재 조달 계약은 필요한 원자재를 예측 가능한 가격에 제공함으로써 사업 위험을 감소시키기 위해 발전되었다. 이보다 드물긴 하지만, Supply-or-Pay 계약의 경우 공급자가 프로젝트의 특정 측면에 의존함에 따라 프로젝트에 필수적인 원자재를 공급하거나, 그렇지 못할 경우 프로젝트에 대가를 지급하는 것에 동의한다. 하지만, 이 두 가지 공급계약의 경우 공급자의 신용은 계약내용을 이행할 수 있을 만큼 충분해야만 한다.

제3장에서도 논의된 바 있는 사업상의 의무사항을 충족시키기 위해 다양한 거래 위험의

영향하에서 주요 공급자의 역량은 반드시 검증되어야 한다. 이러한 검증과정에서는 원자재 공급자들이 해외 공급자에게 지급할 외환을 보유하고 있는지, 원자재 공급자들이 자국에서 수출제한을 받고 있는지 등에 대해 의구심을 가질 필요가 있다.

[6] 프로젝트에 사용될 전력 요금과 공급 예측 가능성

마찬가지로 프로젝트 건설 및 운영에 필요한 전력시설도 합리적인 조건으로 건설 현장에서 이용 가능해야 한다. 만약에 그렇지 않다면 그 프로젝트는 건설 현장에서 자체적인 전력시설을 갖춰야 한다.

[7] 제품 혹은 서비스 시장

일단 제품이 생산되고 나면 프로젝트는 생산된 제품의 판매를 통하여 수익을 창출해야 한다. 많은 PF는 하나 이상의 구매자들이 확정적이고 예측 가능한 가격으로 프로젝트 제품 구매에 동의하는 장기적인 Take-and-pay 생산물 판매계약에 기반한다. 따라서, 구매자의 신용이 충분할 때, 금융조달이 가능한 상품시장이 존재하고 프로젝트 운영시 현금흐름을 담보할 수 있게 된다.

그러나 생산물 구매 위험은 Take-and-pay 계약이 체결된다고 해서 단순이 사라지지 않는다. 다른 생산자들과의 시장 경쟁, 새로운 기술, 변화 요구, 운영비의 증가, 생산비의 증가, 구매자의 수요 변화, 그리고 다른 변수들이 결합하여 Take-and-pay 계약의 가치를 떨어뜨릴 수 있기 때문이다. 제3장에서도 논의된 바 있는 사업상의 의무사항을 충족시키기 위해 다양한 거래 위험의 영향하에서 주요 생산물 구매자들의 역량은 반드시 검증되어야 한다. 이러한 검증과정에는 생산물 구매자들이 자국의 수입 제한 사항들을 수용할 수 있는지 여부가 고려되어야 한다.

[8] 생산물 판매 조건 및 시행 가능성

사업 수익의 주요 원천으로써, 대주단은 특별히 프로젝트를 위해 협상되는 생산물 판매계약에 관심을 갖는다. 전체적인 계약은 사업 수행에 어떤 위험들이 결부되어 있는지 판단하기 위해 반드시 기술적, 재무적, 법률적 관점에서 검증되어야 한다. 그러나 대주단은 일반적으로 두 부문에 집중한다. 첫째, 대주단은 판매 금액이 계약상의 운영비, 대출 상환, 배당 등을 지급하기에 충분한지를 검증하고 싶어한다. 둘째, 계약 해지조항은 반드시 계약이 해지되기 전, 대주단에게 프로젝트 회사의 채무 불이행 문제를 해결할 수 있는 충분한 기회를 제공해야 한다.

[9] 완공 및 비용초과 위험

제4장에서 논의된 바와 같이, 프로젝트 건설비용이 건설융자, 기타 차입금, 자본금으로부터 조달 가능한 금액보다 초과될 수 있는 가능성은 PF에 참여하는 이해관계자들에게 중요한 위험요소가 된다. 건설비용은 부정확한 설계 및 계획, 물가상승, 착공 관련 문제 등 다양한 이유로 인해 초과된다. 비용초과 위험은 건설 기간 동안 금융비용의 상승을 유발하며 완공을 위한 충분한 자금 조달을 불가능하게 할 수도 있다. 또 자금을 조달했다고 하더라도 프로젝트 회사는 불어난 이자비용과 원금을 상환할 수 없게 되기도 한다.

비용초과 문제를 개선하는 것은 시공사가 고정된 금액의 일괄도급(turn－key) 계약을 체결하지 않더라도 가능하다. 비용초과를 개선하기 위한 대안으로는 사업주나 다른 프로젝트 참여자의 추가 자본금 납입, 프로젝트 참여자의 자본 준비금, 추가 금융조달을 위한 초과비용 대비 금융계약, 초과비용 발생 시 완공을 위한 에스크로 계좌 혹은 예비비 계좌 설정 등이 있다.

[10] 기술

검증되지 않은 새로운 기술들은 당연히 사업의 성공 가능성을 예측하기 어렵게 한다. 이러한 기대만큼 결과가 도출되지 않는 신기술의 위험을 극복하기 위해 신용보강이 PF에서 일반적으로 필요하다.

[11] 부동산

프로젝트 건설 및 운영에 필요한 부동산의 경우, 금융계약 체결시점에 대주단이 승인할 수 있는 형태로 존재해야 한다. 필요한 부동산 권리 종류의 예로는 소유권 혹은 프로젝트 부지 임대, 야적장, 도로 및 유틸리티 접근성, 연료 및 원자재 공급을 위해 필요한 도로 접근성 및 이용 권리 등이 포함된다. 사업주의 부동산에 대한 이해관계 이외에도 대주단은 다른 프로젝트 참여자가 계약상의 의무를 이행하기 위한 부동산에 대한 이해관계를 가지고 있는지에 대해서도 확인하려 할 것이다.

[12] 관련 설비 공사

개발도상국에서의 프로젝트의 경우 프로젝트에 관련된 설비공사를 동시에 진행해야 할 때도 있다. 대형 가스 배관, 부두, 철도, 제조시설, 송배전 및 교통시설까지도 요구될 수 있다. 각각의 관련 시설들은 프로젝트 성공에 영향을 미칠 것이며 각각의 요소들은 관련된 위험요소를 판별하는 데 고려될 것이다. 각 공사들이 동시에 이루어지는 것은 사업주에게 있어 초기에 가장 큰 관심사가 될 것이다. 마찬가지로 각 시스템의 호환성도 중요한 관심사가 될 것이다. 존재하고 있는 인프라시설일지라도 프로젝트에서 요구하는 설비 요건을 충족시킬 수 있는지 여부가 입증되어야 한다. 현재 존재하거나 계획중인 인프라시설이 프로젝트와 상충되지 않도록 보장하는 것과 같은 합리적인 확인이 필요할 수 있다.

[13] 허가 및 승인

대주단은 프로젝트 관련 허가에 관하여 승인 신청서 진행이나 발행된 승인서의 조건 등이 어떤 위험에 노출되어 있는지 분석하기 위해 프로젝트의 인허가 상태를 검토할 것이다. 이러한 분석을 수행하기 위해 프로젝트 회사는 대주단에게 공사, 개시, 프로젝트 운영에 대한 모든 인허가 사항, 인허가 신청에 대한 목록을 제출할 것이다.

사업이 앞으로 취득할 수 없거나 현재 취득하고 있지 않은 프로젝트 건설 및 운영에 필요한 허가에 대한 위험은 모든 프로젝트 참여자에게 중요한 고려 사항이 된다. 일반적으로 사업에 필요한 인허가는 불합리한 지연이나 추가 비용의 발생 없이 획득 가능하여야 한다.

공사 자금 조달과 관련하여, 인허가는 세가지 카테고리로 분류된다. 소송이나 향후 진행, 중대한 변경 · 폐지를 야기하지 않도록 이미 취득한 유효하고 실효성 있는 허가, 정기적 · 무적으로 적용 가능한 기준을 충족시킴으로써 획득할 수 있으며 일반적으로 공사 전에는 획득할 수 없는 허가(정부 인허가), 모든 유효하고 실효성 있는 허가 이외의 허가와 주기적인 신청을 통해 획득할 수 있는 허가(임의 허가, 발행 기관 재량으로 발행한 허가)가 있다. 마지막 허가(아직 취득하지 못한 재량허가와 운영허가)는 당연히 프로젝트 참여자들에게 중요한 고려요소가 된다. 이 마지막 카테고리 인허가의 신청과 승인 절차는 반드시 발행 가능성과 승인 관련 비용에 대하여 면밀한 검토가 이루어져야 한다.

필요한 인허가의 종류는 현지 국가, 부지, 기술, 프로세스 및 기타 변수들에 따라 다양하다. 어떤 다양한 사업에 있어서, 관할당국의 범위는 지역 소방서에서부터 육군 공병단까지 다양하다. 인허가를 취득하는 과정은 전형적으로 시공사와 운영자 사이에서 사업주가 해야 하는 역할 중 하나이다.

[14] 일반 운영비

추정치를 초과하는 운영비도 프로젝트 위험 중에 하나이다. 운영비의 부정확성은 디자인 설계, 과도한 설비의 교체 및 계획에 없던 유지보수, 낮은 노동 생산성, 필요 운영인력에 대한 부정확한 예측 및 기타 운영 문제로부터 기인한다.

[15] 정치적 환경

프로젝트 소재국가의 정치적 환경은 해외 투자자에 대한 국가의 태도를 파악하기 위하여 반드시 분석되어야 한다. 개발도상국가의 수용위험은 물론이고 과세 증가나 프로젝트 경제성에 대한 자본 참여 요구 등 간접적인 정부의 조치도 프로젝트에 부정적인 영향을 미친다. 어떤 국가에서 대주단은 이러한 위험으로부터 자신을 보호하기 위해 비상위험 보험을 요구하기도 한다.

[16] 통화 및 환전 위험

통화 및 환전 위험은 국제 사업에 있어서 대주단에게 중요하다. 이 위험은 제3장에서 다뤄졌으므로 본 장에서는 생략한다.

[17] 자본납입 시기 및 확실성

많은 PF의 경우, 사업주와 수동적(passive) 투자자들의 지분 출자는 금융계약 체결 시점에 프로젝트 회사에 납입되지 않는다. 이러한 자금은 건설융자금이 인출될 때마다 같은 비율로 납입되거나, 프로젝트 완공 이전까지 투입이 늦어진다. 그러나, 이러한 자본금 납입요건은 프로젝트 대출 계약 하에서 채무불이행이 발생하면 기한이익 상실사유가 된다.

자본금 납입은 PF에 필요한 대출금을 줄임으로써 대주단의 위험을 줄여준다. 결과적으로, 자본금 납입의 확실성과 그 시기에 대한 지분계약상의 합의사항들은 대주단에게 각각 중요한 요소이다.

[18] 지분소유자의 자본수익률

PF의 대주단은 사업주가 사업에 대해 지속적인 관심을 보일 수 있도록 충분한 자본수익률을 확보할 수 있을지 확인하기를 원할 것이다. 만약 그렇지 않다면, 가장 큰 위험은 사업주가 채무를 상환하지 않은 채 가치 없는 사업을 대주단에 남기고 그 사업을 포기하는 경우가 될 것이다.

[19] 담보로서 프로젝트 가치 및 프로젝트 자산

근간이 되는 계약 합의 사항의 사업적 이점이 함께, 대주는 계약서 각각이 양도될 수 있는지에 대해 검토할 것이다. 압류시, 대주가 먼저 계약을 떠맡은 후에 프로젝트 구매자에게 계약이 양도될 수 있는 경우에만 그 계약이 대주에게 가치가 있을 것이다. 그렇지 않다면, 대주단은 미상환 금액을 찾을 권리를 거의 갖지 못하게 되는데, 그 이유는 근간이 되는 계약, 특히 생산물 판매계약 없이 가치를 갖는 사업은 거의 없기 때문이다.

[20] 이자율

금융조달 조건에 따라 이자율의 변동이 있는 경우, 비현실적인 이자율 추정은 대출 상환을 커버할 매출 수익에 영향을 미칠 수 있다. 이자율 예측은 일반적으로 사업성 검토의 한 요소가 된다.

[21] 불가항력

불가항력이란 화재, 홍수, 지진, 전쟁, 폭동과 같이 통제를 벗어난 상황의 발생을 일반적으로 의미하는 용어이다. 이러한 불가항력적 사건이 발생했을 때 어떻게 당사자들이 이를 통제할지는 협상과정에 있어서 꽤 신경 쓰이는 부분이다. 분명히 불가항력에 대해서 협상하는 어떠한 당사자도 그러한 사건의 발생에 대한 책임이 없기 때문에 협상 과정에서 특히 다루기 어려운 부분이다.

국제 프로젝트는 다양한 국가, 다양한 당사자들이 구성원이고 이들이 협상을 한다. 때때로, 기본이 되는 사업 계약이 협상단과 법률가들 사이에서 협상되는데, 여러 계약상 불가항력 조항들이 조정되지 않은 채로 남게 될 수도 있다. 이 경우, 시공사는 특정일까지 프로젝트를 완공하는 의무에 대해 구속되지 않을 수도 있는 반면 전력 판매계약은 프로젝트 개발자에게 비슷한 책임 경감의 혜택을 제공하지 않을 수 있다. 따라서 생산물 판매계약의 해지를 초래하게 될 수도 있다. 불가항력에 대한 모순적인 부분들이 큰 부분을 차지하지는 않지만, 사업 스케줄이나 경제성에 미치는 영향은 매우 중요한 부분이 될 수 있다.

불일치하는 불가항력 조항은 소위 "부활"조항이라고 불리는 조항을 통해 그 불일치가 해소될 수 있는데, 이 조항에서 계약간 불가항력 조항의 불일치가 존재하는 부문에 대해서 시공사는 기타 관련 계약 하에서 프로젝트 회사에게 부여될 수 있는 불일치의 경감 정도

보다 더 많은 경감을 받지 못하는 것에 동의한다. 앞의 예시에서, 시공사는 물품 판매계약이 해지될 정도까지의 프로젝트의 지연을 일으킨 경우, 공정 지연에 대한 양해를 받을 수 없다. 하지만, 그보다 지연된 기간이 짧으면 양해를 받을 수도 있을 것이다.

공사 계약과 관련하여 불가항력 조항을 가지고 협상할 때 현지 국가의 사정을 이해하는 것은 중요하다. 요컨대, 당사자들은 반드시 해당 지역에서 무엇이 통제할 수 없는 상황인지 반드시 이해해야 한다. 예컨대, 미국 건설업계의 경우, 미국 내 프로젝트의 대부분의 경우 시공사들이 고용자들 또는 하도급기업 노동자들에 의한 파업은 불가항력이 아니라는 점에 동의한다.

다른 위험요소의 예측 불가능성과 함께 비슷한 문제가 일어난다. 예컨대, "예측 불가능한 날씨"와 같은 문구는 각 나라마다 다른 의미를 가질 수 있다. 필리핀과 같은 일부 국가에서는 좋지 않은 날씨가 충분히 예측가능하고 일반적이어서 예측불가능이라는 단어가 의미 없을 수도 있다.

상이한 법률 시스템은 잘 계획되고 구성된 불가항력 조항을 무용지물로 만들 수 있다. 이 책의 다른 장에서 논의되었다시피, 적용 가능한 법률과 분쟁 관할지를 선택하는 것은 불가항력 조항의 조항이 적용되고 유효하다는 점을 확실하게 하는데 있어서 중요한 요소이다.

이러한 주의 깊은 계획에도 불구하고, 불가항력 조항이 불일치할 수 있는 위험은 완전히 제거될 수 없다. 따라서 사업주는 계약 조항에만 의존하기 보다 보증신용장, 준비금 출자, 추가 노동력의 확보 등의 대체방안을 마련하려는 노력을 해야 한다.

[22] 프로젝트 특유의 위험

물론, 앞서 제시한 위험요소 목록이 전부는 아니다. 프로젝트들은 각기 특성에 따라 다른 위험 요소를 가지고 있다.

24.03 대주단이 사업 위험요소로부터 보호받는 방법

[1] 실사(Due Diligence)

대주단은 실사 과정을 통하여 변호사와 컨설턴트들을 통해 상당 수준의 권리 보호를 도모할 수 있다. 실사란 표출된 위험을 판단하기 위해 다양한 프로젝트 참여자와 계약서들을 검토하고 분석하는 일련의 과정을 지칭하는 용어이다.

대주단은 전문적인 컨설턴트들과 프로젝트의 기술적인 면을 확인하고자 할 것이다. 그러한 컨설턴트에는 엔지니어링 회사, 원자재 관련 전문가 및 기술 전문가 등이 포함된다. 이 대주단이 납득할만한 결과를 가진 위와 같은 검토 목록은 통상 금융종결 조건이 된다.

기술 검토는 기술 공정, 플랜트 설계, 허가, 건설 예산, 건설 기간, 운영 및 관리비용 및 매출 추정 등의 내용을 포함한다. 원자재 관련 컨설턴트는 사업 수행상 원자재와 관련된 부분에 대하여 비슷한 검토를 한다. 기술 컨설턴트는 사업에 있어서 기술 선택에 대한 부분에 초점을 둔다.

프로젝트 대주단은 일반적으로 프로젝트 회사가 지급하는 비용으로 독립적인 엔지니어(Independent Engineer)와 다른 컨설턴트들을 고용한다. 그들은 직접적인 이해관계자가 아니며 객관적인 의견을 낼 수 있다는 의미에서 "독립적"이다.

[2] 양도

사업 계약들이 담보로써 유용하기 위해서는 양도가 가능해야 하며, 반드시 대주단에게 담보물로써 양도가 가능해야 한다. 질권 처분 시, 계약들은 반드시 대주단이 떠맡을 만 해야 하며 채무불이행 이후 사업의 인수자에게 양도가능 해야 한다. 그렇지 않으면, 대주단은 미상환 금액을 찾을 권리를 거의 갖지 못하게 되는데, 그 이유는 근간이 되는 계약, 특히 생산물 판매계약 없이 가치를 갖는 사업은 거의 없기 때문이다.

[3] 초과 현금흐름 통제

대주단은 보통 프로젝트 사업주에게 배당할 자금에 대해 상당한 통제권을 요구한다. 이러한 자금은 통상 초과 현금흐름 혹은 배당가능 현금으로 불리며, 매출에서 운영비와 채무상환금을 빼고 예비비 계좌에 자금 보충을 한 후 남은 금액으로 정의된다.

일반적으로, 초과 현금흐름의 배당은 오직 일정 주기 단위로만 가능한데, 프로젝트 회사가 채무 불이행의 위험이 없으며 협상된 부채상환계수(DSCR)를 충족하고 있을 시에만 가능하다. 기타 프로젝트 특유 조건들은 필수충족 조건에 종종 포함된다.

특정 기간 동안 주요 조건들을 불이행하는 사건이 발생했을 때, 초과 현금 흐름은 때때로 대출금 조기상환용 대금으로 활용된다. 이러한 불이행은 일반적으로 예산항목을 초과하는 운영비 지출, 대주단이 공급한 초과 건설비용, 협의된 수치 아래의 DSCR과 관계된다. 이것은 사업주에게 예비비 계좌에 수익을 놔두고 만족하기 보다 발생한 문제를 가능한 빨리 해결하도록 한다.

[4] 계약 수정의 승인

대주단이 광범위에 걸친 실사 과정을 마친 후, 사업 관련 계약에 변경사항이 발생하면 금융조달이 기반을 둔 매출, 운영비, 위험 배분에 좋지 않은 영향을 미칠 수 있다. 따라서, PF 금융계약서에 의거하여 프로젝트 회사는 대주단의 동의 없이 프로젝트 계약을 변경할 수 없다. 다만, 사소한 변경은 가능할 수 있다.

[5] 프로젝트 관련 권리 매도의 제한

대주단은 신용도를 판단하는 데 있어 일정 부분 사업주의 경험과 평판을 기초로 한다. 만약 사업주가 프로젝트 회사 전체를 팔거나 혹은 투자한 부분의 상당한 부분을 팔려고 했었다면 그들이 프로젝트를 포기할 가능성이 있다. 그렇지 않다면 재정적으로나 다른 문제가 발생했을 시 프로젝트 회사를 지원했을 것이다. 대주단은 종종 대주단 전체의 동의 없이 매도할 수 있는 프로젝트 관련 권리의 수준을 제한한다.

24.04 PF 금융계약의 개요

국제 프로젝트에 있어서 PF 금융계약의 구조와 내용은 다른 종류의 PF 거래와 비슷한 양상을 갖는다. PF 금융계약은 또한 차주가 외국인인 담보부 상업은행 금융에 활용되는 금융계약과 비슷하다.

국제 PF 금융계약의 가장 전형적인 형태는 익숙한 조항들을 포함한다. 이러한 조항에는 대출 약정과 대출 수익의 사용에 대한 기술적 조항들, 이자율 관련 조항들, 비용 증가와 불법 사항으로부터 대주 보호, 금융에 바탕을 둔 사실적인 가정으로부터 시작하는 진술과 보증, 사업의 건설, 개시, 운영, 유지 및 소유를 하는데 있어 대주단이 커버해야 할 범위를 정하는 약정사항들, 채무불이행 사유, 기타 제출 및 관할에 대한 기타 조항들이 포함된다. 추가로, 금융계약은 금융조달의 국제적 구조로부터 기인하는 조항들도 다룬다. 이러한 조항에는 면책특권의 포기(정부가 차주의 일부 혹은 전체를 소유한 경우), 대출상환 시 적용될 환율, 해외 원천징수로부터 대주단을 보호하기 위한 gross-up 조항 등이 포함된다. PF의 비소구성, 혹은 제한적 소구성 때문에 프로젝트 위험요소를 최소화 하기 위하여 대주단은 차주에게 사업 및 계약에 관한 더 높은 정도의 규제를 부과한다. 하지만, 이러한 PF 차주에 대한 프로젝트의 규제는 위험 회피를 위한 보증으로서 초안은 나오기 쉬우나, 실제 적용되기는 어렵다.

불행히도, 금융계약서가 정치, 경제적 요소의 변동과 같은 위험으로부터 대주단을 완전히 보호해 줄 수는 없다. 그럼에도 불구하고, 대주단의 목표는 이러한 프로젝트 위험들을 가능한 많이 관리하는 것이다. 충분히 통제되지 않는 위험들은 이자율과 수수료 산정에 감안되어야 한다.

24.05 PF 금융계약의 주요 조항

아래 섹션에서는 PF 금융계약의 중요한 조항들에 대해서 요약한다. 모든 부분이 요약된 것은 아니다. 예컨대, 일반적으로 가격, 이자율, 관리은행 등 PF에만 특정하게 적용되는 것이 아닌 부분은 본 장에서 설명하지 않는다.

24.06 금융종결의 선행조건

[1] 일반사항

대주단이 프로젝트 회사에 대출금을 집행하기 전, 대주단은 차주에게 먼저 일정한 선행조건을 준수하도록 요구한다. 일단 그러한 조건이 충족되고 하면, 대주단은 대출금을 집행할 의무를 지게 된다.

타당한 프로젝트 요소들이 준비되어 있지 않거나 이러한 사항들과 관련한 조건이 면제되지 않으면 금융종결이 달성되지 않게끔 선행조건들을 구성한다. 이러한 조건들은 프로젝트의 경제적, 기술적 실행 가능성, 인허가 사항, 집행력 있는 프로젝트 계약서 및 충분한 담보 계약서 등을 포함한다. 종합적으로, 선행조건은 은행의 내부 신용대출 승인 절차에 따라 부여되는 대출 조건에 따라 설계된다.

국제거래에 있어 선행조건은 자산 기반의 대출 거래 조건들과 매우 비슷한 조건들을 포함한다. 이러한 조건들은 대출 및 담보계약의 체결 및 교부, 유치권 확정, 우선권, 이사회 혹은 차주의 기타 의결기구의 의결, 계약 체결 담당자의 직위 승인, 차주에 대한 자문단의 의견, 채무불이행의 부재에 대한 증서의 교부 등을 포함한다.

PF 거래에 있어서 기타 선행조건들은 운영되는 사업이 속한 산업, 사업소재 국가의 특징, 프로젝트 경제성, 기반이 되는 프로젝트 계약의 위험 배분 등에 의해 결정될 것이다.

[2] 프로젝트 회사, 사업주, 보증인, 기타 사업 주요 참여자의 조직 및 존재 – 프로젝트 회사, 사업주, 보증인, 기타 프로젝트 참여자의 준거 규정 사본

일반사항: 프로젝트 회사는 반드시 회사가 소재하고 있는 국가의 법률에 따라 정히 합법적으로 설립되어야 한다. 조직 관련 문서들은 일반적으로 프로젝트 대주단에게 제공된다. 이것은 PF의 실사과정보다도 더 일상적인 것이다. 조직 구성 및 프로젝트 회사의 존재에 대한 형식은 기본이 되는 인허가 사항과 프로젝트 회사 이름으로 된 사업 계약서들의 중요성 때문에 반드시 확인되어야 한다.

예시조항

Organization of [Project Company/Project Sponsors]. Certified copies of the charter and by – laws (or equivalent documents) of the [Project Company/Project Sponsors] and all partnership or corporate action taken by each such [Project Company/Project Sponsors] approving the [Project Documents] to which such [Project Company/Project Sponsors] is or is intended to be a party (including a certificate setting forth the resolutions of the board of directors of, or the partnership action of, such [Project Company/Project Sponsors] adopted in respect of the transactions contemplated by this Agreement).

[3] 대출계약 및 관련 금융계약의 체결 및 교부

일반사항: 프로젝트 회사와 대주단 사이에 체결된 금융계약은 반드시 금융종결 일자에 체결 및 교부되어야 한다. 이외에도, 별도의 대출계약에서 인용하는 사업에 관련된 기타 금융 계약들도 반드시 금융종결 일자에 체결 및 교부되어야 한다.

예시조항

Loan Documents. Each of the Credit Agreement and the other [Loan Documents] shall have been duly executed and delivered by the [Project company] and the other parties thereto, and shall be in full force and effect, and no default (or any event that with the lapse of time or the giving of notice would constitute a default) shall have occurred thereunder.

[4] 특정 담보물의 유치권 신청 및 소유

일반사항: 금융종결일에 프로젝트 회사의 자산을 취득하기 위한 대주단의 증빙자료로써 필요한 모든 신청서나 기록들이 반드시 마무리되어야 한다. 마찬가지로, 필요한 정도에 따라 소유권 취득 없이 이행될 수 없는 담보물의 경우 반드시 대주단에게 이전되어야 한다.

예시조항

Liens. The [Lender] shall have received evidence that all filing and recording fees, and all taxes and other expenses related to such filings, registrations and recordings, necessary for the consummation of the transactions contemplated by this Agreement and the other [Project Documents], including for the perfection of the security interests granted pursuant to the [Security Documents], have been paid in full by or on behalf of the [Project Company].

[5] 자금 가용성(Availability of Funds)

일반사항: 충분한 대출금은 사업에 필요한 자금을 조달하기 위해 반드시 계약체결일자까지 약정되어야 한다. 따라서, 만약 다른 대주단들이 사업 대출금을 제공하고 있다면, 필요한 차입 문서들은 반드시 금융종결일 전까지 효력이 발생하고 전달되어야 한다.

예시조항

Availability of Funds. The [Export Financing Agreement] and the [Standby Subordinated Loan Agreement] shall have been duly executed and delivered by the [Project Company] and the other parties thereto, and shall be in full force and effect, and no default (or any event that with the lapse of time or the giving of notice would constitute a default) shall have occurred thereunder.

[6] 관련 주주계약서 및 자금 가용성

일반사항: 마찬가지로, 사업에 필요한 모든 출자금은 반드시 프로젝트 회사에 출자되거나, 대주단이 승인할 수 있는 형태로써 자본금 납입계약(투자 계약)에 따라 약정되어야 한다.

예시조항

Equity Documents and Availability of Funds. The [Capital Contribution Agreements] shall have been duly executed and delivered by the [Project Sponsors], and shall be in full force and effect, and no default (or any event that with the lapse of time or the giving of notice would constitute a default) shall have occurred thereunder.

[7] 사업주 지원 약정

일반사항: 사업주에 의해 제공되는 모든 신용지원은 반드시 대주단이 수용할 수 있는 형태이어야 하고, 승인 및 체결 후 프로젝트 회사 및 대주단에게 전달되어야 하며 약정 조건에 따라 집행 가능해야 한다. 이러한 약정의 예로는 특정 위험을 위한 예비목적의 자본금출자계약과 완공 보증 등이 있다.

예시조항

Sponsor Credit Enhancement. The [Completion Guarantee] shall have been duly executed and delivered by the [Project Sponsors], and shall be in full force and effect, and no default (or any event that with the lapse of time or the giving of notice would constitute a default) shall have occurred thereunder.

[8] 제3자 지원약정 및 신용보강

일반사항: 제3자에 의해 제공되는 어떤 종류의 신용 지원이라도 대주단이 승인할 수 있는 형태로써 인증 및 체결 후, 프로젝트 회사와 대주단에게 전달되어야 하며, 약정 조건에 따라 집행 가능해야 한다. 이러한 약정의 예로는 계약이행보증 및 지급보증, 정부 보증, 비상위험 보험 등이 있다.

예시조항

Other Credit Enhancement. The [Performance and Payment Bonds] shall have been duly executed and delivered by the [Surety], and shall be in full force and effect, and no default (or any event that with the lapse of time or the giving of notice would constitute a default) shall have occurred thereunder.

[9] 관할 정부 허가 및 보증

일반사항: 프로젝트 소유, 공사 및 운영을 위한 모든 허가 및 라이선스는 반드시 구속력과 효력이 있는 상태로 확보되어야 한다. 관할 정부에 의해 제공된 보증과 같은 신용 보강은 반드시 인증 및 체결 후 전달되어야 한다.

예시조항

Concession. The [Concession] shall have been duly authorized, executed, and delivered by the [Government], and shall be in full force and effect, and no default (or any event that with the lapse of time or the giving of notice would constitute a default) shall have occurred hereunder.

Host-Government Enhancement. The [Government Guarantee] shall have been duly authorized, executed, and delivered by the [Government], and shall be in full force and effect, and no default (or any event that with the lapse of time or the giving of notice would constitute a default) shall have occurred thereunder.

[10] 생산물 판매계약

일반사항: 생산물 판매계약은 반드시 대주단이 승인할 수 있는 형태로써 인증 및 체결 후 생산물 구매자로부터 프로젝트 회사에 전달되어야 하며, 계약 조건에 따라 구매자에 대해 집행 가능해야 한다. 제18장에서 논의된 바와 같이, 생산물 구매자 입장에서의 사업의 중요성 때문에 생산물 판매계약에 종종 주요 일정들이 포함된다. 이러한 주요 일정들을 만족시키지 못하는 경우 판매 가격의 하락, 계약상 손해 발생 및 계약 해지를 초래할 수 있다. 따라서, 대주단은 이러한 주요 일정들이 충족되었음을 확인하기 위해 생산물 구매자가 공문 또는 다른 형태의 보장을 제공할 것을 요구한다.

예시조항

Off–Take Agreement. The [Off–Take Agreement] shall have been duly authorized, executed, and delivered by the [Off–Take Purchaser] and the [Project Company], and shall be in full force and effect, and no default (or any event that with the lapse of time or the giving of notice would constitute a default) shall have occurred thereunder. All dates for performance by each party thereto shall have been satisfied.

[11] 공급계약

일반사항: 공급계약은 반드시 대주단이 만족할 수 있는 형태로써 인증 및 체결 후 공급자에 의해 프로젝트 회사에 전달되어야 한다. 또한 계약 조건에 따라 공급자에게 구속력이 있어야 한다.

예시조항

Supply Agreement. The [Supply Agreement] shall have been duly authorized, executed, and delivered by the [Supplier], and shall be in full force and effect, and no default (or any event that with the lapse of time or the giving of notice would constitute a default) shall have occurred thereunder.

[12] 건설계약 및 착공지시서의 발행

일반사항: 공사계약은 반드시 대주단이 승인할 수 있는 형태로써 인증 및 체결 후 시공사에 의해 프로젝트 회사에 전달되어야 하며, 계약 조건에 따라 시공사에게 구속력이 있어야 한다.

제15장에서 논의된 바와 같이, 공사계약과 실질적인 착공 사이에는 일반적으로 시차가 존재한다. 이것은 공사계약이 금융종결 이전에 협상되고 체결되기 때문이다. 보통 시공사는 착공 전에 금융계약이 체결되어 가능한 건설 자금에 대해서 확인하기를 원한다. 그러나 대주단은 금융종결 직후에 공사가 실질적으로 시작될 것을 보장받고 싶어한다. 따라서, 대주단은 프로젝트 회사가 착공지시서를 발급했다는 것과 시공사가 이를 승인하고 공사의 진행의무를 인정했다는 증거를 요구할 것이다.

예시조항

Construction Contract; Notice to Proceed. The [Construction Contract] shall have been duly executed and delivered by the [Contractor] and the [Project Company], and shall be in full force and effect, and no default (or any event that with the lapse of time or the giving of notice would constitute a default) shall have occurred thereunder; evidence satisfactory to the [Lender] shall be delivered showing that the [Project Company] has issued the [Notice of Proceed] (as defined in the [Construction Contract]) pursuant to the [Construction Contract] contingent only upon the effectiveness hereof.

[13] 운영 및 관리 계약

일반사항: 운영 및 관리 계약은 반드시 대주단이 승인할 수 있는 형태로써 인증 및 체결 후 운영자에 의해 프로젝트 회사에 전달되어야 하며, 계약 조건에 따라 운영자에게 구속력이 있어야 한다.

예시조항

O&M Agreement. The [O&M Agreement] shall have been duly executed and delivered by the [Operator] and the [Project Company], and shall be in full force and effect, and no default (or any event that with the lapse of time or the giving of notice would constitute a default) shall have occurred thereunder

[14] 허가

일반사항: 대주단은 프로젝트의 소유, 공사, 개시, 사업 및 관련 설비의 운영에 필요한 정부조치, 서류 제출, 허가 및 승인과 관련한 공인된 문서를 요구할 것이다. 이러한 것들은 반드시 최종 확정되어 소송의 여지가 없으며 명백하게 밝혀진 불이행 시에만 취소되어야 하며, 대주단이 인정하는 조건과 제한만 포함해야 한다. 정부 기관과 프로젝트 회사 간의 인허가 신청사항 관련 공문은 반드시 제출해야 한다.

모든 정부 허가 사항들이 금융종결일까지 발급되지는 않는다. 왜냐하면 공사 또는 운영 개시 전에는 합리적으로 발급받을 수 없거나, 요구하지도 않기 때문이다. 따라서, 대주단은 해당 허가를 요구하지는 않을 것이다. (i) 신청에 의해 주기적이고 의무적으로 발급되며 통상 공사 이전에는 충족할 수 없는 경우(장관 승인), (ii) 이후 단계의 사업 개발이 시작되지 않을 때까지는 발급받을 수 없는 경우, 대주단은 위 두 번째 범주에 속하는 인허가의 발급 가능성, 인허가 승인과 관련된 제반 비용 및 유사한 이슈들에 대해 면밀히 검토할 것이다. 만약 인허가의 발급이 발급 기관의 재량에 의한 것이고 프로젝트에 대한 시각 또는 정책 기반에 따라 승인 또는 거절될 수 있는 것이라면 해당 인허가의 발급 여부는 대주단과 컨설턴트들의 추가적인 관심사항이 될 것이다.

예시조항

Government Approvals. Copies of all [Government Approvals] referred to in Section ___ [cross-reference to representation on permits] and such other [Governmental Approvals] as the [Lender] my reasonably request and which, in the opinion of the [Lender] are necessary or desirable under applicable law and regulations in the connection with the transactions contemplated by the [Project Documents], each of which shall have been duly obtained in the name of the Borrower and shall be in full force and effect and not subject to appeal.

[15] 보험 및 보험자문사의 보고서

일반사항: 대주단은 금융계약과 기타 다른 프로젝트 계약들의 조건에 의해 필요한 모든 보험 계약에 대한 사본을 요구할 것이다. 보험 증권이 금융계약 조건을 충족하는지 여부를 확인하기 위해, 대주단은 자체 보험담당 부서를 통해 검토를 하거나, 보험 자문사의 보고서를 원할 것이다. 이 보고서는 프로젝트 회사가 대출계약에서 요구하는 보험에 가입하였고, 모든 보장이 유효하다는 것을 증명해야 한다. 보고서는 대주단에게 미리 통보하는 경우를 제외하고는 보험이 취소 불가능 하다는 것도 증명해야 하며, 취소 불가능한 경우 금융계약서에서 제시한 조건을 만족해야 한다.

예시조항

Insurance. A certified copy of the insurance policies required by [Section __] (or, if copies of any thereof are unavailable to the Borrower, certificates of the issuers thereof evidencing the same), such policies to be issued by companies satisfactory to the Majority Banks, together with evidence that the payment of all premiums therefor is current, and a certificate of a nationally recognized insurance broker satisfactory to the Agent, or such broker's authorized representative, certifying that insurance complying with this Agreement, covering the risks referred to therein, has been obtained and is in full force and effect.

[16] 부동산

일반사항: 가능한 경우에 한해, 대주는 사업상 중요한 사업 부지와 부동산 지분에 대한 토지 조사와 부동산 물권 보험을 획득하는 것이 일반적이다.

예시조항

Title Insurance; Survey. (1) A binding commitment to issue policy or policies of title insurance on forms issued by the [Title Company], in form and substance satisfactory to the [Lender], (i) insuring the [Lender] in an amount equal to $xxx,000,000 that good and marketable title to the [Project Site and Other Project Real Estate Interests] is vested in the [Project Company] and that the [Mortgage/Deed of Trust] constitutes a valid first priority mortgage lien on the [Project Site and Other Project Real Estate Interests] subject only to Permitted Liens and such exceptions set forth in the [Title Policy] as are acceptable to [Lender], (ii) providing full coverage against mechanics', workers', materialmen's, and similar liens, and (iii) containing such other coverages and endorsements as the [Lender] may reasonably require; (2) a survey of the [Project Site] by a licensed surveyor satisfactory to the [Lender], certified to the [Lender]; and (3) true, correct, and complete copies of all documents evidencing the [Project Site and Other Project Real Estate Interests].

[17] 프로젝트 회사, 사업주, 보증인 및 주요 프로젝트 참여자의 재무상태표

일반사항: 프로젝트 회사, 사업주, 보증인 및 생산물 구매자와 시공사 등 기타 주요 프로젝트 참여자들의 가장 최근의 재무상태표는 반드시 대주단에게 제출해야 한다. 이 자료는 대주단이 각 참여자들이 사업 문서상의 의무를 충분히 이행할 수 있는지 필요 요건들을 판단하는 것을 돕는다.

예시조항

Financial Information. Financial statements of the [Project Company], each [Project

Sponsor], the [Contractor], the [Operator], the [Off-Take Purchaser], the [Supplier], and [others], which shall be in form and substance acceptable to [Lender], including without limitation as to the creditworthiness of each thereof necessary, in the sole discretion of the [Lender] to finance the [Project] using nonrecourse/limited recourse project financing techniques and credit analysis.

[18] 건설 예산 및 건설 자금인출 스케줄

일반사항: 초과비용을 방지하기 위한 중요한 방법은 건설 예산을 추정하는 것이다. 보통 건설기간 동안 한 달에 한 번 있는 정기적인 보고서는 대주단에게 건설 비용, 완공을 위해 필요한 자금 및 완공 시까지 사용 가능한 자금에 대한 중요한 정보를 제공한다.

건설비용 초과를 유발하는 요소에는 공사 범위의 잘못된 분석, 지시 변경, 예산 집행 과정의 부정확성, 불충분한 예비비, 보험에 들지 않은 손실, 지연, 노동 문제 및 공사 변동비의 증가 등이 있다.

일단 공사 초과비용을 인지하면 금융관련 문서에 적절한 조치가 적시되어야 한다. 첫째, 당연히 초과금액은 반드시 보고되어야 한다. 그 후 초과 비용을 위한 자금 충당이 어떻게 이루어질 지가 파악되고 실제 충당이 이뤄져야 한다. 가장 일반적인 방법은 사업주가 제공하는 완공보증이다.

건설 중 자금 인출 스케줄은 따로 제출되거나 건설 지출 계획에 포함되어 계산된다. 이 스케줄은 공사대금 인출 시기와 건설 중에 발생할 이자를 구분한다. 만약 건설 융자금이 건설기간 초기에 집중되어 있다면, 건설기간 중 더 많은 이자를 부담하게 될 것이다. 따라서 인출 스케줄은 프로젝트 건설을 위한 융자액에 영향을 미치게 된다.

예시조항

Construction Budget; Drawdown Schedule; Milestones. A budget of [Construction Costs], a schedule of the dates upon which construction loan drawdowns will be requested and a milestone performance schedule shall be delivered.

[19] 수익 및 비용 추정

일반사항: 수익 및 비용 추정은 기초 가정과 추정에 따라 다양하다. 어떻게 표현하든, 재무상태표에는 프로젝트의 가장 합리적으로 예측 및 추정된 재무 결과를 건설대금 금융

계약체결일로부터 시작하여 대출금 만기 후 2~3년 이후에 종료되는 기간 동안 연단위로 제시된다. 프로젝트 가능성, 물가상승, 통화가치 등 이들 변수 등에 대한 재무와 운영 가정에 근거한 추정 수익과 추정 비용이 포함된다. 이러한 재무 추정은 독립적인 엔지니어에 의해 검토될 것이며 반드시 대주단이 수용할 수 있는 것이어야 한다.

예시조항

Projections. A projection of the anticipated revenues and expenses of the project over the term of the financing.

[20] 기술자문 보고서

일반사항. 대주단이 수용할만한 자문사의 보고서는 반드시 제출해야 한다. 이 보고서는 사업의 기술적, 경제적 타당성을 분석하며, 기술공정, 플랜트 설계, 설비 선정, 인허가, 건설 예산, 건설 일정, 운영 유지비, 관리 계획 및 일정, 추정 성능 및 매출 추정 등의 내용을 포함한다.

예시조항

Engineering Consultant's Report. A report of the [Engineer] as to the technical and economic feasibility of the [Project], including a review of technical processes, plant design, equipment selection, permitting, construction budgeting, construction schedules, operations and maintenance costs, maintenance plans and schedules, projected performance, and revenue projections acceptable to the [Lender].

[21] 컨설턴트 보고서

일반사항. 기타 다른 컨설턴트들의 보고서의 필요 여부는 해당 사업의 종류와 관련된 위험에 따라 매우 다양하다. 때때로 필요한 컨설턴트는 연료, 운송, 광업 및 유해 폐기물 처리 등과 관련된 경험을 가진 전문가들을 포함한다. 어떤 경우에는, 대주단이 수용할만하게 준비된 컨설턴트의 보고서는 대주단이 특별히 관심있는 부문에 대해 제출되어야 한다.

예시조항

Consultant's Report. A report of the [identify type of consultant] as to [identify scope of report] acceptable to the [Lender].

[22] 환경영향 평가보고서

일반사항: 대부분의 국가에서, 대주단은 환경과 관련하여 일정 형식을 갖춰 환경 컨설턴트가 작성한 환경영향 평가보고서를 요구한다. 환경영향 평가보고서는 환경성 검토 및 위험 검토, 환경 관련 인허가 사항, 프로젝트 회사 및 운영자의 환경 영향 경감 방안 등을 포함한다.

예시조항

Environmental Audit. An environmental audit of the [Project Site] prepared by an expert acceptable to the [Lender].

[23] 법률의견

일반사항: 법률의견은 실사가 경쟁력 있고 믿을만한 컨설턴트에 의해 실질적으로 수행되었음을 확인하는 절차다. 이것은 위험 전가를 위한 장치 또는 프로젝트 채무를 보증하기 위한 것이 아니다. 법률 의견은 정한 조직(due organization), 허가, 실행 및 금융조달과 사업 문서의 전달, 실행력 및 법률과 계약 위반의 부재 등 일반적인 주제를 다룬다. 컨설턴트의 의견은 사업이 시행되는 국가 및 제반 문서의 준거법에 따른 각 사법당국을 대비해 확보한다.

법률 컨설턴트의 의견들은 한 나라에서 내려진 판단이 다른 나라에서 제공되고 유효할 것임을 확인할 것이고, 관련 당사자들이 법률에 의해 피소될 수도 있으며, 문서들의 준거법이 되는 다양한 법률들이 적용되고 유지될 것이고, 특정 법정의 준거지역이 유효하다는 것을 확인한다.

물론 유치권의 설정, 완료 및 우선순위에 대한 의견도 중요하다. 또한 회사가 일부 정부의 소유이거나 정부의 통제 하에 있을 때, 소송으로부터 프로젝트 소재국 정부가 면책받는지에 대해 다루는 것도 중요하다.

이러한 사안들에 덧붙여, 현지변호사는 금융조달, 공사, 개시 및 운영 등 사업과 관련된 정부 인허가 사항에 대한 의견도 포함할 것이다. 현지변호사는 또한 규제의 허점이나 부동산 문제 등 현지 법률과 관련된 다른 사안들에 대해서도 다룰 것이다.

프로젝트 회사 이외의 당사자들이 법률의견을 구하는 경우도 있다. 주요 물품 구매자와 공급자들이 포함된다. 이런 형태의 제3자 의견은 전형적으로 계약서의 합법성, 타당성, 구속력 그리고 유효성을 다룬다.

예시조항

Legal Opinions. Legal opinions of [identify lawyers] in the form attached hereto as Exhibit __; and such other opinions as may be reasonably requested by the [Lender].

[24] 중대악화사유의 부재

일반사항: 금융계약체결일에 사업주, 프로젝트 회사 및 다른 주요 프로젝트 참여자들의 재무 상태에 중대악화사유이 있어서는 안되며, 사업의 재무적 혹은 기술적 타당성에도 변경 사항이 생겨서는 안 된다.

예시조항

No Material Adverse Change. There shall have occurred no material adverse change in the business, properties, or affairs of the [Project Company] or any [Major Project Participant], or in the feasibility, economic or otherwise, of the Project.

[25] 채무 불이행의 부재

일반사항: 금융계약체결 완료일에 프로젝트에 대한 채무 불이행 또는 채무불이행 발생 사유가 존재해서는 안 된다. 일반적으로 차주는 반드시 이러한 효력이 있는 증빙을 금융종결일까지 제출해야 한다. 대주단은 주요 프로젝트 참여자들에게 동의(제26장에서 다룸) 또는 별도의 증서로 계약상의 어떠한 채무 불이행도 발생하지 않았음을 입증할 것을 요구할 수 있다.

예시조항

No Default. No Default, and no default by the [Project Company] or by any [Major Project Participant] under any [Project Document], shall have occurred and be continuing or will result from the [describe credit event], which such status shall be certified by the [Project Company].

[26] 진행 중인 소송의 부재

일반사항: 사업이나 프로젝트 회사, 혹은 주요 프로젝트 참여자와 관련된 어떠한 소송이나 판결, 결정, 소송에 근거한 명령 등 소송 가능성이 있어서는 안 된다.

예시조항

Litigation. There are no legal or arbitral proceedings or any proceedings by or before any [Governmental Person], now pending or threatened against the [Project Company] or any [Major Project Participant].

[27] 기타 선행조건

일반사항: 대주단은 개발 중인 사업의 특유한 위험에 대해 기타 선행조건을 포함할 것을 요구할 것이다.

예시조항

Additional Documents. Such other documents relating to the Project or the matters contemplated by this Agreement as the [Lender] may reasonably request.

24.07 건설 자금 인출 선행조건

[1] 일반사항

일단 PF 건설 융자가 정해지고 초기 자금이 지급되고 나면, 일반적으로 선행조건에 기초하여 대주단은 이후의 인출액(초기 인출은 보통 금융종결일에 일어난다)을 집행할 수 있게 된다. 일단 충족되면, 대주단은 대출금을 인출해야 한다.

이어지는 자금의 인출을 위한 조건은 프로젝트 회사가 인출 시점의 대출 약정에 의거하고 있음을 확인할 수 있도록 설계된다. 그러한 것들에는 공사 일정 일치, 건설 예산 일치 및 초과 비용의 부재, 인허가 준수, 유치권의 부재, 충분한 담보 설정 등이 포함된다.

대주단이 첫 번째 공사대금을 인출하면 지속적으로 인출을 해야 한다는 의견이 있다. 이것은 대출금의 상환이 공사의 완료에 의해서만 이루어질 수 있다는 전제하에 성립된다는 점에서 논란이 있다. 이는 사실이 아니며, 실제로 문제가 발생하였을 때 대주단은 프로젝트에 대한 대출금 인출을 중단한다.

[2] 진술 및 보증 사항의 갱신

일반사항: 대출계약서와 관련 금융계약서의 각각의 진술 및 보증사항은 금융종결일에 프로젝트 회사에 의해 작성되어야 하며, 융자금 인출에 반복 진술되어야 한다.

예시조항

Representation and Warranties. The [Project Company] shall deliver a certificate that each of the representations and warranties of the Borrower set forth in this Agreement and in each document delivered in connection herewith are true and correct on the date hereof and after giving effect hereto.

[3] 법률 변경의 부재

일반사항: 금융종결일과 인출일 사이의 기간에는 사업의 재무적·기술적 타당성에 영향을 미치는 법률, 규제 혹은 규율의 변경이 있어서는 안 된다.

예시조항

Change of Law. The [Project Company] shall deliver a certificate that as of the date hereof there has been no change in or enactment or promulgation of any [Governmental Rule] from and after the [Closing Date] that [describe change in law that could have a material adverse effect on the Project].

[4] 인허가 상태

일반사항: 금융계약 체결 시에 유효한 사업의 소유, 공사, 개시, 운영에 필요한 모든 정부의 행정행위, 신청서, 인허가 사항은 반드시 모두 구속력 있고 유효한 상태로 남아있어야 하며, 소송의 대상이 될 가능성이 없어야 한다. 추가로, 인출일 이전에 합리적으로 취득할 수 있거나 공사 기간 중 요구할 수 있는 모든 사안들은 반드시 모든 구속력과 효력이 있는 상태로 취득되어야 한다. 다음 단계의 사업 진행이 되지 않으면 취득할 수 없는 것들에 대해서는 일반적으로 인출일에 요구하지 않는다.

예시조항

Governmental Approvals. Copies of all [Governmental Approvals] referred to in Section __ [cross–reference to representation on permits] and such other [Governmental Approvals] as the [Lender] may reasonably request and which, in the opinion of the [Lender] are necessary or desirable under applicable law and regulations in connection with the transactions contemplated by the [Project Documents], each of which shall have been duly obtained in the name of the Borrower and shall be in full force and effect and not subject to appeal.

[5] 채무 불이행의 부재

일반사항: 사업 계약상 인출일에 어떠한 채무불이행 또는 프로젝트 계약에 따른 채무불이행 사유도 존재해서는 안 된다.

예시조항

No Default. No Default, and no default by the [Project Company] or by any [Major Project Participant] under any [Project Document], shall have occurred and be continuing or will result from the [describe credit event], which such status shall be certified by the [Project Company].

[6] 중대악화사유의 부재

일반사항: 인출일에 사업주, 프로젝트 회사 혹은 다른 주요 프로젝트 참여자들의 재무상태, 사업의 재무적·기술적 타당성 측면에 있어서 중대한 변경이 생겨서는 안 된다.

예시조항

No Material Adverse Change. There shall have occurred no material adverse change in the business, properties, or affairs of the [Project Company] or any [Major Project Participant], or in the feasibility, economic or otherwise, of the Project.

[7] 소송의 부재

일반사항: 사업이나 프로젝트 회사, 혹은 주요 프로젝트 참여자와 관련된 어떠한 소송이

나 판결, 결정, 소송에 근거한 명령 등 소송의 여지가 있는 일이 있어서는 안 된다.

예시조항

Litigation. There are no legal or arbitral proceedings or any proceedings by or before any [Governmental Person], now pending or threatened against the [Project Company] or any [Major Project Participant].

[8] 공사 진행

일반사항: 모든 공사는 프로젝트 회사가 대주단에게 금융종결 시에 제시한 공사 일정에 맞추어 진행되어야 한다.

예시조항

Construction Progress. The progress of construction is in conformity with the [Construction Schedule].

[9] 건설 예산 및 프로젝트 완공을 위한 가용 자금

일반사항: 공사 비용 초과가 발생해서는 안 된다. 프로젝트 완공을 위한 가용 자금은 인출일 당시에 계산된 완공 비용보다 적어서는 안 된다.

예시조항

Cost Overrun; Funds Available to Complete the Project. There has occurred no [Cost Overrun], and the [Funds Available to Complete the Project] exceed the [Cost to Complete the Project].

[10] 담보권 포기

일반사항: 차주는 반드시 프로젝트 비용을 지급하기 위해 먼저 인출했던 비용들에 대한 증빙 혹은 영수증 사본을 대주단에 제출해야 한다. 건설 공사 계약 조건에 따라 차주가 시공사에게 지급하지 못한 금액에 대한 담보권이 존재해서는 안 된다.

예시조항

No Liens. No Liens other than Permitted Liens shall have been filed against or otherwise encumber or affect any assets, properties or revenues of the [Project Company].

[11] 기타 선행 조건

일반사항: 대주단은 개발 중인 특정 사업의 고유한 위험들에 대한 선행조건을 포함할 수 있다.

예시조항

Additional Documents. Such other documents relating to the Project or the matters contemplated by this Agreement as the [Lender] may reasonably request.

24.08 건설 대출을 장기 대출로 전환 시 선행조건

[1] 일반사항

일단 공사가 완공되고 나면, 건설 대출이 상환되고 동일 대주단이 제공하는 장기 대출로 전환되거나, 다른 대주단이 제공하는 장기 대출금으로 상환될 것이다. 만약 건설 대출이 같은 대주단에 의해 장기로 전환된다면, 전환을 위한 선행조건은 반드시 프로젝트 회사에 의해 충족되어야 한다. 만약 건설 대출이 다른 대주단에 의해 제공되는 장기대출금으로 상환된다면, 다른 대주단은 금융종결 조건으로 위에서 논의된 유사한 그들만의 선행조건을 요구할 것이다.

본 장에서는 대출의 전환을 집중적으로 다룰 것이다. 금융종결의 선행조건이 충족되는 것과 더불어 대주단은 건설 대출을 장기 대출로 전환할 의무를 가지게 된다. 이는 프로젝트 회사에는 중요한 점이다. 장기대출은 일반적으로 건설융자보다 낮은 금리가 책정되는데 그것은 시장이 더 높은 이자율을 책정하는데 있어서 공사기간 중 위험을 고려하기 때문이다. 장기대출로 전환했을 때 프로젝트 회사가 가질 수 있는 또 다른 장점으로는 보다 긴 상환기간, 이익 배당 가능성, 그리고 사용하지 않은 공사 예비비의 활용 등이 있다.

일반적인 대출 전환 조건으로는 모든 운영 인허가 취득, 성능 테스트의 통과, 지속적인 사업의 경제성 등이 있다.

[2] 진술 및 보증 사항의 갱신

일반사항: 차입 계약에 따라 금융종결일에 프로젝트 회사가 제시한 대출 계약 및 기타 금융계약서 상 각각의 진술 및 보증 사항은 대출 전환일에 다시 제시되어야 한다.

예시조항

Representation and Warranties. The [Project Company] shall deliver a certificate that each of the representations and warranties of the [Project Company] set forth in this Agreement and in each document delivered in connection herewith are true and correct on the date hereof and after giving effect hereto.

[3] 법률 변경이 없어야 할 것

일반사항: 사업의 재무적·기술적 타당성에 영향을 미치는 법률, 규제 혹은 규율의 변경이 전환일에 있어서는 안 된다.

예시조항

Change of Law. The [Project Company] shall deliver a certificate that as of the date hereof there has been no change in or enactment or promulgation of any [Governmental Rule] from and after the [Closing Date] that [describe change in law that could have a material adverse effect on the Project].

[4] 인허가 상태

일반사항: 사업의 소유, 공사, 개시, 운영에 필요한 모든 정부 인허가 사안이나 신청서는 반드시 모두 구속력 있고 유효한 상태로 남아있어야 하며, 다른 소송의 가능성이 없어야 한다.

예시조항

Governmental Approvals. Copies of all [Governmental Approvals] referred to in Section __ [cross-reference to representation on permits] and such other [Governmental Approvals] as the [Lender] may reasonably request and which, in the opinion of the [Lender] are necessary or desirable under applicable law and regulations in connection with the transactions contemplated by the [Project Documents], each of which shall have been duly obtained in the name of the Borrower and shall be in full force and effect and not subject to appeal.

[5] 채무 불이행의 부재

일반사항: 사업 계약상에 어떠한 채무불이행 또는 채무불이행에 준하는 사유도 존재해서는 안 된다.

예시조항

No Defaults. There shall exist no Default or Event of Default under any of the [Project Contracts].

[6] 중대악화사유의 부재

일반사항: 사업주, 프로젝트 회사 혹은 다른 주요 프로젝트 참여자들의 재무 상태, 사업의 재무적 기술적 타당성 측면에 중대악화사유이 있어서는 안 된다.

예시조항

No Material Adverse Change. There shall have occurred no material adverse change in the business, properties, or affairs of the [Project Company] or any [Major Project Participant], or in the feasibility, economic or otherwise, of the Project.

[7] 진행중인 소송의 부재

일반사항: 사업이나 프로젝트 회사, 혹은 주요 프로젝트 참여자와 기타 프로젝트 참여자와 관련하여 진행중인 소송, 어떠한 판정, 결정, 또는 기타 소송 관련된 명령이 없어야 한다.

예시조항

Litigation. There are no legal or arbitral proceedings or any proceedings by or before any [Governmental Person], now pending or threatened against the [Project Company] or any [Major Project Participant].

[8] 완공

일반사항: 사업의 공사는 반드시 완공되어야 한다. 완공은 PF에 쓰였던 계약서들에서 특정 행위를 촉발하는 효과를 가지고 있다. 건설계약 하에서, 완공은 시공사가 공사 지연이나 성능보증에서 비롯된 손해 금액에 대하여 책임이 있는지 여부와 그 시기를 결정한다. 운영 계약 하에서, 완공은 운영자가 운영에 대한 책임을 지기 시작하는 날짜를 결정한다. 생산물 판매계약에서 구매 의무를 지기 시작하는 날도 완공일로부터 결정된다.

자본금 납입 의무의 만기도 때때로 완공일이 된다. 이러한 의무는 프로젝트의 자금원과 활용 대상 관련 조항에 약정된 자본금 출자 또는 공사비용 초과에 따른 추가 자본금 출자 관련 의무를 포함한다. 사업주에 의해 제공된 완공 보증 하에서, 완공의 정의는 공사를 완료하기 위해 추가 자금이 필요한 시기와 조건을 결정하며, 공사가 완공되어 예비비 관련 의무가 종료되었는지도 결정한다.

사업에서 다자, 양자기구의 개입은 종종 완공시점에 발생한다. 예컨대, 미국 수출입은행은 프로젝트에 건설 대출을 제공하지 않고, 완공 후에 대주로서 참여 한다.

프로젝트 계약서에서 통용되는 개념에 대한 중요성 때문에, 완공의 의미가 깊이 이해되고 계약서 전반에 걸쳐 일관되게 쓰이는 것은 매우 중요하다. 예시 정의는 제12장에 있다.

예시조항

Completion. Completion shall have occurred, as certified by the [Project Company] and there shall be no facts or circumstances of which the [Independent Engineer] is aware that would cause the [Independent Engineer], in the exercise of its professional judgment, to believe that [Completion] has not occurred.

[9] 기타 선행조건

일반사항: 대주단은 개발 중인 사업에 있어서 고유한 위험에 대한 기타 선행조건을 포함할 것을 요구할 것이다.

예시조항

Additional Documents. Such other documents relating to the Project or the matters contemplated by this Agreement as the [Lender] may reasonably request.

24.09 진술과 보증

진술과 보증은 제13장에서 다루었다.

24.10 약정사항(Covenants)

[1] 일반사항

PF 거래에서 약정사항은 (i) 재무 추정의 기초가 되는 사업의 기술적·경제적 가정에 입각하여 회사가 시공하고 사업을 운영하고 있다는 것을 확인하기 위해, (ii) 정치적, 재무적, 계약상 혹은 기술적인 측면에서 잠재되어 있던 문제가 발생했을 때, 사전에 혹은 발생 즉시 대주단에게 알리기 위해, (iii) 대주단의 담보권을 보호하기 위해 설계된다. 약정사항에는 공사가 계획한 일정에 맞게 예산 범위 내에서 합의된 성능 수준으로 진행될 것이며, 합의된 기준에 따라 운영될 것이라는 점들을 포함한다. 아울러, 프로젝트 계약들이 해지되거나 수정되지 않고 대주단에 의해서 승인된 운영 예산을 준수한다는 점을 포함한다.

PF 대출계약서는 자산을 바탕으로 한(asset-based) 대출 계약에서 대주단이 요구하는 약정들과 대부분 비슷한 약정사항들을 포함하고 있다. 그러나, 자산을 기초로 하는 거래와는 다르게, PF 대출 계약서들은 프로젝트 회사의 행동을 면밀히 검토하고 규제할 수 있도록 작성된다. 이것은 대주단에게 정기적인 사업 운영 정보, 주관 정부가 프로젝트 회사에 공지한 내용의 사본과 주요 프로젝트 계약에 대한 채무 불이행의 발생에 대한 통지 의무를 포함한다.

PF 거래의 다른 약정사항들은 그 사업이 영위하는 산업과 관할 국가의 특징, 사업 경제성, 프로젝트상의 위험 배분에 따라 결정된다.

[2] 프로젝트 건설 및 완공보고서

일반사항. 공사 진행에 대한 정기적인 보고서는 대주단에게 시공사의 시공능력과 사업 경제성 추정에 바탕이 되는 공기(工期)를 맞출 수 있는 완공능력에 대한 중요한 정보를 제공한다. 이들 보고서는 일반적으로 전반적인 공사 진행 과정에 대한 정보, 설비 주문, 조달

상태 및 설치, 공사 진행 회의 기록, 천재지변 발생, 완공까지 남은 기간 등을 포함한다.

PF에서 완공에 대한 의미가 때로 정의하기 힘들기도 하지만, 완공에 대한 개념은 중요하다. 많은 금융 관련 약정들이 만들어지고 시작되는 시점은 바로 완공일로부터다. 완공 후에는 사업주의 완공보증이 끝나고, 공사 위험을 반영하지 않고 운영 위험을 반영한 대출 이자율을 사용한다. 운영 수익을 벌어들이기 시작하기 때문에 이 시점부터는 대출원금 상환이 시작된다. 또한, 자본금 투자 계약에 따라 자본금 납입을 개시하거나, 납입 의무가 해소되기도 한다. 배당금과 기타 금액을 사업주들에게 배분 가능하며, 프로젝트에 대한 책임이 시공사로부터 운영자에게로 이전된다.

공사를 완공하지 못한 문제는 치유함으로써 대주를 만족시킬 수 있을 것이다. 이러한 치유 방법으로는 채무불이행 선언 및 담보권행사, 사업주들의 추가 자본금 투입, 그리고 여유 현금흐름을 대출금 상환 용도로 사용 등이 있다.

PF 거래에서 의미하는 완공에는 기계적 완공, 운영 완공, 최종 완공 등 3가지 단계가 있다. 이들은 금융계약에서 별도의 목적을 가지고 있다.

- **기계적 완공.** 기계적 완공은 사업이 프로젝트 설계 명세서에 따라 완공되었을 때 이루어진다. 이것은 공사 계약에 적시된 시운전을 통해 확인된다. 시운전은 운영 안정성을 확인하는 것으로 반드시 성능 보증수준을 만족할 필요는 없다.
- **운영 완공.** 운영 완공은 프로젝트가 건설 계약 상의 보증된 수준과 환경 요구 기준에 적합하게 운영될 때 이루어진다. 운영 완공은 사업이 앞으로의 사업 기간 동안 합의된 수준에 맞는 성능으로 운영될 수 있다는 것을 확인한다. 운영 기간은 프로젝트의 종류에 따라 달라지는데, 일반적으로 사업의 재무적 추정치(운영비, 원자재비, 필요노동, 유지비, 매출 등)에 입각하여 장기간의 성능을 입증할 수 있도록 정해진다.
- **최종 완공.** 최종 완공은 공사 계약의 모든 조항들이 이행 완료 되었을 때 이루어진다. 보통 이것들은 사소한 의무들인데, 예를 들면 일반적으로 미결사항(punch list)이라고 불리는 중요하지 않은 작업의 완료, 사소한 담보권의 해제 등과 같은 요구사항이다.

예시조항

At least once during each month occurring before the [Completion Date], [Project Company] shall provide to [Lender] a progress report setting forth in reasonable detail (1) the construction status of the Project, progress of start-up activities and the status of Contractor's adherence to the milestone schedule, (2) the status of [Governmental Approvals] necessary for construction of the Project, (3) the estimated [Completion Date],

(4) a determination of whether sufficient funds remain available as [Construction Loans] and [Contingent Equity] in order to achieve [Completion] by the [Completion Date], and (5) any other critical event of circumstance that could have a material effect on the construction, completion, and/or cost of the Project.

[3] 프로젝트 운영 보고서

일반사항: 마찬가지로, 프로젝트 회사는 일반적으로 사업의 운영 및 유지에 대한 정기적인 보고서를 제공할 의무가 있다. 이러한 보고서의 내용은 프로젝트가 사업을 영위하는 산업에 따라 다양하지만, 일반적으로 직전기간 운영비와 비교, 비정상적인 운영 상태, 예정에 없던 유지 및 수선, 사안 발생 원인 보고, 천재지변 보고 및 기타 자료 등의 내용을 포함한다.

예시조항

Within xx days after the end of each quarter ending after the [Completion Date], a report on the operation of the Project, in the form attached as Exhibit __.

[4] 특정 사안 공지

일반사항: 프로젝트에 문제가 생겼음을 사전에 알리는 것은 대주단에게 상당한 이득을 제공한다. 문제점을 해결하는데 오랜 시간이 걸릴 수도 있고, 대주단이 이 문제를 일찍 인지하면 할수록 PF의 위험 요소에 대해 더 안심할 수 있을 것이다. 따라서, PF 금융계약서는 차주에게 특이 사항이 발생하면 통지할 의무를 부여하며, 통지 대상에는 프로젝트 회사에 대한 소송, 다른 프로젝트 계약에 대한 채무불이행 또는 채무불이행 해당 사유발생(통지 제공이나 경과 사항, 또는 둘 다), 정부 인허가, 라이선스, 사업권에 대한 채무불이행, 해지, 취소, 개정, 보충, 또는 수정 등이 포함된다.

예시조항

The [Project Company] shall provide [Lender] with notice of (a) all legal or arbitral proceedings, and of all proceedings by or before any [Governmental Person], and of any development relating thereto, affecting any [Major Project Participant] and (b) the [Project Company]'s obtaining knowledge of the commencement of any proceedings by or before any [Governmental Person] for the purpose of revoking, terminating, withdrawing, suspending, modifying or withholding any [Governmental Approval] necessary for the execution, delivery or performance by any [Major Project Participant] of its obligations, or the exercise of its rights or remedies, under the [Project Documents] to which such [Major Project Participants] is party, or for the construction or operation of the Project as contemplated by the [Project Documents].

[5] 사업유지

일반사항: 차주는 사업유지를 위해 필요한 모든 조치를 취하는데 동의할 것이다. 이것은 정부 기관으로부터 요구되는 서류의 작성 및 프로젝트 회사가 속한 지역의 관할 법률에 따른 회사 혹은 파트너십의 형태 준수 등을 포함한다.

예시조항

The [Project Company] shall preserve and maintain its partnership existence in [specify jurisdiction of formation] and its rights, franchises and privileges in [specify jurisdiction in which Project is located] and in all jurisdictions where necessary in light of its business or properties.

[6] 프로젝트 관련 권리 유지

일반사항: 프로젝트 회사는 사업의 소유권을 유지할 의무를 가질 것이다. 또한 사업주가 소유지분을 유지하거나 협의된 기간 동안 의결권을 가지는 것이 일반적으로 요구된다. 이것은 초기 지분 투자자가 지속적으로 사업에 연루되어 있고 대주단이 초기 사업주와 계속 거래를 유지할 수 있다는 것을 의미하기 때문에 대주단에게 안정성을 부여한다.

예시조항

The [Project Company] shall maintain its ownership of the Project. The [Project Sponsors] shall maintain at least a 51% voting interest in the [Project Company].

[7] 납세

일반사항: 모든 세금과 기타 정부가 부과하는 수수료는 반드시 정해진 기일 내에 지급

해야 한다. 프로젝트 회사가 세금 납부 의무에 대해서 신의성실의 원칙에 기반하여 다투고 있고, 이 의무에 대한 다툼에서 이기지 못하는 경우를 대비하여 납부 금액을 예치한 경우에는 예외적으로 이러한 의무는 면제된다.

예시조항

The [Project Company] shall pay and discharge or cause to be paid or discharged all taxes, assessments, and governmental chares or levies imposed on it or on its income or profits or on any of its property prior to the date on which penalties attach to its income, profits, or property, and all lawful claims that, if unpaid, might become a Lien upon the property of the [Project Company] (subject to the next sentence). The [Project Company] shall have the right, however, to contest in good faith the validity or amount of any such tax, assessment, charge, levy, or claim by proper proceedings timely instituted, and may permit the taxes, assessments, charges, levies, or claims so contested to remain unpaid during the period of such contest if: (a) the [Project Company] diligently prosecutes such contest, (b) during the period of such contest the enforcement of any contested item is effectively stayed, and (c) adequate security in the form of a bond or other security satisfactory to the [Lender] is provided by the [Project Company] to the [Lender] for the payment of any contested item such that enforcement of any contested item is effectively stayed and any Lien arising thereby is effectively removed. The [Project Company] will promptly pay any valid, final judgement enforcing any such tax, assessment, charge, levy, or claim and cause the same to be satisfied of record.

[8] 법률 준수

일반사항: 프로젝트 회사는 사업에 적용되는 모든 법률을 준수할 것을 약속한다.

예시조항

The [Project Company] shall at all times comply with, and cause the Project to comply with, all applicable [Government Approvals] and [Governmental Rules].

[9] 모든 승인, 허가 및 면허의 획득

일반사항: 마찬가지로, 프로젝트 회사는 모든 승인, 허가 및 면허를 (i) 사업의 개발, 공사, 개시, 운영, (ii) 모든 프로젝트 계약과 대출계약의 체결, 교부 및 이행, (iii) 관련 계약상 조치 이행과 연계하여 획득하고 유지할 것을 서약할 것이다.

대주단이 사업 개발사항에 뒤쳐지지 않는 것은 매우 중요하다. 따라서, 프로젝트 회사가 모든 정부 인허가에 대한 문서의 사본을 대주단에게 제출하는 것이 필요하다.

예시조항

The [Project Company] shall obtain all applicable [Governmental Approvals] as shall now or hereafter be necessary under applicable [Governmental Rules] for the construction, ownership, operation or maintenance of the Project or the execution, delivery and performance by the [Project Company] of any of the [Project Documents] and shall promptly furnish copies thereof to the [Lender].

[10] 인수 혹은 합병이 없을 것

일반사항: 프로젝트 회사는 다른 회사를 인수하거나, 합병되어서는 안 된다. 이것은 대주단으로 하여금 그 프로젝트를 소유하는 단일 목적으로 조성된 조직에 한하여 대출하는 것을 확신하게 한다. 이것은 특히 PF 거래에서 중요한데, 그래야만 대주단은 해당 사업의 타당성에 근거하여 신용 평가를 하게 된다.

예시조항

The [Project Company] shall not merge into or consolidate with any Person or sell, lease, transfer, or otherwise dispose of any of its assets other than sales of [describe off-take] pursuant to the [Off-Take Agreement], and equipment that is obsolete or no longer useful or necessary for the proper operation of the Project, and sales of assets in the ordinary course of its business having a fair market value not in excess of $xxx,000 for a single transaction of $xxx,000 in the aggregate for all such sales.

[11] 건설 및 운영을 위한 설계 기준

일반사항: 프로젝트 회사는 일반적인 산업 기준에 맞는 관리 및 운영기준을 충족시키는

것을 약정할 것이다. 일례로 "양호한 산업관행에 따라 적합한 방법으로" 같은 문구가 있다.

예시조항

The [Project Company] shall cause the Project to be duly constructed and completed in accordance with the [Construction Contract] and all [Governmental Approvals] and in accordance with prudent engineering practices.

[12] 자산의 유지

일반사항: 차주는 일반적으로 그 사업과 자산을 정상적으로 잘 작동하는 상태로 유지하며 사업 효율성을 보전하기 위해 필요한 유지보수를 할 것을 약속한다.

예시조항

The [Project Company] shall maintain and preserve the Project and all of the [Project Company]'s other properties necessary or useful in the proper conduct of its business, in good working order and condition, ordinary wear and tear expected, and in accordance with prudent and efficient utility practice.

[13] 환경규제 준수

일반사항: 국제적인 맥락에서 환경규제를 준수하는 것은 환경법의 발전에 따라 매우 복잡해졌다. 프로젝트 회사는 대체로 사업이 위치하는 곳의 준거법을 준수하는데 동의하며, 환경관련 위험이 발생하는 즉시 통지해야 한다.

예시조항

The [Project Company] shall operate, maintain, and preserve the Project and all of the [Project Company]'s other properties necessary or useful in the proper conduct of its business, in strict compliance with all [Environmental Rules] and [Governmental Approvals].

[14] 보험 및 보험금

프로젝트 회사는 보험에 가입하고 유지하는 것이 필요하다. 일반적으로 필요한 보험 적용범위 유형은 제20장에서 다루었다. 보험은 반드시 보험형태와 보험회사의 신용도, 기명피보험자의 적합성, 보험 수혜자와 변제 조항 및 기타 사안들과 관련하여 대주단을 만족시켜야 한다.

보험금은 일반적으로 대주에게 지급되며 특정보험금(casualty insurance proceeds)의 사용처는 협상 대상이다. 일반적으로 프로젝트 회사는 프로젝트의 수리를 위해 작은 금액을 활용할 수 있다. 큰 금액에 대해서는 보험금으로 수리한 후 프로젝트가 양호하게 진행된다는 것을 프로젝트 회사가 입증한 후에만 사용할 수 있다.

예시조항

The [Project Company] shall maintain, or shall cause to be maintained, the following insurance coverages with carriers authorized to cover risks and licensed to underwrite policies in the [describe jurisdiction] and having a [Best's] rating of __ or higher as are selected by the [Project Company] with the approval of the [Lender] (which approval will not be unreasonably withheld or delayed): [describe insurance requirements]. Also, the [Project Company] shall maintain, or cause to be maintained, all insurance required to be maintained pursuant to any other [Project Company].

All insurance policies required hereby covering loss or damage to the Project shall name the [Lender] as additional named insured under a lender's loss payable endorsement and shall provide that any payment under such policies for any loss or damage shall be made to the [Lender] and applied as provided in the [Security Agreement].

All liability insurance policies required hereby shall name the [Lender] and its assigns, subsidiaries and employees as additional insureds as their interest may appear, except for workers' compensation coverage and automobile liability coverage.

If the [Project Company] fails to maintain insurance as required above, then the [Lender], in addition to its other rights hereunder, may at its option maintain the required insurance and, in such event, the [Project Company] shall reimburse the [Lender] upon demand for the cost of such insurance together with interest on such cost at a rat per annum equal to [interest rate].

[15] 프로젝트 계약의 이행

일반사항: 프로젝트 회사는 계약상의 채무불이행을 유발하지 않고 모든 강제력과 효력

이 있는 상태로 계약들을 유지하기 위해 일반적으로 각 프로젝트 계약상의 의무를 이행하거나 준수할 것에 동의한다.

예시조항

The [Project Company] shall perform and observe each and every provision of the [Project Documents] in all material respects on its part to be performed or observed.

[16] 프로젝트 계약의 개정, 수정, 종료, 대체 등

일반사항: 프로젝트 회사는 대주단의 동의없이 프로젝트 계약을 개정, 수정, 해지, 대체하거나, 적절한 시기의 이행 포기, 다른 프로젝트 계약 체결 등을 하지 않을 것에 동의할 것이다. 어떤 경우, 프로젝트 회사는 계약에 제시된 옵션들을 선택하지 못할 수도 있다.

이러한 약정의 예외사항은 때때로 협상의 대상이 될 수 있는데, 예컨대 사업 계약이 쉽게 대체 가능하거나 계약의 수정이 비용, 효과, 기술적 의미에서 사업에 영향이 크지 않을 경우 가능하다.

만약 계약의 개정, 수정, 종료, 혹은 포기가 사업에 중대한 영향을 미치지 않을 경우, 프로젝트 회사는 해당 조치를 취할 자격을 요구한다.

예시조항

The [Project Company] shall not enter into or consent to any amendment, modification, or supplement of or the exercise of any option under, any [Project Document] unless such amendment, supplement, or waiver, or exercise of option, could not have a materially adverse effect on the [Project Company], the Project, the [Project Company]'s ability to perform its obligations under the [Project Documents] or the rights or remedies of the [Lender]. The [Project Company] shall supply to the [Lender] copies of any such amendment, modification, or supplement promptly following the execution thereof. Notwithstanding the foregoing, the [Project Company] (a) shall not cancel or terminate any [Project Document] to which it is a party; (b) shall not sell, assign, or otherwise dispose of (by operation of law or otherwise) any part of its interest in any such [Project Document]; (c) shall not waive any default under or breach of any such [Project Document] or waive, fail to enforce, forgive, or release any right, interest, or entitlement, howsoever arising, under or in respect of any such [Project Document] or vary or agree to the variation in any way of any material provision of any such [Project Document] or of the performance of any material obligation by any other Person under any such [Project Document]; and (d) shall not petition, request, or take any other legal or administrative action that seeks, or may reasonably be expected, to rescind, terminate, or suspend any such [Project Document] or amend or modify any thereof.

[17] 주문 변경

일반사항: 건설 단계에서 프로젝트의 변경은 불가피하다. 사소하고 중요하지 않은 변경들은 대주단이 승인하는데 별 영향을 주지 않는다. 그러나 다른 변경들은 그러한 변경이 공사비용, 공사일정, 운영비, 성능보증 및 프로젝트의 장기 안정성에 영향을 주는지 판단하기 위해 반드시 검토되어야 한다. 또한 프로젝트의 변경이 다른 프로젝트 계약 하에 채무불이행을 야기하지 않는 지도 검토되어야 한다.

예시조항

The [Project Company] shall not enter into change orders pursuant to the [Construction Contract] if such change orders, in the aggregate, (a) change the Technical Specifications in any material adverse respect; (b) increase the aggregate amount payable thereunder; (c) extend or cause an extension of the [Scheduled Completion Date]; (d) result, directly or indirectly, in any increase in any operation or maintenance expense in excess of $xx,000 in any year; or (e) require an amendment of any other provision of the [Construction Contract] that is materially adverse to the [Project Company], the Project or the rights or remedies of the [Lender].

[18] 다른 사업에의 참여

일반사항: 프로젝트 회사는 사업의 개발, 공사, 개시, 운영 외의 다른 어떤 사업에도 참여하지 않을 것에 동의할 것이다. 이러한 제한은 대주단의 신용제공 결정을 위해 중요한데, 이러한 신용제공 결정은 회사가 해당 사업의 소유자로써 오직 해당 회사만 운영한다는 전제 하에 이루어진다.

예시조항

The [Project Company] shall engage solely in the business of production and sale of [describe off-take] at the Project.

[19] 채무

일반사항: 프로젝트 대주단은 대출금을 갚을 사업의 수익성에 의존하기 때문에, 추가적인 채무는 차주의 부채상환 능력을 감소시킬 수 있다. 추가적인 채무는 프로젝트 대주단의 승인 없이는 용인될 수 없으며, 만약 용인된다면, 협의된 금액을 넘어서 승인될 수 없다. '채무'라는 용어는 모든 종류의 차입금을 광범위하게 포함한다.

이러한 약정사항에는 일반적인 예외사항이 있다. 이는 대주단이 수용할 만한 조건의 후순위 설정, 건설 및 사업 운영을 위해 차입한 경우 프로젝트 회사의 정상 영업에 따른 비용 및 미지급금액 해당분, 협의된 금액을 초과하지 않는 차입규모, 그리고 사업주에 의한 대출과 대주단이 수용하는 조건의 무담보, 후순위 대출인 경우이다.

예시조항

The [Project Company] shall not incur or assume any Debt other than (a) Debt under this Agreement, (b) Debt under the [Subordinated Loan Agreement], (c) Debt in respect of equipment purchases up to but not exceeding $xxx,000 in the aggregate at any one time outstanding, (d) capital lease obligations permitted under [specify section], (e) Debt to the [Project Company] from [partners/shareholders/owners], and (f) other Debt in an aggregate principal amount not to exceed $x,000,000 provided that (i) Debt referred to in clauses (e) and (f) shall be evidenced by documents incorporating subordination provisions substantially in the form of Exhibit __ and otherwise in form and substance satisfactory to the [Lender].

[20] 유치권

일반사항: 일반적인 유치권 관련 약정은 차주가 허가된 유치권 이외에 프로젝트 자산에 대한 유치권을 발생시키지 않을 것이라는 것이다. 허가된 유치권은 일반적으로 법률상으로 발생되는 것이며, 프로젝트 자산에 상대한 손상을 일으키는 유치권을 의미한다.

예시조항

The [Project Company] shall not create or suffer to exist any Lien on any of its assets securing any debt or other obligation of any Person, other than [Permitted Liens].

[21] 투자

일반사항: 프로젝트 회사는 다른 사업체에 투자하거나 대주단에 의해 승인된 목록에 포함되지 않는 다른 투자자산에 프로젝트 회사의 자금을 투자할 수 없다.

예시조항

The [Project Company] shall not directly or indirectly invest funds held by the [Lender] pursuant to the [Security Agreement/Disbursement Agreement/Accounts Agreement], other than in [Permitted Investments] with maturities that will ensure that funds are available for payment of interest on a monthly basis without the incurrence of penalties. The [Project Company] shall not make any loan or advance (other than travel advances and the like to employees made, and account receivables created, in the ordinary course of business) to, or investment in, any Person, except for [Permitted Investments], or purchase or otherwise acquire the capital stock of, all or a substantial portion of the assets of, or any obligations of or any interest in, any Person.

[22] 배당과 지급제한

일반사항: 사업주에 대한 이익 분배와 기타 배당은 프로젝트 대주단에 의해 긴밀하게 통제된다. 일단 자금이 배당되고 나면, 그 자금은 일반적으로 사업을 위해 쓰일 수 없다. 예외적으로, 사업의 특정 위기상황 관련 자금이 필요할 때, 예컨대 운영비용 초과나 자본비용의 증가가 발생했을 때 기 배당된 자금이 프로젝트 회사에 출자금으로 회수되도록 하는 보장을 사업주가 제공하는 조건으로 배당하는 경우가 그러하다.

이익의 배당은 일반적으로 다음의 조건에 따라 이루어진다. 배당 시점에 채무 불이행이 존재해서는 안되며, 원리금 상환준비 계좌와 유지보수 계좌와 같은 준비금 계좌에 요구되는 모든 금액이 충당되어 있어야 한다. 프로젝트의 원리금상환계수(DSCR)는 약속된 수치를 만족시켜야 한다.

예시조항

The [Project Company] shall not declare or make any Restricted Payment; provided that the [Project Company] may, on [specify distribution date], declare or make a Restricted Payment if on such date (the "Restricted Payment Date"):

(a) No Default shall have occurred and be continuing;

(b) All [Debt Service] then due and payable shall have been paid in full;

(c) The balance in the [Debt Service Reserve Account] shall be at least equal to [amount];

(d) The [Debt Service Coverage Ratio] for the next quarter shall be greater than 1.x to 1.

[23] 수출금융, 사업주 지원, 후순위대출 이용의 최대화

일반사항: 사업주가 수출금융, 사업주들의 자본금 납입, 후순위대출 등 가능한 금융조달 원천을 최대한 활용할 것을 약정하기도 한다.

예시조항

To the fullest extent permitted under the [Export Financing Agreement], the [Project Company] shall use all financing provided thereunder before requesting any loans hereunder.

[24] 초과현금흐름에 따른 강제 조기상환

일반사항: PF금융계약은 전형적으로 특정한 사업 위험을 회피하기 위해 의무조기상환 관련 조항을 포함시킨다. 이러한 조항들은 대주단으로 하여금 이익을 사업주에게 배당하는 것을 차단하고 발생한 초과현금흐름을 채무 상환에 쓰도록 한다.

이에 대한 대안으로써, 초과현금흐름은 특별한 준비금 계정(reserve account)에 예치한다. 이 자금은 차주가 의무 예치를 초래하는 상황을 치유하기 위해서 협의된 일정 기간 동안 예치되어 있어야 한다. 만약 그 상황이 치유되지 못하거나 차주가 협의된 기간 동안 예치하는 것에 실패할 경우, 예치되었던 금액은 채무를 상환하는데 쓰이게 된다.

이러한 구제 조치가 취해지는 상황으로는 중요한 사업 계약의 손실, 사업 인허가의 손실, 운영예산 비용초과, 최소 원리금상환비율 달성에 실패하는 경우 등이다.

이러한 메커니즘은 프로젝트 대주단으로 하여금 위험의 노출을 감소시키고 압류 관련 비용을 피하게 해준다. 또한 사업주에게 문제가 발생했을 때 즉시 치유할 유인을 부여한다.

예시조항

If the [Debt Service Coverage Ratio] for each of four fiscal quarters preceding each one year anniversary of the [Completion Date], is greater than or equal 1.x to 1 and less than or equal to 1.x to 1 then all [Excess Cash Flow] may be applied by the [Lender] for the purpose of payment and/or prepayment of the [Loans] (to be applied pro rata according to the outstanding installments of such loans.)

[25] 재무비율 검증

일반사항: 원리금상환비율, 최소 요구 운전자본, 순이익 및 기타 유사한 재무비율 조건들은 협상의 대상이 된다. 이러한 것들은 PF에 있어서 재무비율 검증의 효과를 달성하기 위해서 고유의 사업위험과 심사역의 시각이 반영되어 있다. 어떤 사람은 재무비율 검증이 유용하지 않다고 주장하는데, 왜냐하면 그 검증 결과에 문제가 있는 경우 이미 사업이 심각한 어려움에 처해 있다는 것을 의미하기 때문이다. 다른 사람들은 재무비율 검증이 어려움이 발생하기 전 지표로서 도움이 되고, 조기경고 메커니즘으로서 보수적인 시각에서 검토하는데 활용될 수 있다고 본다.

원리금상환비율(DSCR)은 프로젝트 대주단이 사업의 성과로 대출금이 상환될 가능성을 점검할 수 있게 하는 편리한 메커니즘이다. 원리금상환비율 관련조항은 프로젝트를 감시하는데 하나의 기재가 될 수는 있지만, 대주단에게 꼭 필요한 조항은 아니다. 왜냐하면 많은 변수들이 사업기간 동안 발생할 수 있으며 원리금상환비율이 즉각적으로 부정적인 영향을 끼치지는 않기 때문이다. 예컨대, 프로젝트의 향후 수익을 줄이기 위해 프로젝트 계약서를 수정하는 경우 현재 회계 기간의 원리금상환 계수에는 영향을 끼치지 않는다. 그러나 이러한 경우 대주단은 차후 사용을 위해 초과 현금을 유보시키도록 할 수도 있다.

예시조항

The [Project Company] shall not permit the [Debt Service Coverage Ratio], for any quarter, to be less than 1.x to 1.

[26] 중요한 일정

일반사항: 프로젝트 심사는 사업이 타당하다면 반드시 정해진 날짜까지 완료되어야 하는 하나 이상의 날짜를 밝혀내는 데 있다. 예를 들면, 공사 기한과 관련된 날짜, 만약 그 사업이 상업 운전 중이 아니라면 생산물 판매계약 하의 종료 날짜 등이 있다. 이러한 사항들은 금융계약서에 차주가 정해진 날짜까지 필요한 조치를 취하도록 하는 약정과 함께 포함되어 있다.

금융계약에서 사업의 기초가 되는 계약상에 명시된 준수 일자보다 충분히 앞선 일자를 설정하는 것이 일반적이다. 이것은 대주단이 문제를 스스로 치유할 수 있는 시간을 준다.

예시조항

The [Project Company] shall take all action necessary to achieve [Commercial Operations (as defined in the Off−Take Agreement)] at lease [specify number of months] before the date required therein.

[27] 프로젝트의 변경

일반사항: 프로젝트 회사의 사업 변경 금지조항이 때때로 간과된다. 참여자들은 기초가 되는 프로젝트 계약 수정을 금지함으로써 사업 또한 변경되는 것을 막을 수 있다고 잘못 믿게 된다. 하지만, 예컨대, 완공 후에도 계약서의 변경 없이 플랜트 용량이나 생산 스케줄, 기타 비슷한 운영상의 문제들을 변경시킴으로써 사업을 완전히 바꾸는 것이 가능하다.

프로젝트 회사는 프로젝트 설계나 공사에 대해 어떠한 추가적 변경을 하지 않을 것이며, 협상된 금액 이하로 생산을 축소시킬 정도로 프로젝트 용량, 유지보수 일정이나 기타 운영 절차를 변경하거나 축소하지 않을 것에 대해 동의할 수 있다.

예시조항

The [Project Company] shall not make any change in any plan or specification, or otherwise change any aspect of the Project from that described in the [Construction Contract] without the prior consent of the [Lender].

[28] 프로젝트 지원

일반사항: 프로젝트 회사는 사업에 대해 완공을 포함한 모든 부분에 대해 지원할 것을

약정할 것이다. 또한 프로젝트 회사는 사업에 부정적인 영향을 미칠 수 있는 모든 규제상의 변경사항에 대해서 반대할 것에 동의할 것이다.

예시조항

[Project Company] shall diligently complete the project in accordance with the design specifications approved by the Lender; take all action required to meet the [set forth description of milestone dates under Project contracts and performance standards to be achieved]; provide administrative support and personnel to the Project; provide operational support and personnel to the Project; and otherwise support the Project in any manner reasonable or necessary to ensure that the [Project Company] complies with the Project Contracts. In addition, the [Project Company] agrees to use its reasonable efforts to resist any proposed regulatory change that is reasonably expected to have a material adverse effect on the Project.

[29] 재무 보고

일반사항: 프로젝트 회사는 국가 공인 회계기관에 의해 실시된 연간 회계감사보고서와 프로젝트 회사 담당자가 확인한 분기별 감사받지 않은 재무상태표를 일반적으로 통용되는 회계 기준에 따라 작성하여 대주단에게 제공할 것을 약정한다. 프로젝트 회사는 또한 대주단이 검토 목적으로 회계적 정보에 접근하는 것을 승인한다.

[30] 대출금의 사용

일반사항: 프로젝트 회사는 대출금이 오직 프로젝트의 개발, 공사, 개시, 운영을 위해서만 사용될 것임을 약정할 것이다. 추가로, 프로젝트 회사는 각 건설 융자 인출금은 요구된 목적으로만 쓰일 것임을 약정할 것이다. 대주단은 승인되지 않은 사업의 변경이나 사용처를 위해 대출금이 쓰이는 것을 원하지 않을 것이다. 만약 공사 대주단이 건설 기간 동안의 인출을 승인한다면, 대주단은 프로젝트 회사가 해당 자금을, 다른 계약 상대방과의 분쟁을 해결하는데 협상의 수단으로 보유하는 것이 아니라, 지급해야 할 비용을 지급하는데 사용하기를 원할 것이다.

예시조항

The [Project Company] shall use the proceeds of the loans solely to pay for the costs relating to the development, construction, construction management, financing, and performance testing and start-up of the Project in accordance with the [Project Documents]. The proceeds of each requisition for funds during the [Construction Period] shall be applied as provided in the [Construction Certificate] delivered in respect of such requisition or borrowing.

[31] 담보계약서

일반사항: 차주는 담보계약서에 의해 생성된 유치권을 유지하고 보호하며 이러한 유치권의 선순위를 지키기 위한 모든 행동을 취할 것을 약정할 것이다. 추가로, 차주는 새로운 프로젝트 계약에 대해서도 대주단이 승인할 만한 형태의 양도 동의를 제공할 것을 약정할 것이다.

예시조항

The [Project Company] shall take or cause to be taken all actions required or desirable to maintain and preserve the Liens created by the [Security Documents] and the senior priority of such Liens. The [Project Company] shall execute or cause to be executed any and all further instruments (including financing statements, continuation statements, and similar statements with respect to any of the [Security Documents]) requested by the [Lender] for such purposes.

[32] 운영 예산

일반사항: 프로젝트 회사는 일반적으로 대주단의 승인을 받기 위한 연간 사업 운영 예산을 제출할 것을 요구 받는다. 일반적으로, 운영 예산은 다음 운영 연도 60일 전에 제출된다. 일단 승인이 되고 나면, 대주단의 동의 없이는 사업 운영비용이 마진을 포함한 예산을 초과할 수 없다.

예시조항

The [Project Company] shall, not less than xx days prior to the beginning of each fiscal year, adopt a budget of [Operating Costs], divided into monthly operating periods, for each such fiscal year (each, an "Operating Budget"). Copies of a proposed Operating Budget, or an amendment to the Operating Budget for the remaining portion of the year covered by the most recently delivered Operating Budget, shall be delivered to the [Lender] not less than xx days before the date on which the [Project Company] is required to deliver an Operating Budget pursuant to the preceding sentence or the date on which such amendment to the Operating Budget is to become effective, as the case may be. The [Lender] shall have the opportunity to review and comment on each Operating Budget and amendment thereto. If a Default shall have occurred and be continuing, the [Project Company] shall not adopt an Operating Budget, or any amendment thereto, without the prior written consent of the [Lender] (which approval shall not be unreasonably withheld or delayed).

[33] 계좌

일반사항: 제26장에서 논의된 바와 같이, 프로젝트 회사가 대주단과 함께 수입 관리 계좌를 통해 사업 수입을 관리하는 것이 일반적이다. 사업 운영을 통해 창출된 모든 수입, 프로젝트 계약에 근거하여 산정된 손해배상 금액, 그리고 기타 수입이 해당 계좌로 예치된다. 프로젝트 회사는 수입관리 계좌를 금융종결일에 개설하는 것에 동의한다.

프로젝트 회사는 또한 이 수입을 합의된 우선순위에 따라 사용할 것에 동의한다. 예컨대, 사업의 수입은 운영 유지비, 채무상환, 원리금상환 준비계좌, 이익 배당금의 순으로 사용될 수 있다. 이러한 절차의 메커니즘은 제26장에서 상세하게 다루어 진다.

예시조항

The [Project Company] shall, forthwith upon the receipt of any [Revenues], pay the same in the same form as received by the [Project Company] (with any necessary endorsement) to the [Lender] to be held by the [Lender] in the [Receipt Account] subject to and in accordance with the provisions of the [Security Agreement/Disbursement Agreement/Account Agreement].

[34] 제3자 앞 보증제공

일반사항: 프로젝트 회사는 프로젝트 계약 하에 존재하는 의무들 외에는 다른 주체에게 보증을 제공하지 않을 것에 동의한다.

예시조항

The [Project Company] shall not enter into any guarantee agreement or otherwise guarantee the debt or obligations, performance or payment, of any other Person.

[35] 자산의 매각

일반사항: 일반적으로, 프로젝트 계약에 명시된 경우 외에는 어떠한 자산도 매각해서는 안 된다. 예외적으로 사업의 일반적인 운영을 위한 자산의 매각 등이 있을 수 있으나 협의된 금액을 초과하여서는 안 된다.

예시조항

The [Project Company] shall not sell, lease, transfer, or otherwise dispose of any of its assets other than sales of [describe off-take] pursuant to the [Off-Take Agreement], sales of equipment that is obsolete or no longer useful or necessary for the proper operation of the Project, and sales of assets in the ordinary course of its business having a fair market value not in excess of $xxx,000 for a single transaction or $xxx,000 in the aggregate for all such sales.

[36] 자본 지출

일반사항: 프로젝트 회사는 일반적으로 사전 승인된 경우 이외에 자본적 지출을 할 수 없다. 이러한 제한은 직관적으로 이해하기 어려울 수도 있다. 만약 사업주가 프로젝트의 변경을 위해 추자 자본을 투자하고 싶어한다면 대주단이 왜 이것을 승낙하지 않을지 이해하기 힘들기 때문이다.

이런 제약은 프로젝트 계약 또는 대주단과 컨설턴트들에 의해 승인된 계획 및 세부사양과 변경사항 간의 불일치 발생을 피하기 위해서이다. 예외적으로, 사업의 강화 또는 개선이 프로젝트 또는 프로젝트 계약에 따른 프로젝트 회사의 사업수행능력에 중대한 부정적인 영향이 없다면, 프로젝트를 강화하거나 개선을 하는 데 사용되는 비용은 허용된다.

예시조항

The [Project Company] shall not make any capital improvement that results in any change to any plan or specification, or otherwise changes any aspect of the Project from that described in the [Construction Contract] without the prior consent of the [Lender].

[37] 관계사와의 거래

일반사항: 대주단은 이익이 사업주에게 배당되는 시기에 제한을 두기 때문에, 간접적인 이익 배당도 금지된다. 이 조항은 간접적 이익 배당의 한 방법으로 사용되는 관계사와의 시장가격을 상회하는 거래를 금지한다.

예시조항

The [Project Company] shall not, except as expressly permitted by [add cross-reference to the covenant that permits distributions], enter into any transaction directly or indirectly with or for the benefit of any affiliate; provided that (i) the [Project Company] may enter into transactions with an affiliate if the monetary or business consideration arising therefrom would be as advantageous to the [Project Company] as the monetary or business consideration that the [Project Company] would obtain in a comparable arm's length transaction with a Person not an affiliate.

[38] 건설비용 초과

일반사항: 만약 건설비용 초과가 발생했다면 이를 만회할 수 있는 자금의 원천을 명확히 하는 것이 중요하다. 일반적인 약정사항은 프로젝트 회사가 자금을 정해진 순서대로 사용하도록 강제하는데, 종종 프로젝트에 가장 큰 비용을 발생시키는 옵션을 가장 마지막에 적용하도록 한다.

예시조항

If the [Project Company] shall, at any time prior to the [Completion Date], incur [Construction Costs] in excess of $xxx,000,000 ("Construction Cost Overruns"), the [Project Company] shall pay Construction Cost Overruns from the following sources in the following order of priority: (a) the first $x,000,000 from the [Construction

Contingency], (b) the next $x,000,000 from the [Construction Cost Overrun Guarantee], and (c) any other amount from the (c) [Standby Equity Contribution Commitment].

[39] 기타 약정사항

일반사항: 위에 명시한 내용과 더불어, 대출계약서에는 연금관련법 준수, 협의된 금액을 초과하는 대출계약을 맺지 않을 것, sale and lease back 계약을 체결하지 않을 것, 자회사를 설립하지 않을 것, 프로젝트 회사의 자산을 다른 개체에 매매, 임대, 양도 혹은 처분하지 않을 것에 대한 추가 약정을 포함한다.

24.11 채무불이행

[1] 일반사항

PF 신용거래에 있어서 채무불이행의 대부분은 대출계약의 채무불이행과 비슷하다. 이것은 원금, 이자 및 수수료 지급불능, 허위진술, 이 장에서 논의된 약정사항 위반, 유치권 및 우선담보권 설정 실패, 협의된 금액을 초과하여 프로젝트 회사에 대해 내려진 판결 금액의 미지급, 상환불능 또는 파산 등의 상태를 포함한다.

다른 대출거래에서는 일반적이지 않은 채무불이행 발생 사유로는 정해진 기일까지 완공 실패, 프로젝트 계약의 해지, 주요 프로젝트 참여자의 파산 혹은 지급 불능상태, 수용, 사업의 유기 그리고 정부 인허가의 취소 등의 경우를 포함한다.

[2] 지급

일반사항: 다른 대출 계약과 마찬가지로, 만약 차주로서 프로젝트 회사가 원금 및 이자 지급에 실패할 시 채무불이행 사유가 된다.

다른 종류의 금융 구조와 달리, 제3자의 신용도가 금융조달에 영향을 미칠 수 있다. 이러한 사실 때문에, 프로젝트 계약에 따른 다른 프로젝트 참여자의 지급 불능이 대출계약상 채무불이행에 포함되는 것이 일반적이다.

예시조항(프로젝트 회사)

The [Project Company] shall default in the payment of any principal of or interest on any [Loan] or any [Reimbursement Obligation] or any other amount payable by it hereunder when due.

예시조항(프로젝트 참여자)

The [Contractor; Operator; Off-Take Purchaser] shall default in the payment when due of any amount payable, or in the performance when due (giving effect to any applicable grace period) of any obligation to be performed, pursuant to the [Construction Contract; O&M Agreement; Off-Take Purchase Agreement].

[3] 약정 위반

일반사항: 대출계약에 명시되어 있는 약정 중 하나라도 위반할 시에는 채무불이행 사유가 된다. 대주단은 일반적으로 치유 가능한 경우에 프로젝트 회사에 위반 사항을 치유할 수 있는 기간을 준다.

이와 유사하게, 거래에 있어 프로젝트 계약의 중요성 때문에 채무불이행 사유 발생에 주요 프로젝트 참여자들의 계약 위반도 포함된다. 이러한 채무불이행은 중대성 판단요건이 추가되기도 한다.

예시조항(프로젝트 회사)

The [Project Company] shall default in the performance of any of its obligations under Sections [specify] (other than Sections [specify]; or the [Project Company] shall default in the performance of any of its obligations under Sections [specify] and such default shall remain unremedied for a period of 10 days after notice of such default is delivered by the [Lender] to the [Project Company]; or the [Project Company] shall default in the performance of any of its obligations under Section [specify] and such default shall remain unremedied for a period of 30 days after notice of such default is delivered by the [Lender] to the [Project Company].

예시조항(프로젝트 참여자)

Any [Major Project Participant] shall fail to perform or observe in any material respect any term, covenant, or agreement contained in any [Project Document] other than this Agreement to which such [Major Project Participant] is a party on its part to be performed or observed and such failure shall remain unremedied for 30 days.

[4] 진술 및 보증사항의 위반

일반사항: 대출 계약에 명시되어 있는 진술 및 보증사항의 위반은 채무불이행으로 간주된다. 진술과 보증사항은 회복이 불가능하기 때문에, 치유 기간이 허용되지 않는다.

주요 프로젝트 참여자들에 의한 진술 및 보증사항의 위반 또한 때때로 채무불이행의 사유가 된다. 사업주는 진술 및 보증사항을 규명할 능력을 가지고 있지 않기 때문에 이것이 채무불이행이 될 수 없다고 주장한다. 그러나, 대주단의 입장에서 보면, 진술 및 보증은 프로젝트 회사가 작성한 바에 의거하여 금융조달의 아주 기초적인 부분이 된다. 따라서, 일말의 부정확성이 금융조달, 금융종결을 위한 대출 결정 등에 영향을 미칠 수 있다. 그러나, 부정확한 내용이 재무적 조건이나 운영, 전망 또는 사업 전체적 측면에 있어서 중대한 부정적인 영향을 끼치지 않는 한 대주단은 이러한 채무 불이행에 중대성 기준을 포함시킴으로써 채무불이행에 해당하지 않도록 할 것이다.

예시조항(프로젝트 회사)

Any representation, warranty, statement, or certification made by the [Project Company] in this Agreement, any [Project Document] to which the [Project Company] is party or any certificate, financial statement, or other document furnished to the [Lender] by or on behalf of the [Project Company] shall prove to have been false or misleading at the time made (or deemed made) or furnished in any material respect.

예시조항(프로젝트 참여자)

Any representation, warranty, statement or certification made by or on behalf of any [Major Project Participant] other than the [Project Company] in any [Project Document] to which such [Major Project Participant] is a party or any representation, warranty, or statement in any certificate, financial statement or other document furnished to the [Lender] by or on behalf of such [Major Project Participant] shall prove to have been false or misleading at the time made (or deemed made) or furnished in any material respect, the effect of which could have a material adverse effect on the financial condition or operations, or the prospects or business taken as a whole, of the [Project Company], or which materially adversely affects, or could materially adversely affect, the [Project Company], the [Project] or the ability of such [Major Project Participant] to perform its obligations under the [Project Documents] to which such [Major Project Participants] is party.

[5] 파산신청

일반사항: 만약 프로젝트 회사, 특정 사업주나 시공사, 생산물 구매자 혹은 원자재 공급자와 같은 프로젝트 참여자들이 파산신청서를 작성하거나 혹은 비슷한 조치를 취한다면, 이 경우도 채무 불이행 사유로 간주된다. 차주의 입장에서는 프로젝트의 진행, 대출계약이나 프로젝트 계약에 따른 차주의 의무 이행능력에 미치는 중대한 부정적인 영향을 합리적으로 예상할 수 있는 경우가 아닌 한, 프로젝트 회사 이외의 주체가 파산을 신청하는 경우를 채무불이행 사유에 포함시키지 않는 것을 선호한다.

예시조항(프로젝트 회사)

The [Project Company] shall (1) apply for or consent to the appointment of, or the taking of possession by, a receiver, custodian, trustee or liquidator of itself or of all or a substantial part of its property, (2) make a general assignment for the benefit of its creditors, (3) commence a voluntary case under the [specify applicable bankruptcy code] (as now or hereafter in effect), (4) file a petition seeking to take advantage of any other law relating to bankruptcy, insolvency, reorganization, winding-up, or composition or readjustment of debts, (5) fail to controvert in a timely and appropriate manner, or acquiesce in writing to, any petition filed against it in an involuntary case under the [specify applicable bankruptcy code], or (6) take any corporate action for the purpose of affecting any of the foregoing.

예시조항(프로젝트 참여자)

Any [Major Project Participant] shall (1) apply for or consent to the appointment of, or the taking of possession by, a receiver, custodian, trustee or liquidator of itself or of all or a substantial part of its property, (2) make a general assignment for the benefit of its creditors, (3) commence a voluntary case under the [specify applicable bankruptcy code] (as now or hereafter in effect), (4) file a petition seeking to take advantage of any other law relating to bankruptcy, insolvency, reorganization, winding-up, or composition or readjustment of debts, (5) fail to controvert in a timely and appropriate manner, or acquiesce in writing to, any petition filed against it in an involuntary case under the [specify applicable bankruptcy code], or (6) take any corporate action for the purpose of affecting any of the foregoing.

[6] 파산 절차의 시작

일반사항: 마찬가지로, 프로젝트 회사, 사업주 혹은 주요 프로젝트 참여자를 상대로 한 파산절차가 개시되어 일정기간 내에 기각되지 않을 경우 채무불이행 사유이다. 차주의 입장에서는 프로젝트의 진행, 대출계약이나 프로젝트 계약에 따른 차주의 의무 이행능력에 미치는 중대한 부정적인 영향을 합리적으로 예상할 수 있는 경우가 아닌 한, 프로젝트 회사 이외의 주체가 파산을 신청하는 경우를 채무불이행 사유에 포함시키지 않는 것을 선호한다.

예시조항(프로젝트 회사)

A proceeding or case shall be commenced, without the application or consent of the [Project Company], in any court of competent jurisdiction, seeking (1) its liquidation, reorganization, dissolution, or winding-up, or the composition or readjustment of its debts, (2) the appointment of a trustee, receiver, custodian, liquidator or the like of such [Project Company] or of all or any substantial part of its assets, or (3) similar relief in respect of such [Project Company] under any law relating to bankruptcy, insolvency, reorganization, winding-up, or composition or adjustment of debts, and such proceeding or case shall continue undismissed, or an order, judgement or decree approving or ordering any of the foregoing shall be entered and continue unstayed and in effect, for a period of [specify number of days] days; or an order for relief against such [Project Company] shall be entered in an involuntary case under the [specify applicable bankruptcy code].

예시조항(프로젝트 참여자)

A proceeding or case shall be commenced, without the application or consent of the applicable [Major Project Participant], in any court of competent jurisdiction, seeking (1) its liquidation, reorganization, dissolution, or winding-up, or the composition or readjustment of its debts, (2) the appointment of a trustee, receiver, custodian, liquidator, or the like of such [Major Project participant] or of all or any substantial part of its assets, or (3) similar relief in respect of such [Major Project Participant] under any law relating to bankruptcy, insolvency, reorganization, winding-up, or composition or adjustment of debts, and such proceeding or case shall continue undismissed, or an order, judgment, or decree approving or ordering any of the foregoing shall be entered and continue unstayed and in effect, for a period of [specify number of days] days; or an order for relief against such [Major Project Participant] shall be entered in an involuntary case under the [specify applicable bankruptcy code].

[7] 판결

일반사항: 프로젝트 회사, 사업주, 또는 다른 주요 프로젝트 참여자들에게 내려진 최종 판결은 채무불이행 사유로 간주되며, 일반적으로, 협의된 최소 금액을 초과하는 판결의 경우가 해당된다. 프로젝트 회사 이외의 주제와 관련된 채무 불이행 사유의 발생과 마찬가지로, 차주의 입장에서는 프로젝트의 진행, 대출계약이나 프로젝트 계약에 따른 차주의 의무 이행능력에 미치는 중대한 부정적인 영향을 합리적으로 예상할 수 있는 경우가 아닌 한, 프로젝트 회사 이외의 주체가 파산을 신청하는 경우를 채무불이행 사유에 포함시키지 않는 것을 선호한다.

예시조항(프로젝트 회사)

The final judgment or judgments for the payment of money in excess of $xxx,000 in the aggregate shall be rendered by a court or courts against the [Project Company] and the same shall not be discharged (or provision shall not be made for such discharge), or a stay of execution thereof shall not be procured, within 30 days from the date of entry thereof and it shall not, within said period of 30 days, or such longer period during which execution of the same shall have been stayed, appeal therefrom and cause the execution thereof to be stayed during such appeal.

예시조항(프로젝트 참여자)

The final judgment or judgments for the payment of money in excess of $xxx,000 in the aggregate shall be rendered by a court or courts against any [Major Project Participant] and the same shall not be discharged (or provision shall not be made for such discharge), or a stay of execution thereof shall not be procured, within 30 days from the date of entry thereof and such [Major Project Participant] shall not, within said period of 30 days, or such longer period during which execution of the same shall have been stayed, appeal therefrom and cause the execution thereof to be stayed during such appeal.

[8] 최종 인수일

일반사항: 만약 최종 인수일이라고 불리기도 하는 프로젝트 완공일이 정해진 기한 내에 달성되지 않는다면 채무불이행 사유가 된다. 이 날짜는 공사 계약에서 합의된 공사 일정과 생산물 판매계약과 같은 주요 프로젝트 계약의 일정에 기초하여 정해진다.

예시조항

The [Final Acceptance Date] shall not have occurred by [specify date].

[9] 정부 승인

일반사항: 프로젝트 회사가 정부인허가를 획득, 유지, 갱신, 혹은 대체하는 것에 실패할 때에도 채무불이행 사유에 해당한다. 차주는 이러한 사유를 프로젝트의 진행, 대출계약이나 프로젝트 계약에 따른 차주의 의무 이행능력에 미치는 중대한 부정적인 영향을 합리적으로 예상할 수 있는 경우로 제한하고 싶어한다.

예시조항

Any [Governmental Approval] required to be obtained shall be revoked, terminated, withdrawn, suspended, modified, or withheld, or shall cease to be in full force and effect, or shall fail to be obtained when necessary, and such revocation, termination, withdrawal, suspension, modification, withholding, cessation, or failure could have a materially adverse effect on the financial condition or operations, or the prospects or business taken as a whole, of the [Project Company], or which materially adversely affects, or which could materially adversely affect, the [Project Company], the Project or the ability of any [Major Project Participant] to perform its obligations under the [Project Documents] to which such [Major Project Participant] is party.

Any [Governmental Person] or any Person acting under governmental authority shall have taken any action to condemn, seize, or appropriate all or any substantial part of the property of the [Project Company] or to displace the management of the [Project Company] or to curtail its authority to conduct its business in any material respect.

[10] 프로젝트 계약

일반사항: 채무불이행 사유는 (i) 어떤 주체가 프로젝트 회사의 채무불이행으로 인해 프로젝트 계약을 해지하기 위한 조치를 취하는 경우, (ii) 프로젝트 계약의 당사자가 계약 이행을 거부하거나 계약 조건에 따라 그 계약을 수행할 의무가 더 이상 없다고 주장하는 경우, (iii) 계약 당사자들에 의해 프로젝트 계약의 불이행이 발생한 경우, (iv) 계약의 종료일 전에 계약이 모든 효력과 구속력이 있는 상태로 유지되지 못하는 경우에 발생한다. 차주는 채무불이행의 범위를 프로젝트의 진행, 대출계약이나 프로젝트 계약에 따른 차주의 의무 이행능력에 중대한 부정적인 영향을 미치는 경우로 한정하고 싶어 한다.

예시조항

Any [Project Document] or any provision thereof shall at any time for any reason cease to be valid and binding or in full force and effect or any party thereto (other than the [Lender]) shall so assert in any legal action in writing; or any material provision of any [Project Document] shall be declared to be null and void, or the validity or enforceability thereof shall be contested by any Person thereto (other than the [Lender] or any [Governmental Person]; or any person not a party to a [Project Document] shall take any action to contest the validity or enforceability of such [Project Document] and as a result of such action any party to such [Project Document] shall be enjoined or otherwise prevented from performing its obligations thereunder; or any [Major Project Participant] shall deny that it has any or further liability or obligation under any such [Project Document], except upon fulfillment of its obligations thereunder.

[11] 포기

일반사항: 사업주에 의한 프로젝트 포기는 채무불이행 사유이다. 그러나 일반적으로, 불가항력에 따른 것으로 협의된 기간 이내인 경우는 예외가 허용된다.

예시조항

The [Project Company] shall abandon construction of the Project or suspend, other than for Force Majeure (as defined in the Construction Contract) construction of the Project for a period exceeding [specify] months.

[12] 수용

일반사항: 완전한 수용이든 점진적 수용(creeping expropriation)이든, 제3장에서 다뤄진 정부의 수용은 채무불이행 사유이다. 대주단은 정부가 아닌 민간에 의해 소유되고 운영되는 프로젝트를 위해 대출 계약을 구조화했다. 그러므로, 대주단은 프로젝트 대출금을 보호하기 위한 즉각적인 행동을 취할 수 있는 권리를 원할 것이다. 수용이나 국유화가 발생할 시 지분질권과 관련하여 대주단이 취할 수 있는 조치의 예시는 제26장에서 다루어진다.

예시조항

Any [Governmental Person] or any Person acting under governmental authority shall have taken any action to nationalize all or any substantial part of the property of the [Project Company] or to expropriate (whether “creeping” or de facto) all or any substantial part of the property of the [Project Company] or to displace the management of the [Project Company] or to curtail its authority to conduct its business in any material respect.

[13] 소유권과 통제

일반사항: 사업주가 협의된 기간 동안, 합의된 지분율이나 프로젝트 회사의 의결권을 유지하는 것에 실패하는 경우 채무불이행 사유가 된다. 이것은 최초 지분 투자자가 사업에 계속 관여한다는 점과 대주단이 최초 사업주와 거래를 자주 할 수 있다는 점에서 대주단에 안정감을 제공한다.

예시조항

[Project Sponsor] or a wholly owned subsidiary of [Project Sponsor] shall hold, beneficially and of record, directly or indirectly, less than [specify]% of the [general partnership interests; stock] issued by the [Project Company].

[14] 지급 의무

일반사항: 만약 프로젝트 회사, 사업주 혹은 시공사, 운영자, 생산물 구매자, 원자재공급자 같은 주요 프로젝트 참여자들이 지급 의무를 이행하지 못한 수준이 특정 금액을 초과하면 채무불이행 사유가 된다. 차주의 입장에서는 프로젝트의 진행, 대출계약이나 프로젝트 계약에 따른 차주의 의무 이행능력에 미치는 중대한 부정적인 영향을 합리적으로 예상할 수 있는 경우가 아닌 한, 프로젝트 회사 이외의 주체가 파산을 신청하는 경우를 채무불이행 사유에 포함시키지 않는 것을 선호한다.

예시조항(프로젝트 회사)

The [Project Company] shall at any time default in the payment when due of any principal of or interest on any of its [Debt] (other than the [Obligations] hereunder) aggregating at such time $xxx,000 or more; or at any time any event specified in any note, agreement, indenture, or other document evidencing or relating to any such [Debt] aggregating at such time $xxx,000 or more shall occur if the effect of such event is to cause, or (with the giving of any notice or the lapse of time or both) to permit the holder or holders of such [Debt] (or a trustee or agent on behalf of such holder or holders) to cause, such [Debt] to become due prior to its stated maturity.

예시조항(프로젝트 참여자)

Any [Major Project Participant] shall default in the payment of any principal of or interest beyond any applicable period of grace on any of its [Debt] aggregating at such time $xxx,000 or more; or any event specified in any note, agreement, indenture, or other document evidencing or relating to any such [Debt] shall occur if the effect of such event is to cause, or (with the giving of any notice or lapse of time or both) to permit the holder or holders of such [Debt] (or a trustee or agent on behalf of such holder or holders) to cause such debt to become due prior to its stated maturity.

[15] 신용 지원 미이행

일반사항: 만일 정부 보증의 보증인인 정부가 지급을 이행하지 않거나, 건설계약 내 시공사의 손해배상금 지급 의무 등 프로젝트 계약 내 신용 지원 의무를 제때에 이행하지 못하는 경우 채무불이행 사유가 된다. 후순위대출 제공자와 자본금 납입 의무를 지고 있는 당사자들도 이러한 채무불이행 범위에 포함된다.

예시조항

Any [Credit support Document] or any provision thereof shall at any time for any reason cease to be valid and binding or in full force and effect or any party thereto (other than the [Lender] shall so assert in any legal action in writing; or any material provision of any [Credit Support Document] shall be declared to be null and void, or the validity or enforceability thereof shall be contested by any Person thereto (other than the [Lender]) or any [Governmental Person]; or any person not a party to a [Credit Support Document] shall take any action to contest the validity or enforceability of such [Credit Support Document] and as a result of such action any party to such [Credit Support Document] shall be enjoined or otherwise prevented from performing its obligations thereunder; or any [Credit Support Provider] shall deny that it has any or further liability or obligation under any such [Credit Support Document], except upon fulfillment of its obligations thereunder.

[16] 담보계약서

일반사항: 만약 담보계약, 주식 질권 약정 또는 모기지 계약 등과 같은 담보 관련 계약이 더 이상 모든 효력과 구속력이 있지 않고 담보물에 대한 선순위 유치권을 갖는데 더 이상 효력이 없다면 채무불이행 사유가 된다.

예시조항

The [Lender] shall fail to have a valid and perfected security interest in, and mortgage lien on, the [Collateral], subject to no prior or equal [Liens] (other than [Permitted Liens]);

24.12 구제 방안

구제 방안은 사업의 운영, 또는 사업성의 유지를 위하여 보호될 필요가 있기 때문에 특별히 PF에 있어서 신경 쓰이는 부분이며, 각 프로젝트 고유의 절차를 마련한다.

일반적으로, PF 대출 계약은 3가지의 치유 조항을 가지고 있다. 자금 관련 구제, 유보 관련 구제, 압류 관련 구제 등이다. 각각의 치유는 사업의 어려움이 당면한 정도에 따라 다르게 작성된다.

자금 관련 구제는 문제가 해결될 때까지 추가적인 대출의 집행을 막기 위해 필요하다. 이러한 구제는 특히 소송이나 허가에 대한 분쟁 기간 동안 유용하다.

유보 관련 구제는 대주단이 차주에게 현금 담보 계좌 개설을 요구할 수 있도록 하고, 채무의 조기상환을 요구할 수 있도록 한다. 어떤 경우에는 프로젝트 회사가 문제 해결이 지연되고 있는 사업주에게 배당금 등을 분배하는 것을 제한한다. 이러한 구제는 사업주도 빨리 해결할 유인이 있는 작은 문제의 해결에 유용하고, 대출금을 상환하는데 가용 현금흐름이 모두 필요한 큰 문제를 해결하는데 도움이 된다.

마지막으로, 압류 관련 구제는 대주단이 활용 가능한데, 담보를 보유한 대주가 일반적으로 보유한 집행권(enforcement rights)을 포함한다.

24.13 준거법

비소구적 성격을 갖는 PF에 있어서 예측 가능성은 중요한 요소이다. PF 대출 관련 금융계약이 프로젝트의 위치와 상관없이 준거법의 관할 하에 있고, 해당 관할이 발전된 상법 체계와 판례들, 그리고 경험있는 판사들로 구성되어 있을 때 예측 가능성이 확대될 수 있다[1].

1) Kimmo Mettala, *Governing-Law Clauses of Loan Agreements in International Project Financing*, 20 INT'L LAW, 236-40 (1986)

24.14 제한적 소구

비소구 조항의 예외는 건설 및 개시 기간, 원천징수세의 gross-up, 기타 세금면제, 진술 불일치 및 사기로 인한 소송, 프로젝트 자산에 대한 유효한 유치권을 만들기 위한 담보계약 관련 불이행에 따른 소송 등과 관련된 소구 제한을 포함한다. 소구의 범위는 협의된 수준까지로 제한되거나, 사업주에게 배당한 금액으로 제한되기도 한다.

Chapter **25**

PF 거래를 위한 수출신용 관련 금융계약서 작성

25.01 수출신용기관의 관점

[1] 일반

상업 대주단과 수출신용기관들은 PF에 대해 공통의 관점을 갖는다. 수출신용기관들은 상업 대주단처럼 신용평가의 기준을 일반 자산 또는 사업주의 신용등급보다는 설비운영으로 얻을 수 있는 예상수익에 두며, 프로젝트의 채무에 대한 담보로 수익창출 계약과 현금흐름 등의 프로젝트 자산에 의존한다. 따라서 PF 대출을 하는 수출신용기관의 신용평가는 프로젝트 사업주의 자산과는 독립적으로, 프로젝트 수익창출 계약에서 비롯된 기본적인 현금흐름을 기반으로 한다.

그러나 수출신용기관들은 상업 대주단과는 달리 정치적인 성격을 가진다. 이들 기관들은 그들을 설립한 국가의 무역이나 기타 이익을 도모하기 위해 만들어졌고 일반적으로 국가주의적 목적을 가지며 정치적으로 운영된다. 관료주의 성향 및 예산상의 제약은 여느 정부기관에서처럼 PF대출 요구사항에 대한 수출신용기관들의 효율적 대처능력에 영향을 미친다. 이러한 양자기구들의 재원은 정부에서 비롯된다.

[2] OECD 협약

수출과 수입을 위한 각국 정부의 양허성 금융지원은 경쟁, 생산효율성 및 가격에 영향을 미친다. 이러한 인식에서 경제협력개발기구(OECD) 회원국가들은 "공적 수출신용 협약"[1)]에 서명했다. 이것은 OECD 협약으로도 불린다.

OECD 협약은 수출신용의 조건에 대한 지침 및 제한을 명시한다. OECD 협약에서 회원

1) 30개국이 OECD 합의에 서명하였는데, 호주, 영국, 캐나다, 프랑스, 독일, 이탈리아, 일본, 멕시코, 네덜란드, 미국 등이다. 회원국들은 세계 무역의 확대를 통한 개발도상국의 경제성장을 촉진하는 것에 동의하였다.

국은 수출신용을 수출계약금액의 85% 이하로 제한하는 데 동의한다. 금융지원에 적용되는 금리는 반기마다 개정되는 OECD 기준 금리보다 낮을 수 없다.

최근, OECD 협약은 이들 양자기구의 PF 거래에 보다 큰 유연성을 제공하기 위해 개정되었다. 제21장에 OECD 협약 및 개정안에 대한 설명이 포함되어 있다.

25.02 수출신용기관의 금융지원 방식

수출신용기관이 수입자에게 자금을 지원하는 경우 세 가지의 일반적인 방식을 사용한다. 이들은 직접 대출, 간접 대출과 이자율 지지이다.

[1] 직접 대출

가장 간단한 구조는 차주가 수입자이고 대주가 수출신용기관인 전통적 대출계약인 경우이다. 가장 일반적으로, 사업이 진행되는 국가에서 자국의 상품과 서비스를 구매하는 경우에 대출 가능하며, 대출 기간은 OECD 협약의 한도 내에서 가능하다.

사업이 진행되는 국가에서 자국의 상품과 서비스를 구매해야 하는 조건이 없는 대출의 경우 비구속성 대출(untied loan)에 해당하며, 수출신용기관은 국제경쟁입찰을 요구한다. 비구성속 대출(untied loan)은 국제경쟁입찰 과정이 거래에 대한 보호 필요성을 대체하므로 OECD 협약을에 따르지 않아도 된다.

[2] 간접 대출(전대금융)

다른 구조는 간접 대출 형태를 기반으로 한다. 이 구조에서는 수출신용기관이 상업은행과 같은 금융중개기관에 대출을 하고, 해당 중개기관은 그 대출금을(일반적으로 전대금융 또는 온렌딩으로 불림) 수입자에게 대출해 주게 된다.

[3] 이자율 지지

이자율 지지 구조에서는 상업 대주가 수입자에게 시중금리 이하로 대출한다. 시중금리 이하의 이자율(OECD 협약상 금리)과 상업 대주가 일반적인 대출을 통해 얻을 수 있는 금리의 차이는 수출신용기관이 보상한다.

25.03 수출입은행

수출입은행에 대한 내용은 제21장에 더욱 자세히 설명되어 있으며, 전세계 주요 수출신용기관에 대한 설명 또한 기록되어 있다.

25.04 PF 수출신용 관련 금융계약 개요

PF에 적용되는 수출신용 관련 금융계약은 상업은행이 사용하는 계약과 매우 비슷하다. 하지만 수출신용기관의 금융지원 방식의 특수한 성격으로 인해 차이점을 보이기도 하며, 이러한 경우는 아래에 요약되어 있다.

25.05 PF 수출신용 관련 금융계약의 주요 조항

[1] 대출 통화

대출금액과 상환조건은 일반적으로 수출신용기관의 통화로 표시된다. 대출의 목적이 수출 신용기구 소재 국가의 상품과 서비스 구입이므로 자국 통화로 대출함으로써 상환시 환위험 일부를 피할 수 있다.

[2] 조기상환 권리

일반적으로 차주는 수수료 없이 조기상환을 할 수 있다. 상업대출 시장에서는 조기상환에 대한 수수료가 빈번하며, 특히 연기금 또는 보험회사 등의 기관 대출자들이 조기상환 수수료를 요구한다.

[3] 선행조건

자금 인출의 선행조건은 상업 PF 대출과 유사하다. 단, 수출신용의 고유한 목적으로 인해 대출금이 자국의 상품과 서비스의 구매에 사용된다는 것을 수출신용기관에 보장하기 위한 조건들이 포함되어 있다. 이러한 예에는 상품 또는 서비스의 제조국가나 원산지를 표기하는 공급자증명서가 있다.

금융종결 조건 역시 일반적인 PF 대출과 유사하지만, 프로젝트 소재국가의 프로젝트 승인, 수출신용기관이 제공하는 대출금(보통 80~85%)을 초과하는 상품 또는 서비스를 구매하기 위해 필요한 추가적인 차입금 또는 자본금의 조달가능성에 대한 증명, 수입 제품에 대해 수출 신용기구 소재국 내 보험회사를 통해 가입한 보험의 증명, 수출신용기관 소재국의 국적 선박을 통한 해상운송에 대한 요구사항 또는 그와 비슷한 사항을 추가로 요구한다.

[4] 진술 및 보증

수출신용 관련 금융계약서에는 상업 대출계약서에 포함되는 진술 및 보증 조항 뿐만 아니라, 정부가 제공하는 자금 관련된 추가적 조항이 있다. 예컨대, 수출신용기관이 지급받는 이자에 대한 원천징수를 면제하는 경우, 진술사항에 해당 내용이 추가될 것이다.

[5] 약정사항

이와 유사하게 상업 대출계약서에 포함되는 약정사항에 더해서 정부가 제공하는 자금에 관련된 조항이 포함된다. 이러한 약정사항에는 대출금을 자국에서 생산되거나 원산지가 자국인 상품과 서비스를 구입하는데 쓰거나, 필요한 보험을 수출신용기관 소재국 내 보험회사를 통해 가입하고, 그 외 은행 소재국의 법규로 인해 요구되는 사항들이 포함된다.

[6] 채무불이행

채무불이행 관련 약정사항은 상업 대출계약서에 포함된 내용과 유사하나, 보통 덜 포괄적인 편이다.

Part 8

담 보

Chapter **26**

프로젝트 담보

26.01 PF에서의 담보의 역할

[1] 일반

PF 구조는 대부분의 자산에 근거한 거래와 같이 차주의 자산에 초점이 맞춰져 있다. 다른 대주들처럼, PF 대주도 대출받은 회사로부터 담보를 받아두는데, 이는 대출금 상환이 불가한 경우 그 담보를 매각해 대출금을 상환하는데 사용하기 위함이다. PF에서 담보 계약서는 절대 간과되거나 가벼이 여겨서는 안 되는 사항이다. 하지만 문제가 생긴 프로젝트를 매각 처분하여 모든 대출금을 정산하는 것은 매우 비실현적인 것이 사실이다.

[2] 방어수단으로서의 담보

프로젝트 대주는 프로젝트의 청산 과정에서 건설을 마무리하거나 프로젝트를 운영하고 또는 전체 프로젝트를 처분하기 위해 필요한 자산들을 직접 지배할 권리를 원한다. 이는 또 다른 주체가 프로젝트를 운영하고 다른 채권자들보다 앞서 수익금을 자신의 대출금 상환에 쓸 수 있게 하기 위함이다. 이 목적을 달성하기 위해서는 보통 프로젝트의 모든 요소들을 보존해놓는 것이 필요하다.

프로젝트 대주는 프로젝트 회사의 모든 자산으로부터 담보권을 얻는데 추가적인 목표가 있다. 대주는 프로젝트 자산이 동의 없이 팔리거나 처분되지 않기를 원하고 그렇게 함으로써 주요 자산들을 설비운영에 활용하거나, 대체 가능한 자산의 경우 매각할 수 있게 된다. 게다가, 같은 이유에서, 대주는 어떤 제3의 기관도 프로젝트의 자산에 대한 권리를 갖지 않기를 원한다.

그러므로, 프로젝트 대주가 대출금을 갚기 위한 담보권 행사의 과정으로 담보를 팔 권리를 갖는다고 할지라도, 대주를 위한 그 담보는 사실상 **방어적인** 특성을 띤다고 할 수 있다. 그 이유는 많은 형태의 PF에서 대주는 공매 처분을 통해 대출금 상당의 금액을 전부 상환 받을 수 있을 것이라고 기대하지 않기 때문이다.

대부분의 프로젝트는 운영되어 수익을 내고 있을 때만 가치를 가진다. 따라서 자기자본에 비해 차입금이 큰 프로젝트 초반에는, 높은 거래 비용과 간접공사비용(soft cost) 때문에 프로젝트 자산의 매매로 대출금의 전부를 보장받는 것이 매우 어렵다. 본 프로젝트를 현재의 프로젝트 사업주들이 잘 운영하기 힘들다면, 몇 년이 지난 후에도 마찬가지로 누구도 잘 운영할 수 없을 것이기 때문이다.

개발도상국에서 이뤄지는 프로젝트들에서는 공매 처분을 했을 때 잠재구매자들의 수가 다소 한정될 것이다. 프로젝트 사업주들은 보통 개발도상국에서 프로젝트를 운영하는 것을 꺼리기 때문이다. 이것은 프로젝트 소재국의 정치적 조치나, 경제적 정책이 프로젝트에 악영향을 끼쳤던 경우 더욱 그렇다.

[3] 공격수단으로서의 담보

그러나, 대주의 담보에는 **공격적인** 성격도 있다. 종종 프로젝트 자체의 가치에도 불구하고, 제3자에게 매각되어 대주가 대출금을 상환 받는 정도의 보상만 받는 경우가 있다. 대부분의 프로젝트들은 우선적으로 프로젝트를 위해 협의된 계약들, 그리고 바탕이 되는 금융조달 내용에 의해 가치를 지닌다는 것을 기억할 필요가 있다. 대주는 계약들에 대한 유치권(lien)을 취함으로써, 그리고 계약들이 효력을 지닐 수 있게 하는 체계화된 권리를 얻음으로써, 그 프로젝트가 지속적인 가치를 유지하도록 할 수 있다.

[4] 담보를 통한 대주단 권리 보호의 불확실성 – '원하는 바를 항상 얻을 수는 없다'

담보의 가치를 떠나서 국제 프로젝트의 담보권 생성에는 이와 관련한 복잡한 문제들이 존재한다. 미국통일상법전[1]에 따르면, 미국의 각 주들의 법은 대주가 가질 수 있는 담보권에 대해서 가장 잘 발달되어 있으며 예측 가능하다. 국제 프로젝트의 대주들은 미국법이 가진 예측 가능성을 항상 향유하는 것은 아니다. 담보권의 설정, 대항요건 구비(perfection), 우선권을 규정하는 국제적인 법체계는 아직 없다[2]. 최소한 담보의 일부분에 대해서도 소재국의 담보 관련 법률을 준수할 필요가 없는 PF 사례는 드물다. 이러한 법률

1) 미국통일상법전 공식 문서 및 주해
2) 다자간 협약에 의해 통제 받는 선박 및 항공기와 관련한 담보권에는 예외가 있다.

에 나타나 있는 위험성들은 모두 숙지하고 있어야 하고, 이에 따른 필요요건들은 반드시 준수해야 한다.

프로젝트 대주에게 중요한 또 한 가지 고려사항은 프로젝트가 실행되는 국가의 담보 관련 법률이 대주로 하여금 담보권을 실행하거나 어려움에 빠진 프로젝트를 운영하고 건설을 마무리 지을 권리를 제공하는지의 여부이다. 모든 국가가 대주에게 한 회사의 소유권과 운영권을 보장해 주지는 않으며, 정부 허가 사업과 관련해서는 더욱 그러하다.

26.02 담보의 구성

[1] 포괄담보권(The "Blanket" Lien)

프로젝트 대주는 보통 프로젝트 회사의 모든 자산을 커버할 수 있는, 소위 포괄담보권이라는 것을 받는다. 즉, 실물자산 또는 개인자산이든, 유형자산 또는 무형자산이든, 프로젝트 회사의 모든 종류의 자산을 담보로서 대주에 제공하는 것이다. 또한 대주가 완전한 포괄담보권을 가질 수 있도록 프로젝트의 소유권, 발전, 건설, 착수, 그리고 운영에 필요한 각 자산은 프로젝트 회사에 의해 소유되거나 적어도 임대되어 있어야 한다.

[2] 프로젝트 현금흐름

대주단은 장기 판매계약 하에서 보통 프로젝트에 의해 발생되는 수익에 대해 유치권을 갖는다. 이것은 구매자가 모든 수익을 대주 소유의 계좌로 지급하는 현금 담보 계정을 통해 이뤄진다. 그 후에 대주단은 프로젝트 비용으로 사용한 후 남은 자금들을 대출금 상환에 사용한다.

현금흐름에 대한 유치권은 언제나 중요한 가치를 보유하는 것은 아니다. 다만, 프로젝트 운영여부에 관계없이 제3자가 미리 결정된 금액을 프로젝트 회사에 지급하는 take-or-pay 계약처럼, 프로젝트에 확실한 대금지급을 보장하는 경우에는 이러한 접근이 매우 가치가 있다. 그러나, take-and-pay 계약처럼 대금지급이 프로젝트 성과에 의존하는 경우, 현금 유동성에 관한 유치권은 프로젝트가 결과를 내놓지 않는 한(즉, 현금흐름이 프로젝트가 운영될 때만 생기는 경우) 큰 가치를 가지지는 않는다.

[3] 동산

프로젝트 회사의 모든 동산은 보통 프로젝트 대주의 담보에 포함되며, 이에는 각종 장비, 컴퓨터, 자동차, 파이프라인, 배선 등이 포함된다. 때때로, 이 자산들은 가치를 지니고 프로젝트에 상관없이 담보권 행사 과정에서 매각될 수 있다.

미국에서 효력이 있는 미국통일상법은 일반적으로 담보권자에게 유치권에 적용되는 법을 고를 수 있는 어느 정도의 자유를 준다. 이번 장 뒤쪽에서 언급되겠지만 이것은 다른 나라에서는 보편적으로 적용되지는 않는다.

그렇지만, 미국통일상법 하에서도 유치권의 대항요건 구비를 위한 법 선택에 대해 많은 자유가 주어지는 것은 아니다. 어떤 관할의 법이 적용될지 결정하기 위해서는 많은 분석이 이뤄져야 한다[3].

무형자산: 프로젝트에 중요한 무형자산들도 담보에 포함된다. 무형자산의 예로는 기술관련 지적재산권과 기술 라이선스 등이 있다.

허가증, 라이선스, 그리고 영업권. 담보패키지의 중요한 부분은 허가증, 영업권, 그리고 라이선스의 포함 여부이다. 유치권이 부여될 수 있는지 결정할 수 있도록 현지법률에 대한 검토가 이루어져야 한다. 만약 그렇게 되었다면, 그 다음으로 허가증, 영업권, 또는 라이선스가 발행담당 정부기관의 부가적인 동의 없이 대주 또는 양수인에게 양도될 수 있는지, 그리고 다시 운영하는 것이 가능한지를 결정해야 한다. 이런 가능성이 모든 나라에서 반드시 적용되는 것은 아니다.

허가증, 영업권, 그리고 라이선스에 관해, 대주는 중요한 권리가 폐기되기 이전에 발급기관이 사전에 통지하고 적절한 치유기간을 부여하는 것을 선호할 것이다. 하지만 프로젝트 대주는 헌법상의 문제와 법률의 신뢰성 유지를 위한 정부의 이해관계로 인해 이러한 요구사항들을 언제나 관철시키지는 못한다. 이런 경우에는, 대주단은 관련 비상위험을 감내할지 여부를 결정해야만 한다.

어떤 상황에서는 승인협의 및 협력 관련 합의를 대주와 해당 정부가 체결할 수 있다. 이러한 합의는 허가증, 영업권, 라이선스가 변경되거나 폐기되기 전에 대주에 사전통지하고 프로젝트에 미칠 영향들을 치유할 기회를 제공하기 위해 노력할 것이라는 확신을 준다. 정부와 대주 모두 이런 합의 하에서 서로에 어떠한 법적 책임도 없으며, 합의의 이행은 사실상 선택 사항이다.

---

3) 미국저촉법리스테이트먼트 251조 (1988).

계약: 수익성 있는 판매계약을 포함한 모든 중요한 프로젝트 계약들은 대주의 담보에 속한다. 더 자세한 사항은 이번 장 뒷부분에서 다루도록 한다.

보험금: 프로젝트 회사는 프로젝트 자산을 물리적 손상 또는 파괴로부터 보호하기 위해 가입한 보험을 대주에게 제공할 필요가 있다. 프로젝트 대주단은 차주에게 필요한 보험이 확보되었으며 보험계약 내용이 대출 계약 및 프로젝트 계약상의 요건들을 모두 만족한다는 내용이 담긴 보험자문사의 보고서를 종종 요구한다.

만약 보험금이 지급 가능하다면, 대체로 이 금액은 대주에게 직접 지급되도록 하는 것이 필요하다. 프로젝트 대주는 금융계약서에 나와 있는 조항에 따라 그 보험금을 차입금 상환을 위해 선납하거나 프로젝트 회사로 하여금 손상된 시설을 보수, 교체하는데 사용하도록 한다.

보증서. 만약 시공사가 공사계약에 따라 계약이행보증(Performance bonds)을 제공해야 할 경우, 해당 보증서를 대주에게 양도하도록 하는 것이 필요할 것이다. 양도 조항을 통해 보증 금액이 차입금을 미리 상환하거나 프로젝트를 완공하기 위해 대주에게 제공되는 것을 보장받게 된다.

지급보증: 프로젝트 사업주, 정부 또는 제3자 등 제공자에 관계없이 지급보증은 대주에게 제공된 담보에 포함되어 있다. 지급보증 하의 어떤 지급금액도 담보 계약의 한 부분으로서 직접 대주에게 지급된다. 지급보증은 제20장에서 설명하였다.

손해배상 금액. 마찬가지로, 공사계약이나 운영계약 상에서 손해배상지급이 협의된 경우 이러한 지급 금액도 대주에게 제공된 담보의 한 부분을 이룬다. 12.11절에서 언급된 바와 같이, 손해배상은 채무불이행 당사자가 채무를 이행하고 있는 주체에게 지급하는 금액으로, 미리 금액을 협의하여 중재나 법정 소송절차가 따로 필요 없도록 할 수 있다.

손해배상 금액은 담보의 한 부분으로서, 대주에게 직접 지급된다. 대출계약의 조건에 따라 프로젝트 대주는 손해배상 금액을 건설계약 상 완공 지연에 따른 추가기간 중 이자지급, 설비 성능수준 미달에 따른 손해배상 금액으로 대출금 조기상환, 또는 성능 미달 설비의 개선을 위해 사용한다.

12.11절에서 얘기한 바와 같이, 손해배상 금액이라는 계약상 구제수단의 집행력은 해당 법률에 연계하여 검토되어야 한다. 많은 사법당국이 손해배상 관련 조항의 집행을 허용하

지만, 그렇지 않은 경우도 있을 수 있다.

비상위험 보험. 대주에 제공되는 비상위험 보험은 담보에 포함된다. 이 보험은 전쟁, 폭동 또는 혁명, 수용, 국유화, 또는 자산의 몰수 및 환전금지, 환율차별 부과 등에 대해 보호를 제공한다. 비상위험 보험은 제20장에서 다루었다.

계좌. 마지막으로, 프로젝트 대주는 일반적으로 프로젝트 회사의 수익을 예치한 계좌에 대한 질권 설정을 요구하며, 프로젝트 수익이 직접 적립되는 수익금 계좌에 대한 질권 설정을 포함한다. 해당 계좌들의 예치와 인출은 아래의 자금집행계약 부분에서 다루어진다.

프로젝트의 생산물이 프로젝트가 수행되는 국가 안에서 사용되는지 또는 수출을 위한 것인지에 따라 해당 국가 역내 또는 역외 프로젝트 계좌를 설립하게 된다. 만일 수출을 위한 것이라면, 환율 및 통화 위험을 줄이기 위해 일반적으로 역외에 계좌를 개설한다. 역외 계좌는 본 장의 뒷편에서 다뤄진다.

프로젝트 생산물이 현지에서 사용될 경우, 에스크로 계좌 또는 신탁계좌를 이용하는 것이 프로젝트의 현금흐름을 통제하는 데에 도움이 된다. 하지만 외환 가용성과 자금의 이전 등의 문제들은 존재하게 된다.

[4] 부동산

대주는 융자, 신탁증서, 혹은 비슷한 부동산 관련 권리 서류들을 통해 이 프로젝트 관련 부동산에 대해 담보권을 갖는다. 프로젝트 소재지의 부동산은 보통 프로젝트의 지속적인 수행에 매우 중요하다. 물론, 이동이 가능한 바지선에서의 전기생산 등의 예외도 있다.

26.03 담보 관련 계약서

[1] 일반

다른 종류의 대출거래에 쓰이는 계약서들과 마찬가지로 PF의 담보관련 계약서들은 대주에게 대출금을 상환하기 위해 담보물을 매각할 때 차주의 자산을 다른 채권자들로부터 보호하기 위한 것이다. 하지만 PF 대출에서 담보물은 프로젝트가 운영될 수 있을 경우에만 도움이 된다. 결과적으로 대주는 완공 전은 프로젝트의 건설을 완료하기 위해, 프로젝트 사업주의 애초 계획에 부합하도록 완공된 프로젝트를 운영하기 위해, 또는 그 계획대로 운영할 다른 사람에게 프로젝트를 팔 수 있도록 담보물에 관한 계약서들을 작성한다. 물론 그렇게 하기 위해선 중요 프로젝트 계약에 대한 양도를 포함하여 프로젝트 회사의 모든 자산에 대한 유치권이 주어져야 한다.

[2] 인적 재산 담보 계약

국제 프로젝트를 위한 PF 담보 계약서의 구조와 내용은 대체적으로 국내 PF 거래와 비슷하다. 이러한 계약서들은 차주가 외국 기업체일 때 상업은행을 통한 금융조달에 쓰이는 것과 비슷하다.

국제 프로젝트를 위한 일반적인 종류의 PF 담보 계약서는 담보권의 부여, 담보 계좌의 통제와 자금제공, 유치권의 유지와 양도를 위한 기계적인 조항들, 진술 및 보증, 각종 약정사항들, 담보물의 처리 방안과 압류, 그리고 관할법원에 제출되는 조항을 포함한 여러 종류의 조항들을 포함된다. 더불어, 금융계약서에는 금융조달의 다국적 구조로부터 비롯되는 조항들이 담기고, 담보물 소재지의 압류에 관한 조항들도 포함된다.

모든 프로젝트의 자산은 프로젝트 회사가 대주에게 제공한 담보물에 포함된다. 이러한 담보물에는 장비, 국내 혹은 해외 계좌, 수익과 관련한 판매 계약, 허가증, 라이선스, 인허가 및 양허, 그리고 건설, 운영 및 공급계약을 포함한다.

[3] 부동산담보, 신탁증서, 채권약정서

부동산담보를 통해 대주에게 프로젝트 회사의 부동산을 담보로 제공한다. 만약 신탁증서 혹은 채권약정서가 프로젝트가 이행되는 현지국가에서 쓰인다면, 프로젝트 대주를 위해 수혜자의 신분으로 신탁금을 가지고 있는 신탁관리자에게 부동산 담보가 전달된다.

[4] 보유 지분에 대한 담보

만약 PF 거래에서 신용 문제가 불거지면 프로젝트 대주는 그에 대한 빠른 대응을 할 수 있는 능력을 지녀야만 한다. 이 책의 다른 곳에서 명시된 것과 같이, 프로젝트 대주는 프로젝트가 운영되어야만 대출에 대해 상환금을 받을 수 있다. 그렇지 않은 경우, 금융조달의 비소구 또는 제한소구적 성격으로 인해 대출상환 재원이 없게 된다.

그와 같은 경우에 최대한 빠르게 대응하기 위해서, 프로젝트 대주는 주로 사업주의 프로젝트 회사 관련 보유지분에 대한 질권설정이 필요하다. 만약 프로젝트 회사가 주식회사라면, 주식에 대한 질권설정이 필요하고, 프로젝트 회사가 합자회사라면, 조합지분에 대한 질권설정이 필요하다.

프로젝트 대주는 프로젝트 자산을 처분하는 것보다 더 편리하게 대주단이 프로젝트 회사에 대한 사업주의 지분을 통제할 수 있기를 바란다. 이러한 관리에 대한 통제를 통해 프로젝트 대주는 사업주가 전적으로 협조적이지 않을 때에 프로젝트에 관련한 결정을 즉각 내릴 수 있게 된다.

예컨대, 제24장에서 다루어진 것처럼 프로젝트 대출계약은 보통 몰수행위를 채무불이행 사유로 포함시킨다. 이러한 채무불이행은 보통 대주의 기한이익을 상실시킬 권리와도 연결된다. 프로젝트의 채무는 프로젝트가 공유화 되지 않고 사유화 되었다는 전제하에 구성되었기 때문에 이는 아주 중요한 권리이다.

만일 프로젝트 대주가 프로젝트 회사의 보유지분을 담보로 갖게 되었다면 대주는 이를 협상에 활용하여 몰수법에 근거한 보상금을 넘어서는 수준으로 그들의 이해를 보호하는 데에 사용할 수 있을 것이다. 적어도 이러한 담보는 대주가 협상에서 유리한 입지를 갖도록 작용할 것이다.

또한 프로젝트 대주단은 프로젝트 지분 투자자들이 국유화로부터 보호되기 위해 비상위험에 대한 보험을 요구하는 것을 선호할 것이다. 이 경우 대주단은 비상위험 보험의 보험금에 대한 양도를 요구할 것(그리고 이러한 보험금을 받을 권리에 대한 담보권을 설정할 것)이다. 그렇지 않으면, 만일 프로젝트 사업주들이 비상위험 보험을 가입할 경우 보험회사는 대주의 유치권에 구애 받지 않고 프로젝트의 소유권을 담보로 요구할 것이다. 만일 보험회사가 그러한 담보에 대한 권리를 실행할 경우 프로젝트 대주는 아주 복잡한 협상을 해야 할 것이다.

[5] 의결권 신탁

프로젝트 사업주가 기존의 대출약정으로 인해 보유지분에 대한 담보를 대주에게 제공하는 것이 불가능하게 된 때에는 의결권 신탁이 프로젝트 대주에게 적절한 대안으로 받아들여질 수도 있다. 이러한 구조에서는 보유지분이 의결권 신탁범위에 들어가게 된다. 사업주가 프로젝트 회사의 유리한 지분을 보유하게 되고, 특별한 상황을 제외하고는 의결권도 갖게 된다.

특정한 채무불이행의 경우들에 대해서 프로젝트 대주단은 프로젝트 경영의 변화를 위해 보유지분에 대한 의결권을 실행할 수 있다. 한편 대주단에게 소유권을 몰수하거나 배당 또는 소유권에서 비롯된 배당을 받을 수 있는 권리는 없지만, 관리 통제는 가능하다.

[6] 역외 계좌

일반적으로 역외 계좌 개설과 그 계좌를 프로젝트의 수익을 예치하는 데에 사용하는 것은 프로젝트 회사의 다른 채권자로부터 해당 수익을 보호할 수 있게 한다. 또한, 제20장에서 다루어진 것처럼 역외 계좌와 현금흐름의 사용은 프로젝트 대주에게 자금사용에 대한 통제권을 제공한다.

역외 계좌에 대한 담보권의 설정과 완성을 관리하는 법은 보통 해당 계좌가 위치한 곳의 사법권이다. 하지만 프로젝트 소재지의 사법권에 대해서도 자문을 거쳐야 한다.

[7] 자금집행계약

위에서 다루어진 바와 같이 프로젝트 대주는 일반적으로 프로젝트 회사의 은행계좌에 대한 권리를 담보로 보유하려 할 것이며, 자금의 예금과 인출은 자금집행계약에 따른다.

보통 대주는 프로젝트 회사 계좌의 예금액을 통제할 수 있기를 강력히 원한다. 프로젝트 회사와 대주의 자금에 대한 예치와 집행 권리는 대출계약과 담보계약에 의해 좌우된다. 그 대신, 다양한 은행계좌의 금액에 대한 관계당사자들의 권리를 관리하는 자금집행계약이라는 독립된 계약을 체결할 수 있으며, 이는 점차 널리 사용되고 있다.

일반적으로, 차주가 프로젝트 수익의 형식으로 받을 모든 금액은 프로젝트 대주가 담보로 잡을 계좌에 입금된다. 이러한 계좌에 입금된 금액은 보통 수익계좌로 칭하며 금융계약서에 의거한 우선순위와 절차에 따라 지출된다.

이러한 우선순위는 보통 waterfall 또는 cascade로 불리는데, 이는 현금이 흘러 프로젝트 사업주에게 가는 경로가 폭포처럼 아래로 점차 떨어지기 때문이다. 각 자금은 지급되어야 하는 프로젝트 비용 또는 축적되어야 하는 준비금을 나타낸다. 예컨대 한 웅덩이(pool)의 자본이 운영비용에 쓰이고 다른 한 웅덩이가 이자 상환을 위한 계좌, 채무원리금 상환을 위한 계좌에 쓰일 수 있다. 이러한 웅덩이들의 숫자, 목적, 깊이는 지출 종류와 다뤄져야 할 위험에 따라 다르다.

자금들이 수익계좌에서 아래로 흐르게 되면 그 다음의 웅덩이를 채우게 된다. 한 웅덩이가 채워지게 되면 남는 자금은 바깥으로 넘쳐흘러서 그 다음의 웅덩이가 찰 때까지 채워지게 되며 이 과정은 지속된다. 모든 웅덩이가 채워지게 되면 남는 자금은 계속 아래로 흘러서 프로젝트 사업주에게 배당된다.

이러한 waterfall식 접근방법은 프로젝트 회사가 자금의 수요를 제대로 제어하고 이른 시기에 사업주 앞으로 배당하는 것을 막아준다. 프로젝트 회사는 대주에 증빙을 제출함으로써 주기적으로 이러한 절차를 준수하고 있음을 확인해 준다.

26.04 담보제공 금지(Negative Pledges)

어떤 국제 PF에서는 대주가 특정 종류의 프로젝트 회사 자산을 담보로 설정하는 것이 신중하지 않거나, 비실용적이거나, 또는 불법인 경우가 있다. 이러한 경우, 프로젝트 대주는 관련 위험에서 보호받기 위해 담보제공 금지에 의존하게 된다. 담보제공 금지는 프로젝트 회사가 다른 업체를 위해 회사 자산에 대한 담보나 유치권 또는 질권을 직접 또는 간접적으로 제공하지 않도록 하는 프로젝트 회사와 대주 간의 계약이다.

담보제공 금지는 다른 대주 또는 주체가 대주의 대출상환 관련 권리를 방해하지 못하도록 보호해 준다. 담보제공 금지는 제3자에게는 법적 구속력이 없으며, 대주가 다른 대주 또는 채권자와 분쟁 중인 경우 법적으로 보호되지 않는다. 또한 원리금 상환에 대한 우선순위가 법적으로 보호되지 않으며, 대주가 차주의 자산에 대해 담보권을 행사하거나, 매각 또는 보유할 권리를 부여하지 않는다.

담보제공 금지를 위반하면 대주는 프로젝트 회사에 소송을 제기할 수 있지만, 실상 이는 프로젝트 회사가 대주에 대한 의무를 이행하는 경우에 있어서만 효력이 있다. 대부분의 법역에서는 담보제공 금지가 위반되었을 때에도 제3의 주체에 부여된 담보권이 프로젝트 대주 의사에 반해 특정이행 될 수 있기 때문이다. 하지만 담보권을 부여받은 주체가 담보제공 금지에 대해 인지하였다는 점은 소송에서 프로젝트 대주가 해당 담보권이 타당하지 않다고 주장하는 근거로 작용할 수 있다. 이것은 대주단이 특정 담보의 제공이 차주가 관여된 다른 계약과 상충되거나 위반되지 않음을 증명하도록 요구하는 이유 중 하나이다.

26.05 부동(浮動) 담보(Floating Lien)

프로젝트는 시간이 흐르며 변화한다. 새로운 자산들이 취득되거나 프로젝트 계약서들이 수정된다. 아래에서 다뤄질 기업 담보와는 별개인 부동 담보는 보통법상 PF 대주단이 프로젝트 회사의 기존 또는 신규 취득 자산을 담보로 보유할 권한을 주고, 자산이 매매되거나 취득될 때마다 새로운 계약서 작성을 하지 않아도 무방한 것으로 규정하고 있다. 부동 담보의 개념은 많은 국가에서 찾기 어렵고, 이들 국가들에서는 부동 담보법 보다는 덜 만족스럽지만 다른 방법을 제시한다.

26.06 다른 담보 관련 문제들

담보제공 금지, 부동 담보와 더불어 프로젝트 대주단은 담보에 관한 다른 문제들을 고려해야 한다. 이러한 문제들은 프로젝트 초기 구성단계에서 이해되고 분석되어야 하는데, 이는 각각의 문제들이 거래구조에 영향을 미치고 대주가 거래 참여를 거절할 수도 있기 때문이다.

[1] 허용되는 유치권의 종류

대주나 계약관계자가 프로젝트를 실행하기에 앞서 이해해야 할 첫 번째 고려사항은 프로젝트 소재국과 다른 관련 국가의 법이 허용하는 유치권의 종류이다[4].

보통법(common law) 국가: 보통법 국가들은 모든 자산에 대해 담보의 목적으로 유치권을 갖는 것을 허용한다. 부동 담보는 차주의 사유자산 및 부동산을 포함한 모든 자산에 대한 유치권이다. 이것은 채무자가 채무청산을 하거나 채무불이행으로 저당권자에 의해 채무상환을 강제로 이행하게 될 때, 확정부채로 변환, 확정(crystallization)된다. 영국과 뉴질랜드와 호주는 부동 담보를 인정하는 국가들이다.

유치권이 유동적일 때, 이는 유동화 비용, 특정 세금, 특정 노무비에 종속된다. 또한, 유치권의 확정에 앞서 차주는 담보물을 매매하거나 거래하여 확정시에 소유한 자산에만 유치권이 적용되도록 할 자유가 있다.

대륙법(civil law) 국가: 그에 반해, 대륙법 국가들은 보통 유치권의 조성, 완성, 우선권을

4) American Bar Association National Institute on Multinational Commercial Insolvency(1993), International Loan Workouts and Bankruptcies (R. Gitlin & R. Mears eds., 1989) 참조

통제하기 위해 법령을 제정한다. 이는 일반화가 부적당하거나 불필요한 정도에 따라 국가마다 다르다. 주의해야 할 점은 대륙법 국가라 할지라도 한 국가에서 경험한 것을 다른 국가에 적용하는 것은 도움이 되지 않는다.

개발도상국: 개발도상국에서는 유치권의 조성, 완성, 우선권을 통제하는 데에 있어 불확실성이 존재한다. 프로젝트 대주가 개발도상국에서 진행하는 프로젝트에 문제를 일으킬 수 있는 담보물의 종류와 법률의 시행은 동산, 현금흐름 및 계약권을 포함한다.

[2] 현지 절차

현지법과 관례는 특정 절차가 유치권의 기록에 맞춰 지켜지는 것을 요구할 것이다. 예컨대, 어떤 대륙법 국가들은 모든 담보관련 계약이 공문서화 되길 요구한다. 일반적으로 이것은 공증을 통해 담보계약서를 현지 언어로 번역하고, 동 계약서를 현지등기소에 보관될 공문에 등재하는 것으로 완성되는데, 이러한 절차에 상당한 비용이 소요된다.

[3] 현지통화로 표기된 유치권

현지법에 따라 계약상 유치권 금액을 현지통화로 표기하는 것이 필요한 경우가 있다. 이것은 미국의 관례와는 상반되는데, 제3장에서 다뤄졌듯이 채무의 통화가 유치권 관련 계약서에 기재된 통화와 다를 때 대주는 통화 위험에 노출되게 된다. 이러한 위험은 환율변동에 따라 현지통화로 기재된 유치권금액과 다른 통화로 기재된 미상환 채무 사이에 차이가 생길 때 발생하게 된다.

가치 유지 조항은 이 위험에 대한 일반적인 대응방법이다. 이 조항은 환율변동이 담보의 가치를 떨어뜨릴 경우 차주가 대주에 추가적인 담보를 제공할 의무를 부여한다. 다른 국가들에서 사용할 수 있는 또 다른 방법은 지수(index)조항으로, 이는 담보의 가치를 환율 변동에 따라 자동적으로 조절한다.

[4] 유치권의 우선권(Priority of Lien)

유치권의 우선권에 대한 원칙은 분명히 이해되어야 한다. 특별히 중요한 것은 숨겨진(hidden) 유치권들이다. 이들은 기록상으로 나타나지 않지만 본래는 법적으로 명시되어 있다. 이들은 세금에 대한 우선변제와 같은 정부 정책에 기인한 유치권을 포함한다.

[5] 집행(Enforcement)

현지 변호사들에게 자문을 구하고 유치권에 대한 집행 가능성이 있는지에 대한 의견을 묻는 것과 더불어, 집행 가능성에 대해 실질적으로 분석해봐야 한다. 예컨대, 집행의 실제 비용에 법률비용과 법원비용, 그리고 그 외에 유치권을 경제적으로 집행하게 하지 못하는 다른 비용들이 있을 수 있음을 이해해야 한다.

또한 어떤 국가에는 집행방법이 실제 거의 존재하지 않을 수도 있다. 집행은 공매로 제한될 수도 있으며, 치유수단으로서의 담보의 보유가 허락되지 않을 수도 있다.

[6] 압류(Foreclosure)

집행력과 더불어 압류 절차의 기법은 매우 중요하다. 현지 변호사에게 확인해야 하는 것들로 압류시 대주에게 매매권리에 대한 규제가 있는지, 압류시 대주가 현금 수취 대신 채무에 입찰을 할 수 있는지, 공매 대신 개인 간의 합의 매매가 허용이 되는지에 대한 확인 등이 필요하다.

PF에 고유할 수 있는 집행에 관한 실질적인 질문을 간과해서는 안 된다. 예컨대 많은 경우에 있어서 대주가 실질적으로 상환 받을 수 있는 방법은 압류된 프로젝트가 지속적으로 운영되거나 운영될 수 있게 하는 것이다. 압류 시에도 대주가 프로젝트를 운영할 수 있는지를 결정하기 위해 현지법에 대한 자문이 필요하다. 이와 관련된 질문으로 프로젝트의 운영에 대한 승인과 정부의 인가를 대주가 받을 수 있는지, 외국인의 소유권이나 압류의 가치에 영향을 끼치는 프로젝트의 운영 관련 제약이 있는지 등이 포함되어 있다.

압류의 절차를 수행하고 완료하는 데에 드는 비용과 시간도 감안되어야 한다. 어떤 국가에서는 압류절차가 10년 이상 걸리기도 한다. 인도가 그러한 대표적인 국가이다. 어떤 국가에서는 시간보다도 압류에 관련된 판정의 영향력과 법률 비용 등이 위험으로 작용한다.

이와 유사하게 인프라 프로젝트에 대한 압류의 영향에 대해서는 세심한 관찰이 필요하다. 외국인 대주가 중요한 사회기반 시설 프로젝트를 압류하는 것을 현지정부가 협조할 것인지에 대해서는 불확실성이 존재하기 때문이다.

압류의 정치적인 현실도 간과되어서는 안 된다. 예컨대 인프라 프로젝트에서는 대주가 사업 허가권을 후에 매매하거나 통제할 수 없을 수가 있다. 이러한 권리는 PF 금융종결 전에 따로 협상되어야 한다.

[7] 부동산

대부분의 국가들은 대주가 부동산에 대한 담보권을 갖는 것과 유질공매처분에서 선순위를 갖는 것을 허용한다. 국가에 따라 이러한 절차는 다르지만 부동산 소재지의 법이 대주의 권리를 통제한다는 것은 보편적 사실이다.

외국 대주가 프로젝트 소재국의 부동산 담보권을 갖는 것과 압류 후에 소유하게 되는 것은 모든 국가에서 가능한 것은 아니다. 인도네시아는 외국 업체의 소유권이 금지되는 국가 중 하나이다. 외국 업체의 소유에 대한 제한이 담보에 영향을 끼치는지에 대해 결정하기 위해 현지법에 대한 분석이 필요하다. 어떠한 경우에는 프로젝트가 진행되는 국가에 위치한 은행이 다른 프로젝트 대주를 위한 담보의 신탁 관리자로 이용될 수도 있다.

[8] 프로젝트 소유권과 운영권의 양도에 대한 문제점

프로젝트를 소유하고 운영할 수 있는 권리의 양도는 PF의 비소구 금융과 제한소구 금융에 중요하다. 이러한 권리 없이는 대주는 재무적 문제가 발생한 경우 프로젝트의 구조조정 과정에서 매우 제한된 권한을 갖게 된다. 프로젝트의 담보로서의 가치는 양도가능 여부와 운영에 제한이 있을 경우 크게 손상될 것이다.

프로젝트 소재국의 정부는 사업주체가 프로젝트를 소유하거나 운영을 어느 법인이 할 수 있는지, 프로젝트의 수익을 받을 수 있는 권리가 어느 법인에 있는지, 누릴 수 있는 혜택이나 프랜차이즈, 허가권이나 프로젝트를 운영할 수 있는 계약상의 권리가 어느 법인에 있는지 등 상당한 제한을 가할 수 있다. 이러한 제약들은 보통 계약서를 통해 부과되거나 혜택, 프랜차이즈 또는 허가권에 포함되어 있다. 더불어, 이러한 제한들은 법령과 규정, 또는 프로젝트가 진행되는 국가의 헌법에서 찾을 수 있다.

[9] 담보의 제한된 소수의 잠재 매수자들

청산 중인 프로젝트를 사려는 잠재 매수자들은 많지 않다. 어떤 국가들에서는 프로젝트의 매매가 전혀 불가능한데, 특히 비상위험 때문에 프로젝트 회사를 채무불이행에 이르게 한 국가일 경우 더욱 그러하다.

[10] 현명한 대처

마지막으로, 프로젝트 대주나 에이전트는 프로젝트 회사보다 더 빠르고 효율적으로 공사를 완료하거나 프로젝트를 운영할 수 없을 수도 있다. PF의 과거 기록에는 실패하여 압류되거나, 압류 대신 대주에 양도된 프로젝트의 예들이 포함되어 있다. 극단적인 상황을 제외하고는 모든 관계자들이 프로젝트의 문제점을 해결할 경제적 유인을 보유하여 상호간에 이득이 되는 결과물에 도달해야 결국 모두에게 이롭게 된다.

26.07 담보권 신탁

보통 하나의 대주가 모든 대주단들을 위해 프로젝트 담보에 관한 담보권을 소유하는 것이 효율적이다. 이는 정리 절차를 간소화하고 거래 비용을 감소시키며 효율적인 의사결정을 가능하게 한다. 신디케이션 대주의 구성은 참여 권리 혹은 보유한 모든 권리를 양도하는 과정에서 자주 바뀌게 된다. 그러나 현지국의 법률은 이러한 합의를 무시할 수도 있다. 현지 변호사들로부터 이러한 담보구조 또는 그의 대안이 활용되고 집행될 수 있는지 조언을 받아야 한다.

26.08 프로젝트 계약의 담보권

PF를 포함한 모든 종류의 금융조달 구조는 외부요인이 현금흐름과 담보에 미치는 영향을 예측하는 것이 필요하다. 그러나, PF에서는 채무 원리금 상환에 충분한 현금흐름을 창출할 수 있는 거래를 만들기 위해 계약적, 규제 및 다른 외부적 요소들의 조합을 필요로 한다. 거래에 대한 PF 계약서의 중요성은 대주들로부터 하여금 금융계약서에 담보권을 설정하거나 계약서를 일정 조건에 따라 양도할 수 있게 하도록 요구한다.

다음 논의는 미국법을 기본으로 하며 프로젝트 계약서에서 PF 대주들이 갖게 된 담보권에도 미국법이 적용된다는 것을 가정한다. 만약 미국법이 적용이 되지 않는 경우에 있어서도, 다음과 같은 논의는 담보와 그에 따른 프로젝트 계약서 간 상호작용의 이해를 위해 굉장히 중요하다.

[1] 계약양도와 양도금지 조항

PF 계약 관련 담보의 양도는 종종 차주가 아닌 프로젝트 참여자들이 반대할 수 있다. 프로젝트 회사의 채무불이행 후, 프로젝트 참여자들은 계약 이행에 대한 권리를 부여하는 것에 동의하지 않기도 한다. 예컨대, 프로젝트의 재정적인 어려움으로 인해 대주가 PF 담보권을 행사하고 PF 계약서 압류 내용에 따라 프로젝트 구매자에게 양도하게 되었다면, 다른 계약서상의 관계자들은 매우 중요한 이해관계에 놓이게 될 수 있다. 이는 양수인의 재정적인 상태나 혹은 사업관계의 측면에서 양수인을 수용할지에 대한 가능성 등의 이슈들을 포함한다.

가끔 제3의 계약자가 생각하는 이슈들은 계약서의 양도를 금지하도록 명시한 계약 조항에서 드러난다[5]. 보통의 양도금지 조항은 대주로 하여금 이 조항을 위반하지 않고 프로젝트 회사가 계약상 담보권을 제공할 수 있는지 여부를 고려하게 만든다[6]. 이것이 금지된다면, 프로젝트 회사에게 유효하고 집행 가능한 담보권을 설정하기 위한 충분한 권리가 없을

---

5) 양도란 계약에 따라 비유동 권리가 전환되는 것이나 클레임에 따른 양수인 앞 비유동 권리의 전환을 말한다. 미국저촉법리스테이트먼트 317(1)(1981).

6) 현대적인 시각에서는 양도는 자유롭게 이뤄져야 한다는 것이다.
RESTATEMENT (SECOND) OF CONTRACTS 317(2)에 따르면, 다음 사항들을 제외하고 계약상의 권리는 양도가 가능하다.
(a) 양수인의 권리가 양도인의 권리로 교체되는 것이 의무를 심대하게 변경하는 경우 또는 계약에 의해서 부담 또는 위험이 심대하게 증가하는 경우 또는 수익을 얻는 기회를 심각하게 손상하거나, 가치를 심각하게 감소시키는 경우.
(b) 법규에 의하여 금지되는 양도나 공공정책에 근거하여 발효되지 않는 양도
(c) 계약에 의거해 정히 금지되는 양도
미국저촉법리스테이트먼트 317(2)(1981). 양도금지 조항은 일반적으로 협의로 이해된다. 일반적으로, 이 조항들은 양도하지 않도록 하지만, 양도 그 자체가 타당하지 않은 것은 아니다. U.C.C.는 양도금지 조항은 이행의무의 위임을 금지할 뿐, 권리의 양도를 금지하는 것은 아니라는 취지이다. U.C.C. -210(3)

양도금지조항과 관련하여, 미국저촉법리스테이트먼트는 다음과 같은 사항을 제시한다.
(1) 주위 환경이 반대로 가리키지 않는 한, "계약상의" 양도를 금지한다는 계약조건은 양수인에게 양도인이 그 의무 또는 조건의 수행을 위임하는 것을 금지할 뿐이다.
(2) 다른 의도가 없는 한, 계약상의 권리를 양도하는 것을 금지하는 계약조건은,
(a) 모든 계약의 손해배상권리 또는 양도인의 모든 의무수행으로부터 비롯된 권리의 양도를 금지하지 않는다.
(b) 양도를 금지하지만 양도를 효력 없게 만들지 않는 계약조건에 대한 손해배상 권리를 채무자에게 부여한다.
(c) 채무자에게 유익하게 하고, 양수인이 양도인으로부터 권리를 양수 받는 것이나 채무자가 이와 같은 금지가 없는 것과 같은 의무를 넘기는 것을 금지하지 않는다.

미국저촉법리스테이트먼트 322 (1981)
법규에 정해진 정부의 제약과 양도금지 조항 간의 상호작용과 계약상의 담보권을 설정하는 채무자의 권한은 BARKLEY CLARK, THE LAW OF SECURED TRANSACTIONS UNDER THE UNIFORM COMMERCIAL CODE 11.06 (2006)에 논의되어 있다.

수도 있다. 비록 담보권이 제공된다고 해도 대주는 그 담보권이 양도금지 조항을 어기지 않고 집행될 수 있거나 다른 프로젝트 자산의 유질 공매 처분을 통해 양도될 수 있는지를 검토해봐야 한다.

기존 미국통일상법전의 9-318(4) 조항에 따르면, 계약서의 어떤 조항이 계좌의 매매나 무형자산의 담보권 생성을 막을 수 있다면 계좌의 양도금지 제한이나 원칙적으로 지급할 권리로 이루어진 일반적인 무형자산(예컨대 계약 같은 것)도 효력이 없게 된다. 그러므로 계약조건에 의해 양도가 금지되어 있더라도 저당권자에 의해 집행될 수 있는 계약을 통해 프로젝트 회사는 담보권을 부여할 수 있는 것이다.

그러나 이번 장은 대금 지급에 초점을 맞추고 있다. 많은 프로젝트 계약들이(최소한 주요한 부분에서는) 대금의 지급을 요구하지 않음에도 불구하고 이런 계약들은 프로젝트의 성패를 좌우함은 물론 대주의 담보에서도 중요한 부분이다. 지급되어야 하거나 계약상 지급 가능한 자금에 관련된 계약상 권리의 자유로운 양도가능성에도 불구하고 이전 절에서는 계약을 집행하거나 압류시 그 계약을 프로젝트 자산의 구매자에게 양도할 권리 등과 같은 남아있는 계약상 권리에서 담보권을 실행할 수 있을 정도로 그 권리에 대해 넓게 해석하지 않았다[7]. 그러므로 이전 절의 범위는 한정적이었다고 할 수 있겠다.

미국통일상법전의 9조의 개정은 이러한 문제들에 도움이 되는 변화를 가져왔지만 완전히 해결하진 못했다[8]. 두 부분이 양도금지조항을 다루고 있다. 9-406조항[9]은 만약 양도금지조항이 계좌 혹은 무형자산 지급(payment intangible)[10]하의 대금지급 권리의 일환인 담보권의 생성, 부가(attachment), 완성(perfection), 혹은 특정이행(enforcement)을 방해할 경우 이 조항은 효력이 없다고 명확하게 적시하고 있다. 이러한 담보에서 담보권의 발행,

7) U.C.C. 9-318. 소수의 담보권자들은 양도금지 조항이 단지 계약상의 양도하지 말 것을 양도인에게 의무로 부과할 뿐이라는 이론에 의존한다는 사실에 동의했다. 미국저촉법리스테이트먼트 322(2)(b) (1981). 이와 유사하게, 재판부가 채무자에게 양도를 동의한다는 점에 있어서 합리적으로 행위할 것을 요구한다라는 이론에 의존하는 사람은 거의 없었다.

8) Submitted Committee Report: Report of Finance and Transactions Committee, 23 ENERGY L. J. 541 (2002), Ryan E. Bull, Operation of the New Article 9 Choice of Law Regime in an International Context, 78 TEX.L.REV. 679 (2000), Carl S. Bjerre, International Project Finance Transactions: Selected Issues Under Revised Article 9, 73 AM.BANKR. L.J. 261 (1999), Neil B. Cohen, Internationalizing the Law of Secured Credit: Perspective from the US Experience, 20 U.PA.J.INT'L ECON. L. 423 (1999), Steven L. Schwarcz, Towards a Centralized Perfection System for Cross-Border Receivables Financing, 20 U. PA. J. INT'L ECON. L. 455 (1999) 참조

9) U.C.C. 9-406 (d), (f)

10) 무형자산 지급(payment intangible)은 대금의 지급이 계약당사자의 주요 의무인 계약이다. 대출금을 상환받을 권리나 외국환 시장에서의 거래에 따라 매각된 펀드를 위한 대금 수령 권리가 이러한 것의 예시이다. 중요한 점은, 9-406조항은 이러한 계약 자체의 매각을 적용하지 않는다는 점이다. 이는 9-408조항에 다뤄지고 있다.

부가, 완성, 혹은 시행이 계약서에 따라 채무 불이행이나 종료에 대한 구실을 만들지 못한다. 보통의 발전 프로젝트에서 프로젝트 회사가 생산한 전력에 대해 돈을 받을 수 있는 권리는 이 조항에 설명되어 있다[11].

9－408조항은 기존의 설명을 넘어 양도금지 조항의 처리에 대해 폭넓게 다루며, 따라서 미국통일상법전에 새로 포함된 부분이 되었다. 이 조항에서는 계약, 허가, 라이선스의 양도금지 조항이 동 조항에서 담보권의 발행, 부가, 완성에 간섭/개입하게 될 경우 효력이 없게 된다고 나온다[12]. 9－406조항과 마찬가지로, 이러한 담보에서 담보권의 발행, 부가, 완성이나 시행이 계약, 허가, 라이선스의 채무불이행을 발생시키거나 계약의 만료라는 결과를 가져오지는 않을 것이다.

중요한 것은 9－408조항에서는 특정이행이 제외되었다는 점이다. 따라서 담보권자의 담보권을 실행할 수 있도록 하는 계약, 허가 또는 라이선스의 양도를 제한하는 달리 집행가능한 계약 (otherwise enforceable contract) 조항 또는 법규는 여전히 유효하다[13]. 프로젝트 대주는 프로젝트 계약 당사자들과 이러한 종류의 담보의 담보력을 강화하기 위해 협의된 권리를 자신에게 제공하는 계약체결을 요구해야 한다는 것을 의미한다. 이러한 양도에 대한 합의들은 다음 부분에서 다뤄진다.

1999년까지는 영국법 하의 프로젝트 계약에 대주나 다른 제3의 관계자의 권리를 계약에 명시하고 싶어도 하지 못했다. 새로운 법이 생기기 전까지 이러한 관계자들은 프로젝트 계약의 직접적인 당사자여야 했다. 1999년의 계약법(제3자의 권리)[14]은 계약을 하는 관계자들이 제3의 관계자들을 위한 집행 가능한 권리의 생성을 허락했다. 그럼에도 불구하고 PF 대주단은 새로운 법령에 의한 권리에 의존하기 보다는, 계약에 직접 관계되거나 다른 방식의 계약을 통해 직접적인 계약상의 관계를 맺기를 지속적으로 주장했다.

PF에 사용되기 위해 체결된 계약은 대주가 예상하는 문제점에 대처하기 위해 PF 양도 조항을 활용할 수 있다. 조항의 표본은 아래에 구현되었다.

Project Finance Assignment. This Agreement shall be binding upon and inure to the benefit of the respective successors, transferees, and assigns of the Parties. No assignment of this Agreement by either Party may be made without the prior written consent of the other Party and unless the assignee assumes the full obligations of the assignor; provided,

11) U.C.C. 9－102 (a) (2) (v)
12) U.C.C. 9－408(a), (c)
13) U.C.C. 9－408(d)
14) 계약법(제3자의 권리) 1999 (잉글랜드 1999)

however, that this Agreement may be assigned without the consent of Supplier to meet any requirements imposed in any development or construction financing documents, any long-term financing or substitutions thereof, or any exercise of rights by any Lender in this Agreement pursuant to any collateral assignment or other security agreement; provided further that if any Lender requests Supplier to consent in writing to such an assignment for financing purposes even though such consent is not required hereunder, Supplier shall do so promptly. In the case of an assignment that does not require Supplier's consent, Developer's sole obligation under this Section is to provide Supplier with notice of such assignment.

Whenever a consent to an assignment or a transfer of a Party's interest in this Agreement is required, the assigning or transferring Party's assignee or transferee shall expressly assume, in writing, the duties and obligations under this Agreement of the assigning or transferring Party, and the assigning or transferring Party shall, prior to any such consent, deliver to the other Party a true and correct copy of such assignment or transfer and assumption of duties and obligations. This paragraph shall not be applicable to any Lender.

If either Party reasonably determines or is reasonably advised that any further instruments are necessary or desirable to carry out the intent of this Section, the other Party will execute and deliver all such instruments and take any action reasonable to effectuate the intent of this Section. The parties recognize that this Agreement is subject to review by financial institutions for purposes of the project financing of the facility. At the request of Developer, Supplier shall provide to any lender, at the expense of the Developer, an opinion of lawyers addressed to any such Lender concerning such matters as such Lender requests, including that (i) the execution, delivery and performance of this Agreement is within Supplier's power, has been duly authorized, and is not in conflict with any agreement to which Supplier is a party or by which it is bound or affected; (ii) there is no law, rule, or regulation, nor is there any judgment, decree, or order of any court or governmental entity binding on Supplier which would be contravened by the execution, delivery, performance, or enforcement of the Agreement; and (iii) the Agreement is a legal, valid, and binding obligation of Supplier, enforceable against it in accordance with its terms.

[2] 양도에 대한 동의: 양도 승인과 담보로서의 계약의 가치 제고

저당권자의 관점. 저당권자는 제3의 이해관계자인 계약자가 프로젝트 회사에 의한 대주 앞 담보 양도설정에 동의[15]할 것을 요구함으로써 프로젝트 계약의 담보권 생성과 집행에 관련한 문제들을 해결한다[16]. 여기서 사용된 계약들은 보통 동의서, 양도 합의서, 혹은 직접 계약으로 불린다. 이러한 문서들은 프로젝트 참여자와 다른 계약 관계 당사자에 의해 체결된다. 종종 프로젝트 대주 또한 이러한 계약들에 서명을 한다.

담보 양도에 대한 동의에 더하여 이러한 동의는 담보로써의 계약의 가치를 보존하는 데 관련된 모든 다른 목적에도 쓰인다. 먼저, 다른 관계 당사자와 대주에게 알리지 않거나 미리 계약위반을 고칠 수 있는 기회를 주지 않고 관련 계약을 해지하지 않는다는 협약을 체결하여 대주를 계약종료로부터 보호한다. 두 번째로 프로젝트 채무 불이행과 압류의 상황에서 이러한 동의는 대주에 프로젝트 회사의 입장이 될 수 있는 권리("step into the shoes")를 제공하여 계약상 의무를 대신 이행하거나 대주로부터 프로젝트를 매입하는 새로운 프로젝트 회사로의 양도를 가능하게 한다. 이는 프로젝트의 종합적 성공에 있어 큰 의미를 지닌 계약이기 때문에 매우 중요한 권리이고, 이 권리가 없다면 대주는 바로 프로젝트 가치의 하락을 겪게 될 것이며 계약 상대방의 요구에 매우 얽매이게 될 것이다.

프로젝트 계약의 미이행적 특성은 담보로서의 가치를 떨어뜨린다[17]. 예컨대, 대주에게 프로젝트 계약의 담보 가치는 계약 조건과 계약상 대금지급 및 이행에 대한 방어에 따라 결정된다. 따라서 대주는 계약 조건을 이해하기 위해 실사를 해야 하고, 계약 이행 여부를 주의깊게 모니터링해야 할 것이다.

제18장에서 다뤄진 바와 같이, 예컨대, 생산물 구매자에게 있어서의 프로젝트 중요성 때문에 주요 일정이 보통 장기 판매계약에 포함된다. 이러한 일정을 달성하는 데 실패하게 되면 판매 가격의 하향 조정, 계약상 손해배상금 지급, 또는 계약의 해지와 같은 결과를 불러올 수 있다. 결과적으로 대주는 모든 일정이 충족되었는지의 여부에 관심을 갖게 될

---

15) U.C.C. 9－403(b)는 제3자 계약자가 담보권자(프로젝트 대주) 앞으로 어떠한 클레임도 주장하지 않을 것이나 달리 그것을 프로젝트 회사에 대항하여 방어하지 않을 것에 대해서 계좌 채무자 (제3자 계약자)와 양도인 (프로젝트 회사)간 계약을 체결하는 것을 허락한다.

16) 양도의 일반적인 규칙은 양수인이 양도자의 수행의무를 추정한다는 점이다. 미국저촉법리스테이트먼트 328 (1981); U.C.C. 210(4). 계약의 담보권 양도에 예외가 적용된다. 예컨대, 담보 양도는 이행 의무가 담보권자에게 반드시 전환되지 않는다(계약이든 불법행위이든 모두 그렇지 않다). 미국저촉법리스테이트먼트 328 comment B (1981); U.C.C. 9－402.

17) Roger D. Feldman & Scott L. Hoffman, Basic Concepts of Project Finance Documentation: Risk Allocation, Drafting, and Regulatory Considerations for Power Sales and Fuel Supply Contracts, in PROJECT FINANCING, 1987, AT 433－34 (PLI REAL EST. L. & PRACTICE COURSE HANDBOOK SERIES NO. 297, 1987) 참조

것이며 보통 동의 조항에 위와 같은 결과에 대한 확인을 요구할 것이다.

일반적인 동의 조항은 변경이나 수정에 관련한 사항을 포함한다. PF의 담보권자는 관련 계약의 관계 당사자가 아니므로 제3의 계약자와 프로젝트 회사는 계약을 자유롭게 변경하거나 수정할 수 있다. 따라서 담보권자는 일반적으로 모든 계약 수정과 예외적용(waiver)에 대해 사전승인을 받도록 요구한다[18]. 게다가, 담보권자는 일반적으로 제3의 계약자로부터 그들의 사전승인 없이 계약을 수정하거나 따라 변경하지 않도록 하며, 어떠한 수정과 변경사항도 담보권자의 동의 없이는 유효하지 않도록 하는 계약을 요구한다.

이와 유사하게 일반적인 동의 조항에서는 계약상의 채무 불이행이 일어날 경우 제3의 계약자가 담보권자에게 고지하도록 요구한다. 제3의 계약자의 이행 관련 요구사항은 프로젝트 회사가 계약의 조건에 따르는 것에 영향을 받기 때문에 담보권자는 제3의 계약자의 계약 이행을 면제해 주는 경우를 확인해야 한다[19].

담보권자는 보통 담보로써 계약가치를 높이기 위한 동의를 얻기 위해 다른 목표를 추구한다. 이는 프로젝트 회사의 사전 채무 불이행에 대한 책임의 배분, 체결, 교부, 유효성, 적법성, 법적 구속력 그리고 대출거래 종료 당시의 채무 불이행 상태와 관련한 일련의 진술을 포함한다. 또한 계약이행을 위한 모든 선행조건이 충족된 점과 사전양도 또는 담보양도가 일어나지 않았다는 점과 같은 계약조건 및 상황 관련 진술을 포함한다.

계약 당사자의 관점. 계약 당사자들은 보통 아무 대가 없이 제공되는 권리의 포기, 통지기간의 연장, 치유권한 제공, 그리고 프로젝트 대주의 보호 장치들을 좋아하지 않는다. 그러나, 이러한 동의들은 대주단이 주장하는 PF의 기본적인 요소이기 때문에 계약 당사자들도 당연히 이익을 받는다. 대부분의 경우, 계약 당사자가 대주의 요구에 협력하지 않았다면 프로젝트는 존재하지 않을 것이다.

프로젝트 회사의 관점. 프로젝트 회사의 관심은 대부분 채무불이행이나 기한이익 상실에 따른 대주의 권리를 규정하고 있는 금융계약에 있다. 대주와 계약 당사자들이 동의 관련 조항을 협상할 때 프로젝트 회사들은 걱정스럽게 지켜보는 입장을 취하지만, 일부의

---

18) U.C.C. 9-405 조항 : 본 조항은 합리적인 상업 기준에 부합하여 신의성실하게 만들어진 수정과 교환에 영향을 미친다. 이 장은 또한 채무자와 양도인(프로젝트 회사) 사이에 발생한 수정사항에 따라 양수인-대주가 새로운 또는 수정된 계약하의 권리를 받게 된다는 점을 제시한다. 신의성실은 사실에 입각한 정직함을 의미한다. 1-201(19) 조항
U.C.C. 9-405조항은 담보권자에게 "수정되고 개정된 계약하의 관련되는 권리들"을 제공한다. 이전 U.C.C. 9-318(2)의 2번 주석(새로운 규정 9-405조항)은 계약의 수정이 계약의 해제를 포함한다고 제시한다.

19) 매출채권 금융에 있어서의 담보권자로 하여금 바탕이 되는 미이행계약의 모든 조건에 종속되도록 규정하고 있는 U.C.C 9-404(a)(1) 참조.

경우 능동적으로 이러한 협상에 직접 참여하기도 한다.

프로젝트 회사는 이에 동의하는데 위험요인이 없지는 않다. 동의 조항 대주의 권리가 가능한 제한되도록 주의하여 작성되어야 한다. 예컨대 대주는 채무가 유효한 기간 동안에만 프로젝트와 관련 계약에 관심이 있으므로 이들이 프로젝트에 개입할 수 있는 권리는 해당 기간 동안으로 제한되어야 한다. 채무가 모두 상환된 후에는 동의 관련 계약도 종료되어야 한다.

프로젝트 소재국 정부의 관점. 프로젝트 소재국 정부는 동의와 개입 권한에 대한 자신만의 이해관계가 있다. 앞에서도 다루었지만, 프로젝트 대주단은 허가와 라이선스, 그리고 사업권에 대해 다른 계약서에서 담보를 보존할 수 있는 것과 같은 종류의 보호 장치를 원한다.

만일 프로젝트가 소재 국가의 기반 시설이나 경제에 매우 중요하다면 더 복잡한 문제가 발생한다. 해당 국가는 프로젝트 가치의 보존을 위해 그들이 개입할 수 있는 권리도 원할 것이다. 민간 생산물 구매자 역시 생산물의 구매가 그들의 사업에 중요한 경우 비슷한 문제로 고민할 것이다.

일반적으로, 이들 중 어떠한 당사자도 프로젝트 회사의 입장이 되어 프로젝트를 운영할 수 있다. 만일 프로젝트 소재국 정부나 생산물 구매자가 프로젝트 회사의 입장이 될 경우, 프로젝트 채무에 대한 책임을 지게 되며 이를 상환해야 한다. 상황에 따라 만일 대주가 먼저 개입하게 될 경우 정부와의 협약이나 양해에 대한 책임을 지고 이를 수행해야 하며, 생산물 구매자가 먼저 개입할 경우에는 생산물 판매계약을 이행해야 한다.

[3] 미국통일상법전(U.C.C. 9-406조항)에 따른 PF 대주의 권리

프로젝트 계약상의 담보권과 더불어, 어떤 PF 거래는 미국통일상법전 9-406에서 허용하는 바와 같이 수익창출 계약에 따라 대주에게 즉시 수익을 양도하기 위해 짜여진다[20). 해당 조항에 의거, 담보권자는 일반적으로 프로젝트 회사에 지급할 대금을 대주가 소유한 프로젝트 운영 계좌에 입금하도록 계좌 채무자(제3의 계약자)에게 통지해야 한다. 대주는 운영계좌에서 채무상환과 운영비용이 지급되도록 자금 이체를 지시한다. 여분의 자금은

20) U.C.C. 9-406(a). 만일 계좌 채무자가 담보권자에게 직접 대금을 지급하지 못하게 되면, 이중 채무불이행의 위험을 갖게 되고, 이는 잘못된 대금지급은 다시 담보권자에게 이루어져야 한다. 예컨대, Bank of Commerce v. Intermountain Gas Co., 523 P.2d 1375 (Idaho 1974) 참조. 담보권자로 하여금 양수인에게 지급되어야 할 자금, 그리고 양수인 양도인에게 지급되지 않았다는 사정으로 계좌 채무자에게 직접 소송을 할 수 있다는 점을 명확하게 용인하는 조항은 없다.

프로젝트 소유자들에게 배당된다.

대주가 금융종결 이후에도 담보를 보존하길 원하는 때 9-406조항은 PF 대주에게 매우 중요하다. 이러한 상황은 대주가 프로젝트의 재무적 어려움이 발생할 것을 예상하고 자금들의 직접적인 통제를 원할 때 발생할 수 있다.

재무적 미이행 계약을 전반적으로 자세히 다루는 것은 이 책의 범위 밖이지만, 중요한 사항은 간단히 요약하고자 한다. 위에서 다뤄진 바와 같이 일반적으로 미국통일상법전에는 만일 계좌 채무자가 통보를 받았다면 다른 계약 관계 당사자(계좌 채무자)가 담보권자에게 프로젝트 회사에 지급해야 하는 금액을 부담해야 한다고 나와 있다[21]. 프로젝트 계약에서 필요한 자금의 직접적인 수령과 관련하여 PF 대주의 우려는 앞서 계약 자체에 담보권을 갖는 것에 대해 다뤄진 우려와 유사하다. 즉, 계약상 다른 당사자는 선의와 합리적인 상관습에 따른 계약의 수정 및 변경을 포함한[22] 차주의 행동 또는 다른 계약조건에 따라 이행을 면제[23] 받을 수 있다는 것이다. 더 나아가 대주는 양도통지를 수령하기 전에 계약과는 별도로 발생하고 계좌 채무자(계약 관계 당사자)에 누적되는 "항변 또는 청구"에 따라야 한다[24]. 따라서 이러한 위험요인으로부터 대주를 보호하기 위해 심사와 담보계약서 관련 조항들이 요구된다.

PF 대주가 계약조건을 따르게 하는 것과 관련, 신중한 대주는 위험요인 분석을 위해 계약에 포함된 산업의 사업 위험에 대한 이해와 함께 계약 관련법에 대한 모든 지식을 동원할 것이다. 예컨대 프로젝트 생산품을 위한 장기 개방 가격(open price) 계약은 미국 통일상법전 하에서 집행 가능하지만, 만일 가격변동이 충분히 예측 가능하지 않을 경우 대주가 감당할 수 없는 사업 위험을 유발할 수 있다. 추가적인 계약 조건에 관한 위험요인은 다음 부분에서 다뤄진다.

계약 수정이나 변경의 위험요인은 서면상의 공식 계약에 제한되지 않는다. 미국 통일상법전이 보상 없는 계약 수정 가능성도 고려하기 때문에 관계 당사자들은 인도된 상품의 품질과 같은 기본적인 계약 조건들을 바꿀 수 있으며, 이에 따라 대주의 위험을 증가시킬 수 있다[25]. 이러한 위험요인에 대응하기 위해 채무불이행 조항을 고안할 수 있기 때문에 실질적인 보호는 불확실하다. 유사하게, 제3의 계약 당사자가 저당권자의 동의 없이 계약을 수정하거나 변경하지 않도록 합의하게끔 설득하는 것이 항상 가능하지는 않다.

---

21) U.C.C. 9-406. 통지를 수령하고 난 후, 계좌 채무자는 양수인에게만 대금을 지급해야 한다.
22) U.C.C. 9-405
23) U.C.C. 9-404 (a)
24) U.C.C. 9-404(a)
25) U.C.C. 2-209(1)

아마도 가장 중대한 위험은 계약에서 발생하는 항변이나 청구에 관련된 것이다. 예컨대, 담보권자는 프로젝트 회사가 부적합한 상품이나 서비스를 제공할 수도 있는 위험을 부담한다. 계좌 채무자가 항변하지 않는다는 데에 동의하지 않았다면,[26] 대금의 완납에 항변하면서 지급하지 않거나 지급해야 하는 대금을 상쇄하는 방식으로 계약을 불이행함으로써 수익흐름에 영향을 끼칠 것이다.

[4] 양도된 계약 하에서 발생하는 의무에 대한 PF 대주의 책임

미국통일상법전 9－402는 담보권자(프로젝트 대주)가 단지 담보권 때문에 프로젝트 회사의 계약이행 관련 책임에 종속되지는 않는다고 규정하고 있다[27]. 따라서, 담보권자는 양도인이 계좌 채무자에게 결함이 있는 상품을 인도하여 발생한 손해배상과 같은 의무를 계좌 채무자(계약 당사자)에게 부담할 책임이 없다.

양도인에 의한 계약의 위반과 관련하여 담보권자에게 확정적인 의무를 부여하는 일부 판례들이 있다[28]. 하지만 각각의 판례에서 담보권자는 계약의 관리에 적극적으로 참여를 했고 따라서 잠재적 책임에 대해 인지하고 있었다.

26.09 해외 담보 계좌들

만일 프로젝트에서 수익의 일부로 외환을 받게 된다면 프로젝트 대주는 종종 해외 담보 계좌의 개설을 요구하기도 한다[29]. 해외 담보 계좌가 있으면, 생산품 구매자와 프로젝트 회사 사이의 계약에 따라 프로젝트 생산물 구매자는 해외 계좌에 직접 외화로 대금을 지급하기로 확약한다. 해외 담보 계좌는 프로젝트 채무상환을 보장하기 위한 대주의 담보의 일부분이다. 이것은 채무상환과 외화로 지급되는 운영비용의 준비금을 포함하도록 구조되었다. 해외 계좌 예치금은 프로젝트 대출의 원리금 상환과 준비금 예치에 정기적으로 사용되며 남은 금액은 프로젝트 사업주에게 배당된다.

26) U.C.C 9－206; 9－404(a). 다른 계약 상대방에 의한 모든 항변권이 포기되는 “cutoff” 조항의 효과에 대한 논의를 위해서는 In re O.P.M. Leasing Serv., Inc., 21 B.R. 993 (S.D.N.Y Bankr. 1982) 내용 참조.

27) U.C.C. 9－402

28) 이러한 결정은 이전 U.C.C. 9－318에 “항변 또는 청구” 언어와 관련된 광의의 해석에 의존한다.

29) 만일 프로젝트 회사가 프로젝트 소재국 정부의 “통제를 받는” 경우, 정부와 세계은행간에 협약에 대한 논의가 진행되어야 한다. 세계은행의 표준대출계약서의 9.03장은 회원국이 공공재산(회원국의 자산 또는 회원국이 관리하는 법인으로 정의됨)에 대해 담보권을 설정하는 것을 금지하는 담보제공 금지조항이 있다.

보통 해외에 보유 가능한 외화 금액에 대해 해당을 중앙은행의 승인을 받아야 할 수 있다. 이는 보통 일정 기간 내에(관례적으로 3개월에서 1년 사이) 외화로 지급되어야 하는 운영비용과 채무상환 대금에 해당하는 금액이다. 해외 계좌의 개설 및 유지를 위한 모든 정부승인은 반드시 취득해야 한다.

생산물 구매자에게서 받게 될 매출채권(receivables)과 해외 담보 계좌에 대한 담보권 생성과 해당 담보 관련 유치권의 완성은 해외 담보 계좌를 구성하는 데에 있어 매우 중요한 고려사항들이다. 가장 중요한 고려사항은 이러한 담보권의 생성과 완성을 통제하는 법률이다. 생산품 구매자들이 위치한 국가나 계좌가 소재한 국가의 현지법이 이러한 법률들이다. 담보에 관한 판결 분쟁에 대해 타당한 이해관계가 있는 모든 관할지역 내의 담보권을 완성하기 위해 필요한 모든 절차를 밟는 것이 좋다. 아울러, 해외 계좌로 대금을 지급하는 생산물 구매자는 대금을 해외계좌로 지급하는 것과 프로젝트 대주의 담보권을 인정하는 것에 대해 확약해야 한다.

26.10 대주간 계약

[1] 일반

대주간의 문제는 둘 이상의 대주들이 같은 차주로부터 원금과 이자를 상환 받거나 차주가 소유한 담보에 접근할 권리를 제공받을 때 발생한다. PF에 있어 대주간 계약들은 다수의 대주가 있을 수 있기 때문에 특히 중요하다.

프로젝트 초기에 다수의 대주가 존재하지 않는 때에도 운전자본, 초과비용, 설비 개선을 위한 금융조달을 위해 추가적인 대주의 참여가 가능하도록 PF 구조가 만들어질 수 있다. 담보권 행사 권리, 최고 이자율, 후순위 약정과 같은 조건들을 대주간 계약서에 포함하여 이러한 금융조달을 추진할 수 있다.

이미 존재하거나 섭외가 고려되고 있는 다수의 대주가 있는 프로젝트에서는 채무불이행이 발생하게 되면 관계 당사자들이 대주간 관계에 대해 짚어볼 필요가 있다. 관련 이슈로는 원금과 이자를 지급받을 권리, 중요한 프로젝트 계약과 금융계약 변경에 대한 동의권, 정지 기간, 예외처리, 기한이익 상실, 압류와 같은 문제들이 포함된다.

국제 PF는 종종 다자·양자 기구, 상업적인 대주와 채권 인수인(bond holder)으로 구성된다. 금융조달의 우선순위와 관계 당사자들의 권리는 PF 초기에 협상된다.

[2] 대주간 관계에서의 대주단의 목표

대주간 계약에서 대주단의 목표는 신속한 결정을 내릴 수 있는 유연한 구조를 만드는 것과 동시에 각 대주의 독립권을 보호하는 것이다. 특정 대주가 승인을 보류하는 상황이나 비용소모가 큰 구조조정을 초래하는 절차들을 회피하는 것이 프로젝트 운영을 위해 필요하다.

대주간의 분쟁 중 일부는 적당한 기술자에게 결정을 맡기는 방법으로 피할 수 있고, 이미 규정된 특정 사항들을 해결할 권한을 가진 대주단 에이전트를 선택하는 것은 불필요한 지연을 최소화하는 데 도움이 될 수 있다. 마지막으로, 충분한 의결권을 가진 거액 대주가 있는 경우 프로젝트 회사와 소액 대주들에게도 이로울 수 있다.

[3] 전형적인 대주간 계약

일반: 대주간 계약들은 각 대주의 대출 비중과 다자간 기구의 정책, 양자기구의 참여, 그리고 금융조달 구조에 후순위대출이 포함되었는지의 여부에 따라 거래마다 다르다. 대주간 계약은 다양한 대주의 프로젝트 회사의 현금흐름에 대한 권리와 우선순위를 정하기 위하여 시행된다.

PF에서의 대주간 계약은 다수의 대주가 참여하는 금융조달 방식에서 사용되는 대주간 계약과 유사하다. 주요 차이점에는 (i) 금융조달의 비소구 금융이나 제한소구 금융적인 성격, (ii) 금융조달 가능성에 있어서 프로젝트 계약의 중요성 등이 있다.

프로젝트 대출의 비소구 금융적 성격. PF 대출은 대주에게 비소구나 제한소구적 성격을 갖기 때문에 대주들은 대출의 금액과 조건들에 대해 특별한 관심을 갖는다. 한 대주의 대출원금이 증가하여 프로젝트 회사가 상환해야 하는 원금이 증가하게 되는 경우에는 다른 대주가 상환 받아야 할 대출금에 대한 상환 가능성에 부정적인 영향을 끼칠 수 있다. 만일 특정 대주가 프로젝트 회사에 더 큰 이율을 부과하는 경우에도 비슷한 결과를 초래할 수 있다. 그 결과 PF 대주들은 다른 금융 조달 방식에 비해 PF의 이러한 변화들을 막는 데에 더 많은 관심을 기울인다.

프로젝트 계약: 마찬가지로, 프로젝트 계약들은 프로젝트 사업 타당성 판단에 중요하게 작용하기 때문에, 대주단은 프로젝트 계약들의 변경에 동의할 수 있는 권리를 얻기 원한다. 100%의 승인은 극히 드물며, 동의를 얻어야 하는 대주단의 비율은 때에 따라 다르다.

[4] 보험

보험자가 보험계약에 따라 보험금을 지급할 때 대주간에 문제가 발생한다. 이는 보험자가 지급 조건에 따라 양도나 대위(subrogation)에 의해 청구된 바에 맞추어 프로젝트 회사의 권한에 개입하게 되기 때문이다. 그러나 PF에서는 이러한 양도권이나 대위권은 대주간 문제들을 유발한다. 이러한 문제들에는 프로젝트 대주가 동일한 채권을 소구할 권리, 프로젝트 대주의 이익을 위해 차주의 청구권에 설정된 기존 유치권의 영향, 다른 프로젝트 계약상의 잠재적 갈등 조항(기본 청구 관련 대주에게로의 담보양도를 통해 완공 의무를 프로젝트 사업주가 이행하지 않을 구실을 주는 사업주 완공보증) 등이 포함된다. 이러한 문제들은 몰수와 같은 큰 손실이 있는 상황에서 특히 심각하다. 몰수의 경우에는 프로젝트 참여자들이 보험 수익의 분배방법과 청구 관리 및 청구 해결 관련 의사결정에 대한 합의가 필요할 것이다.

[5] 대주간 계약의 일반적인 조건

위에 다뤄진 것을 제외하고 PF에서 사용된 대주간 계약의 조건들은 다른 금융조달 방식에서 사용되는 조건들과 매우 유사하다. 이들은 대출의 인출 절차와 자금사용의 우선순위에 대한 합의, 의결권, 권리포기 및 동의권, 자발적·강제 조기상환을 포함한 상환금액의 분배, 담보의 배분, 교차 채무불이행 권리, 조정된 압류 절차, 에이전트로서의 단일 기관의 실행권 등을 포함한다. 프로젝트 담보는 모든 대주단을 위해 담보 대리인이나 신탁관리자로 선정된 한 기관이 갖게 된다.

26.11 상업 보험

대주는 프로젝트 회사가 담보물로서 모든 보험금과 증권을 그들에게 양도하기를 요구할 것이다. 이는 당연히 보험회사에 손해를 끼치지는 않지만, 프로젝트 회사의 다른 채권자들로부터 대주를 보호하게 된다.

보험을 이용한 권리보호가 프로젝트 대주에게 중요하기 때문에 대주단은 담보범위의 손실과 특정한 추가적 권리들을 보호할 것을 요구할 것인데, 아래에 상세하게 설명하도록 하겠다.

추가적인 피보험자(Additional Insured) 추가적인 피보험자[30]는 프로젝트 회사 이외에 보험계약에 따라 이익을 얻는 주체를 말한다. 대주가 추가적인 피보험자로 지정되었다고 해서 보험료를 지급해야 하는 것은 아니지만, 때로 담보가치를 확보하기 위해 보험료를 지급할 수도 있다.

프로젝트 회사의 정관에 추가적인 피보험자로 등재되면 대주는 마치 별도 부보된(covered) 것으로 간주된다. 그러나, 보험금 수혜자(손실 수익자, loss payee)로 등재되지 않으면 보험금을 지급받지 못할 수도 있다는 점을 주의해야 한다.

보험금 수혜자(Loss Payee) 대주가 보험금 수혜자로 등재되면, 손실 발생시 보험금이 프로젝트 대주에게 가장 먼저 지급된다[31]. 통상 보험금 수혜자 관련 조항에는 프로젝트 회사와 대주 간 상호 관계에 의거하여 보험금을 지급하도록 명시되어 있다. 따라서 대주는 대출금 규모를 상한으로 하는 보험금에 대한 소유권을 가지게 되고, 대출 계약서들을 토대로 보험금을 사업 재건에 사용할 지, 또는 프로젝트 채무의 원금 상환에 사용할 지를 판단하게 된다. 물론, 제3자 채무보험의 경우에는 프로젝트 회사와 대주 모두 보험금을 받을 수 없다. 추가적인 피보험자의 경우와 마찬가지로, 대주에게는 보험료 지급 의무가 없다.

무효 방지 조항(Non-vitiation Clauses) 프로젝트 대주는 추가적인 피보험자, 보험금 수혜자 관련 보호장치 외에도 상업 보험 계약에 무효(또는 계약 불이행) 방지 조항을 추가하도록 요구한다. 일반적으로 보험회사는 피보험자의 부실고지(misrepresentation), 비밀유지 위반, 보증 위반(breach of warranty), 또는 단순 착오를 사유로 보험 계약을 무효화할 수 있는데, 이들 각각의 경우는 대주가 실사 과정에서 판단하기 매우 까다롭고, 대출기간 중에 점검하는 것이 불가능하다. 이때 무효 방지 조항은 보험회사가 보험 계약을 무효화하거나, 보험금 수혜자인 대주에 대한 보험금 지급을 거절하지 못하도록 한다. 하지만 이러한 조항은 협의가 매우 어렵고, 그 유효성이 보험시장 환경에 크게 영향을 받는다.

재보험(Reinsurance) 일부 개발도상국들은 프로젝트 회사가 사업소재국(자국) 내에서 보험을 취득할 것을 요구하거나, 외환 관리를 통해 자국에서 보험을 취득하는 것과 동일한 효과를 얻으려 한다. 그러나, 프로젝트 대주는 사업소재국 보험회사의 신용도가 불충분하다고 판단할 수 있다. 또한 법률, 사법체계 등 해당국 고유의 위험들 때문에 사업소재국

30) 어떤 경우 'additional named insured'는 현재 유효한 보험증권에 따른 피보험자를 의미하고, 'additional insured'는 최초에 발행된 보험증권의 피보험자를 의미하기도 하나, 종종 구분 없이 사용된다.

31) 사소한 청구의 경우 사전 협의된 금액을 프로젝트 회사에 직접 지급하도록 대출계약서에 명시된 경우도 있다.

보험회사와의 거래를 불안해 할 수 있다. 이 경우 대주는 전체, 혹은 대부분의 보험내용에 대해 국제 보험시장에서 재보험에 가입하도록 한다.

재보험은 재보험사와 프로젝트 회사 또는 대주 간에 어떠한 계약관계도 규정하지 않는, 단순히 보면 보험회사와 재보험회사 간의 보장 계약이다. 직접적인 상호관계가 존재하려면, 프로젝트 회사의 보험증권(policy)에 대한 보장(endorsement) 역할을 하는 cut-through 조항이 재보험 계약에 포함되어야 한다.

Cut-through 조항의 형태는 다양한데, 가장 완벽한 형태는 재보험금 지급 대상을 보험회사에서 특정 수령인으로 전용하는 경우이다. Cut-through 보증 조항(cut-through guarantee endorsement)도 재보험금 지급 대상을 보험회사에서 특정 수령인으로 전용하도록 하며, 원 피보험자 몫의 재보험금 지급도 보장한다.

Cut-through 조항은 지급불능 상황이 발생하는 경우 매우 중요해진다. 만약 원(primary) 보험회사가 지급불능 상태에 빠지면, Cut-through 조항은 해당국 파산법에 따라 재보험금 지급 대상을 원 보험회사(와 보험회사의 채권자들)에서 프로젝트 대주로 전용하도록 한다.

대위권 포기(Waiver of Subrogation) 대위권 포기조항은 PF 계약 시 관례상 요구되며, 일반적으로 보험회사는 변제와 동시에 피보험자가 제3자에 대해 가지고 있던 채권을 대위하게 된다. 즉, 보험회사는 피보험자에게 보험금을 지급하며 발생한 손실을 회복하기 위해 제3자에 소를 제기할 수 있다. 이 경우, 프로젝트 대주는 보험회사가 대주 또는 프로젝트 회사에 청구소송을 제기하는 것을 원하지 않는다.

보험 관련 기타 사항(Other Insurance Issues) PF 대주는 프로젝트 회사가 보험 관련 기타 사항들을 준수할 것을 요구한다. 보험 관련 기타 사항들에는 보험료 납부 증명서 제출, 보험 해지 또는 보험료 미납, 보험증서 수정사항 발생시 사전에 대주에게 취소 또는 변경 통지하도록 보험회사와 협의, 대주에게 미납 보험료 지급의무를 부과하지 않고 프로젝트 회사 대신 보험료를 지급할 수 있는 선택권을 부여하도록 협의하는 것 등이 있다.

Part 9

프로젝트 사업주와 투자자 협약

Chapter

27

프로젝트 회사 지배구조 : 주주간 계약, 공동경영 계약, 합작투자 계약, 운영 계약

27.01 일반

프로젝트 회사는 종종 하나 이상의 법인에 의해 소유된다. 이것은 성공적인 프로젝트를 개발하기 위해 각각 다른 재무, 운영, 관리, 기술적인 자원과 역량을 가진 프로젝트 참여자의 결합이 필요하기 때문일 것이다. 예컨대, 프로젝트 참여자 중 하나는 예정된 설비를 설치 하는 데 우수한 기술 및 경험을 가지고 있는 반면, 생산물 관련 장기적 시장 위험에 대한 지식은 없을 수도 있다.

인프라 사업은 많은 자본을 출자하는 것이 필요하며 이는 여러 기업의 자금을 모은 것을 요구한다. 사업을 위한 자본금은 사업에 포함된 비상위험과 그 외 다른 위험과 더해져 어느 한 프로젝트 참여자의 금융 조달 능력을 어렵게 할 수도 있다.

합작사업에 대한 결정은 프로젝트 소재국의 현지 투자자와 함께 지분 소유권을 공유해야 하는 필요에 근거할 수도 있다. 일부 국가의 법은 외국 투자자가 포함된 프로젝트에 자국 국적의 지분 투자자를 포함시킬 것을 요구하기도 한다. 현지법률과 상관없이 보통 현지 파트너는 프로젝트의 성공에 중요한 요소인데, 그 이유는 현지 파트너가 상업적으로 경험이 풍부하거나 인맥이 넓을 경우 비상위험을 줄이는데 도움이 될 수 있기 때문이다.

다수의 파트너의 참여가 필요하다는 점에도 불구하고, 지분 참여자의 추가는 소유권을 더욱 복잡하게 만든다. 각각의 지분 참여자는 자신이 투자한 자금에 대해 각기 다른 목적을 가질 수 있다. 이는 서로 다른 회계 및 세금문제, (공기업, 사기업에 대한) 정부 규제의 차이, 위험성향의 차이, 그리고 다양한 투자 및 유동화 목표 등에 기인한다.

지분 소유에 대한 목적이 무엇이든 지분참여자들의 공통적인 목표는 이익극대화이다. 경영관리에 대한 이해관계, 수익 배당의 횟수, 프로젝트 잉여가치 유지에 대한 이해관계, 프로젝트 소재국의 규제에 대한 이해 등이 잘 구성된 계약서에 필요한 사항들이다.

27.02 주주간 계약

PF에서는 다양한 소유권 문제를 해결하기 위해 회사 주주들간의 합의를 필요로 할 수도 있다. 자본금 출자가 요구되는 시점에 프로젝트가 충분히 개발되지 않았을 수도 있기 때문에 이러한 계약들에는 때로는 유연함이 반드시 필요하다. 예컨대, 주주들은 주식의 형태를 보통주로 할 것인지 우선주로 할 것이지 등에 대한 결정을 금융종결일이나 프로젝트 완공일 등 훗날까지 지연할 수 있도록 허용된다.

주주간 계약에는 운영 및 의결, 사업개발단계 금융조달 및 책임, 시공단계 금융조달 및 책임, 운영단계 금융조달 및 운전자금 조달, 추가 투자(capitalization), 주식 매도 및 다른 주주로부터 주식을 매입할 수 있는 권리, 또는 주식양도 및 기타 소유권 이전에 대한 제한 관련 조항이 포함된다.

27.03 공동경영 계약

프로젝트 참여자들이 합명회사 또는 합자회사 형식의 소유권을 선택하였을 때, 공동경영 계약은 다른 자산과 관련된 공동경영 계약과 유사하다.

공동경영 계약에 종종 포함되는 조항들 중 몇 가지는 다음과 같다. 해당 조항에는 명칭, 성격과 목적, 소유권에 대한 각 파트너의 이해관계, 운영 및 의결권, 기간, 개발단계 금융조달 및 책임, 시공단계 금융조달 및 책임, 운영단계 금융조달 및 운전자금 조달, 추가 투자의 필요성, 주식 매도 및 다른 파트너로부터 주식을 매입할 수 있는 권리, 양도 및 파트너십 권리의 이전에 대한 제한, 기밀유지 및 비경쟁, 사업상 관계의 해소, 관련 조항이 포함된다.

많은 파트너십 구조, 특히 그 중에서도 합자회사와 같은 구조의 파트너십에서는 어느 한 쪽이 관리자의 역할을 한다. 그러나 운영을 하는데 있어 일부 결정은 관리자 역할을 하는 사원에게 단독으로 결정을 맡기기에는 너무 중대한 것도 있다. PF 파트너십에서 관리자 역할을 하는 사원에게 추가 채무 부담, 조기상환, 프로젝트 금융계약의 중요한 사항 수정, 중요한 프로젝트 계약의 권리 포기 또는 옵션 행사, 보증 및 보험청구 관련 합의, 프로젝트의 매각, 혹은 전체 혹은 몇몇의 다른 사원들의 승인 없이 그와 비슷한 조치를 취하는 것은 허락되지 않는다. 비상 상황의 경우 위의 사항들에 있어 예외를 인정한다.

27.04 합작투자 계약

프로젝트 참여자들이 합작투자 형식의 소유권 구조를 선택하였을 때, 합작투자 계약은 해당 프로젝트의 프로젝트 참여자들 사이의 상호관계를 규정할 것이다. 이는 본래적으로 계약에 의한 회사이다.

합작투자 계약에 종종 포함되어 있는 조항들에는 합작투자회사의 명칭, 회사의 성격과 목적, 각 합작투자자들의 소유권에 대한 이해관계, 운영 및 의결권, 기간, 개발단계 금융조달 및 책임, 시공단계 금융조달 및 책임, 운영단계 금융조달 및 운전자금 조달, 추가 투자의 필요성, 수익 분배의 절차, 소유권 이전에 대한 이해관계 및 다른 투자자로부터 주식을 매입할 수 있는 권리, 양도 및 권리의 이전에 대한 제한, 기밀유지 및 비경쟁, 사업상 관계의 해소 등과 관련한 조항이 있다.

27.05 운영 계약

어떤 사업에서는 프로젝트 운영자가 프로젝트를 운영하도록 위임 받은 별도의 계약에 의해 프로젝트 회사가 운영된다. 프로젝트 운영자는 프로젝트 지분 소유자의 관계사일 수도 있고, 독립된 주제가 될 수도 있다.

프로젝트 운영 계약은 보통 예산의 준비와 배분과 관리, 재무 및 기술관련 기록 관리 및 보고, 시공 감독, 건설자금 집행, 프로젝트 수익의 회수 및 배분, 보험 및 보증 청구의 처리, 계좌 운영 및 관련 비용 지급, 법률/회계/그리고 기타 전문적인 용역의 유지 및 운영, 보험 유지 등과 같은 의무사항을 프로젝트 회사에 부여한다.

Part 10

PF 관련 특수한 주제들

Chapter **28**

파 산

28.01 서 론

미국과 다른 국가에 자산을 가진 프로젝트 참여자의 파산 혹은 오직 프로젝트 소재국 자산을 가진 프로젝트 참여자의 파산은 채권자에게 다양한 형태의 위험을 가져다 준다. 여기에는 다른 국가에서 보조적인 소송절차가 가능한지 여부와 나머지 국가들이 다른 국가의 파산 절차를 인식하고 있는지에 대한 위험이 포함된다. 유감스럽게도 전세계 공통의 파산법은 존재하지 않는다[1].

국제적인 프로젝트에는 미국에서 비교적 상식적으로 받아들여지는 파산 구조조정이 일반적으로 불가능하다. 왜냐하면 한 개의 법역이 프로젝트의 구조조정에 대한 전반적인 지배권을 행사할 수 없기 때문이다.

28.02 유 형

채무자의 채권자, 자산 혹은 이 두 가지 모두 다른 국가에 위치할 때 파산 보호는 두 가지 일반적인 이론을 가진다[2]. 이는 보편주의와 속지주의 유형이며, 이러한 이론을 이해하면 국제 PF에서의 위험을 이해하기 쉬울 것이다.

1) Richard Walsh, Pacific Rim Collateral Security Laws: What Happens when the Project Goes Wrong, 4 STAN.J.L.BUS.&FIN. 115 (1999), AMERICAN BAR ASSOCIATION NATIONAL INSTITUTE ON MULTINATIONAL COMMERCIAL INSOLVENCY (1993), INTERNATIONAL LOAN WORKOUTS AND BANKRUPTCIES (R. Gitlin & R. Mears eds., 1989) 참조

2) 1 J. DALHUISEN, DALHUISEN ON INTERNATIONAL INSOLVENCY AND BANKRUPTCY 2.03[3] (1986)

[1] 보편주의

보편주의 접근을 기반으로 하는 국가는 파산절차가 진행중인 국가의 파산법을 가장 중요하게 여긴다. 모든 채권자들은 하나의 소송절차에 참여하도록 요구되며 이를 통해 내려진 결정은 국제적인 영향을 가지는 것으로 간주된다.

[2] 속지주의

앞서 언급한 유형과는 정반대의 유형으로, 파산법을 오직 해당 국가 내에만 적용한다. 그러므로 다국적 사업을 하는 채무자는 여러 나라에서 파산 소송절차를 진행해야 한다. 한 국가에서 파산결정이 내려진 채무자라 할지라도 다른 국가에서 같은 효력이 발생하지 않는다.

[3] 보편주의와 속지주의

불행하게도 거의 모든 국가들에서 채권자에게 두 이론을 모두 적용시킨다. 보편주의는 현지 파산법에 적용하고 속지주의는 외국 파산법에 적용하는 식이다. 이러한 경우 현지 파산법이 외국 파산법에 우선한다.

거의 대부분의 큰 정부들은 독자적인 파산법을 제정하였다[3]. 그러나 파산법에 대한 몇몇 조약이 존재한다고 하더라도 이 조약들에 대한 협상을 진행하는 데에는 한계가 있다[4]. 부분적으로 이는 파산법이 일반법과는 분리되어 발전되어 왔기 때문이다. 위에서 논의된 바와 같이 대부분의 국가는 자국 채무자의 모든 채권자(현지 및 외국)들을 자국법에 따라 처리한다. 반대로 자국 채권자와 외국 파산자의 자국내 소유 자산에 대해서는 외국 파산법의 인정이 외국 채무자의 파산에만 한정되어있다. 결과적으로 파산법과 정책에 있어서 최소한의 국제적 협조는 존재한다.

3) 바하마 제도, 버뮤다, 캐나다, 케이먼제도, 에콰도르, 프랑스, 홍콩, 이스라엘, 이탈리아, 룩셈부르크, 네덜란드, 안틸레스, 스웨덴, 영국의 파산법은 미국의 파산법과 상당히 유사하다. 반면, 호주, 스페인, 캐나다는 유사성을 찾기 어렵다.

4) R. Gitlin & E. Flaschen, The International Void in the Law of Multinational Bankruptcies, 42 BUS. LAW.287, 289-10 (1987), Kurt Nadelmann, Bankruptcy Treaties, 93 U. PA. L. REV. 58 (1944)

28.03 미국 국내외 자산과 관련된 채무자의 파산보호를 위한 법정관리 신청

비록 미국 파산법[5]이 특별히 범세계적으로 적용 가능한 법률이지만, 미국 파산법정이 해외에 소재한 미국 채무자들의 자산을 보호하는 데는 한계가 있다. 외국자산의 보유자가 파산하는 경우 자산이 위치하고 있는 곳의 외국 법정과의 협조에 의존하는 것이 효율적이다.

이 경우, 미국과 거의 접촉할 수 있는 방법이 없는 외국 채권자들은 외국 법정에 의해 중단되지 않는 이상 미국 채무자의 외국 자산을 추적할 수 있다. 미국 채권자는 미국 파산법의 자동 잔류 조항 때문에 이러한 추적행위가 불가능하다. 그러나, 외국 채권자는 미국 채권자들이 해당하는 금액을 지급 받을 때까지 미국 파산 소송절차에서 배당금을 받을 수가 없다[6].

채무자는 외국 채권자로부터 해외 소재 자산을 보호하기 위해 빠르게 대응해야 한다. 특히, 생산물 구매자와 같은 다른 프로젝트 참여자가 생산물 판매계약에 따라 프로젝트 회사의 이행 의무를 보장받기 위해 프로젝트 자산에 대한 유치권을 취득한 경우 더욱 유의해야 한다.

채무자가 이와 같은 대응을 할 수 있는지와, 따라야 할 절차는 자산 소재지의 사법권에 따라 결정된다.

28.04 미국 자산을 가진 외국인 채무자의 해외 파산보호를 위한 법정관리 신청

PF 채무자가 미국 자산과 프로젝트 소재국 자산을 가지고 있다고 가정하면 프로젝트 소재국에서는 파산보호를 위해 관리 신청을 제기한다. 미국 파산법에 따르면 외국 파산 소송절차 대리인은 제304항에 따라 보조 법정관리 절차가 허용된다[7]. 신청절차에서 대리인은 법정에 외국 채무자 혹은 그의 자산의 이익에 반하는 행위를 금하도록 요구할 수 있으며 외국 대리인에게 외국 채무자가 미국에 가지고 있는 자산을 넘겨주는 것을 금지하도

5) 11 U.S.C. 101 – 1330 (1994)

6) 11 U.S.C. 508(a)

7) 11 U.S.C. 304 (1994)

록 요청할 수 있다. 법정은 또한 적절하게 경감 방안을 제안할 수도 있다[8]. 이러한 요청사항에 대해 미국 파산법정은 어느 쪽이 여러 가지 요인에 부합하는, 재산의 경제적이고 신속한 처리를 보장할지를 기준으로 하여 판단하려고 할 것이다[9]. 이는 재산에 이의나 권리를 주장하는 모든 사람에 대한 공평한 대우,[10] 외국 소송절차에서 권리 소송에 차별 및 불편을 겪은 미국 내 청구권자의 보호,[11] 특정 재산의 우선권 부여 또는 부당 처분에 대한 보호,[12] 미국 파산법[13]과 관례[14]에 충분히 부합하는 자산의 배당 등 모든 이해관계에 대한 처리를 포함한다.

28.05 복수 소재국에 자산을 가진 채무자들을 위한 파산 법정의 선택

다국적 자산에 대한 파산보호를 고려하고 있는 채무자는 어디에 보호를 요청할지, 법정관리를 어디로 제기할지를 결정할 필요가 있다. 채무자가 자산을 소유하고 있는 각 국가에서 소송을 위한 적절한 사법권이 구축되어 있는지 조사해야 한다. 몇몇 나라는 외국 파산 소송절차를 실시하지 않기 때문에 이러한 초기 분석은 매우 중요하다[15].

한 국가에서 소송을 제기하기로 결정한 복수 소재국에 자산을 가진 채무자는 다른 국가에서는 보조소송절차를 진행함으로써 파산 보호를 달성할 수 있다. 예컨대 미국 파산법 제 304항은 외국 파산 보호 소송 이후에 미국에서 보조소송절차 진행을 허용한다[16]. 그러나 이러한 접근에는 위험이 따른다. 미국 파산법정이 미국 채권자의 처분을 금지할 수 있을지, 혹은 미국에 위치한 자산을 외국 파산 대리인에게 주도록 명령을 내릴 지는 보장할 수 없다.

또 다른 대안으로, 채무자는 여러 나라에서 파산 보호를 위해 소송을 제기할 수 있다. 불행하게도 이 방법은 복잡하며 비싸고, 오래 걸린다.

8) 11 U.S.C. 304 (1994)
9) 11. U.S.C. 304(c)
10) 11. U.S.C. 304(c) (1)
11) 11. U.S.C. 304(c) (2)
12) 11. U.S.C. 304(c) (3)
13) 11. U.S.C. 304(c) (4)
14) 11. U.S.C. 304(c) (5)
15) 캐나다, 일본, 네덜란드, 페루, 파라과이, 파나마, 대만은 외국 파산 절차를 인정하지 않는다.
16) 11. U.S.C. 304

28.06 계약체결 전 파산 해결책의 구조화

국제적인 프로젝트에서 미국에서 존재하는 것과 같은 파산 구조조정이 일반적으로 가능하지는 않다. 왜냐하면 한 사법당국이 프로젝트 구조조정에 대한 전반적인 통제권을 주장할 수는 없기 때문이다.

이에 대한 한가지 해결책으로 구조조정 계약이 있을 수 있다. 이 계약은 주요 계약당사자와 함께 대주단과 프로젝트의 자본금 투자자들 사이의 계약으로, 구조조정의 전반적인 과정에 대한 것이다. 이러한 계약은 구체적일 수 있는데, 예컨대 일정 비율의 채권자 찬성표 없이 대주는 프로젝트 회사로부터 채권 상환을 시작할 수 없다는 조건을 넣을 수 있다. 이러한 투표를 통해 특정 채권자에게 유리한 대우를 주지 않도록 다른 채권자들을 보호하는 환경을 조성할 수 있다.

물론 어떤 메커니즘은 대출금 및 자본금을 포함한 추가적인 자금을 유치하기 위해 존재해야 한다. 덧붙여 일정 비율에 달하는 채권자의 동의만이 유일한 승인 조건이 될 수 있다.

이 때, 대출금과 자본금의 조건은 우선적으로 정해질 수 있는데, 예컨대 추가적으로 투입된 대출금에는 우선적인 상환 조건을 허용할 수 있다. 추가적인 자본금투자는 더 관대한 배당관련 약정이나 모든 현금흐름 초과 분이 대출금 강제 조기상환에 사용될 필요는 없다는 조항 등을 통해 장려될 수 있다.

요컨대, 통일된 국제적 파산 구조가 없음에도 불구하고 PF 구조조정을 위한 절차는 우선적으로 동의될 수 있다. 이 접근은 특히 PF에서 매우 중요하다. 모든 프로젝트 참여자가 장기적인 목적을 달성하는 유일한 방법은 프로젝트 운영을 통해서이다. 청산은 PF에서 실행 가능한 옵션이 아니다. 대출잔액은 일반적으로 대출기간 중 상당한 기간 동안 자산가치보다 더 크다. 프로젝트 소재국 정부 혹은 생산물 판매계약자는 압류소송의 몫을 수령하는 것보다 프로젝트가 계속 진행되는 것을 선호한다.

구조조정은 문제가 있는 프로젝트에서 대체로 가장 좋은 대안으로 꼽힌다. 국제 PF에서 존재하지도 않는 통일된 파산법에 따라 구조조정이 이루어지지 않는 이상, 이를 위해서는 사전에 협상된 계약이 필요하다. 왜냐하면 PF의 수출신용기관, 비상위험을 위한 보험사, 상업은행, 시공사, 운영자, 생산물 판매계약자, 현지정부 등 다양한 이해관계자들의 이해관계가 구조조정을 불가능하게 하기 때문이다.

Chapter 29

해외투자 관련 미국법

29.01 서 론

정부 공직자의 뇌물수수는 많은 나라에서 금지되고 있다. 그러나 미국에서는 이러한 제한이 외국 정부 공직자들의 뇌물수수에까지 광범위하게 해당된다. 1977년의 해외부정거래방지법(Foreign Corrupt Practices Act, FCPA)가 가장 유명한 금지규정이기는 하나, 다른 미국 법령들 역시 PF에 적용될 수 있다.

이러한 법령들은 미국에서 제정되었음에도 불구하고 세계 도처의 PF에 적용되고 있는데 왜냐하면 이 법령이 다른 나라에서 설립된 미국식 운영방식의 회사나 미국회사에 적용되기 때문이다.

이 장에서 거론될 많은 법들은 다른 국가의 법들과 동일하지는 않다. 그러나 적용범위를 고려하여 PF의 맥락에서 일반적으로 이해되어야 한다.

29.02 해외부정거래방지법(Foreign Corrupt Practices Act) 일반

1977년 제정된 미국 해외부정거래방지법(이하 FCPA)[1]은 외국 공직자의 뇌물수수를 불법화 하기 위해 만들어졌다. 법령은 두 가지 요소로 이루어 지는데, 미국인이 공직자와 외국정부의 대리인에게 한 부패한 대금지급은 불법적인 행위가 되며, 이에 따라 외국 공직자와 대리인에게 지급된 금액을 정확하게 반영하는 회계실무를 요구한다는 것이다.

FCPA는 국제상거래에 있어 외국공직자에 대한 뇌물방지협약의 승인에 따라 1998년에

1) Foreign Corrupt Practices Act of 1977, Pub. L. No. 95-213, 91 Stat. 1494(1988, 1988년 개정), codified at 15 u.s.c. §§78dd-1, 78dd-2, 78ff(a), 78ff(c), 78m(b)

개정되었다. 이 법이 수년 동안 외국 뇌물수수에 반하는 유일한 금지조항이었던 것을 고려할 때, 미국이 기초법률 강화를 요청 받았다는 사실은 아이러니 하다. 개정에 앞서 조항과 조약 사이에는 차이점이 존재했다. 미국 FCPA와 달리, OECD의 협약은 단지 지역에 국한하지 않고 그 국가에서 활동하는 모든 사람에 대한 제한을 고려하였다. FCPA가 "어떤 개인에게 사업을 획득, 유지, 지휘" 하게 하기 위한 지급을 부정거래로 보는 반면, OECD 협약은 더 광범위하게 "모든 부적절한 이득"을 획득하도록 하는 지급을 부정거래로 정의한다. 마지막으로 FCPA가 정부의 공직자만을 포함하는 반면, 협약은 더 넓게 공적인 국제기구의 직원까지 포함한다.

그러나 흥미롭게도 협약은 FCPA보다 적어도 한 부분에서는 더 제한적이다. FCPA와 달리 협약은 정치 후보자, 정당, 그리고 정당 공무원에 금전을 지급하는 것을 제한하지 않는다.

1998년 개정안은 다음과 같은 수정사항을 포함한다.

- 미국인 외에 미국 내에서 활동하는 모든 사람을 포함한다.
- 미국 외에서 활동하는 미국인을 포함한다.
- 금지된 지급은 "어떠한 부당한 이득"을 얻게 하는 금전의 지급까지 확대하여 포함한다.
- "외국 공직자"의 정의는 확대된다.
- 미국인이 아닌 경우 형사처벌에서 제외되는 규정은 삭제한다.

각각의 수정사항은 아래에서 다룬다.

[1] 뇌물금지

FCPA는 외국 공직자에 뇌물을 공여하는 것을 불법으로 정의한다. 이는 증권거래법 제12항에 규정된 증권의 발행인 혹은 증권거래법 제15항에 따라 보고서를 보관하도록 요구된 사람,[2] 연방법 혹은 주법 아래 조직된 법인,[3] 미국에 주요 사업장 소재지가 위치한 법인,[4] 그리고 시민 · 국민 혹은 미국 거주자[5]와 같이 넓게 4가지 범주의 법인과 개인으로 나뉘어 진다. 이는 해당되는 독립체를 대표하여 활동하는 모든 공직자, 종업원, 대리인 혹은 주주까지 적용된다.

---

2) 15 U.S.C. 78dd-1, 78ff(a)
3) 15 U.S.C. 78dd-2
4) 15 U.S.C. 78dd-2
5) 15 U.S.C. 78dd-2

1998년 개정안은 FCPA의 적용 범위를 미국법에 따라 설립한 회사와 타국에서 "미국인"이 행한 행위에까지 확대하였다[6]. "미국인"은 "미국 국적을 가졌거나 미국법 아래 조직된 어떠한 기업, 합자회사, 기관, 주식합병회사, 사업신탁, 비 법인조직 혹은 개인기업"으로 정의된다[7].

불법적 활동은 특정인에게 사업의 획득, 유지, 지위 등을 얻게 해줄 목적으로 외국공직자에게 금전 혹은 금전과 유사한 가치가 있는 것을 제공, 지급, 지급 약속, 지급 승인하는 행위를 포함한다. 비슷한 금지규정이 정당, 정당의 사무직원 혹은 외국 정치사무소의 후보에게 지급한 경우에 적용된다.

또한 사업 확보 및 유지를 위해 회사에 도움을 줄 목적의 뇌물로써 외국 공직자(외국정당, 후보자 또는 사무직원)에게 직접적 혹은 간접적으로 대금의 전부 또는 일부를 제공, 수수, 약속한 것에 대해 알고 있다면 그 사람에게 행해진 어떠한 형태의 금전 제공도 불법으로 간주된다. FCPA는 간접적인 뇌물까지도 포함한다. 왜냐하면 설령 뇌물공여를 직접 하지 않았거나 단지 거래를 목격한 경우에도 뇌물공여에 대해 인지할 수 있기 때문이다.

[2] 회계 조항

FCPA는 또한 증권 발행인이 FCPA의 회계 기준을 충족할 것을 요구한다. 이러한 기준은 기업의 장부와 기록이 정확하고 공정하게 기업의 거래를 반영하도록 한다. 내부적 회계 규제는 자산의 전환 혹은 기업 자금의 기타 금지된 활용을 방지하기 위해 설계되고 시행되어야 한다.

[3] 다자기구의 뇌물수수금지

뇌물수수금지법은 최근 다자기구에서 발전하는 추세이다. 많은 금지조항들이 다자기구의 대출 제도에 관련된 활동을 보호하기 위해 추가되었다. 이에 대해서는 제32장에서 자세히 다루고 있다.

6) 15 U.S.C. 78-dd-1(g)(2), 78dd-2(i)(2)
7) 15. U.S.C. 78-dd-2(i)(2)

29.03 해외부정거래방지법의 뇌물수수금지규정

FCPA의 위반사항에 해당하려면 다음의 5가지 요소가 발견되어야 한다. 이러한 요소에는 부패의도, 국가간 통상활동, 금전 혹은 그에 상당하는 물품의 제공 · 지급 · 기증 · 약속, 외국 공직자 또는 외국 공직자에게 뇌물의 제공 · 지급 · 기증 · 약속이 이루어 질 것이라는 예상에 따른 제3자 앞 공여, 외국 공직자가 특정 회사의 사업 획득 및 유지를 지원하기 위해 자신의 권한을 사용하도록 하기 위한 목적 보유 등이 있다. 각 요소에 대한 설명은 아래에 계속된다.

[1] 부패의도(Corrupt Intent)

FCPA에 의거하여 책임을 지게 되는 경우는, 직접 지급하거나 이를 허가하는 사람이 반드시 국가간 통상 증진을 위해 서신 혹은 어떠한 수단이나 방법을 통해서 뇌물을 공여하거나 제안한다는 부패의도가 있어야 한다. 부패의도가 규정에 정의 되어 있지는 않지만, 제공, 지급, 기증 또는 약속이 수수자가 자신의 공적 권한을 악용하여 사업을 잘못 지도하거나, 사업을 유리하게 하는 법령 또는 조약을 제정하도록 유도하기 위한 것이어야 한다[8].

부패의도는 FCPA의 다른 요소들이 존재하는 거의 모든 곳에 나타난다. 즉, 사업의 획득이나 유지를 목적으로 공적 권한을 발휘하는데 영향을 끼치도록 외국 공직자에게 행하는 뇌물공여는 거의 항상 부패의도를 가진다. 그러나 어떠한 행동을 유도하기 보다 좋은 관계를 조성하기 위한 소액의 상품권 등은 이 조항에서 제외된다.

1998년 개정안은 금지하는 행위의 범위를 확장시켰다. 현재, FCPA 위반은 **모든 부적절한 이득을 취하기 위한** 뇌물까지 해당된다[9].

[2] 국가간 통상활동과 조장 행위

또한, FCPA는 규정된 활동을 조장하는 우편 등의 국가간 통상활동 수단을 상용하는 것

8) S. REP. NO. 114, 95th Cong., 1st Sess. 10-11 (1977). 법령의 연혁은 "부패하게"라는 단어의 설명을 포함한다. "부패하게"라는 단어는 수수자가 그의 공적 권한을 공여자 또는 그의 고객이 사업을 하는데 있어서 잘못 지도하는데 사용하거나 사업을 유리하게 하는 법령 또는 조약을 얻기 위한 목적으로 수수자를 유인하기 위해 제공, 대금지급, 지급약속 또는 선물되어야 한다는 점을 명확하게 하기 위해 사용된다. "부패하게"라는 단어는 악의나 고의를 내포하고 있는데, 이 의도는 수령자를 잘못된 방향으로 영향을 주게 된다. 이것은 원하는 결과물을 얻기 위해 완전히 이행되거나 그것이 계속될 것을 필요로 하지 않는다.

9) 15 U.S.C. 78dd-3

을 금지한다. 거의 모든 상황에서 전화나 우편은 FCPA 기소요건을 만족시킨다.

1998년 수정법안은 새로운 뇌물방지 조항을 추가했다. 그 결과 미국 내에서 위법을 조장하는 행위를 하면 FCPA의 적용을 받게 되었다. 이 조항은 국내 관계자와 발행인에게까지 적용되는 국가간 통상 관련 조항 보다 더 넓은 범위에 적용될 수 있다[10].

[3] 금전 혹은 그에 상당하는 물품의 제공, 지급, 기증, 약속

금전 혹은 그에 상당하는 물품의 제공, 지급, 기증 또는 약속이 있어야 한다. 이러한 광의의 표현은 인간의 행동에 영향을 미치는 거의 모든 수단을 포함한다.

[4] 외국 공직자

FCPA 뇌물금지법은 외국 공직자, 외국 정당 또는 정당 사무직원, 혹은 외국 정당의 입후보자에게까지 확대된다. 외국 공직자는 외국 정부 혹은 부처, 기관 또는 산하기구에서 일하는 공직자나 직원 혹은 이러한 정부, 부서, 기관, 혹은 그 산하기구를 대신하여 공식적으로 자격을 가지는 개인을 의미한다[11]. 1998년 개정안은 미국 대통령에 의해 수시로 지정되는 공공 성격의 국제기구를 위해 일하는 공직자,[12] 직원 혹은 다른 개인을 추가했다[13].

만약 자금의 제공이 공직자가 아닌 다른 자에게 이루어졌지만, 해당 자금이 결국은 외국공직자에게 전달될 것을 알고 있다면 이런 행위는 여전히 불법이다. 만약 한 회사의 경영진이 고의로 감춰지거나, 작위, 부작위, 언어, 혹은 경영진의 위반사항을 합리적으로 알리는 다른 암시를 부당하게 모르는 척 하더라도 구성요건 상의 인지는 존재한다고 추론될 수 있다.

FCPA의 범위는 외국정부가 고용한 직원과 비슷한 업무를 하는 인력에까지 확대된다. 예컨대, PF 거래와 관련된 서비스를 제공하는 엔지니어, 금융 애널리스트 혹은 외국 정부가 고용한 연료 관련 자문사 역시 외국 공직자의 정의에 포함된다. 이러한 인력은 각자 프로젝트의 설계 혹은 건설에 대한 공학적 검토, 금융 분석, 연료 관리 등을 위해 권한이 있거나 책임이 있는 정부 기관을 대신하는 사람들까지 포함한다[14]. 정부가 연료 공급회사,

---

10) 국제거래에 있어서의 공무원에 대한 뇌물퇴치조약에 관련한 주해 제4항 참조(영역상의 유대 territorial nexus는 "뇌물수수에 대한 넓은 물리적 연결고리가 필요 없도록 하기 위해서" 확대 해석된다.

11) 15 U.S.C. 2929

12) 15 U.S.C. 78dd-1(f)(1)(A), 78dd-2(h)(2)(A)

13) 22 U.S.C. 288

14) 아직 어떤 법원도 이런 방식으로 처리한 적은 없지만, FCPA의 의도는 이러한 결과와 일관된 것으로 나타난다. Cf. United States v. Griffin, 401 F.Supp.1222(S.D.Ind.1975), 의견 없이 단언함

전력회사 그리고 기반시설의 전부 혹은 일부를 소유하고 있는 개발도상국에서 이러한 국가 소유회사의 직원에 해당되는 사람은 특히 염려되는 대상이다[15].

법무부는 외국 공직자의 범위를 규정하기 위해 FCPA Opinion Procedure을 설립하였다[16].

[5] 외국 공직자가 특정회사의 사업 획득 및 유지를 지원하기 위해 자신의 권한을 사용하도록 하기 위한 목적

마지막으로, 뇌물공여는 뇌물공여를 한 회사가 부당하게 사업을 수행하기 위해 공적인 위치를 오용하도록 뇌물 수령자를 설득하기 위한 의도가 있었어야 한다. 공직자가 그의 업무나 지위의 기능을 사용할 때 그는 공식자격에 대한 공무상 행위를 수행해야 한다. 예컨대 정부직책을 맡고 있는 사람은 만약 그들의 행위가 정부 부처에서의 역할에 대한 권리 혹은 영향에 관계가 없다면 회사의 컨설턴트로서 활동할 수도 있다[17].

뇌물의 지급은 사업의 획득과 유지를 목적으로 하여 이루어져야 한다. 이런 구분의 범위는 아직 법정에서 해결된 부분은 아니다.

부패행위는 사실 결정에 영향을 끼친 경우만 해당되는 것이 아니다. 정확히 말하면, 부패 의도를 가지고 뇌물을 공여하고 허가하는 행위만 있다면 충분하다.

[6] 예외와 항변

이러한 광범위하고 일반적인 금지조항에 대한 예외로는 사업촉진비, 현지법에 의해 허가된 수수료, 홍보 비용의 환급과 같은 것들이 포함된다.

사업촉진비. 일상적인 행정행위를 수행하는 낮은 직급의 공무원들에게 사업을 빨리 진행하기 위한 수수료(현지용어로 "기름칠" 수수료)나 "급행수수료"를 지급하는 것은 기소면제대상이다. FCPA에 정리된 예시들은 허가, 면허 혹은 다른 공적 문서를 얻는 것, 경찰로부터의 보호 혹은 우편물 수령 및 배달 제공, 전화 서비스 · 전력 · 생활용수 공급, 화물의 선적 및 하역, 부패가 쉬운 물품의 보호, 그리고 역외로 전달되는 물품 혹은 계약 수행

15) FCPA 검토 절차 출판물 No.93 - 1(1993년 4월 20일) 참조 (외국 정부가 소유하고 운영하는 상업적 법인은 외국 정보의 기구임)

16) 28 C.F.R. Parts 50 - 80

17) FCPA 검토 절차 출판물 No.86 - 1(1986년 7월 18일) 참조 (관계가 완전히 공개되고 국회의원들이 공적 능력을 회사에 유리한 결정을 하는데 사용되지 않도록 미국 회사와 영국 및 말레이시아 국회의원들 사이의 조정의 추진(prosecution of arrangement)이 없음)

과 관련된 점검계획을 포함한다. 이와 비슷한 행위들 역시 보호된다. 일상적인 정부의 행위는 특정 당사자들에게 새로운 사업기회를 제공하거나 유지하도록 외국 공직자가 의사결정을 내리는 것을 명백히 포함하지 않는다.

1998년 개정안은 금지된 행위의 범위를 확장하여 이제 이와 같이 개인이 **어떠한 것이든 부도덕한 이득을 얻기 위해** 뇌물을 주었다면 FCPA 위반에 해당하도록 규정한다[18]. 사업촉진비 지급으로 인해 이를 지급한 자에게 부적절한 이익이 제공되었을 때, 이에 해당하는 것으로 본다.

현지법에 의해 용인되는 금전의 지급: 만약 외국 정부가 금전의 지급을 허용하는 법이나 규정을 성문화하고 있다면 그로 인해 발생한 법적 책임에 대해 방어가 가능하다. 이는 변호인으로부터 컨설팅을 받거나, 법무부 외국부패관례법 의견 청취 절차를 이용하면 된다.

홍보 비용 환급: 상품·서비스의 홍보, 전시 및 설명이나 외국 정부·관련 기관과 체결한 계약의 진행 및 시행과 직접적으로 관련된 비용이 외국 공직자에게 환급되었다면 이는 합리적인 선의의 지급으로, FCPA조항에 의거하여 용인되는 행위이다. 이러한 비용 환급은 행정의 작위 또는 부작위에 영향을 주도록 하는 부패행위를 숨기기 위한 목적이어서는 안 된다.

미국회사의 자회사가 금전을 지급: 일반적으로 FCPA는 미국 회사의 외국자회사에는 직접적으로 적용되지는 않는다. 그러나 예외는 존재하는데, 외국자회사가 미국을 주요 사업소재지로 삼아 사업을 영위하거나 증권거래법에 따른 "주식발행인"일 경우이다.

그럼에도 불구하고, FCPA의 적용범위는 상당하다. FCPA는 미국 시민, 국민, 거주자에게 적용되며 우편 등의 국가간 통상 활동 수단을 사용하여 뇌물을 지급하는 것을 금지한다. 비록 미국 시민, 국민 혹은 거주자가 관련되지 않았거나, 미국 우편이 사용되지 않았거나, 미국에 위치한 팩스나 전화가 사용되지 않았다고 할지라도 FCPA는 적용된다. 만일 충분한 내부적 회계 통제가 제때 이루어졌다면 모회사가 인지하지 못한 상태에서 외국 자회사가 뇌물제공을 할 가능성이 낮기 때문이다. 모회사에 의해 충분한 통제가 이루어지지 않았다고 판단될 경우 모회사는 FCPA를 위반한 것으로 간주된다.

18) 15 U.S.C. 78dd-3

[7] 특정이행과 벌금

법무부는 FCPA의 모든 민·형사를 아우르는 대표적인 집행기관이다. 주식발행인 관련 뇌물금지조항의 민사집행에 대한 책임을 가지는 증권거래위원회가 조정역할을 수행한다.

FCPA 위반시 2백만불에 달하는 벌금이 회사에 청구될 수 있다. 공무원, 간부직원, 주주, 직원, 대리인들은 10만불에 달하는 벌금형 또는 최대 5년의 징역형을 받을 수 있다.

민사소송은 증권거래위원회 또는 일반 변호사에 의해 제기될 수 있다. 1만불까지의 벌금형은 해당 회사나 임직원 혹은 회사의 대리인, 혹은 회사를 대신하는 주주에게도 부과될 수 있다. 증권거래위원회의 특정이행을 통해 추가적인 벌금이 부과될 수 있지만, 이는 (i) 법 위반에 따라 얻은 수익의 총액, (ii) 위반의 정도에 따라 정해진 금액 (자연인의 경우 5천불~10만불, 다른 당사자의 경우 5만불~50만불 범위)의 금액 중 큰 금액을 초과할 수 없다.

이러한 벌금에 추가로 연방형법은 개인에게 25만불에 달하는 (혹은 금전상 이익이나 중대한 손실액의 두 배에 달하는) 벌금을 부과할 수 있다. 게다가 FCPA 위반이 발각된 개인이나 회사는 연방정부에 의해 사업을 중단하도록 조치를 받거나, 수출면허 부적격 판정을 받거나, 유예되거나 혹은 증권거래위원회에 의해 증권업무에서 제외되고 민사 벌금을 부과 받거나, 상품선물거래위원회와 해외민간투자공사(OPIC)의 지원대상에서 제외될 수 있다. 불법적인 금전의 지급은 소득세 징수시 사업비용으로 공제받을 수 없다.

[8] FCPA의 위반 방지

정부의 허가 및 승인의 필요성 때문에 프로젝트 개발은 특히 뇌물수수의 유혹에 쉽게 영향을 받는다. 특히 뇌물수수가 허가신청 및 다른 정부 승인의 진행에 있어 일반적인 것으로 생각되는 나라에서 더 심하다.

프로젝트 사업주 회사의 임직원들이 비록 FCPA를 잘 인지하고 있더라도, 컨설턴트나 다른 대리인의 개입은 해외에서 사업을 하고 있는 모든 회사에서 문제를 야기한다. 컨설턴트와 대리인들은 종종 고위급 정부 공직자 외의 접촉을 주선하고 허가 신청이나 다른 정부 승인과정을 더 신속히 처리하도록 도우며, 사업을 소개하는 경우가 많다.

컨설턴트와 대리인에 대한 심사는 그들의 평판, 경험, 자격 등을 검토하기 전에 수행되어야 한다. 이행되어야 하는 업무나 서비스의 범위는 분명하게 표현 및 이해되어야 하고, 지급되는 수수료에 상응해야 한다. 수수료는 해당 국가에서 행해지는 비슷한 서비스에 부과된 수수료와 같은 수준이어야 한다. 이밖에도, 컨설턴트는 용역 계약서에 기재된 업무나 서비스를 수행할 수 있어야 하며 이 계약은 허위계약이 아니어야 한다.

계약 체결 후, 회사는 컨설턴트와 대리인들이 FCPA를 반드시 준수하도록 보장하고 신의 성실의 원칙에 의해 업무에 착수해야 한다. 물론 신의 성실한 노력에도 불구하고 컨설턴트나 대리인이 FCPA 위반을 야기할 수도 있다.

위반행위가 발견되면, 이러한 위반행위를 즉시 중지하고 조사하는 것이 중요하며, 종업원, 컨설턴트, 그리고 대리인들에 대한 징계조치를 고려해야 한다. 필요하다면 위반행위의 재발을 방지하기 위한 절차적이고 실질적인 보호장치가 구축되어야 한다.

[9] 현지 파트너의 문제

몇몇 국가는 인프라 프로젝트에 대한 현지국 소재 업체의 지분 보유를 법적으로 요구한다. 현지업체의 참여는 종종 다른 이유에서 필요하기도 하다. 만약 현지 파트너가 정부 공직자에게 뇌물공여를 하면 그 결과 미국 회사는 FCPA를 위반하게 될 수 있다. 이러한 가능성을 방지하기 위해서 미국 기업들은 배경 조사에 착수하고자 특별 조사관을 고용하기도 한다. 또한, 지속적인 모니터링도 중요하다.

[10] 고려사항 관련 계약서 작성

컨설팅계약에서 사용하는 용어는 FCPA 위반을 완벽하게 보호해 줄 수 없다. 그러나 신중한 협상과 계약서 작성을 통해 발생 가능한 문제들에 대해 당사자들을 교육시킬 수 있다. 고려 대상인 계약 용어는 아래에 정리해 두었다.

진술. FCPA에 대한 진술은 컨설턴트들이 FCPA를 기본적으로 이해할 수 있도록 도와준다.

Each of the Project Company and the Consultant represent and warrant that: (i) it is familiar with and has read (or caused its legal counsel to explain to it) the United States Foreign Corrupt Practices Act, as amended; and (ii) none of the employees or personnel of Consultant are officials of or representatives of the Government of [country].

선행조건. 컨설팅 계약을 체결하기 전에 해당 국가의 현지법을 준수하고 있는지에 대해 확인할 필요가 있다.

As a condition precedent to the effectiveness of this Agreement, the Consultant shall provide to the Project Company an opinion of counsel of attorneys acceptable to the Project Company opining that the Agreement and the payments contemplated thereunder for the services described therein are lawful under the laws of the [country].

약정. 프로젝트 회사와 컨설턴트 간의 약정은 잠재적인 FCPA 위반을 방지하는데 필요하다.

Each of the Project Company and the Consultant agree that during the term hereof: (i) it shall take no action contrary to the FCPA; (ii) all payments shall be made by check or financial institution electronic transfer; Consultant shall not assign its rights under this Agreement without the prior written consent of the Project Company; (iv) Consultant shall provide immediate notice to the Project Company upon receipt of any oral or written notice of any violation of the laws of [country] related to the payments or services under this Agreement; (v) Consultant shall provide immediate notice to the general counsel of the Project Company of any request from any representative of the Project Company that the Consultant believes might or would constitute a violation of the laws of [country].

해지. FCPA 위반이 발생할 시 계약을 즉각 해지할 수 있는 유연성이 확보되어야 한다.

Each of the Project Company and the Consultant shall have the right to terminate this agreement at any time, without liability, due to (i) a breach by the other party of Sections [list sections relating to FCPA], or (ii) any other condition or event that could or does constitute a violation of the FCPA or the laws of [country].

출장, 접대비 등 컨설턴트의 지출 한도와, 프로젝트 회사의 회계감사 권한과 관련된 컨설턴트의 기록 유지 요구사항 등의 조항도 아울러 고려되어야 한다.

29.04 1934년 증권거래법(Securities Exchange Act)

1934년 증권거래법[19]은 상장회사가 "오해의 소지가 없도록 서류를 작성하기 위해 필요한 모든 중요한 사실"을 밝히도록 요구한다[20]. 재무정보에 더하여 회사 운영의 진위에 관계된 정보 역시 공개되어야 한다.

29.05 우편 및 전신을 이용한 사기관련법

우편이나 전신을 이용한 사기관련법[21]은 사취할 계획을 실행하거나 위조 및 부당한 기망행위를 하여 자금이나 재산을 얻을 목적으로 (인터넷을 포함한) 국제적 혹은 주(州)간 전자통신이나 우편을 사용하는 것을 불법행위로 규정한다. 이러한 조항들은 미국의 사업자들이 외국 공직자에게 부패행위를 시도하지 않도록 막기 위해 미국이 하는 노력의 좋은 예이다. 사실, 이 법규는 외국인이 뇌물 때문에 자국 정부로부터 부당한 대우를 받았다는 이유로 미국회사를 기소하는데 사용되곤 했다.

29.06 내국세입법(Internal Revenue Code)

내국세입법(Internal Revenue Code, IRC)의 162(c)(1)조항은 만약 미국정부 공직자에 행해졌다면 미국법상 불법으로 간주되는 금전의 제공이 외국정부 공직자에게 이루어졌다면, 이와 관련한 공제를 인정하지 않는다. IRC 제952, 964항은 외국 자회사가 지급한 뇌물을 미국 모회사의 수입을 늘리는 배당금을 지급한 것으로 처리한다.

19) 15 U.S.C. 78
20) 17 C.F.R. 240.136b2-2 (1996)
21) 18 U.S.C. 1341, 1343

29.07 외환거래보고법(Currency and Foreign Transactions Reporting Act)

외환거래보고법[22)]에서는 미국 또는 외국, 그리고 현금 또는 수표에 상관없이 통화가치에 따라 10만불이 넘는 송금이나 이체에 관련된 금융 거래에 대한 보고가 요구된다. 이러한 보고를 피해가기 위한 의심스러운 행위발생 시에도 역시 보고를 요구할 수 있다.

29.08 허위진술 관련 법(False Statements Act)

허위진술 관련 법[23)]에서는 미국 정부 부처나 정부기관을 고의로 속이거나 기망행위를 할 경우 이를 범죄로 정의한다. 위조 문서를 제출하는 경우에도 적용된다. 국제 PF에 있어서도 이 규정은 미국 수출입은행 혹은 미국 국제개발기구(US Agency for International Development) 등과 같은 정부기관이 연계되었을 때 적용 가능하다.

29.09 국가안전보장 및 관련 정치적 고려사항

[1] 서론

다른 많은 나라에서와 같이 미국에도 지정학적 위치에 따라 미국회사의 사업을 금지하는 복잡한 조항이 있다. 이러한 법은 미국 국가안보 혹은 지정학적 정책을 촉진하기 위해 만들어진 규정을 포함한다.

일반적으로 이러한 제한은 개별 미국시민, 개인 혹은 미국에서 사업을 하는 사업주, 법인, 혹은 미국에 형성된 사업체, 그리고 앞서 말한 기관 및 개인이 소유하거나 관리하는 모든 사업에 적용된다. 일반적으로 이러한 법규를 위반한 경우 민형사상 강제집행 가능하다.

22) 31 U.S.C. 5311－5330
23) 18 U.S.C. 1001

[2] 통상금지령 규정

가장 전형적인 규제는 다른 국가들과의 통상을 제한하는 조치이다. 미국에서는 재무부 내 해외자산통제국(Office of Foreign Assets Control, OFAC)이 해외 수입국에 적용할 수 있는 엠바고(통상금지령)를 집행한다. 2018년 9월 1일 현재 엠바고 대상 국가는 발칸반도 국가들, 벨라루스, 부룬디, 중앙아프리카공화국, 쿠바, 콩고, 이란, 이라크, 레바논, 리비아, 북한, 소말리아, 수단, 남수단, 시리아, 러시아, 베네수엘라, 예멘, 짐바브웨이다. 이러한 규정의 적용은 국가별로 다양하고 검토되고 있는 프로젝트 구조에 견주어 조심스럽게 분석되어야 한다.

[3] 테러국가

일부 테러지원 국가들에 대해 미국 통상제한법이 적용된다. 2018년 9월 1일 현재 해당 국가는 이란, 수단, 시리아이다. 이러한 나라와의 금융 거래는 명백히 금지된다. 해당 금지 조항은 미국회사에 적용되며, 외국법에 근거하여 구성된 자회사에는 해당되지 않는다.

[4] 수출 제한

미 상무부의 수출관리청(Bureau of Export Administration, BXA)은 제품, 서비스 그리고 기술의 종류에 기반을 둔 수출규제를 담당한다. 상품제어리스트로 불리는 이 복잡한 규제는 수출 제한, 수출 허가 요구와 같은 방법으로 적용된다[24].

[5] 엑손플로리오 수정조항

국방물자생산법 제721항[25](Exon－Florio Amendment)은 만약 외국인의 미국 회사 인수가 국가안보를 손상시키는 경우 미국 대통령이 이를 금지할 수 있도록 한다. 재무장관이 의장을 맡고 있는 미국 외국인 투자에 관한 유관 기관 위원회는 이와 같은 인수 현황을 조사하고 대통령에게 조언한다.

24) 15 C.F.R. Part 774

25) 50 U.S.C. 2170

Chapter **30**

현지 변호사와 현지법 개관

30.01 서 론

프로젝트 소재국의 현지법은 프로젝트의 실행가능성을 가늠해 보는데 필수불가결한 요소이다. 현지 변호사가 관련 정보의 훌륭한 공급자이지만, 요약 내용 및 개괄적인 내용은 공개적으로 가능한 정보 출처 및 도서관을 통해 활동 가능하다.

30.02 현지 변호사

[1] 필요성과 시기

PF를 위한 현지 변호사의 파악, 선택은 프로젝트 성공에 매우 중요하다. 프로젝트 구성단계에서 현지법에 대한 이해와, 현지 사업자와 프로젝트 소재국 정부간의 협상 과정에서 이러한 법에 대한 이해가 중요하므로, 프로젝트 개발 단계에서부터 현지 변호사와 인터뷰를 진행하여 고용해 두어야 한다[1].

실력 있는 로펌이 적은 국가에서는 이러한 로펌을 고용하기 위해 여러 프로젝트 참여자들간 경쟁이 치열하다. 따라서 프로젝트 초기 개발 단계에 현지 법무법인을 고용하는 것이 요구된다.

1) 현지 로펌 관련한 설명을 얻기 위해 제출하는 현지법에 대한 질문의 포괄적인 체크리스트를 위해서는 William F. Megevick, Jr., 국제 인프라 프로젝트에서의 대출 및 담보계약서 작성, PROJECT FINANCING UPDATE 2004: REWORKING & BUILDING NEW PROJECTS IN DEVELOPING MARKETS (Peter F.Fitzgerald and Barry N.Machlin eds., PLI COMM L. & PRACTICE COURSE HANDBOOK SERIES NO. A-866, 2004)

[2] 유능한 변호사의 식별

현지 로펌의 잠재가능성을 확인하기 위해서는 주로 대형 로펌의 자문을 활용한다. 선진국의 대형 로펌들은 국제업무능력을 발전시키고, 외국에 현지사무소를 개설하고, 현지로펌과 합병하거나 상호계약을 맺거나 비공식 제휴를 하기 때문에 이들의 자문은 점차 효과적인 정보의 원천이 되고 있다. 그러나 이런 제휴의 마케팅적 성격으로 인해 대형 로펌의 자문은 변호사의 경험이나 능력에 따른 것이라기 보다는 로펌들 간의 마케팅 협의에 따라 결정된다.

다른 확인 경로로는 프로젝트 소재 국가에 위치하거나 사업을 수행중인 금융기관과 회계법인을 들 수 있다. 이들은 실력이 검증된 변호인에 대한 정보를 제공하는 효과적인 수단으로 알려져 있다.

현지 로펌 리스트 역시 확인을 위한 중요한 원천이 될 수 있다. Martinadale-Hubbell International Law Directory, L. Corper-Mordaunt&Co., London이 발행한 International Law List, American Bar Association Guide to Foreign Law Firms, 미국 대사관이 제공하는 변호사 리스트 등이 그 예이다.

[3] 선정 기준

현지 변호사 선정에 있어 고려해야 할 기준에는 외국어 구사 가능성(쓰기/말하기), PF 경험, 프로젝트 관련 분야의 경험, 외국인 고객 상대 경험, 도덕성 · 지위 · 일반적인 평판 및 지방 · 중앙정부 공무원 사이의 평판, 정부 공무원과의 관계, 정보 접근을 위한 기술력, 이해상충 이유에 대한 세심함, 기밀정보 보호를 위한 수단 및 세심함 등이 있다.

[4] 현지 변호사의 관리

현지 로펌 관련 비용의 통제를 위해 가장 중요한 수단은 서면으로 업무의 범위를 미리 지정해 놓는 것이다. 이러한 문서는 요구되는 일의 유형, 수수료 계산방법(금융거래규모의 비율 혹은 시간당 요율), 영업비와 직접비의 처리를 명확하게 서술한다. 한편 프로젝트 진행상황과 비용에 관해서는 정기적인 보고서 제출을 요구한다.

30.03 현지법 개관

현지 변호인과의 협의 전에 현지법의 개관을 검토하면 예상되는 법적 이슈사항에 대해 미리 고려할 수 있어 사업 관련 정책 파악과 변호사 선정에 도움이 된다. 인터넷을 포함하여 회계법인에서 소책자로 제작한 법인법 및 세법과 Martindale-Hubbell International Law Digest와 같이 다양한 방법으로 파악 가능하다.

30.04 현지 변호사 자문의견

사업주는 프로젝트 금융계약 체결시점에 현지 변호사 자문의견을 구할 필요가 있다. 대주단에게 제출될 의견은 프로젝트 소재국의 현지법에 따라 프로젝트 이슈들이 충분히 실행 가능하며 금융조달에 위험이 없다는 점을 확인함으로써 안정감을 준다.

국가에 따라 현지 자문의견의 정확한 요구사항이 다름에도 불구하고, 일반적으로 대주단은 사업허가권, 관련의무, 채무불이행에 따른 치유절차, 프로젝트 건설과 운영, 관련 허가 취득 상태, 대출계약 관련 채무불이행시 대주단의 담보권 취득 방법 및 통제 또는 매각 방식 등을 파악하고 싶어한다. 이는 대출 관련 권리를 보호받으려는 대주단에게 필수적인 사항이기 때문에 현지 변호사들은 프로젝트 초기 개발단계에 이와 같은 사항들을 반드시 검토해야 한다.

30.05 허가 및 승인에 대한 변호사의 자문의견

[1] 자문의견의 의의

프로젝트는 현지국 정부로부터 허가와 승인을 받아야 한다. 이 허가들은 프로젝트 사업주들이 프로젝트를 운영, 착수, 건설, 개발, 소유하는 권리에 대한 증거가 된다. 허가 없이는 프로젝트의 금융조달이 불가능한데, 이는 받아들이기 힘든 변화 발생시 불확실한 상황에 놓여질 수 있기 때문이다. PF에 있어 현지국의 허가와 승인이 중요하기 때문에 대주단은 프로젝트 회사에게 금융종결 시점에 허가 및 승인 관련 현지 변호사의 의견 제출을 요구한다.

[2] 허가, 승인, 권리획득 진행 상황

자문의견 내용은 주로 대출계약서 상의 허가와 승인에 대한 진술 및 보증에 기초한다. 해당 진술 및 보증에서는 프로젝트의 건설, 시공 그리고 운영에 필요한 모든 허가 및 승인을 취득하여 유효한 상태이며, 항변의 대상이 아님을 명시한다. PF의 금융종결 시점에서 허가는 일반적으로 세가지로 분류 가능하다. 이미 획득되어 완전히 유효하고 효력이 있으며 추가적인 소송절차나 항소, 충족하지 못한 조건 때문에 중대한 변명 또는 취소 대상이 않은 허가, 일반적으로 건설 전에는 획득되지 않고 관련 기준을 충족하면 일상적으로 발급되는 허가(장관급 허가), 그리고 취득 전이며 일상적으로 발급되는 허가 이외의 허가(발급기관이 재량권을 가지는 허가, 아직 획득할 수 없는 운영 기간 허가)가 있다.

PF 허가 관련 의견의 구조는 다른 변호사의 의견과 비슷하다. 이 때, 현지법을 적용하여 법적 결론에 도달하며, 허가에 대한 의견의 구조는 전형적으로 아래와 같다.

- 사실에 대한 기술
- (허가절차에 대한 로펌의 개입 정도, 다뤄지지 않은 법, 관련 기정과 같은) 제시 의견 관련 한계사항
- 프로젝트에 필요한 모든 허가 및 승인을 취득했다는 법적 결론
- 개진된 의견에 대한 인증

자문의견은 로펌이 허가 신청서와 정부 대리인과 프로젝트 회사 간 서신의 사본을 검토하였음을 밝히는 진술을 포함해야 한다. 변호사의 고려사항들은 신청서가 완전하게 작성되었고 제출되었는지 여부, 허가 발행권한이 있는 기관에서 발행되었는지 여부, 요구된 모든 공식 통지, 다른 기관으로의 통지가 포함되었는지 여부 등을 포함해야 한다. 이러한 검토를 통해 허가신청서 내용과 발급기관의 행정적 절차에 따라 최종적이고 유효한 허가를 취득하였음을 확인해 준다.

대주단은 프로젝트 허가 및 승인 의견을 검토하여 허가 신청 혹은 허가, 승인, 양허 관련 사항이 받아들이기 힘든 위험을 내포하는지 여부를 파악한다. 이 때 중요한 것은 현지법에 따라 프로젝트를 소유, 건설, 운영할 수 있음을 확인하는 것이다. 성공적으로 금융종결을 달성하기 위해서는 프로젝트를 소유, 건설, 운영하는데 필요한 모든 허가, 승인, 권리

를 이미 획득하였다고 대주단이 결론 내리거나, 아직 획득하지 못했더라도 관련 허가를 기한 내에 취득할 수 있거나 미발행, 항소, 폐지와 같은 위험을 대주단이 수용할 수 있다고 결론 내려야 한다. 이미 취득한 허가는 최종적인 것이어야 하며 항소와 다른 항변의 대상이 되어서는 안되고, 명백히 적시된 이행불능사유에 의거해서만 폐지될 수 있으며, 대주단이 수용할만한 조건과 제한만을 담고 있어야 한다.

대주단이 이러한 확신을 가지지 못하면, 자문의견 내에 위험에 대한 분석과 해결책이 포함되어야 하며, 확인된 문제를 해결할 수 있는 가능성도 언급해야 한다.

[3] 법률 변경

법률 의견은 법의 가변성은 예측할 수는 없겠지만, 새로운 법이 도입되거나 도입될 예정인 경우 해당 변경이 기존에 발급받은 허가 또는 앞으로 취득해야 할 허가에 미치는 영향을 언급해야 한다.

[4] 대주단의 권리

대주단은 양허, 허가, 승인 관련 담보권 취득 방법과, 채무불이행 시 치유 절차에 대한 자문의견을 필요로 한다. 또한, 허가 관련 의견에는 대출계약상 채무불이행이 발생한 경우, 프로젝트의 담보물권에 대한 통제권, 그리고 만일의 경우에 대비한 매각 방식이 언급되어 있어야 한다. 이러한 분석은 각각의 이슈가 대주단의 대출관련 권리를 보호하는 데 있어 근본적인 문제이므로 매우 중요하다.

종종 허가 관련 문제에 대주가 개입 및 치유하거나, 새로운 프로젝트 소유자에게 허가권을 양도할 수 있는 권리는 언제나 명확하지만은 않다. 그런 경우에는 대주단이 선택 가능한 대안들이 포함되어야 한다.

[5] 갱신

대부분의 프로젝트 허가기간은 프로젝트 대출 기간보다 짧다. 그러므로 프로젝트 대주단은 프로젝트 허가가 갱신되지 않을 수도 있다는 위험을 고려할 필요가 있다. 허가 관련 의견은 허가의 갱신을 위해 필요할 것으로 예상되는 갱신 요구사항 및 열람 가능한 과거 데이터 등을 확실하게 언급하여 이러한 위험을 이해하는데 도움을 줄 수 있다.

[6] 발생가능한 전형적인 문제들

예외가 존재하기는 하나, 변호사가 허가 관련 의견을 작성할 때 반복적으로 발생하는 이슈들이 있는데, 이러한 것들에는 허가 취득 후 발생한 프로젝트 변동사항, 발행기관이 제안된 프로젝트에 내부 규정을 잘못 적용한 경우, 허가를 무효화 시킬 수 있는 신청자나 발행기관의 경과실, 실제로 취한 조치에 대한 발행기관의 권한 미보유, 허가가 최종적인지 아닌지에 대한 불확실성 등이 있다.

Chapter 31

PF 거래에서의 분쟁 해결

31.01 서 론

불안정한 개발도상국에서 진행되는 국제 PF와 관련된 비상위험의 정도는 프로젝트 참여자들로 하여금 효율적이고 어느 한편으로 치우치지 않는 분쟁의 해결책을 모색하도록 한다[1]. 프로젝트 분쟁의 해결이 지체될 경우, 프로젝트 수익성이 낮아지고, 프로젝트 비용이 높아지기 때문에 경제적으로 부정적인 영향을 끼칠 수 있다.

다수의 프로젝트 계약들, 다수의 관계자들, 그리고 동일하거나 유사한 계약 조항들을 잠재적으로 일관성 없이 처리하는 것은 해결하기 어려운 결과를 초래할 수 있다. 예컨대 두 중재위원이 두 개의 독립된 연관 프로젝트 계약에 불가항력적 사건이 발생하였는지에 대한 판정을 내리는 경우, 일관성이 없을 수도 있다. 서로 상반되는 법들, 분쟁 심리에 존재하는 다수의 이해관계 집단, 그리고 중재와 중재판정 시행에 대한 다양한 용인 수준 등의 이유로 인해 분쟁 해결에 대한 계획을 세우는 것은 국제 PF에서 특별히 중요하다.

PF에서 이러한 다양한 관계자들은 분쟁 해결에 대한 중재의 수용에 대해 다른 정도의 용인 수준을 가지고 있다. 국제 PF의 프로젝트 사업주들과 계약자들이 분쟁 해결을 위해 소송보다 중재를 더 선호하지만, 프로젝트 대주단과 보험사는 소송을 더 선호한다[2].

1) International Arbitration and Project Finance in Developing Countries: Blurring the Public/Private Distinction, 26.B.C. INT'L & COMP. L.REV. 355 (2003), Christopher Dugue, Dispute Resolution in International Project Finance Transactions, 24 FORDHAM INT'L L.J. 1064 (2001); James J. Myers, Developing Methods for Resolving Disputes in World-Wide Infrastructure Projects, 13 J. INT'L ARB. 101 (1996) 등 참조. 이밖에 Frank C. Shaw, Reconciling Two Legal Cultures in Privatizations and Large-Scale Capital Projects in Latin America, 30 LAW & POL'Y INT'L BUS. 147, 154-58 (1999), Georges R. Delaume, State Contracts and Transnational Arbitration, 75 AM. J. INT'L L. 784 (1981), Frederick A. Mann, State Contracts and International Arbitration, 42 BRIT.Y. B. INT'L L. 1 (1967) 참조.

2) Mark Kantor, International Project Finance and Arbitration with Public Sector Entities: When is Arbitrability a Fiction?, 24 FORDHAM INT'L L.J.1122 (2001), Otto Sandrock, Is International Arbitration Inept to Solve Disputes Arising Out of International Loan Agreements?, 11 J.INT'L ARB. 33 (1994),

31.02 소송 또는 중재의 선택

소송과 중재를 비교함에 있어 일반적으로 알고 있는 장단점들이 있는데 아래에 요약되어 있다.

[1] 중재의 장점

가장 널리 알려진 중재의 장점은 신속하고 효율적인 분쟁해결법이라는 것이다. 또한 법률 수수료가 적게 들며, 최소한의 사전심리 발표와 명령신청만 있으면 된다. 그리고 판정단의 중립이 필요한데, 어떠한 프로젝트 참여자도 분쟁의 해결을 다른 참여자의 국가에서 하는 것을 꺼려하기 때문에 이는 국제적 분쟁에서 특히 매력적이다. 다른 장점으로는 매우 기술적이고 복잡한 문제들에 있어 전문성이 있는 중재자들을 선택할 수 있다는 점, 일방의 참여자가 현지 재판소에서 분쟁해결 하는 것을 강요할 수 없다는 점, 절차가 유동적이며 비공식적이라는 점, 절차에서 비밀유지가 지켜진다는 점 등이 있다[3). 당연히 이러한 장점들은 계약서의 중재 관련 조항에 적힌 범위까지 지켜지며, 소송에서 문제가 되지 않는 중재 관련 조항들에 한해 적용될 것이다[4).

덧붙여, 외국 중재 판정은 외국법원 판결보다 다양한 규약과 쌍무적 협정에 의해 쉽게 이행될 수 있다. 이러한 규약과 쌍무적 협정들은 본 장에서 다뤄진다.

신속함과 효율성이 중재의 장점으로 종종 언급되지만 PF에서는 중재가 항상 신속하고 효율적이지만은 않다. PF 참여자의 수, 다수의 계약서, 전반적인 복잡함이 가끔은 중재를 소송만큼이나 어려운 절차로 만들기도 한다.

[2] 소송의 장점

소송은 분쟁 해결을 위한 방편으로 선택되는데, 이는 중재자들과 달리 법정에서는 사실

Kimmo Mettala, Governing-Law Clauses of Loan Agreements in International Project Financing, 20 INT'L LAW. 219, 236-40 (1986) 참조.

3) 분쟁해결방법으로 중재를 선택하는 이익은 여기에 일반적으로 열거된 것에 한정되지 않는다. 예컨대, 만일 정부 기관이 계약의 일방 당사자인 경우, 중재는 미국법에 근거한 방어로써 "주법"의 현장을 피할 수 있는 방법이다. Carsten T. Ebenroth & Thomas J. Dillon, Jr., Arbitration Clauses in International Financial Agreements: Circumventing the Act of State Doctrine, 10 J. INT'L ARB. 5 (1993)

4) Paola Morales Torrado, 비상위험보험과 계약이행불능 담보: 국내 법원의 개입이 어떻게 보험금을 청구하는 투자자들을 방해하는가, 17 PACE INT'L L.REV. 301 (2005)

과 법률에만 근거하여 판단이 내려지며 타협이 없기 때문이다. 중재의 경우, 강제적 중재나 중재 판정의 시행과 같은 사법적 소구권이 필요하며, 중재는 의견개진절차가 제한적이거나 전혀 없는 반면, 소송은 증거주의와 같이 오랜 기간 동안 발달해온 법률 원칙이 적용되며, 잠정적 보류(interim relief)[5]가 보다 용이하다.

[3] 중재와 소송을 모두 선택할 수 있는지 여부

계약 당사자가 두 가지 방법을 선택할 수 있을까? 어떤 당사자는 다른 관계자에게 반드시 소송을 선택하도록 요구하는 반면, 자신은 중재 또는 소송을 선택할 수 있도록 하고 싶어한다. 미국 법정은 중재에 대한 소위 일방적 선택조항의 집행 여부와 관련해 일관된 입장을 가지고 있지 않다[6].

[4] 중재와 소송의 대안들

분쟁 해결을 위한 다른 대안들도 있다[7]. 조정도 그 중 하나이다. 조정은 중립적인 제3자가 여러 번의 회의를 통해 분쟁의 해결을 도와주는 유동적이고 구속력이 없으며 비밀리에 진행되는 절차이다.

다른 대안으로는 각각의 분쟁에 있는 관계자를 대상으로 약식재판(mini trial)을 여는 것이다. 이는 기밀유지가 되고, 유동적이며 높은 비용이 들지 않고, 심각하지 않은 분쟁은 신속히 해결 할 수 있는 기회를 제공한다.

이러한 사전 중재적이고 선의의 협상 성격을 띄는 대안들은 어떤 경우에는 분쟁 해결에 도움이 되기도 하지만, 만일 결과가 정식적으로 중재 위원단에 대한 상소로 이어질 경우 이러한 비공식적 절차들이 소송을 지연시키는 방법으로 악용되지 않도록 하는 보장조항이 마련되어야 한다. 이러한 방식으로 분쟁 해결을 시도하는 시간을 제한해야 할 것이다.

[5] 어떤 방법이 PF에 가장 적합한가?

가장 적합한 PF 분쟁 해결 방식에 대한 질문은 외부와 단절된 상태에서 답을 내릴 수

5) 미국에서는 중재자들은 interim relief를 명령할 수 있지만, 이를 강제하기 위해서는 법원절차가 필요할 것이다. 연방 법원은 중재가 확정되기 이전에 일반적으로 청문과 가처분 결정을 할 것이다.

6) W.L.Jorden & Co., Inc., v. Blythe Industries, Inc., 702 F. Supp. 282 (N.D. Ga. 1988) (특정이행 가능)과 Hull v. Norcom, Inc., 750 F.2d 1547 (11th Cir. 1985) (일방 당사자가 모든 분쟁에 대해서 중재해야 하는 의무를 가진다면 각 당사자는 적어도 몇몇 분쟁을 중재로 해결하도록 약속해야 함) 비교해 볼 것

7) James J. Myers, Developing Methods for Resolving Disputes in World－Wide Infrastructure Projects, 13 J. INT'L ARB. 101, 102－108 (1996) (당사자가 구속 받지 않는 분쟁 해결방법에 대한 논의)

없다. 이에 대한 답은 프로젝트, 관계자, 프로젝트의 종류, 위치, 연혁, 그리고 그 외 다른 요소들에 따라 달라질 수 있다. 하지만 가장 적합한 방법은 분쟁을 얼마나 신속히 해결하느냐에 따라 달렸다. PF는 지연을 혐오한다.

중재와 소송의 전통적인 장점과 단점들이 PF 거래에도 달라지지 않는다. 중재가 프로젝트 참여자들에게 중요한 이득을 제공할지라도, 주의 깊게 고려하지 않고 이를 분쟁 해결 방법으로 선택하면 안 될 것이다.

프로젝트 분쟁들은 종종 매우 기술적인 성격을 지니며 다수의 프로젝트 참여자들을 포함하고 있다. 법원과 달리 중재자들은 분쟁 내용에 대한 전문성 수준에 따라 선정될 수 있어서 더욱 효율적인 의사결정 과정과 질적으로 높은 수준의 결과를 만들어낼 수 있다. 이러한 경험이 많은 중재 위원들은 결과에 도달하는 데에 더욱 유동적이어서 단번에 분쟁을 해결할 수 있을 뿐만 아니라 프로젝트의 경제적 실행가능성 유지도 가능하게 한다.

덧붙여, PF 거래가 프로젝트 소재국뿐만 아니라 다른 많은 국가의 참여자들을 포함하고 있기 때문에 중재는 더욱 투명하고 편견 없는 결정을 내리도록 한다. 그러나 법정은 참여자들의 국가 중 한 곳을 정해서 열리게 된다.

그럼에도 불구하고 이러한 장점들은 중재자들에게 너무 많은 통제권을 갖게 하여 최소한 프로젝트 대주단들과 보험업자들을 매우 불편하게 한다. 더욱이 중재의 전통적인 장점인 신속함과 효율성은 복잡한 PF 중재 절차에서 언제나 발현되는 것은 아니다. 그러나 주의해야 할 문제는 중재와 관계 없는 다수의 프로젝트 참여자들이 정부의 법이나, 규제, 허가, 협약하에서 프로젝트를 수행하기 때문에, 해당 프로젝트의 분쟁을 해결하는 데 중재가 최선의 방법인지 여부이다. 예컨대 중재자는 프로젝트가 진행되는 국가의 허가나 규제에 그다지 영향력이 없을 수 있다. 이와 비슷하게, 모든 중요한 프로젝트 참여자들이 중재에 참여하지 않는 한, 중재자는 해당 프로젝트에 대한 판정이 유효하도록 하여 분쟁을 해결할 수 없을지도 모른다.

마지막으로 소송과 달리 중재는 분쟁이 해결되는 동안 프로젝트의 건설이나 운영이 지속되도록 허락하는 중요한 잠정적 구제를 제공하지 못 할 수도 있다. 이러한 종류의 구제는 프로젝트의 성공에 매우 중요하며 프로젝트 참여자가 보류를 악용하여 프로젝트를 붙잡아 두지 못하도록 도와준다.

이러한 딜레마에 대한 접근법은 관계자간의 프로젝트 중재 협약이다. 프로젝트 소재국 정부 및 프로젝트의 모든 주요 참여자들이 서명하는 이 협약은 해당 프로젝트에 대한 판정이 유효하도록 함으로써 분쟁을 해결하도록 구성된다. 이러한 방법으로 모든 관계자들은 수용 가능한 해결방법을 만들고 승인하는 과정에 참여할 수 있다. 만일 모든 관계자들의 동의를 얻었다면 프로젝트 건설이나 운영이 중재 기간 동안 지속될 수 있도록 잠정적 구제가 제공될 수 있다. 이러한 종류의 협약은 반드시 프로젝트의 실행성에 중대한 영향을 끼칠 수 있는 문제들에 한해서만 적용이 되어 매우 제한적이다. 만일 이러한 협약이 가능하지 않다면 PF에서 중재의 단점이 분쟁 해결을 위한 중요한 도구로 중재를 사용할 수 없도록 할 것이다.

31.03 선호의 불일치

위에서 다뤄진 바와 같이 계약상 분쟁의 해결책으로서의 중재의 필요성과 특정한 중재 조항들의 선택은 프로젝트에 따라 다르다. 각각의 프로젝트 참여자는 다른 목표와 위험 감내수준을 가지고 있어서 프로젝트 계약에서의 분쟁 해결 조항들을 위한 협상 태도가 다르기 때문이다.

[1] 대주단

전통적으로 금융기관들은 중재와 같은 분쟁 해결의 대안을 내켜 하지 않았다. 대신 대주단은 차입금과 담보 계약들에 대해 엄정하고 강제력이 있는 법적 해결을 선호한다. 이와 더불어, 법률 시스템은 전통적으로 대주단에게 압류와 가처분과 같은 신속한 치유방법을 제공한다. 중재는 일반적으로 대주단에게 엄격한 계약 해석보다는 타협을 조장하는 성가신 절차로 여겨진다.

[2] 프로젝트 회사

효율적인 적시 분쟁 해결은 일반적으로 모든 프로젝트 참여자들, 특히 프로젝트 사업주가 추구하고자 하는 목표이다. 분쟁은 프로젝트 일정의 지연, 건설기간 이자의 증가, 프로젝트 완공의 지체, (일몰 조항으로 불리는) 프로젝트 기한 만료로 인한 프로젝트 계약 해지의 가능성, 더 높은 운영비용, 대출계약에 대한 채무 불이행 가능성, 그리고 투자 수익률의 감소 등을 의미한다. 따라서 프로젝트 사업주들은 종종 소송보다는 중재를 통한 분쟁의 해결을 선호한다.

[3] 시공사와 운영자

중재와 같은 분쟁 해결에 대한 대안들은 시공사와 운영자들에게 익숙한 방식이다. 이러한 참여자들은 일반적으로 건설 관련 분쟁을 해결하는 데에 있어 중재를 유용하고 효율적인 절차로 간주한다. 그 결과 중재 조항들은 PF의 건설 계약과 운영 계약에서 종종 발견된다.

[4] 생산물 구매자

중재에 대한 생산물 구매자들의 입장은 다양하다. 정부 소유의 에너지 회사 같은 공기업들은 종종 프로젝트가 진행중인 국가의 법률 시스템에 따라 분쟁을 해결하는 것을 선호한다. 그러나 PF 대주단은 이러한 접근법의 경우 의사결정이 한쪽으로 치우칠 수 있기 때문에 종종 받아들이지 않는다. 타협점으로 보통 프로젝트가 진행중인 국가 밖의 중립적인 위원회의 중재가 선택된다.

31.04 일관성 없는 절차

[1] 일관성

PF 거래에서 적합한 구조는 종종 다양한 계약에 있어 중재 조항들의 일관성을 요구한다. 그렇지 않을 경우 절차, 날짜, 중재 위원회, 그리고 법정이 얽혀져 분쟁의 해결을 방해할 수도 있다. 만일 중재가 분쟁 해결법으로 선택되지 않고 소송이 선택되더라도 일관성 없는 법정 선택은 큰 혼란을 가져올 수 있다. 분쟁 해결 방법의 선택과 절차의 비일관성은 법적 소송이든 중재든 동일한 분쟁에 대해 프로젝트의 지연, 추가적 비용을 발생시키며 일관성 없는 결과를 낳을 것이다.

이에 대한 사례를 보는 것은 일관성을 위해 최고의 좋은 방법이 될 것이다. 발전 프로젝트에서 시공사는 이행 지연에 대한 사유로 불가항력이 발생했다고 진술할 수 있다. 그러나 프로젝트 사업주가 생산물 구매자에게 프로젝트 완공이 지연될 것이라고 통지할 때 전력 구매자는 전력판매계약에 따른 불가항력 사항이 아니라고 주장할 경우 프로젝트 사업주는 이행 의무를 면제받지 못한다. 대주단은 이러한 상황을 인지하고 대출계약상 채무불이행을 선언한다. 세가지 각기 다른 분쟁 해결 절차가 시작되는데, 이는 각기 다른 규정, 절차, 판정단, 준거법과 법정을 가진 두 건의 중재를 통한 해결 절차와 대주단 소재국가에서 진행하는 소송을 통한 해결 절차이다. 그 결과 중재들을 통한 해결까지 법적 소송이 유예될 것이다.

각각의 프로젝트 계약들, 즉, 건설 계약, 생산물 판매계약, 그리고 대출계약은 비일관성을 조장한다. 불필요한 문제들을 피하기 위해 이들은 가능한 법률의 선택, 분쟁 해결을 위한 법정의 선택, 그리고 분쟁 해결과 중재위원 선택을 위한 절차에 있어 최대한 일관성이 있어야 한다. 그러나 PF에 속한 관계자들의 각기 다른 목표와 선호도는 일관성 유지를 어렵게 한다.

[2] 통일성

일관성을 위해 바람직한 방법은 모든 프로젝트 계약상 분쟁 해결 방식을 하나로 통일하는 것이다. 이는 주요한 모든 프로젝트 참여자들이 체결한 분쟁해결 협약을 통해 가장 효과적으로 달성할 수 있다.

[3] 통합

만일 다수의 계약들이 동일한 재판관할에서 분쟁의 사법적 해결을 요구한다면 이러한 소송의 통합은 통일성이라는 목표를 달성할 것이다. 그러나 만일 다른 재판관할이 연관된다면 이러한 소송의 통합은 어려울 것이며, 국제적인 프로젝트들에서 더욱 심각해진다. 이 문제를 피하기 위한 방법으로는 관계자들에게 특정한 협의된 분쟁 관련 소송들을 통합하도록 요구하는 분쟁해결 조항을 만드는 것이다.

만일 분쟁 해결이 중재를 통한 경우, 중재 절차의 통합은 쉽지 않다. 이는 중재가 본질적으로 계약적 의무이기 때문이다. 따라서 다수의 중재가 통합될 수 있는 상황에 대한 합의를 중재조항에 포함해야 한다.

31.05 준거법의 선택

중재나 현재 진행중인 프로젝트 계약에 적용될 법률을 선택하는 것은 중요한 사항이다. 몇 가지 고려해야 할 점이 있다.

[1] 실체법

법률들은 법을 적용하는 법역에 따라 매우 다양하다. 흔히 말하는 통일법(uniform laws)이라고 할지라도 미국의 각 주들은 다른 조항을 적용한다. 따라서 국가간의 프로젝트에서 참가자들이 선정한 실체법에 대해 재대로 이해하고, 이에 대한 정확한 정보를 가지고 있는 현지 변호사의 조력을 받는 것이 필수적이다.

[2] 절차법

특정법역에서 적용되는 절차법 역시 실체법과 동일하게 분명하게 이해되어야 하며 현지 변호사를 통한 조력을 받아야 한다. 몇몇 국가들에서는 관할지역에서 실체법 선택이 중재에 적용될 절차법을 선택한 것과 동일한 효력을 발생시킨다[8].

[3] 반정(反定, Renvoi)

특정법역의 국제사법은 일반적으로 준거법 조항으로부터 제외되어야 한다. 다음은 이러한 조항의 예시를 적시한 것이다.

This Agreement shall be construed in accordance with the laws of the [identity jurisdiction] without giving effect to the choice of law provisions thereof.

[4] 상관습법

*상관습법(Lex Mercatoria)*은 라틴어로 "상인의 법"이라 하며, 문명국가들에서의 법률원칙과 절차로써 합리성 원칙(rule of reason)이라는 사전적 의미를 갖는다. 이는 전세계적으로 인정되는 상법의 원칙으로서 법과 관습의 몸통이다[9].

몇몇 국가들에서는 국가적인 자긍심과 요령 있는 협상 기술에 따라 계약을 집행시 자국법률 외 다른 법률을 적용하는 것을 금지한다. 이는 당연히 해당 국가에 본사를 두지 않은 프로젝트 참여자들에게 불리하게 적용된다. 그 결과 타협점으로서 그들은 상관습법을 채

8) Volt Information services, Inc., v. Board of Trustees of the Leland Stanford Jr. University, 489 U.S. 468 (1989), Smith Barney v. Luckie/Merrill Lynch v. Menhard, 1995 NY LEXIS 233, 1995 WL 69301 (Feb. 21, 1995) (중재자들이 아니라 법정이 제한 이슈들을 규정함) 등 참조

9) D. Rifkin, Enforceability of Arbitral Awards Based on Lex Mercatoria, 9 ARBITRATION INT'L 67 (1993) (전세계적으로 인정되는 국제상거래를 규율하는 원칙의 혼합체 : 공공국제법, 특정 통일법, 법원(法源), 국제기구 규칙, 국제상거래의 관습과 사용, 표준계약양식, 중재사례법)

택하게 된다.

반면에 상관습법은 법률과 같은 명확하고 구체적인 체계를 갖추고 있지 않다. 그보다는 중재인이 반드시 그의 경험과 믿음을 바탕으로 결정해야 한다.

PF의 분쟁을 해결하는데 있어서 상관습법을 사용할 수 있도록 중재인에게 허락하고 그의 결정에 기초하여 중재가 이루어지는 것은 위험하다. 분쟁을 해결할 때 "각각의 참여자들에게 그들이 원하는 것의 반절씩 주는 것과 같은 해결책을 제시하는" 가장 쉬운 결정방법에 굴복하도록 중재인에게 자유를 줘서는 안 된다. 그 대신, 중재인은 분쟁이 발생하게 된 계약에 기초하여 모든 결정을 해야 하며, 해당 거래가 구조화된 법률에 기초하여 PF의 기본 구조를 유지해야 한다.

[5] 뉴욕법

뉴욕법이 다른 나라에서의 계약에 적용되어야 한다는 점은 PF거래 참가자들이 이해하기 어려운 부분이다. 그럼에도 불구하고 뉴욕은 해당 계약이 뉴욕주와 "합리적인 관계가 있는지" 여부를 불문하고 이를 용인하고 있다[10]. 뉴욕법은 현대 사회 상업거래와 금융의 중심지이기 때문에 일반적으로 상법 중에서 잘 만들어진 법으로 본다.

[6] 법률 선택의 실패

만약 어떠한 법도 선택되지 못한다면, 그 결정권은 일반적으로 중재인에게로 넘어간다. 이렇게 된 경우 대부분 중재가 진행 중인 국가의 법이 선택되곤 한다[11].

[7] 준거법 적용의 유연성

중재와 관련하여 프로젝트 소재국의 법률이 프로젝트 계약에 대한 준거법으로 선택된 경우 몇몇의 참가자들은 해당 법률을 적용하지 않아도 되도록 하는 유연성을 중재인들에게 제공하기로 결정한다. 이러한 경우에 중재위원들은 참가자들의 의도와 PF의 개념을 준수하는 범위 내에서 엄격한 준거법의 적용으로부터 자유로워진다. 그 예는 다음과 같다.

10) N.Y. GEN. OBLIG. LAW 5-1401 (McKinney's 1931) (뉴욕법은 25만불 이상의 거래가치를 가진 계약에 활용됨)

11) 1980 로마협약

The arbitrators need not be bound to strict rules of law where they consider the application thereof to be inconsistent with the spirit of this contract and the underlying intent of the parties and as to such matters their conclusion shall reflect their judgement of the correct interpretation of all the relevant terms hereof and the correct and just enforcement of this contract in accordance with such terms.

31.06 재판관할의 선택

[1] 소송

미국에 있는 법원들은 일반적으로 계약 당사자들이 분쟁해결 방법으로 재판관할을 선택하는 것을 허용한다. 하지만 재판관할의 중립성 때문에 해당 재판 관할이 선택되었다면, 법원은 이를 강제하지 않을 수 있다. 뉴욕 법원의 경우 뉴욕 법률이 선택되고 거래 가치가 백만불을 넘는 경우 이를 허용한다[12].

[2] 중재-뉴욕 협약

국제적인 프로젝트의 분쟁을 조정하기 위해 선택되는 재판관할은 흔히 뉴욕 협약이라고 알려져 있는 외국중재판단의 승인 및 집행에 관한 협약의 서명국이어야 한다[13]. 미국을 포함[14]하여 120여개국이 이 뉴욕 협약에 서명하였다.

뉴욕 협약의 목적은 국제적인 중재의 효력을 강제하기 위함이며 중재 판결의 효력을 표준화하기 위함이다[15]. 일반적으로 뉴욕 협약은 협약에 서명한 국가들이 이 협약에서 동의한 대로 중재조항을 지키도록 규정한다. 또한, 중재에 의거해 다뤄지는 분쟁의 중재결정을 집행하도록 하며(근거 협약이 무효이거나 효력이 없거나 이행하는 것이 어려운 경우가 아

12) N.Y.GEN.OBLIG.LAW 5-1402 (McKinney's 1931)

13) 1970년 9월 30일 외국중재판정의 승인 및 집행에 관한 협약. ALBERT JAN VAN DEN BERG, 1958년 뉴욕중재협약 참조

14) 9 U.S.C. 1-16; 201-208 (2000)

15) Alan Rau, The New York Convention in American Courts, 7 AM.REV.INT'L ARB. 213 (1996) (협약이 적용되어야 할 때 미국 법원들에 진정한 컨센선스가 없음), Gerald Aksen & Wendy S. Dorman, Application of the New York Convention by United States Courts (1970-1990), 2 AM. REV. INT'L ARB. 65 (1991)

닌 한), 중재인의 결정에 대한 검토 없이 협약에 가입한 국가에서 이루어진 결정들을 확인하고 집행하도록 한다.

뉴욕 협약을 체결한 대부분의 국가들은 이를 이행하도록 하는 법률이 제정되어 있다. 협약의 해석과 법률을 적용하는 사법적 결정과 함께 이러한 법률들은 협약의 목표(중재협약과 중재판정의 집행)가 달성될지 여부를 판단하기 위해 검토되어야 한다. 미국법정들도 일치를 이루지 못하고 있다[16].

[3] 중재 관련 다른 협약들

또 다른 2개의 협약이 PF에 관한 중재에 사용될 수 있다. 국제상업중재에 대한 미대륙 협약(파나마 협약)[17]과 투자분쟁의 해결을 위한 국제협약(ICSID 협약 혹은 워싱턴 협약)[18]이 그것이다.

파나마 협약은 뉴욕 협약과 동일한 많은 보호장치들을 포함하고 있다. 이름에서 유추할 수 있듯이 이 협약은 미국과 멕시코 그리고 18개의 중남미 국가들에게 적용된다.

워싱턴 협약은 특정한 투자분야에서 적용할 수 있다. 이 협약을 적용하려면 분쟁의 당사자가 정부 기관 및 (협약에 가입한)다른 국가의 국민이어야 한다.

[4] 중재 – 상호 투자조약에 관한 분쟁

수백 개의 상호 투자조약이 존재하며, 이러한 조약들은 PF 분쟁에 적용될 수 있다.

[5] 법률 선택의 실패

만약 중재가 분쟁에 대한 해결책으로 선택되었을 경우 당사자들에게 있어서 예측 가능한 결과를 만들어 내는 것이 주요한 목표라면 재판관할 역시 선택되어야 한다. 예컨대 재판관할이 선택되지 못한 사례에서 중재인들은 국가를 선택했다. 일방의 당사자가 중재판정에서 패하고, 자국에서 그 결정을 무효화하려고 하자, 그 국가의 법원은 무효화하려는 움직임을 중재 판정이 결정된 재판관할에서 청취하도록 요구했다.

---

16) 9 U.S.C. 1–16; 201–208 (2000)

17) 1975년 1월 31일, 국제상업중재에 대한 미주협약

18) 1965년 3월 18일, 투자분쟁의 해결을 위한 국제협약

[6] 개발도상국

개발도상국에서 프로젝트를 진행할 때는 중재 관련 법률이 여전히 만들어지고 있는 상황이기 때문에 재판관할을 결정하는 것이 특히 중요한 문제가 된다. 만약 재판관할의 선택이 계약서 조항 혹은 중재규칙에 대한 집행연기로 인하여[19] 중재위원회로 넘겨진다면, 프로젝트 소재국의 법률이 선택될 것이며, 이는 해당 국가가 이러한 결정을 강제할지 여부와는 상관없이 이루어질 것이다.

31.07 중재위원회의 선택

참가자들 사이의 분쟁을 해결하기 위해 수많은 중재위원회들이 존재한다. 어떤 중재위원회를 선택할지를 결정할 때 고려해야 할 요소들이 몇 가지 있다. 예컨대 공인된 중재인의 가용성, 관련 분쟁과 동일 유형 및 산업과 관련한 중재 경험, 기관의 명성 등이 그것이다. 이러한 기관들의 목록은 다음에 기술되어 있다.

[1] 미국 중재위원회(American Arbitration Association, AAA)

미국 중재위원회(American Arbitration Association, AAA)는 뉴욕에 본사가 있으며, 종종 미국의 회사들이 분쟁을 해결하려 할 때 사용한다. AAA는 관리, 절차 규칙, 중재인 선임 등의 서비스를 제공한다.

이 기관은 다국적 프로젝트 금융거래에 있어서 두 가지 종류의 규정들을 가지고 있는데, 이들은 국제 중재에 관한 AAA의 상업 중재 규칙들과 AAA의 보충절차 규칙들이다.

[2] 국제상공회의소(International Chamber of Commerce, ICC)

국제상공회의소(ICC)는 프랑스 파리에 기반을 두고 있으며 광범위하게 알려져 있으며 존중 받고 있다. ICC는 일반적으로 AAA보다 비싼 것으로 알려져 있다. 또한 ICC는 좋은 품질의 더 경험 많은 중재인을 보유하고 있다. ICC 중재규칙은 중재 과정을 규정한다.

대륙법의 영향으로 인해 가장 중점적으로 검토하는 것은 계약에 따른 증거들과 보고서이다. 목격자에 의한 증언에는 큰 비중을 두지 않는다.

19) ICC 국제중재재판소 12조

ICC는 자체 중재법원을 통해 중재관리 서비스를 제공하고 있으며, 중재인들에게 의사 결정의 가이드라인을 제공하기 위하여 절차 규정집을 제공한다. ICC는 당사자가 선택한 중재자를 선임하거나 제3자가 선택한 중재자를 임명함으로써 중립성을 지킬 수 있지만, ICC의 법원에는 ICC 소속 중재인을 두지 않는다.

[3] 런던 국제 중재 법원(London Court of International Arbitration, LCIA)

런던의 국제 중재 법원은 런던에 있으며, 중재 절차를 결정한다.

[4] UN 국제 무역 법률위원회 (United Nations Commission on International Trade Law, UNCITRAL)

UN 국제 무역 법률 위원회(UNCITRAL)는 중재 절차를 실시하지 않고 대신 중재에 적용할 규칙만을 제공한다.

[5] 미대륙상사중재위원회 (Inter-American Commercial Arbitration Commission, IACAC)

미대륙상사중재위원회(IACAC)는 규칙들을 제정하고 아메리카 대륙 내에서 이루어지는 중재 절차들을 관리한다.

[6] 스톡홀름 상공회의소(Stockholm Chamber of Commerce)

스톡홀름 상공회의소는 전통적으로 사용되어온 비서구권 중재기관으로서 ICC나 LCIA 외의 중재기관을 찾는 사람들이 중재기관으로 사용하여 왔다.

[7] 국제 투자분쟁 해결 센터 (International Centre for Settlement of Investment Disputes, ICSID)

국제 투자분쟁 해결 센터(ICSID)는 워싱턴 D.C에 위치하고 있으며, 세계은행 산하기관이다. 1966년에 설립되었으며, 100개가 넘는 국가들이 멤버로 활동하고 있다.

ICSID는 개발 도상국 대상 공적 국제기구로 투자와 관련된 분쟁(강제 수용, 거래 제한, 세무 등 개도국에서 발생할 수 있는 투자 위험)을 해결하기 위한 재판을 제공한다. ICSID의 분쟁 해결은 참가자들 사이의 계약서에 합의되거나 차후에 제출된 동의에 따라 중재나 화해를 통하여 이루어진다.

중재는 계약 구성 국가(혹은 그들의 대행인)와 국적이 다른 계약 참가자 사이에 발생한 분쟁에 기초한다. 분쟁은 반드시 투자로부터 직접적으로 발생한 법적 분쟁이어야 한다[20].

[8] 기타

다른 대안으로는 국제중재를 다루고 있는 중재규정을 갖고 있는 스위스와 네덜란드의 중재를 들 수 있으며, 2개 이상의 국제적인 중재를 담당하고 있는 곳들로는 브리티시 컬럼비아 국제상업중재소(British Columbia International Commercial Arbitration Centre), 일본 상업 중재소(Japan Commercial Arbitration Association), 홍콩 국제중재소(Hong Kong International Arbitration Centre) 등이 있다.

[9] 임시기관 중재(Ad Hoc)

계약 당사자들은 기관의 방식을 따르지 않고 특별 기준에 따라 중재를 스스로 관리하기로 결정할 수 있다. 참가자들은 그들이 직접 자신들의 중재자들을 고를 수 있으며, 최대한의 자치를 확보할 수 있다. UNCITRAL의 규정은 임시기관 중재를 위해 만들어졌기 때문에 이러한 목적으로 사용된다. 임시기관 중재를 통한 해결은 모든 당사자들이 국제적인 중재에 대한 경험이 있는 경우, 특히 과거에 중재에 직접 연관되어 보았거나 사업 소재국에서 국제적인 중재가 역사적으로 인정되어 온 국가에서 적합하다.

제도적인 중재 절차는 종종 국제 PF에서 가장 유용한 방식이다. PF 거래에 있어서 다수의 참여자들과 그들의 이해관계가 얽히게 되는 복잡성 때문에 효율적인 분쟁 해결을 위해서는 잘 개발된 규칙과 경험 많은 기관을 이용해야만 한다. 또한 계약 당사자들은 대부분 중재에 대해 각기 다른 수준의 경험을 가지고 있고 이에 대한 편안함을 느끼는 정도 역시 상이하다. 게다가 서로 다른 문화적 · 지역적 배경은 임시기관 중재를 통한 접근방식을 불편하게 만들 것이다. 이러한 참여자들은 처음으로 거래에 함께 참여한 상태에서, 한쪽만 경험이 있는 임시기관 방식에 대해 상호간에 신뢰가 결여되는 결과를 초래할 수 있다.

20) 주와 다른 국가간의 투자분쟁의 해결을 위한 협약은 투자분쟁 해결을 위한 국제 센터를 설립함.

31.08 분쟁관련 계약 당사자가 아닌 프로젝트 참여자가 포함된 분쟁

PF는 계약과 참여자들의 집합체이다. 이러한 금융에 참여한 주체들은 그들이 직접적인 계약 당사자가 아닐지라도 계약들로부터 이익을 얻게 된다. 예컨대 프로젝트 회사가 시공사와 공급자 간 하도급 계약의 당사자가 아니지만 프로젝트 회사는 이러한 하도급 계약의 이행으로부터 혜택을 입는다.

Abbott Chemical, Inc. v. ASEA AB의 사례[21]에서, 열병합발전 프로젝트의 사업주는 프로젝트의 시공사와 시공사 공급자 간에 이루어진 하도급 계약의 제3의 수혜자가 된다고 주장했다. 프로젝트 사업주는 디자인의 결함 때문에 공사가 지연되었고 그 결과 운영 시점까지 다른 발전소로부터 전력을 구매해야 하는 손실을 입었다고 주장했다.

건설 계약은 계약자의 이익을 위해 계약상대방에 대한 책임제한 규정을 포함하고 있으며, 또한 프로젝트 사업주에게 스웨덴에서의 계약과 관련해서 발생하게 될 모든 다툼이나 주장을 조정하기 위해서 중재를 하도록 요구하는 조항이 담겨 있었다.

건설 계약상 책임제한을 피하기 위한 노력으로 프로젝트 사업주는 자신이 건설업자와 하청업자 사이의 하청 계약의 제3의 수혜자라고 주장하며 하청업자를 상대로 프로젝트가 진행되고 있는 푸에르토리코에서 소송을 제기하였다. 하지만, 하청계약 역시 중재조항을 포함하고 있었으며 이는 건설 계약의 중재조항과 일치했다. 하청계약에 있는 조항은 분쟁 해결의 중재 양식이 계약 당사자에 국한되지 않음을 밝혔다. 그렇기 때문에 법원은 프로젝트 사업주가 하청계약의 제3의 수혜자가 되고 싶다면 중재조항을 준수해야 하며, 그리고 분쟁을 해결하기 위해서는 푸에르토리코가 아닌 스웨덴에서 중재를 해야 한다고 판결했다.

31.09 중재판정의 어려운 점

중재자가 완전한 자유와 유연성을 가지고 판정을 한다고 말하는 것은 과장이다. 일반적으로 중재 판정은 제한적인 상황에서 법원에 의하여 기각될 수 있다. 이러한 제한적인 상황들에는 부패, 사기 혹은 중재 판정 과정상의 위법 등이 있으며, 중립을 지키도록 임명된

21) Abbott Chemicals, Inc. v. ASEA AB, Civ, No. 86-1305 (RLA) (D.P.R. 1998.2.19). Coastal Steel Corp. v. Tilghman Wheelabrator, Ltd., 709 F.2d 190 (3d Cir), cert. denied, 464 U.S. 938 (1983) (사업 소유주가 권리를 주장하는데 있어서 하청업자와 건설계약자간의 하청계약의 중재판정 결정 조항에 구속됨) 참조.

중재인의 편파성, 중재인에게 주어진 권한을 넘어서 경우, 중재인에게 주어진 권한을 완벽하지 못하게 사용하여 최종적이고 분명한 판정이 내려지지 못한 경우 등이 있다[22]. 중재인은 큰 재량권을 갖는데, 불합리한 경우를 제외하더라도, 중재인이 법률적용이나 계약서 해석에 착오를 범하여 중재판정에 대한 정당한 근거를 제시하지 못할 수 있다[23].

31.10 중재와 현지국 분쟁

[1] 일반

국제적 중재판정은 프로젝트 참여자가 믿었던 것처럼 견고하지 않은 경우가 있었다. 비록 많은 국가는 중재결정의 집행과 관련한 국제조약에 서명하거나, 집행을 위해 지역법을 개선하였다고 하지만 결과가 항상 예측 가능하지 않다. 외국정부는 중재의 행정절차에 불만을 갖고 중재심사위원회의 결정을 거부하기 위한 조치를 취할 수 있다[24].

현지국이 중재의 효력을 약화시키거나 아예 없도록 하기 위한 시도를 막기 위해 몇 가지 보호장치가 협의될 수 있다. 첫째, 임시기관 중재의 장점에도 불구하고 외국정부가 계약을 진행하는 당사자일 때에는 임시기관 중재를 삼가야 한다. 중재위원회를 활용한다면 해당 정부는 이러한 중재절차가 부패하거나 편향된 성향이 있다는 주장을 하기에 훨씬 어려울 것이다.

다음은 정부와 정부기관이 중재에 참여할 능력이 있는지에 대하여 해외정부의 현지법률을 확인할 필요가 있다. 만약 중재에 참여한 정부 등이 법적으로 정부 역할을 할 능력이 없으면 진행되는 중재는 무효가 되거나 추가적인 승인이 필요할 수도 있다.

또한 중재를 현지국가 외 지역에 설정하는 것도 고려할 필요가 있다. 모든 당사자들이 중립적 관계를 가지고 있는 국가가 선호되는데, 이는 절차진행에 있어서 정부가 간섭하는 것을 최소화하기 위한 것이다.

만약 정부가 뉴욕 혹은 파나마 협약 당사자가 아니더라도, 당사자는 중재판정이 둘 중 하나의 협약에 따른다는 것에 동의할 수 있다. 이 상황에서 현지 정부(또는 실질적인 계약

22) NY CPLR 7511 (McKinney's 1931)

23) H. Smit, Substance and Procedure in International Arbitration: The Development of a New Legal Order, 65 TULANE L. REV. 1309, 1317 (1991)

24) Mark Kantor, International Project Finance and Arbitration with Public Sector Entities: When is Arbitrability a Fiction?, 24 FORDHAM INT'L L. J. 1122, 1134 – 36 (2001)

당사자인 국가)는 주권면제를 포기하는 것이 유용할 수 있다.

추가적으로, 현지 전문가가 신중히 계약서 내 중재 관련 조항의 초안을 만들고 검토할 필요가 있다. 만약 당사자가 분쟁에 대한 중재 필요 상황을 피하길 원한다면 분쟁의 내용이 계약상 중재조항에 포함되지 않는다는 것을 주장하기 시작할 것이다. 결론적으로 중재의 범위에는 모든 분쟁, 작위, 부작위, 불법, 사기, 계약자체와 그것의 이행에 직간접적으로 관련된 허위진술이 포함되어야 한다.

[2] Pacta Sunt Servanda (계약은 지켜져야 한다), 사적 계약과 국가 통치권

현지국(또는 현지공공기관)과 중재계약을 협의할 때 당사자는 중재가 법적 원칙인 Pacta Sunt Servanda를 어떻게 적용할 것인지 고려하는 것이 중요하다. 이러한 확립된 원칙에는 모든 국제적 계약이 당사자를 구속하고 신의성실의 원칙에 따라 이행되어야 한다는 점이 담겨 있다. 서유럽의 법적 원리를 기반으로 한 이 법적 원칙은 정부가 향후 정치적, 사회적, 경제적 목표를 위해서 기존계약을 변경할 권리가 없다는 것을 의미한다[25].

일반적으로 국제 중재에서 중재인들은 이 원칙을 지속적으로 적용했는데, 정부가 참여한 인프라 프로젝트의 분쟁에 일반적으로 적용되는지는 아직 명확하지 않다. 현지국 정부가 (직접적으로 혹은 정부산하 기관을 통해)프로젝트 회사와 계약을 체결할 때, 중재자들은 정부가 민간자격으로 참여했다고 결론지을 수 있다. 따라서 위에서 언급한 원칙이 적용되어야 하며, 현지정부는 프로젝트 회사의 동의 없이 직접 또는 사법당국을 통해 계약을 변경할 권한이 없어야 한다.

그러나 거의 대부분의 PF에서 프로젝트는 대중들에게 매우 중요하다. 게다가, 대부분의 프로젝트는 현지정부의 규제에 종속되어 있다. 그렇기 때문에 중재인은 현지정부가 직간접적인 대상자로서 금융 또는 정치적 위기 상황에서 프로젝트 계약을 바꾸는 것을 용인하는 경향이 있고, 이러한 변경이 해외 계약당사자의 권리에 영향을 미친다고 하여도 그렇다.

현지국 정부(또는 산하기관)의 거래에서 사용할 중재계약서 초안을 만들 때 Pacta Sunt Servanda 원칙이 명확하게 명시되도록 하는 것이 낫다. 물론, 프로젝트가 직접적으로 공공건강, 안전, 번영에 영향을 직접적으로 미친다고 하여도 이러한 원칙이 중재위원회에 의해 적용된다는 것을 상세하게 명시할 수도 있다. 그러나 실용적인 관점에서 그러한 조항은 현지국의 주권을 지나치게 제한하여 중재자가 이를 거부하고 사법심사를 요구할 수도 있다[26]. 가장 이상적인 것은 해당 원칙이 적용된다는 조항을 포함하되, 동 원칙이 중재인이

25) 미국의 외국관계법 리스테이트먼트(1978). 이 개념은 책임으로부터 자유롭지 못한 정부 산하 기업들에게도 적용된다.

나 법정으로부터 무시될 경우를 대비해서 비상위험을 담보하는 보험과 같은 안전장치를 마련하는 것이다[27].

31.11 개발도상국에서의 중재

PF는 대규모의 인프라 개발을 하는 개발도상국에게 매력적인 금융조건을 제공한다. 동시에 투자자는 과거에는 없었거나 순수하게 정부로부터 재원을 조달했던 수익성이 좋은 새로운 인프라 사업에 접근할 수 있다. 그러나 개발도상국에서 새로운 투자는 비상위험이 뒤따르며, 중재는 이러한 비상위험을 완화시킨다.

개발도상국은 분쟁을 해결하는데 있어서 항상 중재를 선호하여 사법시스템에 대한 접근을 포기하려고 하지는 않는다. 중재는 계약당사자가 공공에 대한 고려 없이 분쟁해결을 위해 그들의 규칙과 절차를 만드는 개념에 기반을 두고 있다. 그러나 인프라 프로젝트에 있어서 이 개념이 문제가 된다. 왜냐하면 도로, 전력, 물 관련 서비스는 전통적으로 정부가 시민들에게 제공하는 것이며, 세수 혹은 공공부채와 같은 공공 자금으로 요금이 지급되기 때문이다. 공공자금에 있어서 정부는 전통적으로 경제상황이 좋을 때 이러한 요금을 자유롭게 변경시켜왔다. 그러나, PF에서는 경제발전이 정부가 계약유예, 전면 취소 등을 통해 민간 인프라 프로젝트의 주요 조건을 바꾸도록 압박하더라도 변화를 반기지 않는다[28].

개발도상국에서 민간부문의 인프라 프로젝트가 중재를 선호하는 데는 몇 가지 이유가 있다. 첫 번째로, 프로젝트가 공공의 기본적 필요를 위해 중요하고, 변화하는 경제적 현실에 맞추어 계약을 바꾸려고 하는 현지 정치인들의 유혹 때문에 중재의 비밀스러운 측면(privacy)과 보안성이 공공적인 논쟁을 피하는데 도움을 줄 수 있다. 이러한 비밀스러운 측면은 프로젝트에 피해를 주지 않고 증거수집, 타협도출, 피해복구에 있어서 중재자에게

---

26) Amr A. Shalakany, Arbitration and the Third World: A Plea for Bargaining Bias Under the Specter of Neoliberalism, 41 HARV. INT'L. L. J. 419, 465－66 (2000)

27) Amr A. Shalakany, Arbitration and the Third World: A Plea for Bargaining Bias Under the Specter of Neoliberalism 459－60 참조 (Texaco－리비아간 기름 중재사안에 대한 *pacta sunt servanda* 적용 논의), Thomas W. Waelde & George Ndi, Stabilizing International Investment Commitments: International Law Versus Contract Interpretation, 31 TEX. INT'L L. J. 216, 244 (1996) (*pacta sunt servanda*와 국내입법권한 사이의 갈등 논의)

28) Negla Nassar, Project Finance, Public Utilities and Public Concerns, 31 CORNELL INT'L L. J. 395 (1998). 인프라 프로젝트에서 경제적 효율성과 공공이익에 대한 고려사이의 긴장관계 논의에 관련해서는 Catherine Pedamon, Essay: How Is Convergence Best Achieved in International Project Finance?, 24 FORDHAM INT'L L. J. 1272 (2001)

유연함을 제공한다. 이 유연함이 또한 PF와 개도국 위험에 경험을 갖춘 중재위원을 선택할 수 있게 해준다. 소송에 있어서 판사가 이러한 경험이 있는 경우는 드물다.

또한 민간 투자자들은 중재판결을 선호한다. 왜냐하면 다수의 계약과 당사자들, 그리고 하나의 경제주체인 프로젝트를 포함하는 복잡한 구조의 금융에 적용하기 용이하기 때문이다. 한 계약 하의 분쟁은 다른 계약의 분쟁 때문에 일어나기도 하고 심지어 채무불이행을 발생시키기도 한다. 왜냐하면 프로젝트는 상호 연관된 계약 집합에 기반하고 있기 때문에, 투자자들은 모든 프로젝트의 분쟁이 명확하게 중재되도록 하기 위하여 모든 계약에 있어서 조율된 중재조항을 선호한다.

이러한 장점에도 불구하고 개발도상국 PF에 있어서 중재의 성공 여부는 혼재되어 있다[29]. 인도네시아 Patuha와 Himpurna 지역에서의 지역발전소 프로젝트 중재사례들이 대표적이다. 이 두 프로젝트에서 국영회사인 인도네시아 전력청(PT Perusahaan Listrik Negara, PLN)은 전력을 구매할 것을 동의하였고, 국영석유회사 Pertamina가 지역발전소 운영계약을 했다. 이 계약은 인도네시아 정부를 대신하여 광물에너지 장관이 승인했다. 더욱이 인도네시아 재무부장관이 두 국영회사의 계약의무 보장에 대한 공문을 각 프로젝트 사업주에게 전달했다.

중재조항이 계약서와 재무부장관의 공문에 포함되었으며, 분쟁은 자카르타 UNCITRAL 규칙을 바탕으로 해결될 예정이었다. 분쟁 조정을 목적으로 동의한 내용을 회피하기 위해 계약 당사자들이 관련 계약서 준거법인 인도네시아법을 이용할 수 없다는 것을 확인하기 위해 관련 계약서들이 주의 깊게 검토되었다. 이는 중재결정에 대한 항소권을 포기하는 것을 포함하였다.

프로젝트 투자자와 대주단은 인도네시아 정부의 약정과 금융조달이 보호된다는 중재조항에 대해 충분히 만족했다. 그러나 1997년의 인도네시아 경제붕괴(제1장에서 설명한 아시아 금융위기로 발생하였다)는 극심한 환율변동을 일으켰고, 결론적으로 국영전력회사가 전력판매계약을 이행하지 못하도록 했다. 또한, 금융위기는 1998년 Suharto정권의 몰락을 초래했다. 동시에 국가적인 발전 프로젝트 계약에 부패가 있었다는 의혹이 사회적으로 이슈화 됐다. 이후 권력을 승계한 새 정부는 경제적 악화에 대한 대응으로 두 프로젝트를 일방적으로 연기했다.

중재 결과 프로젝트 회사는 국영전력회사로부터 총571백만불을 지급받도록 판정 받았다. 국영회사가 이를 이행하지 못하자, 인도네시아 정부가 계약상 제공한 보증을 이행하지

29) R. Doak Bishop외, Strategic Options Available When Catastrophe Strikes the Major International Energy Project, 36 TEX. INT'L L. J. 635 (2001), International Arbitration and Project Finance in Developing Countries: Blurring the Public/Private Distinction

못한 것에 대해 두 번째 중재가 시작되었다.

국영전력회사는 중재지급판정을 삭제해달라고 요청했고, 법원은 동의했다. 국영석유회사 또한 자신이 첫 번째 중재 절차에 포함되었어야 한다고 주장하며 분쟁을 법정으로 가져왔다. 법원은 첫 번째 중재지급판정의 집행을 연기하는 명령서를 발급했다.

한편 인도네시아 정부는 두 번째 중재절차에 참여하길 거부했다. 왜냐하면 첫 번째 중재가 아직 해결되지 않았기 때문이다. 인도네시아 정부가 보증한 대로 첫 번째 중재 판정에 따른 피해보상에 대한 책임을 질 것을 두 번째 중재 심사위원이 결정하였으나, 인도네시아 정부가 거부하였다. 다행히 프로젝트 회사는 1999년, OPIC과 다양한 차관단으로 부터 300백만불 상당의 비상위험 보험금을 지급 받았다.

인도네시아의 중재 사례는 중재가 기대했던 것처럼 효율적인 방식은 아니라는 점을 제시한다. 인도네시아에서의 실패원인은 복잡했다. 정치적 부패와 정부의 불안정은 명백히 첫 번째 중재판결을 무효화하는 법원결정에 영향을 주었으며, 경제붕괴는 확실히 문제해결절차를 복잡하게 만들었다.

그러나, 아마도 가장 중요한 것은 인도네시아와 이와 비슷한 국가가 공공에 도움이 되고, 정부계약 또는 보증이 연계된 인프라 프로젝트상의 민간계약을 존중하는 의식이 부족하다는 점일 것이다. 일반적으로 선진국은 법을 입법자의 영역인 공법과 협상과 계약이행이라는 사법으로 분리한다. 그러나, 개도국에서는 계약이 공공의 복지에 영향을 줄지라도 법의 구분이 완전하게 존재하지 않는다. 정치적 안정성이 서구처럼 보장되지 않는 개발도상국 정부는 본질적으로 민간영역인 법률제정 방식의 접근에 따라 중재자가 공공인프라 프로젝트에 대해 최종 결정을 하는 것을 꺼려한다.

31.12 중재조항

프로젝트 참여자는 어디에나 적용할 수 있는 용도의 중재조항 사용을 피해야 한다. 중재는 너무 복잡해서 계약의 표준문안에 포함시킬 수 없지만, 고려해야 하는 공통조항은 있다.

[1] 최종 그리고 법적 구속력 있는 중재

계약은 모든, 또는 주의 깊게 규정한 일련의 중재가 유일한 분쟁 해결 방안으로 선택되었다는 것을 구체화하여야 한다. 계약 조항은 중재결과가 최종이 되어야 하며 그 결과가 모든 당사자의 분쟁에 있어서 법적 구속력이 있다는 직접적인 조항으로 구체화해야 한다.

[2] 중재범위

당사자들은 중재요구 범위에 대해 동의 해야 한다. 따라서, 계약은 어떤 분쟁이 중재를 통해 해결되어야 하는지 진술해야 한다. 일반적으로 '모든 분쟁' 조항은 중재조항 범위를 기술하기 위해서 포함되어야 한다. "계약의 사기, 불법, 무효에 기초로 두고 있는 것을 포함하여, 계약 하에서 발생하거나 계약으로부터 발생하는 모든 불일치, 분쟁, 클레임, 손해, 피해, 또는 관련된 논란"은 중재에 의해 최종적이고 법적 구속력이 있게 해결된다는 것을 명문화해야 한다. 현지 변호인은 조항이 모든 분쟁을 적절히 기술하는지 입증하기 위해 조항의 범위를 검토해야 한다. 이 조항이 정한 적용범위가 충분히 넓지 않을 경우, 계약당사자들은 분쟁이 중재를 통해 해결되지 않는다는 것을 주장함으로써 중재를 피할 수 있는 기회를 가지려고 할 것이다.

마찬가지로 특정 분쟁을 중재로 해결하지 않기로 한다면, 그런 종류의 분쟁이 상세하게 설명되어야 한다. 종종 특정 계약 일부나 특정 법률자료에 대한 참고자료가 필요하다.

[3] 중재의 장소(장소 선택)

중재지는 신중히 고려되어야 한다. 아마도 가장 중요한 결정이 중재장소의 선택이다.

선택된 국가의 법적 시스템은 분쟁을 중재하기 위하여 계약당사자의 선택에 도움이 되어야 한다. 그러므로 계약상 중재가 선택되는 곳은 강제되어야 하고, 중재에 대한 법적 개입이 최소화 되도록 해야 한다. 중요한 것은 해당 국가의 법이 중재자가 분쟁에 대한 법적 청취를 할지 여부를 승인해주어야 한다는 것이다. 그렇지 않으면 당사자가 법정에서 사안을 중재로 해결해야 할지를 결정하는 동안 분쟁의 해결이 지연된다.

중재지는 협약이 결정의 집행을 허용하는 곳으로 결정되어야 한다. 이 장에서 논의 되었듯이 협약과 조약은 분쟁해결방법으로서 중재를 지지할 수 있도록 요구되어야 하며, 해외중재계약과 중재판정의 집행이 가능해야 한다.

중재국에서의 이와 같은 조약의 위상은 신중히 검토되어야 한다. 예컨대 미국을 포함하여 많은 국가는 뉴욕 협약과 파나마 협약을 적용함으로 인한 호혜(어떠한 혜택을 받는 일)를 현지 국가에 요구한다. 협약에 대한 단순한 동의만으로는 불충분하며, 협약의 강행규정이 현지법에 따라 시행되어야 한다.

중재지에서 중재와 관련한 모든 회의와 공청이 이뤄질 필요는 없다. 어떤 경우에는 현지국에서 최소한 수 차례의 회의를 하는 것만으로도 유용하다.

그러나 해외정부가 중재 당사자일 때, 중재할 장소 선정은 정부가 간섭하거나 개입하기 쉬운지, 모든 당사자가 지역적(정치적) 장소결정에 선입견이 없고, 투명성에 대한 확신이 있는지를 고려하여 결정되어야 한다.

[4] 중재를 위한 기관선정

분쟁해결을 위한 중재에 특정 기관을 이용할 것이라면 해당 기관은 계약서에 명시되어야 한다. 예컨대 국제상공회의소는 다음과 같이 권장한다. "계약과 관련하여 일어나는 모든 분쟁은 국제상공회의소의 조정 및 중재에 관한 규칙 하에서 1인 이상의 지명 중재자에 의해 최종적으로 해결되어야 한다." 대신, 임시기관 중재를 사용하려면 자세한 절차가 따로 기재되어야 한다.

[5] 중재위원 선정

만약 당사자들이 중재위원을 이용하지 않을 것이라고 결정하면 계약은 중재위원 또는 단독 중재자 중 어떤 방식을 선택할지에 대한 절차를 명시해야 한다. 관례적으로 단독 중재자 또는 중재위원 3명으로 중재를 실시한다. 만약 중재위원을 사용하면 보편적으로 각 당사자(만약 두 당사자만 있다면)가 중재자를 선정하고 이 중재자가 제3의 중재위원을 선정한다.

[6] 절차

중재절차는 가능한 자세하게 규정해야 한다. 고려할 조항은 다른 당사자에게 중재 통지서를 발급하는 것과 같은 중재 개시 방법, 증거주의 또는 발견주의 중 어떤 것을 포함할 것인지, 결정은 기밀로 할 것인지 여부, 서면으로 할 것인지 여부 등이다.

[7] 준거 언어

드물긴 하지만 언어의 잘못된 명시가 때때로 당사자 간의 마찰을 일으킨다. 준거 언어가 계약에 선택되어 있지 않으면 중재자가 선택한다. 계약에 언어 지정을 포함시킴으로써 불필요한 지연을 피할 수 있다.

[8] 준거법

위에서 설명하였듯이 계약은 중재 준거법을 명시해야 한다. 이것은 본 계약의 준거법과 다를 수 있다.

현지 전문가는 법 선택의 영향을 고려하여 결정해야 한다. 예컨대 PF 거래에서 많이 발생하는 배상은 손해배상금이다. 손해배상과 관련한 법은 널리 다양하며 어떠한 법을 선택할지 고려해야 한다. 더욱이 법률 변경 가능성 때문에 계약당사자는 안정화 조항(stabilization clause)을 사용해야 한다. 이 조항은 계약 체결 시점에 유효한 준거법의 적용을 요구한다.

[9] 지속적 이행

PF에서 중요하게 고려해야 할 점은 중재절차가 개시될 때, 그리고 중재절차를 기다리는 동안 계약당사자가 계약상의 의무를 지속적으로 이행해야 하는지 여부에 대한 것이다. 어떤 경우, 계약당사자는 계약상 의무를 지속적으로 이행할 것에 동의하지만, 분쟁의 대상인 의무는 이행하지 않는다.

[10] 기판력(Res Judicata)

현지법이 허용하는 한 중재조항은 최종 중재판정이 최종적이고, 법적 구속력이 있으며, 집행가능하고 소송대상이 아니라는 점을 명시해야 한다. 그렇지 않으면 판정에 실망한 당사자가 재판제도를 통해 새로운 공판을 추진할 것이다.

법정으로 끌어들이는 것이 절대 필요 없다는 의미는 아니다. 계약 당사자는 법정에 대해 임시적 금지명령구제를 모색할 권리, 임시적 혹은 예비적 구제판정을 집행할 권리, 목격자의 증인요구나 다른 증거제출을 요구하는 중재판정을 시행할 권리, 중재판정에 대한 판결을 등록할 권리를 가지고 있어야 한다.

Chapter 32

국제기구의 반경쟁행위 금지

32.01 소 개

"뇌물"이라는 단어는 참여 국가의 가치와 관행에 따라 서로 다른 의미로 전달된다. 서구에서 정부 공무원의 뇌물은 경제적으로 비효율적이고, 정치적 안정성을 침해하는 도덕적으로 부패하며, 그리고 물론 불법 행위로 간주된다. 다른 나라에서 뇌물은 고질적인 문제로, 사업 목표를 달성하기 위한 필요악으로 인식된다. 1977년을 지나 미국은 세계 시장에서 더 이상 뇌물이 허용되지 않는다고 보았다. 미국의 워터게이트와 록히드 스캔들 뒤에 바로 생긴 미국의 해외부정거래방지법[1]은 사업권을 획득하거나 유지하기 위해 외국 공무원에게 주는 뇌물을 불법으로 규정했다. 하지만 미국 혼자만의 노력이었다.

반 뇌물수수 법령의 효과는 엇갈린다. 한편으로는 어떤 기업이 뇌물은 본국에서 불법이라고 주장함으로써 뇌물수수의 시도나 위협으로부터 효과적으로 보호받을 수 있다. 이러한 불법행위는 프로젝트 소재 국가를 곤란하게 함은 물론 어쩌면 공무원 또는 직원들을 형사처벌 받게 할 수도 있다. 다른 한편으로는, 유사한 금지 조항이 외국 경쟁회사에 있지 않을 경우, 금지 조항을 적용받는 회사가 경쟁적 열위에 있게 된다. 한 연구에서는 미국 기업이 이러한 금지의 결과로 계약에서 적어도 450억 달러 상당의 손해를 보았다고 주장하였다[2].

이러한 이유로 반 뇌물수수 규제의 국제화는 미국, 그리고 이후에는 다른 나라들의 장기적인 목표가 되었다. 1988년을 지나, 미국 의회는 국제기구 차원에서 반 뇌물수수 규제의 협상을 시도할 것을 지시하였다[3].

궁극적으로, 오히려 서구 업계의 주장이나 미국 의회의 명령보다 정치경제 시스템에 미

1) 1977년 해외부정거래방지법 (1988년, 1998년 수정). 해외부패방지법에 대해서는 제29장에서 논의되었다.
2) Michael Kantor 성명, 미 무역대표부 (1996년 2월 22일)
3) 종합무역경쟁법 (1998)

치는 뇌물의 비효율에 대한 전세계적인 여론이 국제기구들을 통한 뇌물과 부패의 감소 요구를 가져왔다[4]. 1990년도 초 강요, 뇌물, 그리고 편파 관련 스캔들은 세계 각지 정부를 불안정하게 만들었다. 예컨대 인도네시아에서는 수하르토 가문에 의한 발전 PF 사업은 경쟁 입찰 또는 기타 투명한 보호 없이 진행되었다. 뇌물에 대한 세계의 인식이 변화하기 시작하여, 반 뇌물법을 미국의 도덕을 전파하기 위한 시도로 보는 대신 뇌물과 정치적 부패를 새로운 시장에 대한 접근을 차단하는 비이성적인 무역 장벽으로 인식하기 시작했다.

32.02 조달 가이드라인

[1] 일반

일반적으로, 경쟁 입찰은 국제기구가 선호하는 조달 절차이다. 공개 입찰 절차는 프로젝트 소재국 정부에게 몇 가지 이점이 있다. 입찰 과정은 상품 또는 서비스의 잠재적인 공급자 간의 경쟁을 증가시키고, 요구된 상품이나 서비스의 비용을 최소화시키며, 절차가 투명하여 뇌물 및 기타 부패가 없음을 보장하기 때문에 프로젝트에 대한 대중적 지지 및 신뢰성을 구축한다. 경쟁 입찰 과정의 장단점과 이를 PF에 적용하는 것에 대해서는 제14장에서 설명하였다.

[2] 세계은행(World Bank)

1951년 세계은행은 자금을 지원하는 프로젝트의 조달절차로 국제 경쟁 입찰을 도입했다. 1990년대에 개정된 이 절차는 차별대우가 없는 안내서, 선택 기준 공개 및 공개 입찰을 확립했다[5]. 이 과정을 준수하지 않으면 세계은행이 자금지원을 취소할 수 있다.

[3] 미주개발은행(Inter-American Development Bank, IDB)

미주개발은행은 1998년에 반부패 정책을 강화했다. 이러한 정책은 민주적 규칙의 통합과 국가의 근대화를 향한 움직임의 일환으로 부패에 대항할 정부 및 국제기구를 통한 노

---

4) Paolo Mauro, Corruption and Growth Q.J.ECON., 1995년 8월, 681 (부패, 투자율과 성장의 연관성에 대한 종합 연구)

5) 세계은행, Guidelines: Procurement Under IBRD Loans and IDA Credits (2004)

력에 반영되었다

IDB의 조달 규정과 절차는 IDB에게 만약 해당 회사나 개인이 부패, 사기, 강제, 또는 공모의 행동에 연루되어 있다면 앞으로의 계약에서 그들을 제외할 권한을 부여한다[6]. 만약 차주나 수익자가 부패 행위를 중단하기 위해 적절한 조치를 취하지 않았다는 증거가 있으면 은행은 대출이나 제공한 대금을 취소하거나 기한 이익을 상실시켜 조기 상환하도록 할 수 있다[7]. 반부패 정책 준수를 확인하기 위해, IDB가 금융을 제공한 프로젝트에 참여하는 공급 업체와 계약자를 IDB 또는 대리인이 감사할 수 있는 조항을 포함하도록 요구할 수 있는 권한을 추가했다[8]. 결론적으로, IDB는 차주국의 요청에 따라 계약이 체결되는 국가에서 계약자들이 부패행위를 금지하는 법을 준수한다는 내용의 "뇌물수수 금지 서약"을 수용할지 여부를 선택할 권리를 가진다[9].

[4] 유럽부흥개발은행 (European Bank for Reconstruction and Development, EBRD)

마찬가지로, 유럽부흥개발은행은 1997년에 가이드라인을 발표했다[10]. 이는 공식 정책이 아닌 그저 가이드라인일 뿐이다. 여덟 페이지짜리 자료로, 현지 국가에서 현명하게 프로젝트를 개발하기 위한 내용을 다룬 매우 압축된 요약본이다. 기업과 고객, 직원, 공급자 및 커뮤니티 간의 관계에 대한 권고 사항을 제시하는 것 외에도, 가이드라인은 기업과 정부 사이의 적절한 관계에 대해 논한다. 가이드라인은 기업에게 유럽부흥개발은행이 "뇌물이나 행정 결정에 영향을 미치는 부적절한 방법에 의한 제 손실 없이 공정한 방식으로 지방 및 중앙 정부 기관과의 거래"를 요청할 것이라는 것을 주지시킨다[11]. "끊임없는 변화"의 상태에 있는 국가 및 신흥국가에 대한 조언은 유익하다.

6) 미주개발은행, Policies for the Procurement of Goods and Works Financed by the Inter-American Development Bank, 1.14, 5-6(2006). 부패행위는 다른 당사자의 행위에 영향을 미치는 어떤 가치 있는 것을 직간접적으로 제공의 의사표시, 제공, 수령 또는 요구하는 것을 말한다. 사기행위는 금전적 또는 기타 수익 혹은 의무를 면하기 위해서 일방당사자를 속이거나 속이는 시도를 하는 기망행위를 포함한 작위 또는 부작위를 의미한다. 강요행위는 일방당사자나 그의 재산을 직간접적으로 손상시키거나 손상할 것을 협박하여 그의 행위에 영향을 주는 것이다. 공모행위는 둘 이상의 당사자가 함께 부적절한 목적을 달성하기 위하여 계획하는 것으로 다른 당사자의 행위에 부적절하게 영향을 주는 것을 포함한다.

7) 동 출판물 6페이지, 1.14(b)(iii)

8) 동 출판물 7페이지, 1.14(d)

9) 동 출판물 7페이지, 1.15

10) 유럽부흥개발은행, Guidelines for Sound Business Standards and Corporate Practices, (1997년 9월)

11) 유럽부흥개발은행, Guidelines for Sound Business Standards and Corporate Practices6페이지

법률과 재정제도 및 재판제도가 끊임없이 변화하는 국가에서, 이 가이드라인은 때때로 지나치게 부담스럽거나 실행 불가능하게 보일 수 있다. 이러한 경우에, 향후 책임 부담 및 기타 문제 발생의 여지가 있는 조치를 취하는 것보다는 현지 법률 내 특정 조항의 불합리함에 대해 당국과 열린 투명한 대화를 하는 것이 좋다[12].

가이드라인상의 규제는 아마도 프로젝트를 개발하는 국가의 정부 및 그들 자신을 점검하는데 있어 민간부문의 높은 자신감을 보여주기 때문에 주목할 만하다.

32.03 부패척결에 관한 미주국가 협약(Organization of American States Inter-American Convention Against Corruption)

최초의 국제적인 반부패 조약은 1996년에 체결됐다. 중남미 국가들은 협상에 참여하고 결국 부패척결에 관한 미주국가 협약에 서명했다[13]. 1997년 시행된 비준에 따라 현재 미국을 포함하여 34개국이 참여하고 있다.

공무원들의 부패를 방지하기 위해 고안된 이 조약은 회원국들이 자국의 법률과 규정을 발전, 유지시키거나 다음과 같이 강화할 것을 고려하도록 요구한다.

- 공무의 올바르고 정직하며 적절한 이행을 위한 수행 기준. 이러한 기준은 이해 상충을 방지하고 공무집행에 있어서 공무원에게 위임된 자원의 사용 및 적절한 보존을 위해 만들어져야 한다. 이 기준은 또한 공무원이 공무 수행 중 관계당국의 부패 행위를 보고하도록 정책 및 시스템을 구축해야 한다. 이러한 조치는 공직자 및 정부 프로세스의 진실성에 대한 대중의 신뢰를 유지하는데 도움이 되어야 한다[14].
- 이러한 수행 기준을 적용할 수 있는 방법(부패에 대응하는 미주협약 2조 728페이지)
- 공무원들의 책임과 그들의 활동을 좌우하는 윤리 규정에 대한 올바른 이해를 보장하기 위한 교육(동 협약 3조 728페이지)
- 법령에 의해 지정된 특정 직책에서 공무를 수행하는 사람의 소득, 자산 및 채무를 적절한 곳에 등록하고 공개하기 위한 시스템(동 협약 4조 728페이지)

12) 동 출판물 인용
13) 부패에 대응하는 미주협약 (1996년 3월 29일)
14) 동 협약 art.III, 1조 (1996년 3월 29일)

- 시스템의 개방성, 공정성, 효율성을 보장하는 상품 및 서비스의 정부 고용 및 조달을 위한 시스템(동 협약 5조 728페이지)
- 부패를 막기 위한 정부의 세금징수 및 통제 시스템(동 협약 6조 728페이지)
- 당사국의 반부패 법률을 위반하여 개인 또는 법인이 집행한 지출에 대해 세금우대 혜택을 거부하는 법률(동 협약 7조 728페이지)
- 헌법과 법률 시스템의 기본 원칙에 따라 당사자들의 신분 보호를 포함하여 부패 행위를 신고하는 선의의 공직자 및 민간인을 보호하기 위한 시스템(동 협약 8조 728페이지)
- 부패 행위의 방지, 검출, 처벌 및 근절을 위한 모범이 되는 구조를 구현할 목적의 감독기구(동 협약 9조 728페이지)
- 공기업과 다른 형태의 협회가 정확하게 자산의 취득 및 처분을 반영하고 소속 직원의 부패 행위를 검출하기에 충분한 내부 회계 관리를 활용하여 세부내역을 포함한 장부와 기록을 유지하도록 보장하기 위한 국내 및 외국 정부 공무원에 대한 뇌물제제 수단(동 협약 10조 728페이지)
- 부패를 방지하기 위한 노력에 시민 사회와 비정부 단체의 참여를 권장하기 위한 방법(동 협약 11조 729페이지)
- 공공 서비스의 공정한 보상 및 정직성 사이의 관계를 고려한 추가적인 예방조치에 대한 연구(동 협약 12조 729페이지)

당사국이 아직 이러한 조치를 하지 않은 경우, 해당국의 부패 행위 관련법에 따라 형사범죄로 규정하기 위해 필요한 입법 또는 기타 조치를 취해야 한다. (동 협약 7조 730페이지) 이러한 목적과 전체 조약의 취지에 따라 “부패의 행위”는 다음과 같이 정의된다.

A. 공무 이행에 있어서 작위 또는 부작위에 대한 대가로 금전적 가치가 있는 물품이나 자기 자신이나 다른 사람 또는 단체를 위한 선물, 호의, 약속 또는 선순위 제공과 같은 이득을 공직자나 공적인 기능을 수행하는 사람이 직간접적으로 강요 또는 수락하는 경우

B. 공무 이행에 있어서 작위 또는 부작위에 대한 대가로 금전적 가치가 있는 물품이나 자기 자신이나 다른 사람 또는 단체를 위한 선물, 호의, 약속 또는 선순위 제공과 같은 이득을 공직자나 공적인 기능을 수행하는 사람에게 직간접적인 방법으로 제공하는 경우

C. 불법적으로 자신이나 제3자가 혜택을 얻기 위한 목적으로 공무를 수행하는 사람이나

공직자에 의한 임무 수행에 있어서의 어떤 작위 또는 부작위의 경우
D. 이 조항에 준하는 어떤 행동에서 비롯된 재산의 부정적인 사용이나 은폐
E. 범행에 착수했거나 미수에 그친 행위, 또는 어떤 협력이나 공모로 이 조항에 준하는 어떠한 행동에 대해 사후적 또는 어떤 형태로든지 주범자, 공범자, 선동자, 가담자나 방조자 또는 다른 방식으로서의 참여하는 경우(동 협약. VI(1)조 729페이지)

불법적으로 얻은 금전 또는 재산의 출처 입증이 어렵기 때문에, 조약은 "자신의 공무수행 중 합법적인 수입과 관련하여 타당하게 설명할 수 없는 큰 규모의 공직자 자산의 증가"로 정의되는 "불법 축재"의 개념을 포함한다. (동 협약. IX조 730페이지)

이 조약의 효력은 국제적이다. 각 국가는 해당 지역에 거주하고 사업을 영위하는 사람인 자국 시민이 다른 회원국의 공직자에게 공무원의 공무 수행의 작위나 부작위에 대한 대가로 뇌물을 주는 것을 금지하고 처벌하도록 요구된다. (동 협약. art. VIII 730 페이지)

흥미롭게도, 이 조약은 또한 해당국에게 그들의 법률에 따른 범죄 행위뿐만 아니라 그들이 고려해야 하는 추가적인 보호에 대한 방향도 제공한다. 그것은 아래와 같다.

- 본인의 공무 수행 중이나 또는 그 때문에 공무원이나 공무를 수행하는 사람이 얻게 된 기밀 또는 비밀 정보를 자신이나 제3자의 이익을 위해 공무를 수행하는 사람이나 공직자가 부적절하게 사용하는 경우(동 협약. XI조, 1(a)항 730－31페이지)
- 공무를 수행하는 사람이 접근 가능한 국가의 자산 또는 국가가 소유권을 갖는 기관에 속하는 어떤 종류의 재산을 자신이나 제3자의 이익을 위해 공무를 수행하는 사람이나 공직자가 부적절하게 사용하는 경우(동 협약. XI조, 1(b)항 731페이지)
- 국가의 재산에 손해를 끼치는지의 여부와 상관없이, 불법으로 자신 또는 다른 사람의 어떤 혜택이나 이익을 위해 정부 기관으로부터 특정 결정을 얻기 위해 시도하는 개인, 제3자, 또는 중개인을 통한 모든 작위와 부작위(동 협약. XI조, 1(c)항 731페이지)
- 공무원이 자신의 지위를 이용하여 행정, 관리, 또는 기타 목적으로 유동/비유동 자산, 돈, 또는 국가나 독립기구, 개인 소유의 유가증권을 본래의 목적과 관계 없이 자신 또는 제3자의 이익을 위해 전용하는 경우(동 협약. XI조, 1(d)항 731페이지)

각각의 위법행위는 가입국간 인도협약상 인도처분에 해당하는 위법행위일 필요가 있다.

(동 협약. XIII조, 2항 731페이지) 만약 해당 국가가 협약의 존재를 조건으로 본국으로 송환하고, 본국송환 조약이 없는 다른 국가가 인도를 요청한다면, 협약은 본국송환에 대한 법적 근거가 될 수 있다. (동 협약. XIII조, 3항 731페이지)

32.04 부패에 관한 유럽 형법조약 협의회 (Council of Europe Criminal Law Convention on Corruption)

1999년 유럽 협의회는 뇌물을 통한 부패를 막기 위해 조약을 만들었다[15]. 조약은 정부 공무원 혹은 국제기구의 공무원에게 직간접적으로 의도적인 뇌물수수를 불법화하도록 각 가입 국가에게 요구하였다. (동 조약 Ch. 2 506페이지)

조약은 다음과 같이 광의의 부패 개념을 채택했다.

- 자신 또는 타인을 위하거나 자신이 수행해야 하는 업무를 이행 또는 이행하지 않기 위해 누구든지 지나친 혜택을 고의로 직간접적으로 공무원에게 약속, 권유 또는 제공(동 조약 Ch. 2, 3조 506페이지)
- 공무원 자신 또는 타인을 위하거나 자신이 수행해야 하는 업무를 이행 또는 이행하지 않기 위해 지나친 혜택 또는 이러한 혜택의 권유를 수용하거나 약속 받을 것을 직간접적인 방법으로 공무원이 고의로 요구 또는 수령하는 경우(동 조약 Ch. 2, 3조 506페이지)
- 공공단체의 구성원인 자가 연루되어 제2조 및 제3조에 따라 법적, 행정적 권력을 발휘할 때(동 조약 Ch. 2, 4조 507페이지)
- 다른 나라의 공무원이 제2조 및 제3조에 따라 연루되었을 때(동 조약 Ch. 2, 5조 507페이지)
- 공공단체의 구성원인 자가 연루되어 제2조 및 제3조에 따라 다른 국가에서 법적, 행정적 권력을 발휘할 때(동 조약 Ch. 2, 6조 507페이지)
- 민간 단체를 위해 일하는 간부나 직원 자신 또는 타인을 위하거나 또는 그들의 업무를 어기고 행동하거나 행동하지 않게 하기 위하여, 업무내용을 불문하고 그들에게 경영활동의 과정에서 고의로 지나친 혜택을 직간접적인 방법으로 약속, 권유, 또는 제공하는 것(동 조약 Ch. 2, 7조 507페이지)

15) 부패와 관련한 유럽 형법 조약 협의회, 유럽의 조약들 (1999.1.27)

- 민간영역의 단체를 위해 일하는 간부나 직원 자신 또는 타인을 위하거나 또는 그들의 업무를 어기고 행동하거나 행동하지 않게 하기 위하여, 지나친 혜택을 요구 또는 수령하거나 그것과 관계된 약속 또는 제공을 수용하거나 약속을 수용하는 것(동 조약 Ch. 2, 8조 507페이지)
- 공무원 또는 공적 국제기구나 국제적 기구, 일방당사자가 구성원인 단체의 직원규율상의 기타 계약직 근무자 그리고 동의여부를 불문하고 누구든지 공무원 또는 준공무원에 의해 수행되는 일들에 상응하는 기능을 수행하는 자가 연루되어 있는 제2조 및 제3조에 규정된 행위(동 조약 Ch. 2, 9조 507페이지)
- 일방 당사자가 구성원인 국제적 혹은 국제적 기구의 의회 구성원이 연루되어 있는 제4조에 규정된 행위(동 조약 Ch. 2, 10조 507페이지)
- 일방당사자가 수용하는 관할권에 있는 법무공무원 또는 모든 국제사법 재판소의 공무원이 연루되어 있는 제2조 및 제3조에 규정된 행위(동 조약 Ch. 2, 11조 507페이지)
- 제2조, 제4조 내지 제6조, 및 제9조 내지 제11조을 고려하여 이들 조항에 언급되어 있는 자들의 의사결정에 부적절한 영향력을 행사할 수 있다고 주장 또는 확인하는 자에게 모든 형태의 지나친 혜택을 고의로 약속하고, 제공하고, 권유하는 것으로, 이러한 지나친 혜택은 자기자신이나 타인을 위한 것인지를 불문하고, 요구, 수령 또는 권유의 수용 또는 지나친 혜택의 약속도 이러한 행위에 포함되며, 영향력을 고려하는데 있어서는 그것이 행사되었는지 또는 그러한 영향력이 의도된 결과로 이어졌는지 여부를 불문함.(동 조약 Ch. 2, 12조 508페이지)

조약은 뇌물에 대한 자금 세탁, 위반사항에 대한 방조 및 교사 그리고 실행, 은닉, 기록을 통해 위반을 덮는 것, 기망, 미완료 청구서를 망라한다.

중요한 점은, 조약은 기업이나 공무원의 책임을 눈감아 주지 않는다는 것이다. 이는 법인(legal person, 法人)이 뇌물수수 행위, 거래상의 영향력 행사, 자금 세탁 등의 범죄행위에 대해 조약상 책임을 지도록 한다.

- 아래와 같은 권한을 바탕으로 법인 내 지도적 위치에 있는 자로서 개인적으로 또는 법인의 일부로서 개인의 이득을 위해 행동하는 경우
  - 법인의 대리권
  - 법인을 대리한 의사 결정 권한
  - 법인 내에서의 통제권한

• 아울러, 위에서 언급한 위반 사항에 대해 방조자 또는 선동자 역할을 하는 자연인

추가적으로, 법인의 권한 하의 자연인(1단락 언급)이 관리 또는 통제를 소홀히 하여 1단락에서 언급된 법인의 이익이 되는 범죄행위가 일어난 경우 이에 대해 형사적 책임을 지게 된다. 그러므로 제29장에서 설명하였듯이 기업의 현지 대리인과 직원들은 신중히 통제되어야 한다.

32.05 외국 공무원들 앞 뇌물의 세금감면에 관한 OECD 협의회의 권고

1996년, OECD는 뇌물에 대한 우호적인 세금혜택을 금지할 것을 가입국에 요청했다[16]. 구체적으로 협의회는 외국 공무원 앞 뇌물에 대한 세금감면을 허용하지 않도록 가입국에 권고했다. 협의회는 외국 공무원의 뇌물수수를 불법으로 간주할 것을 권고하였다[17].

32.06 국제상거래에서 외국공무원에 대한 뇌물방지를 위한 OECD 협약

뇌물에 대한 세금감면 거부를 권고한지 3년 후, 협의회는 1999년 2월 15일에 발효된 국제상거래에 있어서 뇌물방지에 관한 협약[18]을 채택하였다[19]. OECD 협약에서는 가입국이 사업상의 혜택을 얻기 위한 **해외** 공무원 앞 뇌물을 제재하라고 권고한다[20]. 그러므로 이 경우는 미 가입국 공무원들의 뇌물에만 적용된다. OECD는 가입국이 장부와 기록을

---

16) OECD 협의회, 1996년 4월 17일 Re: C(96)27/FINAL on the Tax Deductibility of Bribes to Foreign Public Officials. 국제거래에서의 착취 및 뇌물에 대한 국제상공회의소 시행규칙 (1996년 개정), OECD협의회 국제거래에서의 뇌물권고 (1994년 3월 27일)

17) OECD 협의회, 1996년 4월 17일 Re: C(96)27/FINAL on the Tax Deductibility of Bribes to Foreign Public Officials, 1312

18) OECD 협의회 국제상거래에 있어서 뇌물방지에 관한 협약 (1997년 12월 18일)

19) 2018년 6월 기준 회원국(총 37개국)은 호주, 오스트리아, 벨기에, 캐나다, 칠레, 콜롬비아, 체코, 덴마크, 에스토니아, 핀란드, 프랑스, 독일, 그리스, 헝가리, 아이슬란드, 아일랜드, 이스라엘, 이탈리아, 일본, 대한민국, 라트비아, 리투아니아, 룩셈부르크, 멕시코, 네덜란드, 뉴질랜드, 노르웨이, 폴란드, 포르투갈, 슬로바키아, 슬로베니아, 스페인, 스웨덴, 스위스, 터키, 영국, 그리고 미국(미국령인 괌, 푸에르토리코, 버진아일랜드 포함)이다.

20) 동 협약 art. 1(2), 4페이지

규정화하여 뇌물이 감시될 수 있도록 권고한다[21]. 그러므로 OECD는 예방수단시스템을 설립하면서 실제 뇌물수수와 관련자를 제재한다.

협약은 해외 공식적인 뇌물수수에 관하여 다음과 같이 정의한다.

- 공식적인 의무나 법률을 효력이 있게 만들거나 해태하게 하기 위하여, 또는 사업을 획득하거나 그만두게 하기 위하여, 아니면 사업을 진행하는데 있어서 옳지 않은 혜택을 얻기 위해서 외국 공무원, 공무원, 제3자에게 직간접적으로 의도를 갖고 지나친 금전적인 물건이나 다른 혜택을 제안, 약속, 또는 주는 것
- 외국 공무원에게 뇌물수수를 공모, 선동, 방조, 교사하는 것은 범죄이다. 외국 공무원에게 대한 뇌물 관련 음모와 시도는 범죄이다. 이것은 제3자에게 뇌물 관련 음모와 시도도 마찬가지이다.

해외 공무원이란 "임명 또는 선출되는 입법적, 행정적, 사법적 해외 공무원 또는 공공기관 혹은 공기업, 그리고 국제기구의 직원 혹은 대리인을 포함하여 공공 기능에서 일하는 사람"을 말한다. 외국이란 중앙정부에서 지방자치단체까지 모든 단계의 세분화된 정부를 포함한다. "공적 의무의 이행과 관련하여 작위 또는 부작위"라는 문구는 공적 권한의 유무와 관계없이 공무원의 지위를 이용하는 것을 포함한다.

32.07 EC 공무원이나 EU가입국 공무원의 부패를 방지하기 위한 EU 협약

유럽연합은 유럽공동체(EC) 공무원이나 EU가입국 공무원의 부패를 방지하기 위해 각 국가의 비준을 조건으로 협약을 승인하였다[22]. 본 협약은 수동적 부패와 능동적 부패를 불법화한다. **수동적 부패**는 공무원이 그의 직무와 관련하거나 수동적 부패를 구성하는 그의 공식적인 직무를 위반하는 기능을 행사하는데 대한 작위 또는 부작위에 있어서 자신 또는 제3자를 위해 직간접적으로 종류를 불문하고 고의로 그러한 혜택을 요구하거나 받는 행동 또는 그러한 혜택을 주기로 하는 것을 수용하는 것을 말한다. **능동적 부패**는 공무원

21) 동 협약 art. 8, 5페이지

22) EC 공무원이나 EU가입국 공무원의 부패에 대항하기 위한 EU협약 (1997년 5월 26일)

이 그의 직무와 관련하거나 능동적 부패를 구성하는 그의 공식적인 직무를 위반하는 기능을 행사하는데 대한 작위 또는 부작위에 있어서 자신 또는 제3자를 위해 직간접적으로 종류를 불문하고 고의로 그러한 혜택을 요구하거나 받는 행동을 하는 것을 말한다.

32.08 국제연합(UN)

국제 상거래에서 뇌물수수에 대한 국제연합의 정책은 1996년에 발표되었다[23]. 이 결의안은 가입국이 다음의 사항들을 입법화할 것을 촉구했다. 경제적 이득을 위한 뇌물수수의 형사처벌, 뇌물에 대한 세금상의 혜택 거부[24], 뇌물추적을 할 수 있고 투명성을 권장하기 위한 회계기준의 개발 및 유지[25], 공무원 혹은 선출된 대표자의 부정이익의 증가에 대한 검사[26], 국제 상거래에서 부패와 뇌물수수와 관련한 범죄사항 조사와 기타 법률조치들과 연결된 공조 및 협력제공[27], 국제 상업 거래에서 뇌물수수에 관련된 자에 대한 정보 제공과 거래문서 및 기록에 대한 접근 방법 제공[28], 국제 상거래에서 은행의 비밀유지조항이 부패, 뇌물수수, 불법적 행위와 관련된 수사나 법적 절차를 막거나 방해하지 않도록 담보하는 것과, 이러한 전폭적인 협조가 해당 거래정보를 찾는 정부까지 영향을 미친다는 점을 규율한다[29].

결의안은 뇌물을 다음과 같이 정의한다.

뇌물수수는 다음 요소 중 하나를 포함할 수 있다.

a. 국제상거래와 관련된 공무원 또는 선출된 대표자의 직무 관련 작위 또는 부작위를 위하여 글로벌 기업을 포함한 사기업 혹은 공기업, 국가를 대표하는 공무원 혹은 다른 국가로부터 선정된 대표자가 과도한 배려로 직간접적으로 금전, 선물 또는 기타 혜택을 권유, 약속, 제공하는 것

23) 유엔총회 결의안 51/191, 36 I.L.M. 1043 (1996년 12월 2일) (국제상거래에서의 부패 및 뇌물방지 UN 선언). 유엔총회 결의안 51/59 36 I.L.M. 1039 (1996년 12월 12일) (부패에 대응하는 행동) (1997)과 유엔총회 결의안 3514(XXX), 15 I.L.M. 180 (1975년 12월 15일) (해외 및 기타 법인, 그들의 중개인 및 기타 관계인의 부패행위에 대한 조치) 참조. 국제법인의 유엔 행동강령 초안 (1984년 6월) 참조

24) 유엔총회 결의안 51/191, 36 I.L.M. 1043 (1996년 12월 2일) ¶4, 1047페이지

25) 동 결의안 ¶5, 1047페이지

26) 동 결의안 ¶7, 1047페이지

27) 동 결의안 ¶8, 1047페이지

28) 동 결의안 ¶9, 1047페이지

29) 동 결의안 ¶10, 1047페이지

b. 국제상거래와 관련한 대표자 혹은 공무원의 직무 관련 작위 또는 부작위를 위하여 공무원 또는 국가의 대표자로 선출된 자들이 글로벌 기업을 포함한 사기업 혹은 공기업 또는 다른 국가의 개인에게 금전, 선물 또는 기타 혜택을 요구, 요청, 수용, 수령하는 것[30]

32.09 부당이득과 뇌물을 척결하기 위한 국제상공회의소의 행동강령

국제상공회의소는 반뇌물수수와 반부패법의 국제화를 촉진시키는데 있어서 오래 전부터 적극적이었다. 1996년, 상공회의소는 부당이득과 국제상거래의 뇌물수수를 없애기 위한 대정부 권고를 승인하였다[31]. 상공회의소는 뇌물의 약속과 요구를 포함하여 뇌물을 주고 받는 것을 범죄로 취급하고, 이 부분을 법적으로 강제하도록 요청했다.

이 권고가 기업의 관점에서 만들어졌다는 점은 흥미롭다. 예컨대, 경제적 승인에 대하여 상공회의소가 명시한 것은 다음과 같다.

경제적 규제와 법률을 규정할 때 정부는 가능한 한 제도의 활용을 최소화시켜야 한다. 제도 하에서의 사업 수행은 개별 권한과 허가의 발급 등을 필요로 한다. 이러한 제도가 부당이득과 뇌물을 유발한다는 사실을 실제 사례가 보여준다. 왜냐하면 승인 및 허가에 관련된 일은 효과적 통제와 감독을 보장하는 것이 불가능한 경우가 많기 때문이다. 개별 허가와 승인이 필요한 경우, 정부가 남용을 방지하기 위한 적합한 조치를 취해야 한다.

셰익스피어의 말을 자의적으로 인용해 보자면, "제일 먼저 할 일은 허가 담당 공무원 모두를 죽이는 것" 이다.

행동강령은 또한 국제상업사회에 권고했는데, 이는 국제상거래에 있어서 자기규제의 방법으로서 제시된 것이다[32].

이와 같은 자발적인 강령은 이 장의 마지막에 포함해 두었다. 강령에는 PF 협상가들이 미국의 해외 부정거래방지법이나 다수의 다국적 협약, 조약, 법보다 쉽게 이해할 수 있는 효과적인 체크리스트가 포함되어 있다.

30) 유엔총회 결의안 51/191, 36 I.L.M. 1043 (1996년 12월 2일) ¶3, 1036페이지

31) 국제상공회의소, 국제상거래에서의 강탈 및 뇌물, 1996년 개정 ICC 행동강령 6-16, 35 I.L.M. 1306(1996년 3월 26일)

32) 동 행동강령 1309

국제상공회의소

부당이득과 뇌물수수 제재를 위한 행동강령

개관

이 행동강령은 국제 비즈니스에서 자기규율 방법이며, 이는 정부로부터의 지원을 받아야 한다. 기업의 자발적인 수용은 사기업과 공기업간 또는 각 기관간에 발생하는 거래의 도덕성 기준을 높일 뿐만 아니라, 부당이득을 취하려는 기업들부터 가치 있고 방어적인 보호책을 만들어준다.

행동강령은 법과 관련되어 있지만 직접적인 법적 영향이 없는 올바른 사업수행에 대한 고려사항들을 일반적으로 구성하고 있다. 행동강령은 적용 가능한 현지법을 손상시키지 않았다. 그리고 국가법이 동일하지 않기 때문에 해당 체계에 대해 수정하여 읽어야 할 부분은 고쳐서 이해해야 한다.

비즈니스 커뮤니티는 모든 형태의 부당이득과 뇌물수수에 반대한다. 그러나 세계 어느 지역에서 현재 상황하에서 적합한 부당이익과 뇌물수수에 대한 효과적 프로그램이 단계적으로 실행되어야 한다. 가장 우선시 되는 사항은 정치인이나 고위공무원과 관련된 대규모의 부당이익과 뇌물수수이다. 이것은 민주주의 구현에 가장 큰 위협이며 가장 심각한 경제적 왜곡을 야기한다. 일상적인 인허가의 신속한 처리를 위한 하위 공무원들에게 지급되는 작은 뇌물도 용납될 수 없다. 그러나 이는 상대적으로 작은 문제이다. 최고 높은 직급에서의 부당이익과 뇌물수수가 해결된다면 정부지도자들의 사소한 부패를 단계적으로 청산할 것이 기대될 수 있을 것이다.

기본 원리

모든 기업은 그들이 설립하고 운영중인 국가의 관련 규정과 법에 순응해야 하며 관련 문서와 행동강령의 핵심적 의미를 파악해야 한다.

이 행동강령의 목적상 “기업”이라는 문구는 영리든 비영리든 국가나 지방자치단체로부터 관리를 받는 독립체를 포함하여 사업에 관련된 개인 또는 기관을 말한다. 또한 이는 문맥상 표기된 바와 같이 모회사와 자회사를 포함한다.

기본 규정

제1조 : 부당이득

그 누구도 직간접적으로 뇌물을 요구하거나 받지 말아야 한다.

제2조 : 뇌물수수와 "뇌물"

a) 어느 기업도 직간접적으로 뇌물을 권하거나 주지 않아야 하며, 이 같은 뇌물에 대한 요구는 거절되어야 한다.

b) 기업은 (i) 계약상대방 직원에게 계약금의 일부분을 뇌물로 주지 않는다. 또는 (ii) 공무원과 계약상대방, 친척 또는 관련 사업체의 직원에게 돈을 주기 위하여 하도급, 상품주문, 컨설팅계약과 같은 다른 기술을 사용하지 않는다.

제3조 : 에이전트

기업은 그들의 할 수 있는 한 아래와 같은 합리적인 조치를 취해야 한다.

a) 대리인에 대한 어떠한 대가도 해당 대리인의 정당한 서비스에 대한 적정한 보수를 넘지 않는다.

b) 이와 같은 대가의 어떠한 부분도 뇌물이나 행동강령의 수준을 넘지 않는다.

c) 공기업 및 국가 소유 기업들과 거래한 대리인에 대한 신상정보 기록을 보유한다. 이 기록은 감사인의 검사나 특별한 요청이 있을 시에, 적합한 권한을 가진 정부로부터 비밀유지조건으로 조사의 대상이 될 수 있어야 한다.

제4조 : 재무제표 작성과 감사

a) 모든 금융거래는 이사회나 감사에 상응하는 단체로부터 조사받기 위해서 올바르고 공정하게 회계장부에 기록해야 한다.

b) 공식적 회계장부 외에 별도 회계장부 혹은 비밀장부가 없어야 하며 올바르지 않고 불공정하게 거래한 문서기록은 없어야 한다.

c) 기업은 현재 행동강령에 위배되는 거래를 밝혀내기 위해서 독립적 감사 시스템을 만들기 위한 모든 필요조치를 취해야 한다. 적절한 교정 조치가 취해져야 한다.

제5조 : 기업의 책임

기업의 이사회 또는 최종책임기구는,

a) 행동강령에 위배되는 대가지급을 방지하기 위한 올바른 시스템을 유지하고 만드는

것을 포함하여 합리적인 절차를 취해야 한다.

b) 주기적으로 행동강령 준수여부를 검토하고 그러한 검토를 위해 올바른 보고를 받기 위한 절차를 만들어야 한다.

c) 행동강령에 위배하는 임직원에 대해 적절한 조치를 취해야 한다.

제6조 : 정치적 기부

정당이나 위원회, 또는 정치인에 대한 기부는 관련법에 따를 경우에만 허용되며, 그러한 기부에 대한 공개 요건이 준수되어야 한다. 모든 기부는 경영진에 보고되어야 한다.

제7조 : 회사 법규

올바른 행동강령의 보편적 형식은 국제상공회의소 강령에 따라 작성되어야 하며 기업의 사업운영에 있어 특수 상황이 감안되어야 한다. 회사법규는 유용한 사례를 포함할 수 있으며, 직원이나 대리인이 뇌물수수 혹은 부당이익을 발견하면 즉시 상부에 보고하도록 해야 한다. 회사는 내규 조항을 실행하고 강제하기 위해 명확한 정책, 가이드라인 및 교육 프로그램을 개발해야 한다.

Chapter **33**

상업 설비 – 수익흐름의 보장이 없는 PF

33.01 상업 설비의 정의

'상업 설비'라는 용어는 일반적으로 장기 생산물 판매계약이 시장위험 제거를 위해 사용되지 않는다는 점을 제외하면 PF 원칙에 따라 금융조달한 설비를 말한다. 프로젝트 생산물은 일반 상품 시장에 매매되고 시장가격이나 그 이하의 가격에서 거래되기 때문에 프로젝트의 실행가능성은 프로젝트 생산물 시장 현황과 향후 시장 상황 예측에 근거한다[1]. PF로 금융을 조달하는 설비이므로, 프로젝트 회사는 사업주의 대차대조표에 접근할 수 없는 특수목적의 독립적인 법인이 될 것이다. 상품 위험과 내재된 전력 비축능력의 부재, 그리고 높은 비율의 차입금과 비소구 성격의 PF는 서로 결합되어 순수한 상업 발전소 투자를 투기로 만든다.

흥미롭게도 비상업 설비에 대한 PF도 종종 이러한 위험과 마주치게 된다. 예컨대 장기계약으로 금융조달이 된 프로젝트는 계약이 해지되면 비자발적으로 상업 설비가 된다. 마찬가지로 법률이 바뀌거나 규정을 준수하지 않아서 혜택을 잃게 되는 프로젝트 또한 상업화 되는 위험에 노출된다.

미국 발전 프로젝트들은 종종 확실한 장기전력판매계약 없이 금융조달이 되기도 한다. 대신, 프로젝트 사업주와 대주단은 프로젝트 생산물에 대한 수요를 창출하기 위해 미국 전력시장의 수요에 의지한다. 어떤 경우에는 시장 위험을 완화시키기 위해 단기전력판매계약들이 사용되기도 한다.

미국에는 상업 발전소 개발을 용이하게 하는 수많은 시장 조건들이 있다. 가장 큰 요인은 피크 마진(peak margin)이다. 그 외의 다른 요인으로는 전력산업의 규제완화, 더욱 투

1) Peter N. Rigby, Merchant Power Plants: Project Financing Criteria, 5 J. PROJECT FINANCE 27 (1999년 봄), Christopher M. Dymond & Richard A. Sturges, Financing Merchant Power: USGen's Portfolio Approach, 5 J. PROJECT FIN. 43 (1999년 봄)

명해진 전력의 도매가격 결정 절차, 부하 증가와 새로운 용량의 부족분에 대한 예상, 원자력발전을 둘러싼 불확실성, 비효율적이며 예측하기 어려운 기존의 첨두 발전, 그리고 송전 병목현상이 있다. 미국에서는 피크 기간 동안의 전력부족과 극심한 기후 상황에 대한 뉴스가 흔하다. 상업 발전 프로젝트의 금융제공자의 난제는 이러한 상황들이 단기에 도래하며 높은 수익을 가져다 줄지, 또는 시장 상황들이 프로젝트 실행가능성을 담보하는 수준까지 장기간 지속되는지에 대한 것이다.

상업 프로젝트와 관련된 시장 위험의 정도는 발전 프로젝트의 종류에 따라 다르다. 예컨대, 첨두부하 설비는 수익에 대해 매우 높은 불확실성을 가진다. 첨두부하 설비의 생산 전력에 대한 수요는 (통계분석을 통해 예측할 수 있다고 주장할 수도 있겠지만) 일반적으로는 기상, 유지보수 일정과 다른 발전소들의 계획되지 않은 보수, 그리고 쓰러진 송배전선 등과 같은 알 수 없는 요인들에 의해 결정된다.

이와 유사하게 상업 발전소들은 영국, 남미 및 호주에서 금융조달이 되어왔다. 위험의 성격과 금융조달 구조는 전력부문에 대한 규제완화의 정도와 각 국가에서 독립적 전력이 개발되는 방식에 따라 다양하다.

근래 상업 발전소들에 대한 금융조달의 경험을 통해 이러한 프로젝트들의 투기적 성격이 밝혀지게 되었다. 장기 전력판매계약이 없고 차입금이 높은 프로젝트의 경우, PF 방식으로 계속 재원을 조달하는 것은 어렵다. 이러한 어려움은 상업 발전 프로젝트들이 높은 차입비용으로 인해 투기적 수준의 등급을 받게 될 확률이 매우 높다는 사실을 통해 확인된다. 높은 금융조달 비용은 시장에서 전혀 경쟁력이 없는 상업 프로젝트라는 결과를 낳을 수 있다. 이러한 결과로 인해 일부 개발자들은 PF 구조가 아닌 기업금융 방식으로 이러한 프로젝트들을 진행하기도 했다.

33.02 시장위험

시장위험은 PF에 있어서 분석하기 가장 어려운 위험 중 하나이다. 무수히 많은 시장 요인들이 프로젝트 생산물의 수요와 가격에 영향을 준다고 알려져 있다. 이렇게 알려진 요인들은 미래의 잠재적 위험에는 비할 바가 아니다. 이러한 이유들로 인해 전형적인 PF 방식은 수익의 예측을 위해 신용도가 양호한 회사와의 장기 고정가격계약을 요구한다. 그러나 상업 프로젝트에서는 이러한 계약들이 사용되지 않는다.

장기계약의 안정성은 시장위험을 분석하여 금융조달이나 투자허가를 충분히 예측하게 해주는 사업모델로 대체된다. 상업 프로젝트를 위한 시장위험 분석은 새로운 사업 모델에서 활용되는 시장분석과 유사하다. 생산물의 가격, 공급, 수요와 그러한 가격, 공급, 수요에 대한 다양한 투입물의 영향을 판단하기 위해 시장을 분석한다. 이는 미래를 분석하는 것이기 때문에 다소 비관적인 분석일 필요가 있다.

단기 전력판매 계약들이 종종 사업모델의 일부가 되기도 한다. 2~5년의 기간인 이러한 계약들이 프로젝트 생산물 중 어느 정도의 비중을 차지하는 지에 따라 시장위험이 감소된다. 예컨대 프로젝트 대출계약서들은 대출기간 동안 2~5년 단위로 갱신되는 방식으로 단기 계약들이 유효할 것을 요구한다. 이러한 계약들은 계약 관련 수익이 프로젝트의 운영비용, 채무상환비용이나 다른 필요한 비용에 연계되어 프로젝트가 시장위험에 더 적게 노출되도록 작성될 수 있다.

단기 계약을 이용하는 것과 더불어 시장위험을 줄이기 위한 다른 구조도 존재한다. 예컨대, 어떤 상업 발전 프로젝트들은 프로젝트 실행가능성을 높이기 위한 일환으로 자가수요 구조를 활용한다. 프로젝트를 통해 호스트에게 증기와 전기를 공급하는 내용의 장기 전력판매계약은 운영비용 지급과 채무를 상환하기 위한 현금흐름을 안정화 하는데 도움이 된다. 만일 호스트의 신용도가 높고, 호스트가 발전소를 중단할 경우를 대비하여 프로젝트를 보호하기 위해 중요한 계약적 보호장치가 존재하면 이 방식은 시장위험 노출을 크게 줄여준다. 이는 계약이 차입기간 대부분을 커버함으로써 프로젝트 차입금 분할상환에 대한 부담이 크게 덜어지는 후반기 동안에만 대주단이 프로젝트의 중대한 상업 위험에 노출되도록 해준다.

33.03 상품위험 관리

[1] 일반

많은 상업 프로젝트들이 상품위험을 관리하는 데 어려움을 겪는다. 상품위험이란 용어는 일반적으로 프로젝트의 운영을 위한 투입물과 산출물에 동반되는 불확실성을 의미한다. 이러한 예로는 연료와 같이 프로젝트 운영에 필요한 물품과, 전기와 같이 프로젝트에 의해 생산되고 매매되는 상품이나 서비스를 포함한다. 이러한 위험을 관리하기 위한 다양한 기술로 장기적 헤지 같은 계약적 보호와 투입물과 산출물을 연결시키는 방식이 있다.

또한 위험관리를 위해 구매비용 충당을 위한 준비금, 제한된 프로젝트 비용을 채무상환의 후순위로 설정하는 방법, 그리고 구매비용 증가시 프로젝트 사업주의 출자의무 부과(cash - call로 불림) 등과 같은 금융적 보호장치도 사용될 수 있다.

[2] 장기 계약

물론, 상품위험을 관리하기 위한 가장 우선적인 방식은 장기 확정가격 계약이다. 이는 제16장에서 다뤄졌다.

[3] 투입물과 산출물의 연결

장기 원자재구매계약에 내재된 위험은 계약에 따라 프로젝트 회사가 지급하는 가격이 향후 시장 가격보다 높을 수 있다는 것이다. 경쟁 시장에서는 동일한 산출물을 구매하는 경쟁자들이 생산물을 보다 싼 가격에 판매할 수 있기 때문에 이는 프로젝트 수익을 감소시키는 결과를 낳을 수 있다. 일반적으로 프로젝트 투입물과 산출물 사이에는 연결고리가 없다. 상업 프로젝트의 성공을 위해 필요한 가격 마진을 유지하려면, 일반적으로 장기 상품계약 내에 특별한 경우에 한해 상품 가격의 재협상을 용인하는 조항을 포함하도록 해야 한다. 보통 상업 프로젝트는 산출물의 가격이 투입물 가격에 연동된 장기 생산물 판매계약과 같은 전통적인 PF에서 볼 수 있는 보호장치의 혜택을 받지 못한다.

[4] 준비금

준비금은 PF 방식에서든 전통적인 자산기반 금융조달에서든 신용보강을 위해 가장 흔히 사용되는 형태이다. 준비금은 프로젝트 위험이 주는 영향을 개선하기 위한 용도로 대출계약상 따로 설정한 계좌이다. 이러한 계좌는 건설 예산, 자본출자, 신용장 발급, 보증에 따른 대지급금, 프로젝트 현금흐름, 또는 이러한 방식들을 조합하여 조달된다. 이 후 예치된 자금은 금리나 원자재비용의 증가, 또는 예측할 수 있는 프로젝트 수익의 하락과 같은 비용 증가로 프로젝트에 끼치는 영향을 상쇄하는데 사용될 수 있다. 이렇게 예치된 자금들은 보통 프로젝트 대주단의 동의 없이는 다른 용도로 사용될 수 없다. 만일 계좌로부터 자금이 인출되었다면, 위험이 최소화되어 준비금이 더 이상 필요하지 않을 정도까지 준비금 계좌가 다시 채워지도록 대출계약상 요구된다. 예컨대 프로젝트 차입금이 분할상환되어 잔액이 감소하면 준비금 계좌의 최소 예치 요구금액도 종종 감소되거나 없어지게 된다.

[5] Cash Calls

Cash Call은 실현된 프로젝트 위험의 영향을 상쇄시키기 위해 프로젝트 회사로 자본이나 후순위 대출이 의무적으로 납입되는 것을 의미하는 비공식적인 용어이다. 대출계약들은 프로젝트의 변동사항으로 인한 영향이 프로젝트 회사의 채무상환과 운영비용 지급능력을 위태롭게 할 때 이러한 Cash Call을 요구할 것이다. 예컨대 만일 프로젝트를 위한 원자재 비용이 대주단과 프로젝트 회사가 동의했던 수준 이상으로 상승할 경우 이러한 상승을 상쇄시키기 위해 추가적인 현금이 필요할 것이다. Cash call 금액의 사용은 프로젝트의 세부사항에 의존하며, 다양한 방식을 취할 수 있다. 이러한 방식으로는 준비금의 조달, 프로젝트 채무 일부의 즉각적인 상환을 통해 채무상환 의무를 경감하는 것, 또는 증가된 비용의 납부 등이다. Cash Call 금액은 차입금 잔액, 비용 증가가 지속될 것으로 예상되는 기간, 전반적인 프로젝트의 재정 건전성 등의 요인을 감안하여 사용된다.

[6] 프로젝트 비용을 채무상환의 후순위로 설정

프로젝트 위험을 감소시키기 위한 다른 방법으로는 특정 프로젝트 비용들을 프로젝트 채무에 후순위로 설정하는 방법이 있다. 예컨대 연료와 같은 프로젝트 투입물 공급자는 사전 협의된 특정 시나리오 하에서 대금 일부의 수령을 포기하도록 요구받을 수 있다. 이와 같이 후순위로 설정된 비용들은 채무 상환과 준비금 계좌 납입을 위한 금융조달이 안정화되면 향후 지급될 것이다. 이러한 프로젝트 비용의 후순위 설정을 위한 금융조항은 프로젝트 대주단과 신중히 협상된다.

[7] 헤지 전략

파생상품 시장의 다양한 헤지 전략들이 상품의 가격위험을 줄이기 위해 사용될 수 있다. 이에는 옵션, 스왑, 선물, 선도 등이 포함된다. 그러나 프로젝트 단위에서의 헤지 프로그램 운영 비용은 매우 높다.

[8] 프로젝트 파트너로서의 원재료 공급자

마지막으로 원재료 공급자가 프로젝트를 소유하거나, 공급자가 파트너로 참여하는 프로젝트는 상품의 가격위험을 현저히 줄일 수 있다. 공급된 원재료의 가격은 원가 수준으로 책정되어 프로젝트의 산출물에서 수익이 창출되도록 한다.

33.04 산출물 위험 관리

산출물 가격이 장기계약 체결 시점에서 확정되는 것이 아니기 때문에, 상업설비에서 생산된 산출물의 판매와 가격결정은 프로젝트의 성공을 위한 기초가 된다. 예컨대 상업 발전 프로젝트 사업주들은 프로젝트 수익의 변동성을 줄여주는 거래와 마케팅 전략에 대해 관여할 수 있어야 한다. 프로젝트 사업주들이 이러한 분야의 전문가가 아니라면 아웃소싱 전략을 대안으로 활용하여야 한다.

33.05 상업 프로젝트 대출 관련 약정

현금흐름에 대한 위험은 시장 가격의 불확실성에 기인하기 때문에, 상업 프로젝트 대주단은 특히 시장 및 상품위험을 통제하기 위한 약정을 요구한다. 이러한 약정들은 일반적으로 비상업 발전 프로젝트에 대한 금융조달 시 흔히 요구되는 것보다 더 엄격하다. 이러한 약정에는 사업주 앞으로 이익이 분배되기 전에 보다 높은 원리금상환계수를 유지하도록 하거나, 채무상환에 필요한 현금의 부족에서 대주를 보호하기 위한 준비금 계좌 설정, 현금사용 제한(Cash Trap)이 있다.

부록 A

PF에서 Due Diligence를 위해 고려되어야 하는 체크리스트

각 PF 거래는 고유의 위험과 due diligence를 필요로 하는 분야를 가지고 있다. 이 체크리스트는 프로젝트가 개발되고 금융이 제공되는데 있어서 고려되어야 하는 일반적이지만 포괄적인 리스트를 제공하도록 구성되어 있다.

프로젝트 사업주

1. 프로젝트 사업주는 누구이며, 프로젝트 회사의 소유지분은 어떠하며, 그들의 재정적 상황은 어떠한가?
2. 프로젝트 사업주 중에 정부가 소유하고 있는 것은 없는가? 다자・양자기구는?
3. 각 사업주가 유사프로젝트에 대해 개발, 건설, 개시 그리고 운영의 측면에서 어떤 경험을 가지고 있는가? 프로젝트가 진행되는 국가는 그런 경험을 가지고 있는가?
4. 각 프로젝트 사업주가 프로젝트에 공헌하는 것은 어떤 부분인가? 개발 경험? 건설과 개시 전문성? 기술? 운영능력? 프로젝트 소재국정부의 경험?
5. 프로젝트 회사에서 각 사업주는 어떤 분야의 제어권을 가지고 있는가? 의결권 현황은? 일방 당사자가 반대권을 행사할 수 있는가?
6. 파트너들의 수익, 손실 그리고 자본 기여 분배는 어떻게 이루어져 있는가?
7. 각 사업주는 어떤 제한 소구 의무를 가지고 있는가? 건설 비용 초과? 기타? 그들의 의무를 이행하기 위한 신뢰성을 각각 보유하고 있는가?
8. 프로젝트 사업자가 프로젝트 회사에 매각해야 할 권리는 무엇인가?
9. 프로젝트 소재국가의 법률이 프로젝트 소유자 지분에 대해서 제한하는 사항은 무엇인가?

프로젝트 부지-물리적, 지리적

1. 지리적으로 프로젝트 부지는 어디인가?
2. 개발될 예정인 부지의 지형은 어떠한가?
3. 접근 도로, 연료 저장소, 그리고 기타 프로젝트의 중요한 요소의 지형은 어떤가?
4. 산, 계곡, 사막, 습지, 우림, 정글, 늪, 강, 호수, 홍수지역 그리고 기타 지리적, 위상적 특징을 고려하라.

인프라-존재와 필요

1. 프로젝트 부지에 접근하기 위해서 이미 존재하고 필요한 인프라는 무엇인가?
2. 도로, 갓길, 교차로 그리고 철로의 상태와 하중 기준은 무엇인가?
3. 철로의 상태와 크기(치수)는 어떠한가?
4. 수로의 깊이는? 깊이와 관련하여 통행에 장애가 되는 계절적인 변화가 있는가?
5. 항만과 부두의 상황은 어떠한가?
6. 건설과 운영을 위해 프로젝트 부지에서 수량과 수질은 어떠한가? 수질을 관리하는 시설이 필요한가?
7. 하수 처리 시설의 용량과 품질은 어떠한가?
8. 전화 서비스에 대한 접근성은 어떠한가?
9. 전기와 천연가스에 대한 접근성은 어떠한가?

정치적 고려사항

1. 프로젝트에 영향을 끼치는 세법과 세금 관련 규정은 무엇인가?
2. 수익과 자본이 본국으로 어떻게 송금되는가?
3. 어떤 통화와 외환 관련 규제가 적용되는가?
4. 프로젝트가 어떤 규제 틀 내에서 운영되어야 하는가?
5. 민영화 제도가 프로젝트에 어떤 영향을 끼칠 것인가?
6. PF를 위해 프로젝트 소재국이 제공할 수 있는 보증은 무엇인가?
7 PF를 위한 안정적인 환경을 제공하기 위해서 사업실시협약이 필요한가?

경제적 고려사항

1. 국가의 대외무역과 무역수지는?
2. 프로젝트 소재국의 무역상대방 및 관계가 프로젝트에 어떻게 영향을 미치는가?
3. 일반적인 노사관계는 어떠한가?
4. 공공 및 민간 분야의 상호관계가 경제에 어떤 영향을 미치는가?

법률과 규제 측면의 고려사항

1. 프로젝트에 적용되는 구체적인 법률과 규정은 무엇인가?
2. 프로젝트의 투자에 영향을 끼치는 법률과 규정은 무엇인가? 해외투자자들에게 적용되는 투자상의 제한사항이 있는가?

3. 프로젝트 소재국의 민영화 제도는 무엇인가? 프로젝트가 운영되는 산업에 아직 적용되지 않았다면, 미래의 민영화가 프로젝트 계약을 포함한 프로젝트에 영향을 미칠 것인가?
4. 프로젝트 회사를 위해 필요한 기업설립 조직의 형태는 무엇인가? (주식회사, 파트너십, 유한회사, 기타)
5. 어떤 정부의 인허가, 면허, 양허, 등록 그리고, 기타 행정행위가 프로젝트와 각 프로젝트 참여자를 위해 필요한가?

전반적인 금융 그리고 민감도 분석

1. 프로젝트 공사 예산이 사업개발, 인프라 개발, 부지, 공사, 장비 설치, 공사기간 중 이자, 개시, 금융조달, 법률, 컨설팅 그리고 운전자금 관련 비용을 포함하는가?
2. 이자율, 외환, 물가상승률, 연료가격 상승, 원자재 가격 상승, 공사 스케줄, 유지보수 스케줄을 포함하여 공사 예산과 자금 소요 예상치를 준비하는데 있어서 사용된 모든 가정이 합리적인가?
3. 금융 예측치들이 이자율과 자본수익률과 관련한 모든 대출과 자본금의 조건 및 출처를 반영하는가?
4. 공사 예산과 예측치가 충분한 자본금과 예비 자본금을 반영하는가?
5. 모든 주요 프로젝트 참여자의 신용도가 추가적인 신용보강을 필요로 하지는 않는가?

프로젝트 사업주로부터의 공사기간 중 지원

1. 프로젝트 개발 기간 중 각 프로젝트 사업주의 자금 지원 약정은 무엇인가?
2. 프로젝트 공사 기간 중 각 프로젝트 사업주의 자금 지원 약정은 무엇인가?
3. 하나 이상의 프로젝트 사업주가 있는 경우, 자금 지원 책임은 연대책임인가, 개별책임인가?
4. 이러한 자금 지원 약정의 조건은 무엇인가?
5. 어떤 사유가 발생해야 이러한 자금지원 약정 의무를 이행하도록 만드는가? 이러한 사유가 금융 계약에 일관성있게 정의되고 있는가?
6. 만일 공사 비용이 초과하게 되면, 프로젝트 사업주의 자금지원 의무는 무엇인가?

기타 건설기간 중 지원

1. 건설비용 초과에 대비해 건설기간 중 초과비용을 위한 자금이 마련되어 있는가?
2. 마련되어 있다면, 건설기간 중 초과비용을 위한 자금을 활용하기 위한 조건은 무엇인가?
3. 건설비용 초과를 위한 자금을 사용하는 것은 추가적인 자본금 지원 이전, 이후 또는 동시에 활용될 수 있는가?

4. 계약자가 공사 계약대금의 5~10%를 유보하는 것을 동의했는가? 만일 프로젝트가 건설비용 초과를 위한 자금이 필요하다면 후순위채무로 전환될 수 있는가?

건설 예비비

1. 프로젝트 건설 예산에서 건설 예비비 금액이 유사 상황의 프로젝트의 사례와의 비교에서 충분한가?
2. 비용 초과에 있어 예비비 예산금액의 배분에는 어떤 조건이 있는가?
3. 확정금액계약, 예비비 조달 의무 또는 기타 지원 메커니즘에 명시되어 있지 않은 잠재적인 비용 초과는 어떤 것이 있는가?

건설비용 초과의 잠재적인 원천

1. 건설 비용에 대해 독립적인 컨설턴트에게서 확인을 받았는가? 비용 예측이 얼마나 믿을만한가?
2. 건설기간 중 예산(이자율, 물가상승률, 개시와 시험비용, 지연)을 결정하는데 있어서 어떤 가정이 수립되어 있는가?
3. 인프라, 수처리시설, 부두시설 등 건설기간 중 조성 또는 운영 중이어야 하는 관련 시설은 없는가?

건설계약

1. 성능보증을 포함하는 확정가격, 고정 완공일 건설계약이 체결되었는가?
2. 확정가격에서 무엇이 제외되었는가?
3. 건설계약자는 누구이며 프로젝트 소재국에서 유사 프로젝트와 관련한 경험과 재원은 무엇인가?
4. 하도급계약자와 자재공급업체는 누구이며, 그들의 프로젝트 소재국에서의 유사업무와 관련한 경험과 재원은 무엇인가?
5. 건설계약이 전체 대출을 위한 것인가? 만일 아니라면, 계약자들이 어떻게 조정되는가?
6. 업무범위가 충분히 프로젝트를 설명하고 있는가?
7. 업무범위에서 제외된 것은 무엇이며, 프로젝트 회사의 책임은 무엇인가?
8. 건설 일정이 현실적인가?
9. 프로젝트 지역 주변에 충분한 노동력이 있는가? 만일 아니라면, 어떤 주택공급이 필요한가?
10. 현지 노동력 제공이 총괄적으로 마련되었는가? 노동력 관리의 관계에 대한 최근과 과거의

경험은 어떠한가?

11. 가격과 손실은 어떤 통화로 책정하는가?
12. 만일 수출 금융이 잠재적인 자금 조달 방법이라면, 계약자와 그의 하청업체 및 공급업자가 관련 자금 공급 기준을 만족하는가?
13. 지연배상손실금이 완공지연(대출금 상환, 계약배상)에 대비하여 프로젝트 회사의 보완금액으로 충분한가?
14. 이행보증은 수용할 수 있는 것인가?
15. 보장된 수준까지 계약자가 이행을 하지 못하는 것에 대비해 준비된 배상금이 프로젝트 회사를 위하여 프로젝트 생산능력의 감소, 증가된 운영비용 등을 보완할 수 있을 만큼 충분한가?
16. 계약자의 신용도를 보완하기 위해 보증, 채권, 신용장 등과 같은 신용보강이 필요한가?
17. 불가항력 조항이 다른 프로젝트 계약에 포함되어 있는가?

원재료 공급 관련 계약

1. 원재료 공급가격이 확정적인가? 그렇지 않다면, 원재료와 가격, 공급에 대한 과거 및 미래의 기대가 합리적으로 예측이 가능한가?
2. 확정 가격에서 빠진 것은?
3. 가격을 상승시키는 요인, 최저가격, 최고가격은 합리적인가?
4. 가격 상승요인은 시장적 요소 또는 정치적 요소에 따른 지수에 근거한 것인가?
5. 만일 원재료 공급이 프로젝트 소재국에 의해 소유되고 규제가 된다면, 가격이 변동하거나 계약이 취소될 조건은 없는가?
6. 원재료 공급자는 누구이며, 프로젝트 소재국의 기타 유사 프로젝트와 관련한 그 공급자의 경험과 공급원은 무엇인가?
7. 본 계약이 필요한 모든 원재료에 대한 공급계약인가? 그렇지 않다면, 추가적인 수요는 어디서 조달할 것인가?
8. 계약 조건이 프로젝트에 원재료 가격 예측가능성을 제공하는데 있어서 충분한가?
9. 원재료의 낮은 품질과 특성으로 인해 계약자나 프로젝트 운영자가 이행보증의 적용예외 사유로 피해나갈 수 있을 수 없게 하기 위해 원재료 품질과 특징에 대한 설명이 프로젝트 수요에 충분한가?
10. 공급계획은 현실적인가?
11. 대체 원재료는 무엇이 있으며, 이러한 대체 원재료의 조달가능성과 가격은 어떠한가?
12. 가격과 손실은 어떤 통화로 나타나는가?

13. 공급이 특정 날짜에 개시되어야 하는가? 그렇다면, 만일 날짜를 준수하지 못했을 경우, 계약자가 공급자에게 계약상의 손실을 배상해야 하는가?
14. 만일 원재료가 공급되지 않았다면, 공급자는 지연배상금 또는 프로젝트의 기타 손실을 배상해야 하는가? 그렇다면, 이 배상금이 원재료 가격을 인상할 가능성은 없나?
15. 불가항력 조항이 다른 프로젝트 계약에 포함되어 있는가?
16. 공급자의 신용을 보강하기 위해서 보증 또는 신용장과 같은 신용보강 방안이 필요한가?
17. 만일 프로젝트 소재국이 원재료 공급을 소유하면, 프로젝트 소재국의 보증은 필요하지 않은가?
18. 공급에 차질이 있을 경우를 대비하여 프로젝트에 현지 저장소는 필요하지 않은가?

생산물 판매계약

1. 생산물 판매가격이 확정적인가? 그렇지 않다면, 공급원천과 가격 및 수요에 대한 과거, 미래의 예측에 근거한 합리적인 예측이 가능한가?
2. 용량요금이 대출상환과 기타 고정비용을 위해 충분히 수용할만한 수준인가? 에너지 요금이 변동운영비를 충당할 수 있을 만큼 충분한가?
3. 용량요금 지급(capacity payment)은 언제 시작되는가?
4. 가격 상승요인, 최저가격, 최고가격은 합리적인가?
5. 가격 상승요인은 시장적 요소 또는 정치적 요소에 따른 지수에 근거한 것인가?
6. 만일 생산물 공급자가 프로젝트 소재국에 의해 소유되고 규제가 된다면, 가격이 변동하거나 계약이 취소될 조건은 없는가?
7. 프로젝트 대출금 상환 및 운영비용을 위해 수익 예측가능성을 제공하는데 있어서 계약조건이 충분한가?
8. 가격과 손실이 어떤 통화로 표시되는가?
9. 공급이 특정날짜에 시작되어야 하는가? 그렇다면, 만일 날짜가 지켜지지 못하면, 계약자가 생산물 구매자에게 계약상의 손실을 배상해야 하는가?
10. 만일 생산물이 인도되지 않으면, 프로젝트 회사가 구매자에게 지연배상금 또는 기타 손실 배상금을 지급해야 하는가?
11. 불가항력 조항이 다른 프로젝트 계약에 포함되어 있는가?
12. 생산물 구매자의 신용을 보강하기 위해서 보증 또는 신용장과 같은 신용보강이 필요한가?
13. 프로젝트 소재국이 생산물 구매자를 소유한다면, 프로젝트 소재국의 보증이 필요한가?

운영 · 관리(O&M) 계약

1. O&M 계약이 발효되었는가?
2. 계약에 의해 서비스 원가는 어떻게 결정되는가?
3. 운영자가 누구이며, 프로젝트 소재국에서의 유사 프로젝트와 관련한 경험과 재원조달은 어떻게 이루어지는가?
4. 하청업체, 공급자들은 누구이며, 프로젝트 소재국에서의 유사 프로젝트와 관련한 경험과 재원조달은 어떻게 이루어지는가?
5. 전체 시설의 O&M을 위한 계약인가? 그렇지 않다면, 운영은 어떻게 조율될 것인가?
6. 용역의 범위는 프로젝트를 잘 설명하고 있는가?
7. 업무의 범위에서 제외된 것은 무엇이며, 프로젝트 회사의 의무로 남아 있는 것은 무엇인가?
8. 프로젝트 위치 주변에 현지 노동력이 충분히 있는가? 그렇지 않다면, 어떤 택지개발이 필요한가?
9. 현지 노동력 제공이 총괄적으로 마련되어 있는가? 노동 관리의 관계와 관련된 최근 그리고 역사적인 경험은 무엇인가?
10. 가격과 손실이 어떤 통화로 표시되는가?
11. 이행 보증은 수용할만한가?
12. 프로젝트 회사에 의해서 수립된 운영예산에 부합하는 이행을 위한 계약상의 인센티브는 무엇인가?
13. 운영자의 신용도를 보강하기 위해서 보증, 이행보증, 신용장 등과 같은 신용보강이 필요한가?
14. 불가항력 조항이 다른 프로젝트 계약에 포함되어 있는가?

기술

1. 적용하는 기술이 새로운 것인지? 입증된 기술인지?
2. 지역의 환경을 해칠만한 과거의 기술적 문제를 야기할만한 지역적 특색이 있는가?
3. 기술적 이행의 보증이 건설계약에 포함되어 있는가?

일반 계약 검토

1. 프로젝트 계약의 준거법이 마련되어 있고, 예측이 가능한가?
2. 분쟁 해결 절차가 즉각적인 분쟁 해결을 이뤄낼 수 있는가?
3. 프로젝트 소재국 밖에서 분쟁이 해결될 것인가?
4. 계약의 효력이 발생될 것인가?

5. 계약이 대주에 담보의 양도를 허락하고, 담보물 처분 절차에서 프로젝트의 구매자에게 양도가 가능하게 규정되어 있는가?
6. 계약당사자 중에 일방이 프로젝트 소재국 또는 그 프로젝트 소재국이 대주주인 법인인 경우, 주권면제의 포기가 있는가?

프로젝트 소재국과의 협정

1. 주권면제가 포기되었는가?
2. 프로젝트 소재국 밖에 분쟁해결 위원회가 설립되어 있는가?
3. 프로젝트의 성공을 위해서 프로젝트 소재국의 어떤 개입이 필요한가? 이런 요소가 프로젝트 소재국과의 협정에 포함되었는가?

환경적 고려사항

1. 기술이 현지은행 또는 세계은행의 환경 기준에 부합하는가?
2. 환경준수 프로그램이 수립되어 있는가?

금융조달

1. 민간 영역에서의 잠재적인 금융조달처는 어디인가?
2. 공공 부문에서의 잠재적인 금융조달처는 어디인가?
3. 민간 영역으로부터 자금을 조달하기 위해 공공 부문의 금융기관으로부터 필요한 보증과 보험은 무엇인가?
4. 현지 자본시장은 프로젝트 회사에 자금을 제공할 수 있는가?

부록 B

UNCITRAL 민간금융조달 인프라 프로젝트에서의 법률적 가이드

Ⅰ. 일반 법률적, 제도적 체계

헌법, 법률적 제도적 체계

권고 1. 민간영역에서 금융이 조달된 인프라 프로젝트를 위한 헌법, 법률, 제도적 체계는 프로젝트의 투명성, 공정성, 장기 지속가능성을 확보하기 위함이다. 인프라 개발 및 운영에 대한 민간영역의 참여에 대한 바람직하지 않은 제한은 제거되어야 한다.

허가 부여에 대한 권한의 범위

권고 2. 법률은 민간영역에서 금융을 조달하는 인프라 프로젝트의 허가의 부여와 이행협약의 효력을 부여하는 권한을 가진 프로젝트 소재국(국가, 지방자치단체를 포함)의 공공기관을 명시해야 한다.

권고 3. 민간영역에서 자금을 조달한 인프라 프로젝트들은 새로운 인프라 시설과 시스템의 건설과 운영 및 관리, 현대화, 확장과 기존의 인프라 시설 및 시스템을 운영하는 것과 관련한 허가를 포함한다.

권고 4. 법률은 허가의 제공과 관련한 인프라의 영역과 종류를 명시해야 한다.

권고 5. 법률은 허가가 적용되는 범위가 관련 계약 당국의 사법관할 내 전 지역인지, 또는 해당 특정 지역인지, 아니면 개별 프로젝트인지를 명시해야 하며, 필요한 경우 법률 원칙 및 조항, 규제, 그리고 해당 분야 관련 정책에 따라 허가가 독점적으로 부여될 수 있는지도 명시해야 한다. 한편, 계약 당국들이 연대하여 하나 이상의 사법관할에 허가를 부여할 수 있는 권한을 가지고 있을 수도 있다.

행정적 조정

권고 6. 제도적 메커니즘은 관련 종류의 인프라 시설의 건설 및 운영에 대한 법규 조항과 관련한 인가, 면허, 허가 또는 민간에서 금융을 조달한 인프라 프로젝트의 이행을 위해 필요한 권한부여를 발급하는 책임이 있는 공공기관의 행위를 조정하기 위해서 수립되어야 한다.

인프라 서비스를 규율하는 권한

권고 7. 인프라 서비스를 규율하는 권한은 인프라 서비스를 직간접적으로 제공하는 법인에 맡겨서는 안 된다.

권고 8. 규율 권한은 정치적인 개입이나 인프라 운영업체와 공공서비스 제공자들의 부적절한 압력으로부터 자유로워 그들의 결정이 수용되는 것을 확보하기 위한 충분한 자율성의 수준을 보유한 기능적으로 독립적인 단체가 맡아야 한다.

권고 9. 법적 절차를 규정하는 법령은 공개되어야 한다. 법적 결정은 어떤 근거에 의하여 이뤄졌는지 명시되어야 하며, 이해관계자들이 출판물 또는 기타 방법으로 열람할 수 있어야 한다.

권고 10. 법률은 영업권 보유자가 법정 재검토 같은 독립적인 단체로 하여금 법률적 결정을 재검토하는 요청을 하는 경우에 이를 위한 투명한 절차를 수립해야 하고, 이러한 재검토의 근거가 되는 내용을 명시해야 한다.

권고 11. 관련 영역을 관장하는 법률과 규정의 위반혐의와 관련된 공공 서비스 제공자들 사이의 분쟁을 다루기 위해 적절하고 특별한 절차가 수립되어야 한다.

Ⅱ. 프로젝트 위험과 정부 지원

프로젝트 위험과 위험 배분

권고 12. 프로젝트의 필요에 부합하는 위험의 배분을 동의하는 계약 당국의 능력에 대한 불필요한 법적 제한이 있어서는 안 된다.

정부 지원

권고 13. 법률은 민간 영역에서 금융 조달한 인프라 프로젝트의 이행에 프로젝트 소재국의 공공기관이 제공할 수 있는 금융 또는 경제적 지원과 그들이 제공할 권한이 있는 지원 종류를 명확하게 적시해야 한다.

Ⅲ. 영업권 보유자의 선정

일반적 고려사항

권고 14. 법률은 민간 영역에서 금융 조달한 인프라 프로젝트의 특별한 수요에 적용되는 투명하고 효율적인 경쟁 과정을 통해서 영업권 보유자를 선택하도록 해야 한다.

입찰자들의 사전 선정

권고 15. 입찰자들은 특정 프로젝트를 위해 공공 발주자들이 고려하는 적절한 사전 선정 기준에 부합하다는 점을 보여야 한다. 이는 아래의 것을 포함한다.

(a) 엔지니어링, 건설, 운영, 유지보수 등 프로젝트의 모든 단계에서 이를 이행하는데 필요한 충분한 전문적, 기술적 자질, 인력, 자재, 기타 물리적 시설

(b) 프로젝트의 금융조달을 관리할 수 있는 충분한 능력을 보유하고, 프로젝트의 엔지니어링, 건설, 운영을 위한 금융을 위한 요구조건들을 구비할 수 있는 충분한 능력

(c) 공공 인프라 운영에 있어서 이전 경험을 포함, 적절한 경영관리상의 능력, 신뢰성, 경험

권고 16. 입찰자들은 사전 선정된 컨소시엄에 각 멤버는 입찰에 참여하는 컨소시엄 중 하나에만 직접적이든 자회사를 통해 참여할 수 있다면, 제안서를 제출하는 컨소시엄을 구성할 수 있도록 해야 한다.

권고 17. 공공 발주자는 사전 선정 과정의 종료에 맞춰 제안서를 제출하도록 초청되는 사전 선정된 입찰 참여자들의 숏 리스트(short list)를 만들어야 한다.

요청 제안의 과정

요청 제안을 위한 단일 단계 및 2단계 과정

권고 18. 사전 선택 과정의 종료에 맞춰, 공공 발주자는 사전 선정된 입찰자들로 하여금 최종 제안서를 제출하도록 요청해야 한다.

권고 19. 위의 내용에도 불구하고, 최종 제안서가 만들어질 수 있도록 충분히 상세하고 구체적으로 프로젝트의 세부사항 또는 이행 지표와 계약 조건에 대해 설명하는 것이 현실적으로 가능하지 않을 경우 공공 발주자는 미리 선정된 입찰자들로부터 제안서를 요청하는 2단계의 절차를 사용할 수 있다. 2단계 절차가 사용되는 경우, 아래의 조항이 적용된다.

(a) 공공 발주자는 먼저 미리 선발된 입찰자들에게 산출물 상세내역과 기타 프로젝트의 특징과 관련된, 그리고 제안된 계약조건에 관련된 제안서를 제출할 것을 요구해야 한다.

(b) 공공 발주자는 최초 제안요청서와 관련한 질문을 명확하게 하기 위해서 입찰자

회의를 소집할 수 있다.

(c) 제출된 제안서에 대한 검토를 마친 후, 공공 발주자는 최종 제안서 요청 발급 이전에 최초의 프로젝트 세부사항과 계약조건을 검토하고 적절하게 수정할 수 있다.

최종 제안요청서의 내용

권고 20. 최종 제안요청서는 최소한 다음의 내용을 포함하여야 한다.

(a) 그들의 제안서를 준비하고 제출하기 위해서 입찰자들이 필요한 일반 정보

(b) 안전과 보안기준 및 환경보호 등과 관련해 공공 발주자가 요구하는 사항을 포함한 프로젝트 세부사항과 적절한 이행지표

(c) 공공 발주자가 제안한 계약조건

(d) 제안서를 평가하는 기준, 이러한 각 기준과 제안서 평가에 적용될 기준의 방식에 부합하는 가중치

설명과 수정

권고 21. 공공 발주자는 자발적으로 또는 입찰자의 설명 요청에 의거하여 최종 제안요청서를 수정할 수 있다. 이는 제안서 제출 시한 이전에 합당한 시점에 별도의 문서를 발급하여 할 수 있다.

평가 기준

권고 22. 평가와 기술제안의 비교의 기준은 입찰자가 제출한 제안서가 공공 발주자의 요구사항을 충족했는지의 관점에서 그 효율성을 고려해야 한다. 또한, 다음의 요소가 포함되어야 한다.

(a) 기술적 안정성

(b) 사업운영상의 현실성

(c) 지속성을 확보할 수 있는 서비스와 조치의 질

(d) 제안서가 제시하는 사회경제적인 측면의 개발 잠재력

권고 23. 평가와 재무와 상업적 제안의 비교의 기준은 적절하게 아래의 요소를 포함한다.

(a) 운영기간 중에 제안된 통행료, 수수료, 단위가격, 기타 요금의 현재가치

(b) 만약 있다면 공공 발주자가 지급하는 제안된 직접 대금의 현재가치

(c) 디자인과 건축 비용, 연간 운영 및 유지보수 비용, 자본비용과 운영 및 유지보수 비용의 현재가치

(d) 만약 있다면 정부로부터 기대할 수 있는 금융지원의 범위
(e) 제안된 금융조달 내용의 안정성
(f) 제안된 계약조건의 수용범위

제안서의 제출, 시작, 비교와 평가

권고 24. 공공 발주자는 품질과 관련하여 최소한의 기준을 수립할 것이다. 제안 요청서에 제시된 기준에 부합하도록 제안서에 반영되는 기술적, 재무적, 상업적 관점이 반영되어야 한다. 최소 기준을 달성하지 못한 제안서는 응답하지 않은 것으로 간주된다.

권고 25. 사전 선정 프로세스를 준수했는지 여부를 불문하고, 공공 발주자는 입찰자들에게 제안요청서 또는 사전 선정 문서에 제시된 기준과 절차에 부합하게 다시 그들의 준수 여부를 적절하게 제시하도록 요구할 수 있는 권리를 보유한다. 사전 선정 절차가 진행된 경우, 그 기준은 사전 선정 프로세스에서 사용된 것들과 같은 기준이 되어야 한다.

최종 협상과 낙찰

권고 26. 공공 발주자는 제안요청서에 제시된 평가 기준에 맞춰 응찰한 제안서의 순위를 매겨야 하며, 가장 높은 점수를 받은 입찰자로 하여금 프로젝트 계약서의 최종 협상자로 초대해야 한다. 최종 협상은 최종 제안요청서상에 협상 대상이 아니라고 명시된 계약서 조건을 포함하지 않는다.

권고 27. 최종 협상자로 초청된 입찰자가 프로젝트 계약서 체결 협상에 응하지 않을 것이란 사실이 확실한 경우, 공공 발주자는 그 입찰자에게 협상을 종료한다는 점을 알리고, 프로젝트 계약을 체결하거나 다른 모든 제안서를 거절할 때까지 획득한 점수의 순서에 기반하여 다른 입찰자를 초청해야 한다.

경쟁 없는 계약체결

권고 28. 법률은 공공 발주자가 경쟁입찰 절차를 사용하지 않고 계약을 체결할 수 있는 예외적인 조건들을 제시해야 한다. 다음의 경우가 그러한 예가 된다.
(a) 서비스의 제공에 있어서 지속성을 확보할 수 있는 급박한 필요가 있고, 그래서 경쟁입찰 절차를 적용하는 것이 실용적이지 않은 경우
(b) 짧은 기간의 프로젝트이고, 명시된 낮은 금액을 초과하지 않는 기대한 최초 투자가치인 경우

(c) 국방 또는 국가안보의 사유

(d) 오직 한 곳만 필요한 서비스를 제공할 수 있는 경우(예컨대, 특허 기술 또는 특유한 노하우가 필요한 경우)

(e) 법률적 권고사항 34와 35에 적시된 형태의 자발적 제안의 경우

(f) 사전 선정 절차에 초청되거나 제안 요청이 있었으나 응찰이나 제안서가 제출되지 않았거나 제안 요청서에 제시된 평가기준을 충족하는 제안서가 오지 않았을 때, 그리고 만일 새로운 제안 요청서를 발급하는 것이 프로젝트 낙찰의 결과로 이어지기 어렵다고 공공 발주자가 판단될 경우

(g) 기타 높은 권한을 보유한 정부기관이 공익의 설득력 있는 이유로 예외를 인정하는 경우

권고 29. 법률은 경쟁입찰 없이 계약을 체결하기 위해서는 아래의 절차를 관찰하도록 정할 수 있다.

(a) 공공 발주자는 제안한 프로젝트의 이행을 위한 낙찰 의도를 알리는 공지를 내야 하며, 주변 환경이 허락하는 한 프로젝트를 수행하기에 가능하다고 판단되는 회사들과 최대한 많이 협상을 진행해야 한다.

(b) 제안은 공공 발주자가 수립한 평가기준에 따라 평가하고 등수가 책정되어야 한다.

(c) 권고 28 (c)에서 언급된 상황은 제외하고, 공공 발주자는 경쟁입찰 없이 낙찰이 된 구체적인 환경과 이유를 밝히면서 낙찰 내용을 통보해야 한다.

자발적 제안

권고 30. 법률적인 권고 14-27에 적시된 선정 과정을 제외하는 방식으로, 만일 제안이 선정 절차를 공공 발주자가 시작하거나 통보된 프로젝트와 관계가 없다면 공공 발주자는 자발적인 제안을 다루는 법률에 근거해 수립된 구체적인 절차에 따라 자발적인 제안을 다루도록 권한이 부여되었을 것이다.

자발적 제안의 허용가능성을 결정하는 절차

권고 31. 자발적 제안을 수령하고 사전 심사를 한 후, 공공 발주자는 제안자에게 합리적으로 신속하게 프로젝트에 대한 잠재적인 공공이익이 있는지 여부를 통지해야 한다. 만일 프로젝트에 공익이 있다면, 공공 발주자는 공공 발주자가 컨셉이나 기술을 적당히 평가할 수 있고 제안서가 법률에서 정하는 조건을 충족했는지, 그리고 제안된 프로젝트의 규모에서 성공적으로 수행될 수 있는지 등 상세내역이 담긴 공식제안을 제안

자가 제출할 수 있도록 그를 초청해야 한다.

권고 32. 제안자는 진행과정 내내 모든 문서에 대한 소유권을 가지고 있어야 하며, 제안서가 거절되면 제안자에게 다시 반환되어야 한다.

소유 컨셉 또는 기술을 포함하지 않는 자발적 제안을 다루는 절차

권고 33. 만일 프로젝트의 예상 결과물이 자발적인 제안의 제안자가 보유하는 배타적인 권리상의 절차, 디자인, 방법론 또는 엔지니어링 관련 컨셉 없이도 달성 가능할 때 공공 발주자는 상기 권고 14－27에 따라 경쟁입찰 절차를 시작해야 한다. 자발적인 제안의 제안자는 이러한 과정에 초청되어야 하며, 제안서를 제출하는데 있어서 프리미엄을 제공받을 수 있다.

소유 컨셉 또는 기술을 포함하는 자발적 제안을 다루는 절차

권고 34. 예상되는 프로젝트 결과가 자발적인 제안의 제안자가 보유하는 배타적인 권리인 절차, 디자인, 방법론 또는 엔지니어링 컨셉 없이 달성될 수 없다면, 공공 발주자는 자발적인 제안을 위한 비교요소를 얻기 위해 노력해야 한다. 그런 목적으로, 공공 발주자는 합리적인 기간 내에 대안 또는 비교 가능한 제안을 제출할 다른 관심 있는 자들을 초청한다는 내용과 함께 제안상의 핵심적인 결과물 요소에 대한 세부내역을 적시해야 한다.

권고 35. 만일 다른 제안자가 없는 경우, 공공 발주자는 자발적인 제안의 제안자와 협상을 할 수 있으며, 이는 상위자의 승인이 전제가 된다. 만일 다른 제안이 제출되었다면, 법률상 권고 29 (a)－(c) 조항에 따라 공공 발주자는 모든 제안자를 협상에 초청해야 한다.

비밀유지

권고 36. 공공 발주자와 입찰자들 간의 협상은 비밀로 이루어져야 하며, 협상의 일방 당사자는 타방 당사자로부터 동의를 구하지 못하는 한 누구에게도 어떠한 기술적, 가격 또는 기타 상업적 정보도 제공해서는 안 된다.

프로젝트 낙찰 통지

권고 37. 공공 발주자는 문서로서 프로젝트 낙찰 통지를 해야 한다. 통지는 낙찰자를 명시해야 하며, 프로젝트 계약서 핵심조건의 요약이 포함되어야 한다.

선정의 기록과 낙찰 절차

권고 38. 공공 발주자는 선정과 낙찰 과정과 관련, 핵심정보를 담은 적절한 기록을 남겨야 한다. 법률은 대중의 접근을 위한 필요사항을 명시해야 한다.

검토 절차

권고 39. 법률상 공공 발주자에게 부과된 의무의 불이행으로 피해를 입었거나 피해, 손실, 손상을 입을 수 있는 입찰자는 프로젝트 소재국의 법률에 따라 발주자의 행위를 검토하는 것을 요구할 수 있다.

Ⅳ 인프라의 건설과 운영

법률적 체계와 프로젝트 계약

프로젝트 계약의 일반 조항

권고 40. 법률은 프로젝트 계약에서 제공되어야 하는 핵심 조건을 확인해야 하며, 포함될 수 있는 이런 조건들은 아래의 권고 41－68에서 참고할 수 있다.

권고 41. 달리 정해지지 않은 한, 프로젝트 소재국의 법률이 프로젝트 계약의 준거법이 된다.

프로젝트 회사(영업권 보유자)의 조직

권고 42. 공공 발주자는 낙찰 받은 자가 해당 국가에 독립적인 법률상의 법인을 설립하도록 요구할 수 있는 선택권을 가진다.

권고 43. 프로젝트 계약은 프로젝트의 최소 자본금과 공공 발주자에 의해 프로젝트 회사와 그것의 근본적인 변경에 관련한 법률과 조례의 인가를 얻는 절차를 구체적으로 명시해야 한다.

프로젝트 현장, 자산 그리고 지역권

권고 44. 프로젝트 계약은 어떤 자산이 공공자산이고, 어떤 자산이 영업권 보유자의 개인자산이 될 것인지 적절하게 그리고 구체적으로 적시해야 한다. 프로젝트 계약은 영업권 보유자가 계약의 만료 또는 해지에 따라 어떤 자산을 공공 발주자에게 또는 새로운 영업권 보유자에게 양도해야 하는지 명시해야 한다. 또한, 공공 발주자가 그의 선택에 따라 영업권 보유자에게 구매할 수 있는지도 명시해야 한다. 마지막으로 어떤 자산을 영업권 보유자가 프로젝트 계약의 만료 또는 해지에 따라 자유롭게 이전 또는 처분할 수 있는지 명시해야 한다.

권고 45. 공공 발주자는 영업권 보유자가 프로젝트의 운영, 건설, 유지를 위한 부지와 관련한 권리를 얻는데 협조해야 한다. 법률은 건설, 운영, 유지를 위해 필요하다면 제3자의 자산에 진입, 그 부지를 통과, 그 부지에서 작업하는 것 또는 시설을 수리하는 일을 할 권리를 영업권 보유자에게 부여해야 한다.

금융조달

권고 46. 법률은 영업권 보유자가 요금, 시설 또는 서비스 사용료를 징수할 수 있게 해야 한다. 프로젝트 계약은 그렇나 요금 또는 사용료의 적용을 위한 방법과 산출방식을 제공해야 한다.

권고 47. 영업권 사용자에 의해 부과되는 요금과 수수료는 관계당국에 의해 제어되는 대상인바, 법률은 요금 적용 산출방식의 정기적이고 특별한 수정을 위한 메커니즘을 정해야 한다.

권고 48. 공공 발주자는 사용자가 납부하는 또는 물품이나 서비스를 일정량 판매하는 약정을 체결한 사용료 또는 그 이상의 것을 대체하는 용도의 대금을 영업권 보유자에게 직접 지급할 것을 동의할 수 있는 적절한 권한이 있다.

담보권

권고 49. 영업권 보유자는 인프라 시설의 건설과 운영을 위해 필요한 자금을 조달하는데 책임이 있으며, 공공자산에 대한 담보권설정을 제한하는 법규를 침해하지 않고 동일 목적으로 그의 자산의 담보권, 프로젝트 회사의 지분의 질권, 계약에 의거하여 창출되는 수익 또는 매출채권, 기타 적절한 담보를 활용하여 프로젝트를 위한 필요한 자금조달을 할 권리가 있다.

영업권의 양도

권고 50. 공공 발주자의 동의 없이 영업권은 제3자에게 양도할 수 없다. 프로젝트 계약은 프로젝트 계약하의 제반 의무를 새로운 영업권 보유자가 승인하고, 서비스를 제공하는데 필요한 새로운 영업권 보유자의 기술적, 금융조달 능력에 대한 증빙을 포함하여 공공 발주자가 영업권의 양도를 동의하는 조건을 규정해야 한다.

프로젝트 회사 내에서의 지배지분의 이전

권고 51. 영업권을 보유한 회사 내에서의 지배지분의 이전은 달리 정하지 않는 한 공공발주자의 동의가 필요하다.

건설 작업

권고 52. 프로젝트 계약은 공공 발주자에 의한 건설 계획과 구체적 내역의 검토 및 승인 절차, 인프라 시설의 건축 또는 개선작업을 모니터링 하는 공공 발주자의 권한, 공공 발주자가 건축의 상세사항과 테스팅과 마지막 검사, 시설과 장비 및 부속물의 인가와 수용 절차의 변경을 주문할 수 있는 조건 등을 규정해야 한다.

인프라의 운영

권고 53. 프로젝트 계약은 다음의 것을 보장하기 위해서 영업권 보유자의 의무의 범위를 적절하게 규정해야 한다.

(a) 서비스의 실질적인 수요를 충족하기 위한 서비스의 적용

(b) 서비스의 지속

(c) 모든 사용자들에게 필수적인 동일조건으로 서비스가 제공 가능함.

(d) 영업권 보유자에 의해 운영되는 공공 인프라 네트워크에 다른 서비스 제공자가 차별 없이 적절하게 접근함.

권고 54. 프로젝트 계약은 인프라 시설이 적절히 운영되고 서비스들이 법률과 계약상 요구사항에 부합하도록 제공되게 하기 위하여 다음의 내용을 정해야 한다.

(a) 공공 발주자 또는 규제기관에게 적절하게 보고자료와 기타 운영과 관련된 정보를 제공하기 위한 영업권 보유자의 의무의 범위

(b) 영업권 보유자의 이행을 모니터링하고 공공발주자 또는 규제기관이 적절하다고 판단하는 합리적인 조치를 취하는 절차

권고 55. 영업권 보유자는 공공 발주자 또는 규제기관의 승인 하에 시설을 사용하는 것을 규율하는 규정을 수립하고 집행하는 권리가 있다.

일반 계약상 조정 사항

권고 56. 공공 발주자는 특히 영업권 보유자의 주주 또는 관계인들과의 계약에서 영업권 보유자에 의해 주요 계약의 검토와 효력이 발생하도록 승인의 권리를 가진다. 프로젝트

계약과 합치되지 않는 조항이 있거나 공공의 이익에 명백히 반하거나 공법 본질의 강행규정을 제외하고 공공 발주자들의 승인은 보통 보류되어서는 안 된다.

권고 57. 영업권 보유자의 그의 대주, 보험자 그리고 다른 계약상대방들은 그들의 계약상의 관계를 규율하는 준거법을 자유롭게 정할 수 있다. 다만, 그러한 선택이 프로젝트 소재국의 공공 정책을 위반해서는 안 된다.

권고 58. 프로젝트 계약은 다음의 사항을 규정해야 한다.

(a) 시설의 건축과 운영과 관련해서 영업권 보유자가 제공해야 하는 이행 보증의 형식, 유효기간, 금액

(a) 영업권 보유자가 확보해야 하는 보험계약

(b) 의무이행을 본래 예상했던 것보다 어렵게 하는 경제 및 금융조건상의 법률 변경 또는 기타 변경이 발생함에 따라 영업권 보유자가 갖게 되는 보상. 프로젝트 계약은 이러한 변경이 발생한 후 따라오는 프로젝트 계약 조건의 변경을 위해 추가적인 메커니즘을 제공해야 한다.

(c) 당사자들이 그들의 합리적인 제어를 넘어선 환경 때문에 실패에 대한 책임으로부터 면제되거나 어떠한 의무를 이행하는 것을 지연하는 정도

(d) 다른 당사자의 채무불이행에 따른 공공 발주자와 영업권 보유자에게 부여되는 치유 방법

권고 59. 프로젝트 계약은 영업권 보유자가 의무를 이행하는 것을 심각하게 하지 못하여 서비스를 효율적으로 이행하고 방해되지 않는 것을 확약할 목적으로 공공 발주자가 임시로 시설의 운영을 넘겨받는 조건을 규정해야 한다.

권고 60. 공공 발주자는 공공 발주자의 동의를 전제로 만일 영업권 보유자가 요구된 서비스를 제공하는 것을 심각하게 이행하지 못하거나 프로젝트 계약을 해지할 수 있는 기타 상술한 사유가 발생한 경우 새로운 영업권 보유자를 임명한다는 내용으로 대주단과 계약을 체결할 권한을 가진다.

Ⅴ. 프로젝트 계약의 유효기간, 연장과 해지

프로젝트 계약의 유효기간 및 연장

권고 61. 허가의 유효기간은 프로젝트 계약서에 상술되어야 한다.

권고 62. 허가의 조건은 확대되어서는 안 된다. 다만, 법률의 다음과 같은 사항이 상술되어 있다면 그렇지 않다.

(a) 당사자의 합리적인 제어의 범위를 뛰어넘는 사안이 발생하여 나타나는 완공 지연 또는 운영의 방해
(b) 공공 발주자나 기타 공공기관의 행위로 인해 발생하는 프로젝트 지연
(c) 프로젝트 계약서상의 일반적인 기간 동안에 상환 받지 못하는 내용의 프로젝트 계약서에서 애초에 예측하지 못한 공공 발주자의 요구로 발생한 비용을 영업권 보유자가 상환 받을 수 있도록 용인하는 것

프로젝트 계약의 해지

공공 발주자에 의한 해지

권고 63. 공공 발주자는 아래의 경우에 프로젝트 계약서를 해지할 권리를 가진다.
(a) 파산, 심각한 의무이행 등으로 인해 영업권 보유자가 그의 의무를 이행할 수 있거나 이행하려고 하는 것을 합리적으로 더 이상 기대할 수 없는 경우
(b) 영업권 보유자에게 보상을 지급해야 하는 조건의 공공이익의 사유

영업권 보유자에 의한 해지

권고 64. 영업권 보유자는 아래와 같이 법률에 상술된 예외적인 경우에 프로젝트 계약을 해지할 권리를 가진다.
(a) 프로젝트 계약상의 공공 발주자의 심각한 의무 불이행 또는 기타 공공기관의 의무 불이행
(b) 다양화 주문 또는 기타 공공 발주자의 행위, 예측하지 못한 조건의 변경 또는 다른 공공기관의 행위 그리고 프로젝트 계약의 적절한 변경에 대한 당사자의 부동의의 결과로 영업권 보유자의 사업수행이 심각하게 더욱 힘들어진 경우

양 당사자의 해지권

권고 65. 각 당사자의 합리적인 제어를 넘어서는 사안이 발생함에 따라 의무의 이행이 불가능한 사유가 있으면 양 당사자는 프로젝트 계약을 해지할 권리를 가진다. 각 당사자들은 상호 동의로 프로젝트 계약을 해지할 권리도 갖는다.

프로젝트 계약의 만료 또는 해지의 결과

공공 발주자 또는 새로운 영업권 보유자에 대한 자산의 양도

권고 66. 프로젝트 계약은 영업권 보유자가 공공 발주자에게 또는 새로운 영업권 보유자 앞

자산의 양도 또는 프로젝트 계약의 기한만료나 해지에 의거하여 공공 발주자에 의해 구매와 관련하여 적절하게 보상하는 기준을 규정해야 한다.

해지에 따른 금융상의 조정

권고 67. 프로젝트 계약은 프로젝트 계약이 해지되는 사유가 되면 각 당사자에게 지급되어야 할 보상이 어떻게 계산되어야 하는지에 대해 규정해야 하며, 이는 적절하게 프로젝트 계약 하에서 진행된 작업의 공정가치와 잃게 되는 수익을 포함한 모든 손실을 포함해야 한다.

마무리와 전환 방식

권고 68. 프로젝트 계약은 아래의 내용과 관련하여 적절하게 당사자들의 권리와 의무를 규정해야 한다.

(a) 시설의 운영을 위해 필요한 기술의 전환

(b) 시설의 운영과 유지에 있어서 공공 발주자의 직원 또는 영업권 양수자에 대한 교육훈련

(c) 영업권 보유자에 의한 운영과 서비스 유지보수의 제공과 만일 필요하다면 시설의 양도 이후 공공 발주자나 영업권 양수인 앞 합리적인 기간 동안의 부품의 공급

분쟁의 해결

공공 발주자와 영업권 양수인 간의 분쟁

권고 69. 공공 발주자는 프로젝트가 필요로 하는 가장 알맞은 것으로 각 당사자가 생각하는 분쟁 해결 메커니즘을 자유롭게 동의할 수 있다.

프로젝트의 발기인 간과 영업권 보유자와 그의 대주, 건설계약자, 공급자간의 분쟁

권고 70. 영업권 보유자와 프로젝트 발기인들은 발기인들간 분쟁 또는 영업권 보유자와 그의 대주, 건설계약자, 공급자 및 여타 사업 파트너들과의 분쟁을 해결하기 위해 적절한 방법을 자유롭게 선택할 수 있어야 한다.

인프라 시설의 고객 또는 사용자들이 포함된 분쟁

권고 71. 영업권 보유자는 인프라 시설 고객 또는 사용자들에 의해 제기된 불만사항을 다루기 위해 단순하고 효율적인 방법을 마련해야 한다.

PF 용어, 약어

ADB 아시아개발은행

AfDB 아프리카개발은행

AfDF 아프리카개발펀드

AIC 국제협력을 위한 기구(스페인)

AusAID 국제협력을 위한 오스트레일리아 기구

advance payment guarantee(선수금환급보증) 시공사가 보증인이고 프로젝트 회사가 보증수익자인 보증으로, 시공사가 건설 계약에 근거해 지급받은 선수금을 일정한 시간 내에 활용하지 않거나 건설 계약이 시공사에 의해서 수행되지 않을 경우 돌려줄 것을 동의한 것

amortization(분할상환) 상환을 통해 대출계약에 근거한 원금 잔액을 줄이는 것

assignment(양도) 자산의 소유권을 넘기는 것

BADC 벨기에 개발협력부

BADEA 아프리카 경제발전을 위한 아랍은행

BAWI 외국경제협력업무를 위한 연방국(스위스)

BFCE 프랑스 대외무역은행(프랑스)

BITS 스웨덴 국제기술경제협력국

BMZ 연방경제협력부(독일)

backup power 주력 발전소의 긴급상황 또는 시스템 고장과 같은 비상 상황을 위한 유보전력(증기 또는 전력)

bankable 금융지원이 가능함.

bilateral agency(양자기구) 수출신용기관과 같이 국가에 의해 무역을 진흥하기 위해서 설립된 기관

BOO 건설-소유-운영, 인프라 시설을 민간 소유자가 건설하고, 소유하고, 운영하는 것

BOOT 건설-소유-운영-양도, 인프라 시설을 민간 소유자가 건설하고, 소유하고, 일정 기간 동안 운영한 다음 다른 법인에게 양도하는 것

BLT 건설-리스-양도, 민간 소유자가 인프라 시설을 건설하고, 사용을 위해 리스한 다음 일정기간 동안 사용 후 다른 법인에 양도하는 것

BOT 건설-운영-양도, 민간 소유자가 인프라 시설을 건설, 운영하고 다른 법인에 양도하는 것

BTO 건설-양도-운영, 민간 소유자가 건설한 다음 인프라 시설의 소유권을 다른 법인에게 양도하고, 그 법인을 위해서 운영하는 것

business interruption 정상적인 사업 운영을 멈추는 것

cash call 사업주들이 프로젝트 회사의 계좌로 추가적인 자금을 투입할 것을 요구하는 것으로 대출이나 자본금의 형태로 진행됨.

cash deficiency agreement 모회사와 자회사의 채권자들 간에 체결하는 계약으로, 특정한 협의된 의무를 충족하기 위해서 자회사에 추가적인 현금을 투자하기로 약속하는 것

CDC 영연방개발회사(영국)

CESCE 수출신용보험회사(스페인)

CFD 프랑스개발은행(프랑스)

CIDA 캐나다국제개발국

COFACE 프랑스 무역보험회사

collateral assignment(담보양도) 계약, 계약상의 권리, 청구권, 채무와 같이 자산의 특정 소유권을 채무 또는 다른 의무의 담보로서 법인에게 단독으로 이전하는 것

commercial risk(신용위험) 잠재적으로 프로젝트의 기술적이고 경제적인 사업성에 영향을 주는 일이 발생하거나 발생하지 않는 것, 본질적으로 정치적이지 않은 사유들

completion 건설계약에서 합의된 수급자에 의한 수행 요구 사항(performance requirements)들의 충족, 프로젝트 운영 기간의 개시와 같음.

completion guarantee(완공보증) 사업주가 보증인, 프로젝트 회사가 보증수혜자인 보증으로, 프로젝트 회사가 사업을 완공하지 못하면 사업주가 사업을 대신 완공할 것에 동의하는 것

concession or concession agreement(양허약정) 프로젝트 회사(어떤 경우에는 프로젝트 사업주)와 프로젝트 소재국 간의 계약으로, 프로젝트 회사는 대출금이 상환되고 협의된 자본금 수익률이 나오는 한정된 기간 동안 개발, 건설, 운영할 권한이 부여됨. 일반적으로 BOT와 BOOT 프로젝트에서 활용됨.

counter guarantee 물품 또는 서비스의 구매자가 대금을 지급하는 능력인 신용도에 있어서 지금까지 의심스러운 수준일 때 제3자의 보증으로 신용보강 용도로 사용됨. 물품 또는 서비스의 공급자는 대금지급에 대한 확인을 위해 보증을 주장함.

creeping expropriation 시간이 흐름에 따라 행해지는 수용의 효과를 가진 연속적인 다수의 행위들

currency risk(통화위험) 외국 차주 또는 그 관계사가 수익을 얻는 통화가 아닌 다른 통화로 대금을 지급해야 할 때 발생할 수 있는 위험으로, 통화절하위험이라고도 함.

debt service(부채상환) 대출, 채권, 어음, 기타 대출의 원금과 이자의 정기적인 지급

devaluation 전환이 가능한 통화에 대해 자국통화의 구매력이나 가치를 낮추는 정부의 개입

developing country(개발도상국, 개도국) 산업화되지 않은 국가, 현재, 세계은행은 '개발중인' 국가를 1인당 GNP U$4,900 이하인 국가로 구분하고 있음.

double tax treaty(이중과세방지협정) 한 국가에서 영업하고 다른 국가에 소재지가 있어 달리 발생하는 소득 또는 자본소득의 중복 과세를 제한하거나 면제하는 두 국가간의 조약

drawdown(인출) 대출계약에 근거하여 대금을 집행하는 행위

EBRD 유럽부흥개발은행

ECGD 수출신용보증국(영국)

ECO 세계은행의 확장된 공동 금융조달 운영방안으로, 이는 사전에 은행의 보증력을 활용하기 위한 프로그램을 집행함.

EDU 수출개발공사(캐나다)

EFC 덴마크 수출금융공사

EFIC 수출금융보험공사(호주)

EID 수출보험부(일본)

EIB 유럽투자은행

EKN 스웨덴 수출신용보증위원회

EKR 수출신용위원회(덴마크)

enclave project 프로젝트가 대출금을 상환하는데 충분한 외화를 창출할 수 있기 때문에 IBRD 대출이 달리 불가한 국가에서 IBRD에 의해서 PF가 가능한 것

EPC Contract 설계, 조달, 건설 계약

exchange controls(외환통제) 정부의 정책 목적을 달성하기 위해 질서 있는 방식으로 현지통화를 외국의 경화로 태환하는 것을 허용하는 정부에 의해 수립된 절차

exchange rate(환율) 다른 통화의 일정량을 구매 또는 판매하는 국내통화의 양

export country 프로젝트에 공급될 장비, 원자재, 연료 또는 다른 프로젝트 투입물이 오는 국가

export credit(수출신용) 한 국가가 그 국가의 물건 또는 서비스를 수출하는 기업들의 이익을 위해서 제공하는 신용공급 또는 지급보증 제도로, 수출진흥을 목적으로 함.

Exportfinans 노르웨이 수출신용기관

expropriation(몰수) 민간 소유자로부터 정부로의 강제적인 소유권 이전

FAC 원조 및 협력자금(프랑스)

FEC 핀란드수출신용유한회사

feedstock 원자재 또는 기타 산업 과정에서 필요한 것

finance lease(금융리스) 대출금 상환과 자본수익을 더한 것과 같은 금액에 상당하는 임차료를 임대인에게 제공하는 금융구조로, 자산의 장기 임차를 임차인에게 제공하고, 보통 세금이익을 전가하는 목적으로 사용함.

financeable 금융지원이 가능함.

financial closing(금융종결) 대출계약 하에서 자금의 최초 인출을 위한 인출선행조건이 프로젝트 회사(차주)에 의해 충족되었거나 프로젝트 대주에 의해서 적용배제(면제)된 경우 해당하는 프로젝트의 상황

force majeure(불가항력) 영향을 받는 계약당사자의 합리적인 통제를 넘는 이벤트로, 산업에서의 정상적인 관행이나 합리적인 기술과 판단을 함으로써 막을 수 있는 것이 아니며, 보통 진행 중일 때 어떤 협의된 부분의 계약내용이 이행되지 않더라도 의무의 면제가 가능한 것임.

full recourse(소구) 차주와 그 차주의 소유자들로 하여금 차주가 대여받은 대출금을 상환하는 것을 요구하는 금융 구조로, 보통 지급보증을 활용하여 적용됨.

GEIK 수출보험심사(노르웨이)

governing law(준거법) 계약의 조건을 해석하는데 있어서 적용되는 법률로, 계약서에 정하거나 법원에 의해서 적용됨.

hard currency(경화) 태환이 가능한 주요 통화들. 예컨대 미 달러화, 영국 파운드화, 독일 마르크화, 일본 엔, 스위스 프랑, 이탈리아 리라, 네덜란드 길더

Hell－or－high－water 생산된 물품의 구매자들에게 요구되는 계약상 의무

host country(프로젝트 소재국) 인프라 또는 기타 프로젝트가 진행되는 국가

IBRD 국제부흥개발은행, 세계은행이라고도 불림.

IDA 국제개발협회

IDA－only country 신용상태 때문에 IBRD 대출금을 사용하지 못하는 국가

IDB 미주개발은행

IDC 건설기간 중 이자

IEC 경제협력기구(포르투갈)

IFC 국제금융공사, 세계은행의 민간부문 대출기구

IMF 국제통화기금

implementation agreement(사업실시협약) 자본금과 차입금의 조달을 진흥하는 성공적인 프로젝트 개발과 위험의 할당을 위해 요구되는 개발자들에게 제공되는 정부보장 또는 보증 정부와 개발자 간 프로젝트 관련 계약

indemnification agreement 특정 환경하에서 합의된 행위의 결과로부터 한 당사자를 보호하기 위하여 만든 다른 당사자에게 의무를 부과하는 계약

investment grade 차입금을 상환하기 위한 차주의 신용도로, 최소 S&P의 BBB등급

IPP 민간 전력생산자, 정부가 소유하지 않은 전력생산자를 일컫는 약어, 미국에서는 비정부, 자가용(自家用) 발전 설비를 일컫는 약어임.

IRR 내부수익률

IsDB 이슬람개발은행

Kexim 한국수출입은행

letter of credit(신용장) 고객을 수익자로 하는 금융기관에 의해서 발행되는 금융장치로, 금융기관은 요구 또는 특정한 사유가 발생할 때 수익자에게 대금을 지급할 것을 동의함.

LIBOR 런던 은행간 제공 이자율, 런던 은행간 시장에서 은행이 다른 은행으로부터 차입할 때 적용되는 이자율

license(면허) 사업활동이나 비즈니스를 하기 위한 권한을 정부가 부여하는 행위

limited recourse 일반적으로 대주단이 대출금의 상환을 프로젝트 현금흐름에 의존하나, 특정한 채무불이행사유에 해당할 경우 차주의 소유주들에게 대출금 상환을 소구할 수 있는 차입조건

liquidated damages 합의된 부분의 이행이 지켜지지 않는 사유에 건축과 관련한 일방 계약 당사자가 다른 당사자에게 지급해야 하는 특정 금액으로, 일반적으로 최대금액이 정해져 있음.

limited recourse(제한소구) 프로젝트 대주가 대출금과 다른 채무에 대한 상환을 요구하는 행위에 대한 제한과 다른 프로젝트 참여자가 프로젝트 사업주들에게 계약상의 손실 또는 기타 의무를 배상 청구하는 행위에 대한 제한을 가리킴.

MIGA 국제투자보증기구, 세계은행의 자매기관 중 하나

MITI 국제무역산업부(일본)

MOEF 경제금융부(스페인)

MOF 재무부(일본)

MW 메가와트(10^6와트)

multilateral agency(다자기구) 여러 국가에 의해 조직된 국제기구로, 전세계에 걸친 개발을 진흥함. 세계은행과 국제금융공사, 특정 지역에는 미주개발은행 같은 것들이 있음.

negative pledge(담보제공 금지약정) 차주 또는 보증인이 질권, 담보권 또는 기타 자신의 자신에 대한 저당권 등을 설정하지 않을 것을 동의하는 것

NDF 노르웨이개발기금

NIB 노르웨이투자은행

nonrecourse(비소구) 차주의 소유주들에게 대출금의 상환을 소구하지 않고 프로젝트 현금흐름에 의존하여 대출금을 상환하는 대출조건

O&M 운영 및 관리

OECD 경제협력개발기구

OeKB 오스트리아관리은행

off-balance-sheet financing(부외금융) 법인의 대차대조표에 부채로 나타나지 않는 채무

off－take 프로젝트의 생산물

off－taker (off－take purchaser) 프로젝트 생산물의 구매자

off－take agreement(생산물 판매계약) 프로젝트에 의해 생산되는 생산물의 전부 또는 상당량을 구매하는 계약으로, 보통 PF의 수입원을 제공함.

OPIC 해외민간투자공사(미국)

participation 차주와의 직접적 관계없이 한 은행(참여자)이 다른 은행이 조성한 대출에 참여하는 것으로 하는 두 은행간의 협의내용

performance bonds(이행보증) 법인이 이행 요구사항에 따라 계약의 이행을 보증하기 위해 상업은행 또는 보험회사에 의해서 부여된 보증의무

political risk(비상위험) 정치적 또는 사회적으로 발생한 변화의 결과로 인해 불확실성에 대한 재무적인 위험 노출

project company(프로젝트 회사) 프로젝트를 개발하고, 소유하고 운영하는 특수목적법인

project debt(프로젝트 부채 또는 채무) 상업 금융기관을 포함한 다양한 자금원으로부터 조달한 프로젝트 회사가 차입한 자금

project equity(프로젝트 자본금) 프로젝트를 위해 필요한 자금을 공급하기 위해서 프로젝트 사업주가 투입한 자금 또는 자산

project financing(PF) 부채, 자본금과 신용보강 방법의 마련

project sponsor(프로젝트 사업주) 프로젝트를 개발하고 전체적 또는 부분적으로 프로젝트 회사를 보유하는 법인

PSEDF 민간부문에너지개발펀드(파키스탄)

put－or－pay agreement (supply－or－pay) 공급자로 하여금 프로젝트에 필요한 재료를 공급하거나 공급할 수 없다면 프로젝트가 다른 곳에서 공급해올 수 있도록 필요한 대금을 지급하는 계약

put option(풋옵션) 특정 예비사항(투자수익률이나 부채상환)이 충족되지 않았을 경우 프로젝트 사업주로 하여금 지분 또는 채무상환 의무를 매입하는 것에 동의하는 프로젝트 사업주와 특정 당사자(수동적 지분투자자와 프로젝트 대주) 간의 계약

retention(유보금) 건설계약 하에서 계약자가 지급할 의무가 있는 대금의 일부로, 건설 작업의 완성을 위한 담보이며, 보통 프로젝트의 완성 시에 계약자에게 다시 돌아감

retention money guarantee(유보금환급보증) 만일 프로젝트가 완성되지 않거나 약정된 기한 내에 결함이 발생하는 경우 건설 계약금액으로부터 유보되었어야 하는 대금 만큼 프로젝트 회사를 수익자로 하여 시공사가 제공하는 보증서

ROL 개조－운영－리스, 민간기업이 다른 법인으로부터 인프라 시설을 개조, 운영, 리스하는 것

SACE 이탈리아 수출보험공사

set－off(상계) 일방 당사자가 자신이 보유하고 있는 현금과 자신이 지급해야 할 의무가 있는 금액을 상계할 수 있는 권리를 부여하는 계약조항

sovereign guarantee 정부 보증

sovereign immunity 특정한 예외적 사유들을 제외하고 민간기업이 정부 또는 공공기관을 상대로 소를 제기하거나 자산을 압류하는 것을 금지하는 법률적 선언서

sovereign risk(정부위험) 프로젝트 소재국 정부가 프로젝트 또는 다른 프로젝트 참여자에 대한 보증, 배상계약, 투입물과 생산물 판매계약 등의 계약상 의무를 불이행할 위험

standby letter of credit(standby 신용장) 대금지급이나 의무의 이행과 같은 사안이 발생하지 않았다는 점을 나타내기 위해 증서를 수익자가 제시함으로써 자금을 인출(draw)하는 권리를 제공하는 신용장

subordinated debt(후순위채) 대금지급, 유치권 선순위 그리고 다른 대주의 권리에 대한 후순위 권리의 채무

supply－or－pay contract 협의된 대가의 반대급부로 일정 기간 동안 물품 또는 서비스를 프로젝트에 공급하도록 공급자가 동의한 계약. 만일 공급이 불가능하다면, 대체할 수 있는 물건 또는 서비스를 공급자의 비용으로 제공해야 하거나 프로젝트가 물품 또는 서비스를 자체적으로 조달함에 있어서 발생한 비용들을 배상해야 함.

swap agreement(스왑계약) 하나의 이자율과 다른 것의 교환, 통화를 위해서도 활용됨.

syndication(신디케이션) 금융종결이 마무리되기 이전에 다수의 대주가 각자 미리 정한 금액으로 차주에게 제공하는 금융. 금융종결 후에는 한 은행이 다른 은행이 조성한 금융제공관련 이해관계를 구매하는 것으로 두 은행 간에 조정하는 것

take－and－pay contract 물품가 인도되거나 서비스가 제공되었을 경우에만 구매자가 그것을 받고 대금을 지급하도록 하는 계약으로, take－or－pay 계약과 take－and－pay 계약은 종종 혼동되며, 상호 잘못 바뀌어 활용되는 경우가 있음(전자의 개념이 더 선호됨).

take－or－pay contract 구매자에게 무조건적인 의무를 부여하는 계약으로, 판매자가 물품 또는 서비스를 제공하거나 제공하지 못한 상태가 된다고 하더라도 대금을 지급하도록 함.

tax holiday 프로젝트 소유자에게 협의된 또는 법에 보장된 기간 동안 세금을 면제해주는 혜택

throughput contract 서비스가 활용되었는지 여부를 불문하고 송유관과 같은 프로젝트의 사용자가 협의된 대가(일반적으로 프로젝트의 채무상환의무와 운영비용을 합한 것과 동일한 금액)를 지급하도록 하는 계약

tolling agreement 프로젝트 회사가 투입된 원재료에 대한 대가로서 각각의 프로젝트 사용자에게 일종의 '통행료'를 지급하도록 하는 계약

transfer risk(송금위험) 현지정부에 의해 부과되는 외환통제로, 외국인 차주 또는 계열회사가 현지 통화를 외국통화로 전환하는데 발생하는 어려움.

transit country(경유국가) 프로젝트의 성공을 보장하기 위해서 프로젝트의 생산물이 반드시 경유해야 하는 국가

transnational project finance(국제 PF) 둘 또는 그 이상의 프로젝트 참여자들이 다양한 국가에서 조직되거나 조직된 법인의 소유이거나 혹은 프로젝트 참여자들로부터 다른 국가에 소재해 있는 PF

turnkey contract(일괄도급계약) 일정 시점, 고정된 가격, 보장된 설비 가동력으로 시설의 완전한 설계, 조달, 건설, 운전개시를 제공하는 건설계약

UNCTAD 무역과 개발에 대한 UN협의회

USAID 미국 국제개발기구

USExim 미국수출입은행

working capital maintenance agreement 프로젝트 사업주와 같이 믿을만한 법인이 프로젝트 회사(보통 사업주의 자회사)에게 운전자본을 공급하는 것을 약정하는 보증 또는 기타 조치로, 이는 프로젝트 및 대출 계약서에 근거한 사업주 자신의 의무를 이행하기 위해 필요한 금액으로 함.

참고 문헌

Amison, Martin, *Privatization and Project Finance in the Middle East,* 14 Int'l Fin. L. Rev. 14 (1995).

Augenblick, Mark, & B. Scott Custer Jr., *The Build, Operate and Transfer ("BOT") Approach to Infrastructure Projects in Developing Countries,* World Bank Working Paper No. 498 (1990).

Baragona, Katharine C., *Symposium: Markets in Transition: Reconstruction and Development: Part Two - Building up to a Drawdown: International Project Finance and Privatization - Expert Presentations on Lessons to Be Learned: Project Finance,* 18 Transnat'l Law. 139 (2004).

Barrett, Matthew, *Project Finance Develops New Risks, Euromoney,* Oct., 1986, at 73.

Barrett, Matthew, *Putting Your Equity on the Line, Euromoney,* Oct., 1987, at 119.

Barru, David, *How to Guarantee Contractor Performance on International Construction Projects: Comparing Surety Bonds With Bank Guarantees and Standby Letters Of Credit*, 37 Geo. Wash. L. Rev. 51 (2005).

Baughman, David, & Matthew Buresch, *Mobilizing Private Capital for the Power Sector: Experience in Asia and Latin America,* Joint World Bank-USAID Discussion Paper (1994).

Beenhakker, Henri L., RISK MANAGEMENT IN PROJECT FINANCE AND IMPLEMENTATION (1997).

Benoit, Philippe, *Project Finance at the World Bank: An Overview of Policies and Instruments,* World Bank Technical Paper No. 312 (1996).

Bishop, R. Doak, Sashe D. Dimitroff, & Craig S. Miles, *Strategic Options Available When Catastrophe Strikes the Major International Energy Project,* 36 Tex. Int, lL.J.635 (2001).

Bjerre, Carl S., *International Project Finance Transactions: Selected Issues Under Revised Article 9,* 73 Am. Bankr. L. J. 261 (1999).

Bjerre, Carl S., *Project Finance, Securitization and Consensuality,* 12 Duke J. Comp. & Int'l L. 411 (2002).

Blumenthal, David, *Sources of Funds and Risk Management for International Energy Projects,* 16 Berkley J. Int'l L. 267 (1998).

Bond, Gary, & Laurence Carter, *Financing Private Infrastructure Projects - Emerging Trends from IFC's Experience,* International Finance Corporation Discussion Paper No. 23 (1994).

Bonime-Blanc, Andrea, *Structuring Letter of Credit Backed Gold Loans,* Int'l Fin. L. Rev" Nov. 1988.

Brelsford, Gregg, *International Investment Insurance - The Convention Establishing the Multilateral Investment Guarantee Agency,* 27 Harv. Int'l L. J. 735 (1986).

Brooke, A. F., II, *Great Expectations: Assessing the Contract Damages of the Take-or-Pay Producer,* 70 Tex. L. Rev. 1469 (1992).

Broome, Lissa Lamkin, *Framing the Inquiry: The Social Impact of Project Finance,* 12 Duke J. Comp. & Int'l L. 439 (2002).

Buljevich, Esteban C., & Yoon S. Park, PROJECT FINANCING AND THE INTERNATIONAL FINANCIAL MARKETS (1999).

Cahn, Jonathan, *Challenging the New Imperial Authority: The World Bank and the Democratization of Development,* 6 Harv. Hum. Rts. J. 159 (1993).

Carroll, J. Speed, *Legal Aspects of Project Finance: The Borrower's View,* in SOVEREIGN BORROWERS – GUIDELINES ON LEGAL NEGOTIATIONS WITH COMMERCIAL LENDERS (Lars Kalderen & Qamar S. Siddiqi eds. 1985).

Castle, Grover R., *Project Financing - Guidelines for the Commercial Banker,* J. Com. BANK LENDING, Apr. 1975, at 14.

Chance, Clifford, PROJECT FINANCE (1991).

Chao, Daniel, & Michael Selvin, *Project Development and Finance: The Evolving Role of the Engineering/Construction Contractor, in* PROJECT FINANCE YEARBOOK 1994/5 1 (Adrian Hornbook ed. 1994).

Choharis, Peter, *U.S. Courts and the International Law of Expropriation: Toward a New Model for Breach of Contract,* 80 S. Cal. L. Rev. 1 (2006).

Clark, Barkley, THE LAW OF SECURED TRANSACTIONS UNDER THE UNIFORM COMMERCIAL CODE ¶ 11.01 [2] (2006).

Clarke, Pamela, & Sarah Martin, *The Big Swing to Project Finance,* EUROMONEY, Oct. 1980, at 233.

Comeaux, Paul, & N. Stephan Kinsella, *Reducing Political Risk in Developing Countries: Bilateral Investment Treaties, Stabilization Clauses, and MIGA & OPIC Investment Insurance,* 15 N. Y. L. SCH. J. Int'l & Comp. L. 1 (1994).

Comment, *Collateral in Eastern Europe: Problems & Solutions,* 28 Int'l Law. 83 (1994).

Comment, *Modern Russian Secured Transaction Law and Foreign Investors' Rights Thereunder,* 4 Ind. Int'l & Comp. L. Rev. 371 (1994).

Cook, Jacques, *Infrastructure Project Finance in Latin America,* 24 Int'l Bus. Law. 260 (1996).

Cremades, Bernardo, *International Financial and Secured Transactions,* 31 Int'l Law. 301 (1997).

Crothers, John D., *Emerging Markets in Central and Eastern Europe: Project Finance in Central and Eastern Europe from a Lender's Perspective: Lessons Learned in Poland and Romania,* 41 McGill L. J. 285 (1995).

Curley, Michael, HANDBOOK OF PROJECT FINANCE FOR WATER AND WASTEWATER SYSTEMS (1993).

Daintith, Terence, & Ian Gault, *Pacta Sunt Servanda and the Licensing and Taxation of North Sea Oil Production,* 8 CAMBRIAN L. Rev. 27 (1977).

Darrow, Peter V., Nicole V. F. Fong, & J. Paul Forrester, *Financing Infrastructure Projects in the International Capital Markets: The Tribasa Toll Road Trust,* THE FINANCIER, Aug. 1994, at 9.

Darrow, Peter V., Beth Loeb, & Kathleen KapMick, *Rating Agency Requirements, in* SECURITIZATION OF FINANCIAL ASSETS (J. Kravitt ed. 1991).

Delaume, Georges R., *Economic Development and Sovereign Immunity,* 79 Am. J. Int'l L. 319 (1995).

Delaume, Georges R., *The Foreign Sovereign Immunities Act and Public Debt Litigation: Some 15 Years Later,* 78 Am. J. Int'l L. 257 (1994).

Delaume, Georges R., *State Contracts and Transnational Arbitration,* 75 Am. J. Int'l L. 784

(1981).

Delmon, Jeffrey, PROJECT FINANCE, BOT PROJECTS AND RISK (2005).

Dickstein, Michael E., *Revitalizing the International Law Governing Concession Agreements,* 6 Int'l Tax & Bus. Law. 54 (1988).

Dugue, Christopher, *Dispute Resolution in International Project Finance Transactions,* 24 Fordham Int'l L. J. 1064 (2001).

Dymond, Christopher M., & Richard A. Sturges, *Financing Merchant Power: USGen's Portfolio Approach* 5 J. PROJECT FINANCE 43 (Spring 1999).

Esty, Benjamin C., *The Equate Project: An Introduction to Islamic Project Finance,* 5 J. Project Fin., No. 4, pp. 7-20 (Winter 2000).

Esty, Benjamin C., *Improved Techniques for Valuing Large-Scale Projects,* 5 J. Project Fin. 9 (Spring 1999).

Esty, Benjamin C., MODERN PROJECT FINANCE: A CASEBOOK (2005).

Esty, Benjamin C., *Returns on Project-Financed Investments: Evolution and Managerial Implications,* 15 J. Applied Corp. Fin., No. 1, pp. 71-86 (Spring 2002).

Esty, Benjamin C., & William L. *Megginson, Creditor Rights, Enforcement, and Debt Ownership Structure: Evidence From the Global Syndicated Loan Market,* 38 J. Fin. Quantitative Analysis, No. 1, pp. 37-59 (2003).

Feldman, Roger D., & Scott L. Hoffman, *Basic Concepts of Project Finance Documentation: Risk Allocation, Drafting, and Regulatory Considerations for Power Sales and Fuel Supply Contracts, in* PROJECT FINANCING, 1987, at 433-34 (PLI REAL EST. L. & PRACTICE COURSE HANDBOOK SERIES No. 297, 1987).

Fight, Andrew, INTRODUCTION TO PROJECT FINANCE (2006).

FINANCING THIRD WORLD DEVELOPMENT: A SURVEY OF OFFICIAL PROJECT FINANCE PROGRAMS IN OECD COUNTRIES (Fariborz Ghadar ed., 1987).

Finnerty, John D., PROJECT FINANCING – ASSET-BASED FINANCIAL ENGINEERING

(1996).

Fitzgerald, Peter F., ed., PROJECT FINANCING 1996 (PLI COMM. L. & PRACTICE COURSE HANDBOOK SERIES No. A-734, 1996).

Fitzgerald, Peter F., & Barry N. Machlin, eds., *Project Financing Update 2004: Reworking & Building New Projects in Developing Markets* (PLI COMM. L. & PRACTICE COURSE HANDBOOK SERIES No. A-866, 2004).

Frilet, Marc, *Some Universal Issues in BOT Projects for Public Infrastructures,* 14 Int'l Construction L. Rev. 499 (1997).

Goldsweig, Donald, & Roger Cummings, INTERNATIONAL JOINT VENTURES: A PRACTICAL APPROACH TO WORKING WITH FOREIGN INVESTORS IN THE U.S. AND ABROAD (1990).

Goodwin, Lee M., & Thomas R. Hoffmann, *Project Finance: Easy Going in Jamaica (International Financing of the Rockport Electric Power Project near Kingston, Jamaica),* 133 Pub. Util. Fort. 38 (Jan. 1, 1995).

Gordon, Michael, *Of Aspirations and Operations: The Governance of Multinational Enterprises by Third World Nations,* 16 U. Miami Inter-Am. L. Rev. 301 (1984).

Guasch, J. Luis, GRANTING AND RENOGOTIATING INFRASTRUTURES CONCESSIONS - GETTING IT RIGHT (World Bank Development Studies 2004).

Hagler Bailly Consulting, Inc., *The Financing Capability of Indian Institutions to Provide Alternatives to Sovereign Guarantees,* U.S. AID Report No. 96-01 (1995).

Han, Mei, & Jerry Shi Zhiyong, *How to Assess the Profitability of a Project Finance Deal - From the Lender's Perspective,* 3 J. Project Fin. 21 (1997).

Hansen, Joy E., *Legal and Operational Issues for the Borrower in Project Financing, in* MINERAL LAW SEIRES: ROCKY MOUNTAIN MINERAL LAW FOUNDATION 18A-1 (1994).

Hardy, Charles, RISK AND RISK-BEARING (1923).

Harris, Paul I., *Negative Pledge, in* SOVEREIGN BORROWERS-GUIDELINES ON LEGAL NEGOTIATIONS WITH COMMERCIAL LENDERS (Lars Kalderen & Qamar S. Siddiqi eds.

1985).

Harvey, Charles, ANALYSIS OF PROJECT FINANCE IN DEVELOPING COUNTRIES (1983).

Hensley, Matthew L., & Edward P. White, *The Privatization Experience in Malaysia: Integrating Build-Operate-Own and Build-Operate-Transfer Techniques Within the National Privatization Strategy,* 28 Colum. J. World Bus. 70 (1993).

Hoffman, Scott L., *Cross Border Project Finance, in* INTERNATIONAL MERGERS AND ACQUISITIONS (David BenDaniel and Arthur Rosenbloom eds. 1997).

Hoffman, Scott L., *A Practical Guide to Transactional Project Finance: Basic Concepts, Risk Identification, and Contractual Considerations,* 45 Bus. Law. 181 (1989).

Hoffman, Scott L., *Project Financing: Loans Based on Cash Flow and Contracts,* 4 Comm. Lending Rev. 18 (1989).

Hollis, Sheila, *International Energy and Natural Resources,* 31 Int'l Law. 287 (1997).

Hudes, Karen, *Protecting Against Inconvertibility and Transfer Risk: An Outline of Trade Financing Programs of the Export-Import Bank of the United States,* 9 Hastings Int'l & Comp. L. Rev. 461 (1986).

Hull, C. W., *Project Structure and Financing,* 12 J. Int'l Law & Econ. 199 (1978).

Hurlock, Matthew H., *New Approaches to Economic Development: The World Bank, the EBRD and the Negative Pledge Clause,* 35 Harv. Int'l L. J. 345 (1994).

Hurstel, Daniel, & Mary Ann Carpenter-Pecquet, *Privatization and the Public Interest,* 13 Int'l Fin. L. Rev. 34 (1994).

Inman, Jonathan, *Government Guarantees for Infrastructure Projects,* 68 Project Fin. Int'l 36 (Mar. 16, 1995).

John, Teresa A., & Kose John, *Optimality of Project Financing: Theory and Empirical Implications in Finance and Accounting,* 1 Rev. Quantitative Fin. & Acct. 51 (Jan. 1991).

John, William Tudor, *Sovereign Immunity, in* SOVEREIGN BORROWERS-GUIDELINES ON LEGAL NEGOTIATIONS WITH COMMERCIAL LENDERS (Lars Kalderen & Qamar S.

Siddiqi eds. 1985).

Kantor, Mark, *International Project Finance and Arbitration With Public Sector Entities: When Is Arbitrability a Fiction?,* 24 Fordham Int'l L.J. 1122 (2001).

Kemp, H. Hovey, & Frederick W. Damour, *Gold Mine Project Finance for the "Junior" Gold Company, in* MINERAL LAW SEIRES: ROCKY MOUNTAIN MINERAL LAW FOUNDATION 4-1 (1988).

Kessler, Judd L., *A World of Risks (Investing in Foreign Projects),* 131 Pub. Util. Fort. 11 (Aug. 1, 1993).

Kensinger, John, & John Martin, *Project Financing: Raising Money the Old-Fashioned Way,* 3 J. Applied Corp. Fin. 69 (Fall 1988).

Khan, M. F. K., & R. J. Parra, FINANCING LARGE PROJECTS" USING PROJECT FINANCE TECHNIQUES AND PRACTICES (2003).

Kirkland, Janis L., Nancy G. Simms, & Turner T. Smith Jr., *An International Perspective on Environmental Liability, in* 1 ENVIRONMENTAL DISPUTE HANDBOOK:LIABILITY AND CLAIMS (David A. Carpenter et al., eds. 1991).

Kissam, Leo T., & Edmond K. Leach, *Sovereign Expropriation of Property and Abrogation of State Contracts,* 28 Fordham L. Rev. 177 (1959).

Lalive, Jean-Flavien, *Contracts Between a State or State Agency and a Foreign Company,* 13 Int'l & Comp. L. Q. 503 (1962).

Landsittel, David L., & John E. Stewart, *Off-Balance-Sheet Financing; Commitments and Contingencies in* HANDBOOK OF MODERN ACCOUNTING 26-2 to 26-23 (Sidney Davidson & Roman L. Weil, 4th ed. 1980).

Lang, L. H. P., PROJECT FINANCE IN ASIA (1998).

Leeper, Rosamund, *Perspective on Project Financing,* 129 Banker, August 1979, at 77.

Leeper, Rosamund, *Project Finance - A Term to Conjure With,* 128 Banker, August 1978, at 67.

Levy, S. M., BUILD, OPERATE, TRANSFER: PAVING THE WAY FOR TOMORROW'S

INFRASTRUCTURE (1996).

Likosky, Michael B., *Mitigating Human Rights Risks Under State-Financed and Privatized Infrastructure Projects,* 10 Ind. J. Global Leg, Stud. 65 (2003).

Letterman, G., LETTERMAN'S LAW OF PRIVATE INTERNATIONAL BUSINESS (1990 & Supp. 1991).

Macey, Jonathan R., *The Limited Liability Company: Lessons for Corporate Law,* 73 Wash. U. L. Q. 433, 448 (1995).

MacMahon, Thomas M., J. Andrew Schlickman, & Nicoline Van Riel, INTERNATIONAL ENVIRONMENTAL LAW AND REGULATION (1991).

Malinasky, Laura A., *Rebuilding With Broken Tools: Build-Operate-Transfer Law in Vietnam,* 14 Berk. Int'l L. 438 (1996).

Malloy, Michael P., *Symposium: Markets in Transition: Reconstruction and Development: Part Two - Building Up to a Drawdown: International Project Finance and Privatization - Expert Presentations on Lessons to Be Learned: International Project Finance: Risk Analysis and Regulatory Concerns,* 18 Transnat'l Law. 89 (2004).

Mann, Frederick A., *State Contracts and International Arbitration,* 42 Brit. Y. B. Int'l L. 1 (1967).

Mann, Frederick A., *The State Immunity Act 1978,* 50 Brit. Y. B. Int'l L. 43 (1979).

Manuel, John G., *Common Contractual Risk Allocations in International Power Projects,* 1996 Colum. Bus. L. Rev. 37 (1996).

Marcks, Eric, *Avoiding Liability for Human Rights Violations in Project Finance,* 22 Energy L. J. 301 (2001).

Marple, Allen C., *What Is Project Finance?,* The Banker, Dec. 1977, at 47.

Martin, Julie A., *Structuring Project Finance to Reduce Risks: What Risks Can OPIC Cover?,* 1995 Priv. Inv. Abroad 13-1 (1995).

Martin, M. R, *Project Financing for Offshore and Onshore Gas Facilities - Alternative Methods of Financing from a Legal Viewpoint,* 28 Oil & Gas Inst. 1997, at 273-291.

Mazzini, Danielle, *Stable International Contracts in Emerging Markets: An Endangered Species?,* 15 B. U. Int'l L. J.343 (1997).

McCormick, Richard, *Legal Issues in Project Finance,* J. Energy & Nat. Resources Law 22 (1982).

McCutcheon, Edward D., *Think Globally, (En) Act Locally: Promoting Effective National Environmental Regulatory Infrastructures in Developing Nations,* 31 Cornell Int'l L. J. 395 (1998).

McMillen, Michael J. T., *Islamic Shariah-Compliant Project Finance: Collateral Security and Financing Structure Case Studies,* 24 Fordham Int'l L. J. 1184 (2001).

McQuiston, Raymer, *Drafting an Enforceable Guaranty in an International Financing Transaction: A Lender's Perspective,* 10 Int'l Tax & Bus. Law. 138 (1993).

Mettala, Kimmo, *Governing-Law Clauses of Loan Agreements in International Project Financing,* 20 Int'l Law. 219 (1986).

Moore, Harold F., & Evelyn D. Giaccio, *International Project Finance (A Practitioner's Guide to International Banking and Trade Finance),* 11N. C. J. Int'l L. & Com. Reg. 597 (1986).

Myers, James J., *Developing Methods for Resolving Disputes in World-Wide Infrastructure Projects,* 13 J. Int'l Arb. 101 (1996).

Nassar, Nagla, *Project Finance, Public Utilities, and Public Concerns: A Practitioner's Perspective,* 23 FORDHAM INT'L L. J. 60 (2000).

Nassar, Nagla, SANCTITY OF CONTRACTS REVISITED: A STUDY IN THE THEORY AND PRACTICE OF LONG-TERM INTERNATIONAL COMMERCIAL TRANSACTIONS 35(1995).

Nevitt, Peter K., PROJECT FINANCING (7th ed. 2000).

Nolan, Robert B., Jr., *Take-or-Pay Contracts: Are They Necessary for Municipal Project Financing?,* 4 Mun. Fin. J. 111 (1983).

Note, *International Arbitration and Project Finance in Developing Countries: Blurring the*

Public/Private Distinction, 26 B. C. Int'l & Comp. L. Rev. 355 (2003).

Note, *Measuring Local Legal Risk Premium in Project Finance Bonds,* 40 J. Int'l L. 1125 (2000).

Note, *Moving Towards a Competitive Electricity Market? The Dilemma of Project Finance in the Wake of the Asian Financial Crisis,* 9 Minn. J. Global Trade 715 (2000).

Note, *Project Finance: Europe,* 11 B. U. Int'l L. J. 165 (1993).

Note, *The Equator Principles: The Private Financial Sector's Attempt at Environmental Responsibility,* 40 Vand. J. Transnat'l L. 197 (2007).

Ogden, L. Patrick, *How to Evaluate Off-Balance Sheet Financing,* THE BOND BUYER, Aug. 30, 1982, at 9.

Pcheinkestel, Nora L., RETHINKING PROJECT FINANCE: ALLOCATING AND MITIGATING RISK IN AUSTRAILIAN PROJECTS (1998).

Pedamon, Catherine, Essay: *How Is Convergence Best Achieved in International Project Finance?,* 24 Fordham Int'l L. J. 1272 (2001).

Penrose, James F., *Special-Purpose Entities in Project Finance Transactions,* 2 J. Project Fin. 59 (1996).

Philpott, Julia, *Keeping It Private, Going Public: Assessing, Monitoring, and Disclosing the Global Warming Performance of Project Finance,* 5 Sustainable Dev. L. & Pol'y 45 (2005).

PROJECT FINANCE IN EUROPE (Haydn Shaughnessy ed., 1995).

Radez, Richard E., *Opportunities in Project Financing,* 128 Banker, Aug. 1978, at 53.

Ramsey, Michael D., *Acts of State and Foreign Sovereign Obligations,* 39 Harv. Int'l L. J. 1 (1998).

Rauner, Stewart E., *Project Finance: A Risk Spreading Approach to the Commercial Financing of Economic Development,* 24 Harv. Int'l L. J. 145 (1983).

Raynaud, Alain-Pierre, & David Syed, *Take-or-Pay Financing in Manufacturing Projects,* Int'l Fin. L. Rev. 25 (January 1990).

Razavi, Hossein, FINANCING ENERGY PROJECTS IN EMERGING ECONOMIES (1996).

Riedy, Mark J., *Legal and Practical Considerations in Structuring Business Transactions in India for the Conference Entitled: India Power,* 3 Cardozo J. Int'l & Comp. L. 313, 318 (1995).

Rigby, Peter N., Merchant Power: *Assessing Project Finance Risks,* 2 J. Project Fin. 33 (1996).

Ryan, Joseph, & Lorin M. Fife, *Take-or-Pay Contracts: Alive and Well in California,* 19 Urb. Law. 233 (1987).

Sader, Frank, *Attracting Foreign Direct Investment Into Infrastructure - Why Is It So Difficult?,* Foreign Investment Advisory Service Occasional Paper No. 12 (IFC and World Bank, 2000).

Samy, Sharadchandra A., *Lessons From Dabhol - Dealing With Political Risk in Indian Power Projects,* 79 Project Fin. Int'l 39 (Apr. 31,1995).

Sandrock, Otto, *Is International Arbitration Inept to Solve Disputes Arising out of International Loan Agreements?,* 11 J. Int'l Arb. 33 (1994).

Sarmet, Marcel, *International Project Financing- The European Approach,* 130 Banker, Aug. 1980, at 89.

Schoder, Stewart A., PROJECT FINANCE: THE CREDIT PERSPECTIVE (1984).

Seipp, Walter, *Project Financing Relies on Bank Prudence, 129 American Banker, September 7,* 1982, Supp. at 26.

Selacuse, Jeswald W., *Renegotiating International Project Agreements,* 24 Fordham Int'l L. J. 1319 (2001).

Semkow, Brian W., *Syndicating and Rescheduling International Financial Transactions: A Survey of Legal Issues Encountered by Commercial Banks,* 18 Int'l Law. 869 (1984).

Shah, Salman, & Anjan V. Thakor, *Optimal Capital Structure and Project Financing,* 42 J. Econ. Theory 209 (June 1987).

Shanks, Robert B., *Insuring Investment and Loans Against Currency Inconvertibility, Expropriation and Political Violence,* 9 Hastings Int'l & Comp. L. Rev. 417 (1986).

Shalakany, Amr A., *Arbitration and the Third World: A Plea for Bargaining Bias Under the Specter of Neoliberalism,* 41 Harv. Int'l L. J. 419 (2000).

Shaw, Frank C., *Reconciling Two Legal Cultures in Privatizations and Large-Scale Capital Projects in Latin America,* 30 Law & Pol'y Int'l Bus. 147 (1999).

Short, Rodney, *Export Credit Agencies, Project Finance, and Commercial Risk: Whose Risk Is It, Anyway?,* 24 Fordham Int'l L. J. 1371 (2001).

Sington, Anne, *Financing the Channel Tunnel, Euromoney,* Mar. 1986, at 13.

Skadden, Arps, Slate, Meagher & Flom, PROJECT FINANCE: SELECTED ISSUES IN CHOICE OF LAW (1996).

Slattery, P. D., *Project Finance - An Overview,* 6 Corp. & Bus. L. J. 61 (1993).

Smith, Robert Thornton, ed., PROJECT FINANCING 1993 (PLI COMM. L. & PRACTICE COURSE HANDBOOK SERIES No. A-672, 1993).

Smith, Robert Thornton, ed., PROJECT FINANCING 1992 PLI COMM. L. & PRACTICE COURSE HANDBOOK SERIES No. 605, 1992).

Smith, Robert Thornton, ed., PROJECT FINANCING 1991 (PLI COMM. L. & PRACTICE COURSE HANDBOOK SERIES No. 568, 1991).

Smith, Robert Thornton, ed., PROJECT FINANCING 1990 (PLI REAL EST. L. & PRACTICE COURSE HANDBOOK SERIES No. 345, 1990).

Smith, Robert Thornton, ed., PROJECT FINANCING 1989 (PLI REAL EST. L. & PRACTICE COURSE HANDBOOK SERIES No. 326, 1989).

Smith, Robert Thornton, ed., PROJECT FINANCING 1987 (PLI REAL EST. L. & PRACTICE COURSE HANDBOOK SERIES No. 297, 1987).

Smith, Robert Thornton, ed., PROJECT FINANCING 1986 (PLI REAL EST. L. & PRACTICE COURSE HANDBOOK SERIES No. 284, 1986).

Smith, Robert Thornton, ed., PROJECT FINANCING 1985 (PLI REAL EST. L. & PRACTICE COURSE HANDBOOK SERIES No. 270, 1985).

Smith, Robert Thornton, ed., PROJECT FINANCING (PLI REAL EST. L. & PRACTICE COURSE HANDBOOK SERIES No. 252, 1984).

Smith, Robert Thornton, & Peter F. Fitzgerald eds., PROJECT FINANCING FROM DOMESTIC TO INTERNATIONAL (PLI COMM. L. & PRACTICE COURSE HANDBOOK SERIES No. A-707, 1995).

Soloveytchik, Viktor, *New Perspectives for Concessions Agreements: A Comparison of Hungarian Law and the Draft Laws of Belarus, Kazakhstan, and Russia,* 16 Hous. J. Int'l L. 261 (1993).

Soulard, Alain, *The Role of Multilateral Financial Institutions in Bringing Developing Countries to U.S. Markets,* 17 Fordham Int'l L. J. S145 (1994).

Sozzi, Christopher J., *Comment, Project Finance and Facilitating Telecommunications Infrastructure Development in Newly-Industrialized Countries,* 12 Computer & High Tech. L. J. 435 (1996).

Stansbury, Philip R., *Trends in International Project Contracting and Financing,* 1977 Priv. Inv. Abroad - PROBLEMS AND SOLUTIONS IN INTERNATIONAL BUSINESS 127 (1977).

Stebbins, R. B., *Perspective on Project Financing,* 161 Banker's Mag., May-June 1981, at 53.

Stebbins, R. B., *Project Financing: A Banker's Perspective,* 62 J. Com. Bank Lending, Oct. 1979, at 36.

Stelwagon, *William M., Financing Private Energy Projects in the Third World,* 37 Cath. Law. 45 (1996).

Sullivan, Ronald F., FINANCING TRANSNATIONAL PROJECTS (1988 & Supp. 1993).

Taylor, John L., & E. Waide Warner, eds., PROJECT FINANCING 1998 - BUILDING INFRASTRUCTURE PROJECTS IN DEVELOPING MARKETS (PLI COMM. L. & PRACTICE COURSE HANDBOOK SERIES No. A-763, 1998).

Taylor, John L., & E. Waide Warner, eds., PROJECT FINANCING IN EMERGING MARKETS 1997 - SUCCESSFUL DEVELOPMENT OF MINING, POWER, OIL AND GAS, TRANSPORTATION AND TELECOMMUNICATIONS PROJECTS (PLI COMM. L. & PRACTICE COURSE HANDBOOK SERIES No. A-757, 1997).

Tinsley, Richard, ADVANCED PROJECT FINANCE: STRUCTURING RISKS (2000).

Torrado, Paola Morales, *Political Risk Insurance and Breach of Contract Coverage: How the Intervention Of Domestic Courts May Prevent Investors From Claiming Insurance,* 17 Pace Int'l L. Rev. 301 (2005).

Trevino, L., *Access to U.S. Capital Markets for Foreign Issuers: Rule 144A Private Placements,* 16 Hous. J. Int'l L. 159 (1993).

U.S. Agency for Int'l Development, Minimum Debt Financing Requirements for Private Power Projects in India, U.S. AID Report No. 95-01 (1995).

Vandevelde, K., U.S. *Bilateral Investment Treaties: The Second Wave,* 14 Mich. J. Int'l L. 621 (1993).

Vinter, Graham D., & Gareth Price, PRACTICAL PROJECT FINANCE (3rd ed. 2005).

Waelde, Thomas W., & George Ndi, *Stabilizing International Investment Commitments: International Law Versus Contract Interpretation,* 31 Tex. Int'l L. J. 216 (1996).

Wallace, Don, Jr., *Host Country Legislation: A Necessary Condition?,* 24 Fordham Int'l L. J. 1396 (2001).

Wallace, Don, Jr., *UNCITRAL Draft Legislation Guide on Privately Financed Infrastructure Projects: Achievements and Prospects,* 8 Tul. J. Int'l & Comp. L. 283 (2000).

Wallenstein, Stephen, *Situating Project Finance and Securitization in Context: A Comment on Bjerre,* 12 Duke J. Comp. & Int'l L. 449 (2002).

Walsh, Richard, *Pacific Rim Collateral Security Laws: What Happens When the Project Goes Wrong,* 4 Stan. J. L. Bus. & Fin. 115 (1999).

Weissman, H. Ronald, *General Guidelines Under Present Accounting Rules, in Project Financing,* at 23 (REAL EST. L. & PRACTICE COURSE HANDBOOK SERIES No. 252, 1984).

Wells, Louis, & Eric Gleason, *Is Foreign Infrastructure Investment Still Risky?,* Harv. Bus. Rev., Sept.-Oct. 1995, at 44.

West, Gerald T., *Managing Project Political Risk: The Role of Investment Insurance,* 2 J. of

Project Finance 5 (1996).

Williams, S., *Political and Other Risk Insurance: OPIC, MIGA, EXIMBANK and Other Providers,* 5 Pace Int'l L. Rev. 59 (1993).

Wiwen-Nilsson, Tore, *Underlying Conditions for Successful Infrastructure BOT Projects,* 14 Int'l Construction L. Rev. 513 (1997).

Wood, Philip, LAW AND PRACTICE OF INTERNATIONAL FINANCE (1990).

Wood, Philip, PROJECT FINANCE, SUBORDINATED DEBT AND STATE LOANS (1995).

World Bank, *Submission and Evaluation of Proposal for Private Power Generation Projects in Developing Countries,* World Bank Industry and Energy Department Occasional Paper No. 2 (1994).

Wynant, Larry, *Essential Elements of Project Financing,* Harv. Bus. Rev., May-June 1980, at 165.

Wynant, Larry, *Project Financing: Coping With the Capital Demands for Resource Projects,* 45 Business Quarterly, Summer 1980, at 59.

Yescome, Edward, PRINCIPLES OF PROJECT FINANCE (2002).

United Nations, UNCITRAL LEGAL GUIDE TO DRAWING UP INTERNATIONAL CONTRACTS FOR CONSTRUCTION OF INDUSTRIAL WORKS, United Nations Publication A/CN/9/SER.B/2 (1988).

색인

▣ 저자 소개

스콧 호프만(Scott L. Hoffman)

PF 분야에서 국제적인 법률 권위자이다. 지난 22년 동안 PF 분야에서 활발하게 활동하며 포천(Fortune)지 선정 500개 기업, 공기업 및 은행의 법률 대리인을 역임하였으며, 에너지 정책 수립에 관해 미국 의회에서 증언을 하기도 하였다. 한편, Evans, Evans & Hoffman 법무법인의 파트너로서, 에너지 및 환경 관련 PF 업무와 국제 은행업무, 상법 관련 업무를 수행하였으며, 에너지 개발회사들의 개발, 인수 및 금융조달에 대해 자문하기도 하였다. Syracuse 법대에서 법학 박사학위를 취득하였으며, 동 법대에 재직할 당시 『Syracuse Law Review』의 편집위원 및 『Annual Survey of New York Law』의 편집장을 역임하였다. 또한, 업계 전문지에 다수의 국제 PF 관련 기고문을 작성하였을 뿐만 아니라, 많은 책들도 출판하였다. 미국 연방대법원의 구성원이며, 뉴욕 주, 워싱턴 D.C. 및 오하이오 주 변호사이다.

▣ 번역자 소개

안창국

여러 고민 끝에 공직에 도전하여 재정경제부 증권제도과, 금융정책과를 거쳐 조직 개편으로 금융위원회로 옮긴 후 금융위 신성장금융팀장, 자산운용과장, 산업금융과장을 거쳐 지금은 금융위원회 자본시장과장으로 일하고 있다. 수년 전 UAE 협력 프로젝트를 수행하면서 실전에서 프로젝트 파이낸싱 절차와 과정을 지켜볼 수 있는 소중한 경험이 이 책 번역을 하게 된 동기가 된 것처럼 느껴지고 있다. 여전히 막연하지만 글로벌 프로젝트를 수행하며 우리나라의 자본과 산업을 수출하는 역할을 수행하는 꿈을 꾸고 있다.

남기설

고려대학교에서 사회학, 법학을 공부하였다. 무보에서 중소기업 지원 업무를 하면서 입사할 때 추상적이기만 했던 사명감을 구체화시킬 수 있었고, 2008년 글로벌 금융위기를 겪으면서 미친 듯이 일할 수 있는 기회를 얻었다. 이후 해외투자금융과 조선업 구조조정 관련 업무를 하면서 국내외 금융에 대한 현장경험을 쌓았다. 홍보실에서 근무하다가 Goizueta Business School에 입학, 어렵사리 2017년 MBA를 취득한 후 현재는 다시 대구경북지사에서 중소·중견기업의 해외시장 진출에 기여하기 위해 근무하고 있다.

신은재

연세대학교에서 영문학, 경영학을 이중전공한 뒤 서울대학교 경영학 석사를 취득하였으며, 정책금융을 통한 산업의 균형적 발전과 금융시장 선진화에 이바지하기 위한 당찬 포부를 갖고 산업은행에 입행하였다. 산업은행에서는 해외영업전략, 외자조달, 해외온렌딩 업무 등을 담당해왔다.

이순재

서강대학교에서 경제학 학사 및 석사학위를 취득하였다. 이후 한국수출입은행에 입행하여 국가신용도 평가, 리스크 관리, 감사, 및 기업금융 업무 등을 담당하며 여신 및 지원 부문에서 다양한 경험을 쌓았다. 현재는 프로젝트금융본부에서 근무하며 우리 기업의 해외 발전시장 진출을 지원하기 위한 PF 방식의 대출 및 보증 업무를 수행하고 있다.

한명윤

KAIST 경영과학과를 졸업하고, 교환학생 시절 런던의 파이낸스 디스트릭트에서 만난 인도계 영국인과의 우연한 점심식사를 계기로 비전을 얻어 한국산업은행에 입행하였다. 국제금융부문에서 커리어를 시작하여 태양광, 석유화학 등 다양한 PF의 외화익스포저 헤징(Hedging)을 위해 공동 대주단이었던 글로벌IB들과 씨름하며 PF 분야를 경험했다. 현재는 석유, 천연가스, 신재생에너지 등 천연자원이 넘쳐나는 미국 텍사스 주에서 MBA과정(University of Texas at Austin)을 밟으며 에너지 분야에 대한 식견을 넓히고 있는 중이다.

▣ 감수자 소개

정순섭

1987년 서울대학교 사법학과 졸업
2002년 호주 멜버른대학교 (PhD)
현) 서울대학교 법학전문대학원 교수
현) 서울대학교 금융법센터장
전) 금융위원회 비상임위원

제3판

The Law and Business of International Project Finance (한국어판)

2018년 11월 16일 인쇄
2018년 11월 28일 발행

저 자 스콧 호프만
번역자 안 창 국
남 기 설
신 은 재
이 순 재
한 명 윤
감수자 정 순 섭
발행인 송 상 근
발행처 **삼일인포마인**
서울특별시 용산구 한강대로 273 용산빌딩 4층
등록번호 : 1995. 6. 26 제3－633호
전 화 : (02) 3489－3100
F A X : (02) 3489－3141
I S B N : 978－89－5942－694－2 93320

저자협의 인지생략

♣ 파본은 교환하여 드립니다.

정가 60,000원